兰州大学哲学社会科学文库

Philosophy and Social Sciences Library of Lanzhou University

《清实录》甘青史料辑录

卷三

武沐 主编

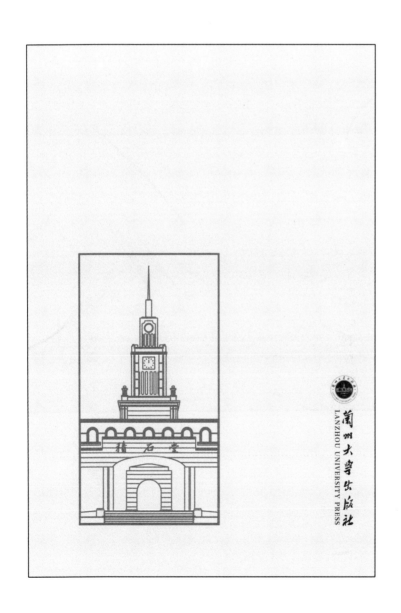

兰州大学出版社

LANZHOU UNIVERSITY PRESS

图书在版编目（CIP）数据

《清实录》甘青史料辑录 : 六卷 / 武沐主编. --
兰州 : 兰州大学出版社，2024.7
ISBN 978-7-311-06604-8

Ⅰ．①清… Ⅱ．①武… Ⅲ．①甘肃－地方史－史料－
清代②青海－地方史－史料－清代 Ⅳ．①K294

中国国家版本馆 CIP 数据核字(2024)第 023754 号

责任编辑　李丽　宋婷
封面设计　张友乾

书　　名　《清实录》甘青史料辑录(卷三)
作　　者　武沐　主编
出版发行　兰州大学出版社　（地址:兰州市天水南路222号　730000）
电　　话　0931-8912613(总编办公室)　0931-8617156(营销中心)
网　　址　http://press.lzu.edu.cn
电子信箱　press@lzu.edu.cn
印　　刷　北京联兴盛业印刷股份有限公司
开　　本　787 mm×1092 mm　1/16
总 印 张　187.5(插页12)
总 字 数　2965千
版　　次　2024年7月第1版
印　　次　2024年7月第1次印刷
书　　号　ISBN 978-7-311-06604-8
定　　价　988.00元(全六卷)

目 录 卷三

清高宗乾隆皇帝实录(下) ········· 一〇二一至一四六五

　　《清乾隆实录(十二)》 ········· 一〇二一

　　《清乾隆实录(十三)》 ········· 一〇六三

　　《清乾隆实录(十四)》 ········· 一一二〇

　　《清乾隆实录(十五)》 ········· 一一六〇

　　《清乾隆实录(十六)》 ········· 一二九三

　　《清乾隆实录(十七)》 ········· 一三八七

　　《清乾隆实录(十八)》 ········· 一四〇九

　　《清乾隆实录(十九)》 ········· 一四四九

仁宗嘉庆皇帝实录 ········· 一四六六至一六二八

　　《清嘉庆实录(一)》 ········· 一四六六

　　《清嘉庆实录(二)》 ········· 一五〇一

　　《清嘉庆实录(三)》 ········· 一五三八

　　《清嘉庆实录(四)》 ········· 一五七三

　　《清嘉庆实录(五)》 ········· 一五九五

清高宗乾隆皇帝实录（下）

《清乾隆实录（十二）》

乾隆三十七年（1772年）正月戊戌

又谕："甘肃省当积歉之余，上年春夏短雨，河东、河西各属成灾轻重不同，业经分别加恩抚恤，曾降旨拨帑运粮，多方赈赡。前据该督查奏，被灾次重及稍轻之处，今春酌借口粮，均已足资接济。第念河东属之安定、会宁、皋兰、金县、静宁、隆德等六州县，地止一熟，值频年歉收之后，去岁未能补种秋禾，专待夏田糊口。当此青黄不接之际，农民未免待哺，著加恩将此六州县再行加赈一月。该督等其董率各属，善为经理，务俾贫黎均沾实惠。该部即遵谕行。"

（卷900　1页）

定边右副将军、大学士温福等奏："上年十二月十三、四、五等日，攻破巴朗拉，收复达木巴宗官寨。贼现在达木巴宗西筑碉拒守。此处距美诺七八十里。近于高处，隐闻炮声，想离桂林军营不远。该营攻剿兵仅二千余，臣等续调陕、甘、贵州兵，可酌拨二三千赴约咱应用。但桂林处除新募兵，实须添若干。约咱道远，所调三省兵，从何处行走较捷，均飞商令速酌定。径饬沿途带兵将领，就近前往。再阿桂已接提督印务。川省新募兵，前经董天弼檄调一千，赴甲金达军营，已到四百，其未到六百，仍截赴桂林处备用。臣等虽分路进兵，总期迅抵美诺，合兵济事。"得旨："若克美诺获僧格桑，原可破索诺木之胆，俾其献还革布什咱侵地，以完此事也。但善后之计，当熟筹耳。"

（卷900　3页）

乾隆三十七年（1772年）正月壬寅

又谕曰："桂林奏，现抽调各隘官兵克期进剿，俱合机宜。惟所称若获僧格桑，陕甘之兵即行檄止，以省往来之劳。尚于此事全局未能通盘核计。查原调之陕甘兵三千，业经书明阿等带往西路。其王万邦所带黔兵二千已于十二月二十六日到成都，即日驰赴约咱一带，是两路继进策应之兵，均已不少。现办小金川之事，自无虞不敷。但官兵尚未进抵美诺，僧格桑之能否迅即就擒，尚难预料。或僧格桑窜入金川，而索诺木之遵谕缚献与否，亦未可定。即僧格桑立就成擒，而索诺木所占革布什咱之地，必当令其尽行退还，不敢再犯，方为完局。是善后事宜关系尤为紧要，亦须厚集兵力，以壮声势，岂宜遽议撤兵。朕实不欲为黩武穷兵之事，但此次用兵，所调不下二万余名，所费亦不为少。朕不肯靳惜费用，此温福、桂林所深知者。若经理不善，致此次军旅徒劳，将来仍贻后患，朕断不肯为迁就苟完之计。除飞谕汪腾龙所带之兵不必撤回，仍即前赴川省军营备用外，著传谕温福、桂林仍遵朕前次所降之旨，于平定小金川后，相度善地，设镇驻兵，方为一劳永逸。温福等纵不能计及数十年百余年久长之策，若十余年亦不能令其帖服，即系伊等此次经理不善所致。将来索诺木或复有蠢动，惟温福、桂林是问。"

（卷900　7页）

乾隆三十七年（1772年）正月癸丑

军机大臣等议准伊犁将军舒赫德等奏："前因玛纳斯地处乌鲁木齐、伊犁适中，拟将派驻乌鲁木齐兵移驻。嗣因距巴里坤远，奏请驻库尔喀喇乌苏、济尔哈朗、布勒噶齐等处。兹勘明该处情形，虽可建城，但地不产煤，多兵难久驻。请将西安满兵二千移驻巴里坤。现派凉州、庄浪满兵三千全驻乌鲁木齐，随时派往玛纳斯等处巡查。所需城垣、仓库、兵房等项酌定派内地绿营兵一千五百，春间赶赴乌鲁木齐修造，工竣，分拨屯田。岁收谷支放兵粮。其应移乌鲁木齐兵，今秋移一半，余俟来秋再移。"从之。

（卷901　19页）

乾隆三十七年（1772年）正月是月

陕甘总督文绶奏准伊犁将军舒赫德咨称："乌鲁木齐移驻满兵，前经奏明，挑选绿营兵一千五百建筑城署、兵房，工竣屯田。查此项兵本年春前，即应挑抵乌鲁木齐。若于陕甘各营匀派，未免稽迟。酌于就近甘州、肃州、宁夏三提标营，每处派精壮兵五百，兵一百派千、把各一，外委一分领。派肃州镇干练游、都各一，统率前往。"报闻。

（卷901　30页）

乾隆三十七年（1772年）二月丙寅

定边右副将军、大学士温福等奏准桂林咨称："原调陕甘兵，经调赴西路。南路现需添兵进剿，请将拨济甲金达之贵州兵二千改拨约咱。倘西路亦需添兵，于续调陕甘兵三千内酌留。当即飞饬领黔兵镇将，驰赴约咱。计此时已全抵军营。至续调陕甘兵，虽经桂林咨商拨补西路，因南路需兵稍急，仍未酌调。兹据军需局司道禀称，陕兵二千由广元入川到省，即令速赴南路。甘凉兵一千另由阶文、略阳入川，计程已抵松潘。距西路近，应就近调赴西路。查甘凉兵既抵松潘，若令绕赴约咱，纡程疲兵，于事无济。酌令径赴沃克什，俟两路会合时，仍拨桂林调遣。再原调陕甘兵内，西宁、固原兵均先后抵营，总兵张大经领陕兵从木坪、甲金达来，亦不日可到。"得旨："嘉奖。"

（卷902　34页）

乾隆三十七年（1772年）二月癸酉

缓征甘肃上年被旱，勘不成灾之崇信、安化、宁州、正宁、合水等五州县新旧钱粮，并借给贫民口粮、籽种。

（卷902　42页）

乾隆三十七年（1772年）二月癸未

（定边右副将军、大学士温福等）又奏："接奉谕旨，以贼匪狡狯，大兵深入，命防后路。臣等自攻破巴朗拉，进抵达木巴宗，攻破斯底叶安，进抵资哩，俱于紧要处，酌派将领带兵防守。惟因昭通总兵马彪由北山进兵，川北总兵牛天畀由南山进兵，重庆总兵和邦额随营经管火药、军械各事宜，仅令游击等员防范后路。今陕甘总兵书明阿、张大经先后抵营，应令和邦额赴巴朗拉一带，统兵驻巡。和邦额经手各事，令董天弼接管。"报闻。

（卷903　50页）

乾隆三十七年（1772年）二月丁亥

又谕："前因川省进剿小金川，节经降旨，派拨陕甘兵丁六千名前赴军营，听候调遣。已据奏报陆续到营。现在两路采入，进逼贼巢，自可克期奏捷。今据温福等奏称，若将来办及金川，尚应酌派兵力。昨据桂林奏到，已谕令贵州抚提等预派兵三千名听候川省调发。著传谕文绶，即于陕甘两省绿营内再行选派勇锐可用之兵三千名，将应带军械、火药等项，先为妥协备办。并于两省总兵内酌派可以带兵之员，预备带领。一俟川省咨调时，即令迅速启行，遄程赴川听用。将此并谕温福、桂林知之。"

（定边右副将军、大学士温福等）又奏："金川助逆，势须申讨。今奉谕旨，预备八旗劲旅二千前来。京兵行动，声势张大。调满兵二千，费抵绿营兵一万。且番境地非平旷，骑射利无所施。将来接办金川，请于陕西、甘肃、贵州再酌调兵数千，如三省调用过多，山西亦可酌调。"得旨："已谕陕甘预备三千兵矣。贵州复调兵三千，想已足用。山西远而无用，不可行也。"

（卷903　56页）

乾隆三十七年（1772年）三月壬寅

又谕曰："温福等奏攻资哩情形一折，虽数日间颇有斩获，而资哩贼寨尚未攻破。恐致师老（劳）而疲。前已屡次传谕，令于贼碉对面，或结木架，或砌石台，架炮于上，俯临贼碉轰击。贼番虽匿处地穴，而我炮力自上击下，易于直透。穴内之贼，必不能当，势将惊溃，自属最善之策。不知温福接奉前谕，曾筹办及此否。又据脱出之沃克什番民供称，闻僧格桑欲往布朗郭宗与泽旺商量，并金川遣大头人丹巴沃咱尔到美诺后，亦欲前往等语。逆酋欲同金川头人往其父处，自必商同由彼逃入金川。而索诺木又公然助兵党恶，将来问罪之举，恐难中止。自当厚集兵力两路夹攻，一并扫荡贼巢，以靖边徼。昨已谕贵州巡抚、提督，将预派之三千兵遄程赴川。并谕温福等酌量两路分派。其文绶预备之陕甘兵三千，亦令温福量为调取。若核计需兵尚多，即一面飞咨全调，总期于事有益。至现在攻围资哩兵数尚少，自未便锐意深入。若各省后调之兵到齐，则兵力更足。而色布腾巴勒珠尔又带同熟习领兵之侍卫、章京等前往军营，声势壮盛，将士亦必倍加厉勇，如彼时业已攻破资哩，正须为捣穴擒渠之计，若贼仍坚守抗拒，则当派兵分路剿击，使其疲于支拒。且贼番既潜匿地穴，正可选集精锐乘其不觉，冲过贼碉，而大兵复在后为之声援，贼众自皆丧胆。若贼番从碉内逸出，即用鸟枪尽歼其众。我兵且行且击，亦属便利。再据脱出之番人供称，闻小金川言，现在官兵两路夹攻，一两月内尚可支持，日久不能抵御。是贼现虽舍死拒守，其粮食已不能久供，又无暇兼务耕作。食尽之后，难以复支。我兵即专务攻围，贼尚不能持久，何况添兵分进，剿击不懈乎。温福等惟当相机妥办，克期集事。至袭取革布什咱一事，既可掣金川助兵之势，并可绝索诺木冀幸之心，自为两得。桂林惟当与宋元俊熟筹妥协办理。"

（卷904　74页）

乾隆三十七年（1772年）三月丁巳

四川总督桂林奏："接奉谕旨，以温福军营止存兵二千，命将臣处续调甘凉兵一千拨赴资哩军营应用。查此项兵前月全抵打箭炉暂驻，因革布什咱内应有机，令甘肃参将常泰领由喀勒塔尔一路，进攻觉拉喇嘛寺及党哩地方。此时正分头攻围，万难调撤。请将奉旨调拨黔兵三千，饬员赶赴西路军营。"从之。

（卷905　96页）

乾隆三十七年（1772年）四月丁卯

赈恤甘肃河州、沙泥州判、岷州、宁远、漳县、洮州厅、平凉、静宁、华亭、盐茶厅、山丹、东乐县丞、古浪、平番、宁夏、宁朔、中卫、平罗、秦州、秦安、高台等二十一厅、州、县乾隆三十六年夏秋水灾贫民。

（卷906　109页）

乾隆三十七年（1772年）四月己巳

谕："前以调赴川省之满洲兵二百名、黔兵五千名、陕甘兵六千名，远道跋涉，曾经加赏一月钱粮。今据李煦奏，续调之贵州兵三千名，业自毕节起程赴川，并据文绶等奏报，续调之陕甘兵三千名，亦经陆续起程。各该兵丁等起行迅速，甚属勇往可嘉，著一体加恩，于伊等到军营日，各赏给一月钱粮，即在川省军需项下支发。"

（卷906　109页）

乾隆三十七年（1772年）四月壬午

军机大臣等议准陕甘总督文绶疏请："安西道移驻巴里坤，改为屯田粮务兵备道，照旧兼辖哈密、辟展、乌鲁木齐等处。其原辖之安西府，请就近改归甘肃道管辖，该道更名安肃兵备道。至安西府一缺，仍移驻渊泉县。甘州府一缺，就近改归凉庄道统辖。该道更名为甘凉兵备道。所有巴里坤道，同城既有满兵，且统辖哈密等处，时有清文事件，而所辖丞倅又俱满缺，应请将巴里坤道于陕甘两省满员内拣调，其乌鲁木齐粮道，系属差缺。今粮务已归巴里坤道兼辖，请将此缺裁。应如所奏办理。至一切移驻、改移各事宜，仍令详议到日再酌。"从之。

（卷907　128页）

乾隆三十七年（1772年）四月癸未

军机大臣等议复陕甘总督文绶疏请："乌鲁木齐、巴里坤、哈密等处及安西、肃州二属，准令各省商贾士民报捐监粮，以裕兵食。查乾隆三十一年奉旨以甘肃收捐，折色多于积贮，无裨实政，敕将捐例停止。嗣经臣工条奏举行，复经军机处及户部议驳在案。至于新疆乌鲁木齐一带，幅陨广阔，屯政日兴，比岁产粮既多，贩运绝少，若非广为收贮，不免有谷贱伤农之患。兹据奏称，乌鲁木齐、巴里坤各属兵糈民食，皆应设立常平。又安西、肃州二属，亦宜积贮以资拨运。请照从前内地之例，准各省商贾士民报捐监粮，乌鲁木齐、巴里坤、哈密三处各额收监粮十万石。济木萨、奇台、穆垒、昌吉等处各额收监粮五万石。安西、肃州二属各额收监粮二十万石，粮色随本地所产变纳。查西陲底定以来，添设官兵，广招民户，收捐监粮，不特有益仓储，并可多资屯垦。与内地监粮多弊者情形各殊，自应如该督所奏，惟是此次收捐本色，原属养兵恤农之举，该督应饬属妥办，据实册报，仍于岁底专折奏闻。其内地肃州以东各州县，不得援以为例。至所奏收捐石数，查原定捐额，安西每名粟米四十石，续减为二十八石。肃州、奇台每名五十石，续减为三十五石，缘当日军兴粮贵，减数收捐。今屯广粮贱，若捐数太少，无益仓储，亦易启需索包揽之弊，未为允协。再甘省粮石色样，米、麦、豌豆、粟谷为上，麻子、黄豆、青稞、杂粮为下。今该督既请不拘色样收捐，恐商民乐捐下色，不耐久贮，仍于仓储无裨。其仓廒应如何分设经理，并作何出陈易新各事宜，俟奏报到日，再行定议。"从之。

（卷907　130页）

乾隆三十七年（1772年）四月丙戌

户部议准陕甘总督文绶疏称："乾隆二十七年，环县报垦地一顷九十五亩，照旱田升科例，至三十六年入额征收。因该年地丁全行蠲免，请展至三十七年征收。"从之。

（卷907　135页）

乾隆三十七年（1772年）四月壬辰

谕军机大臣等："前谕文绶于陕甘各营内选派兵丁五千名，备川省调取。昨据该督复奏，已经预备齐全。复谕令该督，俟温福等咨取时，即令起程遄往。今据温福奏到，现在两路进剿，需兵接济，已飞咨调赴等语。著传谕文绶即行妥协照料，迅速起程。至官兵攻剿小金川，克日捣穴擒渠，并须乘势进剿金川，自不可不厚集兵力。现在川省调到各处之兵及本省所有兵练已不为少。但分路派拨，自属多多益善。核计陕甘二省兵额，共有七万六千余名，为数尚多。自可再行酌备著传谕文绶，于陕甘两省各营内，再选派勇锐兵丁五千名，将应带火药、仗械等项一并妥办，并拣派带兵大员将弁等，照前预备。如再需添调，即令星速前赴军营备用。将此由六百里加紧发往。并谕温福、阿桂知之。"

（卷907　143页）

乾隆三十七年（1772年）四月甲午

兵部议复陕甘总督文绶疏称："西宁镇属归德营，地广兵单，番族环居，请将北川营游击一、千总一移驻归德，改为归德营游击。其归德营都司移驻北川都司，统率把总、外委各一，照归德营原额，马守兵一百七十八，添设额外外委二，统归北川营都司管辖。其北川营外委二，马守兵一百六十五，再于镇海堡裁拨马守兵三十七，添入归德营，以足四百名之数，并于马兵额内添设额外外委一，统归游击管辖，以供巡防等语。应如所请，准其移驻。但臣部前议陕甘额设外委五百五十二，为数已多，如果该二营不敷差防，只应于通省额外外委内通融酌拨，未便加增。所请添设额外外委之处，应毋庸议。"从之。

（卷907　147页）

乾隆三十七年（1772年）五月戊午

谕军机大臣等："据文绶奏，奉到拨兵预备之旨，已于陕省挑选兵二千名、甘省挑选兵三千名，并选派副将佛逊、六十六统领。一切先期妥协备办，俟川省咨到，即行起程。所办甚好。著传谕温福、阿桂彼此熟商，约计何路需兵若干，一面速咨文绶，催令遄程进发，一面奏闻。至现在南路所攻之僧格宗，西路所攻之美美卡等处，乃贼番必争之险，且有金川帮兵在彼，悉力守拒，恐急切难以攻破。而地险径仄，虽多集精兵，无可施展。若徒坐守玩日，实属非计。朕意似当另觅金川捷径，分兵往攻，或可乘其无备，夺取一二要害，预为进兵地步，于事当甚有益。即不然，亦可掣贼番之势。索诺木闻官兵进攻，必将帮助小金川之兵撤回自卫。我兵得伺其罅隙，相机进剿，自可易于得手。日前阿尔泰奏述宋元俊之言，有驾驭绰斯甲布、三杂谷发兵进攻金川，使尽撤帮兵，方可剿灭小金川。已遣李天佑等分头前往调遣等语。是宋元俊等亦曾筹划及此。昨据桂林等奏，三杂谷土司情愿发兵效力，其地与曾头沟一带相近。已传谕温福等，如酌量可行，即橄哈国兴、董天弼带领陕甘兵前往。至绰斯甲布在金川之西，从前所列分路进攻金川单内。绰斯甲布原系一路，若选拨兵练数千，令宋元俊统领，并派能领兵之侍卫、章京数员同往绰斯甲布，令其助兵，作为向导前进，自当得力。温福、阿桂于宋元俊带兵起程后，即当彼此照会，声息时通，仍各留心侦探。若见贼番露有撤退形迹，两路各宜迅速进攻，毋稍延缓。小金川贼众不谙战阵，若无金川相助，失所倚恃，则其势弱胆虚，易于溃破，此乃最要机会。温福、阿桂务当实力妥筹，互相照应，以期及早集事。"

（卷909　172页）

乾隆三十七年（1772年）五月是月

陕甘总督文绶奏："前督臣明山奏明，陕甘军械除本属完整与尚可修理者仍留备用外，其炸裂废坏之物，销毁变价。荷蒙俞允在案。今查估变册开熟铁、枪刀等项，每斤估银数分，生铁炮位每斤估银数厘，缘此等非民间所用之物，故所值无多。但枪炮、刀刃等物虽皆破烂，而本质可用，以之制造枪炮，较荒铁千斤仅炼成净铁百余斤，工料浩繁。现在陕西抚臣勒尔谨拟请裂造鸟枪一千杆。查甘省所存鸟枪亦属无多，亦请添造一千杆以备应用。与其采买荒铁，不若由各营拆取，称明斤两，解送西安、兰州二处，制造鸟枪，实与戎行有益。"得旨："嘉奖。"

（卷909　179页）

乾隆三十七年（1772年）六月癸酉

以甘肃肃州镇总兵俞金鳌、巴里坤总兵法灵阿对调。

（卷910　187页）

乾隆三十七年（1772年）六月丙子

户部议复陕甘总督文绶疏称："遵旨酌议收捐监粮条例。每俊秀一名，肃州二属，照原定捐额，收粮五十石。安西府属及哈密、巴里坤等处，收粮四十石。其中有由廪增附生，捐数照例递减。至应收粮色，安西定以米、麦，哈密等处定以小麦、豌豆，均令各半收捐。所有应给生俊实收，由司预颁加钤本官印信。随捐随给，臣部查所定收捐粮数，与从前额谷相符，粮石亦系上色堪贮。至由廪增附生报捐者，粮数递减，及印信实收各事宜，均系向定章程，应如所奏办理。至每捐监一名，收公费银四两，监粮一石，收仓费银四分。现在各处如旧无仓廒及有而不敷存贮者，照例估建。所需银两先于司库借动，以所收仓费归款。臣部查亦系向例，准其照数收借。又臣等原驳监粮出易一款，据奏安西、肃州照内地之例，于春月借作农民籽种，巴里坤、乌鲁木齐等处或借放籽种，或支发兵粮，以额收屯粮还款。查监粮增多，自应酌筹出易，以免红朽，应如所奏。嗣后借作籽种者，照例秋后免息征还，若抵支兵粮，即以额征屯粮还款。至臣等原议收捐时，如何册报稽察及责成该督岁底奏报一款，据称嗣后收捐，应令商贾将所交粮色数目具结，令经收各官随时报明捐监几名，收粮若干，听候各上司亲查。仍于月报单内，声明共计若干，听候该上司岁底通查具结。由督臣核实入奏。臣部查新疆收捐监粮，计垂长久，稽查之法，不厌周详。该督所定各事宜，均属慎重周密，应如所奏办理。至哈密、巴里坤等处，距省较远，若无大员稽查，尚恐疏漏。应请将现在安西道移驻巴里坤，改为屯田粮务兵备道。即将所收监粮责成该道经管。再捐生赴部换照，例按该省造到捐册核对。前此内地造册迟延，致彼守候。此次新疆捐册，应令该督严饬各员，按季送部，毋致参处。"从之。

（卷910　188页）

乾隆三十七年（1772年）六月丁丑

补蠲甘肃皋兰、红水县丞、循化厅、金县、河州、狄道、靖远、安定、会宁、平凉、泾州、静宁、隆德、固原、盐茶厅、华亭、环县、张掖、山丹、东乐县丞、武威、永昌、镇番、古浪、平番等二十五厅、州、县，乾隆三十六年份旱灾，正耗银一万六千八百七十两，粮二万六千九百四十石有奇。

（卷910　190页）

乾隆三十七年（1772年）六月甲申

谕曰："文绶著调补四川总督，其陕甘总督员缺，著海明调补。阿尔泰著署理湖广总督。文绶著即驰驿赴四川新任。阿尔泰俟文绶到日，再赴湖广总督之任。海明未到陕甘之前，总督印务著勒尔谨前往署理。其陕西巡抚印务著毕沅暂行护理。"

（卷911　196页）

乾隆三十七年（1772年）七月丙申

谕："前因陕甘两省节次调拨绿营兵二万一千名，该兵丁等起程时均有照例应给之项。该二省现在贮库银两是否宽余，曾降旨该督抚即行查明具奏。今文绶尚未奉到谕旨。据奏甘省奉调官兵，俸赏行装各项银两均于新疆经费内借支动用，请拨银七十万两，以便还款等语。著照所请，交户部于甘肃附近省份，查明照数递行酌拨。即令该督抚遴委妥员解往，以资备用。该部遵谕速行。"

（卷912　214页）

乾隆三十七年（1772年）七月丁酉

实授勒尔谨为陕甘总督。

（卷912　215页）

乾隆三十七年（1772年）七月戊戌

又谕："据索诺木策凌奏称，移驻乌鲁木齐之凉州、庄浪兵，应照伊犁每人给鸟枪一杆。该处所贮不敷分给，请著陕甘总督添制等语。从前驻防伊犁满兵曾于伊犁库存鸟枪内动给，该处如尚有余存，即解送乌鲁木齐给与兵丁，如无存贮，索诺木策凌再交陕甘总督如数制造。"

（卷912　215页）

乾隆三十七年（1772年）七月癸卯

谕："陕、甘、贵州各省调赴进剿金川官兵，在营均知奋勉出力。节经降旨，加赏钱粮，以示鼓励。现在时交秋令，兵丁等均须皮棉衣具御寒，且到营已久，鞋帽亦须添换。兹据文绶奏，甘省各营已饬令将弁等于各兵应得钱粮内，制办运往。念其程途较远，运送稍艰，已传谕勒尔谨妥协办理，并交该地方官速行运送军营。所有运价著加恩赏给，准入军需项下报销。其陕西、贵州调往之兵，并著一体办理，即湖广、云南及陕甘续调之兵，虽系初派，该督抚等亦当于起程前后，酌量妥办，俾军营将士，人人有挟纩之欢，以期感奋集事。该部即遵谕行。"

（卷912　218页）

乾隆三十七年（1772年）七月戊午

以甘肃安西道钱錞为陕西按察使。

（卷913　237页）

乾隆三十七年（1772年）七月辛酉

谕曰："于秀著调补甘肃凉州镇总兵，前往伊犁，换俞金鳌办理屯田事务。其湖南永州镇员缺，即著巴格调补。至于秀所有凉州镇印务，需员署理。勒尔谨新任总督，于各副将中未能熟悉，著文绶将所知陕甘副将中堪署总兵者，酌选一员，奏闻署理。"

（卷913　239页）

乾隆三十七年（1772年）七月是月

陕甘总督勒尔谨奏："新疆南北各城驻扎绿营兵，前议五年一换，现除派赴川省进剿外，存营兵不敷派换。请就陕甘两省通盘筹办。查辟展原派兴汉镇兵二百九十九名，应改于陕西提属派换。库尔喀喇乌苏等屯，原派陕西提属兵八百九十五名，应改于肃州镇属派换。济木萨原派陕西提属并延绥、兴汉二镇兵三百五十名，应改于巴里坤镇属派换。叶尔羌原派凉州、固原二镇兵六百五十二名，应尽数于固原镇标派换。和阗原派凉州镇标兵二百二十五名，应就凉州镇及甘提属通融派换。俟下届期满，出征兵凯旋，仍照前办理。"得旨："如所议行。"

（卷913　241页）

乾隆三十七年（1772年）八月丁卯

又谕："据勒尔谨奏，甘省七月中叠沛甘霖，省城及河西甘、凉、秦、阶一带，秋禾畅茂，可望丰收。惟皋兰等县间有被雹处所，不能补种。又宁夏府之中卫县因山水冲塌沟洞，以致渠水断流，田禾受旱。现在分饬道府查勘等语。甘省地瘠民贫，一遇歉收，间阎生计即多拮据。不可因通省有收，而一二州县偶被偏灾，不为实力查办，致令独抱向隅。著传谕勒尔谨即将被雹、受旱各处，速饬委员详加履勘，应作何抚恤之处，一面奏闻，即照例作速办理。务使人皆得所，以副朕轸念边氓至意。至甘省上年春间，雨泽短少，又当积歉之余，穷黎颇形艰窘，幸秋成丰稔，民气大舒。今此被有偏灾各处，民间景象，较昨春何如，并著查明据实具奏。"寻奏："当即饬道府履勘，惟皋兰、金县、靖远、狄道、渭源、安定、会宁、平凉、隆德、固原、静宁、盐茶厅、泾州、华亭、环县、平番、灵州、中卫、西宁、肃州、高台等二十一厅、州、县已成偏灾。现查明被灾户口分数，其仓贮充裕，以本色给赈，不敷酌量银粮兼散。再查被灾各处，距夏收不远，市粮并未加长，尚无艰窘情形。较昨春实胜。"得旨："欣慰览之。"

（卷914　247页）

乾隆三十七年（1772年）八月戊辰

又谕："据尹嘉铨奏报，兰州省城于六月内得雨优渥，巩昌等各属亦深透不等，秋禾滋长，农民欢忭等语。甘肃今年虽通省雨水不缺，但昨据勒尔谨奏，皋兰等十八州县于五月下旬暨六月二十二等日，间被雹伤。又宁夏府中卫县于六月十七、八等日，因山水冲塌环洞，渠水断流，白马滩等处地亩现已受旱。随即降旨传谕该督，令其速行确查，酌量分别抚恤。甘省地瘠民贫，即一隅偶被偏灾，亦当善为经理。尹嘉铨身任藩司，民瘼所关皆其专责，理应随时据实入告。况此被雹、受旱之事，皆在伊此次具折以前，何以折内竟无一字提及，惟概称雨泽应时，肤词塞责，殊属非是。尹嘉铨著传旨申饬。"

（卷914　248页）

乾隆三十七年（1772年）八月戊子

谕："据勒尔谨奏，阶州改遣重犯三名，同时越狱逃脱。吏目杨肇贤废弛玩忽，知州王培宗并不督率防范，请分别革审等语。杨肇贤著革职拿问，交该督同刑禁人等，严审治罪。王培宗著革职，留于该地方协缉。"

（卷915　266页）

乾隆三十七年（1772年）九月甲午

谕："据徐绩奏，新授西宁道陆耀禀称，蒙恩逾格擢用，不敢以亲老道远为辞，恳请给假一月，送母至京居住，即行赴任等语。陆耀既因母老不能远涉长途。该员在东省已历年余，于地方诸务较为谙练，若即留于东省补用，殊属两便。现在山东道员内陈绳祖甫经莅任，于风土事宜均须学习，自不及陆耀之曾经阅历。陆耀著调补山东运河道，其甘肃西宁道员缺，即著陈绳祖调补。"

（卷916　271页）

乾隆三十七年（1772年）九月乙未

定边右副将军、大学士温福等奏："据董天弼禀称，曾头沟一路现领甘省兵一千余，并汉土兵练三千六百余进剿。又派甘省兵一千七百，三杂谷土兵七百，由梭磨之堪卓沟分剿。统俟军粮稍裕迅发。"谕军机大臣等："董天弼既带兵前往曾头沟一路，正当乘此机会，迅速进取。即或口粮稍未充裕，所过番地，遇有粮食亦可用价售买。番人贪得价值，自必踊跃乐从。且克取碉卡，更可因粮于贼，并割取未获禾稼以裕军食，尤为便益。著传谕董天弼，务须鼓励官兵前进，毋得刻迟。仍令鄂宝速行催趱粮运，以资接济。"

（卷916　274页）

乾隆三十七年（1772年）九月丙申

又谕："前因于秀派往伊犁办理屯田事务，其凉州镇印务需员署理。谕令文绶将所知陕甘两省副将中堪署总兵者，酌选一员奏闻。令据该督奏称，陕甘副将内实无堪署之员，查有兰州城守营参将乌尔纳，熟悉营伍，才堪委用，请即令其护理等语。著照所请，乌尔纳准其护理凉州镇总兵印务。"

（卷916　275页）

乾隆三十七年（1772年）九月戊申

谕军机大臣等："本日勒尔谨题报，甘肃省本年夏禾收成分数，统计六分有余。该省今岁虽间有被雹、被水偏灾州县，不及三分之一，而通省丰稔之处甚多，不应仅得中收之数。向来统计收成分数，俱系多少相乘，折中定数。今该督疏内所开收成分数，八九分者约居十之六，七分以下至五分者约居十之四，核计自应七分有余。该督何以仅云六分有余。是否总核舛误。著传谕勒尔谨查明具奏。"寻奏："本年夏收分数，按州县撒数，自八九分至五分有余不等，若将各属尾零之数计入，原系七分有余。因乾隆二十八年前抚臣明山奏准，题报收成分数，悉令除去尾零，统以分数为止。节年遵照办理，今统九府三州共八十三处，将尾零悉行删除，是以不足七分。"得旨："太拘泥矣。"

（卷917　285页）

乾隆三十七年（1772年）九月壬子

又谕："四川松潘镇总兵员缺，著五福补授。其维州协副将员缺，即著李天佑调补。所有陕西洮岷协副将一缺，著温福、阿桂于现在军营之陕甘两省出力参将内，拣选一员，奏请补授。"

以故甘肃河州土司指挥同知何福慧子武、贵州黎平府属亮寨长官司已革土官龙世勋堂弟世宁，袭职。

（卷917　290页）

乾隆三十七年（1772年）九月是月

陕甘总督勒尔谨奏："甘省土瘠民贫，仰赖官仓接济。现各属常平额储所存无几，本年夏禾统计六分至七八分不等，市价尚平。请于司库借款采买六十万石，以备来春借粜之用。其价请大路冲途，上色粟米、小麦、豌豆，定每石二两。下色青稞、大豆一两二钱。偏僻处上色一两七钱，下色一两二钱。以杜捏饰冒销之弊。"报闻。

（卷917　298页）

乾隆三十七年（1772年）十月乙丑

谕曰："原任甘肃西宁镇总兵高天喜前在西路军营，奋勉出力，临阵捐躯，成劳可悯。伊子守备高仁，因预保引见，奏恳四川军营效力，著加恩赏银五十两，驰驿前赴军营，交与温福听候差委。遇有都司缺出，即行补用。

其次子武举高人杰现在会试，未经中式，并著加恩准与新科中式武举一体殿试。"

（卷918　303页）

乾隆三十七年（1772年）十月辛卯

甘肃提督路峨病故，调江南提督马全为甘肃提督。以河南河北镇总兵邱若龙为江南提督。两广督标副将黄模为河北镇总兵。

（卷919　330页）

乾隆三十七年（1772年）十一月辛丑

又谕："向来每届岁底，谕令偶被偏灾之各省，查明有无应行加恩之处，于次年新正颁发恩旨，以普春祺。今岁各省年谷顺成，寰宇咸臻丰稔，且报收十分者居多。即甘省间有偏灾数处，通计收成亦在七分以上。现有旨令该督勒尔谨查明复奏。此外竟无可再沛恩膏。惟念川省现在军务未竣，用兵之地，一切动用官帑，丝毫不以累民。而挽运遄行，不无稍资民力。今春虽已降旨分别蠲缓，而一年以来，小民又积有微劳，至节次调派之陕、甘、云、贵、湖广等省官兵，所有经过地方，停宿供亿。虽无派累闾阎，而百姓趋事奉公，亦不免于勤勚。自宜同普恩施，著传谕各该督抚，即将过兵运粮各属内应作何酌量缓征之处，迅即查明，务于岁内复奏，候朕于新正降旨加恩，以示格外优恤之意。此旨著由六百里发往，即令各该督抚由六百里复奏。"

（卷920　341页）

乾隆三十七年（1772年）十一月癸卯

赈贷甘肃皋兰、红水县丞、渭源、狄道、靖远、陇西、安定、会宁、平凉、华亭、泾州、隆德、镇原、固原、盐茶厅、安化、环县、正宁、宁夏、灵州、平罗、中卫、大通、肃州、王子庄、高台、金县、静宁、平番、巴燕戎格厅、西宁等三十一厅、州、县，本年水、旱、雹灾饥民。

（卷920　343页）

乾隆三十七年（1772年）十一月甲辰

军机大臣等议复陕甘总督勒尔谨奏称："凉州、庄浪为西陲要地，向设满兵三千，已全数分拨伊犁、乌鲁木齐，请于凉州驻满兵一千、庄浪五百，均由京派拨。其满营官员照数设立外，更需大员统辖。查西安现有副都统二员，应令一员移驻凉州。均应如所请。"从之。

乾隆三十七年（1772年）十一月壬子

军机大臣等议复西安将军福僧阿等奏称："西安、宁夏满洲兵移驻巴里坤二千，由京派拨补额。其官员俸禄、马干折项及兵饷、口粮并借给、恩赏等银，请俱照西安现行例支给。应如所请。至所称由京派往西安兵，请于明年闰三月到齐。查京师满洲兵派往西安、宁夏二千，并拨补凉州、庄浪，移驻乌鲁木齐缺额兵一千五百。若俟各该处兵起程后，始由京派往，须三十九年春间方能尽行起程，未免延缓。且恐经过地方官办理滋扰。应饬乌鲁木齐、巴里坤大臣等将各该处兵催督移驻，住房赶紧修竣，咨报军机处，由京派拨各兵即于明春接续前往。至京师挑拨各兵，请派王大臣统计八旗人数多寡，不拘闲散、养育兵、披甲，酌量派拨。俟到各该处时，令该将军、副都统等均齐办理。再庄浪向有城守尉一员，令添兵五百，另城居住，应添设城守尉一。即令奉旨在伊犁以协领对品补用之讷齐纳坐补。其应派佐领、协领、防御骁骑校各官，请派王大臣等于各该旗应升人员内拣选引见补放。"从之。

乾隆三十七年（1772年）十二月癸亥

又谕："向来提督总兵缺出，俱就记名及应升人员内简放。第现在川省西南两路，连次克捷，军营打仗出力将领甚多。若只循例以年资擢用，伊等不过在营循分供职，竟得安坐超迁。而行间效力之人转不能与，殊非奖励戎行之道。前经降旨，将马全调补甘肃提督，其江南提督员缺，令邱若龙补授。今据何煟奏，邱若龙现已病故，江南提督员缺，著段秀林调补，不必即赴江南新任。甘肃提督现有法灵阿署理，马全亦不必即赴甘肃，仍暂留江南提督之任。所有浙江提督员缺，此时暂缓简放，俟有军营劳绩出众人员，候朕酌量升用。至江南狼山镇总兵戴福现亦病故，所遗员缺，著张和调补，其正定镇总兵事务，著都明阿暂行署理。其员缺，一并候旨简放。"

乾隆三十七年（1772年）十二月甲子

谕军机大臣等："向来各省遇有被灾地方，除随时抚绥赈恤外，每于次年新正降旨加恩展赈，以示体恤。今岁各直省俱年谷顺成，秋田普获丰稔，且报收十分者居多。即甘肃省奏报秋成分数，通计亦在七分以上，原可毋庸再沛恩膏。惟是皋兰等三十一厅、州、县所属村庄，夏秋二禾间有被雹及旱潦偏灾。现经该督查明成灾分数，自五分至九分不等，题请赈恤。已敕部照例办理。第念西陲地瘠民贫，非沃壤殷饶者可比，虽成灾仅属一隅，恐民力究不免拮据。当明春青黄不接之际，或有尚须量为接济者，又当恩施格外。著传谕勒尔谨，查明皋兰等被灾各处于常赈之外，应否量予展赈，及勘不成灾各属，除照例借给籽种、口粮外，或应将本年额征钱粮酌令缓带之处，即速一并详查，据实由驿复奏。务于岁内奏到，候朕于明年新正量发恩旨，俾边氓共臻饶裕。"

（卷922　368页）

乾隆三十七年（1772年）十二月丁亥

谕："前据阿桂等节次奏报，攻克僧格宗等处。随营将佐中奋勉者甚多，曾降旨令阿桂查奏，今据奏到云南参将郝壮猷，前在甲尔木山梁及美都喇嘛寺，俱督兵杀贼甚多，实为出力。又甘肃临洮营都司神保，于进攻甲尔木及攻捣池木、美诺等处，亦俱奋勇，请赏给花翎等语。郝壮猷、神保屡次领兵接仗，皆能奋勉，甚属可嘉。著俱赏戴花翎，以示鼓励。"

（卷923　400页）

乾隆三十七年（1772年）十二月庚寅

御保和殿，筵宴朝正外藩。左翼：科尔沁多罗郡王纳旺色布腾、多罗郡王和硕额驸齐默特多尔济、多罗郡王喇特纳扎木素、多罗贝勒三音察衮、固山贝子多罗额驸班珠尔、固山贝子鄂勒哲特穆尔额尔克巴拜、辅国公色当噶玛勒、一等台吉喇特纳、色棱丹巴、萨木丕勒、四等台吉敦多布、阿巴噶多罗郡王车凌旺布、辅国公齐巴克扎布、敖汉多罗郡王喇什喇布坦、固山贝子固山额驸垂济扎勒、和硕额驸朋苏克喇锡、二等台吉色布腾多尔济、鄂尔多斯郡王品级多罗贝勒栋啰布扎木素、扎噜特多罗贝勒衮楚克扎布、一等台吉朋苏克、阿噜科尔沁多罗贝勒达克丹、喀喇沁固山贝子多罗额驸扎拉丰阿、和硕额驸那木扎布、一等塔布囊格勒克萨木噜布、翁牛特固山贝子图璊巴颜、二等台吉巴颜巴图尔、三济扎布、巴林辅国公和硕额驸德勒克、多罗额驸丹津、二等台吉索诺木、苏尼特辅国公扎什喇布坦、克什克腾扎萨克一等台吉囊济特扎布、郭尔罗斯固山额驸苏玛第、归化城土默特四等台吉巴勒丹多尔济。右翼：科尔沁和硕亲王多罗额驸色旺诺尔布、喀尔喀和硕亲王固伦额驸拉旺多尔济、多罗郡王车木楚克扎布、多罗贝勒衮布多尔济、固山贝子朋楚克、镇国公恭格阿喇布坦、辅国公车登扎布、德勒克多尔济、丹巴旌准、达什朋楚克、拉沁苏隆、索诺木辰伯勒、扎萨克一等台吉班第、噶尔玛扎布、阿拉善和硕亲王和硕额驸罗布藏多尔济、公品级一等台吉旺沁班巴尔、绰啰斯多罗郡王罗布扎、回部郡王品级贝勒霍集斯、辅国公图尔都、和什克、额色尹、扎萨克一等台吉玛木特、二等台吉鄂斯满、杜尔伯特固山贝子博第、一等台吉车登、乌喇特镇国公噶勒桑车凌、和硕特辅国公巴勒济、青海扎萨克一等台吉罗布藏丹津及领侍卫内大臣等。召科尔沁多罗郡王纳旺色布腾、多罗郡王和硕额驸齐默特多尔济、多罗郡王喇特纳扎木素、多罗贝勒三音察衮、固山贝子多罗额驸班珠尔、阿巴噶多罗郡王车凌旺布、敖汉多罗郡王喇什喇布坦、固山贝子固山额驸垂济扎勒、鄂尔多斯郡王品级多罗贝勒栋啰布扎木素、扎噜特多罗贝勒衮楚克扎布、阿噜科尔沁多罗贝勒达克丹、翁牛特固山贝子图璊巴颜、巴林辅国公和硕额驸德勒克、科尔沁和硕亲王多罗额驸色旺诺尔布、喀尔喀和硕亲王固伦额驸拉旺多尔济、多罗郡王车木楚克扎布、多罗贝勒衮布多尔济、固山贝子朋楚克、阿拉善和硕亲王和硕额驸罗布藏多尔济、绰啰斯多罗郡王罗布扎、回部郡王品级贝勒霍集斯、辅国公图尔都、和什克、额色尹、杜尔伯特固山贝子博第等至御座前，赐酒成礼。

（卷923　407页）

乾隆三十八年（1773年）正月壬辰

又谕："迩年办理小金川以来，节次调派陕甘官兵，较他省为数稍多。一切经过地方，停宿供亿，均动支官帑，丝毫不以累民。第念陕省为入川总汇之区，凡调取陕甘官兵解送军装、铅药、饷鞘等项皆所必经。兹当小金川全境荡平，兵差所过之地，民劳可念。允宜量加恩泽，用普春祺。所有陕省接壤川境临栈之宝鸡、南郑、城固、西乡、沔县、略阳、宁羌、褒城、洋县、凤县、留坝厅十一厅、州、县，缓征正赋钱粮十分之五。其路当孔道，差务繁多之咸宁、长安、咸阳、兴平、临潼、渭南、凤翔、扶风、岐山、潼关厅、华州、华阴、武功十三厅、州、县，缓征钱粮十分之四。办差稍次之鄠县、盩厔、醴泉、高陵、蓝田、泾阳、三原、富平、耀州、同官、肤施、延川、延长、甘泉、陇州、汧阳、麟游、郿县、榆林、大荔、澄城、韩城、朝邑、郃阳、蒲城、白水、兴安州、汉阴、石泉、邠州、长武、乾州、商州、鄜州、洛川、中部、宜君、缓德州、米脂、清涧四十州县，缓征钱粮十分之三。至甘省僻近西陲，民多贫瘠，而办送兵差，并皆黾勉趋事。所有差务较繁之陇西、岷州、宁远、漳县、西固州同、阶州、成县、文县八厅、州、县，缓征正赋钱粮十分之五。其次之皋兰、狄道、渭源、沙泥州判、平番、古浪、武威、永昌、固原、静宁、会宁、通渭、礼县、西和十四厅、州、县，缓征十分之四。其又次之西宁、碾伯、大通、巴燕戎格厅、宁夏、宁朔、灵州、中卫、平罗、张掖、山丹、东乐县丞、镇番、河州、靖远、红水县丞、泾州、平凉、盐茶厅、隆德、华亭、灵台、宁州、安化、环县、洮州厅、秦州、清水、徽县、两当、伏羌三十一厅、州、县，缓征钱粮十分之三。但缓征旧欠，则急公输将之户，转不得一体同邀惠泽，而次年新旧并征，民力亦仍不免拮据。并著将陕甘过兵各州县应完之项，统于乾隆三十八年份新赋内分别缓征，以昭公溥。其酌缓四五分者，仍分作三年带征。酌缓三分者，分作二年带征，俾群黎从容输纳，永免追呼，共享升平之乐。该部即遵谕行。"

（卷924　412页）

乾隆三十八年（1773年）正月癸巳

谕："每岁新正，预查各省有因灾予赈地方，俱降旨加恩展赈，以示体恤。昨岁各直省俱年谷顺成，秋田普获丰稔，且报收十分者居多。即甘肃省据报偏灾数处，而通计收成亦在七分以上。原毋庸再沛恩膏，第念西陲地瘠民贫，非沃壤殷饶者可比，虽成灾仅属一隅，恐民力究未免拮据。特令该督确查，如有应行加恩之处，详悉复奏。兹据奏到偏灾各厅、州、县，业经照例赈恤，穷黎已咸登衽席。若于春初酌借籽种、口粮，更足资接济。惟河东之皋兰暨所属红水县丞、靖远、平凉、泾州等五处，被灾情形较重，入春青黄不继之际，不无待泽等语。所有皋兰等五州县，俱著加恩展赈一个月，其有应酌借籽种、口粮者，仍著查明妥办。该督其董率所属实心经理，毋任吏胥侵渔中饱，俾闾阎均沾实惠，以副始和布令优恤边氓至意。该部即遵谕行。"

（卷924　414页）

（定边将军、大学士温福）又奏："丰升额由章谷吉地等处往绰斯甲布，于臣西路兵内先拨贵州及固原兵一千名，并董天弼处先到之甘肃兵一千数百名，交丰升额于十二月十八日带领起程，嗣有续到甘肃兵一千名，亦令侍卫等带领赶上其三杂谷土兵一千五百余名，由党坝便道先赴绰斯甲布等候。至从前大兵未抵美诺及底木达之时，小金川之南北境，俱防贼番抄截。今各寨落收服，东南北三面已非应防之后路，惟美诺系粮运总汇，酌议留兵。又曾头沟、堪卓沟、木了山、大板昭一带，路通金川。且僧格桑原从底木达之美卧沟逃往，恐贼酋见此空虚，从小路潜来滋事。是以拨兵二千交董天弼分驻要隘，并令其留驻布朗郭宗、底木达等处，防范后路。至功噶尔拉系金川与小金川交界，其山与巴朗拉相似，而较为高峻，地气亦属阴寒。臣审度事机，刻难延缓，业于十二月二十二等日统兵启行，于簇拉角克沟之南、帛噶尔角克碉之北，觅路径赴牛厂前进。较之回赴美诺，再趋功噶尔拉，更为便捷。"得旨："所办俱妥，忙俟捷音。"

（卷924　415页）

乾隆三十八年（1773年）正月甲午

又谕曰："甘肃提督马全即著驰驿前往四川，派在温福军营作为领队大臣，管理甘肃官兵。"

（卷924　416页）

乾隆三十八年（1773年）正月乙未

谕军机大臣等："马全前已调补甘肃提督，其江南提督员缺，令段秀林调补。嗣因内地武职大员，堪胜专阃者，一时难得其人，且军营现有打仗出力之员，自当量予升补，用奖勤劳。是以令马全暂留江南提督之任，段秀林亦暂留浙江。今马全来京陛见，已令其驰驿赴川，即以甘肃提督作为领队大臣，管理甘肃官兵，随营进剿。所有江南提督印务，询称系交总兵陈奎护理。虽前据高晋奏，陈奎居心诚实，熟谙水师，办理巡查洋面俱属妥协等语。但彼时仅就总兵而论，其是否可以久署提督尚难遽定。著传谕询问高晋，如陈奎器局才识可署提督。一年半载于海疆营伍尚为有益，即奏明令其署理。若陈奎只可暂时护篆，于提督不甚相宜，又不便令其久署要缺，或通省总兵内尚有优于陈奎可署提督者，或竟无堪以胜任之员，均著据实复奏，候朕另降谕旨。将此谕令高晋知之。"

（卷924　418页）

乾隆三十八年（1773年）二月癸亥

谕曰："勒尔谨奏，巴里坤地方近来生息增繁，兵民子弟敦书讲射，渐已蔚然可观。请照乌鲁木齐，迪化、宁远二厅封题代试之例，专设学额一折，已批交该部议奏矣。自平定西陲以来，关外耕屯日辟，商旅往来，生聚滋繁，久已共安作息。其秀民并知蒸蒸向化，弦诵相闻，渐成乐土。前已议准办事大臣所奏，于乌鲁木齐等处专设学额。今巴里坤复请照例取进生童。将来人文日盛，即当建置胶庠，使遐方文德诞敷，声教广被。实从来所未有，惟是该处民居稠密，闾井殷繁，兼之属国来王，征轺辐辏，实为边陲一大都会。今既议定学额，而原驻仅一同知，尚于体制未合。自应将巴里坤改设为府，乌鲁木齐改为属州，或将安西府移于巴里坤，而改安西为州，并令统隶。于边郡规模，尤为闳远。其应如何定制设官，酌予嘉名，及建立学校之处，著大学士九卿详悉妥议具奏。"寻议："查安西府距嘉峪关不远，应改为直隶州，将所辖渊泉县裁，应设州判、学正、吏目等官。将渊泉县县丞、训导、典史裁改，原设玉门、敦煌二缺仍为属县。巴里坤改设知府，添附府知县一员，应设经历、教授。以安西原缺移驻，经历兼管司狱。乌鲁木齐同知改为知州，仓大使改为吏目，仍管仓大使事。添设学正一员，原设宁远城通判改为州同，特讷格尔县丞改为州判。附近之辟展同知，哈密、奇台两通判，均归巴里坤新设知府管辖。至哈密迤南，马莲井迤北相去窎远，应令该督酌添佐杂一员。现议改设府、州、县沿边各缺，定为繁难最要。令该督于陕甘两省满员内拣调。安西州并新设州同、州判定为边缺，亦拣员调补。应添学额、岁科两试，每次取进文童四名，岁试武童四名，由学政封题，令该道考试。武童外场，该道与驻扎大臣会考。至各该处应建文庙、衙署、改颁印信一应事宜，该督会同巴里坤、乌鲁木齐办事大臣，详细议奏。所有改设府、州、县应予嘉名，伏候钦定。"得旨："如所议行。寻定府曰镇西府，州曰迪化州，县曰宜禾县。"

（卷926　443页）

乾隆三十八年（1773年）二月甲戌

又谕："据索诺木策凌等奏称，派委护送庄浪兵丁马匹之骁骑校锡南并不带领马群，惟随伊家口车辆前往，殊属不合。请将锡南革去骁骑校等语。锡南系特派送马之员，理宜带领马群行走，乃并不经心，置之不顾。随伊家口行走甚属不堪。其罪不止应革，索诺木策凌等但将锡南奏请革职，甚不晓事体。锡南著革去骁骑校，仍著枷责，以昭炯戒。"

（卷926　455页）

乾隆三十八年（1773年）三月戊戌

又谕："据舒赫德奏，甘肃凉州镇总兵于秀现在病故，所有伊犁屯田事务现有副将乔照接管。但今冬乔照即五年期满，应请另简总兵一员前往更换等语。乔照既于屯政熟悉，著即署理凉州镇总兵，接管伊犁屯田事宜，不妨多留数年，再行请员更替。其金塔寺副将印务，现在自应委署有人。仍令该督照例递署，毋庸开缺。"

（卷928　483页）

乾隆三十八年（1773年）三月甲辰

刑部议准甘肃按察使图桑阿奏称："定例回民行窃，结伙在三人以上发极边烟瘴充军。其恃强抢夺，未设专条，向仅分别人数多寡予以杖徒，未免轻纵。请嗣后如结伙三人以上，不分首从，俱发黑龙江给兵丁为奴。倘有脱逃即行正法。其不及三人而有纠谋持械逞强情形者，发极边烟瘴充军，照例刺字。如无逞凶情状，照抢夺本例拟结，以儆凶顽。"从之。

（卷928　489页）

乾隆三十八年（1773年）三月庚戌

又谕曰："于秀调补甘肃总兵虽未及一载，但在新疆办理屯田一切事宜，颇知出力。今闻溘逝，深堪轸惜。著加恩赏赠提督衔，以示优恤。"

（卷929 495页）

乾隆三十八年（1773年）三月壬子

赈恤甘肃皋兰、金县、渭源、狄道州、靖远、陇西、安定、会宁、平凉、静宁州、华亭、泾州、隆德、镇原、固原州、盐茶厅、安化、环县、平番、宁夏、灵州、平罗、中卫、巴燕戎格厅、西宁、大通、肃州、高台，乾隆三十七年份被灾贫民口粮有差。

（卷929 497页）

乾隆三十八年（1773年）三月是月

陕甘总督勒尔谨奏："哈布塔海哈拉山等处产有金砂，奉谕察看，是否可供开采。与阿拉善王罗布藏多尔济会同商办。查金砂衰旺，试采方知。臣当即派同西宁府知府奎明带佐杂、千把各二员，兵役各十名。罗布藏多尔济派同参领那亲带领催二名、兵十名，于二月二十五日同赴该处，公同履勘。试采两日，将民夫一百五十名分为十起，每起采得金砂一钱者，赏银二钱。令该府逐日登记，半月汇送臣衙门查验，俟一两月后，是否盛旺及应开应闭情形，据实具奏。"报闻。

（卷929 502页）

乾隆三十八年（1773年）闰三月丙寅

谕："上年秋间，川省调取各省征兵所需皮棉衣具等项，均令地方官代为办送，例应于各兵饷银内分季扣还。前曾降旨，将甘省兵丁借领办装银两，俟凯旋后再扣，以纾兵力。所有陕省征兵制办衣履借领司库银两，事同一例，并著加恩，统俟该兵凯旋后再扣还项，俾各兵眷属，养瞻宽然。该部遵谕速行。"

（卷930 508页）

乾隆三十八年（1773年）闰三月庚辰

补行乾隆三十七年甘肃省大计。年老官六员，有疾官二员，才力不及官二员，浮躁官一员，分别处分如例。

（卷931 523页）

乾隆三十八年（1773年）四月己丑

又谕："前因于秀病故，据舒赫德奏，副将乔照于伊犁屯田事务尚为熟谙，因降旨令其署理凉州镇总兵。今览其奏谢折内，书衔称臣，殊属不合。武员即官至提督，亦称奴才，此乃向来定例。乔照岂容不知。虽臣仆本属一理，称谓原无重轻，但乔照甫加总兵即如此妄行无忌，足见其器小易盈，恐在彼管理屯务，亦未必如俞金鳌之经久妥协。著舒赫德传旨严行申饬，并留心访察，如有自满贻误，即行据实参奏，毋稍瞻徇。"

（卷932　534页）

乾隆三十八年（1773年）四月乙未

又谕："据伟善奏称，由宁夏移驻巴里坤官兵所有欠项，请查明行文乌鲁木齐、巴里坤大臣，俟官兵到日照原定年限坐扣等语。宁夏移驻巴里坤官兵初到彼处，一切未能就绪，若即坐扣欠项，于伊等生计甚无裨益。自应俟移驻后稍有就绪，再照年限坐扣为是。且移驻乌鲁木齐、巴里坤兵丁固应如此办理。即由凉州、庄浪移驻乌鲁木齐，及由京移驻西安、宁夏等处官兵，亦俱应照此办理。著交乌鲁木齐、巴里坤、西安、宁夏、凉州、庄浪大臣等，所有现在移驻官兵，到各该处后所有欠项，俱著展限二年后，再定年限坐扣。"

（卷932　538页）

乾隆三十八年（1773年）五月戊子

户部议奏："藩司到任，委员盘查所属仓谷，宜定限期。前议令各该督抚按本省情形，定限具奏。今江苏、安徽、山东、山西、陕西、湖南、福建、河南、浙江、直隶、广西、湖北、贵州、甘肃陆续奏到，殊不划一。查定例，督抚到任盘仓，计道路远近，仓储多寡，统以三个月为限。嗣后各省藩司到任委盘，应照督抚例，勒限三个月盘清结报。至广东各府，或称谷多，或称途远。又甘肃之安西府及哈密等处，离省更遥，应令该省扣除委员赴盘程途日期外，勒限三个月结报。福建之台湾府，应照广东之琼州扣程勒限。奉天未设藩司，据府尹奏，请令治中知府分盘，定限自一个月至两个月不等。应如所奏。再督抚藩司到任同时，或相隔未久，尚在限内者，或适值年例盘查者，并案声明结报。藩司盘查后，即遇升调，新任藩司到任在三个月内者，加印结详报，均无庸重盘。藩司署任未及三月者，统归接任藩司查办。至云南、四川、江西未据议奏，该三省情形大约相同，亦请照三个月限期结报。以昭划一。"从之。

（卷935　591页）

乾隆三十八年（1773年）六月癸卯

豁除甘肃靖远县荒地三十八顷八十二亩有奇额赋。

（卷935　606页）

乾隆三十八年（1773年）七月壬子

谕："现在派调京兵二千及吉林、黑龙江兵二千赴川省军营应用。一切经过地方，停顿供亿，俱动用公帑，官为办理，丝毫不累闾阎。而挽运负任之劳不能不稍借民力。朕每念百姓等之诚心奉公，深可嘉尚，屡示优恤。新正曾加恩将川省官兵经过各厅、州、县本年额征钱粮，俱缓至乾隆三十九年带征。其分办夫粮，未经过兵地方，蠲剩应带之项，亦展至三十九年再行带征。此次京兵过境，用宜再沛渥恩，著将川省乾隆三十九年额征钱粮均再缓至次年带征，俾黎庶益臻宽裕。至陕甘过兵各州县，亦经降旨，于本年新赋内分别缓征。著再加恩，将已缓五分者全予缓征，四分者加缓八分，三分者加缓六分。仍按照分数多寡，一体酌分年限带征。其直隶、河南二省，京兵经过地方，并著加恩，将本年应征钱粮酌缓十分之五，令得一体均沾。再迩年办理军务以来，小民趋事急公，共知踊跃无误，足见人具天良，倍宜爱惜。第恐不肖有司及奸胥蠹役，借办差为由，妄以无名之项加派侵肥，凌以官势，使万姓奉上之忱，转受墨吏滋扰之累，不可不实力查办，以安善良。著各该督抚留心严行查察，设有借端累民之弊，立即据实严参。审明时，无论官吏即于该处正法示众，毋得稍为姑息。倘督抚等惧干失察处分，意存徇庇回护，经朕另有访闻，或别经发觉，查讯确实，惟该督抚是问。著将此即行通谕知之。"

（卷937　619页）

乾隆三十八年（1773年）七月戊午

又谕："据勒尔谨奏称，现令肃州、安西、哈密等处预办壮健骡头，以备移驻乌鲁木齐官兵更换之需。所办好。但凉州移驻乌鲁木齐官兵均系携眷行走，不能急行。现今派拨伊犁厄鲁特兵一千名赴川，著传谕勒尔谨将此项骡头不必预备移驻乌鲁木齐官兵，即留备厄鲁特兵过境之用。"

（卷938　633页）

乾隆三十八年（1773年）七月己巳

陕甘总督勒尔谨奏："陕、甘、川省地界相连，恐军营尚须添兵接济，已分咨陕甘提臣，各选精壮兵一千以备调用。今奉谕旨派兵二千赴川，已飞饬两省将弁，即日分起带领起程，迅速前进。"

谕军机大臣等："昨朕先令富德起身，速赴成都，无论何处兵到，即带领由打箭炉、章谷一路往迎阿桂。复令色布腾巴勒珠尔亦即照此前往接应。计富德未到之前，所调贵州兵丁已陆续赴川。富德到时，著即遵旨带领往迎阿桂。至陕甘距四川甚近，所有勒尔谨派往之二千兵，色布腾巴勒珠尔至成都时亦必到齐，即将此项兵丁带领速行进发，并著伊等将先后到成都日期及带何项兵丁，于何时起程前往之处。迅即奏闻。"

（卷938　656页）

乾隆三十八年（1773年）七月庚辰

谕军机大臣等："据勒尔谨奏，乾隆乙未年新疆各处应需贸易绸缎，照例开明各项色样数目，请敕江宁、苏州、杭州三织造暨山东、山西巡抚，依期解送甘省，以便分运等语。著传谕徐绩、巴延三、基厚、舒文、寅著，即照勒尔谨单内所需各绸缎，妥协制办，务使质地重厚，颜色鲜明。不得稍有粗率轻减，致滋挑驳干咎。并遴委妥员如期解运，以资新疆贸易之用。所有勒尔谨原折清单，俱著抄寄。"

（卷939　680页）

乾隆三十八年（1773年）七月丙戌

谕："据阿桂等奏，革职留任之甘肃提标中营参将富金保，屡次打仗出力，并于驻守古噜时，防范严密，悉力守御，歼戮贼番，且身受枪石伤，实属奋勇可嘉。可否将该员革职之处准予开复等语。富金保著加恩准其开复。"

（卷939　689页）

乾隆三十八年（1773年）八月庚子

军机大臣等议复陕甘总督勒尔谨奏称："满兵移驻凉州、庄浪。凉州所设协领二，分为左、右翼，每员各管四旗。一旗一佐领。现有佐领六，其协领二各兼一佐领缺。庄浪两旗一佐领，现有佐领四，无庸分左、右翼，每佐领下佐领、防御、骁骑校各一，兵一百二十五。其应添营房，请将多余衙署兵房酌拨。凉州协领二员关防应交礼部铸造。官兵俸饷等项，照例办理。凉、庄应设炮位，于凉州镇照数拨给。"从之。

（卷 940　　707 页）

乾隆三十八年（1773 年）八月辛亥

谕军机大臣等："勒尔谨奏，肃州收贮监粮，请添建仓廒一折。经户部议驳，已依议行矣。在部臣以该处现收监粮，仓费无多，而建仓借项至七千余两，虑及难以归款，所筹亦是。然朕意转不在此，盖建仓贮谷，如果实在相需，原不宜靳惜小费。若不知因地制宜，惟鳃鳃以添筑仓廒为念，目前既糜营造之资，日久徒耗岁修之项，殊属非策。地方大吏经办一事，必须通盘筹划，计及长久，方为妥善。因思西北地土高燥，非若南方潮湿，易致霉浥者可比。即如新疆回地粮食，皆掘地窖藏，并无红朽之虞。甘肃风高土厚，形势大略相等。且其居民半住窑房，自皆穴地贮粮，未必另为囷廪。此项监粮，若可仿而行之，既于土俗相宜，亦觉公私省便，何必徒务仓庾虚名乎？著传谕勒尔谨，将该处所有官粮是否可以挖窖存贮之处，悉心妥酌具奏。"

（卷 941　　726 页）

乾隆三十八年（1773 年）八月癸丑

陕甘总督勒尔谨奏："巴里坤满营需用兵粮向由甘州、凉州、西宁三提镇营孳生驼厂内，挑选堪用驼只，解送巴里坤，驮运奇台、古城、吉布库等处民屯粮石，以供满兵支用。但据各营送到驼只中，挑送可用者，仅止二百三十八，运粮不敷。现送凉州移驻满兵出口车二千六百余辆，送至乌鲁木齐仍须空回内地，必由奇台经过。应于此项车内挑选壮健车骡，每百里运粮一石，给脚价银二钱带运，约可得粮万石。较雇觅民车及买车骡运送，殊为节省。"得旨："如所议行。"

（卷 941　　729 页）

乾隆三十八年（1773 年）九月壬申

陕甘总督勒尔谨奏："甘省皋兰、肃州、王子庄州同、张掖、山丹、东乐县丞、抚彝厅、武威、合水等州县，本年八月上、中两旬，附近山坡处所秋禾叠被严霜，成灾六、七、八分不等。已飞饬各该道府亲行确勘。将地亩分数切实查明。如果成灾，照例查办。"得旨："览，应抚恤者，实力妥为之。"

（卷943　752页）

乾隆三十八年（1773年）九月丙子

谕军机大臣等："据索诺木策凌请添派陕甘兵二千赴乌鲁木齐屯种一折，其事不可行。现在陕甘兵丁，节经派调征剿金川者共二万四千。其存营兵数无多，岂能再拨新疆屯种。并据舒赫德奏，伊犁、巴里坤等处屯粮，俱收至二十余分不等，惟乌鲁木齐每年收成不过十一二分，是以粮用不敷。由该处初办时，经理未能妥善，并不系乎屯兵之多少等语。是督率兵丁屯种，必须得实力整顿之人，方能有益。因思俞金鳌前在伊犁办理屯务，甚为妥干，已有旨，令其升补乌鲁木齐提督，并令于接奉谕旨后，即赴提督新任办事。俞金鳌到彼，务照伊犁所办章程，董率兵丁，悉心妥办，俾该处屯田收获与伊犁等处一律丰盈，方不负朕委任。俞金鳌若知伊犁管理屯务官员中，有谙习妥协，可资得力者，即就近行知伊勒图，调取二三员，仍一面奏闻。除另降清字谕旨，谕知伊勒图、索诺木策凌外，将此由五百里传谕俞金鳌知之。"

（卷943　759页）

（定西将军、尚书阿桂）又奏："楚兵越险登高实为得用，而此次派来陕甘兵内，甘省较优，陕兵后起，尤不如前。云南昭通等处，兵颇骁勇出力。前因滇省亦系边方，未便多为调拨。兹据云南提督长清告知，总督彰宝现又挑兵三千，派员教演，是滇省官兵，尚敷抽拨。如进剿时，应增添兵力，即当奏闻檄调。"报闻。

（卷943　761页）

乾隆三十八年（1773年）十月戊子

调甘肃西宁镇总兵赵兴宗为广东右翼镇总兵、浙江衢州镇总兵刘鉴为西宁镇总兵，以福建延平城守营副将那兰泰为衢州镇总兵。

（卷944　781页）

乾隆三十八年（1773年）十月壬寅

谕军机大臣等："明亮等奏，宁夏镇总兵张玉琦员缺，请以汪腾龙代管等语。汪腾龙人本平常，且不能实在得力。昨派往军营之候补总兵敖成，人甚可用，即应补授此缺。至汪腾龙原系赏给参将衔，今所出有甘肃提标中营参将员缺，可即令其补授。"

（卷945　796页）

乾隆三十八年（1773年）十一月乙丑

谕军机大臣等："前据勒尔谨奏，皋兰、肃州等州县秋禾叠被霜雹，现在饬属确勘一折。随经批谕该督应抚恤者实力妥办。今据勒尔谨题报，皋兰等十州县、州同各地方所属村庄夏秋二禾间被雹霜，已成偏灾等语。现交该部速行议复，令将应行赈恤蠲缓各事宜照例妥办矣。甘省素称瘠薄之区，今皋兰等处秋禾又属歉收，恐当青黄不接之时，民力未免拮据，著传谕勒尔谨将各被灾地方，明春应否再行加赈及酌借籽种之处，速即查明复奏。再该督题本内所称抚彝等五处，秋禾亦经被霜，现在会勘等语。并著勒尔谨，迅速确查，是否成灾，应否酌量加恩之处。一并具奏。"

（卷946　816页）

乾隆三十八年（1773年）十一月丙寅

赈恤甘肃皋兰、金县、靖远、泾州、平番、宁夏、平罗、灵州、肃州、王子庄州同十厅、州、县雹霜成灾饥民，并缓征隆德、合水、抚彝厅本年地丁钱粮。

（卷946　818页）

乾隆三十八年（1773年）十一月戊辰

命署理藩院侍郎福禄前往西宁，换伍弥泰回京。

（卷946　820页）

乾隆三十八年（1773年）十一月壬申

命青海办事大臣伍弥泰前往西藏办事，换莽古赉回京。

（卷947　829页）

乾隆三十八年（1773年）十一月辛巳

谕军机大臣等："据勒尔谨奏，移驻凉州二起官兵，行至会宁县翟家所地方，佐领阿克敦布因所备饭食不能如意，喝令兵丁将该县长随贾奎、赵棠等各打七十棍。贾奎因伤身死，赵棠伤亦甚重。现在移咨凉州副都统，将阿克敦布革去顶带，并查明下手兵丁，一并交地方官锁解来省严讯，从重定拟等语。自应如此办理。阿克敦布身为佐领，于所带兵丁尚应沿途约束，勿使滋事。乃因饭食细故，竟敢喝令兵丁将该县长随横加棍责，以致一毙一伤，情罪甚为可恶。阿克敦布解省后，即交勒尔谨严加审讯定拟。一面具奏，一面即于该处正法，以为将领不安分者之戒。其下手兵丁并著讯明，一并重治其罪。再今年自京调赴川省军营之满洲、吉林、索伦等兵及带兵将弁，俱各踊跃遄行，极为安静。曾降旨嘉奖。不意带领驻防兵丁之员乃敢于滋事妄行若此，实出意料之外。今甘省既有此不法败类，恐经由各省时亦难保其必无，著传谕驻防兵经行各督抚，所有此项官兵经过之处，如有蔑法生事者，即照勒尔谨此奏，随时奏闻办理。将此一并传谕知之。"

又谕："京城八旗满洲、蒙古兵丁携眷派往庄浪、凉州、西安等处驻防者，盖念旗人生齿日繁，得粮不易，如此办理，自应倍加感激。沿途行走安分，不得妄滋事端。况官员、章京均有约束兵丁之责，乃敢以沿途备饭不周，殴毙人命，如阿克敦布者。既系自取罪戾，国法又何能曲贷。除将该犯正法另行降旨外，著再通谕各队带兵行走之协领、佐领等官，各宜安静，并严行约束兵丁，毋蹈阿克敦布之前辙。"

（卷 947　834 页）

乾隆三十八年（1773 年）十二月丁亥

以湖南长沙协副将刘辉祖为甘肃宁夏镇总兵。陕西潼关协副将六十六为甘肃肃州镇总兵。

（卷 948　842 页）

乾隆三十八年（1773 年）十二月癸巳

又谕："凉州现有满洲兵丁驻防，副都统赵琦身系汉军，凉州又无将军管理。长额礼著调补凉州副都统。赵琦著调补宁夏副都统。"

（卷 948　847 页）

乾隆三十八年（1773 年）十一月甲寅

御保和殿，宴朝正外藩。左翼：科尔沁和硕卓哩克图亲王恭格喇布坦、多罗扎萨克图郡王纳旺色布腾、多罗贝勒古穆扎布、固山贝子多罗额驸班珠尔、固山贝子鄂勒哲特穆尔额尔克巴拜、辅国公诺观达喇、公品级一等台吉旺扎勒多尔济、和硕额驸敏珠尔多尔济、二等台吉济克济扎布、喀尔喀和硕亲王固伦额驸拉旺多尔济、固山贝子敦多布多尔济、公品级一等台吉扎木占多尔济、扎萨克一等台吉乌尔津扎布、巴林多罗郡王巴图、固山贝子多尔济喇布坦、辅国公和硕额驸德勒克、奈曼多罗郡王拉旺喇布坦、敖汉多罗郡王巴勒丹、镇国公固山额驸罗布藏锡喇布、辅国公多罗额驸桑济扎勒、和硕额驸朋苏克喇锡、二等台吉班珠尔喇布坦、济克济扎布、翁牛特多罗贝勒诺尔布扎木素、一等台吉旺舒克、二等台吉衮布车布登、喀喇沁固山贝子多罗额驸扎拉丰阿、辅国公拉扎布、温都尔瑚、公品级一等塔布囊齐齐克、固山额驸敦珠布色布腾、二等塔布囊丹巴多尔济、阿拉善厄鲁特镇国公多尔济色布腾、乌拉特辅国公恭格喇布坦、乌珠穆沁辅国公玛哈布尔尼雅、郭尔罗斯扎萨克一等台吉阿喇布坦。右翼：厄鲁特和硕亲王多罗额驸罗布藏多尔济、固山贝子朋素克、公品级一等台吉旺沁班巴尔浩、齐特多罗郡王达什喇布坦、苏尼特多罗郡王车凌衮布、多罗贝勒恭桑扎勒、绰啰斯多罗郡王罗布扎、二等台吉纳木扎勒、回部郡王品级多罗贝勒霍集斯、辅国公图尔都和什克、额色尹、扎萨克一等台吉玛木特、乌珠穆沁多罗贝勒达什衮布、鄂尔多斯多罗贝勒栋啰布色棱、固山贝子纳木扎勒多尔济、阿巴噶固山贝子朋楚克、青海固山贝子沙克都尔扎布、杜尔伯特镇国公双和尔、三等台吉乌呼斯、归化城土默特辅国公索诺木旺扎勒、喀尔喀辅国公沙克都尔扎布、公品级扎萨克一等台吉云敦齐旺、和硕特辅国公色布腾、扎萨克一等台吉特默齐、哈萨克公品级阿底勒苏勒坦、吐鲁番公品级一等台吉素赉璊、二等台吉丕尔敦、喀喇沁和硕额驸庸库尔忠、翁牛特多罗额驸班珠尔、奈曼固山额驸端多布、一等台吉素弥喇、科尔沁一等台吉萨木丕勒、四等台吉端多布、巴林一等台吉索特纳木多尔济及领侍卫内大臣等。召科尔沁和硕卓哩克图亲王恭格喇布坦、多罗扎萨克图郡王纳旺色布腾、多罗贝勒古穆扎布、固山贝子多罗额驸班珠尔、巴林多罗郡王巴图、辅国公和硕额驸德勒克、奈曼多罗郡王拉旺喇布坦、敖汉多罗郡王巴勒丹、镇国公固山额驸罗布藏锡喇布、辅国公多罗额驸桑济扎勒、翁牛特多罗贝勒诺尔布扎木素、喀喇沁固山贝子多罗额驸扎拉丰阿、厄鲁特和硕亲王多罗额驸罗布藏多尔济、浩齐特多罗郡王达什喇布坦、苏尼特多罗郡王车凌衮布、绰啰斯多罗郡王罗布扎、回部郡王品级多罗贝勒霍集斯、辅国公图尔都、和什克、乌珠穆沁多罗贝勒达什衮布、鄂尔多斯多罗贝勒栋啰布色棱、固山贝子纳木扎勒多尔济、青海固山贝子沙克都尔扎布、杜尔伯特镇国公双和尔等至御座前，赐酒成礼。

（卷949　869页）

乾隆三十九年（1774年）正月戊午

又谕："上年据勒尔谨奏，皋兰等十州县等处地方所属村庄，夏秋二禾间被霜雹，已成偏灾。当即令该督将应行赈恤蠲缓各事宜，照例妥办。特念甘省地瘠民贫，皋兰等处既属歉收，恐新春青黄不接之时，民力未免拮据。复谕勒尔谨将被灾各处，应否加赈之处，迅速确查具奏。兹据该督复称，甘省夏秋二禾，通属收成八分有余，均为丰稔。其间被霜雹等处，仅属一隅。业已蠲赈兼施，小民不致失所。惟河东之皋兰、金县、河西之肃州、平番等四处偏灾情形稍重等语。著加恩将皋兰、金县、肃州、平番等属被灾贫民于正赈之外，各展赈一个月。再河州、狄道、渭源、安定、西宁、大通、红水县丞等七处，上年亦被有霜雹，虽据称因顷亩零星，例无赈恤。第念瘠薄之区，民间鲜有盖藏，亦宜加以体恤。并著该督查明咨部，量予缓征，以普一视同仁之意。该部即遵谕行。"

（卷950　877页）

乾隆三十九年（1774年）正月辛未

谕军机大臣等："毕沅奏，据文绶札称，川省军营沙汰溃兵止有发配甘肃，无应发陕西之兵。是以发遣溃兵，陕省并无一名到配等语。此项溃兵既俱发配甘肃，则该省于解到溃兵后自应饬属安插，照节次所降谕旨办理。何以未见勒尔谨奏及。著传谕勒尔谨，将川省已经解到溃兵若干名，并现在作何管束及有无滋事脱逃之处，即行据实复奏。"寻奏："川省应发甘肃溃兵尚未到配，现咨催作速起解，并先将名数咨复，至将来解到日，即遵旨分发各属安插，不令聚集一处，并饬各州县拨充苦差。"报闻。

（卷951　886页）

乾隆三十九年（1774年）三月己巳

又谕曰："尹嘉铨著来京，补授大理寺卿。其甘肃布政使员缺，著王亶望调补。郝硕著补授浙江布政使，其浙江按察使员缺，著徐恕补授。郝硕现在四川军营办理粮务，所有浙江布政使印务即著徐恕署理，其按察使印务著三宝于通省道员内拣派一人。奏闻署理。"

（卷955　939页）

乾隆三十九年（1774年）三月戊寅

户部议复陕甘总督勒尔谨奏称："甘肃常平仓谷定额四百五十万石，节年动拨，缺额相仍。乾隆三十一年因折色包揽，议将收捐监谷例停止。惟连年拨帑采买，仓储仍未补足，而甘省粮价平减，广为市易，不免谷贱伤农。请复收监谷旧例，应如所请。至从前折色等弊，仍应通饬严禁，并令各州县将收粮数目按月造送，该管道府亲临盘查结报。"从之。

（卷955　945页）

乾隆三十九年（1774年）三月是月

陕甘总督勒尔谨奏："乌鲁木齐缺额眷兵二百余名。前经奏准，于陕甘九提镇营内裁缺拨补。查陕甘现在停补兵缺共六百二名，现于各营内按缺多寡，先匀派二百名拨送。并咨该都统仍将零数查复，再行补送。"报闻。

（卷955　952页）

乾隆三十九年（1774年）四月戊戌

广东高廉镇总兵海明病故。以甘肃河州协副将常禄保为广东高廉镇总兵。

（卷957　966页）

乾隆三十九年（1774年）四月庚子

谕："据勒尔谨奏，已故安西提督豆斌，前在广西提督任内，应分赔参将李调鼎等滥用马价，及代赔都司许永联支用马价银两，无力完交。请于现在送部承袭之伊孙豆霈世职俸内陆续扣还等语。所办非是。此系豆斌名下分赔代赔之项，使其身现在，自应按限著追。今豆斌久经阵亡，即有本身应赔银两，亦应加恩宽免，岂可复累其子孙。况不过代属员分赔，彼时岂无同为总督提镇之人，无难将豆斌应赔之项，照数拟赔完项。此等皆安享厚禄，较之殁于王事者，相去奚啻霄壤。何乃舍现在而不问，转向效命疆场者之茕茕家属，勒限追扣，岂为平允。所有豆斌名下应赔银两，即著加恩豁免。其作何拟赔之处，仍著该部查明，另行妥议具奏。"寻议奏："豆斌名下应追银两，应仍在李调鼎案内，分赔之各上司名下摊赔。如各该上司亦无可著追，即著落统辖之总督等代赔，以清款项。嗣后阵亡之员，应赔银两，俱照此办理。"从之。

诶军机大臣等："勒尔谨奏报，肃州、安西两州收捐监粮一折。已批交该部议奏矣。甘省捐监一事，上年止准令肃州以西收捐本色，昨据该督以甘省通省仓储，一时未能全行足额，奏请仍照旧例，口内各属一体收捐。业经部议，准令本色报捐。仍饬该管上司，核实稽查，勿使滋弊。业已允行，第念此事必须能事之藩司，实力经理，方为有益。尹嘉铨谨厚有余，而整饬不足，是以改擢京职。特调王亶望前往甘省。王亶望自必来京陛见，俟其到时，朕当面为训示，交令妥办。但董饬稽查，乃总督专责，著严切传诶勒尔谨，于王亶望到任后，务率同实心查办，剔除诸弊。如仍有滥收折色，致缺仓储，及滥索科派等弊，一经发觉，惟勒尔谨是问。"

又诶："据勒尔谨奏到，甄别陕甘二省分发学习之世职各员，分别应留应斥，开单呈览，所办甚是。此等世职人员分发各省，原冀学习有成，俾得延其世泽。且可充备戎行之选。若其庸钝无能者，自当核实沙汰，使优劣不得混淆。庶众人亦为稍知奋勉。如此则督抚考验，方不视为具文。但各省督抚何以从未见有如此奏及者，或他省世职人员不及陕甘之多，亦当就其现有人数，据实甄别，即极少至一二人，又阿妨就此一二人之应留应斥，切实分别。岂可因人少而置之不问乎，著传诶各督抚，嗣后于考验世职人员，均著仿照勒尔谨办理。并著将勒尔谨原折清单抄寄，于各省奏事之便。诶令知之。"

（卷957　968页）

予故青海扎萨克多罗贝勒车木伯勒祭如例。

（卷957　970页）

乾隆三十九年（1774年）四月乙巳

礼部议准陕甘总督勒尔谨疏称："镇西府宜禾县考试生童，向例于学政按临肃州之前，将题目封固，交巴里坤道扃试。今巴里坤道已移驻乌鲁木齐，路途遥远，恐该道不能兼理。请嗣后于学政按临肃州之前，将题目封交镇西府考试。册送学政，按额录取。其武童外场，由该府会同巴里坤镇考试，分别等次造册。并将试卷封送学政阅取。至镇西府学额，应于宜禾县岁科两试，各拨文童二名，岁试拨武童二名。再巴里坤厅额收监粮十万石，已归宜禾县收捐。所有新设之镇西府，并请加添十万石，一体收捐。"从之。

（卷957　975页）

乾隆三十九年（1774年）五月戊辰

又谕："据阿桂等奏，发川以副将委用之西德布，自到军营以来，奋勉出力，请以补授甘肃河州协副将等语。著照所请，西德布准其补授甘肃河州协副将。"

（卷959　996页）

乾隆三十九年（1774年）五月壬午

谕军机大臣等："富勒浑奏，据驻扎西宁署侍郎福禄咨称，郭罗克番子及噶布舒番子托殷罗诺依，引路杀死扎萨克公里塔尔属下蒙古阿萨，刺伤察罕，抢去马牛羊只等因，随派道员查礼同游击龚学圣前往查拿等语。郭罗克等番子，肆行杀人抢劫。福禄既咨行富勒浑、文绶等，即应奏闻，何以并未奏及。其指引郭罗克道路之托殷罗诺依，或是另一部落人，或即青海厄鲁特。福禄咨内亦未声明。著传谕福禄，一并明白复奏。再郭罗克番子抢劫，固属常事，然亦由防守不严所致。此案既经富勒浑遣人往拿，福禄亦应派委干员协同查办，务期全行拿获，严惩示儆。嗣后著福禄不时训饬青海、哈萨克，令其严加防范，遇抢劫郭匪，即行剿办。"

（卷959　1006页）

乾隆三十九年（1774年）六月是月

陕甘总督勒尔谨奏："五月二十三日夜，雨势甚大，黄河暴涨，据附近省城各乡农民禀称，夏秋二禾多被冲损，并有淹没人口、房屋、牲畜之处。臣飞饬甘肃驿传道福川亲往各乡村履勘，应抚恤者一面照例抚恤，一面据实详报。"得旨："览奏俱悉，有成灾者，善为抚恤。"

（卷961　1038页）

乾隆三十九年（1774年）七月己未

又谕："甘肃提督法灵阿现在丁忧，但甘省正任总兵，俱调赴四川带兵，一时无可署理提督之员。法灵阿著在任守制。"

（卷962 1046页）

乾隆三十九年（1774年）七月壬戌

兵部议奏："陕甘总督勒尔谨咨称，南大通一驿，南至红城四十里，北距县城三十里，与红城、苦水二驿均在冲途。凡差马不敷，可以上下站通融朋送，惟递送紧要文报，接运新疆茶封、银鞘等物，需用车辆、夫役办理掣肘，且近年新疆日辟，差务更繁，请将南大通驿归并平番县管理。平城、松山二驿令庄浪厅照旧经管。其南大通驿务钱粮俱归该县支领报销，仍责成凉州府查核办理。应如所请。"从之。

（卷962 1051页）

乾隆三十九年（1774年）七月丁卯

谕军机大臣等："勒尔谨等奏请复陕省捐监旧例一折，已批交该部速议矣。至陕省非甘肃近边苦寒可比，本无事亟亟开捐。第该督等称陕省连岁丰收，粮价日减，则乘此有秋之际，收捐监谷，以裕仓粮。在积贮既为有备无患，而闾阎不致谷贱伤农。就现在情形而论，亦未为不可，而外吏皆喜开捐，其毙病自所不免。惟在该上司加意董稽，务使弊绝风清，不致有名无实，方为妥协。然亦止可暂行一二年，设遇谷价稍贵，即当奏请停捐，不可拘泥多收，致亏民食。该抚等务当深体朕意，切实妥办。倘不认真料理，致官吏复蹈昔年故辙，朕惟该抚及藩司是问。恐毕沅、富纲不能当其重咎也。将此谕令毕沅，并令转谕富纲。一体遵照。"

（卷963 1055页）

乾隆三十九年（1774年）八月辛卯

陕甘总督勒尔谨奏："新疆地方回民杂处，一切刑名案件，时有应办。今伊犁、乌鲁木齐办理斗杀等案，业经奏准照例问拟。而哈密接连安西，已属内地，除嗣后遇有情罪重大，决不待时之犯，一面办理，一面奏闻外。其寻常问拟监候案件，应请照伊犁一例办理。"得旨："自应如此，知道了。"

（卷964 1090页）

乾隆三十九年（1774年）九月丁巳

赈甘肃皋兰、沙泥州判、武威、镇番、宁朔、灵州、平罗七州县，水、旱、风灾饥民。

（卷966　1118页）

乾隆三十九年（1774年）九月庚申

谕军机大臣等："据勒尔谨复奏，甘省带征旧欠银两，误请检举，实属错谬，自请议处一折，殊为非是。前因户部议驳勒尔谨复奏旧欠银两，本系分年应征之项。该督前此办理，并未有误。乃检举请与上年河州等偶被霜雹之处，一概缓征，转为错误等因。朕以勒尔谨果以甘省地瘠民贫，难于催征，亦当据实直奏，候朕加恩。不应借检举为名，希图蒙混取巧，特饬谕该督，令其明白回奏。今据复奏，只称本年份已有应征银二百十余万，新旧并征，民力实属拮据。含混其词，并未将何项应征，何项应缓之处，详细分别具奏，仍不明晰。至该督误行检举之案。已经交部议处。今复以率请更正，自请交部严加议处。殊为不达事理。朕轸念该省边地瘠贫，叠次加恩，蠲赈缓带，殆无虚岁。即比年豁免银粮各项亦不下数百万，未曾稍为吝惜。朕临御三十九年，爱民之心常如一日。地方民隐果有应行体恤之处，该督抚据实奏闻，朕无不立时降旨加恩，此天下臣民所共知者。勒尔谨身为总督，宁转未谕，岂肯以该督为民请命之举，转将伊议处乎？勒尔谨所奏，实大不是。著传谕严加申饬。仍住该督将旧欠籽种、口粮一项，或有应行缓征之处，即明晰据实复奏。候朕另降谕旨，将此谕令知之。"寻奏："臣将甘省历年旧欠籽种、口粮、银两再加区别，以纾民力，如河州等二十五处，历年虽间被灾伤，不过一隅，收成尚属丰稔。其未完银一十三万六千八百二十七两，应遵谕六年带征，按限催纳。宁远等十二处，历年虽被偏灾，尚不致荒歉，其未完银一十八万四千六百六十七两，请于原限外，再展限二年。至皋兰等一十二处，历年被灾较重，民力实属拮据，其未完银七十一万九千二十七两，请于原限外展限四年，俾小民从容完纳，不形竭蹶。"得旨："已有旨了，又批，何不早如此明白陈奏。"

（卷966　1124页）

乾隆三十九年（1774年）九月丁丑

吏部议准陕甘总督勒尔谨奏称："安西府属渊泉县，城垣坍塌。乾隆三十三年经前督臣吴达善查勘，以该地低洼潮碱，无庸修复，另于旧城迤南二里许戈壁地方建筑新城。前督臣明山往勘，复因旧城为往来大道，官员衙署，不便尽行迁移。议于新城移驻兵四百名，建盖道员、参将等官衙署兵房。而旧城仍留兵三百余名，并备弁等官，俾资弹压。臣赴古城会办移驻满兵事宜，路经安西，见旧城虽已残破，而商民依然环处。新城孤立迤南，并无铺户民房。缘新城并非大道，且戈壁水泉缺乏，以致商民裹足不前。臣查旧城居民稠密，商旅络绎，虽西北一隅，间有春夏沮洳之患，究无大碍。舆情日久相安，是新城实属无用，旧城应议重修。请将新城砖料仍行移建旧城，其新城已建之衙署、兵房，估变归款，至从前建筑新城所费银两，应如数追赔。"从之。

（卷967　1171页）

乾隆三十九年（1774年）九月庚寅

谕军机大臣等："本年各直省秋收均尚属丰稔，惟江苏之淮安一带，八月间因黄水骤长，漫溢外河老坝口，以致山阳、清河二县及漫水下注之盐城、阜宁二县猝被水灾。业经降旨赈恤，并将乾隆四十年应征钱粮全行蠲免，及乙未年漕粮漕项，同节年旧欠钱粮漕米俱缓至明年秋成征办。灾黎自可不致失所，但恐明春正赈已毕，尚届青黄不接之时，民食或有拮据，并先经被旱之东台、泰州、兴化三属亦有偏灾。此外如直隶之天津、静海等十六州县，河南之信阳、光州等五州县，安徽之定远、寿州等十三州县，甘肃之皋兰、武威等七州县，湖北之汉阳、孝感等十五州、县、卫，或因缺雨被旱，或因水沙冲压，均间被偏灾。又山东之寿光县沿海村庄偶被风潮，山西之永宁州、临县山水被淹，均经各该督抚陆续奏明题报，照例分别赈恤。其明春是否尚须量予加恩之处，并传谕各该督抚详悉确勘，据实迅速复奏，候朕新正酌量加恩降旨。"

（卷968　1203页）

乾隆三十九年（1774年）十月是月

四川总督富勒浑等奏："郭罗克抢劫青海牛马，前经奏闻在案。兹游击龚学盛、松茂道查礼禀报，据中郭罗克副土目索浪勒尔务报称，拿获贼番二名，又前后交收牛马五百余。查番贼抢劫牲畜，多至数百，伙党自众，今止擒获二名。现批该道等严究，并饬将余贼追拿。"得旨："览。"又批："何不解省严究余党。"

（卷969　1233页）

乾隆三十九年（1774年）十一月己未

又谕："据勒尔谨复奏，查明各州县六年带征民借籽种、口粮、牛本等项折色银两，分别应征、应缓一折。既有此情节，即应早为明白陈奏，何必待朕节次传谕，始行查奏耶？此案应征、应缓之处，俟新正另有加恩谕旨。先将此谕令知之。"

（卷970　1243页）

乾隆三十九年（1774年）十一月辛酉

抚恤甘肃皋兰、狄道、山丹、东乐、古浪、平番、宁夏、肃州、王子庄、高台、金县、安定、会宁、西宁、大通等十五厅、州、县，本年水雹灾民，并予缓征。

（卷970　1247页）

乾隆三十九年（1774年）十一月戊辰

谕军机大臣等："据王亶望奏捐监事宜折内称，现在收捐之安西州、肃州及口外各属，扣至九月底止，共捐监一万九千十七名，收各色粮八十二万七千五百余石等语，固属承办认真，其情理多有不可解处。甘肃人民艰窘者多，安得有二万人捐监。若系外省商民，就彼报捐，则京城现有捐监之例，众人何以舍近而求远，其不可解者一也。且甘省向称地瘠民贫，户鲜盖藏，是本地人民食用尚且不敷，安得有如许余粮供人采买。若云商贾等从他处搬运至边地上捐，则沿途脚价所费不赀，商人利析秋毫，岂肯为此重费捐纳。若收自近地，则边户素无储蓄，又何以忽尔丰赢，其不可解者二也。况以半年收捐之监粮，即多至八十余万，若合一岁而计，应有一百六十余万。若年复一年，积聚日多，势必须添设仓廒收贮。而陈陈相因，更不免滋霉浥之虞。且各处尚有常平仓谷，统计数复不少，似此经久陈红，每年作何动用，其不可解者三也。若云每岁春间出借籽种、口粮需费甚多，设无捐项，势不得不借采买，约岁需价百余万金。然此项究系购自民间，与其敛余粟归之于官，复行出借，何如多留米谷于闾阎，听其自为流转乎。或以为盖藏之内多系富户，而出借种粮皆属贫民，贫富未必相通，不得不官为经理，则又何如于春时多方劝谕富户减价平粜，以利贫民，转需多此一层转折乎，其不可解者四也。勒尔谨既因该省民食筹办经费，自应将各种情形通盘筹划，使于民生有实济而无流弊，方为妥善。著传谕勒尔谨将所询各条逐一详细查核，据实明晰复奏。"寻奏："甘省报捐监生多系外省商民，缘新疆开辟，商贾流通，兼路远物稀，获利倍厚。安西、肃州又为边陲门户，商民无不经由。近年粮价平减，伊等以买货之银就近买粮捐监，较赴京实为捷便，是以倍形踊跃。甘省向称地瘠民贫，盖藏原少。连年收成丰稔，殷实之家，积粮日多，实系本地富户余粮供捐生采买，并非运自他处。至收捐监粮，原因常平仓储不足，开捐弥补。如果足敷贮额，即当奏明停止，无虞霉浥。再每春出借籽种、口粮，原取之捐项并采买内，实皆系民粟，但劝谕富人减价平粜，势难一律遵行。今报捐之例，在捐生出余资买粮上捐，固所乐从。而本地富户粜粮得价，亦无勉强。虽敛粟归官，实复散之于民，均称利便。"得旨："尔等既身任其事，勉力妥为之可也。"

（卷971　1258页）

乾隆三十九年（1774年）十二月丙午

户部议复陕西巡抚毕沅条奏捐监事宜："一、陕西省乾隆三年捐监旧例，每俊秀一名，捐谷九十五石至二百二十五石不等，乾隆九年及二十二、四、三十等年，节经该抚声明，粮价较昂，陆续奏准减数收捐，计每名仅收谷八十石零至一百九十余石不等。今据该抚等奏称，陕西凤翔、汉中、兴安、商州、邠州、乾州、鄜州等七府州属粮价，与乾隆九年相等。仍请照乾隆九年奏定粮数捐纳。西安府属照乾隆九年奏定之数，每名加谷五石二斗五升，同州府属照乾隆九年奏定之数，每名加谷五石三斗五升，延安府属照乾隆二十二、四两年奏定之数，每名加谷一十五石。榆林、绥德二府州属照乾隆九年并二十四年奏定之数，每名加谷十石。应如所奏，照数收捐。一、各属廪增附生情愿报捐者，亦令按照奏定额数，照例折算收捐。其西安、同州、凤翔、汉中、兴安、商州、邠州、乾州、鄜州各属生俊，止准本地报捐。延安、榆林、绥德三府州属，地处沿边，仓储尤关紧要，仍照旧准令外省商民一体报捐，亦应如所奏办理。一、收捐粮色，例应谷麦兼收。陕西省捐监旧例，俱按粟谷定数，如以米、麦、豆三色报捐，俱照粟谷之数减半折收。至汉中、兴安、商州等属出产稻谷，仍照粟谷之数减三收捐。此次收捐监粮，除豌豆一色，业据该抚声称难以出易，毋庸交纳外，其余粮色均应令其照旧交纳，仍令报捐人等将交纳粮色数目出具花押甘结，以杜私收折色之弊。一、收捐监粮向由布政司印发正、副实收。令各厅、州、县临时填给该生收执。此次例应照旧办理，将应收捐数及仓费、公费、收呈、收粮日期先行出示晓谕，俾报捐人等免于守候，并随时呈报该道府，按季盘查。该督抚统于岁底汇奏。一、收捐监粮，应收仓费、公费银两及所收粮石，按数出陈易新，经臣部于甘肃省复开捐监事例案内，分晰核定奏准在案。应令该抚查照甘省条例，并该省向来收纳银数遵办。至该省此次复收监粮，原为筹补仓储，该抚等既称俟民食流通，仓储足用，或遇粮价增昂即行奏明停止，毋庸拘定二年限期。亦应如所请，俟该省监粮充裕，臣部奏请简员前往盘查，以归实贮。"从之。

（卷973　1290页）

乾隆三十九年（1774年）十二月戊申

御保和殿，筵宴朝正外藩。左翼：科尔沁和硕亲王旺扎勒多尔济、多罗郡王喇什噶勒当、固山贝子鄂勒哲特穆尔额尔克巴拜、辅国公哈达、一等台吉色楞丹巴、敏珠尔多尔济、萨木丕勒、固山额驸固穆、四等台吉端多布、喀喇沁多罗郡王喇特纳锡第、固山贝子多罗额驸扎拉丰阿、一等塔布囊格勒克萨木噜布、二等塔布囊丹巴多尔济、浩齐特多罗郡王齐苏咙多尔济、翁牛特多罗郡王布达扎布、多罗贝勒诺尔布扎木素、镇国公恭格喇布坦、二等台吉三济扎布、巴颜巴图尔、扎噜特多罗贝勒锡勒塔喇、镇国公色棱扎布、一等台吉朋苏克、敖汉固山贝子固山额驸垂济扎勒、镇国公固山额驸罗布藏锡喇布、和硕额驸朋苏克喇锡、密岳特多尔济、固山额驸沙津阿尔毕特瑚、二等台吉色布腾多尔济、鄂尔多斯固山贝子纳木扎勒多尔济、沙克都尔扎布。阿巴哈纳尔固山贝子达克丹朋苏克、巴林固山贝子萨木丕勒多尔济、辅国公和硕额驸德勒克、二等台吉索诺木、喀尔喀固山贝子车木伯勒。乌喇特镇国公索诺木喇布坦、郭尔罗斯辅国公恭格喇布坦、克什克腾一等台吉根敦达尔扎、归化城土默特四等台吉巴勒丹多尔济。右翼：喀尔喀和硕亲王固伦额驸拉旺多尔济、亲王品级郡王车布登扎布、扎萨克图汗多罗郡王齐旺巴勒斋、多罗郡王多罗额驸桑斋多尔济、多罗贝勒阿玉尔、固山贝子逊都布多尔济、敦多布多尔济、辅国公德勒克多尔济、车登三丕勒、衮楚克扎布、扎萨克一等台吉齐素咙多尔济、鞠克衮楚克扎布、二等台吉巴勒丹多尔济、阿拉善和硕亲王和硕额驸罗布藏多尔济、回部郡王品级多罗贝勒霍集斯、辅国公图尔都、额色尹、和什克、色提巴勒氏、扎萨克一等台吉玛木特、茂明安多罗贝勒衮楚克扎布、绰罗斯多罗贝勒富塔喜、二等台吉纳木扎勒、厄鲁特固山贝子朋素克、贡楚克邦、公品级一等台吉旺沁班巴尔、都尔伯特辅国公扎纳巴克、扎萨克一等台吉布达什哩、察哈尔总管公敏珠尔多尔济、土尔扈特扎萨克一等台吉都尔玛扎布、青海扎萨克一等台吉班珠尔及领侍卫内大臣等。召科尔沁和硕亲王旺扎勒多尔济、多罗郡王喇什噶勒当、喀喇沁多罗郡王喇特纳锡第、固山贝子多罗额驸扎拉丰阿、浩齐特多罗郡王齐苏咙多尔济、翁牛特多罗郡王布达扎布、多罗贝勒诺尔布扎木素、扎噜特多罗贝勒锡勒塔喇、敖汉固山贝子固山额驸垂济扎勒、镇国公固山额驸罗布藏锡喇布、鄂尔多斯固山贝子纳木扎勒多尔济、巴林辅国公和硕额驸德勒克、喀尔喀和硕亲王固伦额驸拉旺多尔济、亲王品级郡王车布登扎布、扎萨克图汗多罗郡王齐旺巴勒斋、多罗郡王多罗额驸桑斋多尔济、多罗贝勒阿玉尔、阿拉善和硕亲王和硕额驸罗布藏多尔济、回部郡王品级多罗贝勒霍集斯、辅国公图尔都、额色尹、色提巴勒氏、茂明安多罗贝勒衮楚克扎布、都尔伯特辅国公扎纳巴克等至御座前，赐酒成礼。

（卷973　1292页）

乾隆三十九年（1774年）是年

旌表孝子，顺天等省张陈谟等十七名；顺孙，甘肃魏作干一名；孝妇，湖南王氏一口；守节合例，八旗满洲关少妻李氏等七十一口，蒙古八达色妻包氏等十三口，汉军铁住妻熊氏等十五口，内务府张士秀妻李氏等七口，盛京等处驻防沙海妻孟氏等八十八口，奉天等省宣国栋妻孟氏等八百二十六口；夫亡殉节，山东等省仪凤至妻张氏等二十四口；未婚守志，奉天等省单士一聘妻王氏等四十八口；百岁寿民、妇，直隶等省晁立等二十四名口。各给银建坊如例。

（卷973　1296页）

《清乾隆实录（十三）》

乾隆四十年（1775年）正月辛亥

又谕："昨岁甘肃夏秋二禾，据报通省收成统计八分有余，尚属丰稔。惟皋兰、武威等七州县，夏禾被有偏灾。而皋兰、金县等五处秋禾复被霜雹，均经先后分别照例赈恤，灾黎自可不至失所。第念该省土瘠民贫，其被灾之夏秋二禾收成未免歉薄，间阎不无拮据，著加恩将皋兰、武威二县夏禾被灾较重之处，于青黄不接时，再展赈一个月。其被灾较轻之灵州、宁朔、平罗、镇番、沙泥州判等五处，如有缺乏籽种、口粮，并著该督随时体察，照例酌借，以资接济。又皋兰、金县等五处秋禾亦被偏灾，除皋兰一县已于夏灾案内展赈外，所有金县、西宁、平番、肃州四州县属，并著一体展赈一个月，以示朕轸恤边氓至意。该部遵谕速行。"

又谕："甘肃僻近西陲，民贫土瘠，一遇水旱偏灾，即降旨蠲赈缓带，殆无虚岁。比年各属收成尚称丰稔，所有该省自乾隆二十三年至三十五年民借籽种、口粮、牛本等项，积欠甚多。前念边地民食维艰，特将积欠粮四百余万石全行豁免。其折色银一百三十二万余两，分作六年带征，以纾民力。乃自三十五、六、七、八等年仅完银二十八万六千余两，仍未完银一百四万余两。地方官以定有年限之项，照例按数催征。第念该省每年均有应征地丁、籽粮等项，若同时新旧并征，民力恐不无艰窘。自应再加区别展带，用昭体恤。所有河州等二十五处历年虽间有灾伤，不过一隅，收成尚稔，其未完银十三万六千八百余两，仍依原限带征外，其宁远等十二处，虽有偏灾，尚不致荒歉，其未完银十八万四千六百余两，于原限之外，再展限二年。至皋兰等十二处，历年被灾稍重，民力更觉拮据，其未完银七十一万九千余两，于原限之外，再展限四年，俾得从容完纳。该督务将应征、应缓之处，出示晓谕，令小民共知朕格外加恩之至意。该部即遵谕行。"

（卷974　4页）

乾隆四十年（1775年）二月辛巳

军机大臣议复宁夏将军傅良奏称："宁夏马兵二千二百名，每名拴马二匹。伊等不谙喂养，马多倒毙。请照西安、凉州例，令每兵各拴一马，以备操演。其余作价存库，遇有紧急用马，既可立时采买。而所余马干银两，又可分给众兵养赡家口。庶新驻兵丁不致有赔补马匹之累。应如所请。"从之。

（卷976　29页）

乾隆四十年（1775年）二月己丑

又谕："川省各路大兵现在乘胜采入，所有攻得碉卡要隘，均须节节留兵防守。若再加添兵力，一鼓直前，贼众闻之，自必更加慌乱，蒇事尤为迅速。据阿桂奏称，酌调甘、陕、川、黔省兵丁，著即传谕富勒浑、文绶迅速妥办。一面遣赴军营，一面奏闻。并著勒尔谨、毕沅、韦谦恒会同各该提督，于甘肃、陕西、贵州每省各挑精兵二千名，选派勇往晓事之镇将备弁，星速带领前赴川省军营应用。如提督相隔稍远者，该督抚径行选派，再行知会，勿因会办致羁时日。其一切军装、器械，料理起程，并沿途行走各事宜，著各督抚等查照前例，迅速妥办。其何省兵丁应派何路军营，并著阿桂先期檄知带兵人员，分路驰往。并著富勒浑、文绶速饬所属，于陕、甘、黔三省赴川路径，沿途妥为料理，俾各兵随到随行。勿稍阻滞。"

（卷976　37页）

乾隆四十年（1775年）二月庚寅

谕军机大臣等："昨据阿桂奏，请调拨陕、甘、贵州兵丁六千名赴川备用，已照所请，谕令各督抚即速照数拨遣矣。今思此项添调之兵，未必果有实济，即如陕甘二省昨岁曾据勒尔谨奏称，此后难以再敷调遣。今阿桂虽称各省在营兵丁均有缺额，已行知该本省募补，并有各营受伤兵丁仍拨回本营养伤者，在阿桂之意，似以现在拟调之兵仍系军营原缺之额，非另添新兵可比。但各营缺额，虽经咨回本处，其曾否募补足数及新募之兵，果否得力，或仍以旧兵拨川，募兵留营抵数，及发回养伤之兵，曾否痊愈可用，均须妥为筹办。"

（卷 976　37 页）

乾隆四十年（1775 年）二月乙未

以甘肃驿传道秦雄飞为湖北按察使。

（卷 977　46 页）

乾隆四十年（1775 年）二月丙申

蠲缓甘肃静宁、镇番二州县，乾隆三十九年水、旱、风、雹灾田额赋，并给籽粮如例。

（卷 977　47 页）

乾隆四十年（1775 年）二月乙巳

礼部等部议复署江西巡抚布政使李瀚奏称："钦天监所颁时宪书，按省次序，如盛京所属地方及各蒙古扎萨克并平定之准部回部等处，均分别刊载。今江南已分为江苏、安徽，湖广已分为湖北、湖南，陕西已分为甘肃。其太阳出入昼夜节气时刻，恐各省不同。请照盛京所属尼布楚城等处之例，各按分隶省城之地图，北极高度定纬，及地之经度所列，于时宪书内添注省名，分晰开载，以归划一。应如所请。"从之。

（卷 977　53 页）

乾隆四十年（1775 年）三月丙寅

谕军机大臣等："前据文绶奏，川省现调之三千兵于二月二十七八至初一等日起程，著传谕文绶此项川兵用之攻剿，或未能得力，但与富德令其同旧有之兵看守营卡，似属力所能为。若此时尚未至宜喜，或可令其就近前往南路备用，即或全至宜喜，亦著明亮于此内酌拨二千速往南路，听富德遣派守卡。再甘肃兵二千五百，陕西兵二千，现俱赴川。若于过成都省城时，酌留千余，令其驰赴南路军营，较为便捷。著传谕文绶即速妥办，仍将拨往陕甘兵若干迅速通知明亮，其余仍著明亮于新调川兵内拨往，以足三千之数。"

（卷 979　70 页）

乾隆四十年（1775 年）三月戊辰

谕军机大臣等："前因富德续派兵三千往宜喜，恐南路存兵太单，或致贼人窥伺滋扰，深为廑念。随谕令明亮于新调川兵到营后，酌拨一二千速赴南路，并令文绶于陕甘调兵过成都时，量拨千余，迅往绒布军营，补足续拨三千之额。今富德既将该处续派之兵留住二千，是防守已足敷用，所有已到明亮处之川兵及过成都之陕甘兵，俱可无庸拨往绒布。"

（卷979　74页）

乾隆四十年（1775年）四月乙酉

谕："据毕沅奏，陕省赴川官兵三月二十七八日已全数出境。甘省兵亦陆续入川，其贵州兵丁先经该抚奏报，已入川境。此次续调三省兵丁赴川助剿，以期克日蒇功。勒尔谨、毕沅、韦谦恒同各该提督及承办兵差之地方官，办理皆妥速可嘉，俱著交部查明议叙。"

（卷980　86页）

乾隆四十年（1775年）四月丙午

蠲缓甘肃皋兰、金县、狄道、安定、会宁、山丹、东乐、古浪、平番、宁夏、西宁、大通、肃州、王子庄、高台等十五州县，旱灾额赋，被灾重者分别赈恤，并借给籽种。

（卷981　104页）

乾隆四十年（1775年）七月庚戌

谕："据阿桂等奏，讯据脱出之刘均祥供称，系甘肃兵前往四川军营，充当德尔森保亲随，在木果木后山防守。贼众前来冲突，德尔森保被围，尚射贼五六名，又有一贼拉伊马尾，德尔森保仅余一矢，仍将此贼射死，后被贼枪伤咽喉，旋即坠马，被贼众砍死，经伊亲见等语。前因德尔森保系特派驻防木果木后山之人，所守山梁被贼夺去，以致将军大营溃乱，情罪重大，且贼人冲突之时，究不知伊作何下落，恐系被贼擒获，是以将伊子俱拿交刑部监禁。今览刘均祥供词，德尔森保于溃乱之际，打仗阵亡属实。德尔森保如果失陷紧要地方，又不奋勇打仗，纵捐躯亦不足蔽辜，即将伊子一并治罪亦属当然。今伊打仗阵亡属实，其罪止于失陷地方，不过停其议恤，尚不至将伊子一并治罪。著加恩将刑部监禁德尔森保之子即行释放。伊等既属无罪之人，所有应当差使，著交该旗大臣照闲散满洲例一体挑取行走。朕办理庶务，一秉大公，功罪皆由人自取。即如德尔森保前此失陷地方，情罪重大，身死又不分明，即将伊子监禁。今既阵亡属实，不至将伊子一并治罪，即施恩宽免，毫无偏倚。将此交将军阿桂，通行晓谕军营官员兵丁外。并著通谕八旗知之。”

乾隆四十年（1775年）七月己未

又谕："本月初八日，据勒尔谨奏，五月中旬以来省城以西各属得雨，未能一律沾足，而皋兰等十四处已有受旱情形，现在设坛祈祷等语。是该省夏间雨泽较稀，省西各属已露旱象。此时得雨若何，朕心实深廑念。乃本日藩司王亶望只奏捐监交代等事，虽所办尚好，而于地方雨水情形未经奏及。臬司图桑阿亦只循例奏报回任交代，无一字及于雨水，殊不可解。甘省现在如已成旱象，自应据实奏明，即或续得优膏，亦当附折具奏，以慰朕念。藩臬为地方大员，于通省雨旸水旱情形，例得随时入告，况有奏事之便，更无难随折附陈，乃竟不著一语，岂以此事为总督专责，与伊等毫无关涉耶。王亶望、图桑阿俱著传旨申饬，仍著将近日曾否得雨，或尚觉缺雨，各属有无偏灾之处，详悉据实复奏。"寻王亶望奏："六月二十六、七等日，省城及附近地方得雨，而为时较迟。皋兰等处俱成偏灾。七月中旬后，各属得雨一二寸至深透不等。"图桑阿奏："六月下旬，兰州等处始经得雨，各属不免旱灾。七月望后，陆续俱已得雨。"报闻。

乾隆四十年（1775年）七月乙丑

谕据伊勒图奏："达色接得勒尔谨查收鸟枪咨文，除哈喇沙尔民人、回子等鸟枪另办外，将土尔扈特、和硕特等之鸟枪，应否查收等因请示前来。当即查得土尔扈特、和硕特皆系新归之人，将伊等鸟枪不可查收之处。行文达色，并行文各游牧处一体办理等语。伊勒图所办甚是。土尔扈特、和硕特皆系新归之人，行猎牧牲防备恶兽，鸟枪在所必需。若概行禁止，于伊等无益，反致生其疑心。非惟此处难行，即新疆回人商民，近京边外蒙古民人亦不可禁止。因此昨降谕旨，边外蒙古民人鸟枪不必查收，通行在案。此一事原议不过引旧例，指边内民人而言，并非令新疆一并办理。勒尔谨乃总督大臣，身膺新疆要任，当量事体轻重，不当似转行文书衙门，附从办理。勒尔谨接准部文并不揣度，即通行于新疆，殊不晓事体甚属非是，而达色乃住居回地，办理土尔扈特、和硕特之人于彼处情形，未尝不知。乃仍含糊欲办理回子商人等鸟枪，又以土尔扈特、和硕特鸟枪应否查收之处，行文请示，更属糊涂悖谬之极。勒尔谨、达色均著交部议处。"寻议："勒尔谨降三级调用，达色革职。"得旨："勒尔谨著改为革职，从宽留任。达色著革职开缺，仍留该处效力。"

（卷987　170页）

乾隆四十年（1775年）七月己巳

蠲免甘肃皋兰、武威、镇番、宁朔、灵州、平罗等六州县并沙泥州判，乾隆三十九年份水灾、旱灾额赋，并豁免镇番、平罗二县水冲沙淤地一百六十六顷九十亩有奇额赋。

（卷987　174页）

乾隆四十年（1775年）八月丁酉

吏部等部议复陕甘总督勒尔谨奏称："甘肃省黄河浮桥，向归皋兰县经理，该县政繁，难以兼顾，请添设主簿一员管理河桥。平番县地方辽阔，河渠二十余处，请添设主簿一员，专司水利。肃州嘉峪关距州城七十里，该州鞭长莫及，请添设巡检一员，来往稽查。又肃州州判专管九家窑屯田，该屯户视为官田不尽心耕种，以致收粮短绌，莫若改为民田，令其自行经理，计亩升科。其州判一缺，裁所有该员廉俸即分给添设之皋兰、平番二县主簿。又哈密厅属之酢水堡，向设有巡检，该处民居甚少，无借专员弹压，请将酢水巡检缺裁，移驻嘉峪关，为肃州属。该员廉俸照数改拨。应如所奏。"从之。

赈恤甘肃皋兰、河州、狄道、渭源、金县、靖远、循化厅、红水县丞、沙泥州判、安定、固原、盐茶厅、张掖、抚彝厅、山丹、东乐县丞、武威、平番、古浪、永昌、镇番、庄浪、灵州、中卫、西宁、碾伯、大通、巴燕戎格厅、肃州、高台、安西等三十一厅、州、县，本年旱灾、雹灾饥民并予缓征。

铸给甘肃布政使、按察使、布政司照磨、按察司照磨、按察司司狱、宁夏府水利同知各印信关防，删旧印内陕西二字，冠以甘肃。从布政使王亶望请也。铸给乌鲁木齐管理厄鲁特部落领队大臣印记，从都统索诺木策凌请也。

（卷989　200页）

乾隆四十年（1775年）九月癸亥

谕军机大臣曰："勒尔谨奏，据署侍郎福禄咨称，扎萨克公礼塔尔出猎，遇贼被害。现亲往查办等因。臣即密备甘省兵一千五百，宁夏、凉州、庄浪满洲兵一千五百，借称查边，前往西宁。请特简大臣前赴西宁会办等语。此并非大事，勒尔谨张皇办理，殊属非是。礼塔尔自行出猎，并非因公，且青海一带不过番人，并无别部。礼塔尔出猎时，想所带人数无多，又或未经冠带，贼人不识，误行戕害。或即系伊属下滋事，亦未可定。此不过将戕害礼塔尔之人查出，从重办理，何至如此声张。勒尔谨虽云密备，不使人知，顾派兵数千，众人岂不纷纷议论乎。至福禄得礼塔尔被害之信，应一面奏闻，一面往办。今并未具奏，惟咨行勒尔谨者，或以此乃番人常有之事，俟伊查办后一并具奏耳。然伊亦应先行陈奏，今仅咨行勒尔谨，亦属不晓事体。著传谕福禄，礼塔尔究系被何人戕害，伊亲往如何办理，即行复奏。再此系细事，勒尔谨身为总督不可亲往。可密札法灵阿前赴西宁探信。福禄如已办竣，法灵阿即回任所，如未能完结，必须调兵，法灵阿再就近领西宁兵前往，同福禄办理。将此由六百里传谕福禄、勒尔谨，令其遵旨妥办。"寻奏："勒尔谨已至西宁，福禄即会同查办。贼匪业经远扬，俟留心查拿。现在西宁亦无应办事件，已移知法灵阿可不必来。勒尔谨亦即由西宁起程回任。"得旨："益属不堪。"

（卷991　232页）

乾隆四十年（1775年）九月丁卯

以故甘肃河州土司王车位子斌，四州永宁道属麻柳坝土百户仰挖子贾故各袭职。

（卷991　238页）

乾隆四十年（1775年）九月甲戌

吏部奏："贡监职员遇铨选考试等事不及回籍起咨，例得取具同乡京官印结。然必同系一省，体察方能确实。若江苏之与安徽，湖北之与湖南，陕西之与甘肃，业分两省，自非同乡。乃往往互相出结，恐滋蒙混。请嗣后业经分省者，均不准通融出结，如该省京官稀少，或有京官而无印信，有印信而官阶在八品以下，例不出结者，仍遵向例，先取同乡京官图结，再加具邻省京官印结。"报闻。

（卷991　244页）

乾隆四十年（1775年）十月庚辰

豁除甘肃山丹县坍没碱潮田地十七顷一十三亩有奇额赋。

（卷992　252页）

乾隆四十年（1775年）十月癸未

谕军机大臣等："昨青海公礼塔尔出猎被戕一案，因福禄办理未明，朕遣阿思哈前往。其办理之法已谕阿思哈矣，但此事可疑处甚多。礼塔尔原带去十一人，夜间贼至，岂竟无一人惊觉。贼即将伊等按住，裹头捆手。其裹捆压按之时，岂竟无一人见贼状貌，且同去十二人，只礼塔尔受伤至死，余止微伤，安知非伊属下人等有意戕害捏报。再礼塔尔等十二人俱被捆压，贼应不少，焉有如许人众走山谷旷野，不见踪迹之理。况据玉鲁木扎布等供称，只拿去伊等马匹、鸟枪、撒袋，并未剥去衣服物件，则其非贼明甚。种种应行研讯之处，福禄皆未深究，将此寄谕阿思哈，到彼详细严讯，务得实情，从重治罪，以昭炯戒，断不可使正犯漏网。"

（卷992　253页）

乾隆四十年（1775年）十月甲申

谕军机大臣曰："勒尔谨奏称，伊至西宁，见福禄奏折底稿，因自西宁回至安西等语。勒尔谨此回甚属非是，福禄办理此案，只据礼塔尔属下人等一面之词，并未研究正犯。勒尔谨身为总督，岂看不出此案疑窦。理宜会同福禄详细审明，乃以福禄业经具奏，即视为与己无涉，置之而回，殊不晓事。勒尔谨著传旨严行申饬，此事已遣阿思哈前往，毋庸勒尔谨、福禄办理。勒尔谨若接申饬谕旨，惧而复返西宁则尤属错谬也。著一并谕勒尔谨知之。"

（卷992　253页）

乾隆四十年（1775年）十月丙戌

谕："据阿桂等奏，甘肃肃州镇总兵六十六，自乾隆三十七年调赴川省军营，颇为奋勉。兹因染患伤寒病故等语。六十六在军营四载，带兵打仗，尚为出力。今因病身故，亦属可悯。著加恩照病故总兵王万邦、刘辉祖之例，交该部查明议恤具奏。"

（卷992　256页）

以湖南衡州协副将曹顺为甘肃肃州镇总兵。

（卷992　257页）

乾隆四十年（1775年）十月庚寅

蠲免甘肃皋兰、狄道、金县、安定、会宁、抚彝、山丹、东乐、古浪、平番、宁夏、中卫、西宁、大通、肃州、河州、高台等十七州、县、厅，乾隆三十九年水、雹、霜灾额赋有差。

（卷993　262页）

乾隆四十年（1775年）十月癸巳

谕军机大臣等："据勒尔谨奏，巴里坤地方秋收粮石价平，请乘时采买小麦、青稞共一万石，以备供支一折。巴里坤等处现在耕屯广辟，且值丰收，所得粮石似应足备供支之用，何以尚须采买。看来采买一事内地定价有限，如直隶等省地方官虑有赔垫，往往非所乐从。口外价值较多，承办之员利于购办，是以岁以为请。著传谕勒尔谨确查是否如此情形，或该处屯田所获尚不敷用，必须乘价平采买之处。再行确核据实具奏。至甘省自准捐监以来，各州县所收粮石必多，自无须再议采买。外省捐监一事实为弊薮，是以前经降旨停止。前岁该督以地方应用粮石自停捐以后，岁需采买，奏请开捐。彼时虽经允行，恐日久难免滋弊，因责成勒尔谨、王亶望二人实力妥协经理，未知现在所办若何。勒尔谨近日办事甚属糊涂，即如查办青海扎萨克公礼塔尔被害一案，始则过涉张皇，继则付之不办。业经传旨严行申饬。以此类推，恐于捐谷事宜亦未能实心查察。著传谕勒尔谨等务须严切稽查，不可稍涉大意，如办理略不尽心，或复颟顸了事，任属员从中弊混，将来经朕访知，或别经发觉，惟勒尔谨、王亶望是问。恐伊等不能当其罪也。仍著将现在收捐情形据实复奏，并著将此谕令王亶望知之。"寻勒尔谨奏："巴里坤地方为新疆孔道，供应浩繁，一岁屯耕所获，不敷一岁之需，是以历年俱请采买，以备陆续供支。今查乾隆四十年民屯所收粮石以及仓贮旧存，暨新收监粮并吉布库等处驮运粮石，约共四万一千四百余石，应备四十一年供支各项官兵，约需粮三万四千一百余石。下剩粮不过七千二百余石，设遇歉收，下年即不敷供应，如俟临时采买，不惟粮价增长，且恐一时采办维艰。若由他处挽输，则运价更倍于粮价。因奏请乘此秋收价平采买粮一万石，以备缓急。至自乾隆三十七年口外开捐，暨三十九年内地开捐，截至本年十月止，共捐监生五万七千五十七名，共收粮二百六十五万四千余石。除动用粮一百四十五万二千余石外，现应存粮一百二十万二千石零。据各道府盘查结报，均属实贮在仓，并无亏缺。"报闻。

（卷 993　263 页）

乾隆四十年（1775年）十月丁酉

又谕："本年各省收成丰稔者多，惟畿南一带六七月间偶因雨水稍多，致永定河水涨，漫溢溵河近淀之保定、文安等五十二州、县、厅均被潦成灾，而霸州等六州县较重。又甘省五月中旬后雨水未能沾足，皋兰、安定三十一厅、州、县夏禾偏被旱雹等灾。又江苏省夏秋雨泽愆期，句容等四十六州、县、卫被旱及萧县境内间有被水偏灾。又安徽省定远等三十九州、县、卫秋禾被旱及宿州、灵璧二处临河地亩被淹，均经各督抚陆续奏明题报，照例分别赈恤穷黎，自可不致失所。第念明春正赈已毕，尚届青黄不接之时，民食恐不免拮据，著传谕各该督抚，确切查明，据实复奏，候朕新正酌量加恩，用敷春泽。至豫省沁河两次水涨，漫刷武陟县民埝，将附近之张村等三十七村庄河滩地亩被淹，虽仅属一隅偏灾，但情形亦觉稍重，应否一体酌办之处，并著该抚查明奏闻。将此由五百里传谕，仍令由五百里驰奏。"

（卷 993　270 页）

乾隆四十年（1775年）闰十月己酉

予故青海多罗郡王衮楚克敦多布纳木扎勒致祭如例。

（卷 994　281 页）

乾隆四十年（1775年）闰十月丙辰

陕甘总督勒尔谨疏报，甘肃高台县乾隆三十五年开垦荒地五百十亩。

（卷 994　288 页）

乾隆四十年（1775年）闰十月丙寅

礼部议准陕甘总督勒尔谨奏称："甘肃安西文庙于乾隆三十五年议建在

案，查有现裁之渊泉县衙署，基址广阔，堪以就地改建，应如所请。"从之。

（卷995　298页）

乾隆四十年（1775年）闰十月癸酉

军机大臣议复阿桂等奏称："预备郊劳官兵等四百员名由陆路回京，其余俱于重庆用船，由湖广襄阳起岸。川省马匹已可不致竭蹶，惟此次逆丑荡平，各土司头人，情愿瞻仰阙廷者，自应令其恭与大典，届期作为一起。其大臣官员跟役减裁在后，另为一起。统计不过六起，间日行走，十二日之后马匹即可卷撤，更属易于筹办。但自军营至成都，原议抽调马八百匹，就程站分设。查军营至成都计三十余站，马八百匹不敷分布，而预备郊劳官兵，应须克日趱行，若将此项马匹作为长骑，则马力虑难直达。臣等筹酌陆路回京之官兵止四百员名，在口外则官员尚有自喂之马，即兵丁赴成都概令步行，折给马价均所乐从。所有川省马匹应请毋庸远解军营，仍令其按站安设。至官兵由陕进京不必取道河南，请由山西赴直隶，以均劳逸。其余自成都至重庆坐船，从湖广水路赴襄阳起岸，由河南直隶回京。再各省驻防绿营官兵为数不少，若俟大功告成，再行文各处预备，未免需时，所费实为繁巨。臣等亦即一并酌定，除陕兵仍由广元一路回陕外，令甘兵由保、茂、松潘一路回甘。其云贵兵由西路之达木巴宗出木坪一路，至雅州上船，由水路至永宁起岸，入黔省交替。湖广兵亦由成都至重庆用船，从水路回楚。庶分道遄行，不至前停后待，久驻旋师。均应如所请。"得旨："依议速行。"

（卷995　306页）

乾隆四十年（1775年）闰十月是月

陕甘总督勒尔谨奏："查旧制，安西厅属自惠回堡起，至马莲井止，共十三营塘。派千总一员总理，岁支盐菜银二十八两八钱，口粮粳米二石九斗八升八合。又巴里坤厅属自底塘起至托赖井子止，共十军塘，派守备一员总理，岁支盐菜银二十八两八钱，口粮白面三百六十斤。伏思新疆各处建置州县，久成内地。该备弁各驻本营，俱有本身应支俸饷，虽有总理塘务之责，并未离营。与驰递文报及奉派出差者有间。所有岁支盐菜口粮自当与哈密管台都司一体裁汰，以节糜费而归划一。"报闻。

（卷995　307页）

乾隆四十年（1775年）十一月庚辰

定边右副将军明亮奏："湖广总督陈辉祖于九月间先后解到皮衣、皮帽、皮领共四千六百副，当即散给存营楚省各兵。"谕："军机大臣曰陈辉祖所办，固由体恤所属兵丁起见，但军营调到兵丁，陕、甘、滇、黔皆有，其需衣履更换大略相同，不独楚省为然。今陈辉祖独恤楚省从征士卒，使有御寒之具，其意虽善，而其见则小。各省兵丁同系效力行间，惟楚省温暖适体，此外设有衣褐不完之人，欣羡之余，恐不免私怨其该管督抚不知曲体下情，因而心生懈怠，于全局甚有关系。今大功指日告成，此事原可毋庸置议，但就事理而论，凡曾经调兵省份，只应将该省派兵若干通知川省总督，如查有应制换衣履之时，即在成都造办，解交军营分给，俾其不致偏枯。仍令各省照例扣项，解还归款，方为普遍。将此谕令四川、陕、甘、云、贵各督抚一体知悉，并谕陈辉祖知之。"

（卷996　315页）

乾隆四十年（1775年）十一月乙酉

谕："朕以福禄系班第之子，特加恩擢用侍郎，派往西宁办事。伊应感激朕恩，益加奋勉。乃抵西宁以后，诸事糊涂，即青海公礼塔尔被戕一案，未能审出实情，惟信礼塔尔下人一面之词，颟顸了事，殊不胜任。福禄著革职，发往伊犁充当苦差。自备资斧，效力赎罪。"

又谕曰："惠龄著赏给副都统职衔，驰驿赴西宁办事。"

（卷996　327页）

乾隆四十年（1775年）十一月甲午

又谕："据勒尔谨奏，大通县扎马图地方办理金砂一折，将图字译作兔字，实属大谬。勒尔谨身系满洲，于此等对音字面不应讹舛若此。前因内外各衙门遇清文音汉字样，任意混写，错误甚多，曾命军机大臣酌拟十二字头对音定式。朕亲为阅定，刊刻颁行，即应遵照妥办。且今年五月内，朕因明史内于元时人地名对音尚沿旧习，有将图作兔者，于字音无当，而用意更鄙薄不堪，特降旨改正，传抄通谕。该督岂未见此旨，乃于陈进奏函，惟凭庸胥劣幕，随手讹写，竟不亲加检点，有是理乎。勒尔谨著传旨严行申饬。至折内所称哈布塔垓哈喇山开采金砂，但云该处现在土脉凝结，不能施工，已照例停工封厂等语。并不将该处是否因冬令天寒暂停开采，抑系永远封禁之处声明，亦属含混，并著该督明白奏复。”

（卷997　335页）

乾隆四十年（1775年）十一月乙未

又谕：“各省总兵内，如江南苏松镇陈奎、狼山镇叶浩、广东碣石镇新调福建海坛镇陈汝捷、福建南澳镇林国彩、漳州镇李国梁、浙江定海镇林云、甘肃西宁镇刘鉴、贵州古州镇现署贵州提督窦瑸八员，在总兵中似觉稍优，但未知其平日办事如何，其才具识见局面，将来是否堪胜提督，或宜水师或宜陆路。该督等平日知之必深，著传谕各该督将该员是否能胜任，或不能胜任之处秉公确核，据实复奏。”

以贵州清江协副将宝琳为甘肃肃州镇总兵。陕西定边协副将李煦为浙江处州镇总兵。

（卷997　338页）

乾隆四十年（1775年）十二月甲辰

又谕：“昨赏给惠龄副都统职衔，命往西宁办事。西宁地方统辖青海番子、蒙古，赏戴花翎，易资弹压。著加恩赏戴花翎。”

（卷998　346页）

乾隆四十年（1775年）十二月丙午

军机大臣议复署四川总督文绶奏称：“查甘省凯旋官兵共一万数千名，应由保县、茂州、松潘一带回营。自保县至松潘所属之柴门关出川境，交甘界，中间计十二大站。沿途应支口粮不少。而自保县以北，粮食昂贵，难以采买，挽运又多糜脚费。查茂州现有存仓麦菽四千余石，松潘现有存仓稞麦八千四百余石，米一千一百余石。所需回兵及夫役口粮约计不过三千石。今于此项仓贮米麦内动用搭放，已属供应裕如。即茂州无存仓之米，而保县系现在粮运正道，临时酌搭，亦甚近便。至所缺仓额，俟来岁麦收价平后再行买补，较为节省。应如所请。”得旨：“依议速行。”

（卷998　348页）

乾隆四十年（1775年）十二月辛亥

予金川阵亡肃州镇总兵曹顺祭葬如例，入祀昭忠祠。

（卷998　353页）

乾隆四十年（1775年）十二月癸亥

军机大臣议复："据陕甘总督勒尔谨奏称，陕省有驿州县通川省大路者居多，即僻路驿马俱帮贴栈内，现在无可更调。而满汉各营马匹除随带之外，亦属无几。拟于西安满营内拨马四百匹，通省绿营内拨马四百匹，先期押赴汉南一带，俟有红旗信息，即星飞赶赴川省之广元、昭化等处，分站应用。又查陕省自宁羌州入境，至河南阌乡县出境，计程一千六百一十里，酌拟安设马站十六处，每站安马二百匹。惟云栈以内，南星、留坝、马道、褒城、宁羌五站尤为险峻，各加马一百匹，共需马三千七百匹。拟于甘肃各营驿内抽拨马二千匹，在秦、阶一带喂养，预备飞调入栈应用。晋省协济马一千匹，在潼关、平阳、蒲州一带喂养，以备调赴华阴以西、宝鸡以东应用。其余不敷马七百匹并需备余马，拟雇民马应用。又查栈内山多人少，拨送官兵军装行李，雇夫不易，且恐行走迟延，酌拟栈内雇备健骡驮送，栈外雇备大车接运。至西安满兵暨陕省绿营兵，应由广元一路回陕。甘省绿营兵应由保县、茂州、松潘一路回甘。满兵每起四百名，绿营兵每起五百名，所有官员乘骑马匹无多，自可查照成案酌办。均应如所请。"得旨："依议速行。"

（卷999　361页）

乾隆四十年（1775年）十二月庚午

陕甘总督勒尔谨奏："陕甘两省马步粮缺共三千一十八名。从征步守等兵均效力疆场，功在垂成，应加鼓励。请将陕甘扣存马兵一千一百四十七名于军营出力之步守兵选补。其步守兵缺以军营出力之余丁挑补，其扣存步守兵一千八百七十一名，照例挑选补额。"报闻。

（卷999　368页）

乾隆四十一年（1776年）正月甲戌

又谕："上年甘肃省夏秋二禾统计收成七分有余，惟皋兰等三十一厅、州、县夏禾间有被旱、被雹之处，皆属一隅偏灾，业已赈兼施，俾无失所。内惟皋兰、金县、渭源、平番、中卫、灵州、肃州七州县并皋兰分驻之红水县丞所属，或情形较重，或值积歉之后民食未免拮据，著加恩于青黄不接之时，各展赈一个月。又续报秋禾偏被霜雹之陇西等十一州县，亦经照例赈恤，内泾州、平凉二处被灾稍重，并著一体展赈一个月，用敷春泽。其余夏秋被灾较轻之河州、陇西等处，今春如有缺乏籽种、口粮之户，并著该督随时体察酌借，以资接济。该省系瘠薄之区，灾黎尤堪廑念。勒尔谨务董率所属，实心妥为料理，俾得均沾实惠，以副朕轸恤边氓之至意。该部遵谕速行。"

（卷1000　377页）

乾隆四十一年（1776年）正月乙亥

谕："上年甘肃省皋兰等三十七州县，夏秋二禾均被有偏灾，业经降旨于照例赈恤外，乘春布泽，再沛恩膏，特予加赈，用资接济。惟念皋兰等处，尚有应征从前因灾未完民借籽种、口粮、折色等项，曾经叠次加恩，于原限六年之外再展二年、四年者，其四十年份应征之数，例应按限催征。第念各该处上年夏秋又经被灾，民力不无拮据。著勒尔谨将该年皋兰等三十七州县被灾之处，应征未完籽种各数，迅即详查奏明，再予展限一年，俾荒瘠边黎，得缓追呼，共安乐利。该部即遵谕行。"

（卷1000　379页）

乾隆四十一年（1776年）二月庚申

举行乾隆四十年大计。直隶省不谨官二员，罢软官一员，年老官七员，有疾官七员，才力不及官五员，浮躁官二员。奉天省年老官一员，才力不及官一员。吉林年老官一员。山东省年老官五员，有疾官一员，才力不及官五员。河东河员才力不及官三员。山西省罢软官二员，年老官七员，有疾官五员，才力不及官一员。河南省不谨官二员，年老官十三员，有疾官四员，才力不及官四员，浮躁官一员。江苏省不谨官三员，罢软官二员，年老官六员，有疾官四员，才力不及官二员。江南河员罢软官一员，年老官一员，才力不及官一员，浮躁官一员。安徽省不谨官一员，罢软官一员，年老官二十员，有疾官一员，才力不及官一员。福建省不谨官一员，罢软官一员，年老官八员，有疾官四员。江西省不谨官三员，罢软官一员，年老官六员，有疾官四员，才力不及官一员，浮躁官一员。浙江省不谨官一员，罢软官二员，年老官六员，有疾官三员，才力不及官四员，浮躁官二员。湖北省不谨官一员，罢软官三员，年老官五员，有疾官一员，才力不及官三员，浮躁官二员。湖南省不谨官二员，年老官三员，有疾官四员，才力不及官二员，浮躁官二员。陕西省不谨官一员，年老官九员，有疾官四员，才力不及官三员。甘肃省罢软官一员，年老官五员，有疾官三员，才力不及官二员，浮躁官一员。广东省罢软官一员，年老官七员，有疾官四员，才力不及官三员，广西省罢软官二员，年老官三员，才力不及官二员。云南省罢软官二员，年老官三员，才力不及官一员。分别处分如例。

（卷1003　437页）

乾隆四十一年（1776年）二月丙寅

以告休甘肃碾伯县土指挥同知李国栋子世泰，故四川大盐井土百户者布叶侄开文，云南云龙州属六库土千总段复健子云彩，各袭职。

（卷1003　447页）

乾隆四十一年（1776年）二月是月

陕甘总督勒尔谨奏："甘肃提标骟马六百八十余匹，自三十九、四十两年陆续拨补各营镇外，尚余马八十匹。今西宁镇请领四十年秋季合例马匹，除将余马拨给外，尚不敷三十匹，请于提标牧放马按年拨补。"报闻。

（卷1003　454页）

乾隆四十一年（1776年）三月庚辰

又阿桂会同丰升额、明亮奏："湖广、陕西绿营兵已全数撤回，所余甘肃、云、贵兵共一万五千余，臣等已将西、南、北三路甘肃兵，令总兵斐慎等分起撤回甘肃，余西宁镇标兵亦即酌撤。其贵州、云南兵亦令总兵特成额、刘国梁等分带起程。总计三月初八日可以全撤至三路。四川兵共一万四千余，应留新疆者六千余，其余亦当酌撤。已交与明亮、桂林俟各省兵撤后分别应留应撤，妥协办理。"得旨："嘉奖。"

（卷1004　465页）

乾隆四十一年（1776年）三月癸未

谕："现在军营由满员擢用总兵、副将者，多著有劳绩，奋勇出众之人，如用于北省及四川等镇协要缺，尚可演习骑射，留心营务，可冀成才得用。若补授广东、广西、湖南、湖北等省皆非习武之地，恐至彼耽于安逸，转足消其英锐之气，殊觉可惜。因交兵部将在军营之满洲总兵、副将补授广东等省者，通行查明，并将直隶等省要缺各员之非由军营升补者，一并列单进呈，朕详加阅定。所有直隶正定镇总兵员缺，著嵩安调补，其所遗广东高廉镇总兵员缺，即著富明调补。直隶宣化镇总兵员缺，著仁和调补，所遗湖北宜昌镇总兵员缺，即著达齐调补。山西大同镇总兵员缺，著官达色调补，所遗湖北襄阳镇总兵员缺，即著哈攀凤调补。山西太原镇总兵员缺，著特成额调补，所遗贵州威宁镇总兵员缺，即著敬善调补。又直隶督标中军副将员缺，著普吉保调补，其所遗广东惠州协副将员缺，即著任学周调补。直隶大名协副将员缺，著富成调补，所遗广西梧州协副将员缺，即著陈镇国调补。直隶河间协副将员缺，著全保调补，所遗湖北郧阳协副将员缺，即著范宜恒调补。山东胶州协副将员缺，著丰盛阿调补，所遗湖南永顺协副将员缺，即著卢光裕调补。山西蒲州协副将员缺，著观成调补，所遗湖南长沙协副将员缺，即著曹龙骧调补。陕甘督标中军副将员缺，著和成额调补，所遗贵州都匀协副将员缺，即著特松额调补。甘肃庆阳协副将员缺，著兴奎调补，所遗贵州黔西协副将员缺，即著赵登高调补。陕西汉中城守营副将员缺，著阿穆呼朗调补，所遗贵州清江协副将员缺，即著林茂益调补。甘肃神木协副将员缺，著德起调补，所遗贵州平远协副将员缺，即著陈圣谟调补。甘肃沙州协副将员缺，著双喜调补，所遗江南安庆协副将员缺，即著许宗奕调补。四川督标中军副将员缺，著巴福书调补，所遗云南广罗协副将员缺，即著张允师调补。该部知道。"

（卷1004　　470页）

乾隆四十一年（1776年）三月甲申

乌鲁木齐都统索诺木策凌、陕甘总督勒尔谨奏："巴里坤岁需不敷兵饷，前经奏准，挑拨甘、凉、西宁等提镇营孳生驼只解交巴里坤镇。在于古城、济布库、奇台等处挽运。查各该处水土不宜，多致倒毙，且运费甚于采买。请将前项粮石停其挽运。令于每岁秋后量为采买接济。其驼只即拨归巴里坤孳生厂内，俟有拨用，另为办理。"得旨："如所议行。"

以甘肃按察使图桑阿为江西布政使。

（卷1004　　474页）

乾隆四十一年（1776年）三月乙未

又谕曰："额尔德蒙额奏称，发往杭州充当苦差之回子萨盖脱逃，除行知各处严缉外，请将协领岳格并伊等交部分别议处等语。回子萨盖系发往杭州充当苦差之人，敢由配所脱逃，情殊可恶，若不严拿重惩，曷以示儆。著交该省及福建、江南、江西、河南、山东、山西、陕西、甘肃、直隶等省督抚严行查缉，于何处拿获，一面具奏，一面即行正法。至该将军等漫无管束，以致逃逸，疏纵已极。协领岳格著交部严加议处。将军额尔德蒙额、副都统明贝著交部议处。"

（卷1005　490页）

乾隆四十一年（1776年）三月丙申

赈恤甘肃陇西、伏羌、会宁、漳县、平凉、华亭、泾州、灵台、隆德、宁夏、平罗、秦州、玉门十三州县，乾隆四十年份雹、水、霜灾饥民。

（卷1005　493页）

乾隆四十一年（1776年）三月是月

陕甘总督勒尔谨奏："抚彝厅额征常平各项粮十五万二千余石。旧仓不敷收贮，应添建厫座八十间。清水县旧仓年久倾坏者三十二间，应重建。请动项兴修。"谕部知之。

（卷1005　500页）

乾隆四十一年（1776年）四月己酉

以湖南衡州协副将灵山为四川建昌镇总兵，陕西靖远协副将李化龙为江南寿春镇总兵。

（卷1006　508页）

乾隆四十一年（1776年）四月辛酉

谕军机大臣等："前据杭州将军额尔德蒙额等奏，有发往杭州充当苦差之回犯萨盖于本年三月初五日在遣脱逃。当经传谕该省及各省督抚，饬拿务获，即奏闻于该处正法。迄今一月有余，未据各省奏报拿获。回人脱逃，自必仍归其故土。甘肃、哈密等处皆所必经，已另降清字谕旨令该将军及驻扎大臣等上紧缉拿矣。自杭州至甘肃，经过内地省份甚多，何竟无一处盘诘，听其安行无阻，况回人面目形状与常人迥别，沿途最易物色，何以各省漫无稽查，经久未获。又如山东逆匪王伦案内，归太、刘焕二要犯严缉已将两载，亦无踪迹。可见各省督抚全不以事为事，所谓编查保甲亦不过奉行具文。如果实力挨查，则此等逸犯从何潜窜。即此可知外省办事之毫无实际矣。著再传谕各督抚严饬地方官并派委妥员，将应拿之回犯萨盖严饬务获。仍遵前旨，一面审明正法，一面奏闻。其山东逆案内之归太、刘焕并当一体严缉，毋任漏网。将此遇各督抚奏事之便，传谕知之。"

（卷1007　518页）

乾隆四十一年（1776年）四月是月

乌鲁木齐都统索诺木策凌、署陕甘总督毕沅会奏："玛纳斯屯兵经索诺木策凌奏准改驻眷兵，并移驻内地副将等官。查此项衙署兵房急须建造，现与毕沅札商，飞檄巴里坤镇，在沙州等营挑选堪任工作兵一千，并选干练千把等官管领，即日前往，以资兴作。"报闻。

（卷1007　531页）

乾隆四十一年（1776年）五月己卯

工部等部议准陕甘总督勒尔谨疏称："添设皋兰、平番二县主簿，裁哈密酤水巡检，移驻嘉峪关各事宜：一、皋兰主簿专管黄河桥梁船只，支领水手工食，并料理粮饷，抽收木税。一、平番主簿专管水利及民间争水词讼，并私销、私铸、私盐、私茶等项，俱准拿解送县查办。其余词讼不得搀越。一、主簿署将所裁肃州九家窑州判署变价建盖，不敷银两借闲款添补。在该员养廉内分年扣还。巡检署照从前所裁酤水巡检例建造。一、主簿照内地佐杂例，各额设养廉六十两。巡检系边缺设养廉二百两。其俸银俱照例支给。一、铸给皋兰县主簿管理河桥、平番县主簿管理水利各条记，肃州分驻嘉峪关巡检司印信。一、主簿定为要缺，巡检定为边缺，均令在外拣选调补。"从之。

（卷1008　542页）

乾隆四十一年（1776年）五月辛巳

旌表守正捐躯甘肃静宁州民朱典媳岳氏。

（卷1008　543页）

乾隆四十一年（1776年）五月戊子

谕军机大臣曰："伊龄阿奏，两淮协解云南饷银被窃一案，究出窃鞘贼犯，系解员陈文栋、差役钱玉及研讯钱玉。又据供系陈文栋已遣之长随王天荣起意商窃。二月初十日贯鞘时，王天荣在内相帮。十二日晚王天荣复向约会，至起更后王天荣闪至鞘边，钱玉即帮抬一鞘到堂檐口。王天荣用所穿套袍藏匿而去。复于十四日在船边给钱玉银五两，并告以日内即同亲戚前往山西、甘肃等语。所供情节虽系一面之辞，但既供王天荣系窃鞘正贼，自必严缉获犯，三面质对，方成信谳。该犯既称由山西一路前往甘肃，著传谕该督等速即派委员弁沿途踹缉务获，一面奏闻，一面严密锁押，解至江宁，交与高晋收审定案。所有伊龄阿原折供单，并著抄寄阅看。再王天荣籍隶浙江海宁，或此时潜回本处亦未可定。并传谕三宝一体派员严缉，毋致漏网。"

又谕曰："伊龄阿奏，两淮解滇饷银在运使大堂失鞘一案，现将解员陈文栋之差役钱玉严加审讯，录供呈览，朕细阅此案，前后疑窦甚多，似非实情，已于折内批示。此项饷银于初十日在运使大堂贯鞘后，该解员陈文栋即派钱玉看守。至十二日失鞘，安知钱玉非即首犯，因畏惧重罪，捏称王天荣起意，以图稍减罪名。又称现在山西、甘肃等处俾辗转关拿，冀延时日。其实有无王天荣其人均未可知，否则钱玉并无同谋共窃之事。因畏刑诬认，捏造供情，以致案多疑窦。不然千金银鞘，分量甚重，据称用线布套袍裹著抱在胸前，直出运使衙门，岂有不被人看见盘问之理。若果王天荣一人力能偷出，从前何以又令钱玉帮同抬至堂口，致令漏信分赃。又称王天荣偷鞘后不知藏匿何处，则所供私给银五两并呈出之盐银半锭又从何来。况窃凭赃定既有藏匿原鞘之供，何以不根究原赃，任其狡卸。种种情节均未吻合。其余供情支离甚多，不足以成信谳。看来伊龄阿于审理此案未能得其窾要。著传谕高晋将案犯提至江宁，另行悉心研鞫，务得实情，究出正犯，定拟具奏。至起解鞘银系何人赔补，其倾银装鞘必有经手确据，亦应究明切实下落。又钱玉既有此供，则从前掷入井中银两又系何人捏出，并应究明具奏。至两淮饷银于初十日兑拨，堆贮运使大堂。至十四日始行起解，该运使何以仅听解员派役看守，并不自行选派妥人协同照管巡逻，以致银鞘被窃。何至疏忽若此，并著高晋查明办理，将伊龄阿折抄寄阅看。并将此传谕伊龄阿知之。"

（卷1009　547页）

乾隆四十一年（1776年）五月甲午

谕军机大臣等："甘肃地土瘠薄，民间生计本艰，屡经传谕该督等以乌鲁木齐等处沃野不啻千里，闲旷未辟者甚多，若贫民前往垦种赡养，较在内地穷苦度日利且数倍。因令地方官劝民自往耕作糊口。勒尔谨陛见时询问及此。据称数载以来，愿往者尚觉寥寥，此固愚氓安土重迁，亦由未知新疆沃壤可耕，如果勤于力作大可乐业，是以观望不前。即如山东无业贫民出口往八沟喇嘛庙等处佣耕度日者难以数计，盖由此等流寓民人在彼耕作得利，借以成家业者甚多。远近传闻，趋之若鹜，皆不惮数千里挈眷而往。若甘省百姓得知新疆之可资乐利，亦何所惮而不往耶？著传谕勒尔谨饬令各属设法化导，务令边地贫民咸知口外垦种之利，自皆踊跃乐从。使其端一开，闻风而往者必众。所谓民情难与图始，大率如此。但须善为劝化，若徒出示晓谕，转似驱以所难，仍前裹足无益也。勒尔谨务善体朕意，妥协为之。仍将筹办情形若何据实复奏。"

又谕曰："王亶望奏，甘肃兰州、巩昌、平凉、西宁、宁夏等各府州属于四月十一二日得有细雨，尚未沾透。民情望雨甚殷，现在设坛祈祷。若旬日间得雨，于田禾尚有裨益等语。前毕沅亦经奏及，王亶望此奏距毕沅所奏又六七日，尚未得雨，恐旱象已成。甘肃土瘠民贫，若雨泽稍愆，闾阎生计即倍形艰窘。且该省又有被霜、被雹之处，虽已经播种翻犁，亦借雨膏滋长，未识近日曾否均沾渥澍。朕心深为轸念，著传谕毕沅即将现在有无得雨，田禾情形若何据实速行复奏。若业已成灾，不可不急筹抚恤。勒尔谨现已在途，著该督迅速趱程回任，督同藩司等确查被灾各属，妥协筹办。务期贫民口食有资，勿致稍有失所。此旨著五百里发往，仍著将曾否得雨及勘办情形若何，迅速由驿复奏。并传谕王亶望知之。"

（卷1009　550页）

乾隆四十一年（1776年）五月乙未

谕军机大臣等："据毕沅奏，陕甘两省各营将备现俱带领凯旋兵丁回营，内有打仗出力，经将军、参赞奏请升任者，均应送部引见。又各营题升预保各员，缘近年本营乏人署事，亦未给咨送部，现俱纷纷请咨，共计有六十余员，请分作两班给咨送部等语。所办亦好，已于折内批示。但此等人员俱系军营出力，经将军等奏请升擢者多，即送部引见，亦不过仍令回任，无可另为甄别。且伊等甫经凯旋，其本营事务自须稍为经理，至本省题升预保各员，亦有署任交代之事，均不必呕呕概行送京。况人数多至六十余员，即分作三班，轮替来京，亦无不可。著传谕毕沅，如头班业已起程，即将后班分为两起。若目下头班尚未起程，即酌量分作三四班进京，并俟前班引见回营，再将其次给咨送部。庶营务不致乏人料理。勒尔谨回任后即照此接办。其湖广、云贵、四川各省回营将弁内有似此者，均著一体办理。将此谕令各督抚知之。"

（卷1009　551页）

乾隆四十一年（1776年）五月丙申

又谕："据毕沅奏，甘省历年承办军需，应行支发款项甚多，司库别无闲款。请于附近省份拨银二十五万两来甘，以便分别归款还项等语。前因平定金川，大功告成，将部库拨解四川备用银三百万两截留存贮西安藩库，著即于此内拨银二十五万两，就近解交甘省备用。该部即遵谕行。"

（卷1009　552页）

乾隆四十一年（1776年）六月丙午

又谕："据毕沅奏，甘省本年入夏以后雨泽缺少，各属禾苗受旱业已成灾，除被旱稍轻之处统归秋成勘办，其被旱较重之兰州、巩昌、平凉、凉州、甘州、西宁、肃州、秦州等各府州所属，节候已迟，不能补种秋禾。现饬道府亲往查勘等语。甘省盼雨已久，今虽于十二、十四日两次得雨二三寸，于田禾未必有济，看来旱象已成。被灾州县约二十余处，所有乏食贫民亟须及早抚恤。勒尔谨此时自已回任，善为妥办。著传谕该督即将被旱各处切实查勘，所有应行抚恤之处，即董率各属实心妥协经理，务使闾阎均沾实惠，毋致稍有失所。仍将如何查办情形据实复奏。并谕毕沅知之。"

（卷1010　560页）

乾隆四十一年（1776年）六月庚戌

谕军机大臣等："据毕沅复奏，甘肃兰州省城于二十四日续得雨三寸，附近州县亦同日均沾，俱二三寸不等。虽土脉久干不能透足，而受伤未甚之禾苗颇足以资长发。其被灾处所现在确查妥办，并先行酌借仓粮使贫民口食有资等语。前以甘省土瘠民贫，今岁被灾较重，朕心深为廑念。已传谕勒尔谨速行回任，统率各属切实查勘，善为抚恤。今日据勒尔谨奏到，接奉此旨，星驰回任，已于折内批示勉力妥办矣。今年甘省被旱处所较多，且系积歉之区，间阎生计，不无拮据，必须及早抚绥，俾免失所。著传谕勒尔谨将应行抚恤各事宜督饬各属妥协经理。至办理灾赈地方官自不敢藐法侵蚀，但不肖吏胥、里长人等克扣中饱，想所不免，该督自宜饬属严加查察，如有此等蠹役，即从重处治，惩一儆百，务使贫民均沾实惠，以副朕轸念灾黎至意。将此由五百里传谕知之。"

（卷 1010　565 页）

乾隆四十一年（1776年）六月壬子

谕军机大臣等："昨据勒尔谨奏，途次接奉谕旨，知甘省各属被旱情形，随即兼程驰回甘肃，率属实力查办。兹复据王亶望奏，皋兰等二十九州县禾苗被旱，业已成灾。五月二十二三至二十八九等日，各处有得雨五六寸至深透者，虽夏禾不及接济，于秋田大有裨益等语。已于折内批示，一切妥为之，以救穷黎矣。勒尔谨回任自必督同王亶望饬属确勘妥办，但竭伊等心力不过就灾办灾，恃有国家帑项，董率地方官详慎勘查，实心赈恤。严禁吏胥等扣克侵肥，使灾黎得以均沾实惠。此虽足卸牧民之责，何尝通盘筹划，计及久远之计哉。如甘省捐监收粮贮仓，原以备赈赡粜供之用，其法仍不离乎丰敛而歉散。现在被灾之处，夏禾既已无望，其粜价自必加昂，若再令买谷交仓，则市中粮食价必更长。间阎日籴糊口倍觉艰难，自应将此成灾之二十九州、县、厅暂停捐监，多留市米以供民食。其余不被灾各属粮充价平之地，又当多为收捐，运至办灾处所以资接济。此亦酌剂盈虚，转移利便之一法，不知勒尔谨等现系如此筹办否。至甘省地瘠民贫，灾歉几无虚岁，惟将赈济周给赖以生全，年复一年，究非长策。在朕念切痌瘝，惟恐一夫失所，原不惜岁费帑金。而为地方大吏者，目击民艰，岂可不早为悉心规划，必待其既荒，始借赈恤以为补救乎。即如乌鲁木齐一带地皆沃壤，可耕之土甚多，贫民果能往彼垦艺，不但可免于饥窘，并可赡及身家。此乃天地自然之美利，供民取携。昔为外夷地固不可行，今幸入我版图，近在边地，百姓自当咸就乐土，共享丰饶。是以屡谕该督等善为劝导，俾其群往谋生，自求乐利。而历任督臣总未有办及者，大率以为人情安土重迁，难以勉强。此固愚氓之昧于自计，亦由大吏之心存畏难。若云小民惮于远涉，则山东之距塔子沟等处较之甘肃至乌鲁木齐，其道里约略相仿，何以每岁山东出口之人，扶老挈幼不可数计，虽禁之亦不能止。而甘肃之人独不闻有赴新疆之事，甚且劝之仍裹足不前乎？盖百姓可与乐成，难与图始，如知有利可图，自皆趋之若骛，直隶各口外即其明验。甘肃督藩等何独不能设法劝民，俾之闻风鼓舞，而徒听其终岁嗷嗷待哺乎？从前招徕之民出边，曾有办过之案，督臣等每因资送需费，不肯多办。此在常时则然，若当被灾之余，抚恤赈济，每户原不无所费。设以十年而计，每年每户约须赈恤若干，若合五年之费为资送之需，亦当足用。虽现在所费较多，而算至十年则已省其半。且此时多送一人往边外耕作，将来边内即少一待赈之人，如此远筹其省更不知凡几。在国家为一劳永逸之计，在闾阎为去苦就乐之图。而出边户口日多，家计日益饶裕。边鄙穷黎自皆闻风趋赴，并可不再烦官为劝谕，一举而兼数善。该督等又何所畏而不为乎？著传谕勒尔谨、王亶望即照此旨实心熟筹。善体朕意，妥为经理，毋负朕谆切委任之意。仍将作何酌定妥办之处，迅速详悉复奏。将此由五百里传谕知之。"

（卷 1010　　566 页）

乾隆四十一年（1776年）六月乙卯

谕军机大臣等："前据毕沅、王亶望节次奏报，今年甘省皋兰等二十九厅、州、县得雨较迟，已成旱象，节经传谕该督等急筹抚恤，实力经理。前日适毕沅奏到，盘查甘肃藩库实存银数，共有四百一十四万五千余两。朕因该省成灾处所甚多，赈恤所费不少，而司库所存银两尚有应用岁需各款，所余恐不敷抚恤之用，随令户部约略查核。今据复称，该省前项银数虽系实存司库，但除每年额支养廉俸饷等项，仅余五十五万余两可供动支。而四十年兵饷项下应支若干、应存若干，奏销尚未题到，无凭查核细数等语。著传谕勒尔谨即查明甘省司库实存项下，除岁需应支若干，实在尚余若干，是否足敷今年赈恤各属灾黎之用，倘或不敷，前有部拨解川银三百万两，因金川大功告成，截留存贮西安藩库，著该督即行奏闻，于此内酌拨银若干万两，就近运解甘省藩库，以备赈恤。该督仍董率各属妥协经划，务使灾民均沾实惠，毋任蠹吏奸胥侵冒中饱。将此由四百里传谕知之。"

（卷 1011　　569 页）

乾隆四十一年（1776年）六月庚申

谕军机大臣等："今年京师及热河各处雨水调匀，即各省督抚所奏晴雨亦均应时，看来秋收可期丰稔。惟甘肃一省，前据毕沅等奏皋兰等二十九州县禾苗受旱，当经传谕该督等及早勘办。嗣据勒尔谨奏于途次接奉谕旨，兼程驰回查办。并续据王亶望奏，五月二十二、三至二十八、九等日各处得雨五六寸不等，朕恐彼处旱象已成，所得之雨未必有济，随经谕令该督查明具奏。此旨由五百里驰递，迄今未据奏复。是甘省于五月下旬得雨以后未必复得透雨，恐成灾较重，且被灾地方较广，所需赈恤之项必多。前日曾降旨令勒尔谨预行核计，如甘省存库银两不敷赈济，即于陕省截留部拨川饷银三百万两内酌拨若干万两，奏闻解甘备用。办赈银两既多，灾黎自更得普沾渥泽。著再传谕勒尔谨，即将近日甘省曾否续得甘霖及已成灾各属情形若何，并应否酌拨陕西银款之处迅速由驿复奏。将此由五百里传谕知之。"寻奏："甘省夏禾虽已被旱，秋成尚可有收。至所需赈恤银两，先借款支动，俟办赈完竣再遵旨于西安藩库内拨银归款。"下部知之。

（卷1011　574页）

乾隆四十一年（1776年）六月是月

陕甘总督勒尔谨奏："甘省被旱较重，臣兼程回任。现督同司道认真查勘，务使灾民生计有资。"得旨："甘省地瘠民贫，早已谕汝一切赈恤，勉力为之。"又片奏："甘省贫民现设法劝导前往乌鲁木齐垦种，容详加筹划，另行奏闻。"得旨："览，此实与甘肃有益之事，毋视为具文，而遇灾更可为移民就粟之举也。"

（卷1011　581页）

乾隆四十一年（1776年）七月辛未

谕军机大臣等："据勒尔谨奏甘省续得雨水情形一折，但称六月二十日省城续获甘霖，入土深透，于秋禾大有裨益，而于被灾各属得雨是否有济，及现在作何筹办抚恤情形均未提及。著传谕勒尔谨，速遵节次所降谕旨，将皋兰等属此次曾否一体得雨，能否稍资补救，及现在勘办灾务情形若何，即速由驿奏复，慰朕廑念。至另折复奏收捐监谷一事，称被灾二十九州县均系一隅偏灾，非普被灾伤可比，若概令停捐，必需拨运，未免需费不赀等语。

既有此情形，自当酌量妥办，但须实心筹划，不使粮价过昂，致妨民食。又据奏筹办贫民出口垦种一事，尚未能得要领，因思易与乐成，难与图始，本属常情。总须令其自知新疆一带有自然美利，到彼耕作即可共享丰饶，如山东百姓之趋赴口外，虽禁之不止，方为妥善。若如所称咨行新疆大臣，查明地亩若干，可以安插穷民若干，详细咨复。一面设法晓谕，再行陆续送往。小民见系官办，尚似驱令遷移，即一时勉强相从，仍不能冀其源源乐赴。此时筹办之始，止可询问贫民，有愿赴新疆垦种而力量不给者，官为资送。不露强迫情形，向后愿往者多，可不烦资助，方为经久良法。再传谕勒尔谨等另行熟筹妥办，仍将如何设法便民之处据实复奏。将此由五百里传谕知之。"

（卷1012　582页）

乾隆四十一年（1776年）七月庚寅

又谕："前因甘省皋兰县等属夏禾被旱，节经谕令该督等上紧查勘抚恤，并将各处曾否续得雨泽据实奏复。今据勒尔谨奏称，七月初四日省城及巩昌、平凉、凉州、秦州、阶州等六府州属俱陆续禀报得雨二、三、四、五寸，至深透不等。确查各属凡平川洼地稍可薄收者，现在尚敷糊口。其夏禾无济，可以翻种晚秋者，借给籽种等语。所办恐属无益，得雨已届七月初旬，即亟亟补种，六十日成熟之晚禾，亦须再迟两月方能收获，计彼时已届九月初旬，边地气寒霜早，岂能结实收成。所云借籽补种，仍属有名无实。看来该省今年已成旱灾，各处惟当加意抚恤，转不必稍存讳饰之见。著传谕勒尔谨，即速董率各属实力妥为抚绥赈恤，务使边地灾黎均沾实惠，毋致一夫失所。将此由五百里传谕知之。仍将如何办理情形迅速奏复。"

（卷1013　596页）

乾隆四十一年（1776年）七月辛卯

谕军机大臣曰："勒尔谨奏，此次平定金川，所有甘省绿营调往马步兵丁借支行装等项，应扣追银十五万余两。请代完银三万两，布政使王亶望代完银二万两，余于总督、提督至道、府、参、游等员各照养廉摊扣，以清款项等语。此项应扣银两昨已降旨加恩，照从前平定伊犁回部之例，分作十年坐扣，兵力自可不致拮据，毋庸代为完缴。将此传谕知之。"

（卷1013　597页）

乾隆四十一年（1776年）七月是月

陕甘总督勒尔谨奏："遵勘甘省被灾各属自五月半以后，甘澍依旬，酌借籽种便可翻犁。其有被霜、被雹处所一并抚恤。"下部知之。

（卷1013　607页）

乾隆四十一年（1776年）八月癸卯

军机大臣等议复凉州副都统长额里奏称："凉州、庄浪新驻官兵残废孤寡者，尚无养赡，请于各佐领下裁马甲五缺，改为养育兵十五缺，以资养赡。所裁马甲俟出缺后陆续裁汰。再凉州、庄浪驻兵余丁虽多，皆未成丁，以至步甲、匠役缺出，俱不得人。请于各佐领下暂裁步甲五缺，数年后余丁成立，请旨挑补足额。均应如所请。"从之。

（卷1014　610页）

乾隆四十一年（1776年）八月庚戌

军机大臣等议复安西提督俞金鳌奏称："沙州接壤青海，虽属要区，究不比安西路当孔道，差务繁多。请将原设沙州副将、都司移调安西，即将安西参将、守备原额兵数移调沙州等语。应如所请。惟查安西、沙州距乌鲁木齐二千余里，各属弁兵考验未免稽延。今请除哈密以西各协营仍归乌鲁木齐提督统辖外，其安西、沙州两处协营俱改隶肃州镇，归于甘肃提督统辖，则控驭得力，营制较为联络。又据称巴里坤迤西至玛纳斯幅员二千里，酌设墩塘等语，但应于何处安设，何处安兵若干，作何稽查控驭，应令该提督会同该总督、都统就近酌量情形议奏。"得旨："所议是，所有巴里坤迤西一带添设墩塘各事宜，著伊勒图于回任之便勘明，会同勒尔谨核议具奏。"

（卷1014　612页）

乾隆四十一年（1776年）八月庚申

添建甘肃玉门县仓廒六十间，从总督勒尔谨请也。

（卷1015　622页）

乾隆四十一年（1776年）八月甲子

赈恤甘肃皋兰、金县、狄道、渭源、靖远、沙泥州判、红水县丞、陇西、安定、会宁、通渭、平凉、隆德、静宁、固原、盐茶厅、抚彝厅、张掖、山丹、武威、永昌、古浪、平番、灵州、西宁、秦州、肃州、高台、河州等二十九厅、州、县本年水、旱、霜、雹灾民，缓征新旧额赋有差。

（卷 1015　623 页）

乾隆四十一年（1776年）八月戊辰

兵部议复甘肃提督法灵阿奏称："向例每年甄别绿营千总，汰去百之二三。近见提镇等甄别千总时，人数浮于百之二三，即扣留一二员以备下年勒革，殊非崇实之道。请嗣后甄别有可勒革之员，总兵不行办理，经提督调验勒革者，将总兵以徇庇例参处。提督不认真考核者，照例参处等语。查各省甄别千总，如所去不及百之二三，将该督抚提督参处。而总兵向未议及，殊未公允。应请定提镇不认真之处分，但若照徇庇例议处，事属难行，应请即照督抚查阅营伍，参劾衰庸将备，其不行预揭之该提镇，降二级留任。"从之。

（卷 1015　627 页）

乾隆四十一年（1776年）九月己巳

谕军机大臣等："据裴宗锡奏，准咨截留两淮运司大堂失鞘案内之解员盐运司知事刘天焘，现在委员押解起程，由湖南、湖北层次接递，转解江宁质审等语。刘天焘于失鞘一案，商同库官宋炎私自赔银，捏报捞获，自有应得之咎。但伊系接解饷鞘之员，被窃缘由无从而知，转不必向伊根究。至此案前据伊龄阿奏，系解员陈文栋差役钱玉伙同已革长随王天荣，起意偷窃。钱玉现已拿获。王天荣已往甘肃。朕因所奏折内疑窦甚多，曾经传谕高晋将案犯提至江宁，悉心研鞫，务得实情。并谕毕沅等速将王天荣躧缉务获。嗣据毕沅奏，已将王天荣拿获，解交江督收审。迄今已逾数月，王天荣亦应解到。该督曾否审得偷窃确情，未据奏及。著传旨询问高晋，将王天荣是否系窃鞘正贼，抑另行审有踪线，究获赃贼及现在作何查办之处迅速据实复奏。将此由四百里谕令知之。"寻奏："查贼凭赃定，此案该府县初审钱玉供词，并无赃据，所供情形亦多闪烁。今提王天荣与钱玉质审，王天荣极口呼冤，称系钱玉挟嫌诬扳。钱玉亦称到案被追究妄认，将素有微嫌之王天荣指为起意偷窃，其实皆非正贼，反复诘明，已无疑义。至此案赃贼尚未获有踪迹。现严催地方文武上紧躧缉。刘天焘尚未解到，俟到时即提同陈文栋等审拟具题。"报闻。

（卷 1016　630 页）

乾隆四十一年（1776年）九月己卯

谕："前因郭罗克贼番杀害青海公礼塔尔一事，派理藩院郎中阿林前往四川，会同该省派出之保宁府知府倭什布及参将李天贵至番地，谕令该土司等将凶犯吹斯枯尔拉布坦等勒限全行拿解。今据明亮等奏，郎中阿林等勒拿凶犯，仅据该土司玛克苏尔衮布等禀称，吹斯枯尔拉布坦逃避无踪，将其寨房拆毁，搜获犯属男妇九名口及牛马等物解送，恳请撤回官兵，宽限擒拿等语。所办大谬，已传旨严行申饬矣。阿林等派往该处，董司缉犯之事，理应督同该土司到处搜拿，将凶犯缉获，方可完案。乃惟凭该土司一面之词及绿营虚诳恶习，辄思迁就了事，甚属不堪。阿林、倭什布、李天贵俱著交部严加议处。"

（卷1016　634页）

乾隆四十一年（1776年）十月癸卯

又谕："今日召见甘肃庆阳府知府周人杰。朕因其在甘年久，询以该省地方情形。据称甘省连年被灾，皆因土本硗瘠，兼乏水利。其地高陡，不如南方平衍，到处蓄水，借资灌溉。即有雨泽亦建瓴直泻，不能多停时日。若该处百姓能于有河道处多开沟渠，以分黄河水势，引灌田畴，于旱地实为有益。其无河道处遇有雨水，广开池塘沟洫，俾高处之水随地存留，亦可滋润土脉，长发禾苗。缘该百姓等习于安逸，惮于勤劳，每致废弃水利。若各州县到处建闸筑坝，有池有塘，则西北之水随处停潴。上游多一分水利，即东南淮扬一带之黄水亦少一分水患等语。其言似有所见。著传谕勒尔谨即将该处水利实在情形，是否可以建闸开渠，引流灌溉之处，速委明干大员据实查明，逐一复奏。"

（卷1018　658页）

乾隆四十一年（1776年）十月甲辰

调直隶宣化镇总兵仁和为天津镇总兵。以陕西庆阳协副将兴奎为直隶宣化镇总兵。

（卷1018　659页）

乾隆四十一年（1776年）十月乙巳

陕甘总督勒尔谨疏报："秦州屯乾隆四十年份开垦地二顷十一亩有奇。"

（卷1018　660页）

乾隆四十一年（1776年）十月庚申

谕军机大臣等："本年夏秋雨旸时若，京畿及各直省收成俱属丰稔，唯甘肃皋兰等二十九厅、州、县，夏禾被旱成灾，情形较重。屡经降旨，令该督统率各属切实查勘，妥协赈恤，灾黎自可不致失所。但恐明春正赈已毕，尚届青黄不接之时，民食不无拮据，是否尚须加赈，以资接济。此外如江苏、安东等七州县，安徽泗州等七州县，秋禾间被水灾，均经各该督抚，陆续奏明题报，照例分别赈恤。其明春是否尚须量予加恩，或酌借粮种、牛具之处，著传谕各该督抚详悉查勘，据实迅速复奏。候朕新正酌量加恩。此旨甘肃著由五百里发往。江苏、安徽由三百里发往。该督抚仍照原发里数奏复。"

（卷1019　670页）

乾隆四十一年（1776年）十月辛酉

甘肃布政使王亶望奏："署任人员往往借项修署，办理多不认真，请嗣后暂署人员概不准借项修署，以杜冒滥。"下部议行。

（卷1019　671页）

乾隆四十一年（1776年）十月壬戌

陕甘总督勒尔谨奏："愿往新疆种地者共六百四十二户，查系无业贫民，请官为资送。"得旨："嘉奖。"

（卷1019　671页）

乾隆四十一年（1776年）十月甲子

谕军机大臣等："今年甘肃省皋兰等二十九厅、州、县夏禾被旱成灾，节经谕令该督实力赈恤，又恐明春正赈毕后民食不无拮据，昨已谕令勒尔谨确查复奏，候朕新正量降恩旨。因思甘省地瘠民贫，又每年常有被灾之处，曾于乾隆三十六年降旨，以民间节年所借籽种、口粮、牛本等项积欠甚多，加恩将旧欠仓粮四百余万石概行蠲免，其旧欠各项银两一百三十余万，分作六年带征，以纾民力。嗣因该省历年均有偏灾，复节次加恩，分别展限征收，俾得从容输纳。近年该省此项积欠银两究竟已完若干，未完若干，能否按限全完，抑或民力实疲，虽展限亦有难于催征之处，著传谕勒尔谨即速确切查明，据实奏复。候朕酌量降旨，将此由四百里传谕知之。"寻奏："三十五年以前，旧欠银一百三十余万两，征完银四十八万余两，仍未完银八十四万余两。边地灾黎于应完本年正借银粮之外，加征旧欠，民力实疲，缘数年来叠荷恩施，未敢冒昧陈请。"得旨："新正有旨，概予豁免。"

（卷1019　671页）

乾隆四十一年（1776年）十一月己亥

谕军机大臣等："本日兵部议驳王亶望奏请调剂甘省驿站一折。据称各省驿站经上年军机大臣会同兵部议奏，如有马匹过少不敷递送者，令各督抚酌剂拨用。嗣据勒尔谨复奏，自肃州酒泉驿起，至泾州瓦灵驿止，所设马匹向有定额，无庸置议。该布政使亦随同造册报部。是该省驿站上年已定有章程，未便复议更张等语。所驳是，已依议行矣。甘省泾州等驿甫经该督查办，并据该布政使造册报部。何以王亶望此时又有更调驿站之请，或上年查办时王亶望未经详悉计及，亦未可定。但驿站为邮政所关，如有应行调剂之处，原可随时酌改，且所请裁减南大通、沙河二驿之马，改设安国镇、神林堡、商家所、翟家所四站，以纾马力，于原马额数并未加增，尚不致更张纷扰。著传谕勒尔谨，即将河东、河西两处驿站实在情形悉心查核。如王亶望所奏无当，即照部议行。设或南大通、沙河两驿必须议裁，安国镇等四处必须添站，于邮传方有裨益，即不妨据实叙明。再行陈请。"

赈恤甘肃皋兰、金县、西和、漳县、泾州、崇信、灵台、镇原、宁州、环县、东乐县丞、镇番、宁夏、宁朔、中卫、平罗、礼县等十七州县及分防县丞本年水、雹、霜灾贫民，其宁远、伏羌、华亭、安化、正宁、合水、花马池州同、碾伯、大通、秦安、清水、安西、玉门、炉（敦）煌等十四州县及分防州同，并予缓征。

（卷1020　677页）

乾隆四十一年（1776年）十一月壬辰

陕甘总督勒尔谨复奏："遵查皋兰、金县、安定、会宁、盐茶厅、武威、平番、肃州八处本年夏禾被旱成灾，情形较重。现在正赈已毕，青黄不接之时，民食拮据。应再恩展赈一月。其余河州等二十一处已蒙赈恤，请于明春酌借籽种、口粮，足资接济，毋庸展赈。"得旨："届时有旨。"

（卷1021　688页）

乾隆四十一年（1776年）十二月癸卯

谕军机大臣等："据勒尔谨复奏，甘省除宁夏外再无他处可以分黄河之势。周人杰所称建闸开渠，分引黄河灌田之处，诚属冒昧等语。所奏似不免稍存意见。水利为农田首务，所系于民生者甚巨，而甘省频年又每因缺水致旱成灾，如果于附近河流之处相度地势，设法开渠以资灌溉，自于旱地有益。虽甘省山阜较多难以施之通省，但其中岂无近河稍低之地可以引溉田畴。即或仅有数处可行，而数处民生已沾其利。该督正宜虚心采访，不可固执己见。况周人杰在朕前并奏称，伊在庆阳曾经力行水利。该督复奏此折时，该府尚未回任，何不俟其到时，详晰面询。其在庆阳时如何兴水利，何处办有成效，并就彼所知他府属何处尚可以仿办。不妨就其所言，酌量择而行之。如果有利于民，不应咎该府所言之过。若该督以周人杰奏及此事，辄目为冒昧，则朕咨询民隐，谁复敢据实直陈。即该督如此存心，亦非集思广益之道。设或周人杰所见果属冒昧，或伊在朕前所陈皆属虚词，亦不宜于此时加之责备。俟将来大计时就其优劣，再行核办，亦未为晚。著传谕勒尔谨即速详询确核，据实复奏，毋得稍存回护。"

（卷1022　696页）

乾隆四十一年（1776年）十二月丙午

赈恤甘肃皋兰、金县、狄道、河州、渭源、靖远、沙泥州判、红水县丞、陇西、安定、会宁、通渭、平凉、隆德、静宁、固原、盐茶厅、抚彝厅、张掖、山丹、武威、永昌、平番、古浪、灵州、西宁、秦州、肃州、高台等二十九厅、州、县，分防州判、县丞本年旱灾贫民。

（卷1022　700页）

乾隆四十一年（1776年）十二月丁巳

吏部等部议复陕甘总督勒尔谨疏称："特纳尔州判改阜康县，应设训导、典史二员，以裁汰庄浪县二缺移改，仍隶迪化州。州判旧署改作县署，添建训导、典史署二，库房二，监狱一。奇台通判改奇台县，经收房课牲税，应设训导一员，以平凉县裁汰缺移改。典史一员，以裁汰济木萨巡检一缺移改，仍隶镇西府。通判旧署改作县署，添建训导、典史署二，库房二。二县岁科两试各取进文童四名，武童四名。奇台拨府学文武童各一名。

秦安县属陇城巡检改迪化城巡检。以旧遗仓大使署改巡检署。玛纳斯县城署并仓廒俱建新城。东吉尔玛泰巡检归奇台县管辖，移驻古城。迪化州钱粮归乌鲁木齐都统核办具奏。阜康、济木萨尔粮石，分案造报奏销，毋庸归入迪化州。哈密、辟展二处钱粮由巴里坤道申报都统。镇西府属捐监实收亦归都统查核。东吉尔玛泰额捐监粮归奇台县收捐。新疆口内外犯军流徙罪，照哈喇沙尔流犯例，于新疆地方分别改发。哈密、辟展二处命盗案，该大臣奏办。巴里坤至迪化州共十六站，设马八十三匹。分巡巴里坤粮务兵备道改铸分巡镇迪粮务兵备道兼管哈密、辟展之关防，并将改设各缺关防、印记，勘铸颁给各该处。文庙分别建立。"从之。

（卷1023　708页）

乾隆四十二年（1777年）正月己巳

谕："昨岁甘肃省夏秋二禾统计收成七分有余，惟皋兰等二十九厅、州、县夏禾被旱，又有被霜、被雹之处，在通省虽仅一隅，而成灾究觉稍重。屡经降旨，令该督切实查勘，妥协赈恤，贫民自可不致失所。第念今春正赈已毕，尚届青黄不接之时，民食未免拮据，著加恩将皋兰、金县、安定、会宁、盐茶厅、武威、平番、肃州八处各展赈一个月。又续报秋禾被灾较重之镇番、中卫二县并著一体展赈一个月，用敷春泽。其余被灾较轻之河州等二十一处，今春如有缺乏籽种、口粮之户，并著该督随时体察，酌借以资接济。该省系积歉之区，灾黎尤堪廑念。勒尔谨务董率所属，实心妥为料理，俾得均沾实惠，以副朕轸恤边氓之至意。该部遵谕速行。"

又谕："甘肃地处边陲，民贫土瘠，一遇水旱偏灾，即降经蠲赈缓带，殆无虚岁。民间节年所借籽种、口粮等项积欠甚多，曾于乾隆三十六年降旨加恩，将旧欠仓粮四百余万石概行豁免，其旧欠各项银两一百三十余万分作六年带征，以纾民力。嗣因该省历年均有偏灾，复经节次加恩分别展限征收，俾得从容输纳。近年以来仅完银四十八万余两，仍未完银八十四万余两。地方官以欠项定有年限，自应按数催征。第念该省系积歉之区，上年夏禾又被旱灾，民力实多疲乏。况每年均有应征地丁籽种等项，若同时新旧并征，输将不无拮据，朕心深为轸念。乘春布泽，用沛恩膏，著加恩将该省自乾隆二十三年至三十五年，民借折色未完银八十四万余两，概予豁免，俾荒瘠边黎得免追呼，共享升平之福。该部即遵谕行。"

（卷 1024　718 页）

乾隆四十二年（1777年）正月丁丑

谕军机大臣等："据伊勒图奏，甘肃狄道州大佛寺喇嘛逊朗素等八人在归化城同知处讨取路引。路经乌鲁木齐，该处大臣等并未查问，换给路引，请嗣后由该处大臣核查换给。同知给发路引之处永行禁止等语。伊犁、乌鲁木齐均系新疆地方，距哈萨克、布噜特边界甚近，此等化缘喇嘛行同乞丐，如任其在新疆各处行走，偶出边卡至哈萨克、布噜特地方，殊多关碍。非但不宜令往哈萨克、布噜特地方，即喀尔喀地方与俄罗斯境界相通，亦不可令其前往。此等喇嘛至乌鲁木齐时，想索诺木策凌因不在彼，是以遗漏未行查办。永庆所司何事，理宜查讯办理，乃听其径往伊犁，殊属不合。永庆著严行申饬。再，该喇嘛系三十八年由本寺外出之人，行至归化城向该同知处讨取前往伊犁、乌鲁木齐等处路引，本非照例办理之事。该同知并未查核又不禀明该管大臣，甚属糊涂不晓事体，著将归化城同知交巡抚巴延三查明参奏。仍将此通谕陕甘总督、山西巡抚、驻扎新疆各处大臣，乌里雅苏台、科布多等处将军大臣等，嗣后如内地喇嘛及实在商人出境，驻扎该处大臣等查明，准其换给路引遣往。若此等化缘、游方、行乞之喇嘛等，务须严查，实力禁止，毋许出口。"

（卷 1024　721 页）

乾隆四十二年（1777年）正月戊子

谕："昨因简放陕西按察使员缺，检阅各省督抚所奏属员贤否单，其陕甘两省进到之单未将王时薰列入。查其单系吴达善任内所奏，而勒尔谨、毕沅到任并未据续奏府道以上贤否名单，殊不可解。王时薰近因卓异送部引见。知其在陕西历官已久，并于请训时询问所及，奏对颇为明晰。看其人亦去得，是以密记擢用。若仅凭督抚奏单不几遗漏乎。朕令各省督抚体察属员贤否，开单密奏。原以备升调时之考核，兼可察督抚等之注考是否平允。今勒尔谨、毕沅在任俱已数年，于属员贤否早应深悉，乃竟未列单具奏一次，殊属不合。勒尔谨、毕沅俱著饬行，并著勒尔谨、毕沅将陕甘两省所属府道以上各员，加具切实考语，开单密奏。至其余各省，恐亦有似此者，并著遵照此旨办理。将此通谕各督抚知之。"

（卷1025　730页）

乾隆四十二年（1777年）正月癸巳

又谕曰："总兵乔照在伊犁九年，理应更换，著照伊勒图所请，派西宁镇总兵刘鉴前往更换。"

（卷1025　743页）

乾隆四十二年（1777年）正月乙未

户部议奏："自戊戌年为始，普蠲天下钱粮。请将直隶、江苏、安徽、四川、陕西、甘肃、云南、贵州八省钱粮于戊戌年蠲免。山东、江西、浙江、湖南、湖北五省钱粮于己亥年蠲免。奉天并吉林所属、山西、河南、福建、广东、广西六省钱粮于庚子年蠲免。"从之。

（卷1025　746页）

乾隆四十二年（1777年）二月甲寅

吏部议准陕甘总督勒尔谨奏称："庄浪地方与隆德、静宁连界，静宁幅员辽阔，未便再行归并。若全归隆德，则距县较远村落，凡遇完粮诉讼等事往返维艰，应将分驻宁羌驿之河州州判裁汰，改设庄浪县丞。其州判所管之事仍归河州管理。"从之。

（卷1027　766页）

乾隆四十二年（1777年）三月癸酉

以病休青海扎萨克多罗郡王衮楚克达什子索诺木多尔济袭爵。

（卷1028　785页）

乾隆四十二年（1777年）三月戊子

又谕曰："法福礼著前往西宁驻扎办事，更换惠龄来京。法福礼员缺著授恒山保为参赞大臣，前往乌里雅苏台办事。"

（卷1029　795页）

乾隆四十二年（1777年）三月己丑

谕军机大臣等："现令法福礼前往西宁办事，更换惠龄来京。以恒山保为乌里雅苏台参赞大臣矣。著传谕法福礼奉到此旨不必速赴西宁，俟恒山保抵乌里雅苏台，伊来京请训后再往更换惠龄。"

（卷1029　796页）

乾隆四十二年（1777年）三月己丑

又谕："据勒尔谨奏，兰州府知府蒋全迪久任甘省，为知府中出色之员，恳恩以该员补授甘肃驿传道缺，实于地方有益等语。朕因蒋全迪来京引见时观其才具，尚可胜任道员，曾经密记。是以降旨将伊补放，并非因勒尔谨此次保奏之故。监司大员有董率属员之责，向来缺出俱候朕简放，非督抚所应干与。乃该督辄将知府蒋全迪奏请补授，殊属非是。若此端一开，嗣后皆得援以为例，致启属员营求干谒之渐，于政体大有关系。勒尔谨著传旨申饬。"

（卷1029　796页）

乾隆四十二年（1777年）四月庚申

赈恤甘肃循化、皋兰、红水县丞、金县、狄道、沙泥州判、渭源、靖远、河州、盐茶厅、固原、安定、灵州、中卫、巴燕戎格、西宁、碾伯、大通、庄浪、武威、镇番、永昌、古浪、平番、抚彝厅、张掖、山丹、东乐、肃州、高台、安西三十一厅、州、县乾隆四十年旱、雹灾饥民。

（卷1031　824页）

乾隆四十二年（1777年）四月甲子

兵部议复陕甘总督勒尔谨疏称："巴里坤镇标添设城守营，应设都司、千总各一缺，把总、经制外委各二缺，额外外委三缺，马步兵二百名。即将踏实、沙州二营各缺内裁改移驻。应如所请。踏实营仍存额外外委一员，马步兵九十四名，留驻防守。再于沙州营内拨千总一员移往协防。"从之。

（卷1031　827页）

乾隆四十二年（1777年）五月庚午

赈恤甘肃皋兰、金县、西和、漳县、泾州、崇信、镇原、灵台、宁州、正宁、环县、东乐县丞、镇番、宁夏、宁朔、中卫、平罗、礼县十八厅、州、县乾隆四十一年雹、水、霜灾饥民，并予缓征。

（卷1032　835页）

乾隆四十二年（1777年）五月乙酉

刑部奏："回民结伙三人以上，执持凶器殴人，除致毙拟抵一犯外，其余共殴各犯，应照回民结伙三人行窃例，拟军。三人以上徒手未执凶器者，减等拟徒。十人以上虽无凶器而殴伤人者，仍拟军。"从之。

（卷1033　846页）

乾隆四十二年（1777年）五月丁亥

调礼部尚书永贵为吏部尚书。以湖广总督富勒浑为礼部尚书。浙江巡抚三宝为湖广总督。甘肃布政使王亶望为浙江巡抚。甘肃宁夏道王廷赞为甘肃布政使。

（卷1033　848页）

乾隆四十二年（1777年）六月戊申

又谕曰："勒尔谨奏报甘省雨水禾苗一折。据称巩昌、平凉、庆阳等各府州属，于十二、十四等日得有细雨，虽入土未能深透，而甘省气候较迟，背阴卑湿之地所种二麦、豌豆可望有收。至高阜向阳之麦豆，干旱已久，恐难结实。查皋兰县等九处受旱较重，静宁州等八处次之等语。甘肃每年多有缺雨之处，动辄成灾。今皋兰等各处既有被旱情形，自当妥为查办，著传谕勒尔谨，即速饬委该道府认真查勘，如有成灾处所应行赈恤者，即一面据实奏闻，一面酌量轻重，分别妥办。务使穷民均沾实惠，以副朕轸恤之至意。将此由五百里谕令知之。仍将办理情形及曾否得有雨泽之处，迅速复奏。"寻奏："皋兰等十七处及续报靖远县等十处夏禾已成偏灾，现饬该府实力督率所属，加意妥办。"报闻。

（卷1034　865页）

乾隆四十二年（1777年）六月己酉

谕军机大臣等："昨勒尔谨奏复查办甘省水利情形一折。据称，甘省在在皆山，有一分水利之可开，小民即沾一分水利之益等语。自系该省实在情形，甘肃地方高亢，每患雨水短少，如其地有可以疏浚之处，随时挑挖引河，自于生民有益。原不必专于分引黄河，即沟涧细流，果能疏引成渠，农田即可稍资沾润。较之置而不办，靳人事而专借雨泽者，不少胜乎。且地方多一工作，无论官办民办，总须雇用人工。即或其地偶被偏灾，穷民并可借以糊口，亦即寓赈于工之意。著传谕勒尔谨不可预存难办之心，务宜时刻留心体察，如有可兴之水利，即饬所属设法疏通，实力妥办，期于田功有益。将此由五百里传谕知之。如有可办之处，随时查办具奏。"

（卷1034　865页）

乾隆四十二年（1777年）六月是月

升任甘肃布政使王亶望奏："宁夏府渠工经督臣勒尔谨督办，现已报竣。臣逐一查勘，美利、常乐等渠向为沙壅之处，俱已深通。唐渠三百二十里加培高厚。惠农、昌润等渠受水畅流，高阜俱足灌溉。至灵州汉渠接筑石工一千六百七十丈，并迎至野马墩黄河溜处，旧有正闸，亦经拆修，水势建瓴而下。中卫县七星渠一千九百余丈，石工亦属坚固。唐、汉二渠原拟添建退水闸，今各渠通流无滞，应毋庸建。所领借项皆妥干士民分管，不经吏胥，工归实用，与原估数无溢。"报闻。

（卷1035　874页）

乾隆四十二年（1777年）七月甲子

谕军机大臣等："前据勒尔谨于六月内奏称，甘省短少雨泽，曾经降旨询问，令其将该处曾否续得雨泽，及是否成灾情形即行奏复。兹复据勒尔谨奏，甘肃省城于五月二十八日得有微雨，不成分寸。秦州及所属于二十八、九两日得雨三寸。其余各府州属有得雨不成分寸者，有并未得雨者。高阜之地夏禾率多黄萎。靖远等十州县已成偏灾。若十数日内大沛甘霖，秋禾尚属有济等语。深为廑念。著传谕勒尔谨，即将该省曾否已得透雨及偏灾处所，现在作何办理及盼雨各处是否不致成灾各情形，迅速据实复奏。仍一面派委大员，确查有无成灾之处，实力妥办。务使穷黎均沾实惠。"

（卷1036　876页）

乾隆四十二年（1777年）七月己巳

谕军机大臣等："据勒尔谨奏，甘省入夏以来未得透雨，致皋兰县等十七处及续报之靖远县等十处夏禾被旱，已成偏灾。现在遵旨督率各道府，实力查办等语。甘省被旱业已成灾，且系积歉之区，闾阎生计不无拮据。著传谕勒尔谨，将应行抚恤各事宜督饬各属，妥协经理。务使贫民均沾实惠，毋致少有失所。至该省今岁成灾，轻重多寡，较去岁若何，并著查明据实奏复。又据称，现仍率属虔祷，如数日内大沛甘霖，收成尚有可望等语。该督具折后曾否续得透雨，并著迅速具奏。"

（卷1036　879页）

乾隆四十二年（1777年）七月丙子

又谕："据王亶望奏，兰州于五月二十八日得有微雨。秦州所属于二十八、九等日得雨二三寸。其余各处或间被细雨，不成分寸。现据皋兰、金县二十七处具报秋禾被旱，俱成偏灾等语。甘省被旱成灾，前经该督奏报，并称现仍率属虔祷，如数日内大沛甘霖，收成尚可有望。业已降旨询问，并令该督将应行抚恤各事宜确查妥办矣。王亶望此次奏折在该督发折以前，现在该省曾否续得透雨，其成灾处所情形较昨岁轻重如何。著传谕勒尔谨董率各属，妥协经理。务使贫民均沾实惠，毋致稍有失所，并将该省现在有无得雨之处迅速具奏。又据王亶望另折奏，盘查各属收捐监粮无缺一折，所办甚好，已于折内批示矣。收捐监粮原以备赈济粜借之用。该省自开捐以来，积存粮数，赈恤案内，前后动用若干。每年节省正项银两若干，于灾赈有无裨益及各属监粮是否实贮在仓，所办有无流弊，著传谕勒尔谨详悉查明，据实复奏。至甘省捐监一事，本责成王亶望董率妥办。今王亶望升任浙江巡抚，因王廷赞在甘年久，人亦能事，是以擢任藩司，令其接办。王廷赞能否力任其事，妥协经理，并著勒尔谨据实复奏。将此由五百里传谕知之。"寻奏："查甘省于六月底七月初等日各属得雨深透，于秋禾大有裨益。夏禾间被偏灾较昨岁稍轻。至甘省口内各属收捐监粮自乾隆三十九年冬开捐，至本年六月底，共收京斗粮七百一万五千七百石零。连年赈恤案内动用粮二百七十四万一千四百石零。又估支各营粮料及新疆供应等项，共粮十万一千四百石零。较从前采买备用，每岁节省帑金一百余万两。又出借籽种、口粮及平粜共用粮二百二十四万七千石零。现在应存粮据该管道府结报，俱系实贮在仓。查捐监一事，臣与升任布政使王亶望时刻严密稽查，并无虚收亏缺情弊。新任布政使王廷赞朴诚干练，事事认真，前在道员任内稽查所属监粮极属妥协。"报闻。

豁免甘肃皋兰、金县、狄道、河州、渭源、靖远、沙泥州判、红水县丞、陇西、安定、会宁、通渭、平凉、隆德、静宁、固原、盐茶厅、抚彝厅、张掖、山丹、武威、永昌、平番、古浪、灵州、西宁、秦州、肃州、高台等二十九厅、州、县乾隆四十一年夏旱灾地亩额赋。

（卷1036　885页）

乾隆四十二年（1777年）七月丙戌

又谕："前经降旨，普免直省地丁钱粮。甘肃省应于戊戌年轮免，其额征粮草一项本不在蠲免之例，第念该省所征地丁少而粮草多。乾隆十年及三十五年普蠲各案内均经加恩，将各项粮草分别蠲免。现在又届普蠲之年，所有甘肃省临边各属应征番粮草束，仍著一体蠲免。其河东、河西额征屯粮草束亦著照上次之例，蠲免十分之三。俾边省群黎咸沾恺泽，该部即遵谕行。"

谕军机大臣等："据勒尔谨复奏甘肃被灾情形一折，内称附近省城地方受旱与去岁相仿，其余各处俱比上年稍轻。虽上年夏灾二十九处，今岁被旱三十二处，而一州一县之中即有成灾不成灾之分，皆因今春雨雪优沾，广种麦豆，凡低洼近水之地总有薄收。此与去岁情形稍有不同等语。甘省今年被灾虽较上年稍轻，但积歉之区穷檐生计不无拮据，必须实力抚绥，俾免失所。著传谕勒尔谨遵照节次所降谕旨，将应行抚恤各事宜督饬各属妥协经理。其有实在极贫，刻难缓待之户，即酌借口粮，以资食用。至今岁因乌鲁木齐一带地皆沃壤，可耕之土甚多，贫民果能往彼垦艺，不但可免于饥窘，并可赡及身家。曾传谕勒尔谨熟筹妥办。嗣据勒尔谨、索诺木策凌节次奏称，移往户民六百余户，官为资送，酌量分段安插，筹备农具、籽种，并称乌鲁木齐一带可安四千余户。现在设法劝谕，俾各处贫民互相招引，源源趋赴等语。此项户民于何时移往，及此后是否复有愿去之人，该督作何筹办，未据奏及。著传谕勒尔谨即行查明，据实复奏。至乌鲁木齐一带所移户民，到后作何安插得所，民情是否乐于耕作，鼓舞欢欣足使内地人民闻风趋赴之处，并著索诺木策凌查明具奏。"寻奏："被灾各处现已分别题请赈恤，并酌借口粮不致失所。至贫民出关，现据各属报称，愿往者六百九十余户，程途遥远，实难携眷前行，应请照上年资送之例，酌给一半。"报闻。

（卷1037　893页）

乾隆四十二年（1777年）七月己丑

又谕："前因郭罗克贼番杀害青海公礼塔尔一案。凶犯吹斯枯尔拉布坦窜逸稽诛，曾责成明亮等勒限一年，严缉各犯，务获正法。今据明亮等奏称，土司麻克苏尔衮布虽连日跟随侦缉，并不实心设法擒贼。因将该土司带至郎隋地方扣留羁押，责令寄信伊弟、伊子献出从犯结果、喀拉布木、雍中吉、策丹四名，分别审办。仍将该土司扣留，著落伊弟等实力缉获凶犯等语。所办甚是。此皆查礼等惧干罪谴，始设法严办即获从犯四名，可见凡事果肯认真，断无不见效之理。今既办有头绪，益当上紧督缉，务获正凶而后已，不可因已获从犯，复事因循至重案久悬不结。著传谕明亮等即董饬查礼等照前实力妥办，勿稍玩忽稽延，仍将曾否缉获要犯缘由，每三月奏闻一次。至绰斯甲布、布拉克底、巴旺、党坝等各土司，数年以来跟随打仗，素著勤劳。曾面谕明亮，到川后会同总督文绶将绰斯甲布土司等被金川侵占之地，逐加详勘，查明无碍田土，绘图具奏，候朕降旨酌量赏给。明亮到川后已阅半年，此事亦应筹办。前于七月初曾传旨询问，此时亦应接奉，著再谕明亮等迅速详查，绘图具奏。将此由五百里发往。谕令知之。”

（卷1037　901页）

乾隆四十二年（1777年）七月是月

甘肃布政使王廷赞奏：“甘省现报偏灾者二十余处。臣由宁夏至省绕道确查，并经督臣分委道府履勘，臣仍详细查察，使灾黎不致失所。”得旨：“好，勉为之。知汝能胜此任，故超用汝，宜尽心救济灾黎，俾均沾实惠。”

（卷1037　904页）

乾隆四十二年（1777年）八月己亥

谕军机大臣等：“据勒尔谨奏，甘省岁止一收，种夏禾者不能复种秋禾。今岁夏禾虽被灾伤，而兼种秋禾之家收成有望等语，所奏殊未明晰。既云甘省岁止一收，种夏禾者不能复种秋禾，因何又有兼种秋禾之事。若秋禾既可与夏禾兼种，即与别省情形无异。甘省历年被旱，俱系四五月间居多，何不劝令百姓将秋禾多为兼种，以防夏旱。若因夏禾业已被旱，将枯苗拔去复种秋禾，则又不得谓之兼种。折内所叙情节颇觉前后矛盾，此乃奏折措词不能清晰所致。著传谕勒尔谨即将甘省农务实在情形，详晰复奏。至被灾较重各处贫民，仍当饬属妥办，俾穷黎均沾实惠。将此一并传谕知之。”寻奏：“甘省地气寒冷，民间种冬麦者不及十分之一。夏禾七月成熟，秋禾九月成熟，岁止一收。其地亩多者种夏禾十之六七，余则续种秋禾。地亩少者及气候早寒，或地处背阴止种夏禾。此秋禾有兼种不兼种也。再如四月缺雨，五月得雨，尚可拔去枯苗翻种荍麦。今岁至秋初方得雨，是以止种夏禾者不能翻种秋禾。幸今春雨雪优沾，广种麦豆，凡背阴下湿之地总有薄收，故夏灾较去岁为轻。至现在偏灾，臣惟率属认真查办，务使小民不致一夫失所。"报闻。

（卷1038　909页）

乾隆四十二年（1777年）八月庚子

又谕曰："都统索诺木策凌咨请乌鲁木齐所属各州县户民额征地粮等项，应否统入甘肃省戊戌年应免钱粮内，一并查办等因。经户部以普免各省钱粮系专指地丁而言，其应征粮草等项例不应免，驳令仍旧征收，固属照例办理。第念该处究属边陲，宜加渥泽，所有此理额征地粮著照乾隆三十六年之例蠲免三分之一，即于戊戌年随同甘肃地丁银两一体免征，以示嘉惠边氓之至意。"

（卷1038　910页）

乾隆四十二年（1777年）八月庚戌

赈恤甘肃皋兰、河州、渭源、金县、靖远、红水县丞、安定、会宁、平凉、静宁、固原、隆德、华亭、张掖、山丹、武威、永昌、镇番、平番、西宁、碾伯、大通、巴燕戎格、泾州、肃州、安西、玉门、陇西、漳县、灵州、中卫、狄道三十二厅、州、县、卫本年旱灾贫民，并予缓征。

（卷1039　917页）

乾隆四十二年（1777年）九月甲子

户部等部议复陕甘总督勒尔谨奏请："甘肃泾州改为直隶州，以附近之崇信、灵台、镇原三县拨归管辖。文武生童请于平凉府学原额内酌减七名分拨。应如所请。"从之。

（卷1040　927页）

乾隆四十二年（1777年）九月辛未

谕军机大臣曰："户部议驳王亶望奏，宁夏一府收捐监粮请减照兰州等处之例，每名捐谷八十石等因一折。以宁夏、巩昌、秦州向来每名捐谷一百八石，今若将宁夏一府减数收捐，则宁夏一属报捐者自多，恐巩昌、秦州等处向来报捐较多之地，不免生避多就少之情，所驳亦是。但前据王亶望奏，宁夏谷价与兰州等处相等，而捐数较兰州等处为多，各生未免裹足，以致捐数寥寥等语。似系该处实在情形，不可不为之调剂。惟所请减照八十石收捐之数，又未免与巩昌、秦州等处多寡悬殊。朕意莫若为之折中定数，每名酌减谷十四石收捐，使宁夏一属不致因定额数多，而心生畏阻。而巩昌、秦州等属亦不致因宁夏议减而闻风效尤，似为两得。著传谕勒尔谨，将如此酌减收捐是否与宁夏有益，及巩、秦等属不致避多就少，并援照请减之处，即速详细查明，据实复奏。"

（卷1040　931页）

乾隆四十二年（1777年）九月甲戌

谕军机大臣等："据佛德等奏，三处织造织解伊犁本年贸易所需缎绢绫绸共一万一千匹。经陕甘总督勒尔谨转行解到哈密，逐一查验，内有霉黩，不堪应用之各色缎绢四十六匹。仍交原解官领回等语。新疆贸易缎匹理应质地厚重，颜色鲜明。前经屡降谕旨，令该织造等如式制办，妥协解送。并令陕甘总督逐一验明转解。此次缎匹解到甘省时，该督曾否详悉点验，若彼时验有霉黩不堪用者，至四十余匹，即应一面驳回，一面奏明，令原办之织造赔制另解。若点验并无霉污，已经派员转解，于解到哈密时，经佛德等检出，自系委员沿途不能小心照料所致，即应著落该委员赔补。如委员力不能赔，即应在原派之该督等名下代为分赔，以清官项。此事必须彻底清查，分别办理。著传谕勒尔谨即速查明，据实复奏。嗣后每年解送贸易绸缎均照此例办理，以专责成。将此由四百里谕令知之。"

（卷1040　932页）

乾隆四十二年（1777年）九月癸未

谕军机大臣等："据勒尔谨奏，乾隆己亥年新疆各处备用绸缎，开明各项色样数目，请敕江宁、苏州、杭州织造，暨山东、山西巡抚照依议定丈尺织办，解甘分运等语。著传谕巴延三、国泰、基厚、舒文、福海即照勒尔谨单开所需各项绸缎如式妥协制办，务使质地厚重，颜色鲜明，不得稍有粗糙轻减，致滋挑驳。前经佛德等奏，织造织解伊犁三年备用绸缎内有霉黩不堪应用者四十余匹等语，业已降旨，令勒尔谨详悉查核，如系解甘时验有霉黩，即令原办之织造赔制。若已经转解哈密复检出霉污，应著落该委员赔补，并令嗣后照此例核办。著传谕该织造等起运缎匹时，并须遴委干员妥协护解，毋得稍致霉污，致干咎戾。至所需秦纱二十匹，著毕沅一并照办解往。将此谕令知之。"

（卷 1041　939 页）

乾隆四十二年（1777年）十月甲午

兵部议准陕甘总督勒尔谨疏称："前经安西提督俞金鳌奏准，请将沙州协副将、都司与安西参将、守备互相调驻。遵即会议各事宜胪奏：一、安西营原设参将、守备各一，千总二，把总四，外委三，额外外委四。今改为协应设副将一，中军都司一，千总二，把总六，外委七，额外外委五。其原额千、把、外委不敷之弁，即于沙州调拨。沙州协原设副将一，中军都司一，千总四，把总八，外委十二，额外外委八。今改为营，除副将、都司移驻安西，余千、把、外委除调驻安西并拨给巴里坤外，尚余千总二，把总四，外委六，额外外委四。定为沙州营额缺。其参将、守备即以安西参将、守备调驻。一、安西改设副将应设兵一千名，照旧马步各半。沙州改设参将应设兵七百四十名，亦照旧马六步四，各按数裁移。一、移拨安西马匹应于公粮塘拨摘缺，缓补差屯等项马内匀拨。粮料于安西州额征粮内估供。一、养廉、公粮、公费照员数酌留裁拨。沙州书识二名带赴安西，再于都司衙门添书识一名。工食即于该营公费银内支给。一、安西现有遗存空闲兵房及经制外委、额外外委、马步兵、衙署兵房，即按员弁拨给。沙州所遗衙署兵房估变。一、巴里坤所属以东除松树塘起至布隆吉尔止十七塘外，应添设九十三塘，共一百一十塘，并归巴里坤镇管辖。安西、沙州等营改隶肃州镇，自沙州至肃州安设塘拨马匹，即于安西、沙州、靖逆各营匀拨。一、沙州黄墩营应令调驻之参将、守备管辖。安西之布隆吉尔、踏实、桥湾、瓜州各营及双塔堡应令调驻之副将、都司管辖。靖逆营应由肃州镇统辖，移驻安西副将兼辖。其自安西起至马莲井子止，军台五处归调驻安西之中军都司专管。自三道沟起至渠口止，军台三处仍令布隆吉尔营都司专管。俱应如所奏。其改设官弁关防、钤记、传敕、札付、敕书均请照例添换。"从之。

（卷 1042　949 页）

乾隆四十二年（1777年）十月癸卯

又谕："据明亮等奏，前因郭罗克贼番杀害青海公礼塔尔一案尚有凶犯未获，将该土司玛克苏尔衮布扣留内地，令伊弟索朗勒尔务实力缉凶。今该土司因不服水土患病身故,恐伊弟等闻知怠于缉犯,是以暂未谕知,以期速获等语。所办非是。玛克苏尔衮布羁留灌县地方,距该土司住寨不远,既经患病,即当就近遣令归巢。迨其已死,更应将其身尸发还。查明应袭之人,令其袭职,方合正理。乃明亮等意欲匿不令知,殊失抚驭番夷之道。郭罗克贼番杀害礼塔尔一案,业经拿获数犯正法,且土司玛克苏尔衮布扣留内地已将四月,今又病故,亦足以偿礼塔尔之命。所有未获凶犯即可毋庸勒缉。原派督缉之官弁等俱著撤回。朕办理庶务,惟以光明正大为主,即待边圉番人亦示以至诚,不肯稍存歧视。明亮、文绶、桂林及松茂道查礼所办殊属错谬,俱著交部议处。其郭罗克土司即著玛克苏尔衮布之子承袭。仍令明亮等将此旨晓谕该番。”

谕军机大臣等:“玛克苏尔衮布留居灌县与查礼所驻之地甚近,该土司因不服水土患病时,查礼如果晓事,即当一面禀知将军、总督,一面将该土司遣回调理。即不然,亦当将该土司患病情形及早禀知明亮等,听其查办,则查礼尚可照常议处。若前此并未具禀,直至该土司病故始行禀报,则查礼之获咎甚重。不当仅照明亮等议处矣,著明亮等即速据实奏复,候朕另降谕旨,毋稍袒庇隐饰自干罪戾。将此由五百里传谕知之。”寻奏:“查玛克苏尔衮布七月内染病,经查礼禀已就痊。复据禀该土司于九月间患痢,当饬上紧调理,旋于二十日病故。臣等办理失宜,实不敢隐庇推诿。”得旨:“览,尔等三人尚为晓事者,如此办理夷情,足见前明汉官之办边情令人讪笑也。甚为尔等愧之。”

(卷1042 958页)

乾隆四十二年（1777年）十月乙巳

又谕:“甘肃肃州镇总兵员缺紧要,著该督于通省总兵内拣选一员调补,所遗员缺著周鼎补授。”

(卷1042 962页)

乾隆四十二年（1777年）十月辛亥

谕军机大臣等:“本年夏秋雨旸,时若京畿及各直省收成俱属丰稔,惟甘肃皋兰等三十二厅、州、县夏秋被旱成灾,屡经降旨,令该督统率各属切实查勘,妥协赈恤,灾黎自可不致失所。但恐明春正赈已毕,尚届青黄不接之时，民食不无拮据。是否尚须加赈以资接济，著该督即行妥酌复奏，候朕于新正降旨。再江苏安东等三县卫，洼地被水，虽系一隅偏灾，业据该抚题报，分别给赈。明春是否尚应量予加恩，或酌借口粮、牛具之处，亦著该抚查明复奏。候朕酌量降旨。此旨甘肃由五百里发往，江苏由三百里发往。仍各按原发里数，由驿复奏。"寻勒尔谨奏："皋兰等三十二厅、州、县遵办赈恤，民已不致失所。兹又加酌核，惟皋兰、渭源、安定、会宁、平番、泾州、平凉七州县被旱情形略重，明春正赈毕时民食尚艰接济。"得旨："届时有旨。"杨魁奏："安东、阜宁、大河三县卫洼地微灾，已蒙蠲赈，随奉恩旨再查。明春酌借口粮、牛具足资耕作。"得旨："览。"又批："如此则不必特颁谕旨，尔等酌办可也。"

（卷1043　966页）

乾隆四十二年（1777年）十月是月

陕甘总督勒尔谨奏："新疆应试文举均给驿马。今科武闱嘉峪关以外取中武举六名赴京会试，计程万余里。长途车马未免拮据，请嗣后嘉峪关外武举会试者均照文举会试例，赏给驰驿遄行。"得旨："自应如此，亦无需特旨。"

（卷1043　975页）

乾隆四十二年（1777年）十一月辛巳

又谕曰："勒尔谨奏，河州民黄国其家聚集多人，竖幡念经，并勒令居民供应粮食，且敢抗拒伤差等因一折。殊堪骇异。按察使李本与勒尔谨先后驰往查拿，自应如此办理。内地民人敢于设教聚众，并立有教主，竖幡占聚一村，入教者皆以白布为号，即与前此山东叛逆王伦无异，其情罪实为可恶。所有首伙各要犯必须上紧弋获，尽法重治其罪，以示严惩。但陕甘两省回民最多而易滋事，此案若系回民，或恐恃其勇悍敢于抗拒，不可不用官兵剿捕。今勒尔谨前往自必带有兵役，第恐为数无多或不敷应用。提督法灵阿近在该省，应即选带精兵星夜驰往协剿，如各犯业就全获则已，若尚有抵拒情形，法灵阿即在彼调度，加之以兵，或剿或擒，相机妥办，勿使一犯漏网。就获后，勒尔谨即将案内各要犯严讯起意聚众，煽惑纠约各实情，分别凌迟斩决。一面于该处正法枭示，一面奏闻。"

（卷1045　991页）

乾隆四十二年（1777年）十一月壬午

谕军机大臣等："昨勒尔谨奏，河州民黄国其聚众竖幡，倡教拒捕一案实属不成事体，且非光天化日之下所宜有。其情罪甚为可恶。业经勒尔谨亲往查拿，自可将各犯迅就弋获，严讯重治，以示惩创。果尔，甚善。但恐该省回民最多，又素习拳勇，性复护其同类，恃众滋事，即如从前马得鳌一案，窝盗纵劫，蔓延不法，其声势固大，但恐绿营兵丁必有回民在内，若辈袒护徇情，积习难改，或不肯奋勇上前，或有奸恶回人潜与勾结，皆势所不免。则虽有官兵在彼，仍不能得力。因思此等剿贼打仗之事，临时勇往争先，耻于退怯，惟满洲兵最为足恃。从前王伦一案，派大学士舒赫德督率八旗兵前往，不旬日即行剿灭，其明验也。该省距京较远，惟调驻防兵最为便易，著传谕三全于宁夏驻防内即选派满洲兵一千名，索诺木策凌于乌鲁木齐驻防内即选派满洲兵二千名，并将应用马匹、器械、干粮等项迅速妥办预备，候勒尔谨之信遄行。勒尔谨到彼如首伙各犯尽数擒获，不但毋庸另调满兵，即法灵阿亦当停其前往。若勒尔谨、法灵阿到后，逆匪仍前抗拒，尚未能克期完事，即一面由六百里驰奏，一面即用六百里加紧印文，飞调宁夏及乌鲁木齐满兵赴剿。三全、索诺木策凌一得勒尔谨印文，随到随即起行，带兵兼程前往。仍将带兵起程日期迅速奏闻。第法灵阿、三全办事虽极认真，然向未经历行阵，于调度机宜，未必遽能悉合。因查固原镇总兵图钦保在金川军营数年，曾经著有劳绩。带兵之事乃所熟娴，著传谕图钦保接奉此旨，即由该处驰驿，迅赴河州，帮同法灵阿办理剿捕之事。宁夏兵到，伊并可帮带满兵，只期于公事有益，彼此均不可稍存畛域之见。如勒尔谨此时已经获犯完案，即图钦保亦当行文停其前往。至勒尔谨昨奏此事，仅由四百里驿递，尚属不知缓急。现在如已获犯竣事，著即由六百里奏闻。此旨著由六百里加紧发往，一并谕令知之，仍各将应行复奏事宜，迅速复奏。"

（卷1045　992页）

乾隆四十二年（1777年）十一月癸未

陕甘总督勒尔谨奏："河州民黄国其家聚众拒捕。臣亲往查办，该州已拿获从匪石忠信等七名，讯明倡教首匪名王伏林，自称弥勒佛转世，聚集二千余人，拟攻河州。先令石忠信等赴州探信，即被拿获。现在调兵一千并力擒拿。"谕军机大臣等："据勒尔谨奏，于十一日抵河州，已据该州拿获匪犯石忠信等七名，审讯录供。现在调兵并力擒拿等因一折，所办尚好。但此等奸民既已就获，即应立时审明，一面正法，一面奏闻，方为妥协。若羁禁日久，恐匪徒等或纠众劫牢抢狱，更觉不成事体。此内石忠信系邪教中四教主，郝天祥系其伪军师。此二犯即应押赴市曹，凌迟处死。其张成、张大仁、张进朝、张六五、张哈哇五犯俱已相随入教，亦应即行斩决，仍将各犯首级枭示，以申国法而示惩儆。著勒尔谨即速照此办理。此后续获各犯亦俱随获随审。将曾受伪封及曾经拒捕伤差者，即行凌迟。其随教入伙现被擒拿者，即行斩决。惟实系被贼逼胁或自行脱出，赴官投首者，审明尚可贷其一死。然亦不可存留内地，并不宜发往新疆，当分遣云贵烟瘴等处。该督务须切实分别，妥为办理，不可稍存姑息。又阅供单内张成供称，被众百姓拿来等语。此等百姓尚属守法良民。勒尔谨即应查明，量加奖赏，并当出示晓谕云。尔甘肃百姓素号淳良，皇上以尔等地瘠民贫，时深轸念。每岁蠲赈频施，俾皆存活，得常安享太平，尔等受恩实为最厚。今河州逆匪王伏林等倡立邪教，聚众不法，意图抢夺各村庄，扰害百姓，不可不即时诛灭，以安善良。是以现获逆党各犯审明后即行凌迟斩决，不肯久留贻害。至尔村众内将逆党张成拿获送官，足见尔等俱有天良，明于大义，除量加奖赏外，特行明白晓谕。本督部堂在此统兵剿捕逆匪，惟期速剪根株，永除民害。尔良民照常安居乐业，勿稍惊惶。至在事兵众俱按日给发口食，丝毫不扰闾阎。尔等更无庸疑虑，如有逆党至村纠伙煽诱者，即速擒拿送究，以凭奖励。如此办理，犯法者既决不待时，守法者必共相激劝，自更易于办理。勒尔谨务实力妥为之。至所调之兵一千似觉太少，前已谕令法灵阿带兵前往，想亦可速到，必更易于集事。若法灵阿未到，首伙各犯俱已就擒竣事，即遵前旨，停止法灵阿前赴协剿。又石忠信供，有各犯拟于十二日先差人到河州埋伏，夜间率众攻破河州之语。今十二日勒尔谨已在河州拜折，而所遣逆党先已就擒，可见贼计未行。此事发觉稍速，较之山东王伦一案，滋事后再行办理，似更省力。该州办理此案尚属能事，但王伏林等倡教纠众，必非始于近时。从前何以不行查办。阅该督折内称该州扬赓飏为署知州，或该州系委署后办此一事，从前失察。另是一人或该州署事已久，功过皆其任内之事，并著勒尔谨于办完此案后，确实查明，分晰具奏。将此由六百里加紧传谕知之。仍将曾否全行获犯完案之处，由六百里加紧复奏。"

（卷1045　994页）

乾隆四十二年（1777年）十一月甲申

谕军机大臣等："昨据勒尔谨奏，河州奸民王伏林倡教聚众一案已获犯七名，所办尚好，业经谕令分别妥办矣。此案幸发觉在该犯等未经举事之前，较之山东逆犯王伦等不法一案事后查办者，自为省力。勒尔谨现在调兵擒剿，或全行获犯事竣，固属甚善。设因人众尚未办完亦未可定，但思王伏林等聚集之众至二千余人，其中情罪重大难以宽宥者固多，而为贼迫胁强从，急切不能自脱者谅亦不少。一经官兵进剿，则临阵歼戮，既难分别。及被获后以二千人概予骈诛亦觉不忍，自应一面督兵剿捕，一面宣示朕谕，明切晓谕该犯等聚集之村，以此事昨经本督部堂奏闻，皇上以王伏林敢于倡立邪教，纠众抗官，扰害良民，实非光天化日之下所宜有，其罪为覆载所不容，自当尽法严惩，以除民患而申国法。但甘肃百姓素属淳良，且所聚至二千多人必非尽皆逆匪正党，自有被贼逼胁勉强随从在内者，若不预行开导，致被获后悉骈首就戮，其情亦觉可悯。从前山东王伦之案其众执迷不悟，官兵围剿时不但伙犯诛杀无遗，即随贼同行擒获后亦尽杀无赦，此尔等所闻者。现今官兵进剿，其实系逆匪王伏林正伙要犯自属法所难逭，如胁从在内之人有能各发天良，将此内正伙要犯设法擒获，到官呈首者，不但可免尔等之罪，并当加以重赏。即或自知畏罪，预行脱出赴官呈首者，亦可稍减其罪。若此番晓谕之后仍复执迷不知悛改，官军剿捕玉石俱焚，则是尔等自取其死。虽欲施恩，亦无从原谅矣。祸福惟尔等自择，勉之毋忽。如此晓谕百姓，或果能擒贼送官尽行解散，其事更可速蒇。实为事半功倍。但投出之犯必须分别办理，即不加诛，亦不可留于内地，再不可改发乌鲁木齐等处。恐伊等到彼又复蛊惑新疆人众更属不成事体。只可酌发云、贵、川、广等省烟瘴地方。如因人数太多即改发东三省，给索伦为奴亦可。勒尔谨务须妥协速办，不可稍存姑息。此旨著由六百里加紧传谕知之。仍将现在曾否全行获犯完案情形迅由六百里加紧复奏。"

（卷1045　996页）

乾隆四十二年（1777年）十一月乙酉

又谕："昨据勒尔谨奏，河州邪教匪犯王伏林等聚众念经，署牧前往查拿，该犯拒捕伤差，当即督率司道等带领官兵前往剿捕，随将其四教主石忠信、教师郝天祥等拿获。本日又据奏称，官兵并力剿捕，生擒匪犯五百二十二名，其为首教主王伏林、张志明、王九儿均经歼毙。现将生擒各犯带赴省城严审，分别定拟等语。此案匪犯等设立邪教，竖幡念经，聚集多人，敢于显抗兵役，实为不法已极。该督一闻该署州禀报，即亲往该处，带同文武，飞调官兵直抵该犯巢穴，奋力剿戮，一日之内已将逆众就擒，渠魁歼殄，所办甚为妥速。勒尔谨及李本、蒋全迪、西德布等俱著交部议叙。其余在事员弁或尚有出力者，著该督查明具奏，一并交部议叙。至折内所称把总杨化禄勇往被伤，殊堪嘉尚，俟其调理痊愈时即行送部引见。或因伤重身故亦奏明交部，照阵亡例议恤。"

又谕："河州逆匪王伏林等设立邪教，惑众造逆，事体甚大，若办理不合机宜则贼党蔓延，地方受害。勒尔谨闻信即亲自驰往，将探信贼匪擒获七名，旋即领兵将贼匪生擒五百余名，甚属可嘉。著将朕所用珊瑚朝珠一盘，大荷包一对，小荷包四对发往赏给，以示嘉奖。"

谕军机大臣等："前据勒尔谨奏，河州逆犯王伏林等倡教聚众，拒捕伤差一案，恐其恃众不法不能速完，曾经传谕三全选派宁夏驻防兵一千，索诺木策凌选派乌鲁木齐驻防兵二千迅速挑备，候勒尔谨之信遄行。并谕图钦保驰赴河州帮同法灵阿办理剿捕。兹据勒尔谨奏到，官兵已于十三日抵其巢穴，将贼众生擒五百二十二名。首犯王伏林等业俱歼戮，事已完结。顷据法灵阿奏，闻信后即行驰往，想闻勒尔谨办完此事之信，自即仍回甘州。著传谕三全、索诺木策凌等所有满洲官兵均无庸挑选预备。图钦保亦即可回镇。"

又谕曰："勒尔谨奏河州逆匪王伏林等倡教聚众一案，已于十三日带兵至王家坡地方，将各犯或杀或擒，立即完结等因一折。所办极为妥速，甚属可嘉。已降旨交部议叙矣。阅前此奏到供单内，据石忠信供称，陆续入教来到者共二千多人，今所获仅五百二十二名口，其余众犯或于官兵剿捕时并经歼戮，抑或尚有四散窜逸者，折内未经叙及。著勒尔谨即行查明。此案匪犯除现获外，其经官兵剿杀者共若干人，或尚有畏罪逃窜者若干人，详晰查明。及官兵如何进剿，如何杀戮，及获贼各确情据实具奏。至首犯王伏林及张志明、王九儿三犯俱经奸毙，未能碎磔伏法实属幸免。其党恶逆犯不可不严切根究，勿使得逃显戮。昨石忠信供词内又称王伏林手下尚有十二人，封十二星，又封二十八宿，尚未封全等语。应即详细查讯，所封俱系何人，即将现获之五百二十二犯逐一严讯，如有曾受伪封之人俱应立时正法。其随贼持械抵拒官兵之犯，亦当立就刑诛。总之此案完结时必须多办数人，方足以示惩儆，不可稍存姑息。其余胁从之犯并著讯究明确，遵照前旨，改发云、贵、川、广烟瘴地方及发东三省给索伦为奴。其发遣时并当分起派委妥员管押，并行知沿途各督抚，一体添派员弁防护，勿使稍有兔脱。至此案王伏林倡立邪教必非始于此时。今获犯甚多无难细讯，著勒尔谨查明该犯等所立邪教倡自何年，及节年如何惑众纠伙，详晰确查，并将历任失察职名及现署知州之杨赓飏因何得以先事发觉，一并查明具奏。"

（卷1045　998页）

蠲免甘肃宁夏、宁朔、盐茶、安化、合水、环县、古浪等七厅县本年夏秋雹水霜灾额赋有差，并予赈恤。缓征洮州、岷州、伏羌、宁远、宁州、平罗、清水、礼县、崇信等九州县新旧额赋。

（卷1045　1000页）

乾隆四十二年（1777年）十一月己丑

又谕："前据勒尔谨奏河州逆犯王伏林倡教聚众之案，已督兵剿捕，或杀或擒，现获犯五百二十二名，随带犯回省审办等因一折。已降旨奖叙矣。此折本月二十三日奏到，距今又阅四日，何以尚未据勒尔谨讯明此案起事原委，及官兵如何剿办情形，并将各犯定拟罪名具奏。岂以业经获犯完事，便视同寻常案件，不即审结速奏耶？至前次所获之石忠信讯系邪教中四教主，郝天祥讯系伪军师，彼时贼势未散，恐此等要犯羁禁日久，匪徒闻之或有纠众劫牢之事。是以谕令勒尔谨即将该二犯凌迟处死以杜后患，及犯已全获更无他虑。二犯转可令毋庸急办，且当令其与各犯质对，细究此案倡教纠众、竖幡拒捕各确情。其所供较余犯自更详尽。不知勒尔谨能见及此否。若勒尔谨接奉前旨已将石忠信、郝天祥正法则已，若二犯现存，著勒尔谨问取二犯口供之后，即派妥干员弁将二犯严行管押解京交刑部审办。并饬委员等沿途严密防范，勿致稍有疏虞，将此由六百里传谕知之。朕办理诸事皆欲悉其底里，从不将就了事。仍即将审明此案详晰情由及现获各犯作何定罪，此外曾否续获要犯，并石忠信、郝天祥是否尚存，一并具折，由驿迅速复奏。"

（卷 1045　1006 页）

乾隆四十二年（1777 年）十一月辛卯

调陕西兴汉镇总兵梁朝桂为甘肃肃州镇总兵。陕西延绥镇总兵三德为兴汉镇总兵。甘肃凉州镇总兵乔照为巴里坤总兵。以江南督标中军副将德宁为甘肃凉州镇总兵。甘肃靖远协副将周鼎为陕西延绥镇总兵。

（卷 1045　1008 页）

乾隆四十二年（1777 年）十二月丁酉

谕军机大臣等："前据勒尔谨奏，河州逆匪王伏林等聚众念经，拒捕伤差一案，节经降旨，令将已获之石忠信、郝天祥等如尚未正法即行解京，并将办理情形迅速复奏。今日据奏，仍称此案生擒匪犯人数众多，容俟讯明起意纠众各实情，从重位拟具奏等语。而于起事大端，究因何故及如何办理之处仍未奏及，殊为非是。此案关系逆匪聚众，案情重大，朕屡次驰谕询问，勒尔谨岂不知朕之廑念，而如此泄泄从事耶？且此案业已获犯五百余人，分别录供，严究起事原委及敢于纠众抗拒情形并非难办之事。即详细核办亦不过三日可了。今该督拜发，距前奏获犯完事之折已逾十日，岂有经旬之久尚不能办有头绪，仍复如此敷衍具奏耶？勒尔谨一闻河州聚众之事即亲身驰往，督兵剿捕，立即歼灭渠魁，擒拿逆党，可谓迅速。是以交部议叙。今于获犯之后转不即讯明大约案情奏闻，又何不知事体轻重若此。勒尔谨著传旨申饬，仍著该督即速将该犯等讯系何年倡立邪教，如何惑人入伙，并如何欲纠众举事，此内济恶要犯若干，随同逆犯若干，胁从余犯若干，分晰定罪。并将石忠信、郝天祥曾否已经正法，或现将该二犯严行锁押解京之处。迅即具折，由驿驰奏。"

豁甘肃皋兰、金县、西和、漳县、崇信、泾州、灵台、镇原、宁州、环县、东乐、镇番、宁夏、宁朔、中卫、平罗、礼县等十七州县乾隆四十一年被雹、霜灾额赋。

（卷 1046　1011 页）

乾隆四十二年（1777年）十二月己亥

又谕："河州逆匪王伏林等聚众念经，拒捕伤差一案，昨因该督尚未将审结情形具奏，业已传旨申饬。今据勒尔谨奏称，前获之石忠信、郝天祥已经遵旨正法。其余人犯连日隔别质讯，有知其谋抢城池确情者，亦有仅行跟随念经者，有被胁强从者，容分别办理等语。所奏仍未详晰，该犯等倡教聚众断非始于近时，其立教年月必须确切讯明，则从前失察各员俱应予以议处。至现署河州之杨赓飏访查此案尚为黾勉，但奸民倡教是否在前，该员署事日浅，止有功而无过，或功罪皆系该员任内之事。前已谕令彻底查明参奏，为此案最要关键，不可因案已完结，颟顸了事。至所称各犯中曾受伪封及抗拒官兵，同谋抢城各犯即凌迟枭示。其久经入教转纠匪众之犯，审明斩决。又甫被招引入伙及被强胁者，俱发边远烟瘴，自应分别办理。但获犯旬余，屡经集讯，何至尚无端绪。既经具折，即应将审明应凌迟者某某若干犯，应斩决者若干犯，发遣者若干犯，及于何时，因何倡教，今又因何纠众起事，先录节要奏闻。乃仍浑统入奏，岂必待此案全行审办完毕，详叙题本，即为了事耶？亦甚不晓事矣。至皋兰县所获杨伏龙一犯，既系邪教头目，即应将起意设教及近时纠众抗拒，并谋抢城池各情节逐细向其根究，自可以尽得实情。且现在尚有续获之首从各犯，难免无预行逃窜之人并当严讯杨伏龙及质讯各犯等。除生擒五百余犯外，尚有要犯何人窜逸，亦当严密速拿务获，毋任一人漏网。又据称例应缘坐之妇女幼孩，俟核明奏请发遣等语，所办固是。但此等究系逆恶党类，不值照常金妻发配，而此女犯孩童与男犯不同，即发往新疆亦属无碍。著传谕勒尔谨于本案审结时，通查应发遣之妇孺若干，咨商索诺木策凌查明乌鲁木齐一带屯种人丁及云南新迁置之无妻室者，量行赏给完配，办理更为便易。著勒尔谨妥协查办，并将此一节谕令索诺木策凌知之。此旨著由四百里发往，仍令勒尔谨逐一查审明确，即速由驿复奏。"

（卷1046　1013页）

乾隆四十二年（1777年）十二月辛丑

又谕："据勒尔谨奏河州逆匪王伏林等倡教聚众，官兵进剿杀贼情形。所奏未为详尽，且有不妥者，如称先派兵五百名，令副将西德布带领前往。

西德布前已降旨交部议叙，该员是否打仗勇往及曾否亲用刀箭杀贼之处，并未叙及。又称官兵刀箭并施将王伏林射倒等语，亦未将何人首先射倒逆渠及如何射毙之处逐一声明，均欠明晰。至所称官兵施放鸟枪时，王伏林仗剑诵咒，枪子纷纷落地。射倒王伏林之后始能将余犯打死，更不成语。鸟枪为军行利器，如果施放有准自然所向无敌。此必绿营兵丁平日不习准头，临时施放过高不能中贼，或未见贼面先行放枪，至铅药已完而贼至。绿旗庸劣通病，从前徐绩、惟一等在山东剿贼，即系误信贼言，致有挟衄幸而速行搜擒完事，否则较徐绩、惟一等之罪相去几何。如所称王伏林念诵咒语，枪不能著，彼既有邪术避枪，独不能以邪术避箭乎。此可信理之必无者。勒尔谨闻此妄言即应正言斥之，乃转叙折内，徒使无能之鸟枪兵托词避过，且令邪教余党闻之，妄谓其咒有灵，日久又借以滋事。于地方要务甚有关系。勒尔谨轻信邪言，并不揆之于理，遽以入告，何所见庸陋若此。著传谕严行申饬，仍著该督叙案题结时，将此等荒唐语悉行删除，毋为人所嗤笑。嗣后并当通饬所属武员，教令鸟枪兵演习准头以期适用，勿再具文干咎。至副将西德布，如果此次带兵出力及亲身杀贼，即行详晰叙明复奏，并将该副将送部引见，并查逆渠王伏林系何人首先射倒，及为何人射殪之处一并据实具奏。将此由五百里传谕知之。"

（卷1046 1015页）

乾隆四十二年（1777年）十二月癸卯

又谕："甘肃河州逆匪王伏林等倡教聚众一案。经该督勒尔谨带领官兵前往剿捕，于两三日即行歼毙贼渠，生擒余犯五百余人，办理甚属迅速。但其折内称官兵放鸟枪时，王伏林仗剑诵咒，枪子纷纷落地，及射倒王伏林始能将余犯打毙等语。勒尔谨轻信妄言，并不揆度事理，遽以入告，所见甚为庸陋。已传旨严行申饬矣。鸟枪为行军利器，如果施放有准自然所向无敌。乃绿营兵丁平日不习准头，临时施放往往过高，是以不能中贼，或未见贼而先行点放，及贼至而铅药早完。此系绿营庸劣。从前徐绩、惟一等在山东剿捕临清逆匪时亦系误信贼言，几致误事，与勒尔谨所见相同。试思贼果能念咒避枪何独不能避箭，更可信为理所必无。而庸劣绿营鸟枪兵技艺不精，托词透过，既不思精演备用，且使邪教余党闻之转得借词惑众，似此有名无实，该营设鸟枪兵何益，于事甚有关系。著传谕各省督抚，转行提镇，严饬所属，将绿营鸟枪弁兵实力训练，演习准头，不使有过高空放之病。该督抚提镇考验时如有仍前空放不能著靶者，即将该兵丁本身责革，并将该管将弁分别参处示惩。如督抚提镇仍前视为具文，经朕访闻，或派大臣勘验得实，惟该督抚提镇是问。将此遇各省奏事之便，传谕知之。"

（卷1046　1017页）

乾隆四十二年（1777年）十二月甲辰

举行本年军政。京营卓异官一员，年老官五员，有疾官一员。直隶卓异官二员，年老官一员，有疾官一员。江南卓异官五员，年老官一员，有疾官二员，才力不及官三员。江南河营卓异官八员，年老官四员，有疾官三员。江西卓异官四员，有疾官二员，才力不及官一员。浙江卓异官四员，罢软官一员，年老官三员，有疾官一员，才力不及官一员。浙江河营卓异官一员。福建卓异官五员，罢软官五员，年老官二员，有疾官三员，才力不及官三员。河南卓异官四员，年老官二员。山东卓异官四员，罢软官四员，年老官三员，才力不及官一员。山东河营卓异官二员，才力不及官二员。山西卓异官十一员，罢软官一员，年老官四员，才力不及官一员。陕西卓异官四员，年老官四员，有疾官一员。甘肃卓异官十五员，年老官一员，有疾官四员，才力不及官三员。广东卓异官七员，罢软官二员，年老官五员，有疾官三员，才力不及官四员。广西卓异官四员，罢软官三员，年老官一员。分别议叙处分如例。

（卷1046　1021页）

乾隆四十二年（1777年）十二月丁未

举行本年各省驻防军政。热河卓异官二员。宁夏卓异官二员。凉州卓异官二员。伊犁卓异官三员。乌鲁木齐卓异官二员。黑龙江卓异官二员，不谨官一员，罢软官二员，年老官二员，有疾官三员，浮躁官一员。盛京卓异官六员，罢软官七员，年老官十四员，有疾官四员，才力不及官一员。广州卓异官一员，罢软官三员。青州卓异官一员，罢软官二员，年老官一员。山海关卓异官一员，罢软官一员，年老官一员，有疾官一员。西安卓异官二员，年老官三员，有疾官一员。江宁卓异官三员，年老官三员，有疾官一员。荆州卓异官三员，年老官五员。福州卓异官一员，年老官一员。绥远城年老官二员，有疾官二员。山西年老官一员。察哈尔卓异官一员，有疾官六员。分别议叙处分如例。

（卷1046　1022页）

乾隆四十二年（1777年）十二月己酉

谕军机大臣曰："勒尔谨查办河州逆匪王伏林一案，前因其歼毙贼渠，生擒余党，办理甚为妥速，特降旨交部议叙，并赏给朝珠、荷包以示嘉奖。该督接奉前旨，自应即具折奏谢，同复奏之事，由驿附奏，方为合理。乃拘专人赍奏谢恩之例，直至今日始行奏到，殊属不达事理。督抚遇谢恩事件，如无故由驿驰递自属违例。若勒尔谨此次接奉恩旨后已驿递奏折二次，何难即时具折，随报奏谢。如将军等在军营，凡有谢恩之事无不由驿附奏。勒尔谨岂未之前闻耶？乃迟之又久。而于感谢之忱，竟未上达，问心能自安乎？勒尔谨办理此案一闻禀报，即亲往查拿。克日获犯结案，颇为奋勉。及审讯供词、根究余党，节次所奏情节均未明晰。今具折谢恩又复迂拙若此，竟不类一人所为，殊不可解。勒尔谨著再传旨申饬，嗣后办理一切事务均须通达事体，毋得似此拘泥干咎。"

（卷1047　1024页）

豁除甘肃宁朔县水冲地二千三百五十一亩有奇额赋。

（卷1047　1025页）

乾隆四十二年（1777年）十二月辛亥

谕："据勒尔谨复奏，署河州知州杨赓飏于本年八月委令署事。该员到任后，此案人犯甫经聚集，即被查拿，迅速禀报等语。是杨赓飏于此案有功而无过。又据奏都司冯燨、守备孝顺阿、千总王一虎、把总朱廷奇跟随剿捕，俱属奋勇等语。杨赓飏、冯燨、孝顺阿、王一虎、朱廷奇俱著送部引见。"

（卷1047　1026页）

乾隆四十二年（1777年）十二月癸丑

赈恤甘肃皋兰、金县、狄道、河州、渭源、靖远、红水县丞、陇西、安定、会宁、漳县、平凉、静宁、隆德、固原、华亭、张掖、山丹、武威、永昌、镇番、平番、灵州、中卫、巴燕戎格、西宁、碾伯、大通、泾州、肃州、安西、玉门等三十二厅、州、县本年被旱灾民。

（卷1047　1027页）

乾隆四十二年（1777年）十二月己未

又谕："前因剿捕河州逆匪王伏林一案，勒尔谨所奏杀贼情形，及副将西德布是否勇往，均未详悉，谕令明晰奏复。今据勒尔谨奏称，西德布打仗甚属勇往，亲用刀箭杀贼十一名，又见王伏林仗剑诵咒，即用箭射倒等语。西德布已令送部引见，俟临时再降谕旨。至所称王伏林射倒后，随有马兵谢崇文用刀砍毙，现已记名，遇有外委缺出拔补等语，殊属非是。王伏林系逆恶渠魁，罪应寸磔，既经射倒，不复防其抵御，自应即将该犯生擒严讯，务得此案确情，然后明正刑诛，以昭国法，方为正办。且王伏林若经西德布中其要害，立时毙命，理所宜然。射者仍有功而无过，至已经射倒之贼复加刀砍，谁则不能，非但不能言勇而适形其懦。且令碎磔之犯幸得全尸，足见谢崇文之懵懂无能，并非若从前直隶兵丁穆维在山东奋勇杀贼者可比。此等绿营恶习朕所痛恨，即如前明用兵不惟其君，即所谓本兵与经略总督亦不能知此等积弊，赏格滥施，以致无所劝惩，卒受其害。迩年来出兵征剿，深有鉴于胜国之弊，凡庸懦邀功者概不得与。冀稍挽回绿营风气。今勒尔谨将该兵丁记名拔补，徒令懦兵售碌碌因人之术，使各营相率效尤，军政尚可问乎？勒尔谨所办太不晓事，著再传旨申饬，将此由四百里传令知之。"

（卷1047　1030页）

乾隆四十二年（1777年）十二月是月

甘肃布政使王廷赞奏："甘省被旱偏灾三十二处，遵谕办赈，飞檄各道府率印委各员确按成灾分数，将极贫、次贫户口造具清册，即照册填单散给，以作领赈之据。又将被灾几分，应赈银粮数目刻刷告示遍贴，如官役短发索诈，许民喊控，以凭参究。散赈后，臣即轻骑减从，取道抽查，悉令核实。"得旨："好，汝自当实力妥办也。"

（卷1047　1033页）

《清乾隆实录（十四）》

乾隆四十三年（1778年）正月癸亥

谕："昨岁甘肃省皋兰等三十二厅、州、县因夏间雨泽衍期，以致田亩被旱成灾，节经降旨，令该督等切实查勘，赈恤兼施，俾毋失所。第念皋兰、渭源、安定、会宁、平番、泾州、平凉七州县被旱情形较重，开春正赈既毕，民食未免拮据，著加恩各展赈一月，用敷春泽。其余被灾较轻之金县等二十五厅、州、县，虽亦经照例赈恤，如今春尚有缺乏籽种、口粮之户，并著该督随时体察，酌借以资接济。勒尔谨务董率所属实心料理，俾得均沾实惠，以副朕轸恤边氓之至意。该部遵谕速行。"

（卷1048　1页）

命河南巡抚徐绩来京候旨。以贵州布政使郑大进为河南巡抚。甘肃按察使李本为贵州布政使。服阕前任广东按察使谭尚忠为甘肃按察使。

（卷1048　2页）

乾隆四十三年（1778年）正月戊寅

又谕："据王廷赞奏，甘肃安西、凉州、巩昌、平凉、庆阳各府属，于十一月初八、二十八及十二月十一等日得雪一、二、三寸等语。甘肃去冬得雪地方较少，且所得仅一、二、三寸，未为深透。虽该省不种宿麦，无借滋培，但入春后土膏脉动之时若得普被祥霡，于布种田禾更有裨益。现在京畿及山东、河南、山西等省均于正月初十、十一得雪优渥，未识甘肃此时曾否均沾，著传谕勒尔谨，即将该省有无续得春雪情形迅速由驿复奏，以慰廑念。将此由五百里谕令知之。"

（卷1049　16页）

乾隆四十三年（1778年）正月辛卯

谕军机大臣等："据索诺木策凌奏，办理河州逆匪案内发遣家口，现将各项只身详加查核。其兵丁奋勉、户民淳朴及云南各省发来人丁诚实者，按其年数先行注册，酌定给配等语。自应如此办理。至所称此内回妇不少，除发来本处并旧有河州回民不便给配等语，所办尚未妥合。所谓知其一不知其二。回民与百姓均系赤子，自当一视同仁，无庸强生分别，使回众闻知，妄生疑惑。只须俟该犯妇等到时将其原系回民妇女，即酌量配给屯兵。其原系回民或可将汉妇配给，不动声色，自行酌办。不必明示其故，方为妥善。将此传谕索诺木策凌知之。"

（卷1049　24页）

乾隆四十三年（1778年）正月是月

陕甘总督勒尔谨奏："甘省地土高燥，有一分水利可开，小民即沾一分水利之益。兹查秦州城东南北三乡共可开渠四道，计灌田二十六顷余亩。小民情愿自行开挖，现已转饬妥办。"报闻。

（卷1049　25页）

乾隆四十三年（1778年）二月癸巳

谕军机大臣等："据梁朝桂奏，奉旨调任肃州镇总兵，恳请陛见等语。该镇于前岁秋间在热河行在召见，距今甫及年余，何必复请陛见，且朕因该镇曾在军营出力，是以调任肃州。其缺虽属紧要，而所办营伍事务则与兴汉相同，该镇止须仍照前妥实办理，无可另行训谕之处。该镇此奏乃沿袭绿营习套，并非出于至诚，殊属非是。梁朝桂著传旨申饬，嗣后务宜诸事实心办理，毋再蹈绿营虚饰之习，致干咎戾。"

（卷1050　26页）

乾隆四十三年（1778年）二月乙未

陕甘总督勒尔谨奏："上年十一月、十二月间各属报得雪一、二、三寸不等，嗣据通省报正月上中旬复得雪一、二、三寸不等，因未深透，率属祈祷。"得旨："知道了，今得雨雪否。"寻奏："兰州及附近地方先于二月初旬得雪，嗣据巩昌、平凉、凉州、西宁四府及泾、秦、阶三州俱同时得雪一、二、三寸不等。甘州及肃州各属于二月中旬得雪，自二寸至五寸不等，省城又于下旬得雪，入土二寸，均各有资播种。"报闻。

（卷1050　28页）

乾隆四十三年（1778年）二月壬寅

兵部议复陕甘总督勒尔谨奏称："绿营难荫子弟年未及岁即例给马粮一

分，如发标学习候补，准支把总全俸，裁去马粮。惟是陕甘两省马粮一分，额支银二十四两，把总全俸额支银十二两四钱零。在实授之把总有薪红、例马等项，本较马粮为优，如未经得缺，但支全俸。是难荫子弟一经当差候补，其得项较少于年未及岁之幼丁，请嗣后将发标学习者照马兵例给马粮、马干，与兵丁一体差操，毋庸另行支俸。其未成丁者仍赏马粮一分，毋庸支给马干。应如所请。并通行各省划一。"从之。

（卷1050　35页）

乾隆四十三年（1778年）二月己未

以巴里坤总兵乔照为乌鲁木齐提督。甘肃河州协副将西德布为巴里坤总兵。

（卷1051　54页）

乾隆四十三年（1778年）三月壬戌

又谕："甘省收捐监粮，前经户部定议，俟数年后令该督报明动存实数，请派大臣盘验。今据勒尔谨奏请简派查验。著尚书袁守侗、侍郎阿扬阿于四川查办事件完竣时，由陕西便道驰驿前往甘省，将各州县监粮按其收发存贮实数通行盘验具奏。"

（卷1052　58页）

乾隆四十三年（1778年）三月辛未

陕甘总督勒尔谨奏："甘省连城、红山二土司地方因上年叠被灾伤，口食维艰，籽种缺乏，请照乾隆二十四、二十九等年例，赏借口粮、籽种，每粮一石折银一两，于麦熟后分作三年扣还。"得旨："允行。"

（卷1052　64页）

乾隆四十三年（1778年）四月甲午

陕甘总督勒尔谨奏："甘省附近庄浪之连城、红山二土司上年夏禾被旱，晚秋被霜，请照往年成例借给籽种、口粮。每粮一石折银一两，于司库建旷项下动支。于来年麦熟后分三年扣还。"得旨："允行。"

（卷1054　83页）

乾隆四十三年（1778年）四月丙申

陕甘总督勒尔谨奏："甘省出产官盐止有宁夏府属之花马、小池及巩昌府属之漳县、西和县每年出产，仅敷商人配引行销，并无余盐，亦无肩挑背负贫民贩卖余盐之事。其额销官引者止平凉、庆阳、宁夏、巩昌、秦州、阶州等属，其余各属民间所食多系土盐，间有买食夷盐者。皆因地处边陲，闾阎贫苦，兼之山路崎岖，若运销官引，脚费既重，盐价倍昂。是以定例听从民便，积久遵行，并无奸商贩囤之事。应仍循旧，毋庸另为筹议。"下部知之。

（卷1054　83页）

乾隆四十三年（1778年）五月戊辰

又谕："据伊勒图奏准勒尔谨咨，哈密备用马匹不敷，将巴里坤、肃州绿营马匹调往应用。此项缺额马匹由伊犁拨补。但查现今伊犁并无多余马匹，除将另厂牧放儿马拨给三百匹补额外，尚缺马三百匹。既经勒尔谨将巴里坤牧厂所出骟马照数拨补绿营，似毋庸由伊犁拨送，已行文勒尔谨等语。哈密、巴里坤等处历来需用马匹，未经平定伊犁，与哈萨克易换马匹之前，彼处应需马匹系由何处拨用。今伊犁马匹既不敷拨送巴里坤等处缺额之数，勒尔谨自应查照从前办过成例筹拨备用。著传谕勒尔谨，将未经平定伊犁与哈萨克易换马匹之前哈密、巴里坤等处应用马匹，向系如何办理。现今伊犁马匹不敷，其哈密、巴里坤等处应作何拨备之处，查明办理具奏。"寻勒尔谨奏："伊犁不敷马匹，请照旧于巴里坤镇标及附近之安西、靖逆、沙州等营拨解，其巴里坤镇及各营缺额之数，请在司库照依营中过五马匹之例，领价买补。"报闻。

（卷1056　116页）

乾隆四十三年（1778年）五月辛未

又谕曰："勒尔谨奏甘省巩昌、平凉等府州属，于四月初八日得雨寸余，其余各属俱未见有报雨之处。现在率属虔祷等语。甘肃春夏缺雨事所常有，但该处地气早寒，若得雨稍迟，大田即难赶种。现在将交夏至，此时如即沾透雨，尚可乘时布种。但恐贫民或乏籽种以致观望迟误。地方官不可不及早筹办。著传谕勒尔谨，即确查各属是否得有雨泽，如已得雨泽可种大田，即速酌借籽种俾资耕作。该督务宜董率各属实心妥办，副朕轸念。仍将曾否得雨情形迅速由驿复奏。将此由五百里传谕知之。"

（卷1056　117页）

乾隆四十三年（1778年）五月戊子

谕："自西安移驻伊犁惠宁城满洲官兵，支给半分盐菜银两，定限三年。今年五月已届期满，即应停止。但念此项银两关系伊等生计，今若骤停未免拮据。著加恩将移驻伊犁之步甲、养育兵、匠役等四百余名，照从前自凉州、庄浪、热河移驻之步甲、养育兵，一体添给粮石。以裕伊等生计。"

（卷1057　134页）

乾隆四十三年（1778年）六月辛卯

谕："据袁守侗等奏，遵旨前赴甘肃将各州县监粮，按其收发存贮实数通行盘验，俱系实贮在仓，委无亏短，并核对节年动用数目亦属符合等语。甘省自收捐监粮以来，停止采买经费，且节年动用之外，现在仓贮尚有余粮百余万石，办理甚为妥协。著将该督勒尔谨交部议叙。其自藩司以至各州县承办监粮各员，自开捐至今办理著有成效者，并著勒尔谨查明具奏。交部一并议叙。"

（卷1058　137页）

乾隆四十三年（1778年）六月壬辰

又谕："前因甘省本年春夏缺雨，曾传旨询问勒尔谨各属是否得有透雨，如可赶种大田，即速酌借籽种以资耕作。兹据勒尔谨奏称，甘省春夏虽未得透雨，但近河下隰俱堪播种，即高阜山田频得微雨，亦无碍种植。惟因屡被偏灾，小民缺乏籽种、口粮者十居五六，随饬酌动官粮借给，俱已播种齐全。又通查各属内有被虫、被雹之正宁、崇信、泾州、镇原、灵台、永昌六州县，又皋兰等二十二州县得雨较少，麦禾受伤已成旱象，并饬劝令一律芟锄，俟得有雨泽即乘时改种秋禾。查明缺乏籽种之户再行酌量借给，俾资耕作等语。自应如此办理。现在曾否得有透雨甚为轸念，如已成旱灾，该督即饬属实力查办，务使贫黎俱各安所。将此由五百里传谕知之。仍将曾否得雨及如何筹办情形迅速复奏。"

（卷1058　138页）

乾隆四十三年（1778年）六月庚子

兵部议准乌鲁木齐都统索诺木策凌奏："满城城守营设驻眷兵，专管员弁未便仅以内地派赴听差之员管辖，以致屡易生手。请将巩宁城听差都司一，千、把总各一俱改为经制实缺，即将内地营制较简之陕西凤翔城守营都司、甘肃永固协千总、河州协右营把总三缺裁汰移往，其原派听差之清水营都司、兴汉镇标千总、延绥镇标中营把总俱改为巩宁城守营实缺，所遗内地各缺将现议裁汰各员调补。"从之。

（卷1058　147页）

乾隆四十三年（1778年）六月壬寅

兵部议复甘肃提督法灵阿奏："鸟枪为军中利器，请责成总兵于每年遵例巡查时阅验。每兵十名，打靶三十枪全著并进步连环精熟者为头等，备弁分别记功，兵丁重加奖赏。著靶在二十五枪以上并进步连环平顺者为二等，千把记功，兵丁量加奖赏。其著靶在二十枪以上并进步连环合式者为三等，毋庸给赏。如著靶不及二十枪及进步连环生疏者，营伍将弁分别议处，兵丁责革。提督本标鸟枪兵丁打靶分数亦照此例办理，年底造册送部查核。倘提镇等不认真查办，将打靶分数以少报多，以生为熟者，一经察出，将该提镇照捏饰具报例办理。应如所请。"从之。

（卷1058　149页）

乾隆四十三年（1778年）六月辛亥

谕军机大臣等："前据勒尔谨奏，甘肃各属多有缺雨之处，业经屡次传谕，询问该督。本日勒尔谨奏到各折，俱系寻常日行事件，而于该省曾否得有透雨之处未经奏及，尤为廑念。著传谕勒尔谨，即将甘省近日曾否普遍得雨情形迅速复奏，如有被旱成灾之处，该督即饬属实力查办，务使贫黎俱各得所。将此由五百里传谕知之。"

（卷1059　157页）

乾隆四十三年（1778年）六月乙卯

谕军机大臣等："前因甘省本年春夏雨泽稍稀，业经屡降谕旨，传谕该督，如已成灾即饬属实力查办。今据奏到兰州省城已于六月十七、十八日得雨六七寸及深透不等。看来阴云密布，势甚宽广等语，览奏稍慰廑念。但各属是否一律均沾，于秋禾足资长发，其未种地亩是否可以补植，即著该督逐一查明，迅速由驿复奏。至各州县内如尚有未得透雨不能补种之处，并著传谕该督勒尔谨确查实在情形，遵照前旨督率所属实心经理，务使贫黎得所，毋稍讳饰。将此由五百里传谕知之。"

（卷1059　158页）

乾隆四十三年（1778年）六月是月

陕甘总督勒尔谨奏："现在臣衙门译汉事少，满洲笔帖式一员请裁。"下部知之。

甘肃布政使王廷赞奏："通省惟宁夏等五属夏禾有收，其得雨较迟各府州已成偏灾。"得旨："凡有成灾者尽心查办，俾穷黎均沾实惠。勉之。"

（卷1059　161页）

乾隆四十三年（1778年）闰六月庚申

谕军机大臣曰："勒尔谨奏兰州府属金县之滨临黄河旱地，岸高河低，难资引灌，请设水车十五具引水溉田，计需银三千两，恳借项兴修，分作六年征还等因一折。所办未为妥协。甘省山高土厚，水利最宜加意讲求，今既查明什川堡等处可以成造水车，引河灌溉，实系地方急应兴举之事。至所称动借帑银令民间按年扣缴，殊属非是。制车引灌利民自宜官为经理，岂可复以所费累及闾阎。府县官各有养廉，理应捐办，以尽牧民之责。即或守令力难独办，而总督岁入俸廉丰厚，尤宜捐资济公，方无忝封疆重寄。乃勒尔谨既知事属应办，复请借项应用，令民缴还，吝己资而罔恤民隐，实属见小。若费至数万之事，朕即赏给矣。此项工费银不过三千两，即著勒尔谨于养廉内全行捐出。上紧成造，以利民用。不得复令小民扣缴滋累。将此传谕知之。仍著将捐办完竣情形即行复奏。"

（卷1060　163页）

乾隆四十三年（1778年）闰六月戊辰

谕军机大臣等："据勒尔谨奏，甘省入夏以来节次得雨，未能深透普遍。所有皋兰等三十六厅、州、县高阜地方间被旱灾，虽现在得有雨泽，于秋禾足资长发，而于夏禾已属无济等语。甘肃系积歉之区，今皋兰等处高阜夏禾被旱已成偏灾，不可不速筹抚恤。著传谕勒尔谨即督率所属实力查勘，妥协办理。务使穷黎均沾实惠，不致失所。再该督折内称兰州、巩昌、泾州各府州属具报，于十七、八，二十三、四等日各得雨二三四寸及深透不等。其何处系二三寸，何处深透殊未明晰。该省盼泽甚殷，朕心深为廑念。今既续得甘霖自应将各属报雨分寸另开一单，随折呈奏，方可一目了然。岂宜含混若此。嗣后奏报雨水情形，务须详晰声叙，并列单具奏。将此由四百里谕令知之。"

（卷1060　172页）

乾隆四十三年（1778年）闰六月壬午

谕："据索诺木策凌等奏，巴里坤镇标右营游击何廷臣推升广西全州营参将，应即给咨，送部引见。惟查该员先后办理屯田十有余载，于新疆垦种事宜甚为熟谙，恳以参将衔仍留原任，俟有陕甘相当缺出，照例题补等语。前据俞金鳌面奏，请将何廷臣发往江南，明系因该员起见，欲避广西边远之地，图得江南近缺，是以未经准行，并传旨将俞金鳌申饬。今索诺木策凌等请将何廷臣留于甘省，虽亦不免有图避远缺之意，但新疆屯务应资熟手，其事尚属可行。何廷臣著照该都统等所请，准其以参将衔仍留巴里坤镇标右营游击之任，俟有陕甘省相当缺出，照例题补。仍留办屯田事务，不得竟调回内地所得之缺。朕办理庶务一秉至公，即一奏调武职，而或准或不准亦必权其至当。著将此通谕知之。"

（卷1061　185页）

陕甘总督勒尔谨奏："张掖、武威、平番、镇番、肃州、靖远等州县无业贫民闻新疆乐土咸愿携眷前往，请照上年办送户民之例，赏给一半盘费，令其前往。"报闻。

（卷1061　186页）

乾隆四十三年（1778年）闰六月是月

陕甘总督勒尔谨奏："安西、肃州、西和、大通、徽县五州县请建贮粮仓廒二百二十五间，共需银二万四千九百余两，即于捐监项内动支。"报闻。

（卷1061　189页）

乾隆四十三年（1778年）七月甲午

以甘肃按察使谭尚忠为山西布政使。

（卷1062　196页）

乾隆四十三年（1778年）七月丙申

调直隶按察使达尔吉善为甘肃按察使。

（卷1062　201页）

乾隆四十三年（1778年）七月己亥

谕军机大臣曰："勒尔谨奏甘省雨水情形一折。览奏已悉，甘省皋兰等州县被旱成有偏灾，业据该督勘办题报，今宁夏所属三县又因河水泛涨被淹，而秦州秦安县亦因山水暴发，田禾间有冲淤之处，自应饬属实力勘查，照例分别妥办，使被灾边氓不致失所，毋稍粉饰。至黄河未入龙门以前向无泛溢，何以前岁陕西之朝邑县及今岁甘肃之宁夏等县，俱有黄河泛涨为灾之事，其故安在。并著该督查明具奏。"寻奏："本年兰州等府秋雨过多，山水汇入黄流，宣泄不及，致宁夏等县濒河地亩间被淹浸。其前岁朝邑县因黄河由龙门径行朝邑，直注潼关，兼因彼时渭、洛二河同时并涨，汇入黄河，淹及民田。非尽由黄河泛溢。"报闻。

（卷1062　205页）

乾隆四十三年（1778年）七月癸卯

户部议复甘肃布政使王廷赞奏称："武职应修衙署，副将、参将借银八百两，分六年扣还；游击借银七百两，分七年扣还。应如所奏。至都司、照佐、杂例借银二百两，守备照防御例，借银一百六十两，分八年扣还。如系委署人员不准借给。千总、把总俸廉较少，应动用空缺留半养廉。"从之。

又议准陕西布政使富纲奏称："陕西每年奏销、册造泾阳等县额解巩昌布、按二司俸薪等项，嗣后改为兰州布、按二司。"从之。

（卷1063　209页）

乾隆四十三年（1778年）七月乙巳

赈恤甘肃皋兰、红水县丞、金县、渭源、循化、陇西、宁远、安定、会宁、通渭、漳县、平凉、静宁、隆德、固原、合水、武威、镇番、平番、灵州、花马池州同、泾州、镇原、灵台、清水、肃州、高台、安西、玉门、敦煌、狄道、河州、靖远、沙泥州判、岷州、洮州、中卫等三十七州、厅、县，本年旱灾饥民。

（卷1063　211页）

乾隆四十三年（1778年）八月辛酉

吏部议复甘肃布政使王廷赞奏："各省调署人员遇有荐举等项，或因本任道府一时尽易，其接任道府又未经接见，遽难出考。应即责令署任之该管道府出考，由司转详，仍令该督抚严行察核。"从之。

（卷1064　227页）

乾隆四十三年（1778年）八月乙丑

以休致甘肃平番县土司副千户鲁烈子宗禹袭职。

（卷1064　230页）

乾隆四十三年（1778年）八月丙子

谕军机大臣等："前据勒尔谨奏，因伊犁议请额设总兵，陕甘所属八旗均难移改，拟将西安提督裁汰，并提标五营改设伊犁等因一折。所奏不知事理轻重，断不可行。曾明降谕旨，令兵部另行妥议。嗣据兵部议奏提督一缺自不应裁汰。至所奏伊犁移兵三千，令该督于陕甘两省各标营内酌量何营应移兵若干，及何营何员应汰应留之处，妥协酌议具奏。到日再议，已依议行矣。今思伊犁屯田旧有总兵经理，从前俞金鳌、乔照皆曾为之，即欲将此总兵作为额缺，伊勒图原可据实奏明，候朕简授一员，不过添一总兵，而于营制无庸酌调。较伊等所办实为简易直捷，何必轻议更张乎。至屯田兵众本属不少，纵欲添设亦何需三千之多，但按所请移拨一半足矣。其应移之兵并不必裁甘肃之缺，即陕西绿营兵亦不必抽调裁汰，莫若将西安所驻之汉军一千五百名俱令改归陕西绿营，该督即会同巡抚、提督酌量何营可移兵若干，即以移驻所出之缺，令西安汉军陆续顶补。在汉军各官兵自皆乐从，而陕西绿营兵缺并不至裁减，最为两便。至西安所有改归绿营之汉军额缺，并可于京城满洲兵内挑选一千名，往彼驻防。所有汉军原住之房屋仍可留与满洲兵居住，如此筹办，既省移驻更调之烦，而于京城满洲生计亦甚有益，尤属一举两得。并著伍弥泰、伊勒图、勒尔谨等迅速妥议具奏。到日候朕再降谕旨。此旨著一并传谕知之，仍各将核议情由即行复奏。"

（卷1065　238页）

乾隆四十三年（1778年）八月戊寅

吏部议准陕甘总督勒尔谨疏称："玛纳斯自移驻眷兵，商民日聚，事务渐繁，请将原设县丞改为知县，添设典史一员。岷州设有学正、训导二员，应令训导一员移驻，均归迪化直隶州管辖。"从之，寻定县名曰绥来县。

（卷1065　240页）

乾隆四十三年（1778年）九月辛卯

谕军机大臣等："据勒尔谨奏，河西一带秋禾滋长茂盛，地气较寒之处尚在青葱，其较暖地方将次成熟，至附近河流之田，渠水灌溉，更可必其丰稔等语。所奏殊未明晰，甘省五六月间节次得雨，未能深透普遍。前经该督奏报皋兰等三十六厅、州、县高阜地方间被旱灾，虽得雨亦属无济。业已降旨令该督实力查勘，妥协办理。今勒尔谨第奏称，河西一带秋禾丰稔，而于河东地方情形除被旱之皋兰等厅、州、县外，其余各处情形若何并未提及。又皋兰等州县惟高阜被旱，其低洼处所尚有收成与否。至通省各州县合计被灾者若干，成灾约有十分之几，均未详晰声叙。著传谕勒尔谨即速查明，分析具折复奏。"寻奏："前奏秋禾情形仅就河西一带而言，现饬藩司确查另题。"报闻。

（卷1066　256页）

乾隆四十三年（1778年）九月癸丑

又谕："本日军机大臣讯据侍卫纳苏图供称，库车办事之常喜本年曾拿获叶尔羌回子等偷出玉石送高朴处办理。高朴以五十斤以下之玉块向来俱不具奏，因招商变卖，每斤定价一钱等语。此等犯禁偷出之玉石无论多寡大小，一经盘获，该处之大臣官员自应一面具奏，并将玉石送京，一面将偷带之人照例治罪，何以转送叶尔羌核办，致高朴得以操纵自如，滋生弊端。常喜所办本属非是，或系相沿如此，他处俱各相同。抑系常喜一人之意。著永贵查明具奏。至五十斤以下之玉向不具奏，及招商变价每斤一钱之例，系何时所定，何人任内所办，曾否奏明。亦著查明具奏。并著传谕回疆办事大臣等，嗣后凡盘获偷带玉石之回民商贩，即行具奏治罪，并将玉石开明斤重块数解京，不得仍前以较小之玉私自变卖完结，如敢故违不遵，别经发觉定行从重究治。至新疆偷运内地玉石必进嘉峪关，例应盘诘。勒尔谨向来作何查办，且并未见有拿获之案。著勒尔谨一并查明具奏，将此传谕知之。"

又谕："讯据侍卫纳苏图供称，高朴家人常永于今年四月十九日自叶尔羌起身，带车五六辆，载运玉石赴肃州一带售卖等语。是其在甘肃贩卖已属确实。常永所带之玉石实有若干数目，卖与何人，得价若干，曾否卖完，带银回京，均须逐一严查办理。著传谕勒尔谨将常永迅速严密查拿，毋得丝毫徇隐。其查出玉石银两一并解京。其事即有干涉甘省官员者，亦不得稍存回护。此案该督既经失察于前，若再有袒庇属员之处则其取咎更大，亦必不能逃朕之洞鉴也。至陕西、山西皆由甘肃来京必经之路，常永或沿途贩卖亦属必有之事，著毕沅、巴延三一体访拿，毋得稍有隐匿，致干咎戾。将此传谕知之。仍各将如何查办情形迅速复奏。"

（卷1067　284页）

又谕："据杨景素、王亶望奏称，准江苏巡抚杨魁咨查扬州府属东台县已故逆犯徐述夔所著一柱楼诗，系浙江人毛澄作跋。飞咨查拿。查毛澄系归安县学廪生，乾隆三十二年赴甘肃作幕，三十九年冒阜康县籍贯，改名黄斌。去年丁酉科中式第二名举人。如今现在甘肃迪化州等语。毛澄为逆犯徐述夔作跋，必须查拿讯究，并搜查其寓所书籍字迹，一并解京，并案审办。该犯既现在迪化州，著传谕勒尔谨速将黄斌即毛澄拿获。派委妥员锁押解京审讯其冒籍情由。并著勒尔谨查明具奏。"

（卷1067　286页）

乾隆四十三年（1778年）九月癸亥

谕军机大臣等："本年豫省黄河漫口夺溜，仪封、考城等属被灾较重，业经降旨，截留漕粮二十万石，并留豫省新漕十万石，又先后拨运两淮盐课银一百万两，并命尚书袁守侗前往查办，董饬有司，实心赈恤。而安徽之亳州等处因黄水涨溢，田庐淹浸，被灾亦重，且有先被旱而后被水者。又甘肃本属积歉之区，今年皋兰等三十六厅、州、县夏间亦有因旱成灾者。及湖北之汉阳、安陆、荆州各府属夏禾被旱，入秋汉江盛涨又被淹浸。灾分亦重，虽屡经降旨该督抚等统率各属，切实查勘，妥协赈恤。灾黎均可不致失所，但恐明春正赈已毕，尚届青黄不接之时，民食不无拮据。是否尚需加赈以资接济，著传谕该督抚等即行妥酌复奏，候朕于新正降旨。至江苏上元等三十六州县及湖南湘阴等十四州县高阜地亩被旱成灾者，不过一隅，业据该抚题报，分别给赈。明春是否尚须量予加恩，或酌借口粮、牛具之处，亦著该抚查明复奏，候朕酌量降旨。此旨甘肃、湖南由五百里发往。湖北、江苏、安徽、河南由三百里发往。仍各按原发里数由驿复奏。"

（卷1068　302页）

乾隆四十三年（1778年）九月甲子

谕军机大臣等："据勒尔谨奏，接准闽浙总督咨文，查拿江苏逆犯徐述夔和陶诗内作跋之毛澄，即黄斌一犯。现在兰州府省城拿获，派员解赴江苏质审等语。此案逆犯徐述夔之孙徐食田等各犯已经江省遵旨解京，现交大学士九卿审讯。所有毛澄一犯亦应解京并案严审。前已降旨令勒尔谨于拿获该犯后即行锁押解京，想该督尚未接奉前旨，著再传谕勒尔谨并陕西、河南各该抚，即令管解之员，将毛澄即行管押解京审讯。勿稍疏虞。"

又谕："据毕沅毕接奉谕旨，复讯常永，始据供称高朴原有玉石一千斤，交伊与向在叶尔羌充当乡约之赵钧瑞携带进口，沿途设法售卖，将银带京。常永先行即被拿获，赵乡约尚在后未到。所携玉石曾否卖去未得知悉。一面将该犯锁交委员迅速起解赴京，一面严拿赵乡约，再行讯究等语。足见毕沅从前所办不实，大不是，已于折内批示矣。常永所遣马德亮等在京供称，常永带大车五辆分载玉石，载有高朴玉料三千斤，家人等玉料一千斤，极为明确。今据常永止供认高朴有玉石一千斤，则所供尚多不实不尽。况常永同赵乡约自肃州分路，既称所携玉石因价贱尚未售去，而赵钧瑞先遣回之赶车人马同良等。又供赵钧瑞到肃州因帐目未清，一时不能起程。前后自相矛盾。此等俱系紧要关键，毕沅并不向其切实根究，任其谎供支饰，仍属草率颟顸，其不是更大。至乡约赵钧瑞现在尚未拿获，该犯及所载玉料车辆自尚在甘肃境内，著传谕勒尔谨即速派委明干大员迅往查拿，务令人赃并获。先将赵钧瑞委员解京，勿稍疏懈。并将所带玉石及售得银两尽行查明，封固解京，勿使丝毫隐匿遗漏。其赵钧瑞先雇人送回之行李车辆及渭南县原籍，虽据称搜无玉石、银两亦难凭信，恐系该犯等预先隐匿寄顿。并著毕沅派员严密缉访搜查，若再不实心妥办，则其获咎更重矣。"

军机大臣议复西安将军伍弥泰、陕甘总督勒尔谨、陕西巡抚毕沅奏复："伊犁屯田换班兵，请改为眷兵三千名，于陕甘两省绿营派拨。其移驻之缺以汉军与绿营曾经出征者间补。至现在西安存营兵丁不敷防守，除将汉军全数改补外，另于满洲兵丁内挑补马兵二百、步兵一百。应如所请。惟查伊犁换回兵俱有本缺，其所称汉军与绿营拨补之处，应令该将军等分晰议奏。"从之。

（卷1068　303页）

乾隆四十三年（1778年）九月辛未

又谕曰："嘉峪关为新疆往来总路，前因回疆大玉块间有偷贩内地之事，曾谕令勒尔谨于嘉峪关严行查诘。乃李福携带玉石数千斤装载车辆，明目张胆进关而行。关口员役询系高朴幕友家人，竟不查看，即行放过。是关口竟为虚设。而勒尔谨视前此所降谕旨亦全不经意，且该犯等载玉至肃州仍复毫无盘诘，则平日于查拿私玉一事，并不止具文塞责矣。勒尔谨受朕厚恩，委任封疆，于此等事并不实心办理，而近日于赵乡约所带玉石车辆又不实心查拿，几同木偶，良心何在。至李福所带玉石车辆，据供由肃州即换骡头，从口外边墙一带行走，至山西汾州府等语。此项玉石虽未经由陕西，而常永所带之玉即系交赵乡约载至陕西之渭南县。今因事已发觉，于陕西首境长武即行获犯。其玉车尚未运到。然此一路亦是奸徒偷玉所必经，即如现获之吴苣洲等所卖之玉一千余斤即其明证。且近日查讯常永一案，任其狡供支饰，并不切实根究，是毕沅之不能实心任事，亦与勒尔谨无异。第念伊等平日于地方事务尚属认真，姑从宽免其交部治罪。但此事错谬太甚，著即自行议罪具奏。至李福由边墙一带到汾州府由山西何处进口，因何并无盘诘，亦著巴延三明白回奏。其余各关如何偷过，俟将各犯严讯明确，再行办理。"

（卷1068　312页）

乾隆四十三年（1778年）十月丙子

蠲免甘肃皋兰、金县、狄道、河州、渭源、靖远、红水县丞、陇西、安定、会宁、漳县、平凉、静宁、隆德、固原、华亭、张掖、山丹、武威、永昌、镇番、平番、灵州、中卫、巴燕戎格、西宁、碾伯、大通、泾州、肃州、安西、玉门等三十二厅、州、县乾隆四十二年旱灾地亩额赋有差。

（卷1069　320页）

乾隆四十三年（1778年）十月戊寅

又谕："据勒尔谨奏，四十五年新疆各处备用绸缎，开明颜色、丈尺、数目清单，请敕交山东、山西巡抚暨江宁、苏州、杭州各织造照数织办，解送来甘，以便分交各处备用等语。著传谕国泰、巴延三、穆腾额、全德、征瑞即照勒尔谨单开所需各项绸缎，如式妥协制办。务使质地厚重，颜色鲜明，不得稍有粗糙轻减，并著遴委妥员沿途小心护解，毋得稍有霉污，致滋挑驳。所有勒尔谨原折清单并著抄寄阅看。至此项缎匹解到甘省时，即著该督详悉点验，派员转解伊犁等处。并饬接解之员一体小心照料，以专责成。"

乾隆四十三年（1778年）十月己卯

又谕："据巴延三明白回奏，并自请议处一折内称李福携带玉石，由边墙一带行走，至山西汾州、潞安，路径共有三条。俟部臣讯明李福、张銮确由何路入山西境，再将未经盘获之地方官查参等语。现据军机大臣讯明张銮、李福携带玉石，于上年十一月由甘州、凉州走，二月初至山西、绥德、永宁、汾州、平阳等处，前往河南，由临淮关至浦口换船，过江宁由泗安一路，四月初绕道至苏州等语。沿途地方官何以毫无盘诘，著巴延三即将山西各处不行盘获之地方官查明参奏。至巴延三平日不能稽查觉察，所司何事，甚属非是，即交部严加议处。不过革职留任，仍不足以示儆，著传谕巴延三即行切实自行议罪具奏。其甘肃自嘉峪关及各州县复由肃州至凉州，所过之地最多，且所至均有查拿玉石之责，乃竟听伊等安行无忌，该地方官获谴甚重。即河南、安徽、江苏、浙江不能盘查之各地方官，及各关监督亦均难辞咎。并著各该督抚查明参奏。"

乾隆四十三年（1778年）十月辛巳

兵部等部议准陕甘总督勒尔谨奏称："阶州属白马关地方，系川陕入甘大路，离州窎远，易藏贼匪。请于阶州营把总酌派一员，带兵二十名驻扎巡防，仍令阶州游击分季抽调操演。"从之。

乾隆四十三年（1778年）十月癸未

谕军机大臣等："前因勒尔谨奏，据固原州知州那礼善拿获赵乡约，并未严切讯究，率据谎供具报。看来该员必系一无能为之人，或并即偷买贼赃，是以谕令该督将那礼善解京候审。今据勒尔谨奏，此案赵乡约实系那礼善会同千总沈宗贵拿获，并经该员彻夜盘诘，始据供出埋藏玉石地方，全行起获等语。那礼善既有拿犯获玉之事，尚属实力办事，已谕军机大臣存记。俟那礼善到京时带领引见，其缺可不必出，候朕再降谕旨。至本日巴延三奏，查讯张銮同伙冯致安口供内称，张銮寄往肃州魏象纪信内，向肃州道门上袁姓要银子等语。该道系属何人，因何令管门家人，与奸商张銮欠有银两交涉之事，其咎实所难辞。并著勒尔谨查明系作何事银两，提犯严切讯拟。若有私弊将该道据实参奏，毋稍徇隐。"寻奏："肃州道陈之铨旧有长随袁添福，现已告假出口。讯据管门家人供称，上年袁添福曾买过张銮玉石，俟咨提该犯到甘究办。"报闻。

（卷1069　329页）

乾隆四十三年（1778年）十一月丁亥

又谕："据勒尔谨等奏，审讯在西安拿获私贩玉石之吴苣洲等七犯，坚供各玉石或系发卖绸缎，在口外阿克苏并肃州价买，或系在肃州、凉州、兰州等处以结欠货帐折得玉石，并或以货换玉，带回销售。该犯等与常永、赵钧瑞并不认识，实未向伊等接买玉石。质之赵钧瑞亦供未认识其人，不敢混扳。反复严审，矢口不移。至搜出玉石并无官给照票，自系私贩，但向无治罪专条。请敕部定拟分别治罪等语。转可不必如此办理。自平定回部以来，所产玉石除文官所余，招商变价外，其回民违禁私卖，奸商潜踪私买载回内地制器牟利者，并不始于此时。而迩年来苏州所制玉器，色白而大者不一而足，非自回疆偷售而何。朕久经深悉，第以国家幅员广辟，地不爱宝，美玉充盈，以天地自然之利供小民贸易之常，尚属事所应有，故虽知之而不加严禁。此即抵璧于山之意。至高朴驻扎回疆，敢于明目张胆偷卖官玉，价逾巨万，实出情理之外。虽已审明在该处正法，尚不足抵其罪愆，其案内之商人张銮、乡约赵钧瑞胆敢交结大臣，伙同其家人沈泰、李福、常永辈偷贩觅利，情罪可恶，自难轻逭。至吴苣洲等既讯与赵钧瑞等不相认识，并非高朴案内有名人犯，则不必与张銮等同科。但吴苣洲所贩之玉，既无官给照票，其为私贩无疑。若伊等谓买时实不知情乃必无之事，此等狡狯伎俩岂能欺人乎？况已人赃并获，偷贩之罪实无可辞，亦伊等所自取。但究非与高朴通同贩卖，尚可末减。若将此七人治罪，则前此私贩回疆玉石之人转得漏网，亦非情法之平。今该犯等所贩之玉俱已查明入官，亦足以蔽辜，无庸另行治罪。吴苣洲等现据该抚奏明解京，俟解到时军机大臣会同刑部复讯供词，如果无虚捏，即行奏闻释放。昨陈辉祖奏于襄阳盘获玉商杨添山等十七名，解到时亦著详悉研鞫，是否与张銮、赵钧瑞同伙，或不相干涉。讯取确供，分别办理具奏。其现在或有续获者亦照此办理。此乃朕格外之恩，凡属商众俱当感激改悔。若经此次查办之后复有私赴新疆偷贩玉石者，一经查获即照窃盗满贯例，计赃论罪，不能复邀宽贷矣。将此通谕中外知之。"

（卷1070　337页）

乾隆四十三年（1778年）十一月壬辰

定驿务归巡道分管例。谕："昨因高朴家人随往叶尔羌，沿途需索骚扰皆由驿站各员之逢迎酬应，实为邮政积弊，不可不设法剔除。已谕令各督抚按站查参，并降旨通行严饬整顿矣。但思向来各省驿站事务，直隶则系臬司兼辖，其余俱系粮盐道员兼管。该员等俱驻扎省城，以一人而辖通省邮传，地方辽阔，稽察难周。莫若将各省驿站事务皆令各守巡道按其所属府、州、县分司其事，而以按察使总其成，不必令粮盐等道兼管。如有本系专管驿传，并无兼辖他务者，即将员缺裁汰，则事有专责，而呼应亦灵。倘再有废弛及徇纵供应等弊，惟该管之司道等是问。其如何分辖归并及作何巡查稽核之处，著交该部详细酌议具奏。"寻奏："嗣后各省驿务应令巡道分管，粮盐道兼管驿务者，如有分巡地方仍令管理所属之驿，无则不必兼管。其专管驿务者惟甘肃驿传道一缺，应敕该督酌定裁并，奏复另议。再驿站马匹即令巡道稽查，加结送部，仍将差员印花底册按月缴部，如有馈遗需索，照例查参，并将该道议处。"从之。

（卷1070　347页）

乾隆四十三年（1778年）十一月丙申

又谕："昨据毕沅奏，续获商贩玉石雷英等六人。讯明所带玉石系在哈密、辟展、阿克苏等处有用银陆续收买者，有将货物易换者，并非勾通高朴家人通同贩卖。现在咨查口外照各犯所供得价卖玉，及给玉抵欠各银数一并追出解京等语。已谕令该抚将玉石入官，人犯省释矣。此等贩玉牟利之人，既非与高朴家人通同偷卖，自可无庸另行治罪，止须将其玉石入官亦足蔽辜。至伊等前在哈密等处零星收买，为数甚多，阅时又久，若辗转根究波累必多。朕办事不为已甚，即如张銮伙同李福在苏偷卖私玉，其在张銮手内买去之人自应查追，若复经转售，即谕令毋庸究办。朕于内地商人贩卖玉器者，尚不使辗转株连，况回疆各处，岂肯追究已往，致滋扰累乎？恐哈密等处接到毕沅咨文照供查办，殊觉不成事体。著传谕景福、伯忠、佛德、松龄等将毕沅行查之案毋庸办理，如有已获得价卖玉之人亦即遵旨释放。仍将办理情形迅即奏闻。其肃州等处并著勒尔谨遵照办理。至毕沅前此缉获常永，讯供颟顸草率，屡经传谕训饬。兹于供出口外卖玉之事，思欲稍盖前愆，所办又不免矫枉过正，殊属非是。毕沅著传旨申饬。"

（卷1070　355页）

乾隆四十三年（1778年）十一月庚子

蠲免甘肃宁夏、宁朔、盐茶、安化、合水、环县、古浪等七厅、州、县乾隆四十二年雹、水、霜灾地亩额赋有差。

（卷1070　358页）

乾隆四十三年（1778年）十一月乙巳

以云南粮储道海宁为甘肃按察使。

（卷1071　365页）

乾隆四十三年（1778年）十一月丙午

谕军机大臣等："据永贵奏审拟高朴一案，将达三泰拟以斩决，委员解京办理一折，已批交该部议奏矣。达三泰系该处办事司员，乃敢怂恿高朴派累回人开采玉石，串商牟利。伊即从中婪索多金，实属助恶之尤，情节甚为可恶。伊与高朴之罪虽斩决不足蔽辜。但律止于此，更难加重，然亦不值解京办理。著传谕勒尔谨，即派大员前往嘉峪关一带，俟达三泰解到何处，即于该处将该犯正法，并将其尸骸抛弃野外，不准收殓。以示惩儆。"

（卷1071　366页）

乾隆四十三年（1778年）十一月是月

陕甘总督勒尔谨奏："伊犁改设眷兵，奏准调拨安西、沙州、巴里坤兵一千名，查该三处存兵不敷派调，酌于甘州、凉州、西宁、肃州各派兵二百，巴里坤派兵一百，沙州等十一营派兵一百，支给口粮前往。"报闻。

（卷1071　380页）

乾隆四十三年（1778年）十二月丁巳

谕军机大臣等："勒尔谨奏，捐纳卫千总路悦书呈请改补营缺，谨据情转奏等语。所奏不可行。守备、千总分别营卫，定例昭然，即如武科之进士、举人分别营卫，俱特派王大臣考验，以优等者用营缺，次等者用卫缺，最为慎重。盖因营缺事繁，卫缺事简，就其才技以为衡，从无以卫缺恳改营缺之例。今路悦书所恳不过因卫缺少而营缺多，希图速用。此端一开，适启取巧幸进之捷径。勒尔谨乃不严行饬驳，转代为奏请，甚属不合。著传谕严行申饬。"

（卷 1072　　381 页）

乾隆四十三年（1778年）十二月辛酉

赈恤甘肃宁夏、宁朔、平罗、秦州、秦安、庄浪、安化、正宁、环县、抚彝、张掖、古浪、西宁、盐茶厅、礼县、山丹、永昌等十七厅、州、县本年水、旱、雹、霜灾贫民，并蠲缓额赋有差。

（卷 1072　　390 页）

乾隆四十三年（1778年）十二月壬戌

又谕："从前四川木果木溃兵之事，实由绿营懦卒，罔顾军律，相率奔逃，置将军于不顾，以致失事。其罪本不容诛。第因人数过多，不忍悉行骈戮，是以谕令查明，发遣云、贵、两广、甘肃、湖广等省安插，如有脱逃者即行缉获正法。仍令该督抚等查明有无脱逃，于年终具奏。今其事已隔六年，各省按例每年陈奏，竟成故套，亦不成事体。著传谕安插溃兵之各督抚查明尚存溃兵若干，详悉具奏。俟奏齐之日交军机大臣请旨。"

（卷 1072　　392 页）

乾隆四十三年（1778年）十二月甲戌

赈恤甘肃皋兰、红水县丞、金县、渭源、循化、狄道、河州、靖远、沙泥州判、陇西、宁远、安定、会宁、通渭、漳县、岷州、洮州、平凉、静宁、隆德、固原、合水、武威、镇番、平番、灵州、花马池州同、中卫、泾州、镇原、灵台、清水、肃州、高台、安西、玉门、敦煌等三十七厅、州、县本年雹、虫、旱灾贫民，并蠲缓额赋有差。

（卷 1073　　404 页）

乾隆四十三年（1778年）十二月乙亥

又谕："据勒尔谨奏，查讯安肃道陈之铨管门家人袁添福有与张銮交结及经手银两等事。该犯现在口外谋生，已飞咨缉拿等语。自应将袁添福即速缉获，严行审讯，务得确情，从重定拟。并将各犯严加诘究。陈之铨是否知情不可庇护，据实分别参奏。至大河驿长随萧姓于马万龙等装载玉器经过，胆敢讹索千金，辄行私放，其情罪甚属可恶。前已屡谕查拿，何以尚未据奏缉获起解。著再传谕勒尔谨，即将萧姓长随速行拿获，派委妥员解京。沿途小心管解，毋稍疏懈。"

（卷1073　405页）

乾隆四十三年（1778年）十二月己卯

谕军机大臣等："户部议驳勒尔谨请减宁夏府属捐监粮数一折。前据勒尔谨以宁夏所收粮数不敷支给，请照兰州等处之例，每名八十石减数收捐。经户部议驳，朕降旨令该督将实在情形具奏。兹勒尔谨仍以不敷支发之说陈请，而户部则称，查据该府历年册报出入总数，核以现在报捐情形，无虑不敷等语。户部所言颇为近理。朕亦不能代勒尔谨曲为之解，驳诘该部也。著将户部折内朕折角处抄寄勒尔谨阅看。令其据实复奏，如果该府属另有筹办情形，勒尔谨不妨据实陈奏，候朕酌量降旨。"

（卷1073　409页）

乾隆四十三年（1778年）十二月甲申

谕军机大臣等："据索诺木策凌奏称，遵旨将素赍璊解京审讯后交院照例定罪，加恩留其王爵，予以罚俸等语。所见尚是。素赍璊到京时，著军机大臣会同该院定拟具奏，再降恩旨。因思额敏和卓自康熙年间归顺，安插瓜州。后以军功封爵，令回原游牧居住。其从瓜州随往之人乃伊真正属下，至吐鲁番本系准噶尔地方，属莽噶里克管辖。后莽噶里克被杀，始归额敏和卓。此皆国家兵力威服，与伊无涉。况吐鲁番系回城冲要，令伊等世守，难保无事。今素赍璊既经获罪，即当乘机办理。朕意将额敏和卓地方旧日属人仍令管辖，其余地方俱令撤出，另放阿奇木伯克。索诺木策凌尚属晓事，著谕令酌量情形，妥悉筹划。"

（卷1073　410页）

乾隆四十四年（1779年）正月己丑

又谕："昨岁甘肃皋兰等三十六厅、州、县因夏间雨泽愆期，以致田亩被旱成灾，节经降旨，令该督等切实查勘，赈恤兼施，俾无失所。第念皋兰、河州、静宁、固原、平番、安定、泾州等七州县被旱情形较重，开春正赈既毕，民食未免拮据，著加恩各展赈一个月，用敷春泽。其余被灾较轻地方虽亦经照例赈恤，如今春尚有缺乏籽种、口粮之户，并著该督随时体察酌借，以资接济。勒尔谨务董率所属实心料理，俾得均沾实惠，以副朕轸恤灾黎至意。该部遵谕速行。"

（卷 1074　417 页）

乾隆四十四年（1779年）正月甲午

又谕曰："毕沅奏复查拿川省逃兵一折，并将已未获各兵名数开单进呈。朕阅核单内所开，自陕省调赴军营脱逃者共一百六十八名，现在仅拿获正法过三十七名，未及十分之四。其自四川、甘肃、绿营调赴军营脱逃。因原籍陕西，咨明查缉者共四十三名，已拿获正法者不过三名，尚不及十分之一。此等兵丁久经国家豢养训练，及至调赴军营不能奋勉出力，乃敢相率潜逃，其情罪极为可恶，必当按名拿获正法以示惩儆。计该犯等见大功久藏，查拿渐疏，自必潜回原籍藏匿，冀延残喘。文武员弁如果实力查缉，自无难尽数就获，乃至今拿获者尚属寥寥。究系各该地方员弁未能实力办理之故。著传谕毕沅严饬各属，设法上紧严缉，务期尽数弋获，一面正法，一面奏闻。毋任稍有疏懈，致令漏网稽诛。将此遇各督抚奏事之便。传谕知之。"

（卷 1074　419 页）

乾隆四十四年（1779年）正月甲寅

又谕："据勒尔谨奏，安肃道陈之铨管门家人袁炳堂，即袁添福，在叶尔羌陆续交过高朴家人沈泰金银绸缎等物。该犯系微贱长随，安得有此资本。若出自陈之铨则罪无可逭，即银两别有来历，该道漫无觉察亦难辞咎。请旨将陈之铨解任质审等语。陈之铨纵令家人在回城贩玉渔利罪无可辞，即著革职。交该督截提袁炳堂到案，隔别严审实情，按律定拟具奏。"

（卷 1075　434 页）

乾隆四十四年（1779年）正月乙卯

以甘肃庆阳协副将武灵阿为宁夏镇总兵。

（卷 1075　436 页）

乾隆四十四年（1779年）二月辛酉

又谕曰："吏部议山西、陕西、甘肃三省滥给高朴家人银两之驿站各员降调，现已加恩照部议所降之级从宽留任矣。驿站官员滥给银两予以实降，固属应得之罪。因此三省员数过多，特从宽典。第念同案之直隶省应议各员业经降调，是人数过多者，得以邀恩格外，而人数少者不免向隅，非朕办理庶务从不肯屈人之本意。所有前此直隶议处一案，除臬司达尔吉善因其平日办事本无足取，是以革任。俟其到京时原欲酌用，著该部带领引见。其余降调各员，并著加恩照部议所降之级从宽留任，如已出缺离任者，仍著发往该省，交该督遇有相当之缺补用。"

（卷1076　446页）

乾隆四十四年（1779年）二月甲子

又谕："据索诺木策凌奏称，接奉谕旨令将额敏和卓所管莽噶里克属下回民撤出，另设阿奇木伯克管理。查从前莽噶里克所管回民编入额敏和卓佐领者仅十九户，余俱移驻伊犁。将此十九户撤出另设伯克，不成部落，请并入素赉璊所管回户内，作为素赉璊属下安插鲁布沁，其余回众全行撤出，仍住吐鲁番、烈木沁、辟展、托克逊、哈喇和卓等处，酌设伯克管束。再吐鲁番系居中之地，田肥水足，请建城拨满兵驻防。裁辟展大臣，请旨另放领队大臣一员，驻札吐鲁番等语。朕以吐鲁番等处为通乌鲁木齐扼要之区，彼处回民众多，若令素赉璊管领，延及世世，所领回民益多，非经久之计。素赉璊现既获咎，应乘此时整顿，故特降谕旨，令将前在瓜州随额敏和卓，后复派往本游牧旧属人仍留与素赉璊管理，其余莽噶里克旧领人地悉撤出，照布固尔、库车等处例另设伯克管理。今阅索诺木策凌所奏，莽噶里克旧管回人只十九户归额敏和卓管束，撤出另设伯克不成部落，请并入素赉璊所管回户安插。查素赉璊现管回户虽非莽噶里克属回，然系节次施恩，著额敏和卓管领者，并非素赉璊正项属人，即撤出分拨亦无不可，但未审回民果否情愿，于伊等生计果否有益。永贵此时谅已至辟展，著传谕永贵会同索诺木策凌详悉筹议具奏。再素赉璊现已到京，命军机大臣等另行拟办矣。朕意欲留彼在京不行遣回，至吐鲁番建城驻兵，裁辟展大臣设领队大臣驻扎吐鲁番，尚非今日急务，均著传谕永贵与索诺木策凌一并熟筹。定议奏闻。"

（卷 1076　　448 页）

乾隆四十四年（1779年）二月甲戌

举行乾隆四十三年大计。奉天罢软官一员，年老官一员，有疾官一员。直隶卓异官九员，不谨官一员，罢软官一员，年老官七员，有疾官一员，才力不及官二员，浮躁官二员。江苏卓异官八员，不谨官一员，罢软官二员，年老官八员，有疾官六员，才力不及官六员。江南河员卓异官四员，年老官一员，才力不及官二员。安徽卓异官五员，年老官十三员，有疾官三员，才力不及官三员，浮躁官一员。江西卓异官十二员，不谨官一员，罢软官一员，年老官八员，有疾官五员，才力不及官二员，浮躁官一员。浙江卓异官十五员，不谨官一员，罢软官一员，年老官三员，有疾官五员，才力不及官五员，浮躁官一员。湖北卓异官八员，罢软官二员，年老官九员，有疾官四员，才力不及官二员，浮躁官二员。湖南卓异官六员，不谨官一员，罢软官一员，年老官四员，有疾官五员，才力不及官二员，浮躁官一员。河南卓异官十三员，不谨官一员，罢软官一员，年老官十员，有疾官四员。山东卓异官九员，年老官三员，有疾官一员，才力不及官三员，浮躁官一员。河东河员卓异官三员，年老官一员，有疾官二员，才力不及官一员。山西卓异官十二员，不谨官二员，罢软官二员，年老官七员，有疾官三员。陕西卓异官十四员，罢软官二员，年老官七员，有疾官三员，才力不及官二员。甘肃卓异官九员，罢软官一员，年老官八员，有疾官一员。四川卓异官七员，不谨官二员，年老官十四员，有疾官二员，才力不及官二员。广东卓异官八员，罢软官三员，年老官六员，有疾官三员，才力不及官二员，浮躁官一员。广西卓异官五员，罢软官一员，年老官三员，有疾官二员，才力不及官一员。云南卓异官五员，不谨官二员，罢软官二员，有疾官一员，才力不及官一员。贵州卓异官五员，罢软官一员，年老官二员，有疾官一员，才力不及官一员。分别议叙处分如例。

（卷 1077　　458 页）

乾隆四十四年（1779年）二月丁亥

谕军机大臣等："据勒尔谨奏，兰州府循化同知所辖之郎家族番民惨杀撒拉回民多命，获犯审拟，分别正法发遣一折，所办总不成事。已于折内批示矣。此案郎家族番人惨杀回民五命，且敢将被杀之尸剥皮支解，凶恶已极。自应将现获各犯严讯明确，即于番境集众正法枭示，庶足以警凶顽而戢残暴。乃该督获犯审办时致令监毙五名，已属幸逃显戮。及审讯拟罪仅将者黑隆本、乙舍完的二犯请即行正法，余犯七名改发伊犁为奴，实属姑息。至该番头人虽于事后将凶犯绑缚献出，然其平日约束不严，致所属番人凶横不法若此，自有应得之咎。勒尔谨何竟置之不问，亦属疏漏。至勒尔谨一闻循化同知禀报，自应即差大员带领兵役前往缉捕。乃先遣通丁喇嘛往谕，继则操演枪炮藤牌遥示兵威，实觉可笑。该督从前查办河州王伏林一案颇能妥速，今办此案舛谬无能，与前案如出两人，殊不可解。勒尔谨著传旨严行申饬，仍著将拟遣各犯俱行押赴番境，同者黑隆本、乙舍完的一并正法示众，并将该头人拟以管辖不严之罪，酌令罚赎，俾知凛畏，庶足儆戒将来。将此由六百里谕令知之。仍将办理情形即行复奏。"寻奏："遵旨将原拟发遣伊犁为奴七犯改同者黑隆本、乙舍完的委员押赴番境，正法示众，并传饬该头人约束不严之罪，令其罚赎。"得旨："览。"

兵部议奏："据甘肃提督法灵阿册送考验本标五营鸟枪兵中靶不及分数，请将该管将弁暂停开揭，复不自行引咎，应交部察议。该管将弁仍令送部议处。"得旨："兵部奏甘肃提督法灵阿因考验鸟枪兵丁中靶不及分数，呈请暂停开揭，又不自行引咎。请将该提督交部察议等语。法灵阿所办实大乖谬。各标营操演鸟枪，本应实力整顿，况中靶分数即系该提督奏定章程，尤当如式演习，据实劾奏。何得饰词咨部，邀免处分。前此乌大经因巡阅各营鸟枪不及分数，将所辖将弁查参，并自请议处。朕以乌大经系自行查出，非由提督所纠，且就所阅情形直陈，毫无粉饰，诚实可嘉，特敕免其置议。法灵阿若据实具奏，此等公过处分未尝不可加恩宽免，况法灵阿身为提督，且久在乾清门行走，何所见转不及乌大经。伊平日办事尚属妥协，实不意其荒唐若此。法灵阿著交部严加议处。余依议。"

（卷1078　479页）

乾隆四十四年（1779年）二月庚寅

又谕："前据勒尔谨奏，安肃道陈之铨管门家人袁炳堂，即袁添福，在叶尔羌陆续送交高朴家人沈泰金银绸缎等物，请将陈之铨解任质审等语。当以陈之铨身任道员，纵令家人在回城贩玉渔利，罪无可辞，即降旨将陈之铨革职，并令该督提袁炳堂到案，审拟具奏。此旨于正月二十九日颁发，距今已一月有余，何以尚未据勒尔谨奏复。办理殊属迟缓，著传谕勒尔谨即将此案迅速严讯明确，按律究拟具奏。毋稍延宕。"

（卷1078　481页）

乾隆四十四年（1779年）三月壬寅

谕军机大臣等："据驻扎西宁办事副都统法福礼奏，拿获郭罗克番子策令等六名，令其解京，转发烟瘴地方。已谕令该副都统选派弁兵管押起解。所有经过省份著各该督抚预派妥干员弁，于番子解到时即速督率兵役，小心护送出境。如有中途脱逃者，即速严缉务获，于该处立行正法，以示惩儆。各督抚务须实力妥办，毋稍疏懒干咎，将此由四百里传谕知之。"

（卷1079　498页）

乾隆四十四年（1779年）三月甲辰

又谕曰："提督法灵阿于自行条奏之事并不遵办，仅行报部，并未具奏。巧避已罪，更复掩饰属员之罪，已照部议革任矣。但法灵阿系乾清门侍卫，经朕格外加恩用至提督。今取巧冀免轻罪，甚属不堪。与别项因公挂误者不同，法灵阿所袭世职一并解退，仍加恩赏给三品职衔，前往和阗，同德风办事，所有应得之项俱不必支给。令其自备资斧，效力赎罪。"

以直隶天津镇总兵仁和为甘肃提督，山东文登协副将刚塔为直隶天津镇总兵。

（卷1079　501页）

乾隆四十四年（1779年）三月乙巳

谕军机大臣等："前因章嘉呼图克图奏称，班禅额尔德尼欲于庚子年前来为朕称祝万寿，已允所请，并将一切事宜谕知留保住，令其亲赴后藏见班禅额尔德尼面为商定。前据留保住奏称，班禅额尔德尼拟于本年六月十七日自西藏起程，留驻塔尔寺。于明年由青海、西宁一带行走，前至热河等语。其经由陕、甘、山西等省俱有应行预备事宜，应令该督抚来京面谕妥办。勒尔谨昨已准其陛见。著传谕巴延三接奉谕旨，即起程来京陛见。所有山西巡抚印务即交谭尚忠暂行护理。将此由四百里谕令知之。"

（卷1079　502页）

乾隆四十四年（1779年）三月甲寅

又谕："前据勒尔谨奏请陛见，已准令来京，并著将总督印务交毕沅暂署批发奏折，至今已二十余日，尚未据该督奏报起程日期，或因伊赍折家人回程未能迅速。昨留保住奏，班禅额尔德尼于本年六月内即自西藏起程，至塔尔寺留住过冬，于明年由青海、西宁一带行走。陕甘两省有应行预备事宜，即须该督来京面谕妥办。著传谕勒尔谨接奉此旨，即速兼程来京。将此由五百里谕令知之。"

（卷1079　505页）

乾隆四十四年（1779年）四月丁巳

谕军机大臣等："安肃道陈之铨纵令家人袁炳堂回城贩玉渔利一案，已降旨将陈之铨革职，令该督提袁炳堂到案审拟。嗣因该督月余未经审结具奏，复传谕饬催，迄今又将一月，尚未据该督奏复，殊属迟缓。著传谕勒尔谨将此案因何不即查审缘由，迅速复奏。此时勒尔谨自已起程来京，即著署总督毕沅速行严讯明确，按律定拟具奏，毋稍延缓。将此由四百里谕令知之。"寻毕沅奏："途次迎见勒尔谨，询悉业于在兰时提集犯证，审明具奏，其袁炳堂一犯亦经起解来京。"报闻。

（卷1080　507页）

乾隆四十四年（1779年）四月癸亥

军机大臣等议复西安将军伍弥泰等奏称："接准伊犁将军伊勒图咨复，该处建筑城房两年完竣，且仓粮甚多，足敷支用。请将前项派拨眷兵三千名陆续拨送。西安汉军拨换之兵一千五百名于本年秋间起程。陕甘二省裁拨兵一千五百名于次年秋间起程等语。初次兵数应分派抚标五十名，提标四百名，延绥镇标三百七十名，兴汉镇标二百六十名，固原镇标四百二十名。抚提两标，固原一镇路属通衢，从本营派往。延绥、兴汉两镇各营山路崎岖，挈眷难行，所派眷兵六百三十名，照移驻新疆等处眷兵例，由甘省河西各标营就近代派前往，共足一千五百名之数，即将汉军顶补额缺。至二次派往眷兵，原议由陕甘两省均匀裁拨，但西安汉军兵丁共二千三百三十二名，除拨补绿营兵缺外，尚存八百余名。若俟绿营缺出拨补，未免需时。请于明年移驻兵内将应行改补之汉军兵丁八百余名全数改补，其余绿营兵六百余名作为裁缺，毋庸另募，以符营制。"从之。

（卷1080　514页）

乾隆四十四年（1779年）四月丙寅

谕："据勒尔谨等奏，陕甘省营伍本年轮应查阅，现在口内口外俱遵旨次第查阅具奏。惟乌鲁木齐提标五属距兰州四千余里，可否由都统就近查阅等语。著照所请，乌鲁木齐提标五属营伍即令都统索诺木策凌查阅。"

（卷1080　517页）

乾隆四十四年（1779年）四月壬申

赈甘肃庄浪县丞、盐茶厅、安化、正宁、环县、抚彝厅、张掖、山丹、永昌、古浪、宁夏、宁朔、平罗、西宁、秦州、秦安、礼县等十七州、县、厅本年雹、水、霜灾饥民。

（卷1081　523页）

乾隆四十四年（1779年）四月甲戌

谕军机大臣等："据文绥复奏拿获外省及该省逃兵数目一折。已于折内详晰批示矣。前因川省逃兵近来鲜有弋获，恐地方文武各官见大功久蒇，缉捕稍疏。因谕令文绥查明军营逃兵各省实有若干，即行奏闻。并令原派兵之各督抚一并查明，饬属上紧严拿具奏。续据督抚等奏到，亦俱随时批饬矣。兹文绥折内称，查核各省逃兵：湖北九十六名，湖南九十七名，云南四十名，贵州五十五名，陕西一百六十八名，甘肃一百五十二名。川省之未获者尚有七百三十名。逃兵一项川省独多至盈千，即此可见其政事废弛矣。其余各省，两湖亦俱满百，陕甘又将倍之，惟云贵通计不及百人。然数年来各省弋获无多，皆由地方官平时漫不经心，督抚等又不实力整饬所致。此等逃兵受国家豢养之恩，一旦调赴军营，不思奋勉报效，相率潜逃，其情罪实为可恶。倘此时竟任其偷生不缉，将来保无用兵之事，亦何以示惩创乎？朕非不体好生之心，但兵可百年不用，不可一日无备。明季纲纪废弛，军无纪律，临阵委靡，纷纷各鸟兽散，驯至败亡，足为殷鉴。凡为封疆大臣不可不知此意，并于获逃兵正法时令各绿旗兵目睹知戒。著再传谕有逃兵各省督抚，查明该省未获逃兵若干，严饬所属，实力设法躧缉务获，不得以缉捕虚文塞责，致干咎戾。"

乾隆四十四年（1779年）四月丁丑

吏部议准陕甘总督勒尔谨疏称："甘肃驿传道缺，向系总理通省驿务分巡兰州一府。今驿站事宜改隶各巡道，而兰州府所属有仓库、钱粮、屯田、水利及庄浪、甘州、西宁三处经销茶引，若并归别道，稽察难周，请将驿传道缺，改为分巡兰州道。兰州一府驿务仍令该道分管，并请嗣后缺出改归部选。"从之。

乾隆四十四年（1779年）四月庚辰

礼部议复陕甘总督勒尔谨："学政童凤三疏称，甘省惟宁夏一府设有商学，岁科两试，取进文童各八名，岁试取进武童八名。该处商人俱系平凉、庆阳、宁夏等府属各州县人承充，并无外省正商。间有一二山西、陕西人在彼帮办盐务，俱系平凉等府商人出结收考。所有宁夏额设商学请裁，归入本州县应试。其现在商籍举人、贡监、文武生员亦令收归原籍。文生员内廪增改为候增、候廪，与本籍生员照考案新旧间补，仍照原廪食饩年份挨次出贡。应如所请。"从之。

乾隆四十四年（1779年）五月丁亥

添建甘肃肃州仓廒八十间，从总督勒尔谨请也。

乾隆四十四年（1779年）五月癸巳

兵部议准陕甘总督勒尔谨疏称："操演鸟枪，每兵打靶三十枪，中二十枪以上者一等，弁兵分别记功奖赏；中十五枪以上者二等；中十枪以上者三等，不记功过。不及十枪者官弁议处，兵丁严责，勒限一月练习，限满仍不改观，责革。该管官不时加训练，照废弛营伍例革职。"从之。

乾隆四十四年（1779年）五月戊申

乌鲁木齐都统索诺木策凌奏："乌鲁木齐一带地阔人多，间有流寓孤贫。请在所属州县各设养济院一所，以资收养。循照安西州例各令垦地二百亩，州县以上捐廉建筑仓房，置办马牛器具。选殷实之户经营，秋收除扣工价籽种外，将存剩粮石查实在孤贫者，每名日给白面半斤，冬给绵衣一件。倘将来人数渐多另筹公项支给。"报闻。

（卷1083　556页）

乾隆四十四年（1779年）五月是月

署陕甘总督陕西巡抚毕沅奏："甘省各属春夏之交，雨水调匀，今忽被黄疸虫伤，分别勘办。"得旨："是其民福薄，实属可悯。兹又免其积欠亦不过救弊而已。"

又奏："武威等县户民情愿前往乌鲁木齐垦种地亩，共计一千八百八十七户。前经奏准按站派役伴送，并咨明该都统于此项户民送到时查收安插。兹自上年十二月二十六日起至本年三月十七日止，俱全数出关讫。"得旨："此或甘省贫民一救急生路，当从民之愿，亦不必强也。"

又奏："查班禅额尔德尼从青海交界之日月山进口至塔尔寺，计程一百五十里，分作四站。该处俱有公廨民房，只须量加修整。明春从塔尔寺至营盘水出口入贺兰山界，计程七百五十里，分作十九站。平番以南多有公馆可住，平番以北俱系草地，只可支搭蒙古包帐房按站住宿，但此系明岁经行之地，尚可从容酌办。至今年到塔尔寺居住过冬一切支应款待及备办需用物件等项，头绪繁多，均需早为停当。现议章程，俟督臣勒尔谨回甘时查明妥办。"得旨："彼尚不能回任，即回任亦未能似汝详悉料理，但不须过当太费耳。"

（卷1083　559页）

乾隆四十四年（1779年）六月癸丑

驻扎西宁办事副都统法福礼奏："据驻藏大臣咨称，班禅额尔德尼于本年六月十七日起程，明年二月可至热河。须先派番兵五十名，马一百匹，牛三百头赴木鲁乌苏预备随行等语。查木鲁乌苏至青海边界约二十余日路程，若止派番兵护送恐不谙性情，未免疏懈。因与青海扎萨克商派贝子沙克都尔扎布带兵往迎，并派员外郎灵伦往来稽查。计至木鲁乌苏过河时，臣等即亲至其地，预备驼骡舆轿等项以资接济。"得旨："好，尔见班禅额尔德尼如何议定，速行奏闻。"

（卷1084　561页）

乾隆四十四年（1779年）六月丁巳

又谕："据法福礼奏班禅额尔德尼由塔尔寺至三眼井，沿途虽已预备蒙古包帐房，而经过城市村庄既有房屋，亦应量加修整。如班禅额尔德尼愿住蒙古包即住蒙古包，愿住房屋即住房屋等语。昨勒尔谨来京陛见，据称塔尔寺至三眼井并无房屋，必须搭盖蒙古包。因降旨与其内地纷纷备办，莫若即将青海所备蒙古包直送至三眼井，再将阿拉善蒙古包更换。今阅法福礼所奏，是此一带虽不似塔尔寺岱汉庙宇宏敞，亦俱有旅店。塔尔寺为班禅额尔德尼住居数月之地，必需大庙。岱汉系达赖喇嘛旧居之庙，并非特建。今班禅额尔德尼自西宁至三眼井，所经道路不过住宿一夜，将现有之房屋略为修理即可居住，又何必塔盖蒙古包。勒尔谨身任总督，于此一事全无主见，是何道理。勒尔谨著传旨严行申饬。此事若伊二人彼此推诿，断不能妥协经理。现已传谕法福礼由驿前来，著传谕勒尔谨接奉此旨，即由驿前来热河。令伊等面议。由军机大臣核明，候朕指示。俟议定后再行办理，亦不至迟误。"

（卷1084　563页）

乾隆四十四年（1779年）六月丁卯

谕："甘肃地处边陲，民贫土瘠，历年均有偏灾，即降旨蠲赈缓带。民间所借籽种、口粮及缓征等项积欠甚多，曾于乾隆三十六年降旨加恩，豁免该省旧欠仓粮四百余万石，又于四十二年降旨，将该省自乾隆二十三年至三十五年民借折色未完银八十四万余两概予豁免，俾边氓共庆盈宁。兹据该署督毕沅，将各年正杂钱粮已未完数目开单具奏。朕详阅单内所开每年未完银粮数目尚多，虽系按年带征之项，且该省上年额征地丁正赋业已加恩轮免，本年各属节次得有雨泽，二麦丰收，民力尚为宽裕。征纳自可如期。但念该省究属积歉之区，若将远年积欠一体并征为数过多，完项仍不无掮据。著再加恩，将该省自乾隆二十七年起至三十七年止因灾带征未完银二十三万五千余两，粮一百零五万四千余石概予豁免。其自三十八年以后缓带各项及此丰年带征，小民天良感发当必踊跃输将，且积逋既普免追呼，其近欠自易于完纳，如此体恤优施，闾阎更得永资乐利。该部即遵谕行。"

（卷1084　569页）

乾隆四十四年（1779年）六月辛未

吏部题甘肃省失察冒籍中式各官分别议处。得旨："此案失察冒籍各员处分，固属应得。但阜康、迪化州等处均系新设郡县，与内地不同，该处本无土著，势不能禁外省士民入籍，著加恩予以二十年之限，如限外有冒籍应试者，即照内地例办理。"

（卷1085　574页）

乾隆四十四年（1779年）六月壬申

谕军机大臣等："据毕沅奏，备办班禅额尔德尼从青海进口经过各站，住宿供顿等项一折。所办俱是，甚属可嘉。已于折内详悉批示矣。如所称平番以南多有公馆、民房可住，平番以北俱系草地，只可支搭蒙古包帐房按站住宿等语，甚为明晰，颇得此事条理。其内地有房屋者止须扫除洁净，并无庸另为葺治。至草地不能预备房屋，班禅额尔德尼原有带来之蒙古包帐房，可以酌量妥为料理，并不必另费经营。昨勒尔谨在京时奏称，欲自塔尔寺至三眼井各站均须搭盖蒙古包之处，未能将内地、草地分晰筹办，不免过涉张皇。又与法福礼不无稍存推诿之意，总未得此事要领，业已传谕勒尔谨及法福礼俱即驰赴热河行在，再行悉心面议，候朕酌夺，并遣奎林前往查勘。今毕沅所奏办理俱甚合宜。勒尔谨未必能似此详悉料理。勒尔谨回任尚需时日，即可照毕沅所奏速为妥办，但不得过于繁费。现在奎林前往细勘，其沿途公馆、民房情形，毕沅并可询之奎林妥为筹酌也。至所奏修治道路桥梁等事，如山岭峻仄处自应量为平治，其经过桥座实在跨临河涧者，亦应缮葺完整。若干桥平路俱可置之不办，断不值为之垫道也。总之此事固不可草率迟缓致临时贻误要差，亦不宜张大浮靡，一切过于劳费。毕沅自能斟酌适中耳，将此由五百里传谕知之。"

（卷1085　574页）

乾隆四十四年（1779年）六月是月

署陕甘总督陕西巡抚毕沅奏："据乌鲁木齐都统索诺木策凌等咨称，吐鲁番现在建筑满城应需工作兵五百名，当由嘉峪关各营调拨。又移驻种地兵丁七百名当由内地调拨等语。查此项工作兵丁到彼筑城，若工竣后仍令撤回原营，所需种地兵丁又在内地另派，一切费用未免糜费。请照从前派往乌鲁木齐工作兵丁事竣留屯种地例，即在附近嘉峪关之肃州镇属派兵三百五十名，甘肃提标派兵一百五十名，共五百名，即日自各本营起程，于本年七月内抵吐鲁番工作。俟工竣后即留屯耕种，毋庸撤回。至种地兵数原议应需七百名，除筑城兵丁五百名留屯外，尚应拨补二百名。查辟展向来派换兵丁俱系在陕西提属之兴汉镇派拨，应照旧办理。于本年十月初旬起程，尽可不误春耕。至管领员弁每兵百名派千把一员，外委一员分领弹压，并于肃州、兴汉镇属分派都、守二员统率。此项官兵俱俟五年班满另换。"报闻。

（卷1085　586页）

乾隆四十四年（1779年）七月丁亥

军机大臣等议复陕甘总督勒尔谨奏称："明岁班禅额尔德尼来京觐祝，所过地方平番以南民房、公馆可居，量加修理。平番以北俱系草地，须搭盖帐房。就甘省现有蒙古包两分，轮替已足。其随从喇嘛等所需帐房于附近各营调用，马驼等项按营派拨。预赴西宁待用，一应供支照驻藏大臣咨复办理。应如所奏，不可草率迟误，亦不得张大浮费。"从之。

（卷1086　588页）

乾隆四十四年（1779年）七月是月

署陕甘总督陕西巡抚毕沅奏："甘省兰州、西宁、凉州、宁夏等府属六七月间多雨，低洼被淹，高阜西成可望。惟皋兰、狄道等州县夏禾受黄疸虫伤，兼被冰雹不能翻种，民情未免拮据。现委员确勘结报后奏明办理。"得旨："妥为之，俾受实惠。"

又奏："前奉谕备办班禅额尔德尼一切供顿事宜，令臣询之奎林斟酌筹办。伏思此事固不宜张大浮费，现饬司道择其必不可缓者预备。但班禅额尔德尼以外藩初次入觐，凡款待供帐俱须整齐新洁，妥协适中。至沿途桥道亦饬员略为修治，以利遄行。"得旨："一切俱妥可嘉。"

（卷1087　610页）

乾隆四十四年（1779年）八月丙辰

兵部议复署陕甘总督陕西巡抚毕沅奏称："查乌鲁木齐、凉州、西宁、肃州、固原、巴里坤等镇协营兵操演鸟枪铅丸，俱动项制办，惟甘肃提标、宁夏镇标及红德等营系各兵自备。近因奏请颁发枪靶式样勤加演习，需用更多该营兵，非征剿金川即系新疆撤回，所关粮饷除扣借制衣装路费外，力难自备，请一体动项制办。应如所奏，报部核销。"从之。

（卷1088　615页）

乾隆四十四年（1779年）八月己未

军机大臣等议复西安将军伍弥泰、陕甘总督勒尔谨等奏称："移驻伊犁眷兵及汉军出旗改驻京兵各事宜：一、移驻兵三千分两年派往，现初次一千五百由甘省河西各标营就近先派，于七月至九月分起前进，毋误春耕。一、弁兵眷口除游击、都司、守备自行料理外，千把、外委兵丁每口每百里给盘费一钱二分，小口减半。每三名给车一两。一、汉军马兵二千，原有左右翼官房四千间，请将北城右翼兵房给本年移驻京兵，其南城左翼衙署兵房估价卖给出旗官兵。房价于改补绿营俸饷内官分四季、兵分八季扣还。一、出旗汉军有拨补别营愿携眷同往者，请量给盘费，及穷苦闲散迁徙他往，按户赏给资本。一、移驻兵一千五百应马步各半。今汉军八旗马兵共二千二十四名，步兵仅三百八名，请即择马兵中家计稍可者，令补步甲，余于明岁一并改补绿营。一、各营派出带领移驻眷兵之游击、都司、守备、千把总等缺，即将出旗汉军之协领、防御、骁骑校等按品改补。一、汉军各有自立马匹，请给价留厂，即拨出派给京兵。一、阵亡兵家属及食一两钱粮之鳏寡孤独，请各给守粮一分。均应如所奏。"谕："此项官兵认买兵房衙署，议令按季坐扣缴价，固属照例办理。但汉军官员改补绿营，所得廉俸较优，自应作四季坐扣，至兵丁改补后，所领饷银有限，若坐扣缴价，于伊等生计未免拮据。所有兵丁认买房间，著即加恩赏给居住，毋庸扣饷，以示体恤。其应派京兵，著留京王大臣会同该旗，详慎挑选。奏闻发往。余依议。"

（卷1088　617页）

乾隆四十四年（1779年）八月辛未

赈恤甘肃皋兰、河州、狄道、金县、靖远、红水县丞、陇西、安定、会宁、通渭、岷州、平凉、静宁、隆德、固原、盐茶厅、张掖、山丹、武威、永昌、古浪、平番、西宁、碾伯、泾州、秦州、清水、肃州、安西、玉门、渭源、中卫、环县、洮州、东乐等三十五厅、州、县虫、雹、水灾贫户，并蠲缓本年额赋有差。

（卷1089　627页）

乾隆四十四年（1779年）八月戊寅

兵部等部议复署陕甘总督陕西巡抚毕沅奏称："甘省驿务改归巡道分辖，以按察使总理各事宜：一、甘肃驿传道改为分巡兰州道，与平庆、秦阶、宁夏、西宁、甘凉、安肃各巡道按所属塘驿夫马切实稽查，如有缺额扣克，该道揭送臬司参奏。一、驿传奏销自明岁始，由臬司办理，即遴拨驿道书吏承办。州县交代册结，各道移臬司赍部。一、通省接递本折文报道臬一体查核。每月应付差员勘合火牌内廪给口粮夫马，黏贴印花簿，及马递公文黏用排单，均由臬司按月咨部。一、夫马工料等银仍由州县具详藩司核给，其额领倒毙马价及垫用廪给口粮，由各道移臬司办理。一、如有滥给勘合，多填夫马等弊，将专办之臬司查参。至私用夫马，迟误紧要公文，道臬一并参处。一、改铸甘肃等处提刑按察使兼管驿传事务印信，及分巡甘肃兰州府兼管茶马水利道关防。其余各道官衔内添兼管驿务字样。均应如所奏。"从之。

（卷1089　634页）

乾隆四十四年（1779年）八月辛巳

兵部议准署陕甘总督陕西巡抚毕沅奏称："甘省西宁镇地界极边，城守营所辖地广，向未设有马兵，其步守兵除派新疆屯防外，不敷差遣，并无马乘骑，请即在该镇标五营内各拨马兵十名，马十匹，作该营额设。"从之。

（卷1089　636页）

乾隆四十四年（1779年）九月甲申

添建甘肃大通县仓廒二十五间，从署陕甘总督陕西巡抚毕沅请也。

（卷1090　640页）

乾隆四十四年（1779年）九月戊子

谕："前经降旨，将甘肃省乾隆二十七年起至三十七年止，因灾带征未完银二十三万五千余两，粮一百零五万四千余石加恩概予豁免，俾边氓共庆盈宁。因念陕西之延安、榆林、绥德等三府州属与甘肃接壤，虽其地分隶陕省，而土瘠民贫，实与甘省无异。远年积欠为数尚多，若一体并征民力不无拮据，著加恩将延安、榆林、绥德等三府州属自乾隆二十六年起至三十七年止，民欠常平仓谷若干，著该抚查明实数奏闻，概予豁免，俾积逋得普免追呼。近欠自易于完纳，如此体恤优施，闾阎更可永资乐利。该部即遵谕行。"

（卷1090　642页）

乾隆四十四年（1779年）九月乙未

谕军机大臣等："据勒尔谨奏称，甘省兰州、巩昌、平凉等各府州，属于七月十九至二十九等日各得雨二三寸、四五寸及深透不等。甘省节候较迟，得此应时雨泽，秋禾可渐次结实等语。第就该省现在雨泽而言，昨日奎林自甘省差竣来行在复命，朕询以沿途所见地方情形。据奏，伊经过甘肃地方似觉雨水过多，询之土人佥称向年觉旱之处，今岁俱得有收，其低洼处所雨水不免过大，且有生长黄疸者。虽非通省皆然，而歉收之处约有少半等语。甘省每年夏秋往往缺雨，今岁因何转得过多。该省现在田禾情形若何，收成通计何如，勒尔谨折内何以并未详悉奏及。著传谕该督再行逐一查明，据实复奏，毋得稍有粉饰。将此由四百里谕令知之。"寻奏："甘省入秋以来，据抚彝等十九厅、州、县具报，有因阴雨连绵，生长黄疸者，有田禾甫经结穗，旋被雹霜者，业饬道府确勘俟复到，即分别轻重具奏。"报闻。

（卷1090　644页）

乾隆四十四年（1779年）九月壬寅

以四川川北道福崧为甘肃按察使。

（卷1091　653页）

乾隆四十四年（1779年）九月庚戌

谕："户部议署陕甘总督毕沅奏，请将皋兰等三十七厅、州、县被灾地亩应免银粮，于四十四年补蠲之处毋庸议一折。甘肃地丁额征银粮已于乾隆四十三年普行蠲免，恩无屡邀，自属照例议驳。第念甘省地瘠民贫，与他省情形迥异，著再加恩照三十六年之例，将皋兰等三十七厅、州、县夏禾被灾，应免正银一万三千一百七十余两、番粮七十四石四斗零，于四十四年补行蠲免，以示朕轸念边氓。有加无已之至意。"

（卷1091　656页）

乾隆四十四年（1779年）十月庚申

谕军机大臣等："据勒尔谨奏，乾隆四十六年新疆各处备用绸缎，开明颜色、丈尺数目清单，请敕交山东、山西巡抚暨江宁、苏州、杭州各织造照数织办，解送来甘以便分交各该处备用等语。著传谕国泰、巴延三、穆腾额、全德、征瑞，即照勒尔谨单开所需各项绸缎，如式妥协制办，务使质地厚实，颜色鲜明，不得稍有粗糙轻减，并著遴委妥员沿途小心护解，毋得稍有霉污，致滋挑驳。所有勒尔谨原折清单并著抄寄阅看。至此项缎匹解到甘省时，即著该督详细点验，派员转解伊犁等处。并饬接解之员一体小心照料，以专责成。将此传谕巴延三等，并谕勒尔谨知之。"

（卷1092　663页）

乾隆四十四年（1779年）十月丙寅

谕军机大臣等："本年各直省两旸时若，秋成俱属丰稔，惟豫省仪封、考城等各州县因堵筑漫口尚未蒇工，濒水田禾不能耕获。安徽之亳州、蒙城等处为黄水下注之区，地亩亦未涸出，贫民口食维艰，屡经降旨，加恩赈恤。又甘肃本属积歉之区，本年皋兰等四十一厅、州、县所种夏禾亦间有被雹、被水及黄疸虫伤者，虽经降旨该督，统率各属切实查勘，妥协赈恤，灾黎不致失所。但恐明春正赈已毕，尚届青黄不接之时，民食不无拮据。是否尚需加赈以资接济，著传谕该督抚等即行妥酌复奏，候朕于新正降旨。至湖北省于六月中旬荆江水涨，沿江之钟祥、京山等九州县堤埝漫溃，田禾被淹。及直隶大城、武清等九县，江苏之阜宁、清河等九州、县、卫，低洼地亩亦间有被水者，虽成灾不过一隅，业据该督抚题报分别赈恤。明春是否尚须量予加恩，或酌借口粮牛具之处，亦著该督抚查明复奏，候朕酌量降旨。此旨甘肃由五百里发往，湖北、江苏、安徽、河南、直隶由三百里发往。仍各按原发里数由驿复奏。"

（卷1093　668页）

乾隆四十四年（1779年）十月乙亥

户部议复陕甘总督勒尔谨疏称："庄浪、盐茶厅、安化、正宁、环县、抚彝厅、张掖、山丹、永昌、古浪、宁夏、宁朔、平罗、西宁、秦州、秦安、礼县十七厅、州、县四十三年秋禾被灾，额征正银、番粮应请蠲免。惟上年已奉旨全行免征，应如所请，照例于四十四年如数补免。"从之。

（卷1093　674页）

乾隆四十四年（1779年）十月丙子

又谕："庄浪佐领明泰窝赌放债，种种不法，著革职拿交刑部，严审定拟具奏。凉州与庄浪相去不远，长额里系该处副都统，于此等目无法纪之事一有风闻，即当亲往审办，乃并不亲往，纷纷遣官查办，致城守尉和亮，恣情袒护，通同掩饰，太属不晓事体，谬误极矣。长额里著交部严加议处。"

（卷1093　674页）

乾隆四十四年（1779年）十月己卯

谕曰："庄浪佐领明泰不知恤爱兵丁，且多不法之事。长额里并未亲身前往审办，以致属员通同隐匿，已交部严加议处矣。看来长额里不能办理专城事务，著来京候旨。所遗凉州副都统员缺，著博成调补，博成所遗归化城副都统员缺，著积善补授。"

（卷1093　675页）

乾隆四十四年（1779年）十一月癸卯

赈恤甘肃皋兰、漳县、华亭、安化、宁州、正宁、抚彝厅、平番、灵州、崇信、镇原、高台十二厅、州、县灾民并蠲本年秋禾被雹、水、霜灾地亩额赋。缓征金县、循化、伏羌、隆德、合水、镇番、宁夏、宁朔、平罗、大通、秦安、灵台、肃州等十三厅、州、县乾隆三十八年以后未完额赋，暨各年民欠籽种、口粮。

（卷1095　689页）

乾隆四十五年（1780年）正月癸未

又谕："上年甘肃皋兰等厅、州、县夏禾间被偏灾，业经降旨分别赈恤，小民自不致失所。第念青黄不接之时，正赈已毕，穷黎未免尚形竭蹶，著加恩将皋兰、狄道、平番、武威、肃州、安定、会宁、固原、泾州等九州县灾重贫民加赈一个月，其余被灾较轻地方并著查明，酌借籽种、口粮，以资接济。该部遵谕即行。"

（卷1098　716页）

乾隆四十五年（1780年）二月壬子

添建甘肃隆德县仓廒五十间，安西州仓廒一百间，从总督勒尔谨请也。

（卷1100　730页）

乾隆四十五年（1780年）二月辛酉

以原任青海办事大臣福禄为理藩院侍郎。

（卷1100　734页）

乾隆四十五年（1780年）二月甲戌

谕军机大臣等："全简屡将无关紧要之事具奏，甚属不晓事体。全简原系凉州协领，移驻伊犁，洊升至乌鲁木齐副都统。从前来京陛见，朕看其人气局鄙琐，嗣因索诺木策凌来京，令伊署理都统事务。数月以来，奏事转多于索诺木策零时，而又均非要务，其意不过以为既摄都统，即俨然以都统自居。诸事不待索诺木策凌，尽行办理具奏，甚属好事。不惟不胜都统之任，即副都统亦恐不能称职。著传谕索诺木策凌，即将全简果否能胜副都统之处秉公奏闻，候朕另降谕旨。"

（卷1101　741页）

乾隆四十五年（1780年）二月丙子

谕军机大臣曰："勒尔谨奏，镇番县户民呈请愿往新疆垦种者一百八十六户，又平番、中卫、静宁等州县愿往户民一百三十一户，俱系无业贫民，恳请携眷前往种地。查乾隆四十二、三等年携眷前往贫民俱赏给一半盘费银两。请循照往例办理等语。所奏殊不知事体。从前初次移驻新疆户民系官为办理，因念远涉维艰，是以格外赏给盘费。今镇番平番户民等因闻知新疆水土肥美，岁获丰收，呈请携眷前往垦种，自与前次官为经理者有别，岂宜循照向例。即或念该户民等口食无资，亦止应照向给一半之数再减一半赏给，已属格外优恤。至将来四五年后，此等闻风愿往户民日多，即此再行减半之数亦毋庸给发，不过官为查照存案，听其自行前往而已。若已经给发不必拘泥追还，即如山东、直隶等处贫民，各携眷属出口种地谋生者甚多，俱系自行前往，又何尝给与盘费耶？勒尔谨何不晓事若此，可将此传谕知之。"

（卷 1101　743 页）

乾隆四十五年（1780 年）四月丁卯

陕甘总督勒尔谨等奏称："西宁镇属原设孳生马一千二百匹，因厂地不敷牧放，在于镇属大通川一带另躧宽厂。后因孳生过多，于乾隆三十四年分拨甘州、凉州、肃州三标营马一千一百余匹，尚存马二千三百余匹。迄今又十余年，除儿骒交县变价及拨补营缺骟马外，尚余马三千五百余匹。该厂地窄，水草不敷，气又寒冷，请分拨甘州、凉州、肃州三处马厂牧放。"报闻。

（卷 1105　786 页）

乾隆四十五年（1780 年）六月甲寅

谕军机大臣曰："班禅额尔德尼入觐所有经过各省预备供顿，一切经费自应据实开销，著传谕各该督抚于耗羡盈余及各闲款内酌量先行动拨，毋庸开支正项钱粮。即事竣后亦只须造册奏交理藩院、内务府会同核销。拨给广储司银两归款，均毋庸具题报部。将此传谕直隶、山西、陕西、甘肃各督抚知之。"

礼部议准陕甘总督勒尔谨奏称："乌鲁木齐所属昌吉县地方，请照安西等州县之例设立廪生、增生各二名，六年一贡。"从之。

（卷 1108　819 页）

乾隆四十五年（1780 年）六月癸酉

军机大臣等议复凉州副都统博成奏称："凉州城左右翼及庄浪八旗各设学舍，由兵丁内考取熟练清语三四人授为教习，以训年幼闲散余丁。三年期满，咨部升用，其膏火纸笔之费由铺房租内拨给。应如所请。"从之。

（卷 1109　834 页）

乾隆四十五年（1780 年）六月是月

陕甘总督勒尔谨奏报通省雨水情形。得旨："其有应抚恤，妥协为之，毋致小民失所。"

（卷 1109　835 页）

乾隆四十五年（1780年）七月癸巳

谕军机大臣曰："勒尔谨奏到甘省得雨情形一折，殊未明晰。折内称五月二十四至六月初一、二得雨，于各处之农田均为有益。又称除被有偏灾之皋兰等十三厅、州、县，现在履亩查勘等语，及阅得雨分寸单内所开皋兰等十五州县得雨三、四、五寸，而会宁等十八处得雨二三寸，皋兰等处既得雨四五寸，则雨泽尚不为过小，何以折内称为被有偏灾。而会宁等处仅得雨二三寸，实未深透，转称可冀其有收，更属难解。且其所称十三州县亦未分晰开明某州、某县。以甘肃通省各州县计之，究属十分之几。著传谕勒尔谨即行查明，分晰开单呈览，并将何处实在被有偏灾分数及现在作何抚恤缘由，迅速据实奏复。"寻奏："臣前奏被有偏灾之皋兰等十三厅、州、县内皋兰、金县、狄道、河州、平番、泾州六处自四月初旬至五月中旬雨泽稀少，虽于五月二十后得雨三四寸，而夏禾黄萎者不能复望结实，是以仍须履亩查勘。至会宁等十八处，除伏羌、宁远、镇番、秦安、徽县、礼县、两当、成县、高台、安西、玉门、敦煌十二处陆续得雨，可冀有收外，其会宁、安定、洮州厅、华亭、武威、肃州六处续据道府勘明成灾。查甘属共七十三厅、州、县，本年奏报成灾者皋兰、金县、狄道、河州、平番、泾州、会宁、安定、洮州厅、华亭、武威、肃州、陇西、靖远、山丹、西宁、文县、漳县共十八厅、州、县，以通省州县计之不过十分之二，其各州县境中又止一隅，以通省户口地亩计之尚不及十分之一。应行抚恤事宜，已饬地方官妥协办理。"报闻。

（卷1111　850页）

乾隆四十五年（1780年）八月戊辰

户部议复陕甘总督勒尔谨奏称："甘省皋兰、金县、狄道、靖远、河州、华亭、安定、会宁、漳县、洮州厅、文县、西宁、武威、平番、山丹、泾州、肃州等厅、州、县夏田被旱成灾，陇西县被雹成灾，应分别赈恤，缓征新旧正借钱粮。其循化厅、红水县丞、盐茶厅、固原、静宁、隆德、张掖、永昌等厅、州、县虽勘不成灾，收成未免歉薄，亦一体缓征。应如所请。"得旨："依议速行。"

（卷1113　880页）

乾隆四十五年（1780年）十月壬戌

蠲免甘肃皋兰、河州、狄道、渭源、金县、靖远、红水县丞、陇西、安定、会宁、岷州、通渭、洮州厅、平凉、静宁、隆德、固原、盐茶厅、环县、张掖、山丹、东乐县丞、武威、永昌、古浪、平番、中卫、西宁、碾伯、秦州、清水、泾州、肃州、安西、玉门三十五厅、州、县并灵州属之下马关营乾隆四十四年水灾地亩额赋。

（卷1117　923页）

乾隆四十五年（1780年）十二月庚戌

又谕据国泰奏："新授西宁府知府秦震钧呈称父母年老，向俱迎养东省，今同赴新任跋涉维艰，可否准其改留近省等语。秦震钧既因亲老道远难以迎养，呈请改留近省。若不允所请，非朕孝治天下之道。秦震钧著仍留平度州之任，其西宁府知府员缺，著巴海补授。至国泰折内所称可否准其改近之处，其意冀于准行后，遇有东省知府缺出，即可仍将该员补用。秦震钧本系知州，经朕加恩擢用知府。今因亲老请留，止应将该员情节奏明，不得径请改近，使该员既邀升擢之恩，复为自便之计。君臣父子各有大义，为臣子者不应以此居心。督抚等亦不应如此代为陈请。将此通谕中外知之。"

（卷1120　957页）

乾隆四十五年（1780年）十二月丙辰

豁除甘肃平番、碾伯二县水冲地三十三顷有奇额赋。

赈恤甘肃皋兰、河州、狄道、金县、靖远、会宁、陇西、安定、漳县、洮州厅、华亭、山丹、武威、平番、西宁、文县、泾州、肃州等十八厅、州、县本年水灾饥民。

（卷1120　961页）

《清乾隆实录（十五）》

乾隆四十六年（1781年）正月丁丑

谕："昨岁甘肃皋兰等一十八厅、州、县，因夏间雨泽愆期，以致田亩被旱成灾，业经降旨，令该督切实查勘，加意抚绥，俾无失所。第念皋兰、河州、金县、会宁、安定、武威、平番、泾州、肃州等九州县夏禾被灾较重，开春正赈既毕，民食未免拮据，著加恩各展赈一个月。其余被灾较轻地方，如今春尚有缺乏籽种、口粮之户，并著随时体察，酌量借给，以资接济。该督即董率各属实心经理，务使穷檐均沾渥泽。该部遵谕速行。"

（卷1122　2页）

乾隆四十六年（1781年）正月甲申

陕甘总督勒尔谨奏："甘省各提镇营节年派往伊犁等处屯田及进剿金川缺损器械，业经分别补制并奏准于司库借支，分年扣还。陕省事同一例，估需银四万六千两有奇，请由西安司库借给，除提标于岁取马厂地租内扣还，余营均按额设公费分作六年、八年归款。"报闻。

（卷1122　6页）

乾隆四十六年（1781年）正月壬寅

陕甘总督勒尔谨奏："兰州府属狄道州城西紧靠洮河，西岸山石壁立，逼水东注，城垣每患冲刷。经前抚臣奏准筑土坝一道、小坝二道。上年秋雨暴涨，原建小坝冲没，土坝亦间段倒塌。随亲往履勘，大坝中间应改石堤，余均用土工夯筑，并凿去西山石嘴急溜，不使东射，其下流凝滩处所均一律挑挖。估需银由司库酌发。"下部知之。

（卷1123　20页）

乾隆四十六年（1781年）二月丁巳

礼部议准陕甘总督勒尔谨疏称："秦州旧有太昊伏羲氏庙，请照前代帝王陵庙守吏春秋二仲致祭例，每岁额设祭银并庙户二名。"从之。

（卷1124　34页）

乾隆四十六年（1781年）三月乙亥

兵部题西宁镇总兵衔管理伊犁屯田总兵事务。李杰龙因前在浙江提督任内失察海洋盗犯，经臣部奏准，照例降调。其伊犁屯田总兵请于陕甘二省总兵内调补。得旨："李杰龙著加恩，以所降之级仍管理伊犁屯田总兵事务，俟年满日，该部再行请旨。"

（卷1126　48页）

乾隆四十六年（1781年）三月己丑

蠲甘肃皋兰、静宁、固原、盐茶厅、张掖、古浪、宁夏、宁朔、灵州、中卫、平罗、崇信、碾伯、秦安、礼县等十五厅、州、县乾隆四十五年水雹等灾额赋有差。蠲剩银并予缓征。

（卷1127　57页）

乾隆四十六年（1781年）三月乙未

调京口副都统图桑阿为甘肃凉州副都统。

调广东布政使达尔吉善为直隶布政使。以甘肃按察使福崧为广东布政使。

（卷1127　61页）

乾隆四十六年（1781年）三月丙申

以甘肃平庆道福宁为甘肃按察使。

（卷1127　62页）

乾隆四十六年（1781年）三月辛丑

陕甘总督勒尔谨奏："据兰州府循化同知洪彬禀报，厅属撒拉尔回人苏四十三等因争立新教，将旧教回人杀伤数名。臣随委兰州府知府杨士玑、河州协副将新柱前往查办。三月二十日据杨士玑禀报，新柱与该府带领兵役前往循化，十八日申刻行至白庄子，被新教回匪千余人将庄围住等语。臣即选派本标兵二百名带同臬司福崧星夜往该处查拿。又奏途次据署河州知州周植禀报，新教逆回于十八日晚将知府杨士玑、副将新柱杀害等语。臣飞调固原、凉州、甘州、西宁、肃州五提镇兵共二千名星速前往，仍于现带本标兵二百名外添调三百名兼程驰赴，相机剿捕。并札令提督仁和前往会办。又据河州署都司李奇禀报，已派兵二百名交署守备袁尚仁带往。该署都司现在看守城池。"

谕军机大臣等："回人争教细事何致因此杀害大员，其所争立新教系由何处流传，向来有无此等名目，是否另有希图抢劫别情。勒尔谨折内总未明晰声叙，将来获犯时均应逐细审究，详悉具奏，不可丝毫隐饰。至勒尔谨初派本标兵二百名，原属过少，其知府杨士玑、副将新柱前往查拿时，办理亦未能妥协，以致被贼杀害。况知府、副将系文武大员，所带官弁兵役自复不少，若因兵少不能抵御被贼伤损者多，以致知府、副将同时遇害，自应据实奏闻，朕必加之优恤。若官弁不能督率兵役奋力御贼，甚或兵役等畏怯先逃，致领兵大员遇害，则逃兵等均应拿获正法，不可少存姑息。著传谕勒尔谨，俟事定时，遵照办理。至所带兵数前后几及三千，又札会提督仁和前往会办。仁和系曾经出兵打仗之人，军务颇为熟悉，勒尔谨当与之和衷速办。总以慎重明决为要，并谕仁和知之。"

（卷1127　64页）

乾隆四十六年（1781年）三月壬寅

陕甘总督勒尔谨奏："臣行抵狄道州，据兵丁李成得报称，逆回男妇二千余，各带马匹器械于二十一日二更时将河州守城兵杀死，拥入州城署。都司及知州未知存亡等语。臣因所带标兵仅五百名，且狄道紧邻河州，若狄道有失，省城亦可虞。因在州城屯扎坚守，俟前调兵到，驰往剿办。"

谕军机大臣等："此时勒尔谨带兵无多，自应持重坚守，俟仁和并前调各兵陆续到来，一鼓擒灭，方合机宜。自不便轻易举动。至逆回本因争立新教致相仇杀。今阅该督折内所称，杀官抗拒占据州城之贼如系新教首逆，即应明切晓谕旧教之人，赦其互相争杀之罪，作为前驱，令其杀贼自效，如此以贼攻贼。伊等本系宿仇，自必踊跃争先，既壮声势又省兵力，而贼势益分，剿灭自易。著勒尔谨与仁和相机妥办。至河州城池坚固，有文武官弁兵丁守卫，何致贼匪一拥而入将城占据。其平日所为守御者何事，所有该署都司及知州等应查明下落。如因城池失守以一死塞责尚有可原，如竟苟活潜逃，即当立正典刑，以昭炯戒除。另行传谕西安提督马彪带兵二千名前往协同剿捕外，并令西安、宁夏将军各预备满兵一千名，如必须协济，该督即一面飞调，一面奏闻。至健锐火器两营尤为劲旅，现亦挑选预备。该督与仁和务须和衷协力，妥速办理。"

又谕曰："勒尔谨所带兵丁恐不敷用。提督马彪曾经出兵打仗，著即挑选各营精壮兵丁二千名，选派勇干将弁带领，星速前往，随同剿捕，毋致稽时日。"

又谕："据勒尔谨奏，兰州撒拉尔回人苏四十三等抢据河州城，勒尔谨因兵丁尚少现在屯兵狄道州，俟各路营兵调齐，即行进剿等语。现已传谕西安提督马彪带兵二千名迅速前往，并谕西安将军伍弥泰、宁夏将军莽古赉各选集兵一千名预备，倘须调用，即令前往协同剿捕，并于火器健锐两营兵丁内挑选预备。阿桂此时查办河务，已将次就绪，著即速起程来京，倘有必须劲旅之处，阿桂即可带兵前往。著将前降各谕旨及勒尔谨、仁和奏到各折一并抄寄阅看。"

甘肃布政使王廷赞奏："二十一日，据报贼匪进逼河州，势甚猖獗。臣已飞禀督臣加调官兵速为应援，并严饬附近地方官，多集兵役坚守城池。查省城重地甚为紧要，臣现同兰州道图萨布、候补道永庆，督同文武官员派拨兵役严密稽查，小心防守，并安慰居民毋使惊扰。"谕军机大臣等："兰州系省城重地，著王廷赞督率坚守，并须不动声色，毋得过涉张皇。若稍有疏虞，王廷赞不能当其咎也。"

（卷1127　66页）

乾隆四十六年（1781年）三月癸卯

谕军机大臣等："据伍弥泰、毕沅奏，提督马彪已于二十五日星驰前往，并选兵一千分起迅赴河州。又伍弥泰现挑西安满兵一千预备，亲自带往接应。所办与昨降谕旨相合，甚属可嘉。至新旧教既自相仇杀，必非合伙，或赦一剿一，以分其力，未尝不可。而其互相仇杀之罪，俟事后再定。此等机宜恐非勒尔谨所能办，且争教仇杀起衅自非一日，勒尔谨何以早未筹及。此时各路大兵云集，调度机宜最为紧要，著传谕阿桂竟不必来京，即从河南取道径往甘肃，程途较近，所有节次所降谕旨并批示奏折已经抄寄阅看，亦别无训谕之处。阿桂即由河南驰驿前往到甘肃后，即将查明新教、旧教及调度剿贼情形，迅速具奏。"

又谕曰："前勒尔谨所奏回匪名目及新教、旧教总未明晰，既系两教争立，互相残杀，断无官兵缉捕时转致合而为一之理。究系何教之人，首先抗拒逞凶，现在彼一教情形若何，著勒尔谨即查明复奏。此时总须镇静办理，不可稍涉张皇。再昨降旨预备健锐火器兵各一千，因思自京至甘肃程途四千余里，若由乌鲁木齐带兵前来较为近便，并著传谕奎林挑选预备，如有必须协济之处，勒尔谨即一面奏闻，一面飞调。"

（卷1127　67页）

乾隆四十六年（1781年）四月甲辰

谕军机大臣："据勒尔谨奏，现驻狄道州，候兵力稍集即行进剿。自应如此办理，此时务须持重，安慰众心。至署西宁镇副将贡楚达尔已派兵一千名率同将备前进，颇为勇往晓事，如到彼果能出力，即可胜西宁总兵之任。又现在调集之提镇仁和、马彪、图钦保等均系效力戎行，熟习军旅之人。勒尔谨当与之和衷共济。将来仁和等剿贼成功，即勒尔谨之功，切忌自用。"

又谕："昨降旨令阿桂驰驿前往甘肃办理剿灭逆回事宜。此时谅已奉到前旨，迅速遄行矣。因思阿桂到彼调遣需人，已派乾清门巴图鲁侍卫福宁、泰斐英阿、明山、阿兰保各赏银一百两，驰驿前往甘肃，听阿桂差遣。又现在来京引见之肃州都司马云即系西宁人，熟习该处情形，亦赏给银一百两，随泰斐英阿等一同驰驿前往听用。看来此事起衅已久，勒尔谨平日不能约束，使之知威知惧，或存将就了事之见，以致酿成事端。阿桂务悉心筹划，妥协办理，将贼匪剿灭，尽绝根株，以靖地方。并此案或因勒尔谨办理不善，或系地方酿成，均著详晰查明具奏。"

又谕："本日毕沅奏，逆回进逼兰州，焚烧关厢，省城眼前失事，已飞札文绶等调兵会剿，复札富勒浑雅德调河南、山西兵前赴西安听调，并恳迅发京兵，派熟悉军务大臣带领前往等语。昨已传谕阿桂，令其即由河南星赴甘肃。今逆回如此猖獗，阿桂应即迅速遄行。现派尚书和珅、额驸拉旺多尔济、领侍卫内大臣海兰察、护军统领额森特驰驿前往甘肃，并派巴图鲁侍卫带健锐营兵二千名、火器营兵二千名，即日分起迅速前往。如和珅等先到甘肃，即行调遣办理，俟阿桂到彼时，即交阿桂接办，和珅仍即回京供职。"

又谕曰："毕沅奏调四川官兵，现有从前曾经平定金川之兵，可以调往堵截，至河南、山西二省兵本不多，且防守亦为紧要，该抚等止须预备，于本省边境听候调遣，不必即赴西安。惟所需河南、山西各备火药铅丸五万斤，即当迅速办运接济。至京兵四千名，由直隶、山西一路前往，所有应用马匹车辆及例应供给之处，必须早为预备，俾京兵迅速遄行。"

(卷1128　70页)

乾隆四十六年（1781年）四月乙巳

谕曰："农起著赏戴花翎驰驿前赴甘肃办理军需，李侍尧著加恩免罪赏给三品顶戴，并赏戴花翎与副都统黄检一体驰驿前往，并著和珅传谕黄检即由保定前往不必来京。"

又谕："现在甘肃需用银两甚属紧要，所有该省春拨银八十万两尚恐不敷，著再于部库内拨银一百万两，仍于邻近省份先行递拨解往，俾得迅速济用。该部即遵谕行。"

又谕："现在甘省事务纷繁，急需大臣协同料理，而军需出入尤关紧要，因思李侍尧前经获罪，但其才识可用，此时需人之际，不能复拘常格，已传旨免其前罪，赏给三品顶戴花翎，令前往甘肃。又安徽巡抚农起来京陛见，人尚结实，亦令其前往。又昨因黄检在山西、直隶声名平常，念伊祖黄廷桂旧劳仍用为副都统。伊办事尚属勇往，著和珅于过保定时面传谕旨，令其随往。伊等三人俱著总办甘省军需事务。此外如有应办事件，阿桂、和珅亦可一面交办，一面奏闻，并派司员内京察记名以道府用之海广、李照、丰绅、苏楞泰、保年、景如柏，前往甘省交阿桂、和珅差遣委用。再应用武职人员，现在派往之乾清门侍卫等即可酌量调派，其候补副将和伦亦已传旨前往。此外如尚有需用武职人员，并著就近檄调。至阿桂、和珅办理此事，必须印信已令福长安赍钦差大臣关防，交与和珅带往甘肃，俟见阿桂即令转交应用。"

又谕："昨传谕山西、河南官兵止须在该省边境驻扎，以备调遣。今据雅德奏，已派兵五千名令太原总兵福敏泰带领赴甘会剿。是晋省兵丁业经起程，现在和珅前往甘肃驿路本由山西行走，即于经过时带兵前进，声势更为有益。至河南兵本不及山西，著仍遵照前旨，于本省边境驻守，毋庸前赴甘省。"

又谕："据王廷赞奏报，贼匪直抵兰城，困守两昼夜等语。伊系文臣能如此固守，若再待数日，援兵一至即可保全城池。是即王廷赞之功，深为可嘉。又奏称，贼人索取马明心，王廷赞许令城上一见后，即行正法，既安贼匪之心，又将贼首正法，办理其合机宜。王廷赞著赏戴花翎，并赏御用大荷包一对、小荷包二对，交与伍弥泰等遣人赍赏王廷赞，并传旨嘉奖。和珅接到此旨时，亦即催伍弥泰、马彪所带之兵迅速行走，并将王廷赞能固守省城，先除贼首之处，明晰奖谕。至此次为王廷赞赍折出城之人，亦属能事可嘉，并著伍弥泰等查明重赏，以示鼓励。”

（卷 1128　71 页）

乾隆四十六年（1781 年）四月丙午

谕：“现在逆回占据河州，州民畏其杀害，势必胁从。伊等本系愚民，猝遇贼众凌逼，其罪可宽。至生监等从贼，草茅微末，尚可稍贷。若本身在京及在各省出仕者或其家属从贼，情亦尚有可原，惟曾经出仕回籍人员，如有甘心从贼不顾名义，法无可恕，必当从重治罪。著阿桂、和珅于剿灭贼党后，查明分别办理。”

（卷 1128　73 页）

乾隆四十六年（1781 年）四月丁未

谕军机大臣曰：“阿桂奏到遵旨回京一折，计拜发此折后，又接到续降不必来京之谕旨，谅即由途次前往。但伊因疮疾发动，每日仅行百余里，此时即竭力趱程，恐亦未能迅速到彼。现在甘省急需重臣督办，刻不能缓。和珅年力强壮，行走自能便捷，计可到在阿桂之先。务须星夜兼程前进，督办一切，俟阿桂到甘省后，和珅仍遵旨将所办事宜详悉告知阿桂，再行回京。至和珅到彼，倘亦不能克期，其自西安至甘省一带现在乏人料理，关系綦重。伍弥泰带兵前进，计此际已抵甘省。所有一切调度，应办军需粮饷各事宜，即著伍弥泰悉心经理，并著传谕尚安就近即速驰赴，随同伍弥泰办事。至尚安起程后，西安又少大员协理，著传谕农起迅速赶赴西安，留同毕沅、和衷商办。其西安布政使事务另行奏署。再由京派往之满汉司员，本系记名以道府擢用人员，如毕沅有需人之处，即酌留一二员听候差委。”

又谕：“据富勒浑奏称，于河北、南阳二镇各挑兵一千名，令河北镇臣观成等带领起程等语。前经降旨，令该省官兵于边境驻扎备调，毋庸前赴甘肃。今该抚既预为调集派往，俾甘省多得兵力接应，以壮声势亦属可行。此项官兵若未入陕西境，仍可不必前往，若已入境，即令前往，俟阿桂、和珅到彼，相机进剿时，听候差委。”

（卷 1128　73 页）

乾隆四十六年（1781 年）四月戊申

谕军机大臣曰：“逆回伤害职官，占据河州一案，总系勒尔谨平日不能预为觉察，以致养痈贻患及。事发后又不详查起衅根由，确实陈奏。事完之日，阿桂、和珅必须彻底根究，实在如何贻误之处，不得稍涉含糊。再王廷赞所奏安定县回民马明心系新教之主，则其人实为此案首犯，但究系何时拿获，如何审办，勒尔谨从前并未陈奏，殊不可解。至此等回匪将来办理时，凡随同逞凶肆逆，抢占河州，围逼省城者，均应剿洗，不得稍存姑息，使邻近番人知所畏惧，此为绥靖边方起见，不得不如此办理。至贼匪人数，据勒尔谨原奏，连妇女不过二千人，而王廷赞奏称，围兰州时有三千人，盖伊身在围城，未免为群言淆惑。其实逆贼既占河州，必不肯舍弃，自必留人占守，甚或分其党羽。侵犯狄道亦未可定，焉得复有三千余贼围逼省城。此或贼人所过地方胁迫良民为之先驱，将来执讯时不可不分别办理。此皆阿桂、和珅到省时，应行留心酌办之事，著即先行传谕，令其存记，遵照妥办。"

又谕曰："据雅德奏，接据毕沅札，随将大同镇兵停止等语。毕沅所办真属晓事可嘉。至西安满营并陕甘各路之兵，日内计可将次到齐，著传谕伍弥泰、马彪即将官兵曾否到全，现在如何筹办进剿之处，迅速驰奏。至和珅谅已兼程前进，不必带领晋省兵丁，行程更可迅速。"

又谕曰："拉旺多尔济乃蒙古亲王，凡带兵打仗不得如内地提督领队大臣，一律差遣。此时撒拉尔逆匪如已剿灭，拉旺多尔济不必回京，即赴游牧避暑。今年八月间，哲布尊丹巴呼图克图之呼毕勒罕，前来避暑山庄陛见，原派往迎之亲王巴雅尔什第病故，仅余扎萨克台吉三都布多尔济一人料理，亦于观瞻不肃，即著拉旺多尔济于游牧处所，探信往迎妥为照应。阿桂、和珅惟相度现今剿贼情形办理，并传谕拉旺多尔济知之。"

山西巡抚雅德奏："现调兵进剿逆回，已飞饬沿途州县添设腰站，多备膘壮马匹，驰递文报。至京兵过山西境，山路崎岖之处，拟备用骡马，其余台站应付车马，俱已妥备。"得旨："所办甚好。至京兵过境，预备骡马以利遄行，此则可以不必。兵由河南而行，惟派出大臣侍卫官员，及文报往来仍由山西行走。屡经降旨传谕，雅德即遵照办理，一切妥为筹备不必稍涉张皇。"

（卷1128　74页）

乾隆四十六年（1781年）四月己酉

谕："据勒尔谨、仁和奏，署西宁镇总兵贡楚达尔带领汉土官兵，由循化一带截贼人归路，收复河州，擒获逆回苏四十三弟侄，并歼毙要犯妇女多人。随准凉州总兵德宁、城守尉额尔恒额、固原镇总兵图钦保分路带兵，并有庄浪土司鲁璠带领土兵陆续前抵兰州，仁和当即令德宁额尔恒额一面把守桥口，一面直渡黄河，并经打仗二次，官兵奋勇，杀贼甚多。图钦保并亲行杀贼四人，现已将逆匪击退上山，即日可期剿灭等语。此次仁和等会剿逆贼，奋勇出力，均属可嘉。仁和、图钦保德宁、额尔恒额、贡楚达尔均著交部从优议叙，并各赏大荷包一对、小荷包二对。额尔恒额并著赏戴花翎，德宁、贡楚达尔如未经赏戴，著一体赏给戴用。游击祥保瑚松阿歼擒贼犯，亦属能事，均著交部从优议叙。土司鲁璠亦勇往可嘉，著加一等赏给职衔，并赏戴花翎，以示奖励。至毕沅在陕西境内，闻有甘省逆贼滋事，即能悉心调度，事事妥协，并有先办而与朕旨相合者，实属可嘉之至，著赏给一品顶戴，仍交部从优议叙，并赏给大荷包一对、小荷包二对。布政使王廷赞于逆贼围逼省城时能悉力守御，且将新教首犯马明心先行谕示贼众，复即正法办理，实合机宜，业经赏给荷包、花翎，著加恩赏给一品顶戴，仍交部从优议叙。至此事系勒尔谨从前经理不善，以致养痈贻害，其咎原无可辞，但伊现在办理收复河州及会剿逆回，尚属迅速妥协，统俟事毕后再行核其功过，另降谕旨。其阵亡都司王宗龙甚属可悯，所有应得赏恤，该部照例议给，其阵亡受伤满汉官兵及土兵等均俟查明，从优议恤。"

谕军机大臣："据勒尔谨奏，擒获苏四十三之弟苏二个、苏五个，并获要犯马八十三等，现在严加锁铐候讯等语。苏四十三弟侄并马八十三等俱系案内要犯，该督即派委干员押解，并将此外拿获助恶要犯一并迅速解京，沿途小心防范，毋稍疏虞。至阿桂现有疮疾，恐未能迅速行走，已谕令不必勉强。而和珅行走必速，仍须驰往甘省督办一切，并将善后事宜会同勒尔谨妥协办理。"

又谕："据毕沅奏，如数日内甘省河西之兵各路并集，足资会剿，即飞咨四川停止调遣等语。本日又据勒尔谨等奏到，现已收复河州，筹办剿捕，无须复调多兵。所有川省官兵著传谕文绶即行停止。"

又谕："前因甘省逆回占据河州，令河南、山西两省选派绿营官兵预备调用，并派健锐火器营兵四千名，派员分起带往。本日据勒尔谨等奏称，收复河州，贼势已败，所有筹办剿捕事宜，此时已无需各省兵力。除未经起行之京兵二千名停止发往外，所有前调之山西、河南等省官兵自应一并停止。若已经调发出境，亦即饬令各归本营，以省远涉靡费。"

（卷1128　75页）

乾隆四十六年（1781年）四月庚戌

谕军机大臣："此时逆回势已穷蹙，止须痛加搜剿，诸事易于办理。所有火器营兵二千名昨已降旨停止派往，其健锐营兵二千名内尚有五百名未经起程，现在亦经停止。至于已去之一千五百名，和珅于行抵西安时，谅已知其大概，或告知毕沅，令其暂行停住西安，听候调用，或约料无须此项京兵，即可一面奏闻，一面令其回京。其海兰察、额森特及乾清门侍卫等本为带兵打仗派往，若京兵已停其赴甘，和珅或留一二人听用，或令伊等一并回京皆可。至所有派往大员亦不必全令驰赴，著传旨令李侍尧回京，候朕另降谕旨。农起亦著即回京陛辞，仍回安徽巡抚之任。再前此派往之京察一等记名司员李照等六员到甘后，并著和珅、勒尔谨、毕沅商酌，如两省内有须用道府人员，即可酌留补用，或不必全留，或竟可无需，俱令和珅与两省督抚酌量办理。至此案起衅根由，勒尔谨并未明晰奏及。已谕和珅等到彼查究，务将实在情节彻底根求，其应参奏者，俟查参到日再定。至勒尔谨养痈贻害，咎实难辞，但此时断不宜遽行更换总督，以致贼众易生轻玩。著和珅到甘后，面传谕旨，令其知朕此意更加黾勉。"

又谕："前据王廷赞奏，逆匪围逼兰州，兼为索取新教主马明心等语。马明心既据王廷赞奏折内称为新教之主，何以勒尔谨又奏苏四十三为首犯，若系同教不应有两教主，若分新旧教，则素有嫌隙，马明心羁禁在省，苏四十三等自当悦服，何复借称索取直犯兰州。其情节殊不可解。至河州循化厅等处回众共有若干种类，其中有无当差食粮之人，著和珅于到甘省时会同勒尔谨详悉查明复奏。"

又谕曰："西宁镇总兵员缺，著贡楚达尔补授。黄大谋俟有内地总兵缺出，另行简用。"

又谕曰："原任布政使德文，著授为领队大臣，前赴和阗，更换德风。"

又谕："现在理藩院堂官出差者甚多，著德勒克暂署理藩院侍郎事务。"

以甘肃凉州副都统图桑阿，正蓝旗汉军副都统黄检对调。

（卷1128　77页）

乾隆四十六年（1781年）四月壬子

谕："据尚安奏，派往甘肃剿捕逆回之西安满汉官兵二千六百名，已先后分起行走，随禀明抚臣驰赴陕甘交界处所督饬备办，并驰至甘肃首站泾州，截留直隶解甘饷银，酌量应用等语。览奏深为欣慰，前因甘省急需干员办事，已传谕尚安令其驰往该处帮同料理，今伊于未奉谕旨之前，即先起程前往，正与朕前旨相合，且一切经理妥协甚属可嘉。尚安著交部议叙。"

又谕："此次派出官员兵丁等赏项，谅多已置备行装，若一时令其缴还，恐伊等力有不能。所有未经起程之官员兵丁著照部议，分作两年扣还。其已经起程续奉撤回者，著加恩赏给一半，以示体恤。"

陕甘总督勒尔谨、甘肃提督仁和奏："逆回苏四十三等由河州山僻小路潜至省城附郭一带，放火抢夺，因官弁兵丁防守严密，退占离省数里之山梁，形势甚为险峻，必须四面围剿。所调各路官兵计三四日已可齐集，惟有悉心筹酌，以期一鼓歼擒。"得旨："此时贼匪既经占据山梁，必当厚集兵力同时并进，迅就歼擒，方为妥善。勒尔谨等所称，三四日内各路调兵到齐会剿，自应如此办理。所有伍弥泰、马彪带往之西安满汉官兵，此时谅亦全到。如已能将逆匪剿洗净尽，固属甚善，否则将留驻西安听调之京兵一千五百名，径令直抵甘肃，会同围剿，则声势更大，尤可一鼓成擒。再本日和珅奏到，途次橄令伍弥泰等先行筹办一折。目今光景办理似为较易，但和珅此时仍须迅速前往，会同办理，即阿桂亦仍著前往督办，不必即回京。毕沅在西安得信较近，京兵到陕时，如甘省尚未蒇事，即令速往。再现在所获人犯及陆续擒获者，应严密押解省城，监禁审讯，俟阿桂、和珅到彼复审后，将首伙要犯严加锁铐。派委乾清门巴图鲁侍卫等押赴热河，照从前拿获王伦案内逆犯办理，俾众共知儆戒。至马明心一犯，据王廷赞奏称，本系安定回民，则此案中必有民人中素常为匪者为之主谋煽惑，并著阿桂、和珅、勒尔谨等确实严查复奏。"

（卷1128　78页）

乾隆四十六年（1781年）四月癸丑

谕军机大臣曰："马彪奏，初二日已驰抵兰州，现在公同商酌追剿等语。此时各路所调兵丁谅已陆续到齐，自应遵照历次所降谕旨妥协筹办。至前此因未见勒尔谨奏报，恐有阻隔，而和珅又未能刻即到彼，是以传谕伍弥泰，令其筹办一切，原因彼时无人料理起见。今勒尔谨既到兰州，而和珅又趱程前进，所有调度官兵及军需粮饷各事宜，自应仍令勒尔谨经理。一俟阿桂、和珅到彼即会同商办。伍弥泰仍止专司领兵剿贼，俾事权归一，办理方有章程。再兰州城外关厢曾被贼焚烧，河州亦曾被贼占扰。该处居民自不免为所蹂躏，不可不加意抚恤。著传谕阿桂、和珅，即会同勒尔谨将实在情形若何，应如何优恤之处详悉查明具奏，候朕加恩。又本日总兵周鼎奏，带领官兵一千名于初一日兼程前往，会同剿捕。该镇既系奉调前往，自应在彼协同剿贼，听候和珅等调遣。一俟剿洗事毕，即同各路镇将等撤回本任。"

（卷1128　79页）

乾隆四十六年（1781年）四月甲寅

署陕西巡抚毕沅奏："逆回据省城龙尾山梁华林寺，不过千余人。兰州各路兵丁共到三千余名。将军伍弥泰初八抵兰州，都统萨炳阿带满兵一千六百名接续全到。现派潼关协副将马镇国带兵三百名接济马彪。督臣所派河西各路官兵想陆续至兰，兵力渐厚，省城断无意外之虑。至狄道与河州兰州之间，东通巩秦，恐贼匪从大路窜出。该州仅有兵二百名，甚为单薄，已飞催兴汉镇臣三德，带兵五百名前赴狄道，兼截贼匪归路。"得旨："所办甚属可嘉。至贼匪仅止千余，不过釜底游魂，苟延残喘。陕甘两省兵丁到齐无难一鼓聚歼。京兵竟可无须前进。此时毕沅备而不用亦可。至四川所调之兵谅亦无需，但现在既已起程，且不饬令停止。著传谕勒尔谨，如贼匪业已剿净，亦即知会特成额、文绶，并一面饬知领队官员停其前往。"

（卷1128　79页）

乾隆四十六年（1781年）四月乙卯

谕："阅勒尔谨节次奏报逆贼情形，俱系乌合之众，业已击败，窜入一小山。则兰州附近之兵尽可剿灭。所有京师劲旅竟无庸遣往。舒亮所领第三队兵一千五百名去尚未远，著舒亮即带领回京。"

（卷1128　80页）

乾隆四十六年（1781年）四月丙辰

谕："据马彪奏，甘肃各路调派之兵并西安满汉各营兵，现在陆续到齐等语。该处所调兵丁已及一万，而逆匪不过千余，自应即时分头围剿，一鼓歼擒。前据勒尔谨初二日所发折内称，三四日即可办理。今马彪之折系初六日所发，何以尚未见勒尔谨等奏报剿贼之事。此时兵已厚集，更将何待，著传谕勒尔谨，即将剿灭逆匪情形迅速驰奏。至贼匪占据龙尾山梁华林寺，从何处得有口食。此时官兵自必将贼围住，其施放枪炮之火药又从何处得来，贼人马匹约有若干，向何处抢掠，均著勒尔谨、仁和详查复奏。"

（卷1128　80页）

乾隆四十六年（1781年）四月丁巳

谕曰："莽古赉以伊前后派兵一千名，请给治装银两，引户部议奏国泰所定之例，琐屑条列，由驿驰奏。莽古赉于此等细事过于留意，则紧要事件必致贻误，何不晓事一至于此。莽古赉系宁夏将军，若将兰州之事如何用兵，如何剿灭之处熟筹具奏，庶不负将军之任。至兵丁应得之项，自宜照例报部核销，如恐部议不准以致驳回，著落伊等赔补又有几何，即使部议赔补有应宽免者，朕必加恩豁免，又有何恐惧。妄列条款，竟似一紧要事件具奏耶？著严行申饬。"

陕甘总督勒尔谨、甘肃提督仁和、西安提督马彪奏："臣等先后抵兰，打仗数次，贼据南山。各路汉土官兵一二日内，均可齐集。肃州镇属及陕西提属官兵亦将次可到，定期初八日进兵围剿。至逆回起衅根由，缘撒拉尔俗习回教，新教欲另立一门，令旧教顺从，旧教不服，以致互相争杀。现在所调循化土兵即系旧教番回。臣勒尔谨前在狄道与臬司福崧详加筹酌，密饬循化文武各员妥为驾驭，俾其奋勇出力，以公报私。"得旨："本日勒尔谨奏新旧教情形，始略有端绪。至令两教互相攻杀，以破其势。朕于事发之初即早经降旨，今勒尔谨称，前在狄道与福崧商酌，令旧教土兵奋勇出力，以公报私，所办尚是。但勒尔谨未必能见及此，或出自福崧之赞画。至贼人占据山梁多至十数日，何从得有口食，且大兵既经各路堵截，又往何处抢掠，俱著查明复奏。总之此案起衅实在情形，勒尔谨如何办理不善，致酿事端，其被扰之地方应如何加恩，务须彻底详查，逐一妥办。具奏请旨。至所称各属官兵将次到兰，定期于初八日进兵擒剿贼匪，自应如此迅速办理。朕盼望灭贼之信甚切，该督务须速行具奏，不得仍前迟缓，致厪悬注。"

（卷1128　81页）

乾隆四十六年（1781年）四月己未

谕曰："勒尔谨奏，逆回占据河州时将监犯全行放脱，现在各犯俱已自行投到，仍行监禁等语。贼匪敢于纵脱狱囚，实属死有余辜。至该监犯等于被放之后，并不为贼胁从，自行投到，尚知畏法，著加恩交该督查明，概予宽减发落，以示劝励。"

谕军机大臣："前此派往京兵早有谕旨撤回，本日勒尔谨等奏，将宁夏、四川兵停止，所办尚是。但贼既据险自守，又放火何为。若云以放火为抢掠之计，则此时官兵四面围困，贼人又从何处抢掠，所奏甚不明晰，著和珅详查复奏。现又据阿桂、和珅奏称，十一日先后俱到临潼，公同商酌一切事宜。和珅并留泰斐英阿、福宁、阿尔都以备差委，仍即星夜兼程前进等语。泰斐英阿等前已有旨，令其押解逆犯进京。和珅所办甚是。至阿桂此时途次只须缓程前进，再行候旨。"

又谕："据特成额等奏，现调川兵一二千名飞赴巩秦一带协剿等语，此项官兵前经传谕该督文绶，饬令停止。特成额等此奏想未接到停止之信，故仍照前旨启程。今既据伍弥泰、勒尔谨等奏称，贼仅据险自守，不日即可剿除，并已行文停止川兵。此项官兵自当撤回本营归伍。倘阿桂、和珅到甘后相度机宜，尚有须用川兵之处再候降旨遵行。"

（卷1129　83页）

乾隆四十六年（1781年）四月庚申

又谕："前因撒拉尔贼回率众肆逆直逼兰州，布政使王廷赞于围城中具折驰奏。其赍折出城之人能事可嘉，曾降旨令伍弥泰等查明重赏，以示鼓励。今据伍弥泰等奏称，面询王廷赞所有赍折出城之人，系宁夏府中卫县考职正八品吏员姚起彪，设法改装缒城而下，将折递送驿站，业经遵旨重加赏赐等语。姚起彪以微末吏员如此奋勉出力，甚属可嘉，著交吏部行文，调取来京引见，候朕再降谕旨。"

（卷1129　85页）

乾隆四十六年（1781年）四月壬戌

谕军机大臣："本日据伍弥泰奏军需粮饷官兵事宜一折，似勒尔谨代伊为此奏，且所称勒尔谨派委道员等在城外驻扎，随同办事，伊必自安驻省城署中。此案本系勒尔谨养痈贻害，咎已难辞。现在惟当亲驻城外督率调度，使贼匪早行殄灭。乃将军提镇等俱在城外统兵围剿，而勒尔谨安坐署中。伊即不知悚惧，独不知惶愧乎。况伊到兰州时，如果于贼众围城之时，奋身入城，同王廷赞固守，尚可稍赎愆尤。今贼已先击退上山，而勒尔谨尚借守城为名安然不动，有是理乎。此事著传谕和珅即行查明，据实复奏。至朕盼望剿贼之信甚切，该处各路官兵既已调集，自应即速进剿一鼓成擒，况贼止千余，而官兵已逾一万，是以十人而擒一贼，更欲何待。何以尚未见勒尔谨剿贼之报，岂伊意欲待和珅到后方始进兵耶？万一贼匪乘隙，于黑夜中四行窜逸，则惟勒尔谨等是问，恐伊不能当其罪也。"

（卷1129　88页）

乾隆四十六年（1781年）四月癸亥

谕军机大臣："本日据伍弥泰奏新疆文报各折，于现在剿贼事宜并无一语提及，此必勒尔谨幕友书吏为之代办奏稿。而勒尔谨则并未出名赍奏，殊不可解。此时官兵已逾一万，贼匪仅止千余，何难一举歼净。况自初八日进剿逆贼，距十三日发折时又隔五日，未知伊等此五日间在彼坐待何事。况兵贵神速，岂宜如此观望不前，竟欲待和珅到后再行商办乎。看来伍弥泰止知带兵前往兰州，其实毫无主见，不免意存怯懦。至仁和前此带兵渡河打仗，似属勇往，而近日则气渐不振，必以勒尔谨既到兰州即随同弛懈，不复上紧出力。而勒尔谨则竟安坐署中一筹莫展，徒劳朕于数千里外晨夕悬盼。试问伊等于心安乎？勒尔谨、伍弥泰、仁和俱著传旨严行申饬。再贼众千余人占守山梁为日已久，何从得有口食，岂贼人能裹带如许干粮，抑山寺本有存积粮石供其坐食，且贼人马匹在山，又焉得如许草料喂食，此皆勒尔谨所当详悉奏明者，而竟无一字提及。著和珅于到兰州时，将勒尔谨所为何事，因何不即剿贼缘由一面据实查奏，一面再行传旨申饬。至仁和等折内称，土司鲁璠前经腿带枪伤等语，该土司非内地绿营员弁可比，乃竟能带兵助剿实属可嘉。前此已有旨加一等赏给职衔，今知伊并受有枪伤尤当逾格奖励。用兵之道全在赏罚严明，此事勒尔谨亦早应具奏，请旨加恩，何至今始于仁和折内带叙及之耶？至各处山隘小路，防守堵截所派兵数，某处若干，某处系某总兵，某处系某副将参将带领。从前或以事起仓卒不及详奏，今自初八日至十三日，伊等更有何事。此等要务皆不奏乎。看来伊等互相观望，恐贼匪乘间逸出，而伊等所谓把守之处亦不可信。朕甚忧之，著和珅详悉查明迅速复奏。"

（卷 1129　89 页）

乾隆四十六年（1781 年）四月甲子

谕军机大臣："昨阅伍弥泰、仁和等奏到各折，是勒尔谨之安坐衙署一筹莫展已可概见，且并未见伊驰奏剿贼情形，竟若置身局外，恐该处无督办大臣，指示调度众人互相观望，无可倚恃，关系非小。阿桂仍须到彼办理，于剿捕事宜方为有济，著传谕阿桂即行兼程前进，毋稍稽缓。"

又谕："连日因勒尔谨并未奏报剿贼情形，已屡经传旨申饬。至贼匪千余人占踞山梁亦已半月有余，勒尔谨等袖手不动，所办何事，即云山陡崖深亦断无过于两金川者。两金川如此险隘尚可进兵荡平，此皆阿桂、海兰察等所身历，而谓逆匪现占山梁竟至官兵不能进剿，有是理乎。勒尔谨如此迁延观望，将来即当明治其罪。"

又谕曰："土司鲁璠已据兵部查明，系三品指挥使职衔，前此因其带兵打仗出力，降旨加一等给衔，自应予以二品顶带，但伊既受枪伤，不可不格外奖赏，著和珅、勒尔谨查明系何等枪伤，即行照例赏给得伤等次银两，并加赏大缎二匹以示优奖。"

（卷 1129　91 页）

乾隆四十六年（1781 年）四月己巳

谕军机大臣："本日阅和珅等所奏，抵兰后剿贼情形一折，是此半月有余。勒尔谨等之迁延观望果不出朕之所料。此事本勒尔谨办理新旧教不善所致，又平日不能实力训练绿营兵丁，以致临事懦怯，不能得用。且勒尔谨安坐省署，以致伍弥泰等皆逡巡推诿，俾贼匪得延残喘，未能即时擒灭，其罪甚大。况绿营兵既见贼即慌，势难望其得力，勒尔谨等若早行奏明，则派往之满兵此时亦可早抵兰州，奋同攻剿，蒇事岂不更速，乃又以贼匪不难歼灭饰词具奏，并请停止京兵，朕亦误听。总之自始至今错中有错，实亦愤懑。今和珅等既行打仗一次，因贼人窜入窟穴死守，此时惟有迅速筹办，以期剿灭净尽。又和珅奏称，老教土司韩煜甚属奋勉，并受有石伤，请照土司鲁璠之例酌量加恩。该土司如此奋勉协力，甚属可嘉，伊系四品职衔，著加恩赏给三品顶带并赏戴花翎，加赏大缎二匹以示鼓励。"

又谕："本日据和珅等奏，十八日督率官兵进剿逆匪，歼毙百余人，逆贼窜入山洞土窑死守。现在相机筹办搜捕事宜。但绿营员弁官兵不能得力，请派侍卫护军等三十员名，驰往带兵剿捕等语。已谕令该侍卫等迅速驰赴，并添派乾清门侍卫彰霭、那木扎一同驰往，均于今日起程，昼夜星驰，著传谕沿途各督抚，即将马匹等项妥速预备，俾伊等到站即行迅速遄进，毋得稍有迟误。"

又谕曰："和珅奏称，接阿桂札知，伊于二十一日可抵兰州，现在剿灭贼匪正须督办，阿桂此时到彼与和珅一同和衷筹办，甚为妥善，俟剿捕事宜稍有就绪，和珅年力壮盛即可先行速回面陈一切。阿桂尚须经理善后事宜，自当缓程回京。至现在督办一切，阿桂、和珅尤须同心协力，迅速筹办，不可少分畛域，方于公事实有裨益。朕于数千里外因此事深为廑念，日夜不宁，伊二人应亦深体朕怀也。"

（卷1129　93页）

乾隆四十六年（1781年）四月庚午

谕军机大臣："前以伍弥泰奏，勒尔谨专派兰州道图萨布、候补道永庆驻扎城外，随同办事，则伊自必安坐城内衙署。当此紧要之际竟尔安然坐视，实属全无人心。今勒尔谨又自称驻扎城外，此必伊近日自知罪重，且闻伍弥泰已经奏及，因复移居城外，为此饰奏，至所称现在派拨官兵把守城门，按时启闭，听民取水等语。尤属不成事体。贼匪自击退上山之后，必不能复近省城滋扰，况现有官兵万余屯驻城外，若尚虑贼人来犯，则又安用此官兵为乎。且城门未开，徒令远近居民因此疑惧，所为示寇弱而怯兵志，错谬莫此为甚。著阿桂详悉查办。"

谕："甘肃逆匪苏四十三等肆扰不法一案，系因争立新教、旧教不从，致被杀害起衅。若地方官早为严明料理，断不致酿成事端。乃勒尔谨经理不善，以致养痈贻患，从未奏闻此事，其罪已无可辞。及事发之后，即当迅速妥办以赎前愆，乃朕已简派八旗劲旅启程前往，并就近酌调阿拉善兵协剿，而勒尔谨转一味含糊，且以半月之内即可歼灭饰词具奏，致京兵等均各撤回。今贼匪窜匿兰州城外山梁几及月余，虽节次剿捕，贼匪穷蹙待毙已如釜底游魂，而现在尚未净尽歼戮，致稽时日且调往将军提镇等，在城外督兵剿贼，而勒尔谨竟安坐城内衙署，仅委道员驻扎城外，视为与己无涉，以致众相观望，坐失事机，殊不可解。朕初意本以逆匪滋事，时转不便轻易地方大吏，今勒尔谨如此办理错谬，其罪甚大难以姑容，著阿桂、和珅传旨，将勒尔谨革职，拿交刑部治罪，并派妥干章京押解送部。目今即擒剿贼匪净尽，而善后之事正资料理，因思李侍尧虽以簠簋不饬获罪，而其才实能理繁治剧，陕甘总督员缺，著李侍尧以三品顶带驰驿前往管理。李侍尧未到之先著阿桂暂行兼管，此朕用人苦衷。中外宜共谅之。"

谕军机大臣："现在贼匪虽已穷极待毙，但必迅速歼灭净尽，不可再稽时日。因思阿桂于督兵剿捕之事经历已多，即海兰察、额森特等皆曾在其手下，呼应较灵，是以从前原令和珅与阿桂相见三日后，将钦差大臣关防交阿桂接受办理。并命和珅即行回京。嗣因阿桂身有疮疾，行程不能迅速，是以令和珅先行驰往。今阿桂已行抵兰州，所有一切应小事务俱著交阿桂督办。阿桂奉到此旨，即传谕和珅令其遵旨回京，毋稍稽扈跸前往热河也。"

（卷1129　94页）

乾隆四十六年（1781年）四月壬申

谕曰："阿桂等奏查明守城打仗出力人员一折，内称道员图萨布、永庆捐资雇夫亲身督率，昼夜防御，永庆并为贼人枪子击落帽顶，屹然不动。又副将策卜坦同王廷赞竭力守城，佐领吉尔占亲安炮位，点放击死贼众数十人。又乌鲁木齐协领舒成、佐领扎兰布、托林保于过兰州时闻有信息，情愿随同守御，打仗甚属勇往等语。图萨布、永庆、策卜坦吉尔、占舒成、扎兰布、托林保均能奋勇宣力，不愧满洲，甚属可嘉，著赏戴花翎，仍交部从优议叙。此外随同出力之富宁阿等均照阿桂等所奏，于事竣后分别题补及咨部议叙。"

又谕曰："阿桂等奏，固原镇总兵图钦保于十九日进剿贼匪时持刀砍杀贼人，因马倒滚下山坡，被伤身亡。又游击爱星阿、王三杰亦同日阵亡。又参将和泰、守备善德于三月二十七日，贼匪逼城时挺身射贼，受枪阵亡。骁骑校赛音察浑、千总师永澄亦于二十九日阵亡等语。图钦保等奋勇剿贼，临阵捐躯，殊堪悯恻，著照阵亡例从优议恤，其伤亡兵丁等一体查明，予以优恤。至前此被害之文武员弁兵丁，勒尔谨并未详悉查奏，伊等因公殒命，情俱可悯，并著阿桂查明实在情节，将应行议恤者奏闻，给予恤典。"

又谕："昨进剿逆回，总兵图钦保阵亡，所有应得赏恤已交部照例办理矣。图钦保之父护军参领福保，现在致仕闲居，伊子图钦保、三星保、三官保均致身行间，朕甚悯恻，将来部议图钦保应得世职，自应令其子承袭。但念福保系业楚之子，著加恩授为散秩大臣。伊果精力尚健，即令行走，如或不能当差，赏给散秩大臣全俸，以养余年。朕于效力奋勉官兵等加恩之处，著阿桂等通行晓谕知之。"

又谕曰："王廷赞著来京陛见，甘肃布政使员缺著福崧调补。"

谕军机大臣曰："阿桂等所奏同王廷赞守城之道员等，请酌量加恩，现已明降谕旨，但此事王廷赞始终并未奏及。在伊被困时所发之折，或因仓卒未得详叙，及贼人已退，奉到朕恩旨后自当以众人协同出力，而伊一人受恩，于心有所不安，据实陈请，否则亦应将此情禀知勒尔谨代为陈奏，方足以鼓励众心。而王廷赞默无一言，竟尔一人独攘其功，实属非是。而勒尔谨回省城亦竟无一言问及，当问伊无暇问及者所办何事，且阿桂等奏，王廷赞病体初愈，精力亦疲恐，不能料理周到，而升任臬司福崧甚能出力，莫若竟以福崧转补，于事有益。现已降旨，将福崧调补甘肃藩司，王廷赞来京陛见。藩司为通省大员，见勒尔谨如此错误，而伊竟随同观望，迁延误事，如此行为恐亦尚有不可信之事，且逆回滋事，总督之下即系藩司，王廷赞亦岂能辞咎，著传谕阿桂，将王廷赞在任所办诸事详细确查，如有应参奏者即据实参奏。"

钦差大学士公阿桂、尚书和珅奏："臣等未到兰州以前，即闻西南关外一带贼匪任意往来，抢掠牲畜、口食，并于烧剩民房内藏匿，乘间放火。臣阿桂于二十一日抵省，查各路调到官兵，因无总办之人，声势既不联络，纪律又不严整，不能使敌人望而生畏。且绿营兵丁因从前贼势猖獗时，未经揣量多寡强弱，催令零星打仗，伤亡实多，兼之新补兵丁未经临阵，心志不固，遇贼即行惶遽。现在申明军律，激励戎行，派兵自西关外，从河岸迤南至山梁安设卡栅，彼此接应。又于山包上扎一大营，照料各卡，断贼匪来路，将来攻剿时，即由卡营前进，复简阅各营官兵，懦弱者守营或令诱敌，强壮者向前打仗。令海兰察、额森特、明亮总统各营。臣察看贼人所占山梁，虽不甚高而坡墈陡险，路径一线可通，必须鱼贯而上，因飞咨四川总督文绶，速饬维州协副将李天佑，拣选曾经出师金川之屯练，并安插降番等兵共一千名，兼程遄进，以备上山打仗。又思贼人抢掠马骡甚多，将来铤走险，乘骑窜逸。此处兵丁马上能追赶杀贼者，竟不能得。复行文阿拉善王罗布藏多尔济，于该游牧内择其近兰州者，拣派七百或五百名带赴甘省，以备追捕。再前奉谕旨，令臣等将贼匪占据山梁，何处得有口食，施放枪炮何从得有火药，马匹约有若干之处查明具奏。查贼匪自据河州及焚烧省城关厢后，民间财物、粮食并马骡牛驴抢掠一空，是以足敷口食。所用火药则已裁河州镇营旧贮原多，尽为贼有，是以负固死守。且习于战斗，并命抗拒，容俟熟筹剿捕机宜，克期进兵。"得旨："逆匪起事以来，实在情形直到披阅此次奏函，方始详悉端委，甚增愤懑。亦因此而略慰，至阿桂等现在筹办各事宜，皆朕早降谕旨，逐一查询者，何以从前勒尔谨全未奏及。今折内所称该处因无总办之人，诸事涣散，又各营零星散处，声势既不联络，纪律又不严整，不能使贼人望而生畏等语。可见众人袖手观望毫无料理光景，不出朕之所料。勒尔谨身为总督，既因办理不善致酿事端，及自狄道回至兰州，见贼已击退上山，竟谓半月可以完竣。而伊安坐城中衙署，一切毫无筹办。且将各路已调之兵全行停止，俾贼众得以迁延时日。勒尔谨之罪尚可赦乎。又阿桂等奏，贼人皆习于战斗，并（拼）命抗拒，贼于何处曾习战斗而竟不奏闻，勒尔谨之罪更大。甚至未经揣量贼势之多寡强弱，陆续到来不俟力齐，即催令零星打仗以致节次伤亡日多。愈形畏怯，兼之兵不顾将，将不顾兵，一遇贼匪，惶遽退回，太觉不成事体。若京兵不令中途停止，则此时头起已到，即所调四川兵、阿拉善兵亦已可抵兰州。乃勒尔谨辄以半月之内定能剿灭，奏请撤回。是勒尔谨之贻误军机，尤为罪在不赦。今阿桂复檄调川兵一千，及阿拉善兵自不得不如此办理，就现在情形而论，阿桂一人尽足料理，和珅不必同办，即遵前旨回京，毋稍迟延也。看来阿桂于灭贼大段情形，俱有节制。想贼人不久即可擒灭，且官兵设卡安营，贼不能复出肆掠，即从前所据之口食富足，亦岂能支数月。且贼人马匹既多，困守一山，草料亦易匮乏，即使宰马为食，亦必不能支持半载。阿桂惟当整作士气，俟兵力齐集，克期进剿一鼓歼灭，以副朕怀。"

（卷1129　95页）

以陕西靖远协副将合当阿为陕西固原镇总兵。

（卷1129　99页）

乾隆四十六年（1781年）五月甲戌

谕："从前逆匪滋事之初，因阿桂在豫省查勘河工，即传旨令其就近驰往督办。又因阿桂出差已久，于此案详悉情形及朕节次所降谕旨未能深悉，复令和珅赍钦差大臣关防驰往，令与阿桂相见，同行三日告知一切后即回京面奏。后据阿桂奏称，疮疾发动，尽力遄行，未能迅速。而甘省现无大臣董办，是以令和珅兼程前进，同海兰察、额森特等迅往带兵剿捕。今和珅于四月十七日始抵兰州，而阿桂亦于四月二十一日续到，所有筹办诸事虽皆联衔入告，而自阿桂到后，经划措置始有条理，即贼匪确信，亦以披览此奏，方得洞悉。此事阿桂一人已能经理妥协，无须复令和珅同办，且恐和珅在彼事不归一，即海兰察、额森特等向随阿桂领兵打仗，阿桂之派调伊等，自较和珅呼应更灵，而朕启銮临幸热河为期亦近，御前领侍卫大臣、军机大臣等扈跸者现亦无多，是以传旨令和珅速行驰驿回京，而以剿捕贼匪及筹办善后诸事，俱交阿桂专办，以期逆贼迅就歼除，明彰国宪。所有朕派办此案之先后原委，著通行宣谕，俾中外共知之。"

谕军机大臣："前日据阿桂、和珅奏到兰州现在情形各折，内称河州自裁去总兵改设副将，兵数无几，而营中旧贮火药原多，皆为贼人所有一节。河州裁镇改协一案约已二十余年，该处存营火药虽多，此二十余年中该营演放枪炮，自将旧存火药逐渐用完，岂有另配新药开销官项，反将旧药存营之理，若果如此，是即勒尔谨办理不善之故。又所称绿营官兵随到，即催令零星打仗，以致伤亡甚多。如此不量兵力举动乖谬，勒尔谨固罪无可赦，即伍弥泰、仁和、马彪俱系统兵大员，而仁和又系本省提督，从前设法带兵渡河时，尚觉其有料理，及至兰州便与伍弥泰、马彪等俱存观望，见勒尔谨种种错谬，并无一言阻止，任听其措置乖方，均属不合。著阿桂传旨，将伍弥泰、仁和、马彪严行申饬。"

（卷1130　100页）

署陕西巡抚毕沅奏："派出侍卫逊济鼐等三十员名前赴甘省，需用车马飞饬东西两路挑选齐备，需用箭枝亦经挑拨二万枝，先期催送应用。"得旨："所办甚好，此事误听勒尔谨半月成功之言，实是举棋屡易，朕甚愧之。勒尔谨误事之罪尚可问乎。"

旌表守正捐躯甘肃环县民戴学江妻郭氏。

（卷1130　103页）

乾隆四十六年（1781年）五月乙亥

禁直省大吏设立管门家人收受门包。谕："昨因查抄勒尔谨家产，其家人曹禄名下抄出银一万数千两，并有金器等物，因令军机大臣提讯。虽据该犯供称，俱系历年在伊主任上所积门包，营运生息，并无别项招摇诓骗情事等语。所供系一面之词，未可尽信，除传谕阿桂就近查询外，但即以门包而论亦系陋习相沿，不可不力为饬禁。督抚等养廉优厚，赡给身家之外，一切延请幕友赏给家人等项，甚属宽余，何得任听家人向属员恣索门礼。况督抚家人既向属员索取门包，则司道府厅等家人势必尤而效之，以州县官供给各上司门包，力有不支，势必取之百姓，如此层层胺削，于吏治民生大有关系。且督抚原系封锁衙门，一应亲族奴仆俱例禁出入与属员接见，是以设有中军及巡捕等官，以供稽查。传禀令伊等乃仍令家人传事，以致积收门包盈千累万，所谓封锁者安在，如李侍尧、勒尔谨俱经败露，而此外督抚谅俱不免，特未经发觉耳。若不明示革禁，流弊恐无所底止。即奏事处向有收受督抚随封银两，此系旧时规例，相沿至今，但督抚为朕所管教，若不一体裁减，伊等转有所借口，著通谕各督抚，嗣后奏事处随封银两，俱照向例裁减一半，即向得双分者亦止许得半分，其督抚至道府，概不许收受属员门包。各督抚传事禀话交中军、巡捕等官传禀，不许另设立管门家人，致滋弊窦，仍令各行知所属官吏一体遵照，毋许一人送给。再将此旨各录一通，悬之督抚署门，并著于年终汇奏一次，如有阳奉阴违，仍蹈故辙，或经科道参奏，或于别事发觉，则该督抚欺饰之罪不轻。毋谓朕教之不早也。将此通谕知之。”

谕军机大臣：“甘肃逆匪一案误事之大，全在勒尔谨一人。设逆匪略有计算，先逼犯狄道州，即将勒尔谨杀害，伊转得幸邀恤典，不至拿问治罪。可见勒尔谨之偾辕败事，竟是天夺其魄，必欲令伊身受国法也。至阿桂等所调四川及阿拉善兵据奏约二十日内外可到，此折系四月二十二日所发，则五月初十左右，此项兵丁已可到全。且伊前折内称断不肯坐候两处兵齐，始行进剿。想目下进兵剿捕痛加歼戮，而此数日间又无信息，盼望实为焦急。抑或必须两处调兵到全后，始行围剿耶。至贼匪占守月余，恐其乘间于黑夜中四出窜逸。前于进到图内用朱笔批示，并传谕令将何路派兵若干，带兵将领何人及图内尚有未见派兵之处，一一加签指询。著传谕阿桂等，即将指示等处一面严密办理，毋使贼匪一人窜逸，一面速行奏闻。”

（卷1130　103页）

乾隆四十六年（1781年）五月丁丑

钦差大学士公阿桂、尚书和珅奏：“撒拉尔回民分为十二工，每工各有掌教。韩哈济系总掌教。乾隆二十六年，与贺麻六乎同在章哈寺念经不和，贺麻六乎另造礼拜寺三座。韩哈济禀知循化厅断令仍归一处。贺麻六乎转以韩哈济串通马国宝敛钱惑众，诱人入教等情赴臬司控告，而韩哈济又诉称二十七年马明心伙同杨回子潜入撒拉尔，与贺麻六乎、马索南、韩哈勺等妄言祸福，煽惑愚民。经地方官访明，将马明心等逐出撒拉尔。讵贺麻六乎等又在章哈寺墙壁画门为图，妖言显圣，摇头念经跳舞等因，在臬司衙门具呈。嗣经审明诬告，照例拟罪，并议该犯等教既有异同，饬令撒拉尔十二工各举一人充当掌教，其新寺三座分开礼拜，以杜争端，咨部完结。此新教流传与旧教互相仇杀缘由也。至苏四十三即系贺麻六乎一党，撒拉尔止此一种，多穿白褐，剪短须髯，营中并无此类食粮之人。其在循化、河州充当衙役者间或有之。本年三月内，旧教回民韩哈拉勿等以苏四十三请来安定教师马明心、韩二个等另立新教，因伊叔韩哈户长不从，互相仇杀，共杀老教四十余人等情，在总督衙门控告。当派知府杨士玑、副将新柱前往查拿。苏四十三约会新教之人带鸟枪器械，将杨士玑、新柱戕害。其时勒尔谨审出马明心传教滋事，饬安定县黄道煛将马明心拿获解省，此苏四十三起衅滋事情形也。查马明心于二十七年逐回原籍后，潜来撒拉尔传经惑众，地方官并不查究，致酿事端。至两教互相仇杀之后，旧教至省控告时，勒尔谨并不查明强弱众寡情形，即派副将带兵前往，激而生变，实勒尔谨办理不善所致。再现获逆犯马复才，据供洪济桥、唐家川六处回子均系马明心新教徒弟，为苏四十三扎筏渡河，及苏四十三分遣贼匪往安定、会宁一带求救。现在盘获奸细马应高供亦相同，均已分遣弁兵各处防范。"得旨："此案起衅酿毒已久，若勒尔谨早为严切办理，何致构成事端。乃伊竟毫无措置，以致误事不小，实断不可复留。至新教逆回如此肆扰，实为罪大恶极，不可不严断根株。如所称洪济桥、唐家川六处回子素与马明心、苏四十三潜通，且扎筏渡贼匪过河尤为罪不容诛，此事应于剿贼事平后，趁兵威严整之时痛加惩治，以儆凶顽，不可姑息了事。此皆阿桂在彼应督办之事，其余地方善后各事宜，不妨交李侍尧办理。其拿获之马复才等，及从前已获各犯即派员先行解京，至朕为此次逆匪之案，日夜焦劳筹计于数千里外。阿桂须仰体朕怀，悉心督办，随时奏闻，以慰廑念。"

（卷 1130　　105 页）

乾隆四十六年（1781年）五月己卯

革回民掌教名目。谕："昨阿桂等奏，查明甘肃逆回新旧教起衅仇杀缘由一折。此等逆回在该处煽惑愚人，妄言祸福，甚至设立掌教及总掌教之名，以致无知回民被其愚惑入教，指挥听令。现在逆回苏四十三等即其余党，竟敢率众抗拒官兵，总由当日养痈贻患而致。著李侍尧于办理撒拉尔善后事宜内将总掌教名目不动声色令其裁去，并各省有无似此等回教名目者，亦各一体妥为裁革。至韩哈济与贺麻六乎等争教互讦，非寻常案犯可比，自当据实奏闻，按律严办，以示惩儆。乃当日该督抚仅以咨部完结，刑部亦照咨率复，或入于汇奏。朕实不知均属错误，嗣后各省督抚遇有此等邪教争控聚众念经之案，即应亲提案犯严审，从重究拟，据实具奏，以净根株，不得颟预了事，率行咨部完结，致复蔓延滋事。刑部堂官遇有此等外省咨结之案，亦即据实特奏，从重定拟，不得咨复完案。至邪教案内凡有发遣之犯，不得发往奉天、吉林及新疆等处，将邪教复行煽惑，民人被其愚诱。将此传谕李侍尧及各省督抚一体遵照。"

（卷1130　108页）

乾隆四十六年（1781年）五月壬午

谕军机大臣："据阿桂等奏本月初二日剿贼情形一折。此次所办尚好，但剿杀贼匪不为快意。至所称崖碉止容一人一骑，鱼贯上下之语。山径路窄虽不能一拥前进，但贼人可以鱼贯而行，我兵转不能鱼贯而行乎。况金川贼番亦何尝不死守，今地势较两金川既大相悬绝，岂有金川能进兵，而此处贼匪反不能剿捕之理。阿桂等务即上紧妥速为之。"

谕曰："四川建昌镇总兵鄂辉著赏银一百两，驰驿前往甘肃，交大学士公阿桂差遣委用，事竣后即回本任。"

（卷1130　109页）

乾隆四十六年（1781年）五月癸未

谕军机大臣："现在贼势日益穷蹙，又屡经官兵四面围剿，自断不能复出抢掠。即从前所掠粮食较多，而困守山梁日久，人畜必渐皆乏食，所谓釜底游魂、计日待毙。此时转须计出万全，不宜轻率举动，稍伤兵力。惟贼人自知穷迫难支，不甘就死，或于黑夜中乘间分窜。此则不可不实力严防。著传谕阿桂于派员安兵各隘口，务须昼夜严密巡查，毋使一贼得以逃窜。至昨日奏到折内称，山上并无水泉，我兵难以久驻等语。贼人所据之山无水可汲，官兵防守又严，贼更何从得饮。果如所言，则山下之水沟我兵即应占守，既杜其饮汲之源，兼截其逸出之路。阿桂久历行间，于此等事最为娴习，自应一一筹计及之也。至此案起衅滋事缘由，系安定县回民马明心潜行往来撒拉尔地方，传经惑众。该犯以内地回民敢于如此肆逆，则该处必尚多匪回聚集，随同入教者必须查拿严办，以净根株。至撒拉尔地方番回错处，是否循化厅同知得有干练之员，即足以资料理，抑另须大员弹压。再此次起事之始，因省城驻兵较少，以致不能即时扑灭。将来事毕后甘省地方竟宜多添官兵数千，时常操演，平时既足以资镇压，临事更易以供调遣。较之有事后远为派调徒费钱粮，不能济急者，得失较然。其应于何处添驻，并一切事宜并著阿桂、李侍尧于善后案内一并妥议具奏。"

（卷1130　109页）

乾隆四十六年（1781年）五月乙酉

谕军机大臣："前据英廉等奏，查抄勒尔谨在京家产，其家人曹禄等名下竟查出银二万余两，是其平日必有招摇婪索等事。已传谕阿桂提犯严讯并明降谕旨，将外省门包、押席等项积弊通行禁革矣。因思勒尔谨平日办事软弱，家人既如此纵肆无忌，则其幕友亦必有因事索诈，勾通作弊情事。此等督抚司道幕友平日高抬身价，上下连结，倚藉影撞，以肥私橐。既不顾主人声名，并不顾自己身家，专出一身在外，营私舞法。及至事发之后，督抚等身罹重罪，而伊等转得脱然事外，实堪痛恨，不可不严行查办，以示炯戒。著传谕阿桂、李侍尧，即将勒尔谨管事幕友严查确访，如有不法款迹即行据实奏闻，从重办理。"

（卷1130　112页）

乾隆四十六年（1781年）五月丙戌

谕军机大臣曰："就现在剿贼情形而论，阿桂之意似欲候川兵及阿拉善兵到齐，以川兵攀逾险阻直捣贼巢，以阿拉善兵防其窜逸，乘骑追捕，一鼓而前，可以剿洗净尽。惟是逆贼罪大恶极，必须将首犯苏四十三及帮同主谋之犯生擒解京，尽法处治，方足以正刑章而申国宪。阿桂等务须设法生擒，解京治罪。"

又谕："前据勒尔谨奏报，收复河州时除将贼犯歼毙外，擒获苏四十三之侄苏二个、胞侄苏五个并要犯马八十三等十七名，又搜获子女回妇二十三口，并节次生擒逆贼一百零九名，妇女幼孩一百数十口。现在严行监禁等语。此等党恶要犯其应行解京讯问者不过数人，多亦不过数十人，著即行派委妥干员弁押解送京。此外随同抗拒打仗之犯均属罪无可逭，即应于该处按律正法。即将来擒获苏四十三并为逆匪出力主谋之大头目等，自应解京讯问，其余无关紧要之犯亦即于该处正法。至其余缘坐各犯，非如寻常邪教逆匪等案，尚可邀减监候者可比，自应按律即予骈诛，以昭国宪。其妇女小口亦即就近发往伊犁之索伦、察哈尔、厄鲁特等兵丁为奴，不必拘泥成例，给付功臣之家为奴，俾转得衣食丰足，且省长途解送之烦。著传谕阿桂、李侍尧即行分别严办，嗣后若有续获之犯，亦俱遵照办理。"

（卷1130　113页）

乾隆四十六年（1781年）五月戊子

又谕："向来甘省藩库收捐监生，原因该处出产米谷较少，不得不有借捐输以资衰益。近年以来，该处收捐粮石各州县仓廪当已充足，况行之日久，其中转不免弊窦。地方官既经收捐监谷，其幕友家人等或竟视为利薮，因缘滋弊，不可不防其渐。阿桂现在甘省办理剿洗逆回诸事，于该处地方利弊自当随时体察。李侍尧又新任陕甘总督，监粮一事本非其所承办，自应无所回护。而地方因革事宜，到任后亦当悉心体访，据实奏闻。况伊身获重谴，经朕加恩录用，诸事尤宜实心查办，以赎前愆，更不当稍有瞻徇。著传谕阿桂会同李侍尧，将该省收捐监粮有无情弊及应否停止之处。据实奏闻，候朕降旨。"

又谕曰："阿桂奏，现俟兵力齐全，一鼓剿洗贼匪。以现在情形而论，逆匪既逃窜无路，其所抢粮食亦断不能支持两月，即饿毙亦可完事。但以么麽小丑如此肆逆不法，非痛加歼戮生擒首犯，尽法处治，不足以泄忿恨而彰国宪。今川兵及阿拉善兵于二十以前可抵兰州，为期已近，此时自不宜更冒险以致损威。第目下既不即进剿，何不先行晓谕贼党并胁从之人，以罪魁逆首止苏四十三，若能将伊擒献，则汝等胁从尚可奏请邀恩宽减，倘执迷不悟，将来大兵剿捕，无分首从一同受戮，虽悔无及。如此明切开导，众心自可解散。或作檄文晓示，或令旧教土司等设法遣人传谕，使贼众猜防，彼此疑虑擒捕贼首，未始非解散党羽之计。又称勒尔谨庸懦无能，从前筹划实系福崧出力帮办。朕前降谕旨，以事发之初不宜轻易地方大吏，以启边氓轻玩之心。且以勒尔谨如果能调度出力，不妨俟事定后再行核其功罪，此系专就顾惜大体。勒尔谨尚能办事而论，若阿桂、和珅到兰州后，即目击其束手无措，自当早为奏闻。所谓应机而动又当别论。何尚待朕看其实不可留，特行降旨拿问乎。"

又谕曰："阿桂奏王廷赞于三月二十五日至二十九日，令调到绿营兵节次打仗，损折甚多，亦系出于无奈，尚属过之小者。至其将马明心之子及婿放令出城予贼，此则不是甚大，其罪实在于此。伊于逆贼逼犯省城时，既将马明心提出示贼，即行正法，何以又将其子婿放给。藩司大员岂可损威失体若此。阿桂、和珅于此等办理错谬之事，何不早行奏及。王廷赞现有交代之事尚未能即行起程，并著阿桂先行面询，据实复奏。"

谕："昨嵩椿来京陛见，曾降旨令其回任，拣选绥远城满洲土默特兵丁，听阿桂处调拨。今阿桂等奏，现调兵力已足，所有绥远城满洲土默特兵不必预备。"

（卷1131　115页）

乾隆四十六年（1781年）五月庚寅

谕军机大臣曰："和珅奏，唐家川等六处回民难以千数兵力分剿，俟剿贼完竣，于甘凉兵丁撤回之便，顺路剿洗。至安定、会宁一带俱已派兵弹压，各处回民尚皆安静。马复才等一面之词，未必非摇惑人心之计，是以且不露端倪等语。唐家川等处逆回人数不少，此时未便即行分剿，所虑亦是。至安定、会宁等处回民现在尚皆安静，或竟系贼匪令马复才等假捏供词，以为摇惑人心之计，亦未可知。但既有此供，不可不严加防范。且旧教、新教杂居一处，究属非妥。此次起衅之由，即因新旧教争杀而起，况新教即系邪教，著传谕阿桂、李侍尧务须熟筹妥计，将新教一类使之不留余迹，以期永不滋事。"

（卷1131　117页）

予甘肃凉州镇标前营阵亡都司王宗龙，祭葬如例。

（卷1131　118页）

乾隆四十六年（1781年）五月壬辰

谕军机大臣曰："和珅奏，前此初抵兰州，即闻王廷赞于贼围困兰州时，将马明心之子及婿放出与贼，并有与贼讲和之事等语。马明心系新教之首，其在安定一带煽惑构衅已非一日，最为此案罪魁。即苏四十三擒获就戮之后，其新教余孽若不查办净尽，尚未可称为竣事。盖此等新教即系邪教，所到之处最易煽惑，不但内地不可容留，即新疆各处亦不可发遣安插，致贻后害。此等即从严多办，亦不为过。所谓辟以止辟，不得不如此也。阿桂、李侍尧如何设法料理，计出万全使新教一类根株净尽，永保无虞之处须斟酌妥善行之。至旧教相沿已久，且人又众多，自须妥为抚辑，令其各安本业。伊等自必益加感激，于绥靖边隅之道更为有济。又据图桑阿面奏，十九日和珅带领官兵打仗时，第一排系旧教土兵，第二排系绿营兵丁，第三排系驻防满兵，其领兵官员在后督战。当贼匪下压时，旧教土兵遇贼接仗不能抵御，而绿营兵即畏怯一同回走，经和珅将马彪等严行申饬，并用刀鞭砍打方始立定等语。绿营兵如此惴怯无能，实为可恨。甘凉兵力向来尚称可用，何以近日废弛如此，则他处可知。若不实力整顿，营务尚可问乎。至福崧现已调任甘肃藩司，接印任事。王廷赞交代后即可令其起程来京，毋再迟滞。"

（卷1131　118页）

乾隆四十六年（1781年）五月癸巳

谕军机大臣曰："阿桂奏，十三日派兵诱贼出拒，贼仍藏匿不出，拟俟屯练兵到，添派两路进兵，一举歼灭等因。用兵机宜，设卡安营，自应与贼逼近，声势方能联络。今贼匪在城西，而大营转远在城东，中隔一城，安能遥为照应。今详阅奏进图说，方得洞悉形势。从前城东安营之处究属错误。阿桂到后，住居城内转觉与贼相近，且可安城中百姓之心。而前此伍弥泰、马彪等之安营错误，阿桂自必见及，亦因成事不说耳。至为贼扎筏过渡之犯，及兰州西南两关厢并河州回民从逆者，均属乱民，当概行剿洗。马明心家属例应缘坐者，亦当即行查办，毋使兔脱。至解京贼匪除现行起解外，止须将苏四十三及党恶要犯数人解送，其余即于该处正法，以免疏虞。至此案办理关键，现在总以帮扶旧教灭除新教为词，明白晓谕，以安旧回众之心。著阿桂、李侍尧妥协经理。"

（卷1131　119页）

乾隆四十六年（1781年）五月甲午

又谕曰："和珅到京复命，面询一切所有现办剿贼情形，已略悉大概。阿桂在彼自能料理妥协。至前此询问图桑阿，据称马彪年岁已老，今又询之和珅据称，马彪虽年老而人尚壮健，且历练戎行，此次亦尚出力。至仁和办事光景，及熟悉营伍之处仍尚不如马彪，且仁和初到兰州时，在金城关遥为放炮，和珅到后，察看该处距贼营约有数里，中隔黄河，又安能以炮击贼，转恐贼人由山路绕至金城关抢夺炮位，因令将炮撤回省城等语。看此节仁和之办事不得窾要，可以类推。且伊系本省提督，更非马彪之由西安赴甘协剿者可比，似此不知事体，恐难得力。又据和珅奏，贼人以打牲为业，本有火药鸟枪，至攻破河州后所抢火药又多，是以现尚未缺乏，且施放转较官兵有准等语。贼匪所得火药，虽系在河州抢掠者居多，但其平日何因得有鸟枪火药打牲，此皆地方官查禁不力所致。而绿营兵转不如其纯熟，实属不成事体。著传谕阿桂、李侍尧，将嗣后如何设法查禁，不使番回复能购备配合火药，一并入于善后事宜案内，妥议具奏。再甘省兵数向因节次移驻，新疆眷兵未经补额，以致各处存营兵少。此次贼匪起事，不能克期调集。前已有旨，令阿桂、李侍尧于善后事宜案内酌议添兵数千。今据和珅面奏情形，将来竟须多为添驻，方足以壮声势，而靖地方。著传谕阿桂、李侍尧，即查明前后移驻眷兵共计若干，即照数补额。并令时加训练，务使尽成劲旅。至西安提督向本驻扎甘肃固原州，后固原改驻总兵而提督移于西安驻扎，管辖陕省营务。今据和珅奏，固原州地方紧要，似仍应驻扎提督，而以固原镇总兵移驻河州。其河州协副将于安定或会宁驻扎，方足以资控制弹压。至西安已有将军都统，似可无须再驻提督等语。此事并著阿桂、李侍尧于善后事宜案内，一并详悉妥议具奏。"

（卷1131　121页）

乾隆四十六年（1781年）五月乙未

谕军机大臣："此案用旧教而除新教最为吃紧关键，盖旧教相沿已久，回人等耳濡目染，习惯性成。今欲去之势有不可，譬如僧道未尝非异端，亦势不能尽使为民也，而新教则如白莲等邪教，平日虽亦拜佛念经，而惑众滋事，其名目断不可留。将来办理之法，首先分别新旧名色，即其中有已归新教而仍自认为旧教者，是尚知畏罪避祸，查办时亦只可因其避就量予生路，所谓法外之仁不得不网开一面也。至逆犯等家属将来俱应问拟缘坐。前经降旨就近发往伊犁之厄鲁特、索伦、察哈尔等兵丁为奴，但念此等缘坐之犯既非善类，新疆地方亦不可不防其复行煽惑，莫若改发云贵等省极边烟瘴之地较为得宜。著传谕阿桂、李侍尧于完案时遵照办理。再阅图内贼营迤西一带缺兵把守，山路丛杂，将来剿捕贼匪于势穷力蹙时，或致窜逸藏匿，不但得以幸逃显戮，并恐事定后又复潜出惑众，均未可知。且闻贼人有将来事急欲投黄河之供，或竟自焚自戕皆所不免。总之阿桂等若能生擒首犯，固为尽善，即或一时不能生获，而查检首恶尸身，旧教回人俱能认识，如王伦之自行烧毙，确尸可认亦未尝不可了事。断不可拘泥必欲生擒之见，转致贼人乘间逃逸。阿桂等于剿灭贼匪时，尤当相机办理，毋使一名漏网。再和珅奏，陕西毗连四省，形势最为扼要，而现在西安驻防满兵未免稍单，且询之伍弥泰，据称现有从前裁缺兵房空闲甚多，若添拨驻防兵数千亦易安插等语。阿桂于办理善后事宜，亦即将西安应添驻满兵若干之处，会同该将军悉心筹酌，奏请派往。"

（卷1131　122页）

乾隆四十六年（1781年）五月丙申

谕军机大臣："前王廷赞有奏缴积存廉俸银四万两以资兵饷一折。因思王廷赞仅任甘肃藩司，何以家计充裕。甘省地方本为瘠薄，而藩司何以金称美缺。若云有营私贪黩之事，何以王廷赞在任多年，并无声名不好之处。即从前王亶望在甘省藩司任内亦未必竟敢勒索属员，以肥己橐。但王亶望于捐办浙省海塘工程案内竟捐银至五十万两之多。伊在浙未久，其坐拥厚资当即在甘省任内所得。因思甘省收捐监粮其中必有私收折色，多得平余情弊。且闻向来监粮系各州县分收，而近来则全归省城，即使多收折色平余，而在部报捐者亦未尝不收盈余。若甘省所收平余较多，则捐监者自不乐从，何又纷纷向甘肃远省捐监，并称较部捐便宜，其故实不可解。若云该省监粮实系收纳本色，而本色又如何多得盈余，其中情节总未能深悉。著传谕阿桂、李侍尧，即将王廷赞因何家道充余，是否即于捐监一事有染指情弊，或另有巧取之处严密访查，据实复奏，不可稍涉瞻徇。"

（卷1131　123页）

乾隆四十六年（1781年）五月丁酉

谕著署理侍郎副都统留保住，照料班禅额尔德尼金塔，送往穆鲁乌苏，回至西宁驻扎办事，换诺穆浑来京。

（卷1131　123页）

乾隆四十六年（1781年）五月戊戌

钦差大学士公阿桂奏："官兵自十三日打仗后，本欲俟屯练兵到四路进攻，贼匪竟敢于十四日下华林山滋扰，臣等于十八日派海兰察及阿拉善公多尔济带领兵丁扑剿，贼于卡栅内沟壕潜藏，放枪抵御。明亮在水磨沟内觅路上扑，而崖磡陡峻，枪势甚急，不能砍营而入。查有侍卫哲森保放枪打死骑马贼目，带有枪伤，与侍卫珠尔杭阿、阿禅保、克臣保守备马得，俱带枪箭等伤，尚无妨碍。再甘肃一省地广兵单，应增派官兵数千，时常操演，俟剿贼完竣，于善后事宜内妥筹具奏。"得旨："贼匪势已穷蹙，尚敢潜出滋扰实为可恨。看此光景，贼人自知指日就擒，众心涣散，意图分路窜逸。恐官兵防守严密，是以先行下山滋扰，故为鸥张行径，以便事势穷蹙之际，从后路窜出。即从前有事急欲投黄河自尽及设誓死守之供，恐亦系虚言散布，使我兵不行准备，便可乘间脱逃。此则阿桂等最应留心稽查者。前阅进到图内城营迤西一带，山势重叠，恐其中小路甚多，而所安设官兵尚未能十分严密，使贼匪即从该处乘马冲逸。绿营官兵未必能悉力堵御，若改换衣帽分散潜逃，又恐搜捕不能净尽。惟在先事预防，使一名不致漏网为要。至贼人虽已露待毙情形，但亦不可轻视。即川省屯练兵二十五六等日到兰，为期已近。然尤宜持重，整顿兵力，使一鼓尽歼，方为妥善。再此次侍卫哲森保赶杀贼匪头目，勇往可嘉，且又受有枪伤，著阿桂查明该侍卫现系何等职衔，即奏明加一等升用，以示奖励。其余受伤各员并著逐一照例奖赏。至添设官兵一事，亦据和珅面奏，数千尚属不敷，即添至一二万亦无不可。现已交部查办矣。"

（卷1131　123页）

乾隆四十六年（1781年）闰五月癸卯

又谕："阅阿桂等奏到供单内，据买成伏供，有贼人因西宁粮草最多，令其前往探听虚实之语。贼匪自知计穷垂毙，必思铤而走险，乘间窜逸，断不肯束手就缚。西宁一带山多地旷，兼粮草富足，尤不可不加意防范。若贼人乘机结队夺路冲逸，尤属不成事体。著传谕阿桂等，逆匪首犯若能设法生擒，固为尽善，倘一时不能擒获，即被枪炮歼毙，甚或自焚自戕，得有确尸，亦可完事。断不可令其乘机兔脱，以致别滋事端。又阿桂等前奏贼人所掠粮草，仅能资给月余，今又阅数旬，自已匮竭，贼人又从何处得有接济，恐仍有潜出抢掠及附近匪徒暗为运送之事，著阿桂等严密防捕，毋使暗中接济，得以苟延残喘。至逆犯家属将来办理时，其妇女幼孩不可合为一处，所有妇女仍发厄鲁特等处为奴，其男丁虽幼孩，改发云南烟瘴地方，著阿桂等于剿贼完竣后分别遵照办理。"

又谕曰："阿桂等奏到各折，贼匪情势日见穷蹙，屯练兵到齐后自可克期剿灭。但兵丁跋涉远来，应休息数日以期一举集事。至苏四十三事急北走之语，恐系故为扬言，以为向西奔窜之计，盖回人向以西方为正面，犹内地之以南方为正。前阅和珅所携之图，贼营向西一带，乱山丛杂，路径甚多。阿桂等务宜加意防守，实力堵御，勿使一人乘间兔脱，方为妥善。至所称马明心正法后，安定一带回民安堵如常，并无蠢动形迹，所奏固是。但马明心拿获解送时，苏四十三尚未攻围兰州，该处回民自不敢遽行蠢动。及马明心正法后，官兵即陆续云集，马明心家属党羽即使得信，亦未敢肆行不法。然马明心究系传教首犯，该处一带回民平日素与交结者，不可不留心访察办理。至其家属应缘坐者，尤应严行查办，务使根株悉绝，不可存姑息完事之见。又据奏，甘肃新旧教回民杂处之各州县不下数十处，统俟事竣后立法查办，革去名目等语，亦只可如此办理。但如唐家川、洪济桥等处从逆回民，则剿洗不可不尽，断勿梢存姑息，以致养痈贻患。"

又谕："本日大学士九卿等会奏，定拟勒尔谨情罪一案。勒尔谨于逆回争立新教，从未奏闻办理，以致养痈贻患。又不能相度机宜，速行剿灭。拟以斩决，自属咎所应得。但其平日居官，尚无贪黩枉法款迹，即办理此案含糊观望，坐失事机，实伊庸弱无能所致。而朕委以封疆重任不及早觉察易置，实不能不引为己过。勒尔谨著从宽改为应斩监候，秋后处决。"

军机大臣议奏："大学士公阿桂奏称，各省营房墩台木楼等项，每年是否必需岁修，抑系相沿旧例，指项开销，交部行查。现据陆续奏到，除直隶、湖北、山东、福建、四川、湖南、浙江、广东、甘肃九省并无岁修报销之例，及山西一省不定保固年限外，其江苏、安徽、江西、陕西、河南、云南、广西、贵州八省，或于耗羡铜息项下动支，或于公费养廉项内扣存，或于充公闲款及余租变价、租息银内拨给。历经报部核销在案。请仍令各该省遇有修理之时，按照保固年限，动款支给，勘明葺治。并令地方官随时查察，以期经久。"报闻。

兵部遵旨议恤，进剿撒拉尔逆回阵亡固原镇总兵图钦保，给银七百两，加赠三级，荫子弟一人，以都司推用。参将和泰给银五百两，加赠二级。游击王三杰、爱星阿各给银四百两，加赠一级，均荫子弟一人，以守备推用。守备善德给银三百两，加赠一级，荫子弟一人，以营千总推用。千总师永澄给银一百五十两，加赠一级，荫子弟一人，以把总补用。骁骑校赛音察浑赏银二百五十两，授云骑尉世职。从之。

钦差大学士公阿桂奏："据四川总督文绶咨称，派令维州协副将李天佑，带领屯练兵于五月初七八日起程，计算头二起兵，可于二十三日以前皆到。乃竟毫无音信，经节次严催，头起屯练于二十九日酉刻始抵兰州，李天佑所带二起之兵尚无确信。玩延至此，请将该副将革职，发往伊犁效力赎罪。"得旨："彼固有罪，革职令其军前效力赎罪。若再不奋勉，即于军前正法可也。"

（卷1132　127页）

乾隆四十六年（1781年）闰五月戊申

又谕曰："据玛兴阿奏称，自喀什噶尔回程，行抵哈密，闻有撒拉尔贼匪，即起程前赴兰州，随钦差大臣效力等语。玛兴阿闻有撒拉尔逆回之事，即由哈密前赴兰州，虽出伊奋勉之心，但伊在外日久，且年岁已老，著传谕阿桂，俟玛兴阿抵兰州时，如有差遣之处留彼效力，否则令其回京。"

（卷1132　132页）

乾隆四十六年（1781年）闰五月庚戌

又谕："前以甘省番回有掌教及总掌教之名，恐易惑众滋事，因传谕各督抚留心查革。兹据国泰奏称，东省回民与土著民人比闾而居，实属安静，并无滋事之人，亦无掌教及总掌教之名，但念经祈福，即为惑众之渐。嗣后遇有争控邪教聚众念经之案，即亲提审办，其田土钱债争控细故，亦令赴地方官控理等语。本日又询据袁守侗奏称，直隶、通州、沧州、天津等处回民较多，尚皆安静，惟其传经之人称为师父等语。回民念经祈福是其习俗，相安已久，若概行禁止恐地方官奉行不善，或致骚扰，激成事端。若有名无实，虚应故事，又属无益，何必为此。惟其中有借传经为煽播邪教者，则不可不实力严查，亲提审办。至直隶回民念经之人称为师父，虽亦如师徒俗称，但究不若并其名而去之。向来地方官平日于此等事并不留心查察，及奉有谕旨又未免办理过当，不能深喻朕意，徒滋胥役得钱放免。著再传谕各督抚，务须不动声色，留心妥协查办，毋致吏胥人等借端滋扰，及蹈虚文塞责之习。"

（卷1132　133页）

乾隆四十六年（1781年）闰五月甲寅

谕曰："阿桂奏，哲森保因补放三等侍卫谢恩，又于是日剿贼鏖战，中矛被伤，仍将所刺之贼放枪击毙等语。哲森保实属可嘉，著加恩赏给法福哩巴图鲁名号，仍由阿桂处赏银一百两。又称，罗布藏多尔济带去阿拉善三等台吉诺多布，打仗奋勇，得有枪伤，亦著加恩升为头等台吉，以示鼓励。"

又谕："此次调赴甘省剿捕逆回之四川屯练降番土兵，甚属勇往出力，著加恩于甘省藩库内各赏给一月钱粮，以示鼓励。"

谕军机大臣："前因甘省收捐监粮，其中必有扣收折色，多得平余情弊，曾降旨询问阿桂等，令其严密访查复奏。本日据阿桂等奏，甘省收捐监粮一折，内称甘省监粮向系各州县分收，而近来则全归首府办理。因各州县贪收折色，图用现银，不计银数之多寡，粮价之贵贱，恐致亏缺渐多，因归首府经理。再勒尔谨从前奏开捐例时，即系王亶望任甘省藩司，未必不由其怂恿，而开例之始，一面奏立规条，一面即公然折色包捐，故王亶望得拥资而去，众人多有如此议论等语。甘省收捐监粮，原为该省所产米谷稀少，权宜调剂，俾各州县仓储充裕起见，何以勒尔谨奏准开例之始，一面设立规条，一面即公然折色包捐。勒尔谨久任陕甘总督，岂竟毫无见闻，恐其中或另有通同分肥，以入私橐之弊。除王廷赞现今来京，俟伊到时令军机大臣面行质讯外，著传谕英廉等就近先行提讯勒尔谨，录取确实供词呈览，毋任丝毫掩饰。"

又谕："前已屡次传谕阿桂，以贼营迤西一带山迳丛杂，小路甚多，尤须留心防范。即或伊势穷计蹙，竟尔自焚自戕，必当检验尸身，确有凭据方为完事。此尤办理之最要者。马明心之家属党羽自当按名查拿，严行办理。其伏羌县为马明心敛银之回民，如果查明属实，亦必须一并严办，不可稍事姑息。阿桂、李侍尧务须妥协经理，以期永靖边陲。"

（卷1132　136页）

乾隆四十六年（1781年）闰五月丁巳

　　谕军机大臣：“前以阿桂复奏，甘肃收捐监粮系王亶望任藩司时，怂恿勒尔谨奏请开例。且一面奏立规条，一面即公然折色包捐，故王亶望得拥资而去。众人多有如此议论等语。因令刑部堂官提讯勒尔谨，供称我从前奏请复捐监粮时，并无折银之事，后来风闻有折色之处，因王亶望说并无其事遂信为实，直至王廷赞向我告诉，我才知道，又恐各州县折色收捐不肯买粮。王廷赞说不如专交兰州府承办，大家公议，每名定银五十五两，并称此项即从首府分发各州县，并不解司，院里更不经手等语。甘省复准捐收监粮，原为边地仓储应行充裕，是以准行。今公然以折色包捐，且并未奏明，殊干例禁。此事既系王亶望任藩司时，怂恿办理而折色，又出伊主意，明系伊借此为分肥入橐之计，不可不彻底根究。著传谕杨魁会同陈辉祖，即向王亶望严行讯问，令其据实供出，不得稍存徇隐。如果有通同舞弊情事，即将伊拿交刑部治罪。现在海塘工程陈辉祖督办颇为妥协，并不少王亶望一人也。至杨魁前曾谕令往福建署理巡抚，换富纲来京陛见。嗣以福隆安染病，或督抚大员内有需更调之处。复经传谕杨魁暂停前往。今福隆安病已就痊，著谕令杨魁于审讯王亶望此案完竣后，仍往福建署理巡抚，令富纲来京陛见。”

　　　　　　　　　　　　　　　　　　　　　　　（卷1132　138页）

乾隆四十六年（1781年）闰五月己未

　　谕：“据阿桂奏，海兰察、舒亮、萨炳阿、鄂辉剿贼时各受枪箭伤，深堪嘉悯，著各赏大荷包一对，小荷包二对。鄂辉被枪子打入左腿，已经取出，实为奋勇，著赏给法式尚阿巴图鲁名号，并加赏银一百两。”

　　又谕：“据阿桂奏，阿拉善骑都尉浑布萨剿贼奋勉得伤，殊可嘉悯，著赏戴三品顶戴，仍照得伤之例赏给。”

　　又谕：“据阿桂奏称，宁夏协领善德、西安佐领和星额，带兵随海兰察不避枪箭，奋勇打仗。善德、和星额请赏戴花翎。伊等所带之宁夏满兵二十七名，西安兵十六名皆奋勇杀贼，请交各该将军系领催前锋者补放骁骑校，系马甲者坐补领催前锋等语。此二处兵丁著照阿桂所请，交各该将军按次补放骁骑校，坐补领催前锋外，仍著每人赏银十两。又奏称，善德、和星额奋勇打仗，而善德年已六旬有余，大腿中箭，急行拔出，用手帕缠裹，仍领兵骂贼前进，同大队撤回，实属可嘉。实无愧朕之满洲也。善德著加恩赏给强谦巴图鲁名号，副都统衔。和星额著赏给佛尔卿额巴图鲁名号，并协领衔，赏戴花翎，仍由阿桂处每人赏银百两。阿桂奉到此旨，晓谕善德、和星额令伊等感激朕恩，倍加奋勉。"

又谕："据阿桂等奏，洮州四品土司杨宗业派令头目，带领番兵一千余名至兰州军营，屡次从征打仗，甚属奋勇出力等语。杨宗业著照土司鲁璠、韩煜之例一体加恩赏给三品顶戴，并戴用花翎，仍加恩赏大缎二匹，以示奖励。"

谕军机大臣曰："日内盼望捷音甚为悬切，及披览阿桂奏，此次进剿又未能即刻擒获，殊增愤懑。看来逆匪拼死抗拒颇为凶悍。阿桂另折所云贼势穷蹙，竟不可轻为此语。且此次官兵打仗不可谓不尽力，而仍未能一举歼擒，尤须慎重筹划，计出万全，不宜再多伤兵力。阿桂所称严密围困使之无路觅食，不战自乱，自应如此办理。至所称贼人粮草尚系从前抢掠所得，朕以为必无此理。据前奏贼匪尚有一月粮食，今贼匪占据山梁已及三月，即和珅回程以来又几十五日，若仅系前此抢掠之粮，安能供给如许之久，恐仍不免潜出抢劫，并或有人为之接济。朕始终以此为疑。即火药一项，前据奏，贼人止存二十驮藏在营内地壕里，若果如此，则目下亦将用罄，何致尚称枪势甚紧，即贼人箭枝亦应用完，何以尚有受箭伤之人。是阿桂所称附近匪徒，不敢暗为运送者亦未必然。惟当加紧防范，不使复有劫掠接济之事。而迤西一带，尤宜防其逃窜，并潜通消息为要。"

（卷1133　139页）

乾隆四十六年（1781年）闰五月庚申

又谕："昨据阿桂奏，此次官兵打仗出力而剿洗尚未蒇事，朕心实为廑念。阿桂折内亦称甚属焦急，但此事现止阿桂一人督办，非如征剿两金川尚有参赞之人，务须持以镇静，方可悉心筹办，不可过于焦急。至李侍尧与阿桂，系同办一事，尤须善为劝慰，诸事尽心赞助，以期妥协。不可以军旅地方之事稍存歧视。再海兰察、舒亮、萨炳阿、鄂辉等此次打仗奋勇，受有枪箭伤，昨已俱加恩赏。阿桂尤须加意抚慰。其带兵员弁及满汉官兵出力受伤者，已俱酌量加恩。此际自宜稍令休息，不可过于督责。即川省屯练等跋涉远来，临阵时又能奋勇出力，昨已加恩赏给一月钱粮。所有此次打仗受伤者，均须一体加以拊循，使之感奋用命。至此时办理关键，总在各路堵截，断贼口粮，不使抢掠供食。而防守严密勿令乘间窜逸，尤为最要之事。现在已届麦熟之期，昨阿桂奏，贼人必思就近割取。朕意逆匪如果出卡割抢，即可乘势剿杀。至民间新麦或竟官为买取刈割，使不为贼人所得。其应如何酌办之处，著阿桂、李侍尧妥酌筹办，务令贼匪坐困乏食，即可不战自毙。再闻贼人夜间并无防范，若令海兰察等带领屯练降番等衔枚前进，潜劫贼营，可以使其扰乱，著即酌量办理。至朕于甘肃百姓每岁发帑养赡，恩施优渥，而此等番回平日既无差科，又非若金川必欲取之以绝后患者可比，何致作逆若此，揆之天理人情，实出意计之外。或者向来地方官有所扰累若辈乎。不然何以致此也。昨得奏后终夜反复思之，实为愤懑。想阿桂亦同深痛恨，惟期妥协速行筹划，早为蒇事，以慰悬望。"

（卷1133　142页）

乾隆四十六年（1781年）闰五月乙丑

谕："此次官兵攻得贼匪大卡及所占庙宇，相距贼营甚近，彼已无险可守。且黄河南北岸边，亦俱有官兵接连密布，不致有乘间窜逸之处。至逆贼如此猖獗，我领兵大员官兵等为所伤折不少，必得生擒首逆及其党恶要犯，尽法处治，方足以彰国法而儆凶顽。第恐贼匪自知无路可逃，竟为自焚自戕之计，此虽亦足以完事，然究不如生擒之为更快。想阿桂自必设法妥协办理。"

又谕曰："阿桂等此次派兵攻卡杀贼，调度有方。阿桂、李侍尧著赏给大荷包一对、小荷包二对。额森特、明亮、哈当阿进剿受伤仍带兵转战，殊为奋勇，著各赏大荷包一对、小荷包二对。海兰察相地进攻甚属可嘉，另赏给玉韘一枚，以示优奖。"

又谕曰："阿拉善佐领根丕尔剿贼阵亡，深为可悯，著加恩照京城佐领之例，赏给云骑尉，令伊子承袭，仍照例赏银四百两。其托伦保是否即系由京发往之托罗木根，著阿桂查明，奏到另行加恩。其余受伤之官员兵丁等并著查明，照例恤赏。"

（卷1133　144页）

乾隆四十六年（1781年）闰五月己巳

谕军机大臣："阅阿桂所奏，现在安设木城营卡，刨挖深壕，使贼不能下至黄河取水。其水磨沟之水业已旁泄断流，所奏自是正办，览之亦为慰藉，弟惜筹之不早耳。至现在续令军机大臣审讯逆犯马复才据供，八蜡庙内楼房九间，上下多是粮草，并坟园内有屋六间，俱堆粮食等语，恐贼人储蓄尚复不少。若我兵竟待其食尽坐毙，则旷日持久，亦复不成事体。因思贼营楼房本高，且楼屋皆系木植构成，易于引火。何不于夜间令沿河防卡官兵以火箭火弹等向准抛射，将所蓄口食尽行烧毁，则于剿捕更速。著传谕阿桂，令其妥酌办理。"

（卷1133　145页）

乾隆四十六年（1781年）闰五月庚午

谕军机大臣："现在官兵四面围困，贼自不能复得援应。但阅圆内东、西、北三面俱系陡墈，而北面又逼临黄河，其势俱难仰攻。官兵自止能从南面进剿。因思该处贼人所挖沟壕二道，虽属宽深，然或令官兵等填壕而进，贼人必出而抗阻我兵，即可乘势用枪箭剿杀，似亦办理之一法。至贼人所贮楼房之粮草，昨已谕令阿桂派兵用火箭火弹抛射焚烧，即使相离尚远，非火弹所能到，而火箭自不难射及。阿桂务须设法筹办使之溃乱，毋为旷日持久，待其食尽坐毙之计。"

（卷1133　145页）

乾隆四十六年（1781年）闰五月辛未

谕军机大臣："前经降旨，令阿桂等于筹办善后事宜案内，将陕甘二省应添兵数若干妥议具奏。因谕军机大臣将陕甘二省原额兵数若干，现存兵若干交部详查。今据查奏，陕甘二省兵丁除节年移驻新疆屯防，并扣缺不补外，现存兵五万二千四百五十四名，较原额少兵三万一千九百二十名等语。自新疆一带尽入版图，拓地二万余里，兵储经费自应加增。今该二省内地兵数既较原额减少三万有余，自应量为添设，但不必竟照原额添补。朕意酌添兵一万余名亦足敷用。至兵丁有马、步、守三项之分，各省成例大约以马三步七为率。朕意马兵一项自较步守为优，遇有调遣亦可得力，今既酌为添设，不如竟将马兵酌添六七千名，即所需兵饷较多，而为捍卫边陲起见，正不必斤斤小费。著传谕阿桂、李侍尧于筹议善后时，确核此二省地方营制情形，将某处应添兵若干及马、步、守三项应如何酌量分添之处，逐一妥议具奏。其陕西一省并著会同毕沅办理。至现在所少兵三万一千余名，查系历年移驻新疆屯防及扣存不补之缺。但新疆一带未必驻兵有三万余名之多，著传谕阿桂等，将新疆一带实在移驻屯防兵若干，此外扣存未补兵额若干及如何扣存不补之处，逐一详悉查明复奏。再陕甘二省从前原系一省，是以该部于原额兵册不能按省份开载，但现存兵数既尚有五万二千余名，即甘肃所驻较西安为多，亦未必大相悬绝。何以毕沅前奏，陕省此时兵力合计不过万余，若陕省兵数实止如此，则甘省存兵计尚有四万余名，何致逆匪起事时又无兵可调，其详总不能深晰。著传谕阿桂、李侍尧详确查明复奏。"

（卷1133　145页）

乾隆四十六年（1781年）六月癸酉

又谕："甘肃省向来俱以被旱须赈为言，几于年年如此。昨和珅一入甘境即遇阴雨，今阿桂折内又称，二十二日得有密雨四时，可见该省亦并非竟少雨泽，人言俱未足信。著传谕阿桂、李侍尧确切访察向年雨水情形，据实复奏。阿桂本系钦差重臣，即李侍尧亦初任甘省总督，无所用其回护，想自能秉公直陈也。"

（卷1134　148页）

乾隆四十六年（1781年）六月甲戌

调直隶提督长清为浙江提督。以天津镇总兵刚塔为直隶提督。调泰宁镇总兵宝琳为天津镇总兵。原任甘肃西宁镇总兵黄大谋为泰宁镇总兵。以甘肃洮岷协副将策卜坦为陕西延绥镇总兵。

（卷1134　149页）

乾隆四十六年（1781年）六月己卯

钦差大学士公阿桂、陕甘总督李侍尧奏："现将逆回贼营四面围困，断绝水道。贼于夜间辄敢从直礀缒下水磨沟及华林寺后身，刨挖从前有泉处，用皮浑屯盗水。据脱回之老教供称，贼营断水已三五日，略有接济并无余存。因派满汉奋勇官兵由中路进扑，屯练降番由华林山东攀礀上扑，老教土兵由华林寺西觅路上攻。贼匪尚于沟内放枪抵御，拼命死守，并将旧井及有泉处所加填坚实，多派屯练及阿拉善兵在左边埋伏，以备相机进剿。再贼匪两次盗水，诸处营卡系提督仁和及总兵罗江鳞所管，殊属疏玩，已严行申饬，将该二员存记，以观后效，如有疏虞，一并严参治罪。"得旨："贼人当此穷蹙垂毙之时，尚皆负隅死守实是奇事，出于情理之外。今官兵四面围攻，又将其盗水处所填筑土石，加兵防范，贼匪自必益加疲困，且晚即可全就擒捕。至脱回之老教即系顺从新教，同恶相济之人，此时或暂留军营不即正法，以为招致贼伙之计尚可，但其从贼为逆已经数月，随贼打仗伤我官兵实属罪无可赦。伊等果系旧教，何不早行审出，直至目下，知贼势穷迫，万无希幸始复脱回。托名老教以图宽免，自断不可复留。阿桂等于剿办正贼后，即将此等情节明示众人，将临近脱回之老教概行按律正法，毋少姑息。至贼人下沟盗水虽旋经知觉，但已被刨挖得水，用皮浑屯装取，实属疏于防范，在罗江鳞系他省总兵，到甘效力或可诿之呼应不灵。至仁和系本省提督，所派弁兵皆其管辖，何致玩忽若此。仁和之不是更大，著阿桂于事毕时即严行参奏。"

（卷1134　152页）

乾隆四十六年（1781年）六月庚辰

谕曰："额森特从前征剿金川甚属出力，朕是以加恩赏给世袭一等男。此次进剿撒拉尔又复奋不顾身，致被枪伤，深为可嘉，著加恩晋封世袭三等子，仍兼在本身。"

（卷1134　154页）

乾隆四十六年（1781年）六月辛巳

又谕："昨王廷赞来至热河，因令军机大臣会同行在大学士九卿传旨，以私放马明心子婿及守城独自居功二条，俱从宽不究。惟监粮私收折色一事，令其据实陈明。据王廷赞供，到任后原不许折色，因无人报捐只得仍如此办。又恐各州县有短价勒买粮石之事，是以定数五十五两。甘省粮价较贱，足敷定额。又因捐生多在省城，改归首府收捐，仍将银两发给各州县买补还仓，按季申报，并有道府加结等语。所供殊不足信，甘肃收纳监粮，原为仓储赈济起见，自应收本色粮石，何得公然定数，私收折色，且从无一字奏闻。若云甘省粮贱，五十五两已符定额，足敷采买，则该处收成自必丰稔，何以每年又俱需灾赈。如灾赈属实，粮价必昂，则五十五两之数又断不敷采买，二者均不可解。可见所供，尽属支离，其中恐有竟不买补，虚开赈济冒销情弊。且捐监一事，自应听本生自行平买，交纳粮石，何以必欲官为收银，并交首府总办，明系官则折收于前，又复冒销于后，两边俱得便宜，而百姓仍从中受累。此事情弊甚大，不可不彻底清查。此时惟阿桂、李侍尧为中外最能办事之人，且于此事又从未经手，毫无回护，著传谕伊二人，即将此案实在情形详悉查明，据实具奏。并严查有无弊窦，将此等情节四面较勘，无难水落石出，不可稍涉颟顸，致他日复滋流弊。但恐如此彻底一办，合省地方官皆为有罪之人，伊等合成一气，察弊殊非容易，然此事终不可不办。想伊二人断不肯为他人担此干系也。"

（卷1134　155页）

乾隆四十六年（1781年）六月壬午

谕军机大臣："据阿桂等奏，于贼营南拿立木栅又接筑炮台一折。所办甚是。现在贼匪日益穷蹙不难计日待毙，自不值伤我官兵。朕虽日夜焦急盼望成功，亦不得不耐心以待。况官兵四面围攻，布置严密，自不虞贼众复有窜逸及外来贼匪接应之事。至南关外逆回萧德，福既经访明拿获监禁，著派委妥干员弁解至热河审办。沿途务令小心防范，毋致少有疏虞。"

（卷1134　155页）

乾隆四十六年（1781年）六月甲申

谕军机大臣："昨据阿桂等奏到图内，贼匪所占之华林山并龙尾山，紧接兰州西南一带关厢，该处商贾凑集，最为殷富。而兰州省城本小，转在山下，殊于形势未协。朕意欲将西面城垣展宽至此山梁，俾西关一带民居及现在贼营占据之处，一半包入城内，如此跨山临水，既足以壮观瞻，并可以资控制。至河北金城关，逼近黄河渡桥，形势亦关紧要，将来添设兵丁时，亦应于该处多添兵丁，令将领大员驻扎，似更足资弹压。且大河南北，声势联络于巡缉防守等事，尤为有益。著传谕阿桂、李侍尧，将此二事入于善后事宜案内，一并妥议具奏。"

又谕据："陈辉祖奏，查讯王亶望在甘肃藩司任内私收监粮折色一事。既据王亶望供称，风闻有折色之事，当经责成道府查禁结报，且意在捐多谷多，以致一任通融办理等语。彼时道府系属何人，如何假捏结报，王亶望何以并不据实供明，著传谕陈辉祖再行审讯王亶望，将彼时道府何人，如何私收捏报各情弊，令其逐一供明复奏，并传谕阿桂、李侍尧，亦即将王亶望在甘肃时结报监粮各道府查案具奏。至捐收监粮原为仓储起见，今既称私收折色，仍行买补谷石还仓，且以捐多谷多为能事，是该省之粮石充足可知，何以每年又须赈恤。即云各府丰歉不齐，譬如河西各属被灾，或致谷少则河东各属丰收地方，百姓自将粮石赴粜，欲得贵价。此亦流通便民之事，百姓亦自知也，何必辗转经手官吏收买，致令短价勒买，官得便宜，而民仍受派累。此事理之显然者。且即欲收捐，亦当听本生自行交纳本色，或者捐监之人不致抑勒百姓，百姓仍得贵价也，何须官为包揽，以致弊窦百出。朕于监粮一事，本为甘省地瘠民贫，每岁不惜百十万赈济，以惠养穷黎。若以惠民之事而转为累民之举，徒令不肖官员借端肥橐，所关甚大。况此事不发则已，今既经发觉自应根求到底，令其水落石出。此事积弊已久，通省大小官员，无不染指有罪，但亦断不能因罚不及众，辄以人多不办为词。即从前之结报各道府，此时已经升调人员亦属无几，无难治罪。况中外人才不乏，断无少此数人，便不能办事之理。此而不严行查办，将何事不可为也。著传谕阿桂、李侍尧，务将此事如何舞弊分肥，如何冒销勒买各情弊，并向来蒙混出结之道府严切根究，据实指名参奏。倘阿桂等此次稍存瞻徇，代为担承，将来别经败露，伊二人其何以对朕耶？"

（卷1134　　156页）

乾隆四十六年（1781年）六月戊子

又谕："连日盼望捷音及披阅奏函，仍系筹办情形。且因连遇阴雨，不能迅速刨沟，而泥水甚大，施力较难，愈深愤懑。想阿桂亦焦急愈甚。至甘省近日雨水甚多，致逆贼得以接济，固亦无可如何。但粮食何以尚能久支，况阿桂既称贼营并无楼房贮粮，而目下官兵四面环攻，贼人已如釜底。此时岂复尚有党羽为之接济，何以尚能如此支持。虽据阿桂称，断不待其食尽坐毙，但正恐不能不如此耳。至甘省如此多雨，而历来俱谎称被旱，上下一气冒赈舞弊若此，安得不受天罚。现命提讯勒尔谨及王廷赞，令其据实供吐。阿桂、李侍尧务将此案彻底严查，不可稍存瞻顾也。"

又谕："本日据阿桂等奏筹办贼匪情形一折。内称本月初六日大雨竟夜，势甚雾需。初七、初八连绵不止等语。甘省向年俱奏报雨少被旱，岁需赈恤，今阿桂屡奏称雨势连绵雾需，且至数日之久，是从前所云常旱之言全系谎捏。该省地方官竟以折收监粮一事，年年假报旱灾冒赈，作弊已属显然。勒尔谨久任总督，王廷赞亦久任道府藩司，何以从前俱以雨少被旱为词，岂有今年甘省雨独多之理。著传谕留京办事王大臣，前赴刑部会同该堂官，提出勒尔谨当堂讯问，并将王廷赞传至刑部，一并质讯。令其据实供吐，录词具奏，并著刑部堂官，将王廷赞派员在衙门看守，俟阿桂等复奏到日，再降谕旨。"

又谕："昨已降旨，将甘省折收监粮、冒赈作弊之事复行提讯。勒尔谨并传王廷赞到部严讯。此事折收既已属实，又复冒销灾赈，种种弊端难以枚举。现在阿桂等节次所奏雨水情形，与甘省常年被旱之言迥不相符，其为捏饰浮冒，开销监谷更属无疑。王廷赞在兰州守城时，虽有办理错谬及独自攘功之事，然朕总念其保全省城，功不可没，一概恕而不究。今伊若天良未泯，能将甘省历年如何通同舞弊之处，逐款据实供明，朕仍不忘其守城之功，必加特恩宽宥。即勒尔谨、王亶望罪不可逭。王廷赞尚可以功抵罪。若伊竟执迷不悟，始终不肯实说，则是丧尽天良，自取重罪，不能复邀宽典矣。况此事既已发觉，断无置而不办之理。即阿桂、李侍尧亦断不肯代为隐匿。王廷赞若不趁此时供明，将来阿桂等查明奏到时，又岂能再行狡展乎？将此传谕留京办事王大臣及刑部堂官，向王廷赞面传谕旨，令其同勒尔谨各自详悉供吐，即行据实具奏，并传谕王廷赞，伊之生死总在此番实供与否，令伊自定，朕不食言。"

（卷 1135　160 页）

乾隆四十六年（1781 年）六月己丑

谕军机大臣："前据陈辉祖奏审讯王亶望私收监粮折色一事，未将结报之道府何人逐一供明，业经传旨，令其即行复讯。此事私收折色于前，勒买冒销于后，情节已属显然，即王亶望亦不虞其始终狡展。但杨魁、陈辉祖等向其讯问并无证据，未必肯据实供吐，著传谕陈辉祖，即派妥员将王亶望拿交刑部严审，并饬沿途小心防护，毋致疏虞。"

又谕："前以甘省私收监粮折色一事，明系捏灾冒赈，上下一气，通同舞弊，不可不彻底严查。已屡经传谕阿桂、李侍尧，将历任道府何人，如何冒销赈济，如何勒买分肥，逐一查明，据实参奏。阿桂等自必严切根究，不肯为人代担干系。日内又命留京办事王大臣，会同刑部提讯勒尔谨，并传王廷赞到部质讯。并降旨陈辉祖等，即将王亶望拿交刑部审讯矣。此事既经发觉，断无置而不办之理。阿桂等自必认真查办，令其水落石出，不肯稍存讳匿之见。至监粮折收之银，大半归于冒销赈恤。但赈恤一事，甘省既向来如此，自应治冒销者之罪，不应因有此弊，竟因噎废食。将应赈恤者致不赈恤。朕爱养黎元，每遇各省水旱偏灾，不惜多发帑金优恤，宁滥无遗，以期不使一夫失所。况甘省素称边隅硗瘠，尤宜加意抚绥，岂可以有冒赈之事，遂致贫民或有拮据。昔宋臣曾有以荐人不当辄有悔意者，时程子云，愿侍郎受百人欺，不可使好贤之心稍替。为大臣者尚应如此存心，况朕君临天下，保赤情殷，亦宁可受万人之欺，不可使视民如伤之念，因此稍懈也。即以逆回一事而论，兰州百姓并无从贼之人，此实由朕平日子惠边氓，有加无已。是以闾阎激发天良不肯附从逆匪，岂非仁政之明效大验耶？总之甘省冒赈之弊，断不可不办，而甘省赈恤之事仍不可不行，此意著传谕阿桂、李侍尧遍行出示甘省百姓，使之家喻户晓，倍深爱戴，以仰副朕意。"

（卷1135　162页）

又谕："本日据毕沅奏，拿获派守兰州黄河北岸之脱逃驻防满兵六格审明正法一折，所办好。至详阅该犯供内称，本年三月内，由西安派往兰州，因想念母亲起意逃走等语。此等派令出征满兵，胆敢于军前拐骗银两马匹，私自脱逃，情罪甚属可恶。乃又捏供思念母亲，起意潜逃，尤属无耻。该抚拿获叙供时，亦不斟酌事理，一任幕友，将此等供词叙入，独不思战阵无勇之为非孝乎？向来朝审本内每有声叙救父情切字样，如果其父被殴，情急救护，因而致死人命，尚有可原。若父子同殴一人，恃势逞凶因而致死人命，又岂得借口救父乎？此皆系外省庸幕习气，罔顾大义，随手砌入，卒之仍不能救彼一死，徒为此空言，反似朝审有不恤人为亲者然，甚无谓也。各督抚于此等处均宜留心检点，著将此通谕知之。"

（卷1135　163页）

乾隆四十六年（1781年）六月癸巳

谕："据阿桂等奏，本月十五日，令海兰察、明亮率同乾清门侍卫并侍卫、章京等，带领奋勇官兵、屯练降番及阿拉善兵，预备埋伏，令海禄等带兵策应，舒亮等各由本卡进攻。乘密雨时出贼不意，将板捆土袋，抛入贼壕。我兵勇气百倍，哈当阿带领降番，首先跳入壕内与贼搅杀，并用挠钩钩开土袋板片，一面抛掷火弹，一面踊身而上，剿杀贼众，占得贼卡贼壕，俱经拆毁填满。海兰察、明亮又督率官兵，远则枪箭齐发，近则短兵相接。各路官兵咸怀振奋，分占磡上贼卡。海兰察、明亮又拿立木栅，带兵扑入贼营，痛加剿杀，抛射火箭火牌，将帐房板屋尽行烧毁，夺获贼人刀矛鸟枪无算。贼匪退回华林寺死守。海兰察、明亮又逼拿木栅，贼人被我兵枪箭击死甚多，除被贼抢去尸身未经割获首级外，共割得贼人首级一百二十余颗，并首逆苏四十三、党恶韩一提巴拉、周阿浑、张怀德、马黑提卜等首级。此外被官兵杀死及带伤者三百余人。现止二百余人，退回华林寺死守，均不过残败贼党，数日内即可剿戮净尽等语。此次围剿贼巢，海兰察、明亮屡次率众争先，攻夺贼卡，歼戮甚多，实属首先奋勇出力。并哈当阿著交部从优议叙。其余在事出力之大小各员弁，著阿桂等查明，分别等第，一体咨部议叙。其阵亡之三等侍卫吉尔坦保，著交部照例给与恤典，拜唐阿塔克达那并著加恩，照蓝翎侍卫例议恤。此外受伤各员弁及阵亡被伤之官兵等，均著阿桂等查明，照例给与优恤。至此次川省降番尤为鼓勇，先登内受伤者，著阿桂先行赏赍，其余一概再行赏给一月钱粮，以示奖励。其首逆苏四十三首级，并著传示各省，俾回民等各知儆戒。再阿桂等奏此次官兵杀死逆党阿浑五人内查出海朝宗一犯，系四月中旬伍弥泰、仁和、马彪公同商酌，遣赴贼营晓示，解散党羽，被贼留住，即称阿浑，与首逆同坐议事，据实参奏等语。伍弥泰等身任将军提督，均有奏事之责，既经遣人赴贼营晓谕，又复被留未回，何以并未陈奏，直待阿桂等查出，甚属错谬。伍弥泰、仁和、马彪俱著交部严加议处。"

又谕："此次剿灭撒拉尔贼匪，海兰察甚为奋勉，著加恩将伊子安禄授为三等侍卫，以示奖励。"

谕军机大臣："此时余党无多，且要犯首犯已皆歼毙，所余不过败残贼众，何以尚然如此死守，实不可解。但不值复烦我官兵用力攻剿，止须围守严密，或待其饥渴自毙，便可乘机擒捕。惟在扫除净尽，不致漏网为要。至苏四十三，虽已不能生擒槛送，尽法处治以快人心，但其党恶要犯中尚有韩黑提卜、马作南二犯均系头人，如能设法生擒，解京审办，亦可根究贼人起事的确实情，尽法处治。至苏四十三首级，当照康熙年间办理噶尔丹之例，传示各省回民居住地方。每处悬示数日，使之共知儆戒。再此时剿捕余贼，自属易办之事，所有由京派往之海兰察、额森特及侍卫官员等，著阿桂酌量，如将来办理余党，尚须伊等带兵，则仍行暂留，倘已无需多员，或就其中酌令陆续先行回京，并传谕伊等到京后准其在家休息。俟八月初再赴热河，以示优恤。"

（卷 1135　165 页）

乾隆四十六年（1781年）六月己亥

谕军机大臣："据阿桂等奏，贼匪败残余孽，尚思乘夜冲扑，希冀逃窜，实为可恶。然此时我兵拿栅严密围攻无虞逃逸。自应待其困渴已极，即可一鼓成擒。此事苏四十三攻犯兰州，被官兵击败后，即死守华林山，不复散往他处，俾我兵得以拿栅环攻尽数剿杀。益信上天嘉佑之恩。再阿桂等复奏，查办监粮折色一案，此时既已发觉，断不能置之不办。即结报之道府，亦应查明参奏。至王亶望任内捐收最多年份，报灾亦较重，其中情弊自属百喙难逃。阿桂等谅能彻底严查，以成信谳也。"

谕："据阿桂等奏，遵旨查明甘肃应行抚恤事宜。请将兰州、河州地方，照乾隆三十年宁远、伏羌、通渭三县地震之例办理等语。此次甘肃兰州、河州等处猝被逆回焚掠，亟宜加意抚绥以苏民困。所有该处应征本年钱粮，著加恩概行蠲免，以示优恤。该部即遵谕速行，其余所奏恤赏各事宜，并著行在户部速议具奏。"寻奏："兰州、河州被掠贫民应如阿桂所奏，照乾隆三十年宁远、伏羌、通渭三县地震之例，倒毙人口每大口给葬银二两，小口七钱五分。生存人口每口先给粮一斗。初赈不分大小，各给粮三斗。烧毁房屋每间给银二两。务农民户每户给器具银一两。被掠牲畜每一头给价银四两及二两有差，分作四年征还。"得旨："依议速行。"

（卷 1135　169 页）

乾隆四十六年（1781年）七月乙巳

　　谕："前以甘省收捐监粮一案，私收折色，冒赈浮销，上下通同舞弊。既经发觉，不可不彻底查办。因屡传谕阿桂等严切详查，据实参奏。今据阿桂等将折收银两在省包办，冒销赈粮，种种弊端已全行查出。此时即将甘省大小各员一并革职审究。亦皆罪所应得。但此事总在藩司为政，其次则首道、首府、首县勾通侵蚀，为弊较多。此外各道、府、州、县虽弊窦亦皆不免，而此时尚未查明，毋庸遽行办理。所有前任兰州府知府蒋全迪、前任皋兰县知县程栋自当革职，拿解兰州严审。此外各员，著交吏部查明。其曾任兰州本道、首府及首县者，著即一体革职，拿解兰州审讯。其余各道、府、州、县并加恩免其提讯，著该部查明，再降谕旨。至王廷赞前来行在时，令军机大臣传旨讯以监粮一案，伊坚称并无情弊，后遣令回京候旨，又令留京王大臣会同刑部堂官复讯，并传示朱批谕旨，以伊之生死在实供与否，令其自定。朕不食言。乃伊仍只供办灾以少报多，以轻报重难保必无，而于一切情弊始终不肯供吐。今阿桂等业已根究明确，弊窦甚多，是王廷赞之罪，更不能复加宽贷。王廷赞著革职拿问，解交行在，俟王亶望解到时，交军机大臣一并会同行在大学士九卿质讯。"

　　谕军机大臣等："据阿桂等奏，查出监粮案内种种舞弊情事，请将王廷赞、秦雄飞、福宁等现任官二十一员革职审讯。又丁忧事故潘时选等十三员一并革职，押解赴审等语。此案积弊至于如此，自不可不彻底查办，但人数未免太多，且此事起于王亶望，继以王廷赞，其他曾任兰州本道、首府、首县者断不能不革职审办。至此外各员，如果能将冒赈分肥各款，逐一供认，据实禀明，毫无隐饰，尚可仰邀格外之恩。如再不实供，是怙终不悛，必当加倍治罪，断难复邀宽减。现已明降谕旨，交吏部查明，再行分别革职解审。传谕各该员原籍及现任地方之督抚传讯取供，据实代奏。其现任甘省各员并著照阿桂等所请，传旨仍以原衔办事，将此案情节逐一讯问，将朕特恩开其一线之旨。统令据实供吐具奏，若再不供吐实情，则是罪由自取，不能再宽矣。所有单开之秦雄飞等亦照阿桂等所请之例，此时暂缓开缺，如内中果有与王亶望、王廷赞等通同舞弊染指之处，统俟阿桂等续行查参，另降谕旨。至另折请简之苏楞泰等，俟此案审定后，再行酌量请旨补用，将此随报传谕知之。"

钦差大学士公阿桂、署理陕甘总督李侍尧奏："华林寺贼党内投出老教一名，供称营内尚有韩黑提卜、韩六十个及苏四十三徒弟小木撒等死守。臣等于六月二十三日进兵攻扑，贼在卡内尚以枪石抵御，弁兵间有损伤。是日适当雨后抛掷火弹，不能延烧木卡，因令兵暂撤。二十六日又派兵三面进攻，痛加剿杀，将沟卡尽行占据。海兰察等即将寺旁板棚土屋帐房全行烧毁，夺获器械无数，余贼窜回华林寺。"谕军机大臣曰："贼党垂毙之时，尚敢抵死抗拒，伤我官兵，实堪痛恨。但逆犯自知罪大恶极，自不得不为苟延残喘之计，想官兵四面围攻，且又将华林寺旁板棚土屋帐房尽皆攻得，进拿木卡。贼仅踞华林寺内为地无几，想不日亦即可歼灭净尽。惟在防范严密，不使一名乘间窜逸。至现在尚有逆匪头目韩黑提卜、韩六十个及苏四十三徒弟小木撒等在贼营率众抗拒。必将此三犯生擒，解热河审办，尽法处治，以彰国宪。再阿桂等前奏，撒拉尔回众共有十二工，人数自必甚多，此次作逆之苏四十三等，不过其中之二三工，将来事平之后俱于善后，事宜案内，将此数工归地方官妥协经理，使永远帖宁之处，著传谕阿桂等详筹妥议。"

（卷1136　177页）

乾隆四十六年（1781年）七月辛亥

谕："本日据吏部查奏，王亶望在甘肃藩司任内，通同折捐冒赈之首道、府、县各员，所有曾任兰州道之秦雄飞、熊启谟俱著革职拿问，交与阿桂等严审。至三十九年甘省开捐监粮以来，即在王廷赞任内之首道、府、县均属通同舞弊，自应一体严审。所有已经查出之前任兰州道陈庭学、现任兰州道图萨布、前任皋兰县知县郑陈善、杨德言亦著革职拿问，交阿桂等并案严审。"

（卷1136　183页）

乾隆四十六年（1781年）七月壬子

谕："甘省收捐监粮一事，原因边陲地瘠民贫，应令仓储充裕以备赈恤之用，是以复经允行。乃开例之始，即公然私收折色，甚至通省大小官员联为一气，冒赈分肥，扶同捏结，积成弊数。既经败露，自不得不彻底根究。现据阿桂等陆续查奏历年积弊，俱已水落石出，是竟以朕惠养黎元之政，作为官吏肥橐之资，实属悍不畏法，为天理所不容。况办赈之事，有滥必致有遗。若官吏多一分侵渔，即灾民少受一分实惠。朕之所以严行穷究者，正欲剔除官吏积弊，使百姓实受赈恤之益，并非因办赈有弊，转将赈恤之事靳固不举也。前恐各督抚误会此意，或致有灾不办。曾经明降谕旨，宣示中外，但恐督抚等仍未能仰体朕怀，且不肖之员，或以于己无可分肥，即于民视如膜外，其所关于民政者甚大。朕如伤在抱。偶遇各省偏灾不惜多发帑金优恤，不使一夫失所。此天下臣民所共知共见者。各该督抚务皆以爱民恤灾，使得均沾实惠为念。遇有地方水旱，即详晰查勘，据实具奏，加意赈恤，断不可因有甘省监粮之案，遂尔因噎废食，以致稍有讳饰。倘如此申诫再三，而督抚等仍有蹈此者，经朕察出必重治其罪。将此再行通谕中外知之。"

（卷1136　184页）

钦差大学士公阿桂、署理陕甘总督李侍尧奏："本月初五日，臣等带兵直至华林寺墙边攻扑，贼抵死抗拒。午后退窜寺屋及围墙内藏匿。我兵用树枝等物焚烧寺基。酉刻，屋檐坍倒，打死焚毙之贼甚多，余俱窜至后墙及两厢墙圈内，用枪石抵御。时已黑夜，暂将官兵撤回。初六日卯刻，我兵扑至寺后，缘墙而上，向下放枪掷石，毙贼几尽。有贼百余从西边滚下直礐，我兵追至平坦处，并有在外预备堵截官兵，一时奋勇，将贼重重围裹，擒杀净尽，无一名漏网。"又奏："安定县逆犯马明心家属，并伏羌县为伊敛银之新教阿浑与各犯家口，已派按察使福宁前往查拿，解省审办。"又奏："苏四十三、韩一提巴拉二犯家属业经正法，现在省城暨河州、循化等处逆犯妇女幼孩，应分别发遣。"又奏："逆犯马明心创教起衅，实系祸首罪魁，现已刨出尸身。应照苏四十三例，将首级传交各省回民地方悬示。"谕军机大臣曰："此次剿捕逆回，虽因其死守抗拒，迟至三月有余，始行歼灭，然使贼于一月前冲突而逃，剿捕正自费力。今乃占聚华林山寺，俾官兵得以全数歼擒，竟无一名漏网，仰赖上天嘉佑。朕愉快之余惟益深虔畏耳。至阿桂等所称，马明心家属徒弟，并伏羌县敛银之新教阿浑与各逆党家属，已委按察使福宁前往查办等语，所奏甚是。此等从逆回民露有形迹证据者，必须全行搜查，不可稍存将就了事之见。至省城及循化、河州等处监禁逆犯之妇女幼孩人数甚多，著阿桂等查明，将应发烟瘴者，即行分别发遣，毋令久稽监狱。"

（卷1136　186页）

乾隆四十六年（1781年）七月癸丑

谕曰："据阿桂等奏歼擒逆回余党净尽一折，逆匪负隅固守，官兵得以全数剿杀，竟无一名漏网，实堪称快。除海兰察等已于阿桂等前次奏捷时，交部从优议叙外，所有此次打仗阵亡之司鞍果伦察，著加恩照蓝翎侍卫例给与恤典。屯练土外委郎卡太并照土千总例议恤。受伤之屯练巴图鲁土把总郎思甲，著加恩以土守备用。此外受伤各员弁及阵亡被伤官兵，著阿桂等查明，照例优恤。至军机处司员户部员外郎舒濂，亦带有箭伤，著加恩赏戴花翎。其屡次打仗奋勇受伤之头等侍卫穆塔尔，前已赏给二品顶带，再加恩遇，有四川管理降番之副将缺出，交该督酌量题补。"

（卷1136　187页）

又谕："昨据户部奏，甘肃监粮自开捐以后，节据该督造报粮石，并以各州县旧有仓廒不敷存贮，共请添建者二十六案，估需银一十六万一千八百余两。经户部准令添建，即于所收捐监仓费银内动支，造报工部核销在案。今查明此项既无本色粮石，则从前该省该添建仓廒何粮可贮，显有捏冒情弊，不可不彻底查办等语。所奏甚是。本日又据工部将该省请建廒座，现在核议及从前准销未销各案，请一并敕交阿桂、李侍尧彻底查明具奏一折。与户部所奏事属一例，建立廒座原为收贮粮石而设。甘省自乾隆三十九年勒尔谨奏准开捐以来，即私收折色，通省粮石尽属纸上空文。即现有之仓廒已为虚设，何得又请添建，其为捏报盖造，侵蚀公帑已无疑义。著传谕阿桂等将请添廒座之各州县，派令满汉军机章京分路前往查勘。有无廒座据实复奏。"

又谕："昨李侍尧奏，据各属禀报夏秋被旱、被雹及黄疸诸处，仍系相沿该省捏报积习，此等劣员，将来归于冒赈案内参奏办理一折。所奏甚是。即此见其能办事之一端，已于折内批示。甘省办理冒赈一案，原因剔除弊窦，使穷黎得沾实惠起见。昨恐各省督抚误会朕意，或致有灾不办，已屡降明旨，严切宣谕矣。李侍尧所奏报灾各属，虽云未可尽信，然既经禀报，断无不办之理，著传谕李侍尧，即速派委明干公正大员再行详悉查勘。即使勘不成灾，而其中一乡一村有受累之处，亦应量加抚恤，或予蠲缓，或借给口粮籽种，以资接济。朕临御四十六年，凡遇各省偏灾，无不加恩赈济，屡经降旨宁滥无遗。甘省监粮冒赈一案，所以严行穷究者，正为官吏多一分侵渔，即灾民少受一分实惠。若因此稍涉靳固则是因噎废食。外间无识之人，妄生议论。必且以李侍尧为仰承意旨，靳惜灾赈，而甘省被灾村民，或因此致抱向隅，其所关于政治甚大。夫去积弊可也，不惜灾民甚不可也。爱民所以事天，朕如伤在抱，惟恐一夫失所，实出于中心至诚，此上天所鉴，亦天下臣民所共知共见者。朕前旨所谓宁受万人欺，不可使视民如伤之心少懈，正谓此也。昨已明降谕旨，申诫再三，恐李侍尧尚未能明喻朕意，是以再行传谕，令其实心详查勘办。倘有不肖之员，以为灾赈已无可分肥，竟视民瘼于膜外，讳匿不报者，必当加倍重治其罪。其间轻重，李侍尧当自知之。其如何委勘办理缘由，并著迅速驰奏。并传谕阿桂知之。"

（卷 1136　189 页）

乾隆四十六年（1781 年）七月甲寅

调福建陆路提督俞金鳌为甘肃提督。江南提督李奉尧为福建陆路提督。浙江提督长清为江南提督。乌鲁木齐提督乔照为浙江提督。以贵州安笼镇总兵彭廷栋为乌鲁木齐提督。

（卷 1136　192 页）

乾隆四十六年（1781 年）七月丁巳

谕军机大臣等："甘省收捐监粮改收折色一案，经阿桂等查明王亶望任内改收折色，冒赈开销，上下通同一气，赃私累累。已将王亶望、勒尔谨、王廷赞等拿问治罪矣，此案情弊。毕沅久任西安，既系邻省，又屡署总督印务，况毕沅明白晓事，非勒尔谨竟如木偶者可比，何以置若罔闻，并不据实参奏。朕不欲因此更兴大狱，试令毕沅抚心自问，此案伊能脱身事外，毫无干涉，公然养尊处优于心安乎。著传谕毕沅，令其自行议罪。此朕格外加恩，是以如此办理，毕沅应有良心，当自知之。"寻奏："臣在陕八年，两署督篆，于王亶望等监粮舞弊一案，并未参奏，获戾甚重，可否恳恩格外矜全，容臣缴银三万两，再于养廉内罚银二万两，以赎前愆。"得旨："览。"

（卷 1137　195 页）

乾隆四十六年（1781年）七月庚申

谕："据阿桂奏，征剿撒拉尔逆贼之三等侍卫逊济鼐、鄂尔阔勒图、七宝、彻森保请赏给巴图鲁名号。蓝翎侍卫完齐鼐、雅木丕勒、色灵额请赏给花翎。司鞍诺诺和、毂德保、前锋硕云保、萨进保请赏给蓝翎。遇伊等应升之缺，即行升用。火器营蓝翎长达彦泰、前锋营蓝翎长音济保、鄂木西鼐请以本营护军校、前锋校升用。亲军珂皇额、护军巴雅尔图、火器营鸟枪护军祥进保请补放本营蓝翎长等语。均著照阿桂所请，并加恩赏侍卫逊济鼐为穆腾额巴图鲁，鄂尔阔勒图为法福哩巴图鲁，七宝为莽阿巴图鲁，彻森保为奋图呼巴图鲁名号，仍每人赏银一百两。"

又谕："此次进剿撒拉尔逆回之甘肃布政使福崧殊属奋勉，著加恩赏戴花翎。"

又谕："前据阿桂等奏，歼擒逆回余党，所有在事出力员弁，业经降旨分别加恩恤赏。兹据阿桂复查明前次打仗时汉土弁兵内甘州提标守备马斌、四川千总唐万年、循化营千总萧福禄、延绥镇标把总孟学易始终在头敌打仗，奋勇杀贼，并经受伤。马斌等俱著加恩赏戴花翎，撒拉尔土司韩光祖、屯练巴图鲁蓝翎土把总阿旺、蓝翎土把总雍中依沙斯俱带兵打仗，奋勇杀贼。韩光祖等俱著加恩赏戴花翎，屯练土千总阿朋、土外委雍中朋、帛噶尔角克土千总阿结别斯满、土千总安多尔节次打仗，杀贼受伤，雍中朋等俱著加恩赏戴蓝翎，以示优奖。"

（卷1137　200页）

钦差大学士公阿桂、署理陕甘总督李侍尧奏："初六日歼灭撒拉尔逆回，有生擒伤轻贼犯大小六十名。臣等择其人稍明白，于起事退窜诸情形略为知悉，可备讯问者。马达乌特、韩四个、韩三个并韩阿浑，即马六十七、萧得福共五名，交侍卫泰斐英阿、福宁、阿尔都管押。于十二日起程解送行在审办。"报闻。

（卷1137　203页）

乾隆四十六年（1781年）七月壬戌

谕军机大臣等："甘省监粮一案，据阿桂等查奏，开例之始，全系私收折色，并无实贮在仓，而从前袁守侗、阿扬阿钦差前往盘查，据称彼时仓粮系属实贮，其言殊难凭信。该省监粮既未买补，则仓储焉能足数，此必当日地方官一闻查仓之信，挪东掩西，为一时弥缝之计。其签量人役，均系该地方官所管，易于通同弊混，而袁守侗等受其欺蔽，率称并无亏短，亦未可定。当日州县各官现在甘省者无难讯究得实，著传谕阿桂等即行确切讯究，令将袁守侗等往查时该员等如何挪移掩饰，其人役如何通同弊混之处，讯取确供，据实复奏。"

（卷 1137　　204 页）

乾隆四十六年（1781年）七月癸亥

又谕："甘省监粮一案，自收捐之始即系私收折色，各仓安得更有存贮粮石。从前袁守侗等前往盘查，该地方官必有挪移弊混之事。已谕令阿桂等严切查究矣。昨面询阿扬阿，据称伊等在甘省盘查时，逐一签量，按册核对，俱系实贮在仓，并无短缺等语。此等签量人役，即系该地方官所管之人，阿扬阿彼时虽逐仓查验，亦止能签量廒口数尺之地，至里面进深处所，下面铺板或搀和糠土，上面铺盖谷石。此等弊窦阿扬阿能一一察出，不受其蒙蔽乎。著传谕阿桂等，将从前袁守侗等盘查时，该地方官及人役等如何通同弊混欺蔽之处，彻底研讯，究出实情具奏。"

（卷 1137　　208 页）

乾隆四十六年（1781年）七月庚午

又谕："据阿桂等奏，按察使福宁率安定县知县黄道煐，查拿逆回余党及应行缘坐各犯家属，不动声色俱就弋获，且传集回众剀切晓谕，俾众心惊疑益释，感激涕零，咸皆安堵，办理颇属得宜。福宁著加恩赏戴花翎，并著交部议叙。知县黄道煐著一并交部议叙，以示优奖。"

又谕："行在大学士九卿会审勒尔谨、王亶望、王廷赞等捏灾冒赈，侵蚀监粮，通同舞弊营私各款，按律定拟请旨即行正法一折。朕酌核三人情罪，即予骈诛亦所应得。但其中稍有区别，不得不为明白宣示者。甘省收捐监生，本欲借监粮为备荒赈恤之用。乾隆三十九年，经勒尔谨奏请开例议准允行。原令只收本色粮米，其时王亶望为藩司，即公然私收折色银两，勒尔谨竟如木偶，毫无见闻。于是王亶望又倚任兰州府知府蒋全迪，将通省各属灾赈，历年捏开分数，以为侵冒监粮之地，自此上下勾通一气，甚至将被灾分数酌定轻重，令州县分报开销，上侵国帑，下屯民膏，毫无忌惮。嗣后王廷赞接任藩司，既知折色之弊，虽禀商该督，欲请停捐，乃仍复因循观望，并不据实陈奏，且将私收折色一事，议定改归首府办理，而一切弊窦仍未革除。若非朕特降谕旨，令阿桂等密行查办，则始终蒙蔽。王亶望诸人竟得安然饱其欲壑，幸逃法网，有是理乎。今王亶望、勒尔谨、王廷赞等拿解行在审勘，所有伊等冒赈分肥，婪赃舞弊各款俱一一供认明确，俯首无词。夫国家任用总督藩司，本欲令其纠察属吏，遇有积蠹病民之官随时举劾，俾民瘼得以上陈，而恩膏得以下逮。朕临御四十余年以来，无日不以敬天勤民为心，凡各直省偶遇偏灾，即饬地方大吏加意抚绥，降旨赈恤。此中外臣民所共知共见者。即查办此案，朕早有风闻，犹恐各督抚或误会朕意，因噎废食，致将灾赈之事，靳固不举。是以迟回未发者已二三年矣。今诸弊已露，若再不办，是朕不能惩贪察吏。朕岂肯受此。从前恒文、方世俊、良卿、高积、钱度等俱以婪赃枉法先后伏诛。然尚未至侵蚀灾粮，冒销国帑至数十万金，如王亶望之明目张胆、肆行无忌者。王亶望由知县经朕加恩用至藩司巡抚，乃敢负恩丧心至此，自应即正典刑，以彰国宪。王亶望著即处斩。至勒尔谨本一庸懦无能之人，因其平日尚属小心勤慎用为总督。从前逆回一事，原因勒尔谨养痈贻患所致，即收复河州亦系布政司福崧在彼筹划，帮同办理。勒尔谨失机贻误，本即应正法，彼时朕尚从宽改为监候。今又于王亶望私收折色，冒赈婪赃一案全无觉察，且己亦收受属员代办物件，一任家人等从中影射侵肥。种种昏庸贻误，罪更难逭，但朕究以用人不当，自引为愧，未肯即令肆市。勒尔谨著加恩赐令自尽。至王廷赞以微末之员擢至藩司，受恩甚重，乃于接任王亶望交代时，不惟不据实参奏，且效尤作弊，虽未收受属员银两，亦有派买物件，并加收心红纸张银两之事，其罪亦难末减。况从前令留京办事王大臣及刑部堂官审讯时，令其将此案冒赈私收，及王亶望婪赃等款，详悉供吐，并朱笔传谕王廷赞，伊之生死总在此番实供与否，令伊自定，朕不食言。乃竟始终匿饰不吐实情。岂非自取其死。但究念兰州守城微劳，免其立决。王廷赞著加恩改为应绞监候，秋后处决。交刑部按例赶入秋审。朕办理庶务，一秉大公至正，此事既经发觉，自不得不彻底查办。嗣后内外大小臣工，益当互相砥砺，各凛冰渊，共矢爱民洁己之诚，毋蹈簠簋不饬之戒。所有办理此案情节，著通行晓谕中外知之。"

（卷 1137　215 页）

又谕："据毕沅奏，查礼拜寺中规例，于过往回民不论识认与否皆收留居住，最易滋弊。现经传集西安各寺回众，再三开导，嗣后过往投止回人，倘见形迹可疑，即密禀地方官查究，并饬各属概行出示晓谕等语。所办好，已于折内批示矣。回众散处各省，良莠不一，无藉之徒待有礼拜寺收留居住，遂致四出游荡，安保无潜结为匪之事。毕沅妥为饬禁，不动声色，令回民安然乐从。是即不禁自禁之法，办理颇为合宜。著将毕沅折奏抄寄各督抚等，照毕沅所办督率属员，明切晓谕，毋任胥役等纷纷查访，致滋事端，将此各传谕知之，并著随时具奏。"

又谕："兰州剿办撒拉尔逆回，黄检身为凉州副都统，毫无劳绩，岂伊养尊处优，竟未告随打仗，著阿桂等据实查奏，并将伊胜任副都统与否奏闻。"

兵部议复钦差大学士公阿桂奏称："原任甘肃提督仁和，前在金城关打仗，隔河放炮，不中窾要。嗣派在水磨沟带兵防守，听贼潜出盗水，请照例革职。"从之。

（卷 1137　218 页）

乾隆四十六年（1781年）八月辛未

谕："昨行在大学士九卿等审讯王亶望时，据供署中亲友常有嘱托捐监之事，我就令属员填给实收送进，并未发给粮价等语。此等汇缘热中之人，王亶望既为嘱托属员捐监，自必又有加捐官职铨选地方之人。若辈出身既不可问，倘任以地方事务，必致贿赂公行，毫无忌惮，于吏治地方大有关系，不可不彻底查办。现在阿桂会同李侍尧查办捏灾冒赈之案，著即就近查明王亶望，及其余道府等任内将子侄、亲友、幕宾令属员填取监生实收之人，现有递捐官职铨选及分发各省试用者，查明一并革职。即现系监生并未捐官者，亦应查追监照，按名褫革，俾知名器不可滥邀，以杜钻营幸获之弊。其余四全书处效力监生内，如有经王亶望送给实收，滥邀议叙者，亦著一体斥革，仍加恩俱免其治罪。其总裁朕俱加恩不问。但以后自当加慎，勿谓朕不教也。又据程栋供,蒋全迪亦有交首县捐监不发银两之事,著一例查办。至甘省收捐监粮,自王亶望始收折色,王廷赞旋踵其弊,历年所捐监生不下数十万,皆属滥厕成均,本应交部按名褫革。姑念人数众多,且尚系本生自出己资,与填给空名冒称实收者有间,著一体加恩免其斥革。将此通谕中外知之。"

(卷1138 220页)

乾隆四十六年 (1781年) 八月甲戌

谕:"甘省捏灾冒赈一案,经阿桂等查明历年积弊,俱已水落石出,不可不彻底查办,但恐各省督抚误会朕意,匿灾不报,则大不可。因屡次宣谕,严切申诫,并令李侍尧派委明干公正大员,详查该省各属被灾轻重,奏明办理。兹据李侍尧奏到,查明被灾各属情形,分别抚恤,如此办理方是。所有甘肃猝被黄水涨溢之陇西、宁夏、宁朔、平罗等四县,贫民口食,未免拮据,著该督即董率所属,先行加意抚恤。其房屋牲畜亦有冲倒淹毙之处,并著即行查明,照例办理。至李侍尧查奏各属秋禾被旱被雹及黄疸等处,内金县、靖远、安定、会宁、伏羌、碾伯、大通等七县虽据勘明,俱在四五分以内,例不成灾。但念该属今岁承办军需,一切挽运粮草,民情甚为踊跃,并著加恩将该七县本年额征银粮蠲免一半,其余缓征,以昭优恤。"

又谕:"甘省大小各员,将灾赈监粮侵吞舞弊,上下联为一气。兹阿桂等在甘查办,其积弊始得尽破。现在阿桂等屡次查奏,俱已得实。朕向有句云,不为已甚去已甚。今甘省积弊竟至已甚,不可因罚不及众,仍存姑息。朕实无可如何矣。所有捏报各道、府、直隶州知州内,除按察使福宁首先供出,且经手事件较多,暂行留任外,其现任甘省道员奎明、文德、王曾翼、水龄四员,现任甘省各知府及署任知府宗开煌、彭永年、彭时清、钟赓起、汪皋鹤、张金城、郭㮾、李本楠,又现任甘省直隶州及署任知州侯作吴、黎珠、赵明旭、兴德、谢桓、宋学淳、董熙、厉学沂,俟简放分发人员到省,即著阿桂等传旨,将该员等一并革职,归案审办。其已离甘省各员现任盐运使程国表、原任布政使福明安、现任道员观禄、前任甘肃知府及现任知府、潘时选、黄元圯、周人杰、诺明阿、富斌、德明、郭昌泰、观亮,前任甘省直隶州知州及署知州博赫、彦方、奇明、姜兴周、朱兰、王汝地各员,又在京供认捏灾冒赈，及馈送王亶望银两之前任武威县知县朱家庆一员，俱革职，交留京办事王大臣及任所原籍各督抚将各该员提讯，录取确供具奏。"

乾隆四十六年（1781年）八月戊寅

吏部等部议奏："王亶望之子捐纳员外郎王裘、捐纳主事王棻、王焯请革去职衔。"得旨："王亶望之子王裘、王棻、王焯仅革去职衔，不足蔽辜，著照勒尔谨之子伊凌阿等之例，俱发往伊犁，交伊勒图严行管束，自备资斧，充当苦差。"

乾隆四十六年（1781年）八月己卯

谕："甘肃监粮并未实贮在仓，朕早有风闻，特因监粮为灾赈而设，恐各省督抚或误会朕意，致将灾赈之事斩固不举，转非朕查办冒赈，使百姓得受实惠之意。今诸弊已尽行败露，若再置而不问，何以惩贪吏而整法纪。至袁守侗、阿扬阿系朕特派前往盘查监粮之人，岂无耳目，乃一任各州县通同蒙蔽。计前此盘查时，距开例未及三年，而开销监粮至六百余万石之多，亦应问其故也。至旧存常平仓，又销去一百三十余万石，其中弊端疑窦，何以并未察及。阿扬阿人本见小护短，不知大体。若袁守侗则未必至此。且阿扬阿前于朕前面奏，曾盘验常平仓谷，今据阿桂等查奏，情节已属失实。袁守侗、阿扬阿查办此案，均难辞咎，著交部严加议处。"

乾隆四十六年（1781年）八月壬午

谕曰："文绶于办理啯匪一案，平日并不督率文武各属实力缉捕，随时严办，以致养痈贻害，肆行不法，窜入邻境。屡经传旨严行申饬并交部严加议处，从宽降为三品顶带留任，令其督缉自效。兹据周煌奏，川省啯匪近年每邑俱多至百十余人，常川骚扰，并有棚头名号，戴顶坐轿乘马，白昼抢夺淫凶，如入无人之境。通省官吏罔闻，兵民不问，甚至州县吏役身充啯匪，如大竹县役之子有号一只虎者。啯匪肆行不法，已非一日。朕览此奏，甚为骇异。文绶身任总督有年，乃漫不经心，致令贼匪公然无忌。至于如此，若不及早严办，将来党羽日多，安知不又酿成苏四十三之事，如勒尔谨耶。此事若交文绶办理，伊不过仍行讳饰姑息，复致养痈。文绶著革任，发往伊犁，令其自备资斧效力赎罪。四川总督员缺，著福康安调补。其云贵总督员缺，著富纲补授。富纲未到任之前，著刘秉恬署理。杨魁即著署理福建巡抚、督抚等，身任封疆，戢暴安良，是其专责。乃文绶于咽匪一案因循贿误，至于此极，不得不亟为整顿，严示惩儆。至周煌以本省之人奏本省之事，如有挟嫌虚诬或欲示威地方官，则断难逃朕洞鉴，必治其罪。今所奏属实，故将文绶罢黜。然未致酿成事端。若甘省之勒尔谨，斯在文绶尚为厚幸，朕于内外大小诸臣进退黜陟，一秉至公。何尝不欲久用其人，故屡致革任而留之者，如高晋等其为过可恕也，若至不可恕，则朕亦无可如何。此用人之苦衷也。各督抚等其各实心实力，整饬地方，不可因回护处分，一味姑容，自诒伊戚。以副朕简任之意，将此通谕中外知之。"

　　钦差大学士公阿桂、署理陕甘总督李侍尧奏，甘省请添仓廒一节。据工部单开共二十七案，臣等将各厅、州、县未开捐时粮数与添建时粮数比较，其西宁、大通、静宁三处尚不及三十九年前旧存之数。其隆德、渊泉、安西、玉门、敦煌、肃州、高台、古浪、三岔州判、礼县、西和、清水、徽县、成县、洮州厅十五处虽较从前增减不等，但现据各该员供称以银抵粮，并不买补还仓，何用添设廒座，明系借端捏冒之计，请俟分发人员到省，即先革审，并无论曾否建盖，概不准销。至抚彝厅及张掖、永昌二县存粮较多，已派军机司员敷伦泰往勘。"谕："甘省监粮一项，既属纸上空文，乃该员复借建仓为名恣其侵冒。是又于冒赈开销之外，设法侵欺，其情节较冒赈各员更重。将来审明定案时，必当加倍治罪，以为贪婪狡诈者戒。"

　　谕军机大臣等："据阿桂等奏请酌复惠济银两以裨营伍一折。固为兵丁需费起见，添兵自当添赏恤，然总属无多，且现在所有兵丁，其赏恤本即动用正项也。其果有不敷之处，以致不行赏恤乎。著奏闻，国家赏兵之费，借商营运支给，其名究属不美。况现在户部库项充盈，即陕甘二省添设兵丁所需红白赏恤，费用较多，原当开销正帑。著传谕阿桂、李侍尧、毕沅，所有此次添兵之费，及将来陕甘二省兵丁红白赏恤事件，俱著动用正项开报。"

（卷1138　231页）

乾隆四十六年（1781年）八月甲申

军机大臣议复钦差大学士公阿桂、署理陕甘总督李侍尧奏称："陕甘兵数因裁粮扣抵军需垫项，以致挪移改拨，牵混不符。现奉旨俱令挑补足额，并将陕甘兵数酌增。应令该督抚于每年造册时，将实在正额兵为一册，屯防移驻兵为一册，明晰开报。并令各直省遵照。"得旨："如所议行。"

（卷1138　235页）

乾隆四十六年（1781年）八月乙酉

四库全书馆总裁质郡王永瑢等议奏："监生在馆效力誊录皆由吏部册送，并未注明在部在甘捐纳字样，其已经分发铨选者应交吏部查办，其在馆当差者请先行传唤，谕令实供，如有汇缘嘱托系王亶望送给实收之人即褫革。并移咨陕甘总督查复。"从之。

（卷1138　236页）

乾隆四十六年（1781年）八月丁亥

钦差大学士公阿桂、署理陕甘总督李侍尧奏："臣等遵旨将兰州城垣公商增建，其地北临大河，西南两面山岭重叠，惟城东平衍，请将大城向东展宽。西自外城安定门起，由拱兰门迤东至风神庙后，又自通远门东南角起，由迎恩门至广武门北角止，共添一千一百七十余丈。所有大城瓮城俱多添一层，将西南二郭城拆去，兼劝谕两关厢居民移住，空出地面，宽留火道。其城西华林山应筑营堡一座，移督标右营官兵驻扎。再于西南择据形势，设空心大墩四处，亦饬右营兵丁轮流驻守。"得旨："如所议行。"

（卷1139　239页）

乾隆四十六年（1781年）八月戊子

谕："据吴玉纶条奏，甘省自三十九年以后报捐监生，每名令其补缴银六十两，所见甚小。王亶望等私收折色一案，朕本不欲办，恐各省因此讳灾。今种种弊端水落石出，伊等于光天化日之下，竟敢明目张胆网利鬻官，致朕不得不办。朕之苦衷，天下后世共见之。然侵渔各员，已将伊等平日私收冒销婪得赃私，查抄入官，亦足抵该省浮开冒赈之数。若又令各捐生纷纷补缴，是转开锱铢较利之端，于国家政体甚有关系。朕不为也。吴玉纶此奏不准行。至该生等明知折色违禁，乃相率报捐，亦不可不示惩儆。所有乾隆三十九年甘省开捐以后报捐监生者停其乡试三科，已经中式举人者停其会试三科，其加捐职官现任者罚俸三年，捐纳职官未经铨选者俟到班三年后方准铨选。其在各馆充当誊录者著五年期满后再效力三年，俱以奉旨之日为始，查明扣算。其止捐监生顶带荣身者著加恩毋庸查办。"

又谕："甘省收捐监粮一事，地方官私收折色，任意侵欺，捏灾冒赈，酿成不得不办之大案，实非朕所喜也。且各省偶遇灾歉，皆动正项赈恤，何独于甘省赖捐监为乎，此后甘省捐监一事，竟宜停止，将此通谕中外知之。"

（卷1139　239页）

又谕："兰州添建城垣，一切兴工估计自须熟谙工程之员前往办理。现在工部堂官惟侍郎德成于工程尚为熟练，但现在盛京一带办理城工，不便遽离该处。所有兰州城垣，业经阿桂等相度已定，俟德成于冬底回京时令其前赴兰州勘估，亦不为迟。"

又谕："据章嘉呼图克图奏称，沿边附近循化等处一带地方喇嘛寺庙多有回人滋扰，甚有将庙宇残毁者。现在苏四十三等歼戮净尽，将来喇嘛可以安居等语。新旧教名色虽分，种类则一。伊等素不信佛，其残毁寺庙之人，是否即系苏四十三等新教，抑并有旧教之人，著传谕阿桂、李侍尧查访具奏。并密谕各土司韩煜等将伊手下人时加管束，毋令滋生事端。仍当不动声色，令其潜消默化，各安本业，如有滋事者该土司不时禀报，设法查办。总在该督等平日抚绥兼施，绥宁边境，即黄教亦得课诵焚修，不致受其扰累。若喇嘛滋事亦不可袒护也。"

（卷1139　240页）

又谕："甘省私收折色一案，骫法营私，弊端百出，现已将首先倡议侵冒分肥之勒尔谨、王亶望、蒋全迪等俱分别明正典刑矣。至此案大小各员勾通侵蚀，自应按律问拟，以彰国宪而警贪婪。但人数较多，若概予骈诛，朕心有所不忍。自当核其赃私之多寡，以别情罪之重轻。著传谕阿桂等，将各该犯所有侵冒银款，其在二万两以上者俱当问拟斩决，二万两以下者问拟斩候，入于情实。一万两以下各犯亦应问拟斩候，请旨定夺，并开缮清单进呈，所有应行定拟案犯，俱著赶本年勾到以前具奏，毋致延缓。"

（卷1139　241页）

钦差大学士公阿桂、署理陕甘总督李侍尧奏："撒拉尔回人分居十二工，除汉文寺、孟达、夕厂三工系旧教外，苏四十三住查家工、韩二个住清水工及张朵、别列、草滩、崖慢、苏只、街子、打苏古等七工皆属新旧二教错居。现在新教剿尽，各工共遗存籽种地二百三十四亩零。臣等查随同打仗之回人土兵颇为出力，共伤亡三百三十余名，请即将此项地亩赏给伊等家属，交土司均匀派拨。"从之。

（卷 1139　242 页）

乾隆四十六年（1781 年）八月庚寅

军机大臣议复钦差大学士公阿桂等奏称："遵旨酌添陕甘兵额，改设将备事宜。该省控制边陲，番回杂处，自应声势联络，营伍充实，方资弹压。甘肃督标添兵一千四百六十二名，肃州镇添五百九十七名，西宁镇添二百五名，凉州镇添一百五十五名，河州协以固原总兵移驻，改设镇标，添一千九十一名。陕西抚标添二百五十名，兴汉镇添五百九十三名，提督驻扎西安控驭未为便捷，应仍驻固原，改设提标，添兵一千六百九十五名。西安提标现存实兵一千七百四十五名，应照成都将军兼辖汉兵例，设立军标中、左、右三营，添三百五十五名，令该将军管辖。外此紧要营堡，如河州属之循化、保安、奇台、临洮、大通、永安、镇海、归德、南川、亦杂石、千户庄、北川、巴燕戎格、巴暖、康家寨、乱思观、碾伯，肃州属之嘉峪关、盐池、红崖、梨园、洪水、南古城、马营墩，凉州属之庄浪、岔口、安远、古浪、黑松、武胜、张义、西把截，宁夏属之花马池、同心城、惠安、韦州、灵州、横城，西安城守、庆阳、长武、邠州、泾州、潼关、神道岭、兴安城守、白土路、渔渡路、紫阳、七里关、旧县关，汉中城守、汉凤、阳平关、宁羌、略阳，固原城守、靖远、下马关、芦塘、西安州、永安、八营、洮岷、阶州、文县、西固、岷州、旧洮、秦州、巩昌，兰州城守、金县、红城、苦水，平凉城守各等处自添数百名至数名不等，共计甘省添兵六千五百八十二名，陕省添兵六千三百五十八名。其增改将备之处，军标应设中军副将一员，以旧有中营游击改补，外添中军都司一员。固原提标应设两营，以西安前后二营游击等将备裁移。河州镇左营应设中军游击一员，于红德裁移，其旧有左营都司改为右营都司，其守备作为都司中军，左右二营共添千总二员，于临洮、兴武裁移，添把总一员，于哈拉库图尔裁移，添经制外委二员，于该营拔补。循化应添参将一员，于镇海裁移，添中军守备一员，于哈拉库图尔裁移，添千把总各一员，于中卫裁移，添额外外委二员，于该营拔补。镇海应添游击一员，徙驻丹噶尔，于循化裁移，以旧有千总作为中军。哈拉库图尔应添千总一员，于大通裁移。归德应添把总一员，于永安裁移，添额外外委一员，于该营拔补。保安应添把总一员，于金塔寺裁移。永安旧有千总作为游击中军。兴武旧有把总作为都司中军，复以清平守备移驻红德，以宁条梁把总移驻清平，以清平经制外委移驻宁条梁。以黑城都司等将备移驻红城，以红城把总等将备移驻黑城。均应如所请。至西安提标弁兵业请改隶军标，毋庸增设总兵。"从之。

又议复钦差大学士公阿桂等奏称："陕甘增易将备兵额，其营制统辖亦应酌改。固原提督除设中、左、右、前、后五营外，固原城守、靖远、芦塘、西安州、永安、八营、平凉、秦州、巩昌、红德、泾州等营堡俱归固原提督统辖。河州镇除设左右二营外，循化、保安、奇台、临洮、洮岷、旧洮、岷州、西固、阶州、文县、兰州城守各营堡俱归河州镇统辖。其红城、苦水二处归庄浪营参将管辖。其永固、甘州城守、大马、黑城、红水、马营墩、山丹、峡口、梨园、南古城各营堡，俱归甘州提督统辖。均应如所请。至西安城守一营业请设立军标，应归将军统辖。其潼关、神道岭、商州、金锁关、富平、西凤、宜君、邠州、长武各营堡，请仍归固原提督统辖。"从之。

（卷1139　244页）

乾隆四十六年（1781年）八月壬辰

军机大臣奏："据大学士公阿桂等解到韩阿浑即马六十七、萧得福、马达乌特、韩三个、韩四个五犯。遵旨严鞫，该犯等纠合回人，攻掠河州城池、兰州关厢，并屡向华林山送信，均应照大逆律凌迟处死。"从之。

（卷1139　248页）

乾隆四十六年（1781年）八月癸巳

谕："据阿桂等奏，西宁镇总兵贡楚克达尔不胜繁剧总兵之任，著来京候旨，其西宁镇总兵员缺紧要，著兴奎调补，所遗山西大同镇总兵员缺，著富成补授。"

又谕："据阿桂等将甘省捏报灾赈、侵蚀帑项之各州县奏请一并革职拿问一折。所办甚属公当。此案系前任藩司王亶望与前任兰州府知府蒋全迪通同舞弊，首先作俑，以致通省效尤，习为固然。实有不得不办之势。至各州县虽职任大小不同，但国家设官分职均宜洁己奉公，廉隅自励，岂有因上司勒令报荒，遂尔朋分侵蚀之理。况道、府、州、县即无奏事之职，遇此等事件，原可直揭部科，使累年积弊早经破露，亦不至贻罪多人，朕必嘉其公正，特加擢用。乃竟联为一气，恣饱欲壑，置民瘼于不问。此而不办何以肃吏治而儆官方。现据阿桂等查明此案，俱已水落石出。朕之办理实出于不得已，且各员等入己赃私，俱自行供认，将来定案时朕惟于轻重权衡，折衷至当，于按律定拟之中，仍寓法外施仁之意。至有旨询问而其人仍狡供者，必不恕也。所有阿桂等此次查明参奏之知府前任知县杨赓扬、伍诺玺，同知前署知州韦之瑗，同知前任知县闵鹗元、孟衍泗、赵杭林、同知善达、顾芝、张春芳，通判贾若琳、经方、博敏、佛保、谢廷庸，知州那礼善、伍葆光、觉罗承志、陈常，知县陈鸿文、王臣、李元椿、邱大英、詹耀璘、陈澍、伯衡、舒攀桂、万人凤、杜耕书、舒玉龙、福明、陈韶、杨有澳、林昂霄、彭永和、徐树楠、尤永清、丁愈、钱成均、章汝楠、黄道炅、蒲兰馨、顾汝衡、孙元礼、宋树谷、赵元德、万邦英、沈泰、王旭、夏恒、陈金宣、华廷扬、墨尔更额、王璠、庞樗、申宁吉、史堂、李弼、叶观海、何汝楠、郑科捷、陈起扬、陶士麟、麦桓、景福、布瞻、成德、王梦麟、麻宸、吕应祥、陈严祖、广福、刘治传，州同前署知县王万年，州判前署知州吴诜，州判前署知县薛佩兰，布政司经历前署县丞许士梁，县丞前署知县周兆熊、闵焜，县丞史载衡、李立，经历前署知县张毓琳等，业经降旨革职拿问。其已离甘省及升任别省各员，俱著各督抚迅速派员解赴兰州，交阿桂、李侍尧归案审明，分别定拟具奏。"

又谕："前此剿灭逆回，黄检以守城为由并未打仗出力，令阿桂等传旨询问。兹据黄检复奏，实未打仗，有负殊恩，请交部严加治罪等语。黄检世受厚恩，非寻常可比，因其在藩司任内，声名操守俱属平常，念其系大学士黄廷桂之孙，仍加恩改用副都统。复因逆回滋事，将伊调补凉州。伊自应感激朕恩，倍加出力，以期稍赎前愆。乃黄检到兰后竟以守城为由，并未自告打仗。在逆回盘踞华林山时，尚得借辞城守，迨至官兵四面设围，黄检自应亲历行间随同擒剿，乃复借辞坠城损足为由，自始至终并未于行间效力，实为辜负朕恩。黄检著交部严察议奏。"

（卷1139　248页）

乾隆四十六年（1781年）八月乙未

又谕："前因王亶望于捏灾冒赈一案，业已明正典刑，并将伊子发往伊犁，自备资斧充当苦差。兹据雅德查奏，王亶望之子共十一人，长子王裘业经刑部办理，其次王棨、王焞现在饬提起解。此外尚有子八人：王佑、王绅、王晋、王越、王瑶、王钰、王庚官、王海官俱年在六岁以下等语。此等重犯将伊子发往伊犁，自属罪所应得，但念其年尚幼小，若即行发遣，朕心尚有不忍，著加恩将王佑等八人交雅德严行管束，待年至十二岁时，再行遵照前旨，陆续发遣伊犁。如雅德离任山西，即著交代接任之人遵照办理。"

（卷1139　251页）

钦差大学士公阿桂、署理陕甘总督李侍尧奏："臣等饬查抚彝厅、张掖、永昌三处所添廒座。永昌县共添建七十间，现空六十五间。张掖县于四十五年添建二百间，现空一百三十二间。空间既多，何用添设，显系借名侵帑。请将此二案照西宁等案例概不准销，惟抚彝厅添建八十间，张掖县四十一年添建八十间俱系实贮，而工料率多偷减，容臣李侍尧盘查核减。外有成县知县谭可则并未捐监办灾，第擅请建仓，亦属弊混，请旨革职。"下部知之。

（卷1139　252页）

乾隆四十六年（1781年）八月丁酉

钦差大学士公阿桂、署理陕甘总督李侍尧奏："臣等饬拿洪济桥、唐家川数处从逆余党及缘坐家属到省，亲加严鞫。逆犯马六六等或为贼扎筏济渡，或熬茶接待，或抗拒官兵。其缘坐之犯非父兄从逆，即子弟党贼，质对确凿，应即正法。其马复才之兄马进朝在监病毙，当即戮尸。至唐家川、循化厅等处续获缘坐妇女共一百二十五口，幼男共六十五名，应仍发伊犁、云南普洱、广西百色烟瘴充军。"从之。

（卷1139　253页）

乾隆四十六年（1781年）八月己亥

甘肃凉州副都统黄检奏："凉州、庄浪二库所贮房租马价银内，因调驻防兵九百零四名赴剿逆回，每名给银十两赶制鞋脚，共借银九千四十两。请限半年于各兵名下扣还，其阵亡伤亡病故者著落该亲属及应领养赡项内追缴。"下军机大臣议。寻议："兵丁借项俱系制备军装，若于粮饷暨该亲属并养赡内追还，未免生计维艰。查黄检到兰州后始终并未效力行间，咎无可逭。此次借项应即令该副都统完缴。"从之。

又奏："凉州驻防现空马步甲三十九缺，并前任长额里裁改养育兵之步甲四十缺，庄浪驻防亦裁改步甲二十缺，均应挑补，但壮丁不敷，请由京或西安、宁夏二处派拨。"下军机大臣议。寻议："二营额缺无几，不便由京派往。西安又系省会，当留壮丁为本营顶补之用。应于宁夏酌拨。即令宁夏将军查核此次撤兵后，该处壮丁是否足敷具奏。"从之。

（卷1139　254页）

乾隆四十六年（1781年）九月庚子

谕："甘肃捏灾冒赈、侵吞监粮一案，自乾隆三十九年以后，通省各官联为一气，朋分公帑。经大学士公阿桂等在甘查办，节次讯录确供，奏请将该员等革职拿问，并请将任所原籍资财一并查封，以抵官项。业经降旨允行。此案自王亶望、蒋全迪等首先倡率，以致阖省效尤，通同弊混。各州县亦视侵冒官项为故常，竟无一人洁己奉公，庸中佼佼者，此而不治，以廉弊吏之谓何。今既查办确实，不得以罚不及众，竟置不问。朕前降旨云，办理此案实出于不得已者，正谓此也。朕既不能道之以德，不得不齐之以刑，而无耻之徒方且仍冀其苟免也。世道人心，浇薄至此，朕甚愧之。现在直省各督抚遵旨将各该员家产查封，陆续开单具奏，但念此事发觉已久，其案内人犯前闻王亶望等拿问之信，知事已败露，预为隐匿寄顿，诚不能保其必无。而在各督抚查办此等贪吏，自不敢骫法徇情，自干愆咎。顾若以查抄严密之故或株连拖累，有意苛求，别生枝节，致令外间无识之徒妄滋窃议，则各督抚之不能深体朕意也。况此等婪得赃私理无久享，此时即有隐藏，其子孙亦断无安坐而食之之理。此天道之昭然不爽者。朕之办理此案，权衡审慎，只欲使贪黩营私之吏知所炯戒，庶可以励官常而振法纪，非真借锱铢籍没之资财，抵偿官项也。所谓不为已甚去已甚。朕之办理庶务始终期以此意而已，将此通谕中外知之。"

左副都御史汪承霈奏："甘省报捐监生有情愿上进者，请准其将监照呈销，以原名赴部报捐应试，勒限二年。逾期者作为顶戴荣身不准应试。"下户部议。寻议："应如所奏，其现充各馆誊录并廪增附加捐之监，及由甘肃监中式副贡，与续经在部捐职捐贡者，嗣后有愿加捐，皆一体令其注销补捐。"从之。

（卷1140　256页）

乾隆四十六年（1781年）九月癸卯

谕军机大臣等据阿桂等奏："甘省赈恤案内，向有运送适中地方给散赈粮脚价一项。自王亶望私收折色后，仍复按例开销，至王廷赞在任两年，经手适中脚价银二万八千六百九十余两，署藩司文德任内，经手适中脚价银一万七千五百余两，俱系汇交兰州府收存。询据文德称，此项银两系问明王廷赞发交首府收存，以为办公之用。王廷赞现在刑部可以查问等语。甘省监粮既系全收折色，尚复有何运送脚价，且开销后又复汇交首府，托辞办公。是王亶望既经侵蚀于前，王廷赞遂欲效尤于后，著传谕留京办事王大臣，即提讯王廷赞，将此项银两是否发交首府，抑系侵扣入己。其办公究于何项使用之处，令其逐一供明，录供据实复奏。所有阿桂等原折并著抄寄阅看，并谕阿桂等知之。"

又谕："据阿桂等查奏甘省折收冒赈一案。酌议条款，将侵蚀银数至一千两以外者六十六员，均拟斩监候等语。此等侵冒各犯其情罪本无可贷，但一千两以上者，一律问拟斩候，则各犯内侵蚀一千数十两至数万两者无所区别，且问拟斩候人数未免太多，朕心有所不忍。此时阿桂已经起程，李侍尧即当遵照前降谕旨，其赃私入己至二万两以上者问拟斩决，二万两以下者问拟斩候，入于情实。并将其入己银两数目另开清单，于各该犯名下注明。其自一万两以下亦应问拟斩候，请旨定夺。候朕酌核情罪轻重，分别办理。至折色冒赈各犯内，如有得赃本多，又复借添建仓廒侵蚀公帑则其罪更重，即使折收冒赈得赃较少，而又借建仓侵蚀者，亦应从重问拟。将此二项另归一案办理，不得统入冒赈案内，致滋牵混。又阿桂等另折所奏，王亶望等嘱托属员填给实收之人，案卷内无从查核，即为王亶望填送实收者。诘其系何姓名，亦不能记忆。俟查办得实，续行具奏等语。该员等既为王亶望等填送实收，该捐生等系何姓名，其经手之人岂有全无记忆，案卷内无从查核之理。现已交部详查，即使蒙混一时，将来必致为人告讦，或别经发觉，亦断不能始终弊混也。又阿桂等所奏秦雄飞请交银三万两一折。秦雄飞业经查抄，即刘光昱、文德等亦均已查办，其所请挪借赔缴之处，亦可无庸置议。将此由六百里传谕李侍尧并谕阿桂知之。"

（卷1140　259页）

钦差大学士公阿桂、署理陕甘总督李侍尧奏："监粮捐例章程内乌鲁木齐、巴里坤、哈密三处额收粮十万石，济木萨、奇台、穆垒、昌吉等处收五万石。现在甘肃捏冒等弊俱经查办，乌鲁木齐等处亦恐有挪移亏缺之处，请饬交新任都统明亮彻底清查。"报闻。

（卷1140　261页）

乾隆四十六年（1781年）九月甲辰

谕："昨据阿桂等奏，甘肃收捐监生，历任正署藩司给发实收，俱有加收心红纸张银两。达尔吉善于前署甘肃藩司任内，曾给发实收三千九百余张等语。此案私收监粮折色，并加收心红纸张银两，该省历任藩司通同弊混。达尔吉善身系满洲，乃署任内亦复扶同相沿陋例，并未据实陈奏，实大不是。岂可仍留藩司之任。达尔吉善著革任，仍加恩赏给三品顶戴，令其自备资斧，即赴和阗办事。所有前经派出之成策不必前往，其直隶布政使员缺，著明兴补授。"

（卷1140　261页）

乾隆四十六年（1781年）九月丁未

谕军机大臣等："甘省捏灾冒赈侵蚀监粮一案，现经阿桂等审明，将各州县侵盗钱粮数至二万两以上者问拟斩决。其余按数递减，分别斩候等因。现交军机大臣会同行在大学士九卿，并留京办事王大臣会同大学士九卿科道等核拟复奏矣。此等冒赈殃民，侵吞国帑数至二万两以上各犯，自应即正典刑，以彰国宪，著传谕阿扬阿即先行驰驿前往甘肃，俟接到明旨后会同李侍尧监视行刑。此时当以差往甘肃查办事件为辞，不可先为泄漏，并谕李侍尧知之。"

（卷1140　265页）

乾隆四十六年（1781年）九月戊申

谕曰："王廷赞接任甘肃藩司，于王亶望通同属员捏灾冒赈一案，并不据实参奏及早清厘，乃转踵行其弊，仍将监粮私收折色，且改归首府办理。又每名加收心红纸张银一两，并派属员买办物件。及事已发觉，经朕朱笔训谕，令其据实供吐，尚敢支吾狡饰。前据行在大学士九卿会审，按律问拟斩决，本属罪所应得。因念其本年三月兰州守城微劳，姑从宽典，改为应绞监候。兹续据阿桂等查奏，甘省浮销赈粮脚价一项，王廷赞将脚价银二万八千余两发交杨士玑收存，为办公之用。当经传谕留京办事王大臣提讯王廷赞。据供原知此项冒开，因勒尔谨说有应办公事，遂准其领去。杨士玑并未分晰具报是实等语。此案王廷赞始终混捏，踵弊效尤，即其派令属员买办物件一事，向来藩臬不准进贡，屡经降旨严饬，更非如勒尔谨身任总督尚可借口年节办买土贡者可比。是其婪索勒派，种种情罪，百喙难辞。目下已届官犯勾到之期。王廷赞系情实官犯，著即行处绞，仍将此通谕中外知之。"

（卷1140　265页）

吏部奏："甘省捏结道府及折捐冒赈各员，在任时多有为其子捐官者，请敕下各旗、各衙门及各省督抚，将此等捐员无论已未铨选，彻底查办。"报闻。

（卷1140　266页）

乾隆四十六年（1781年）九月辛亥

谕："甘肃捏灾冒赈一案，黩法营私，大小官员通同一气，为从来未有之奇贪异事，故当以重法治之，非不知罪人不孥，而此实非常之罪也。除王亶望、勒尔谨等分别明正典刑，并将伊子革职，发往伊犁，以示惩儆。至王廷赞、蒋全迪、杨士玑、程栋等核其情罪，本属相同，伊等之子俱应一律办理。除蒋全迪业经正法，并无子嗣无庸置议外。杨士玑赃私累累，使其身尚在亦应正法。已于兰州被害，幸免刑诛。王廷赞现已处绞。程栋、陆玮、那礼善、杨德言、郑陈善现在审明赃款，定拟斩决。该七犯俱有子嗣，其所捐官职，无论是否系伊父在甘省任内出资报捐，俱著查明一体革去，并著发往伊犁充当苦差，以为贪婪不法者戒。"

诼军机大臣等："前据阿桂等审讯甘省侵冒各犯，其问拟杖流之夏恒一犯，供词内有系彻骨寒儒之语。此等贪墨之徒，赃私累累，实小人也，犹觍颜自称为儒，岂不孤负儒字，甚属无耻。著传谕李侍尧将夏恒一犯委员解京，交刑部讯问。"

（卷1140　267页）

乾隆四十六年（1781年）九月壬子

又谕："甘肃收捐监生，业经降旨停止，所有陕西省收捐监粮并著一并停止。"

诼军机大臣等："陕西省自乾隆三十九年奏请开捐以来，亦与甘省一例收捐监生。兹据部臣查核该省收捐监生名数，自四十年至四十五年止，共捐过九千六百余名，其原定每名所收监粮额数，亦较甘省为多。该省报捐人数每年约数百名，统计不及甘省二十分之一。又积年归入常平仓粮项下报部，亦未据该省各属借称灾赈开销。看来该省办理此事，尚属奉公守法，不致如甘肃之折收冒赈，任意侵欺也。至历年所收监粮，除前两次拨运京豫麦石外，其余现存谷麦各粮尚有四十余万石，果否实贮在仓，著传谕毕沅即通行查明，据实复奏。俟奏到后朕再简派大臣亲往盘验。自当据实盘量，不致如袁守侗、阿扬阿等受甘省各员之蒙混也。朕办理庶务从无成见，所谓不为已甚去已甚，若果陕省查无情弊，朕所深愿，不肯因查办甘省复令波及也。"

（卷1140　268页）

乾隆四十六年（1781年）九月甲寅

谕："前因王廷赞、杨士玑等七犯侵贪不法。业经降旨查明该犯等之子革去官职，俱发往伊犁充当苦差。今阅阿桂等查奏，各犯赃数单内，蒋重熹侵冒银四万七千四百两，宋学淳侵冒银四万七千二百两，又詹耀璘侵冒银三万四千五百六十两外，复开销添建仓廒银六千二百五十两，陈澍侵冒银二万五千三百两外，复开销添建仓廒银一万八千四百六十两。核其侵冒银数均在四万两以上，伊等之子亦应照王廷赞等之子一律办理，著交刑部查明该四犯之子，如有官职者即行革去，并著发往伊犁充当苦差，以示惩儆。"

（卷1140　270页）

又谕："甘肃捏灾冒赈侵蚀监粮一案。昨据大学士公阿桂等审明各州县供认入己赃数，自九万至数千余两不等。照侵盗钱粮一千两以上例，分别定拟斩决监候杖流一折。当经降旨，令军机大臣会同行在大学士九卿核议，并交留京办事王大臣，会同在京大学士九卿科道再行详加核复，佥称案内各犯实属情真罪当，法无可贷，按例定拟具奏。朕惟州县为亲民之官，平时固宜洁己奉公，廉隅自砺。若遇有灾祲尤当极力抚绥，使穷黎共沾实惠。至于借赈恤之名为侵渔之地，实为从来所未有。朕亦不忍以此疑人。乃甘省各州县朋比侵吞，毫无忌惮，且有于捏赈开销之外，复冒请建仓，设法以肥私橐，其奇贪肆黩真有出于意想之外者。此案始由王亶望、蒋全迪等首先舞弊，勾通上下，狼狈为奸。但各州县遇有上司押令报荒，勒索银两之事，原许其直揭部科，朕可简派大臣按问。何数年以来，各该州县视侵帑为故常，竟无一庸中佼佼者。再阅各犯供内有将侵吞银两，为冬季施粥施衣及修葺庙宇工程之用等语。毋论该犯等溪壑难盈，必不肯以娄得赃私饰为义举，即地方此等事件各州县捐廉为惠，施及贫民，亦职分所应尔，何处无之，又安得复于事后借口开销，希图末减乎。又有称为驿站贴补者。从来驿站为州县之利薮，且各省皆有驿站，谁肯破产贴补。现在此案爰书已定，王大臣科道等复加核拟，人无异词，则此等侵帑殃民、歇法营私之吏，固不能复为曲贷。所有案内侵冒赈银二万两以上之程栋、陆玮、那礼善、杨德言、郑陈善、蒋重熹、宋学淳、李元椿、王臣、许山斗、詹耀璘、陈鸿文、黎珠、伍葆光、舒攀桂、邱大英、陈澍、伯衡、孟衍泗、万人凤等二十犯，又冒赈不及二万两，而任内有侵欺建仓银两之徐树楠、陈韶二犯，若照拟一例予以斩决，转与王亶望、蒋全迪等首恶罪名无以稍示区别。程栋等著改为应斩监候，入于本年勾到情实官犯内办理。今各省官犯已经勾决，著派刑部侍郎阿扬阿驰驿前往甘省，会同该督李侍尧传旨晓谕，监视行刑。其侵冒银一万两以上之闵鹓元、林昂霄、舒玉龙、王万年、杜耕书、杨有澳、李本楠、彭永和、谢桓、周兆熊、福明等十一犯，又冒赈不及一万两而任内有侵欺建仓银两之钱成均、王旭、陈金宣、宗开煌等四犯，据王大臣科道等核拟斩监候，即入本年秋审情实者，虽应如所拟，但程栋等既末减为今年秋审情实，闵鹓元等亦从宽免其即入本年秋审，仍牢固监候。其侵冒银自九千至一千两以上之韦之瑗、尤永清、万邦英、丁愈、赵元德、顾汝衡、宋树谷、黄道煛、蒲兰馨、章汝楠、侯作吴、董熙、沈泰、墨尔更额、善达、华廷扬、贾若琳、庞標、史堂、觉罗承志、李弼、申宁吉、谢廷庸、叶观海、麻宸、张毓林等二十六犯，俱依拟应斩监候，统俟明年情实官犯勾到时，刑部声明请旨，分别办理。余俱著照所议完结。前经降旨，朕于办理此案，不得不为已甚。今核诸人情罪，仍不忍令其骈首受诛。就其中情节最重之程栋等二十二犯，先予勾决，所谓不为已甚去已甚。实因吏治民生，关系重大，不得不办之苦心。所有办理此案前后所降谕旨，著李侍尧明白宣谕各属，俾触目警心，共知侵贪之吏，天理所不容，即国法所难宥。庶几辟以止辟，所全者多也。大学士公阿桂等定拟原折及行在大学士九卿，并王大臣科道等核复著一并发抄，将此通谕中外知之。"

（卷1140　271页）

乾隆四十六年（1781年）九月乙卯

谕曰："李侍尧奏查明甘省藩库钱粮积欠不清一折。据称司库内除支动有著款项外，如积欠籽种口粮，及各营预借公费补制军装，并修理衙署堤工等项，借支银两，积欠累累。现令详查分晰揭报。又另折查奏各州县仓库，据各道府开报共亏空银八十万九千余两，粮十九万六千石，应如何设法摊赔，另行办理奏闻等语。甘省大小官员，通同作弊至此，实堪愤恨。其侵冒各员现俱参革治罪，并将其婪得赃私查明，抵补官项，自无可再议追赔。至此项亏短银两，俱系前任各员分肥侵蚀，与接任之员无涉。若如李侍尧所奏不过令后任摊赔，则接任各员无端波及，又何以责其各励清操，廉隅自饬耶。所有甘省司库积欠及各属亏空银两，著李侍尧逐款详查。一切积欠银两有无抵项及各属所报银两数目是否确实。彻底查明，据实具奏。候朕酌核情形另降谕旨。"

又谕："前已降旨停止甘肃、陕西两省收捐监生，所有乌鲁木齐新疆捐监，著一并停止。"

谕军机大臣等："据李侍尧奏，剿灭撒拉尔逆回案内酌核军需报销一折。此案起于本年三月，至七月内即行告蒇。一切动支款项，其应动项者，自宜循例报销。但此案征调各兵俱系就近派拨，且自始事以迄藏功不过四月有余，所有用过银粮等项，必须确实核算，实用实销，无任丝毫浮冒，著传谕李侍尧，即董率承办各员悉心确核，迅速奏销，毋致稽迟时日也。"

又谕："前据阿桂、李侍尧奏，查甘省兵丁坐扣金川出师置备军装等项一折。内惟西宁镇未完之项较多，又有自制军装一款为别镇所无，因令查明。彼时西宁镇系副将绍涵署理，经军机大臣将阿桂等所奏情节，行令该旗询问绍涵。据称军装款项繁多，从何时扣起，现扣过若干，一时记不明白。其私制军装西宁镇原有此项，至公制及私制军装皆系军营累次调往，故用如此之多，并无侵欺克扣之事等语。本日复据李侍尧奏，自制军装衣物，检查案卷，别镇均无此款，著传谕留京办事王大臣即传讯绍涵，将李侍尧所奏西宁镇未完借欠，其因何独多及自制系何军装，为何应于出征兵丁名下坐扣之处，逐一详晰询问绍涵，据实录词具奏，毋任稍有隐饰。所有李侍尧奏到原折，及绍涵所称各情节原片，俱著抄寄留京办事王大臣阅看，著李侍尧再行详细查明复奏。将此谕令知之。"

（卷1141　274页）

乾隆四十六年（1781年）九月丙辰

又谕曰："景福在喀什噶尔已经三年，著派阿扬阿前往喀什噶尔驻扎办事。阿扬阿现往甘肃，俟众犯正法后即由彼前往，换景福回京。"

（卷1141　276页）

乾隆四十六年（1781年）九月丁巳

谕："甘省冒赈侵帑一案，皆系王亶望为藩司时倡率舞弊，以致通省各属视侵贪为常事，转相效尤，毫无顾忌。现在程栋等二十二人之死，悉由王亶望一人导之，使陷于伏法，即与王亶望杀之何异。核其情罪虽寸磔不足蔽辜。然而按律斩决，无可加增，实觉罪浮于法。是以前经降旨将伊子王裘等三人一并革职，发往伊犁充当苦差。其幼子八人俟年十二岁时，再行陆续发往。现据山西巡抚雅德奏，将伊子监禁省城，恐外省官官相护，仍属有名无实。著雅德即将未发王亶望诸子，派委妥员小心解交刑部，严行监禁。俟及岁时，由刑部陆续转发，并著刑部存记。虽遇赦不得奏请援宥回籍。如王亶望之子有在伊犁及中途脱逃等事，即于拿获地方正法。如此办理，于首恶情罪，庶足相抵，而大员之以侵贪作俑者，亦共知炯戒。"

（卷1141　278页）

乾隆四十六年（1781年）九月己未

谕曰："巴延三等奏，传讯原任甘肃靖远县知县麦桓。据麦桓供，于乾隆三十八年在河州州判任内，因靖远县缺出，嘱托省城素识之翟二楠，转求兰州府蒋全迪，钻营王亶望指缺求补，司府各许银四千两。又议定本年办灾使费，司府各四千两。五月奉文赴任时，蒋全迪即预填实收六百张，勒令补印收捐，造入季报以抵前欠等语。甘省收捐监粮一案，王亶望、蒋全迪等明目张胆，通同舞弊，已属从来未有之奇贪异事，乃麦桓在州判任内，胆敢与王亶望、蒋全迪等钻营关说，指缺求官，公行贿赂。蒋全迪即勒填实收，并议定办灾使费，是不特冒赈殃民，又复卖官鬻爵，目无法纪。至于如此之甚，尤堪骇异。所有麦桓一犯，现在据巴延三等委员解甘，著李侍尧严行讯究。令将夤缘贿赂各情节，据实供吐，毋使稍有捏饰。审讯明确后，著另作为一案办理。至甘省现据阿桂等审定侵冒各犯内，似此纳贿营求者恐复不少，其情罪尤为重大，除业经审明正法各犯外，其余案内人犯，并著李侍尧严切鞫讯，如有似此情节者，著照麦桓之例，另案定拟，以为罔法营私、鬻官行贿者知所炯戒。将此通谕中外知之。"

（卷1141　280页）

乾隆四十六年（1781年）九月甲子

又谕："据英廉奏，查抄甘肃捏灾冒赈案内之升任运同富斌，家中起出银二万五千五百余两，此案前据巴延三等奏，传富斌供称，本年正月差家人刘三保带回银二万四千两，即系在甘省冒捐所婪之赃。今英廉向其家中查出银较多三千二百余两。讯据其子，则已于其父二万四千中用去一千余两，所多者乃系富斌众家人带回银两等语。富斌不过一运同，其家人已带回银至三千二百余两，是外省家人长随等依借本官婪索，种种贻累地方，已可概见。吏治如此，水懦民玩，朕实愧之。甘省既然，恐他省大率相同，特未如甘省之甚，亦幸尚未败露耳。嗣后各省督抚，务须督饬各员，不特洁己奉公，并将所用家人长随严行管束，毋得稍有纵容，致滋需索勒诈等弊，如有似富斌之玩纵家人，致拥厚资者，即严行参奏，倘仍前姑容，别经发觉，惟该督抚是问。将此通谕中外知之。"

（卷1141 282页）

乾隆四十六年（1781年）九月丙寅

又谕："昨据郝硕奏，查抄甘省捏灾冒赈案内原籍江西各员。因令军机大臣查对原案，内刘甫岗一名，据查已经病故。其侵冒入己银数若干，未据查奏。此等劣员，侵帑殃民，自应明正典刑，以彰国宪。不可以业经病故，幸逃法网，遂置不问。前此如程栋、陆玮、杨德言、郑陈善、那礼善、蒋重熹、宋学淳、詹耀璘、陈澍等九名因其赃私最多，情罪尤重，已降旨将伊等之子发往伊犁充当苦差。即杨士玑遇贼被害，幸逃显戮，亦将伊子一例发遣。所有此案内病故之刘甫岗等诸人，如有似杨士玑及程栋等各员情节，或赃过二万两以上正法者，或一万两以上监候情实者，著传谕该督查明赃数，据实奏闻，交军机处一例办理。"

（卷1141 283页）

乾隆四十六年（1781年）九月丁卯

又谕："大学士公阿桂复奏各省武职名粮裁添养廉，挑补实额一折。据称国家经费，骤加不觉其多，岁支则难为继。此项经费岁增三百万，统计二十余年，即须用七千万两。请将武职议给养廉。所扣兵饷，除滇、黔、四川、闽、广等省控制边疆，应查明增添兵额。又陕甘两省业添满汉兵一万五千余名外，其余腹里省份均可毋庸挑补实额，并请交军机大臣会同该部查议等语。国家经费，原当量入为出，而足兵卫民为万年久远计者，又不得稍存靳惜之见。阿桂现管三库，其所奏康熙、雍正年间出入大数，通盘画算，大臣筹国，自应如此。但朕以泉货本流通之物，财散民聚，圣训甚明。与其聚之于上，毋宁散之于下。且在官多一分，即在民少一分，显而易见。朕即位初年，户部库银计不过三千万两，今四十余年以来，仰荷上苍嘉佑，年谷顺成，财赋充足，中间普免天下地丁钱粮三次，蠲免天下漕粮两次。又各省偏灾赈济及新疆、两金川军需，所费何啻万万，而赋税并未加增，又非如汉武帝之用桑宏羊，唐德宗之用裴延龄，以掊克为事而致府藏充盈也。现在户部库银尚存七千余万两，朕又何肯稍为靳惜乎。且即以岁支顿增三百万两计之，至乾隆六十年归政之时，所用亦不过四千余万，加以每年岁入所存，其时库藏较即位时，自必尚有盈余，又何必于此事鳃鳃过计乎。从前海望在户部时，不肯明言银库实数，其意似恐外人闻知。朕彼时即不以为是，国家惟正之供，出入岁有常经，原属大公至正，又何必掩人耳目乎。甚如明季金花聚敛，乃至户部请内帑，亦不肯发，则其鄙悖更可笑矣。即以内帑而论，忆乾隆初年，内务府大臣尚有奏拨部库银两备用之事。今则裁减浮费，厘剔积弊，不特无须奏拨。且每岁将内务府库银命拨归户部者，动以百万计，又何必以经费不敷岁出为虑乎。至于岁入项下，惟米豆关税一节，初年曾经免税，原欲使市价日平，乃行之日久并未平减，殊不满朕意。后因安宁奏请复收，经部议准允行。至遇地方歉收谷贵之年，原有降旨特行免米豆所过关之税。所以随时调剂，或商贾多往，亦救灾区米贵之一法耳。今阿桂既筹划及此，但朕意究以多添兵力，不惜经费为是。在廷诸臣，自必各有确见，所有阿桂奏到原折，并朕此旨一并发钞，使中外咸知朕意，并著大学士九卿科道详悉妥议具奏。"

（卷1141　284页）

乾隆四十六年（1781年）九月戊辰

军机大臣等议复钦差大学士公阿桂、署理陕甘总督李侍尧奏称："办理兰州军务善后各事宜：一、炮位宜添制分贮也。甘省炮位锈炸者多，应派妥员赴各营堡勘验，将堪用者分贮督、抚、提、镇驻扎各城，余悉销毁。添制大神威劈山等炮，按照兵丁二百名给炮一尊之数酌制。一、回民新教宜严禁除也。新教之礼拜寺毁后不许复建，并不得妄称阿浑名目及收留外来回人。复选老成回民充当乡约，劝诫稽查。年终将实无新教之处，联名具结咨部。一、撒拉尔回人宜严稽察也。该土司回人散处十二工，其贸易城镇者令循化厅同知给票稽核，并严饬充当兵役之禁。如有滥准承充者，参处本官。仍禁内地游匪潜往煽惑。一、回犯发遣宜定章程也。内地回民向有番地习经之禁，若将新疆缘事者发至内地，恐致诱惑生事，应即于各城互相安插。一、地方繁简宜酌改也。兰州道地居省会，番回杂处，查察非易，应改部选中缺为冲、繁、难兼三要缺，请旨简放。循化厅同知抚绥控驭最为紧要，应改部选中缺为疲、繁、难兼三要缺，在外题补。河州太子寺地方，向设州判，旋经裁汰。该处习俗黠悍，距州治又远，应复旧制，设立州判分防。均应如所请。至私贩硝磺，该省关系最重，其内地偷售者，应比照附近苗疆五百里内偷售例，计斤数分别军流。与外地番回交易者，应比照商船夹带出洋论斩例。从重科罪。"从之。

（卷1141　288页）

乾隆四十六年（1781年）九月己巳

谕曰："李侍尧奏甘省雨水禾苗情形一折。据称夏秋以来，连得雨泽，各府、州、县屡次禀报入土深透，田禾成熟，秋收可期丰稔等语。甘省历年以来，地方官以冒赈之故，每以旱祲入告。朕未知其弊，实为忧之。今据李侍尧奏报，夏秋以来。澍泽频沾，并无被旱之区，可见该省虽称地瘠民贫，并非雨露所不到。从前屡以旱灾为言者，总以监粮可以冒赈，该地方官竟视报灾为常例，借词虚捏，以便侵渔。即有实在被灾年份，亦因劣员等从中取利，朘民肥橐，百姓鲜受实惠，以致积成戾气，雨泽愆期。今经彻底查办之后，夙弊风清，民情预顺。其感召天和，雨旸时若，未必不由于此。然此不可视为恒例，以后若果有遇旱岁歉，该督即当据实奏报。朕仍加恩赈恤，并令督率属员毋蹈前辙，俾穷民均受实惠。毋忽，所有李侍尧到折著发抄，并谕中外知之。"

（卷1141　289页）

又谕曰："李侍尧奏查出兰州府填捐实收弊窦一折。据称实收改归首府之后，诸弊从此而生。所发实收，各县尚有未捐而捏报已捐者，有此县所捐银两竟为彼县挪用者，又有此县已捐银两业为彼县挪用，而仍将报捐粮数于赈案内开销者。现在查明办理等语。实收改归首府，总由王廷赞舛法营私，杨士玑勾通捏冒，以致百弊丛生。各州县视国帑为私财，任意腾挪，辗转侵蚀，实属从来未有之奇事。但王廷赞已经正法，杨士玑亦被贼害，伊二人之子均已发往伊犁充当苦差。于法无可复加。惟当视王亶望之例，虽遇赦不许复回耳。此事著该部记档，至所有挪用监银，开报虚粮入己，究系何员任内，自应详查的实。著传谕李侍尧将挪用虚开入己之各州县详悉查核。此内已于前案定拟分别办理者若干员，其未经定拟者并著李侍尧按照实在入己赃数，仍遵前旨，分别定拟具奏。"

（卷1141　290页）

乾隆四十六年（1781年）十月庚午

谕："昨据副都御史汪承需条奏甘肃省监生一折。据称，自乾隆三十九年后，甘省监生奉有停科之旨，恐其中躁进之徒不安义命，更易名字，在部报捐。乡试或侥幸中式，转滋弊窦，与其再犯而惩以冒混之条，似不若先事而予以自新之路，请以原名准其在部另行改捐，给与执照，免其停科，并请勒限二年报捐，如过期不捐，虽扣满三科，亦不准其应试等语。此等流弊，事所必有，其所请在部另捐之处，专为杜绝顶冒，以防弊混，并非若吴玉纶之迹类言利者可比。是以交部详议，复准允行。盖此等监生逐利热中，希图省费报捐，竟成垄断。即概予褫革，原不为过。今照部议统限二年，准以原名在部另捐入场，已属格外加恩，但念该生等人数众多，从前在甘省上捐时，俱系王亶望诸人引之犯法，非尽该生等之过。况前已出资，今概令重捐，其中寒畯未免志切观光，而力有不逮，情殊可悯。著加恩将从前甘肃报捐监生者，准其呈明到部，另照在部捐监之数缴足，即给与执照，许其科考。至定限二年，为期稍近，恐远省边陲，一时未能遍晓。及至遵例远来，而限期已过，未免向隅。并著加恩再宽限三年，统限五年为率，俾该生等从容报纳，上进有阶，以副朕宥过推恩，作养人才之至意。余著仍照原议行，将此通谕中外知之。"

（卷1142　292页）

乾隆四十六年（1781年）十月乙亥

谕曰："德成现已来京，著停留两三日，修治行装即驰驿前往甘肃，踏勘兰州应行添建城工。所有阿桂等奏到原折及图，并交带往阅看。"

（卷1142　296页）

乾隆四十六年（1781年）十月丙子

谕："据李侍尧参奏肃州镇总兵梁朝桂，于署肃州镇游击事都司福昆、甘州守备臧应隆等年力衰颓，并不早为揭报，直至橄调考验，始请解任勒休。又凉州镇总兵德宁于降调守备李养儒两目昏暗，不能骑射，因循不揭，殊属有意姑容。请将福昆等革职，并将徇庇属员之梁朝桂、德宁交部严加议处。前任甘肃提督仁和一并交部议处等语。福昆、臧应隆、李养儒俱著革职，总兵梁朝桂、德宁著交部严加议处。其前任提督仁和不能先事查察，亦著交部议处。"该部知道。

（卷1142　296页）

乾隆四十六年（1781年）十月丁丑

谕军机大臣等："本年各直省被有偏灾地方，如直隶夏秋雨水稍多。天津、静海等州县地势低洼，田亩被淹。江苏之邳州、睢宁等州县，因魏家庄河水漫溢，田禾被灾。苏松太仓属之崇明等县及镇江通州等属，猝遇风潮，田庐禾稼，致受损伤。徐州丰沛等县湖水涨发，风暴冲激，城堤亦俱被水。安徽之凤阳泗州等属，亦被淹浸。豫省因焦桥、曲家楼南北两岸漫口，仪封、考城等处及漫水经由之祥符等县均有被灾之处，其下游之山东曹县、金乡等州县黄水漫注，亦被水灾。又湖北之潜江等县，田垸被水浸溃。陕西之朝邑县，河水夜涨，村庄多被淹浸。甘肃之陇西、宁夏等县黄水涨溢，并金县、靖远等县，旱雹黄疸，收成亦皆歉薄。俱屡经降旨，令该督抚等统率所属切实查勘，分别赈恤，及酌借口粮籽种，并因崇明县被灾较重，特降谕旨，截留漕粮十万石，以资接济。复加恩蠲免崇明、阆县应征本年地丁钱粮，又将甘肃金县等县本年额征银粮，蠲免一半。又因山东金乡县漫水浸至城堤，加恩酌给口粮。又因江苏徐州府属之沛县等县被淹，拨藩库银五万两赈恤。如有不敷，谕令该督就近于盐课酌量截留，以昭优恤，俾灾黎毋致失所。但明春正赈已毕，尚届青黄不接之时，民食不无拮据，是否尚需加赈，著传谕该督抚等即行查明复奏，候朕于新正降旨。至直隶霸州等州县，据该督奏报被灾在五分以下。河南被水之淮宁、西华、商水、项城、沈邱、太康、扶沟等县据该抚奏报地亩被雨淋刷，不及赶种杂粮。湖北江夏、武昌等八县及京山县，亦据该督抚奏报秋收歉薄。此数处虽成灾较轻，第恐民力不能骤纾，应否量予加恩分别办理之处，亦著该督抚据实具奏，将此由三百里各传谕知之。"

（卷1142　298页）

乾隆四十六年（1781年）十月辛巳

谕："户部议奏，由甘肃报捐监生及中式、效力、加捐出身各项人员，准其于五年限内照例补捐部监一折，著依议行。此等监生在甘肃折银报捐，虽皆牟利犯法之人，但因王亶望诸人引之犯法，然其垄断热中，以成均出身之路，竟视为终南捷径，趋之若骛。即概予褫革，原不为过。前据吴玉纶奏，即降旨将由甘肃监生出身人员分别停科、压选、罚俸，庶躁进之风，借以稍息。此朕因人数众多，不忍概行褫革，是以加恩薄示惩儆，实亦大公至正，所以维持士习也。嗣因汪承需条奏，该监生等恐奉有停科之旨，仍有不安义命。更易名字，在部报捐，乡试或徼幸中式，将原名顶替滋弊者，请于二年限内准令在部另捐。朕以其所奏专为防弊起见，该生等希图幸进，事所必有，与其冒混被告，再加惩治，诚不若先事而量予自新，俾其弊不杜自绝。经部议准，降旨允行，寻思二年定限，为期稍近，边陲寒畯，未免向隅，特再宽限三年，统限五年为率。兹户部议奏，由甘肃报捐监生，及中式加捐、效力出身人员，一例补捐，酌定银数，自应如此办理。朕于此案内之监生，始终宥过推恩，矜全格外，此次之准令在部补捐，实为杜绝弊混，予以自新。该生等有不愿重捐者，自当仍遵前旨。若有易名作弊，一经发觉，必重治其罪。至顶带荣身，不图仕进之人，前亦有旨，毋庸议及。非若吴玉纶所奏，每名必令其补缴银数，专为言利起见也。将此再行传谕中外知之。"

（卷1142　303页）

乾隆四十六年（1781年）十月癸未

又谕曰："阿扬阿等奏，遵旨将侵冒实复奏，银二万两以上程栋等各犯监视行刑讫，惟万人凤一犯尚未解到。现在派员迎解，到日会同遵旨办理等语。万人凤系应行正法之犯，乃因离省较远，尚未解到，自应催令迅速解省，明正典刑。至此外到甘未经审拟各犯，内有侵冒银数在二万两以上者，该犯自知赃多罪重，现闻正法有人或致乘间自戕，或别生计逃遁顶替，殊属不成事体。著传谕李侍尧查明案内已到各犯，即应遵照前旨确核赃罪，分别定拟具奏。其尚未到甘者，即飞饬各该省解员，沿途小心管押，加意防范，速行解赴甘省。随到随办，于年内将此案完结，毋致稽迟。将此由六百里谕令知之。"

（卷1142　307页）

乾隆四十六年（1781年）十月癸巳

谕："据李侍尧查奏，甘肃西宁镇缺马扣银并自制军装两案，已交军机大臣会同该部查奏矣。至所奏该署总兵绍涵不能实心督办，借词制补军装，开销浮冒，又挑变孳生马匹。西宁一镇额马不敷，以银折马，挪移捏报，弊窦丛生。请将原任永固协副将署西宁镇总兵绍涵革职，解甘质审等语。绍涵著革职，解往甘省，交李侍尧确实审办。"

（卷1143　319页）

乾隆四十六年（1781年）十月甲午

以广东惠州协副将达福为甘肃凉州镇总兵。直隶山永协副将任学周为甘肃肃州镇总兵。

（卷1143　321页）

乾隆四十六年（1781年）十月丁酉

谕军机大臣等："向例甘肃总督于每年冬季有哈密瓜、皮张等贡呈进，因系该处土产，是以照例准收。但本年甘省冒赈案内，各犯有为总督勒尔谨代买皮张之语，该犯等为勒尔谨代买皮张，断非俱是呈进之物，但既有此供，转使侵贪各员，得以借口。嗣后著停其呈进，至哈密本处，既有贡瓜，足备赏用。所有甘省呈进金塔寺之瓜，亦著一并停止呈进，将此随奏事之便，谕令知之。"

（卷1143　325页）

乾隆四十六年（1781年）十一月庚子

又谕："军机大臣等查奏，原署西宁镇总兵绍涵革职，提督仁和等借办军装及挑拨马匹两案。该二员所供情节，自系一面之辞，难以凭信。除绍涵业经降旨革职，解赴甘省外，仁和已于另案革职，亦著前赴甘省，交李侍尧归案质讯，以成信谳。所有军机大臣等原折，著一并抄寄李侍尧阅看。"

（卷1144　332页）

乾隆四十六年（1781年）十一月辛丑

谕军机大臣等："前于捏灾冒赈案内，降旨将王廷赞等十一犯之子照王亶望等之子之例，发往伊犁充当苦差。嗣又降旨将王亶望之子年十二岁以下者，解交刑部监禁，俟及岁再行发遣。所有王廷赞等十一犯之子，自应亦照此办理。本日舒常等奏，查抄杨德言之父杨迎鹤任所资财，讯出杨德言有子四人，惟长子年十二岁，余俱幼稚。现在将伊第三子解甘归案办理等语。著传谕李侍尧，即将杨德言长子发往伊犁，其未及岁之幼子，即派员解交刑部监禁，其余王廷赞等各犯之子，俱著照此办理，并谕刑部堂官知之。"

（卷1144　332页）

乾隆四十六年（1781年）十一月癸卯

谕军机大臣等："前以哈密通判经方侵用库项银二万三千余两，非寻常挪移亏短者可比。降旨令李侍尧一面查讯，一面派员将该犯解交刑部，审拟治罪矣。本日又据佛德等查奏，经方任内，尚有司库领回未入月报银六万一千三十余两，现在库内无存，实系经方亏空等语。此事尤可骇异，经方以通判微员，经手钱粮仓库，辄敢任意侵亏，数至八万余两之多，实属目无法纪。除该犯到京交刑部严切审讯外，计该犯此时已到甘肃，著传谕李侍尧即行亲提严讯，将该犯到任以后如何肆意侵吞，此项库银作何花费逢迎，现在隐寄何处，逐一鞫讯。取具确供，一面具奏，仍一面遵照前旨，派委妥干员弁迅速解京，勿使稍有疏虞，将此由五百里传谕知之。"

（卷1144　335页）

乾隆四十六年（1781年）十一月丙午

豁除甘肃靖远县乾隆四十五年份，被水冲坍民田八十五顷十亩有奇额赋。

（卷1144　339页）

乾隆四十六年（1781年）十一月壬子

又谕："现在发往伊犁充当苦差之甘肃犯官王亶望等子嗣甚多，皆因其父情罪重大，故将伊等发往充当苦差。此项人到伊犁后，伊勒图应即严加管束，委派苦差，以彰国宪。倘瞻徇情面，任其置产娶妻，则伊等反得晏然安处，与无罪何异。至其遣发日久，不得归籍，或妄作诗词，编造诽言，或不安本分生事及潜行逃走者，一面奏闻，一面正法，不得稍事姑容。即将来伊勒图离任，亦当注档交代后任。再伊勒图奏折内称，领队大臣那旺在伊犁十余年，往哈萨克出差最多，人甚明白。请令那彦跟随那旺学习行走等语。所奏是。近因伊犁牧场遗失马匹，那彦寻踪直入哈萨克边卡，捉获贼匪，甚属奋勉。是以赏给散秩大臣职衔。曾谕令伊勒图遇便遣伊来京。今既有此奏，著嗣后派那旺一切差务时，即令那彦随同学习。"

（卷1144　341页）

乾隆四十六年（1781年）十一月丁巳

谕军机大臣等："本日陈辉祖奏到，查抄甘省侵冒案内陆玮等各员家产单，内开闵鹗元名下银三两，所办殊有欺饰。无论闵鹗元在甘肃知县同知任内，侵蚀帑项，盈千累万，私肥囊橐，计其家资，必不止此。况伊兄闵鹗元久任巡抚，所得养廉优厚，亦岂肯令其弟贫乏至此。即如陈严祖系陈辉祖胞弟，假令其名下存银亦不过止有数金，为之兄者，竟能坐视乎。此必系承办查抄委员任其欺隐，随意开报。陈辉祖亦并不细心查阅，遽尔入告。独不思此非情理之所有乎。朕于甘肃查抄各员一案，曾降旨令各督抚不必过为苛刻，今闵鹗元之罪，并未波及其兄，已属施恩格外。若任其将闵鹗元应抄财物混入伊兄闵鹗元名下，以为隐匿寄顿之地，朕亦不受其欺也。若众人于闵鹗元有意徇蔽，是速闵鹗元之死矣。陈辉祖岂不意计及此，著传旨令其明白回奏。"

（卷1145　346页）

乾隆四十六年（1781年）十一月戊午

以甘肃盐法道汪新为湖北按察使。

赈恤甘肃陇西、宁夏、宁朔、平罗等四县本年被水灾民。

（卷1145　348页）

乾隆四十六年（1781年）十一月庚申

谕军机大臣等："昨据陈辉祖奏，查抄闵鹗元原籍财产单内，只有银三两，竟成笑话。明系陈辉祖查办时，任听委员欺隐，随意开报。业经降旨询问，令其明白回奏矣。闵鹗元系闵鹗元胞弟，如果贫乏不能自存，闵鹗元岂有坐视之理。且阅本日李侍尧查奏应革各犯子弟职监单内，闵鹗元之子闵思恒捐纳监生，岂有其家只存银三两，而复有余财为伊子捐监之理。甘省冒赈一案，久经发觉，闵鹗元又系案内之人，闻风寄顿，预为藏匿地步。闵鹗元在江苏离伊原籍甚近，亦岂无见闻。乃任其私自隐藏，希图事后安享，实为利令智昏。此等蒙混欺饰伎俩，或试为于汉献帝、明万历类之主尚可，欲于朕前尝试，闵鹗元视朕为何如主耶？著传谕严行申饬，仍令其明白回奏。将此由五百里谕令知之。"

（卷1145　348页）

乾隆四十六年（1781年）十一月甲子

谕曰："衮楚克达尔来京，经朕召见，看其人甚糊涂，清语亦复生疏。不但不胜要缺总兵之任，即内地简缺总兵，亦不相宜。衮楚克达尔在兰州拿获贼匪苏四十三等妻子，加恩授为西宁总兵。嗣因伊奏折内清语不通，是以降旨询问阿桂、李侍尧，令将衮楚克达尔能否胜总兵之任，据实具奏。乃伊二人只奏请令衮楚克达尔赴京，候朕定夺。必以朕已嘉其奋勉，授为总兵，故为此请也。衮楚克达尔在河州堵截北路，并非伊一人领兵成功，特因旧教回子等平日与苏四十三结仇怨恨，将其妻子擒获，而衮楚克达尔承名具奏耳。岂得谓伊一人所获耶？朕办理庶务，初无成见，惟秉至公。阿桂等岂不知之。衮楚克达尔殊不称总兵之职，著作为护军参领。将此谕令阿桂、李侍尧知之。"

（卷1145　351页）

乾隆四十六年（1781年）十一月丙寅

谕："据舒常等奏，甘肃冒赈案内，革职靖远县知县麦桓由粤解甘，行至湖北黄陂县境病故等语。麦桓系解甘审办要犯，中途身死，保无畏罪服毒自尽情弊，不可不严行查究。著刑部堂官派委能事司员一员，带领熟谙仵作，驰驿前往详细检验，毋得草率了事。"

谕军机大臣等："据舒常等奏，甘省折收监粮冒赈案内，原任靖远县知县麦桓由粤解甘审办，行至湖北黄陂县地方病故一折。麦桓在甘肃州县任内办灾冒赈，且胆敢向王亶望夤缘关说，指缺求官，公行贿赂，其情罪实为重大。伊知到甘审办，其款迹尽行败露，将来定案时，罪在不赦，或有中途服毒，畏罪自戕之事。该省解员及经过地方各州县官官相护，为之捏饰禀报，均未可定。现令刑部堂官派委能干司员一员，带同仵作驰驿前往检验。著传谕舒常等俟刑部司员到境时，即交令悉心开棺验看。如尸身变烂，即蒸检亦无不可。将此由五百里谕令知之，并传谕李侍尧将该犯侵冒银数多寡罪名，比较前经定案各犯，应拟何律之处，即行逐一详晰查明，据实速行复奏。"

（卷1145　352页）

乾隆四十六年（1781年）十二月壬申

谕："前据陈辉祖查抄闵鹗元原籍，资财其家只存银三两，殊堪骇异。

无论闵鹗元在甘肃同知知县任内侵蚀帑项，盈千累万，其运回家资必不止此。即闵鹗元久任巡抚，其所得养廉优厚，岂忍令其胞弟贫乏至此。非陈辉祖查办时任听委员欺隐，随意开报，即闵鹗元之家属闻风预为寄顿。闵鹗元在江苏离伊原籍甚近，岂无见闻，乃任其私自隐藏，希图事后安享，实为蒙混欺饰。曾降旨严行申饬，并令其明白回奏。兹据闵鹗元复奏，请将伊名下原籍任所财产一并恭缴入官，并请革职交部治罪等语。何必为此不衷过甚之辞乎。甘肃自王亶望为藩司，首先作俑，与通省属员捏灾冒赈，联为一气。其案内人犯现已审明侵蚀银数多寡，按律问拟，其查抄各犯家产因此事发觉已久，各犯家属诸弊丛生。但此等婪得之财，理无久享，亦不必过为搜求。业经明降谕旨，则隐匿寄藏财产者亦不独闵鹗元一人，且以全案而论，有王亶望之丧心侵冒，无怪有闵鹗元之事后藏匿。陈辉祖、闵鹗元之互相欺隐，转不直一噱。朕尝谓不为已甚去已甚，正谓此也。然不得不明揭伊等之私者，恐伊等遂谓朕易欺也。封疆大臣理宜公忠体国，实心任事，不得稍存欺饰。今闵鹗元于伊弟儳法营私诸事，既不能管教于前，及发觉查抄又任其隐匿侵欺于后，即伊具折自陈亦难以解免。试令清夜扪心其亦知愧知惧否耶。其所请革职治罪及呈缴家产之处，朕究不为已甚。均著加恩宽免，闵鹗元原折著发抄，并将此通谕中外知之。"

（卷1146　359页）

乾隆四十六年（1781年）十二月癸酉

又谕："本日据闵鹗元复奏，伊弟闵鹗元在甘肃侵冒帑银及馈送王亶望银两之事，知而不举各缘由一折。其措词始终掩饰支吾，并未明白回奏，已于折内详悉批示矣。王亶望在甘肃藩司任内与蒋全迪等通同一气，侵帑婪赃，种种不法，实为从来未有之奇贪异事。内外大臣无人不知，乃竟无一人举发陈奏，朕实为之寒心。至陈辉祖、闵鹗元则俱有胞弟为王亶望属员，其平日家信往来必有言及王亶望侵贪及上下通同作弊之事。陈辉祖、闵鹗元当时恐径行举发必致株连其弟，因而隐忍不语，徇私废公，已属昧良。然犹或情事所有，尚可曲为之贷。今事已全行败露，朕复屡经降旨，严切询问，闵鹗元复奏之折乃止称不能管教及未能先事举发等语，而于当时有无确切家信及知情不举之处始终掩护，不肯奏出实情。此等居心行事，岂能于朕前巧为尝试。著再传谕陈辉祖、闵鹗元，令其各将伊弟在甘省与王亶望等通同作弊之事，有无往来家信，伊二人知而不举之处，据实具奏，倘伊等不知朕恩，仍复如前巧言搪塞则是有意欺罔，不但将伊等革职拿交刑部，朕必亲自廷鞫。伊等自揣，尚能始终掩饰乎。试思督抚中岂少伊二人竟无人可用之理。朕临御四十余年，办理庶务一秉大公至正，无论督抚大吏，即小民亦不肯屈抑一人。若听闵鹗元之巧为文语支饰，置而不问，天下无识之徒转以朕为屈抑伊等，则朕不肯受过也。不为已甚，朕之夙志。若伊等激朕以为已甚，则朕亦非不能为已甚者。将此传谕中外，咸知朕意，并令陈辉祖、闵鹗元各摅天良，据实明白复奏，所有闵鹗元原折一并发抄。"

（卷 1146　360 页）

乾隆四十六年（1781年）十二月己卯

谕："本日据御史钱沣奏，陕西巡抚毕沅前署督篆时，于该省折捐冒赈诸弊，瞻徇前政，畏避怨嫌，明知积弊之深，不欲抉之自我。其罪较捏结各员尤觉无减，请敕部将毕沅比照议处一折，所奏甚是。甘省折捐冒赈一案，上下通同一气，赃私累累，内外大臣并无一人陈奏。至毕沅近在邻封，且两署督篆，见闻尤切，乃不据实劾参。今夏仍降旨令其明白回奏，据伊自请愿罚银五万留备甘省官兵赏犒之用。今据钱沣奏称，毕沅彼时亲握督篆，一切钱粮案件归其核定咨题，不啻了若观火等语。但毕沅署理总督之日是否正王亶望现任藩司之时，著交吏部详查据实具奏。若不在同时，则其自所议罚亦足蔽辜。盖王亶望之事举朝皆知而不举，何怪毕沅一人耶？此朕之不为已甚也。若正同时则诚有如该御史所论，朕亦不能为毕沅解矣。待朕另降谕旨。此朕用人之苦心，所有此旨及钱沣折俱著发交毕沅阅看，并令其明白回奏。"

（卷 1146　365 页）

乾隆四十六年（1781年）十二月庚辰

谕军机大臣等："据李侍尧奏审明定拟伙抢杀害汉民之番匪官八等首从各犯分别斩枭一折。已批交三法司核拟速奏矣。此等番人犷悍性成，敢于纠集伙党，执持弓矢枪矛，白昼劫杀内地民人，实为凶恶不法，非痛加惩创，不足以儆凶顽而安良善。著传谕该督嗣后遇有此等番匪劫杀汉民之案，审明后即照此案，不分首从俱行正法。再甘省番、回族类颇众，与内地民人情性迥别，从前亦闻常有抢杀之案。勒尔谨为总督时一味疏纵，以致酿成今年苏四十三之事。并著传谕李侍尧，嗣后番、回人等除有纠众杀伤汉民之事，即照此次番匪之例办理外，即其种类中自相残杀或聚众数至十人以上大案，地方官亦应为之审断曲直，按律定拟，不得以有土司管辖，率照番、回向例从轻议罚，置之不办也。"

（卷1146　367页）

乾隆四十六年（1781年）十二月壬午

谕军机大臣等："李侍尧复奏查禁民间私铸鸟枪一折。据称欲禁私藏，先严私造等语。此仍遵朕旨为戢暴安良起见，各直省自应如此办理。但甘肃地方番、回与民人杂处，较之各省情形迥不相同。该处番、回蓄有鸟枪以为打牲之用，由来已久，与蒙古之难以一概禁止者无异。此时该督等查办果能将番、回与民人鸟枪不动声色一律全行查禁，固属甚善。番、回与民人往往有争殴之事，第恐地方官奉行不力，转多滋扰。若将民间鸟枪查禁则番、回等恃有火器，起意侵侮，转开番、回强横，民人懦弱之渐，不可不预为筹虑。著传谕李侍尧将现在该省查禁是否能将番、回与民人鸟枪一律销毁净尽，或势有不能。邻近民人所藏鸟枪或可仍前听其收藏备用，以为守御身家之计，不必照各直省概令销毁之处。著李侍尧通盘筹划，悉心妥议具奏。至阿桂于该省情形自能熟悉，著将此旨一并抄寄阅看，阿桂以为何如，将此各传谕知之。"寻李侍尧奏："番、回向以打牲为业，鸟枪在所必需，既难收销，番、回既不能禁绝，若将附近居民火器收禁，则番、回必致恃强逞凶，请嗣后将附近番、回地方旧蓄鸟枪报官编号者，概免收销。其余各府州属仍行禁止。"得旨："如所议行。"

（卷1146　370页）

乾隆四十六年（1781年）十二月癸未

谕军机大臣等："现在甘肃冒赈案内其侵蚀银数在二万两以下，问拟斩候。入于明年秋审情实各犯，及侵蚀银数在一千两以上，照例问拟斩候各犯。该督审明定拟后，自当监禁省城。但此等人犯情罪重大，外省监狱中禁卒人等恐未能看管严密，况各该犯自知罪重，或有贿通狱卒乘间自戕等事，均未可定。著传谕李侍尧，即选派妥干文武员弁，陆续分起押解进京，交刑部严行收禁。并饬各解员等沿途小心管解，毋得稍有疏虞，倘有在途脱逃自缢及装点病故情节，如康基渊、麦桓之事，必将该解员重治其罪，将此由五百里传谕李侍尧并谕沿途各督抚知之。"

（卷1146　372页）

乾隆四十六年（1781年）十二月丙戌

　　裁各省武职名粮，核定养廉额数。军机大臣会同户兵等部议复："各省武职，自康熙四十二年酌给亲丁名粮，乾隆八年改为养廉名粮，今遵旨将所扣兵饷挑补实额，议给养廉。查各省奏到清单，自京营直省各提督以至经制外委，共一万一千七百十五员。臣等将各省督、抚、提、镇、河漕各标营就其原得名粮，按品核支养廉。提督请岁给二千两，总兵一千五百两，副将八百两，参将五百两，游击四百两，都司二百六十两，守备二百两，千总一百二十两，把总九十两，经制外委十八两。至在京五营提督以下员弁，管辖地方，处分较重。甘肃之乌鲁木齐等处，云南之腾越镇、龙陵协，四川之崇化、绥宁、靖远、懋功、抚边五营，或系新疆，或在边境，与腹地不同，均未便照各省营员一体办理。请嗣后除京营提督系部旗大臣兼理，所有应得名粮八百八十两，应仍照数支给外，副将岁给养廉九百两，参将六百两，游击五百两，都司三百两，守备二百四十两，千总一百四十两，把总一百两，外委二十两。云南腾越镇、龙陵协总兵一千六百两，副将九百两，游击四百五十两，都司三百两，守备二百二十两，千总一百四十两，把总一百两，外委二十二两。甘肃、乌鲁木齐提督二千八百两，伊犁、巴里坤总兵二千一百两，玛纳斯、哈密副将一千二百两，参将八百两，游击六百两，都司三百八十两，守备三百二十两，千总一百八十两，把总一百二十两，外委二十八两。四川崇化等五营游击五百二十两，都司三百四十两，守备二百六十两，千总一百六十两，把总一百二十两，外委二十八两。于乾隆四十七年始，按季动支。查文职养廉系于耗羡项下动支。今武职事同一例，应令各该省一并于耗羡项下及一切闲款内动支。不敷，奏明请旨。又云南提督一员，总兵六员，福建台湾镇总兵一员向于支给名粮外，复又动支耗羡公件银，自六百两至八百两不等。广东水师各营复有加增草干银自一百六十余两至二十余两不等。今各员既支给养廉应一并删除。再山东、江南、江西、浙江、湖北、湖南、广东、广西、福建、河南、山西有每年收存盐当规礼，房地租银等项作为官兵巡盐之费。查武员管理汛地，巡盐分所应为，亦请停给。"得旨："依议，云南提督总兵及福建台湾总兵或地当烟瘴，或远隔重洋，均与腹地不同，著加恩于议给养廉外，云南提督加赏银五百两，云南总兵及福建台湾总兵各加赏银二百两，以示朕轸念岩疆加惠戎行之至意。著为令。"

（卷1147　375页）

乾隆四十六年（1781年）十二月丁亥

谕军机大臣等："本日军机大臣会同该部核议侍郎德成勘估兰州城垣营堡一折。已依议行矣。兰州外城西南两面紧接华林、龙尾山麓，前此逆回苏四十三等恃险跳梁，即由此施放枪炮攻扑，窃据形势，是以阿桂等议将此两面外城拆去，俾城根距山稍远，不致有俯瞰下压之虞。原为保护城隍起见，但从前华林山等处并未设立塘汛，屯兵驻守，逆匪因得据有险要，直逼兰城。今既添建营堡墩台，移驻重兵，则两山声势联络，可以环卫大城。况成功不毁，何必复多费帑金将旧有土城拆去改缮。且西南两关厢民居周密，若概令迁移，撤去房屋，小民恐多未便。即所议扩建之东城关厢，亦未必能安插许多烟户，自不若一切仍循其旧，从前德成勘估查奏时，朕已早经谕及。至营堡一项，军机大臣等议用砖砌更为坚实永久，请交该督另行核实勘估。但华林诸山冈阜联络，其中所产虎皮石料必多，若即用此项块石叠砌钩挼，不特取携较便，而工程尤为巩固。但该处采取石料是否便易，较之烧砖工价孰为节省，著传谕李侍尧查明据实确核具奏。将此由五百里传谕李侍尧并谕阿桂知之。"寻李侍尧奏："甘省营堡用土筑建尽可坚固，若改用虎皮石，需费太多，即砖工亦可无需。"得旨："如此即筑土堡可也。"

（卷1147　376页）

乾隆四十六年（1781年）十二月庚寅

谕："前据御史钱沣参奏毕沅署陕甘督篆时于该省冒赈诸弊，瞻徇畏避，请敕部将毕沅比照捏结各员治罪一折。即谕毕沅明白回奏，并令大学士九卿科道议奏。据大学士等请将毕沅革职发往新疆效力赎罪，已降旨俟毕沅复奏到日再降谕旨矣。今据毕沅奏，伊于四十一年署理督篆时，因金川凯旋，经手军需事件丛集，迅速回陕，于该省监粮情弊曾经查问属员，支吾隐饰，急切不能得其要领。则是毕沅已大概知有弊矣，何以不奏。至四十四年署篆又以伊赴西宁口外办理事件，在省为日无多，未能觉察举劾，今并请交部严加治罪等语。毕沅两经署理督篆，于王亶望等折捐冒赈，上下通同舞弊等事，适值其时，乃不即据实参奏。及至降旨询问又以两署总督为时甚暂，办理军需等项事件繁多托词卸责。所奏实属支饰。试思革职交部，亦不过仍如大学士九卿等所议耳。但王亶望等勾通侵冒一案，内外大臣皆知而不举，朕亦不肯独归罪毕沅一人，且现在督抚一时乏员，毕沅著从宽照李侍尧、富勒浑之例，降为三品顶带，仍留陕西巡抚之任。所有应得职俸及养廉永行停支，以示惩儆。倘因停其廉俸或需索属员以为自肥之计，一经查出，朕必重治其罪，不能再为宽贷也。该部知道。"

（卷 1147　379 页）

乾隆四十六年（1781年）十二月癸巳

谕："刑部奏审拟甘肃侵冒案内原任河州知州叶中之子捐纳通判叶椿，业已革职，毋庸议。又原任徽县知县刘炯拟斩监候，伊子刘士銮等分别杖徒斥革二折。实属非是。叶中在知州任内折收冒赈，赃数累累，系应问拟斩候入于情实之犯。因其身故得以幸逃显戮。伊子叶椿在馆充当誊录，乃因伊父事发，先行出京逃匿，及拿获到京，复以伊母患病，回籍探望，谬托行孝，巧词支饰，尤为可恶。自应发遣伊犁。乃刑部止据该犯一面之词，仅谓叶椿革去官职，不复置议。甘省此案上下勾通，侵帑剥民，盈千累万，为从来未有之奇贪异事。案内各犯俱属法无可贷，其有酌从宽减者，实为朕法外之仁。刑部系执法衙门，自应按律问拟，即果有情节可原，即当声明，请朕酌量加恩，何得率意徇情宽纵，以沽感誉。看来该堂官等因英廉现在出差，竟好为沽息，以博宽厚之名，实大不是。所有叶中之子叶椿著发往伊犁充当苦差。其刘炯虽止捐监，未经办灾，但有建仓冒销银三千余两，系应拟斩监候之犯。伊子刘士銮于查抄家产时胆敢将地亩契价私行隐匿，情殊可恶。刘士銮著一并发往伊犁充当苦差。其刘士锋中式副榜，并著斥去，以示惩儆。所有问拟宽纵之刑部堂官，俱著交部严加议处。"

（卷 1147　380 页）

乾隆四十七年（1782年）正月己亥

谕军机大臣等："前据李侍尧查奏西宁厂马缺额一案。因署总兵绍涵经理不善，以致甘州、肃州、凉州等厂辗转挑拨，致滋弊窦。业经降旨将绍涵革职，解往甘省交李侍尧确实审办，并令原任提督仁和一并赴甘质对。此事距今两月有余，该员等自已到甘，尚未据李侍尧审明复奏，著传谕该督将案内情节，现在曾否审讯得实，即行迅速复奏。其西宁镇自制军装一案，亦著一并研讯具奏。"寻奏："西宁马厂缺额，初经绍涵摊扣兵粮私行买补，继复捏请分拨各厂，因马少折价抵拨，提督仁和听其通融领价，辗转挪移，均属咎无可逭，应请发往新疆效力赎罪。至自制军装一案，绍涵因甘省向例军械不敷，准于司库借银补制，遂将兵丁应行自制等物一并入册，借帑制造，尚无冒领分肥等弊。"下部议。

（卷1148　389页）

乾隆四十七年（1782年）正月庚子

谕："据陈辉祖、闵鹗元复奏，胞弟陈严祖、闵鹓元在甘省州县任内捏灾冒赈及馈送王亶望等银两，伊二人知而不举，实属昧良负恩，请交部治罪各折。甘省自王亶望为藩司与蒋全迪等通同一气，侵帑婪赃，种种不法，为从来未有之奇贪异事。内外诸大臣俱隐忍不言，竟无一人举发陈奏。而陈辉祖、闵鹗元之胞弟尤系案内人犯，其平日家信往来必有确切音问，屡经降旨询问，乃始终掩饰支吾，不肯奏出实情。及严切究问，若再如前巧言搪塞，不但将伊等交部审讯，朕必亲自廷鞫。今始据陈辉祖、闵鹗元等各奏称伊弟婪赃舞弊，从前亦有所闻，并有家信往来。只因一经陈奏，恐伊弟必罹重罪，是以隐忍瞻徇，致涉欺饰，实属罪无可逭。请交部严加治罪等语。是伊二人之知而不举俱已自行供认，如出一口，似属实情。至此案未经发觉之先，朕已早有风闻，因案情重大，徘徊迟疑者已阅数年。昨岁因苏四十三之事遣大学士阿桂等统兵往剿，伊等折内常称连得雨泽，因降旨询问该省向来年年报旱，何以今岁得雨独多，其中必有捏饰情弊。因而层层致询显露端倪。阿桂、李侍尧亦知事难掩覆，遂和盘托出。朕思其事不得以人数稍众竟置不问，但朕深以不能道德齐礼，使伊等格心，方引以为愧。至齐之以刑尤属不得已之苦心。陈辉祖、闵鹗元、毕沅俱系读书之人，当明礼义，岂不知朕办理此案之始末乎。无论陈辉祖、闵鹗元各有伊弟在甘省，其一切通同舞弊之事朕早知其必有确切音信来往，即毕沅久任陕西巡抚，并亲在甘省两署督篆，于该省各州县侵冒官帑，历年积弊亦无不知之理，乃竟巧为支饰，欲于朕前尝试。试问朕为何如主乎？五伦莫重于君父，子为父隐尚为情理所有。古纯臣大义灭亲，父且有不能为子隐者，况兄弟乎？若以弟婪赃不法，恐径行举发罪及其弟，因而为之隐忍，是只知有手足之私情，而不知有君臣之大义，颠倒瞀乱莫此为甚。且陈辉祖等若于事未经败露之先早为陈奏，朕必嘉其公正，不但不加之罪，必特为褒奖，以风励举朝诸臣之缄默不言者，即末减其弟之罪亦未可知。是伊二人之弟之陷于重罪，非国法也，乃伊二人使之也。伊等既甘心隐忍于前，及降旨询问，又复希图掩护，隐跃其词于后，仍冀日久或有怜伊二人为因弟受屈者，尚得谓之有天良者乎？此时即将陈辉祖、闵鹗元革职交刑部治罪，伊等亦无可置喙。惟是将来爰书既定，朕断不肯因其弟株连遽置重典，且此案内外大臣皆知而不举，又何独归罪于陈辉祖、闵鹗元二人。现在督抚一时乏员，陈辉祖、闵鹗元尚属能事，著加恩免其治罪，仍照毕沅之例降为三品顶带，各留本任。所有应得职俸养廉永行停支，以示惩创。嗣后陈辉祖、闵鹗元、毕沅俱不许呈进贡物，即寻常土贡亦著一例停止。并令奏事处存记，如陈辉祖等仍前奏进贡品即行驳回，不必转为呈进。陈辉祖等务各返躬自愧，洗心涤虑，洁己奉公，庶几可以稍赎前罪，如或因停其廉俸，借词需索，致有簠簋不饬之事，王亶望是其前车，朕必加倍重治其罪，不能再为曲贷也。所有陈辉祖等复奏之折俱著发抄，将此通谕中外知之。"

（卷 1148　390 页）

乾隆四十七年（1782年）正月癸卯

又谕："上年甘肃宁朔、平罗等县因河水泛溢，秋禾被灾。屡经降旨，令该督切实查勘，照例给赈。第念今春正赈已毕，尚届青黄不接之时，民力未免拮据，著再加恩，将被灾较重之宁朔、平罗二县贫民展赈一个月。其陇西、宁夏二县被灾较轻，仍著该督饬令地方官留心体察，如有缺籽乏食之户，即行酌借籽种、口粮以资接济。务使灾黎共庆安全，用敷春泽。该部遵谕速行。"

（卷 1148　393 页）

乾隆四十七年（1782年）正月乙卯

陕甘总督李侍尧奏："拿获碾伯县潜匿回匪马三十九等四犯，逐加严讯。据供马三十九、马满会系新教掌教。马三十七、马塞力系附从传习念经不讳。将该犯即行正法，并传示西宁、碾伯等处，俾各回众咸知畏惧。"得旨："是，仍宜留心，期尽去根株，不可久而懈。"

（卷1149　398页）

乾隆四十七年（1782年）正月辛酉

谕："甘省折收冒赈案内侵帑捏结各员，业据李侍尧审明，分别定拟具奏。至臬司福宁前在平庆道任内扶同捏结，本应革职抄产，第念该员于此案舞弊实情首先供出，且于搜捕安定等处逆酋马明心家属党羽尚属出力。福宁著革职从宽留任，八年无过，方准开复。"

（卷1149　400页）

乾隆四十七年（1782年）正月癸亥

又谕曰："李侍尧复奏办理土司控案一折，内称上年十一月内接青海副都统留保住咨称，拿获抢窃蒙古马匹之番子一名，随饬西宁府知府会同青海委员严行审办。又十二月内复准留保住咨称，有贼番将扎萨克旗下章京巴朗所管马抢去一百余匹，经巴朗追赶被贼射死等因。随饬西宁镇道督拿务获，旋据该镇道禀请派撒拉尔土兵并附近番兵前往弹压，因恐所办过涉张皇，只令购线拿缉。又去年八月内千总贺利琯越界滋事，现在另折具奏等语。既有此事，何未早奏，且所办殊属非是。此等番人杂处边徼，最易滋生事端，遇有抢窃讦讼之案，必须严行查办，迅速审断，方足以绥靖边夷，断不可存化大为小之见。今李侍尧所奏，俱系上年案件，彼时何以不即行具奏，即西宁镇道禀请派兵弹压一节，该督亦当筹度机宜，如其事果须稍示军威，正不妨酌派兵丁使知震慑。倘止听地方官前往督缉，该番等或将凶犯藏匿，以致控案悬宕不结，转属不成事体。此事惟在该督斟酌事体轻重，熟筹妥办，固不宜稍涉张皇，亦不得迁就完事。甘省节年以来，因勒尔谨在彼，诸事因循皆欲化大为小，以致酿小成大。李侍尧不可不引以为监，其现在各案内应行缉拿之犯，务即督饬委员克期务获，从严办理。将此由五百里传谕知之。"

（卷1149　402页）

乾隆四十七年（1782年）正月是月

署理陕甘总督李侍尧奏："肃州旧设官驼二百只，运送新疆各处官物，交肃州知州择厂牧放。嗣缘经理不善，递年亏缺，业已倒毙无存，应著落各员分赔。至该州转运官物常川不绝，应请改设官车，于肃州、安西两处各设单马铁瓦车七十五辆，源源运送较为妥速。"得旨："如所议行，该部知道。"

（卷1149　407页）

乾隆四十七年（1782年）二月癸酉

谕曰："梁朝桂前在肃州镇总兵任内，因不将年力衰颓之都司福昆等揭报，经李侍尧参奏，部议降调。总兵职司营伍，考察将弁，是其专责。乃一任衰朽恋栈，不行揭报，予以降调，实属咎所应得。第念梁朝桂曾经出兵打仗，颇为奋勉，尚堪弃瑕录用，著加恩补授福建福宁镇总兵，其降调之案，带于新任，俟八年无过，方准开复。"

（卷1150　412页）

乾隆四十七年（1782年）二月丁丑

谕军机大臣等："据车布登扎布等奏，喀尔喀地方挖金民人现聚五百余众，因派额外笔帖式多尔济扎布等前往驱逐等语。蒙古地面聚集五百余人，断非一时骤致，且系何省之人。该处产金，伊等又何由得知。著传谕奎林查明具奏。"寻奏："查系陕、甘、山西等处民人陆续聚集，现已尽行驱回。询问蒙古等尚无勾引分金情弊，请嗣后于口外接壤处所设卡严查。"得旨："奎林所奏殊属糊涂。喀尔喀离内地遥远，若非蒙古等图利招引，民人何由知彼处有金前往刨挖耶？奎林惟听人言，辄欲苟且了事，著传旨申饬。"

军机大臣会同刑部议复据陕甘总督李侍尧奏："镇迪道巴彦岱前在镇西府任内收受经方馈送银一千两。现任镇西府富明阿明知经方亏空，因恐分赔不行查揭，均请照例拟流。应如所请。巴彦岱照侵盗钱粮一千两杖流例。富明阿照故出人罪死因未放减一等杖流例，俱从重改发新疆，效力赎罪。"得旨："此案巴彦岱在镇西府任内收受经方馈送银一千两，明知该犯亏空帑项已逾数万，因受贿在先，惮于举发。又恐自身将致赔累，是以甘为徇隐，核其情罪与署镇西府之富明阿，并未收受馈送银两，止系庇护不行揭报者轻重悬殊。军机大臣会同该部核拟时，自应按例将巴彦岱比照经方斩决之罪，减一等定拟斩候，方为允协。乃率照李侍尧原拟，将巴彦岱、富明阿均拟杖流，改发新疆，殊属错谬。定此案之军机大臣、刑部堂官及李侍尧俱著交部议处。此案巴彦岱改为应斩监候，秋后处决。余依议。甘肃各官上下通同一气，目无法纪，至于如此。虽王亶望一人之作俑，而官官相护之风至于举朝皆然，朕竟不能以诚感众，实为惭懑，不知众人以为何如。"

（卷1150　414页）

乾隆四十七年（1782年）二月乙酉

谕："甘省各州县折收监粮，捏灾冒赈一案，其捏结之道、府、直隶州前经降旨革职，交李侍尧查审，有无通同舞弊及别项款迹，分别定拟具奏。兹据李侍尧查明，将止经捏结并未收受属员银两之道府秦雄飞、刘光昱等一十八员，俱定拟已经革职，无庸议。经军机大臣会同该部核准，降旨允行。此等捏结之各道府以属员收捐折色之监粮作为实贮，遇有灾荒，复听从王亶望、蒋全迪等朋比为奸，预定分数，分派各州县结报。扶同申详，核其情节，即与虚出通关无异。按律科罪，实所应得，只因甘肃通省各官情罪更有重大于此者，不得不于严示创惩之中特予加恩末减。设在他省则执法定拟。秦雄飞诸人，乌得竟置勿论，且道府为方面大员，访察属吏是其专责。即有上司抑勒，何难直揭部科，乃甘为扶同出结，国家亦安用此道府为乎。现在全案爰书已定，前任捏结之道员秦雄飞等俱已格外加恩，宥赦回籍，嗣后自当永不录用，以儆官邪。各省道府各官有稽查结报之责者，均当引为前鉴，倘有似此诬捏祖庇属员之事，一经察出，朕必按律重治其罪，不得以秦雄飞等诸人之例，谓可幸邀宽宥也。将此通谕中外知之。"

（卷1151　420页）

乾隆四十七年（1782年）二月丁亥

谕军机大臣等："本日据章嘉呼图克图奏称，河神素来灵应。从前康熙、雍正年间曾因堵筑工程，差官至西宁虔申祈吁，得以藏工等语。现在北岸要工屡有变动，朕斋心默祷以祈天佑神助，并经传谕阿桂等不可稍存怨尤之念。但念阿桂连日在工，不免昼夜焦急，兹特遣伊子阿弥达驰往西宁同留保住并章嘉呼图克图之弟吹卜藏呼图克图恭诣河源致祭，仰祈神佑，庶得迅奏成功，合龙喜音，当即在旦夕也。将此传谕阿桂知之，仍将日内筹办事宜迅速驰奏，以慰厪念。"

命乾清门侍卫阿弥达驰驿前往西宁，致祭河神。

（卷1151　425页）

乾隆四十七年（1782年）二月乙未

谕军机大臣等："刑部核复陕甘总督李侍尧审拟已革武生马汉良教唆调兵不至一案。将马汉良比照失误军机律，改拟斩候，入于本年秋审情实办理一折。部驳改拟甚是，已依议行矣。此案马汉良系奉土司调遣，胆敢教唆伊侄抗不发兵，坐视逆回肆扰，观望阻挠。彼时李侍尧接据土司杨宗业及洮州同知禀报，即应将该犯立拿于军前正法，以为顿兵延玩者戒。即或因撒拉尔逆回未靖，暂缓刑诛。及至事平，自应按律严办，何得仅将该犯拟军，且声称改发伊犁即为从重耶？李侍尧定拟此案殊属非是，著传旨申饬。"

（卷1151　430页）

乾隆四十七年（1782年）二月丙申

谕军机大臣等："户部议复李侍尧奏，甘省皋兰县节年未解茶课银八万七千余两，及庄浪、西宁各府厅属应解茶课银三万三千余两，请敕交该督，查明是否实系亏空，及有无影射侵冒情弊，速行催交，以清款项一折。已依议行矣。此项银两自乾隆三十六年起至四十三年止，递年压欠，有征无解。皋兰一县已积至八万七千余两之多，俱由王亶望为藩司时勒索所属馈送银两，私饱囊橐。皋兰为附省首县，逢迎花消，而于应解库项任其挪移侵亏，积年悬宕，此王亶望之罪，殊为擢发难数。但前后任皋兰县现俱正法，家产查抄，所有亏空茶课银两已无可追缴，其如何著落分赔归款之处，著李侍尧即速查明具奏。至庄浪、西宁各属未解茶课银三万三千余两，又在前所查办通省亏短银五十余万两之外，究竟此项亏短银两是否实系历任侵吞，抑或前任俱已治罪，无可质对。新任接手又另有别项影射侵欺情弊，并著李侍尧一并查明，据实复奏。"寻奏："庄浪茶课银两查明现贮厅库并未亏缺。接任之员亦无别项情弊。皋兰县已征未解银内除借垫夫马工料及新疆各案车价口食等项俱应造销请领归款外，其余实系历任亏空。请核入通省亏空案内，著落在乾隆四十年以前辗转接收之州县及加结保题之各上司加倍分赔，并将通省现任各官养廉分年摊扣还项。西宁府未解茶课银内除垫给进剿逆回官兵口粮，并拨运粮草脚价例应准销外，其余请归入办差无著项内，亦将各官养廉陆续摊扣归款。"下部知之。

（卷1151　431页）

乾隆四十七年（1782年）二月是月

署陕甘总督李侍尧奏："兰州华林山建筑土堡一座，盖造官署兵房一千三百四十余间，并于龙尾山相对大城西南一带安设空心墩四处，分兵驻防，以资弹压。"得旨："嘉奖。"

（卷1151　432页）

乾隆四十七年（1782年）三月乙巳

谕军机大臣等："李侍尧奏陕甘绿营扣留公粮一折，内称各提镇协营惟凉州镇属尚有未扣银一万四千余两，应于本年夏秋二季饷银内扣还归款。因兵饷不敷散给，请仍展限扣缴等语。止可如此办理。甘省绿营额设公费以备营中一切公用，向来各营任意开销，递年亏缺，转将公粮挪垫，压季展扣，甚至凉州镇属未扣银有一万四千余两之多。此项亏缺银两起自何年，历任总兵等有无染指侵蚀之弊，著传谕详细清查，据实具奏，不可稍存回护之见。"寻奏："该镇公费不敷始自乾隆二十一年，嗣因相沿糜费，愈积愈多，致借公粮垫补。历任总兵等尚无染指侵蚀情弊，请嗣后撙节公费，余出银两，陆续弥补。"下部知之。

（卷1152　434页）

乾隆四十七年（1782年）三月辛亥

乌什办事大臣绰克托、阿克苏办事大臣法灵阿奏："本年十月甘肃凉州兵丁五年期满，应行更换。宁夏、固原兵丁亦于明年正月期满，若俱行更换，恐新到兵丁于屯田鼓铸及采铜等事一切生疏，未免掣肘。请将明年应换之宁夏、固原兵丁再留一年，以资办公。"得旨："允行。"

（卷1152　439页）

乾隆四十七年（1782年）三月乙卯

谕："据李侍尧清字奏片，查办甘省亏空一案，内有各州县因办理班禅额尔德尼经过地方，借用司府各库银十七万五千五百余两。此内虽有实在应行动支之项，然断不至如此之多，其承办官员俱已于冒赈案内抄产正法，现在无从著落赔补。请定限于全省官员养廉内陆续扣赔等语。此项银两系从前承办各员借端冒支，该员等俱已查抄治罪，无从根究，若令无干之后任官员抵赔，将来办公不敷，又得借词致有亏缺。是因去弊而转复滋弊，所有此项银两著一并加恩豁免，该部知道。"

又谕："据李侍尧奏查办甘省各属亏空钱粮案内，有节年民欠未完籽种口粮银一项，内除历次邀恩豁免外，尚有应征积欠仓斗粮二百四十五万四千八百三十余石，折色银三十万七千三百二十余两，请分年带征等语。甘省地瘠民贫，朕于从前出借缓征，用纾民力，在小民感激朕恩，自无不踊跃输将。但念该省每遇偏灾，动项赈恤多为劣员等侵蚀冒销，闾阎未得普沾实惠，实非朕爱养黎元之意。今该省积弊已除，所有此项积欠银粮著加恩全行豁免，以示朕体恤边氓，有加无已之至意。"

（卷 1153　　443 页）

乾隆四十七年（1782 年）三月丙辰

谕军机大臣等："据李侍尧奏，查明皋兰等三十四厅、州、县亏短仓库确数共银八十八万八千九百九十余两，又亏空仓粮七十四万一百一十余石及草束（束）四百五万一千有零，俱系历任州县侵亏，转相容隐接收，各上司因循不办，捏结保题，酿成锢弊。请自乾隆四十年以前溯至乾隆二十年之历任州、县、道、府、藩司、督抚，照伊等任内亏空四十二万之数，著落加倍赔补，如有无力完缴者，即摊入通案各员名下代赔等语。仓库正项银两乃敢任意侵欺，即令加倍赔补亦所应得。但念历年已久，各州县辗转接收，较之折捐冒赈，昧良舞弊者尚属有间。其滥行出结保题之各上司咎止失察，著加恩将亏空四十二万之数照依原单，按其在任久暂，照股分赔，毋庸加倍赔补。至该督所称其余尚有八十二万余两未便竟归无著，请于现任总督及司、道、府、厅、州、县各员养廉内摊扣三成，陆续归补等语。甘省积弊相仍，为从来未有之奇事，此等劣员既经冒赈殃民，又复侵亏正帑，实属罪无可道。除已经正法各犯外，所有现在解部人犯已交军机大臣会同英廉、胡季堂、刘墉详加核奏，候朕另降谕旨。至李侍尧、福崧等办理此案，彻底清查，尚属实心。即现在道府及州县各员多系新任，若令摊扣养廉办公未免竭蹶。且恐将来转有借词赔累，复致亏缺之弊，并著一体加恩免其分赔。此次宽免之后，若再有亏短，一经查出，断不能为之曲贷也。该督等仍当不时查察，毋得稍有徇隐。将此谕李侍尧知之。"

又谕："昨据李侍尧奏，查明皋兰县等三十四厅、州、县亏空仓库银粮及草束共银一百六十余万两，并开明亏空人名清单进呈。内闵鹗元等十七人均有侵亏银粮草束等项，多寡不等。但解部各犯共有六十九人，现在查出前后侵蚀者恐尚不止此十七人，著再行详查具奏。至该督奏称狄道等六州县以铜玉绸缎等物抵交亏缺库项，似此积弊相沿尤堪骇异。该员等侵亏帑项，饱其欲壑，而以私物滥行抵交。其所指六州县又系何人首先作抵，或即在此六十九人之内亦未可知，著传谕李侍尧一并查明，迅速由驿复奏。"寻奏："甘省狄道、肃州、会宁、武威、永昌、山丹六州县以私物抵官项，辗转交收之劣员均在六十九人内，已于冒赈案分别治罪，所存物件一并入官，不准作亏项抵算，以清国帑。"报闻。

（卷1153　444页）

乾隆四十七年（1782年）三月丁巳

吏部等部议准陕甘总督李侍尧奏："河州太子寺地方旧设州判一员，嗣于乾隆四十二年裁去，改设庄浪县丞。查该处汉回杂处，稽察难周，请仍设州判一缺分防稽查。"从之。

（卷1153　446页）

乾隆四十七年（1782年）三月丙寅

兵部奏："阿拉善兵及屯练各兵征剿逆回受伤，所领伤银应否追缴？"得旨："所有进剿撒拉尔逆回受伤之阿拉善官兵及屯练土兵降番等，已领四、五等赏银，俱著加恩免其缴还。至八旗绿营官兵有伤列四、五等已经领银者，亦著一并加恩免其追缴，以示优恤。"

（卷1153　451页）

乾隆四十七年（1782年）四月庚午

又谕："据富勒浑奏，豫省拨协甘饷银两请于甘肃就近邻省酌拨，其应行解部驿站银两并请于漫工案内作正报销等语，著照所请，交该部查明，将应拨甘省银两于邻省另行酌拨，并将河南应解之驿站银两准其归于漫工案内报销。"

（卷1154　454页）

乾隆四十七年（1782年）四月壬午

镶黄旗满洲都统奏："征剿逆回伤亡之蓝翎侍卫玛图纳请赏云骑尉，给伊子哈达那承袭。"得旨："去年征剿撒拉尔逆回阵亡、伤亡人员皆照例给与赏银，并无袭官之例。朕思此等人员究竟在军营效命，因悯阵亡人等，特降谕旨施恩，交部照伊等官职酌议给与世袭官职。但实是阵亡人等理应照例给与世袭官职，袭次完时仍赏恩骑尉世袭罔替。至伤亡人等已经邀恩，照阵亡人等给与世袭官职，如仍给恩骑尉太无区别，亦不合朕怜悯旗人之至意。嗣后凡阵亡人等，该部仍照例给与官职，其伤亡人等不必给与恩骑尉。玛图纳之云骑尉即照此办理，著为例。"

军机大臣等议复乌什办事大臣绰克托等奏称："乌什、叶尔羌、喀什噶尔及库车、哈喇沙尔等处钱粮奏销，向系各该处大臣册咨陕甘总督，转送户部核销。凡有驳查，往返动经年月，嗣后除吐鲁番迤东设有府、厅、州、县管理钱粮者，仍造册送总督核转外，其乌什、叶尔羌、喀什噶尔及库车、哈喇沙尔等处一切钱粮奏销，请径由各该处办事大臣专折具奏，再行册送户部，并移咨陕甘总督查核。应如所奏。"从之。

（卷1155　468页）

乾隆四十七年（1782年）四月戊子

谕军机大臣曰："李侍尧奏，甘省各属于三月下旬及四月上旬连次得雨，自省城以至远近各属无不均沾等语。览奏甚为欣慰。甘省向因雨少，每报旱灾，以致不肖各员酿成冒赈积弊。上年该省即得雨沾足，秋收丰稔。今岁正当禾苗长发之时，仍复普沾甘澍，农民得及时播种，可卜丰收。但该省究系地瘠民贫之区，虽现在雨泽应时，尚恐将来通省各属间有一二歉薄之处，该督仍当悉心查察，据实具奏，毋得稍存讳饰。朕念切民瘼，务使一夫不致失所。该督自当仰体朕意，不可因甘省向有捏灾积弊，遂尔因噎废食，转致匿灾不报也。将此谕令知之。"

（卷1155　473页）

乾隆四十七年（1782年）四月壬辰

又谕曰："军机大臣会同英廉等将李侍尧奏甘省捏灾冒赈案内，现在拟斩监候之闵鹓元等十七犯续行查出任内亏缺银粮、草束等项，核拟具奏，请旨即行正法一折。此案闵鹗元等十七犯于甘省历年灾赈项下婪得多赃，数至盈千累万。上年办理通案人犯时，因拟入斩决人数众多，不得不略为区别。而该犯等侵冒银数亦尚在二万两以下，是以姑从宽改为斩候，令刑部存记，入于今年秋审情实，临期再行请旨。朕于办理庶务从不为已甚，如该犯等情节有一线可原者，尚欲加恩曲宥。今据李侍尧续行查奏该犯等任内，各有亏缺银粮、草束各项钱粮，多者至五万九千余两，即至少者亦有数千余两不等，则是于捏灾冒赈本罪之外又有任意侵欺，毫无顾忌，多一亏空罪名，实为从来所未有。此而不办何以惩贪黩而申国宪。闵鹗元等十一犯统计前后侵亏银数均已在二万两以上，罪实无可复逭。闵鹗元、杜耕书、杨有澳、觉罗福明、林昂霄、王璠、顾汝衡、墨尔更额、赵元德、庞櫄、沈泰均著即处斩，其董熙等六犯虽依议斩决，亦属罪所应得，但其冒赈并亏空银两核计尚在二万两以下，董熙、丁愈、华廷扬、章汝楠、李弼、叶观海俱著从宽改为应斩监候，秋后处决，俟本年朝审勾到时，刑部请旨办理。近年侵贪案件屡经败露，如王亶望一案，甫经惩创，今又有山东国泰之勒派属员，婪索多赃，而属员中亦有亏空者，岂水懦民玩，遂致侥幸身试，憨不畏法者多耶？所有闵鹗元等，著派胡季堂、福长安、景燨前往监视行刑，即将此旨宣谕该犯等，使知情真罪当，实由自取。将此案分别办理缘由通谕中外知之。"

（卷 1155　476 页）

陕甘总督李侍尧奏："查金城关道临黄河，离省城不过二里。该处地方逼窄，只可设汛，不能添驻重兵。所赖华林山业已筑堡驻兵，与该关隔河相望，声势已为联络。臣等酌拟再于该关地面设汛一处，拨兵四十名，统以千把一员驻扎巡防。再陕甘省旧存炮位俱不堪用，即凉州大炮四位亦损其半，当华林贼匪滋扰时，臣等赶造劈山炮二十位，轰打贼巢，方得成功。嗣后请遴派熟悉炮位之员遍往各营勘验，将废炮尽毁，其可用之炮留贮各营。再制造大炮，酌定数目分贮，并多制劈山炮。凡督抚提镇大标约计兵二百名给炮一位，以壮军威。"得旨："嘉奖。"

（卷 1155　478 页）

乾隆四十七年（1782年）五月丁酉

又谕："据李侍尧奏，查明皋兰等三十四厅、州、县亏短仓库确数共银八十八万八千九百九十余两，又亏空仓粮七十四万一百一十余石及草束四百五万一千有零，俱系历任州县侵亏，转相容隐接收。各上司因循不办，捏结保题，酿成锢弊。请自乾隆四十年以前溯至乾隆二十年，历任州、县、道、府、藩司、督抚照伊等任内亏空四十二万之数，著落加倍赔补，如有无力完缴者，即摊入通案各员名下代赔等语。仓库正项银两乃敢任意侵欺，即令加倍赔补亦所应得，但念历年已久。各州县辗转接收，较之折捐冒赈、昧良舞弊者尚属有间，其滥行出结保题之各上司咎止失察，著加恩将亏空四十二万之数，照依原单，按其在任久暂照股分赔，毋庸加倍赔补。至该督所称其余尚有八十二万余两未便竟归无著，请于现任总督及司、道、府、厅、州、县各员养廉内摊扣三成，陆续归补等语。甘省积弊相仍为从来未有之奇事，此等劣员既经冒赈殃民，又复侵亏正帑，实属罪无可逭。昨已将闵鹗元等交军机大臣会同英廉等详加核奏，降旨分别办理。至李侍尧、福崧等办理此案，彻底清查，尚属实心，即现在道府及州县多系新任，若令摊扣养廉办公未免竭蹶，且恐将来转有借词赔累，复致亏缺之弊，并著一体加恩，免其分赔。此次宽免之后若再有亏短，一经查出断不为之曲贷也。该督抚仍当不时查察，毋得稍有徇隐。将此通谕知之。"

（卷1156　484页）

乾隆四十七年（1782年）五月庚子

谕："朕恭阅皇祖实录所载扫除吴逆、平定川陕事迹。因取张勇、赵良栋、王进宝三人国史列传，详加披览，其功绩实有不可没者。当吴逆煽乱川陕，两省提镇王辅臣、吴之茂等相率从贼。维时西陲告警，张勇以云南提督调回甘肃，授为靖逆将军。勇躬履行间，殚心筹划，攻取平凉，底定秦陇，其间收复洮河诸郡及举发伪札，执斩来使诸事居然有古名将风。而赵良栋之授为宁夏提督，即系张勇所荐。又王进宝亦曾隶勇麾下，两人提兵转战，同心效力。赵良栋首先建议直取成都，王进宝戡定保宁，歼擒渠帅，其削平恢复之勋亦不可泯。厥后张勇封侯，赵良栋、王进宝仅得子爵。盖缘两人各怀私忿，互相攻讦，较之张勇之勤劳懋著，始终无过者实逊。然两人之功究足以掩其过，今百年论定，眷念成劳，赵良栋、王进宝宜量加追叙。前于乾隆三十二年特降恩旨，今张勇等子孙世袭罔替。张勇本侯爵，其元孙张承勋承袭，因旷班革去散秩大臣，在三等侍卫上行走。兹特加恩，复还散秩大臣，照旧供职。至进取云南恢复成都，赵良栋之功为最，原封一等子，著晋封为一等伯。王进宝原封三等子，著晋封为一等子，仍准世袭罔替，并交该督抚查明赵良栋、王进宝现应袭职子孙，送部引见，候朕酌量录用，以示优眷。夫兵可百年不用，不可一日不备。国家承平日久，每溯前勋，爰思将帅，如张勇、赵良栋、王进宝诸人，将才武略独出冠时，名炳旗常。赏延苗裔，凡在戎行者尚其益励赳桓，以副干城腹心之寄。将此通谕中外知之。"

谕曰："甘肃兵丁所领季饷内尚有从前出征金川，置备军装应行坐扣之项。前经传谕李侍尧，令其查明据实具奏，候朕酌量加恩。兹据李侍尧奏，该省兵丁扣项共计十案，内除本省详准借支及川省咨追查扣，仍应按季扣还归款外，其节次制办衣履，运送军营一款未完银一万八千二百六十九两零。又川省军营代制各兵帐房衣履，其借支俸饷接济一款尚有未完银二万七千八百二十两零。又征兵随带余丁长支盐菜银一千三百九十八两零，系无可著追等语。该省协调兵丁所领制备帐房衣履及接济盘费等项银两，本应扣还归款，但念兵丁等按季所领饷项无多，若再行坐扣，兵力未免拮据。著将李侍尧所奏未经扣还前项银两，俱加恩豁免，以示朕体恤戎行之至意。该部即遵谕行。"

（卷1156　489页）

乾隆四十七年（1782年）五月庚申

以故青海扎萨克辅国公旺扎勒敦多布子达玛林袭爵。

（卷1157　502页）

乾隆四十七年（1782年）六月戊辰

谕军机大臣等："据朱椿奏，盘查回民搜获书籍，现在严办一折。内称，据桂林府知府贵中孚禀报，盘获广东崖州回民海富润有抄录回字经二十一本，又汉字天方至圣实录年谱等书，现在逐一严讯，从重究拟等语。所办殊属过当。甘省苏四十三系回教中之新教，即邪教也。今已办尽根株。至于旧教回民各省多有，而在陕西及北省居住者尤多。平日所诵经典亦系相沿旧本，并非实有谤毁，显为悖逆之语。且就朱椿现在签出书内字句，大约俚鄙者多，不得竟指为狂悖。此等回民愚蠢无知，各奉其教，若必鳃鳃绳以国法，将不胜其扰。况上年甘省逆回滋事系新教与旧教相争起衅，并不借经典为煽惑，朱椿独未闻知乎。朕办理庶政不肯稍存成见，如果确有悖逆狂吠字迹，自当按律严惩，不少宽贷。若如此等回教书籍附会其词，苛求字句，甚非朕不为已甚之意。此事著即传谕朱椿并毕沅等竟可毋庸办理。嗣后各省督抚遇有似此鄙俚书籍，俱不必查办。将此一并传谕知之。"

（卷1158　506页）

乾隆四十七年（1782年）六月乙亥

谕军机大臣等："本日据俞金鳌奏，甘省一提四镇标营所有公费扣抵节年欠项，不敷兵丁之用。请于积存节省驼只料草银两内拨填前欠及借支急制军装银两，并请多宽年限扣交一折。已批交军机大臣速议具奏矣。因思甘省提镇各标营额设公费，原备一切紧要之用。从前该管各提镇不能随时撙节动用，以致糜费支销，递年亏缺。本年三月据李侍尧奏，该省凉州镇属公粮尚有未经扣缴银一万四千余两，请展限陆续扣还等语。当经降旨令该督查明历任总兵有无染指情弊，另行复奏。嗣据该督查奏，历任总兵虽有滥行支用之处，究无别项情弊等因。是该督所办止就凉州镇一属至多者而言，而通省各提镇从前借支公费应行扣缴银两总数并未声请一体办理。今据俞金鳌所奏，截至四十六年冬季，通省提镇各营共应扣缴银六万八千余两，请于节年驼只料草节省银两内拨填归款，固为赡济兵丁通融办理起见。但此项银两，从前阿桂在甘省查办各案是否知有各标营节年亏短未经扣缴之项，并有无与李侍尧筹议作何办理之处，著传谕阿桂，令其速行复奏。至俞金鳌此奏并未与李侍尧列衔，或系二人意见龃龉，或系李侍尧因从前查办遗漏，是以不便会衔，令其自奏，二者必居一于此。据阿桂之所见如何，一并据实具奏。朕意加恩甘省者不啻数百万，此数万竟加恩全免亦无多也。俞金鳌原折著抄寄阅看。"寻阿桂奏："请将甘省各营兵应行扣缴公费及急制军装等银两，仍交与李侍尧会同俞金鳌确查。该省各营节年驼只节省料草银共有若干两，不拘何镇何营尽数通融弥补，如不敷，再将未立马匹草干银拨抵。"从之。

（卷1158　509页）

乾隆四十七年（1782年）六月戊寅

陕甘总督李侍尧疏报甘肃平番县乾隆四十六年份开垦旱地六顷四十

五亩。

（卷1158 513页）

乾隆四十七年（1782年）六月辛巳

谕："据署镶红旗满洲都统修龄等奏准陕甘总督来文，自乾隆二十年起至四十年止，甘省历任督、抚、司、道、府、厅、州、县分别应赔亏空银两一折。内称原任巡抚常钧、道员达尔吉善、知州长世图等应赔银两，俱请于限内呈交。至原任道员来朝业经病故，并无妻子兄弟，亦无家产，无可著追。行文户部，于案内各官名下分赔。原任道员辅德、原任藩司恒光二人俱经病故，并无家产。其应赔银两著落该二员之子笔帖式富察彦、领催和汉等俸饷内坐扣一半。又另折称原任兰州府知府勒尔金已经身故，并无家产，亦应于伊子候补同知锡麟等应得廉俸饷银内坐扣一半各等语。甘省亏空，前经李侍尧查明，自乾隆四十年以前溯至乾隆二十年，历任满汉州、县、道、府、藩臬、督抚共应赔亏空四十二万两，开具清单，奏请著落加倍赔补。经朕加恩照依原单，按其在任久暂，照股分赔，免令加倍赔补。今该旗所奏应赔银两自应著落追赔，但其中有宜略为区别者，如辅德、恒光等曾任道府以上各员所得廉俸本属优厚，又未经缘事查抄，何至并无家产，可见必有隐匿。各该旗未经详细查核，此等应赔银两各该旗籍查明该员子嗣名下著落分赔，实属应当。至同知以下各员除本人尚在及伊子孙现任职官者，仍应于所得俸饷著落赔补外，倘业经身故，并无家产，其子嗣并无官职，或仅披甲当差者，俱著一概加恩，免其追赔。其应赔银两仍交各该旗籍著落此案曾任道府以上各员摊赔归款，以昭平允，该部即遵谕行。"

（卷1159 514页）

乾隆四十七年（1782年）六月丁亥

谕："据萨载奏，接准广西抚臣朱椿咨拿回民海富润案内之改绍贤等三犯，当即转饬查办，解赴江苏抚臣究审一折。所办殊属非是。此案海富润有抄录回字经卷及汉字天方至圣实录年谱等书，其书内大意约略揄扬西域回教之意居多。回民持诵经典，自唐宋以来早已流传中国，现在相沿旧本在回民中俱属家喻户晓，并无谤毁悖逆之语。则是回民之各奉其教，即与此时之僧道喇嘛无异，焉能尽人其人而火其书乎。此案前据朱椿奏到，节经降旨通饬各省督抚毋庸查办，乃萨载接准朱椿咨会并不权衡事理之轻重，遽行飞饬各属，将改绍贤等搜查，押解究审，如此矜张办事，殊非大臣实心任事之道，实属可鄙可笑。萨载久任封疆，在督抚中尚属老成历练，明白晓事之人。乃亦与朱椿之初任巡抚，遇事茫无主见者相同，能不知所愧乎。地方大吏遇有奸民倡立邪教及惑众敛钱之事，自当实力严查究办，务净根株，以除风俗人心之害。若回教民人各省多有，无论西北省份居住者固多，即江省一带零星散处，其饮食作息俱与平民相等，不过不食狗豕肉耳。如以传习经卷与邪教悖逆之书一例查办，则安分守法之回民转致无所措其手足。且从前山东王伦及甘省王伏林等滋事不法，回民中即有首先奋勇打仗者，即上年苏四十三之事。其旧教回民倡义率众，协同官兵剿捕，甚为出力。经朕节次奖赏，则朕之视回教民人，皆吾赤子。各省督抚安得歧而二之乎。现在此案查拿之改绍贤诸人虽已据萨载折内声明，业经遵旨概行省释。其书籍板片亦即给还，并当出示详悉晓谕回民，务各循分守法，各安本业，毋致惊惶扰累。但各省督抚若因有此旨遂致因噎废食，将地方实系邪教重案亦借词镇重，姑息养奸，竟置不办，则是误会朕意，不度事理，将来发觉时恐不能当其罪也。将此通谕中外知之。"

（卷1159　519页）

乾隆四十七年（1782年）六月是月

陕甘总督李侍尧奏："据河州知州于锽禀请查照雍正年间河州二十四关设立乡勇例，编伍团练以重边防等因。查乡勇之设，农忙归业，农隙操演，仿古寓兵于农之法。其实半系游手无业之徒。况河州所属大半回民，良莠混杂，难保无借此为名私制军械，纠结藏奸。查该州乡勇旧设五千人，乃去年逆匪攻抢河州，任其滋扰，彼时所称乡勇者何在。可见有名无实。今事平之后，因官禁私藏鸟枪，复指称乡勇名色，冀得照旧存留。河州逼近撒拉尔，保无串通番回滋事之处，况该处设镇添兵，足资防范，请将乡勇尽行革除，并将私藏禁械一体收销。"得旨："是极，汝实解事之人也。"

（卷1159　526页）

乾隆四十七年（1782年）七月丁酉

又谕："据毕沅奏，接据朱椿咨会查缴回民海富润经本书籍，并未转行查办，恭候谕旨遵行一折。所奏未免过迟，陕甘回民甚多，其安分守法者传习经卷书籍由来已久，断无查办之理。毕沅既见及此，即应据实陈奏，方不愧封疆大臣实心任事之道。乃直待朕降旨，始行遵办。岂有伊所见及之事，朕转不能洞悉其应办与否乎？毕沅此奏明系有心观望，以文饰其具奏迟延之故，其借词取巧，实为朕所鄙笑。将此谕令知之。"

（卷1160　530页）

乾隆四十七年（1782年）七月己酉

命馆臣编辑《河源纪略》。谕："今年春间因豫省青龙冈漫口，合龙未就，遣大学士阿桂之子、乾清门侍卫阿弥达前往青海，务穷河源，告祭河神，事竣复命，并据按定南针绘图具说呈览。据奏星宿海西南有一河，名阿勒坦郭勒。蒙古语阿勒坦即黄金，郭勒即河也。此河实系黄河上源，其水色黄，回旋三百余里穿入星宿海，自此合流至贵德堡，水色全黄，始名黄河。又阿勒坦郭勒之西有巨石高数丈，名阿勒坦噶达素齐老。蒙古语噶达素，北极星也，齐老，石也。其崖壁黄赤色，壁上为天池，池中流泉喷涌，酾为百道，皆作金色。入阿勒坦郭勒则真黄河之上源也，其所奏河源颇为明晰。从前康熙四十三年皇祖命侍卫拉锡等往穷河源，其时伊等但穷至星宿海，即指为河源。自彼回程复奏，而未穷至阿勒坦郭勒之黄水，尤未穷至阿勒坦噶达素齐老之真源。是以皇祖所降谕旨并几暇格物编星宿海一条，亦但就拉锡等所奏以鄂敦他腊为河源也。今既考询明确，较前更加详晰，因赋河源诗一篇，叙述原委。又因《汉书》河出昆仑之语，考之于今，昆仑当在回部中，回部诸水皆东注蒲昌海，即盐泽也。盐泽之水入地伏流至青海始出，而大河之水独黄，非昆仑之水伏地至此，出而挟星宿海诸水为河渎而何，济水三伏三见，此亦一证。因于河源诗后复加按语为之决疑传正。嗣检阅《宋史·河渠志》有云河绕昆仑之南，折而东，复绕昆仑之北诸语。夫昆仑大山也，河安能绕其南，又绕其北，此不待办而知其诬。且昆仑在回部，离此万里，谁能移此为青海之河源。既又细阅康熙年间拉锡所具图，于贵德之西有三支河，名昆都伦，乃悟昆都伦者，蒙古语谓横也。横即支河之谓。此元时旧名，谓有三横河入于河，盖蒙古以横为昆都伦，即回部所谓昆仑山者，亦系横岭，而修书者不解其故，遂牵青海之昆都伦河为回部之昆仑山耳。既解其疑，不可不详志。因复著读《宋史·河渠志》一篇，兹更检《元史·地理志》有河源附录一卷，内称汉使张骞道西域见二水交流，发葱岭，汇盐泽，伏流千里，至积石而再出。其所言与朕蒲昌海即盐泽之水入地伏流意颇合，可见古人考证已有先得我心者。按《史记·大宛传》云，于阗之西，水皆西流注西海，其东水东流注盐泽，潜行地下，其南则河源出焉河注中国。《汉书·西域传》于阗国条下所引亦同，而说未详尽。张骞既至蒲昌海则或越过星宿海，直至回部地方，或回至星宿海，而未寻至阿勒坦郭勒等处。当日还奏，必有奏牍，或绘图陈献，而司马迁、班固纪（记）载，弗为备详始末，仅以数语了事，致后人无从考证，此作史者之略也。然则《武帝纪》所云昆仑为河源本不误，特未详伏流而出青海之阿勒坦噶达素而经星宿海为河源耳。至元世祖时遣使穷河源，亦但言至青海之星宿海，见其有泉百余泓，便指谓河源，而不言其上有阿勒坦噶达素之黄水，又上有蒲昌海之伏流，则仍属得半而止。朕从前为热河考，即言河源自葱岭以东之和阗、叶尔羌诸水潴为蒲昌海，即盐泽。蒙古语谓之罗布淖尔，伏流地中复出为星宿海云云。今复阅《史记》《汉书》所纪河源，为之究极原委，则张骞所穷正与今所考订相合，又岂可没其探本讨源之实乎。所有两汉迄今，自正史以及各家河源辨（辩）证诸书，允宜通行校阅，订是正讹，编辑《河源纪略》一书，著四库馆总裁督同总纂等悉心纂办，将御制河源诗文冠于卷端。凡蒙古地名、人名译对汉音者，均照改定正史，详晰校正无讹，颁布刊刻，并录入《四库全书》，以昭传信，特谕。"

御制河源诗曰："惟岳曰有五，惟渎曰有四。四渎河居一，宏功赞天地。金堤护九曲，迩年每有事。瓠子计已竭，灵源致虔祭。因遣侍卫往，穷源命必至。归来新图呈，旧图称未备。旧云星宿海，便即河源是。叶蒙古谓鄂敦，鄂敦星宿谓。此固非差讹，然河其南寄。因更向西行，溯洄川益邃。色赤作黄金，别流无敢厕。询以蒙古名，曰阿坦郭勒。叶阿坦谓黄金，郭勒则河义。更西得巨石，询蒙古名字。阿坦噶达素，北极星名意。司水见道经，不约今古契。再上则赤壁，壁端天池积。叶酾泉作金色，真源信无二。山土胥金色，更无林木翳。东南流折北，屈注三百里。叶穿星宿海东，色微淡以易。东至贵德堡，遂作纯黄色。叶向称星宿源，亦未大差致。集林云有人，见妇浣纱异。张骞支机石，更述荆楚记。或到星宿海，傅会传奇伪。统天一所生，轩图旨早示。考订志其详，惟吁安澜赐。"

御制河源按语曰："按班固《汉书·张骞传》，天子使穷河源，其山多玉石采来。天子按古图书，名河所出山曰昆仑云。而固赞又谓骞使大夏之后穷河源，恶睹所谓昆仑者乎，故言九州山川，《尚书》近之。于是邓展遂谓河源出于积石，是皆拘墟未见颜色之言。盖千古以上，中国以外，纪（记）载已舛。言语不通，而欲定其确实，何异北辕适越。考《元史》始有星宿海之名而以为河源。元，蒙古也。鄂敦即星宿，彼时讹译为火敦，则汉人不通蒙古语耳。此亦近之。今则更溯以上遂得真源，然昆仑之语亦不为无因，盖昆仑在今回部中，回部诸水皆东注蒲昌海，即盐泽也。盐泽之水皆入地伏流至青海始出，则星宿海诸水皆是也。而大河之源独黄色为灵异，更在星宿海之上，非昆仑之水伏地至此以出而挟星宿海诸水为河渎而何，济水三伏三见。此亦一证矣。独《汉书》所云采玉，则因昆仑出玉，未免牵就，询之阿弥达则称河源皆土山无石，无石安能有玉。夫非精通蒙古语及《汉书》更问之亲履其地之人，率欲定此事体，大而地远理博之事，不亦甚难乎。于甚难而得决疑传正，亦一大快也。御制读《宋史·河渠志》曰，予既问之往祭河源之侍卫阿弥达，明悉河源在星宿海之西，亦既系之诗而按以语矣。因取《宋史·河渠志》观之，《宋史》元托克托等所修也，以蒙古人言蒙古地名，尚有踳舛失真者，则以蒙古人不深明汉文，宜其音韵弗合，名不正而言不顺，以致纪（记）载失实也。其所译哈喇海齐必勒呼兰伊拉齐之类，皆不合今蒙古语，非不合也，蒙古语犹是。其音译汉文则差也。兹姑弗论。独所称绕昆仑之南折而东，又云复绕昆仑之北，自贵德、西宁之后云云。贵德即元之贵德州，而今之河州之地也，西宁则仍西宁。此其间焉有所谓昆仑者乎。夫昆仑自在回部，离此将万里，谁能移于此为河源。细究其义，盖修《河渠志》者或曾读《汉书·武帝记》，因牵强为之辞，不知以讹传讹，益增人不信耳。既又细阅康熙年间拉锡所具图于贵德之西有三支河，其名昆都伦，乃恍然大悟。昆都伦者，蒙古语谓横也，横即支河之谓。此盖元时之旧名，谓有三横河入于河，而修书者不解其故，遂阑入回部之昆仑山以证汉武之事耳。然蒙古谓山横者曰昆都伦，或者张骞曾到回部之昆都伦以及蒲昌盐泽，谓为河源，则是与予所云不约而同，而要之究未明其入地伏流为星宿海上之河源也，既解其疑。不可以不详志，如是则陶渊明所谓不求甚解者为可行乎，为不可行乎。"

御制河源简明语曰："予既为河源诗并按语，既读《宋史·河渠志》有文，命辑河源纪略有谕。兹以体大物博，考今证古，不无费辞。虽彼此细勘事则明，恐毫厘稍差义乃紊。兹为简明之语，庶因提要而便览，盖河源究以张骞所探蒲昌海盐泽及汉武所定昆仑为是，虽《山海经》《水经注》皆略具其说。《山海经》刘歆称伯益所著，本无所据。《水经注》则桑钦、郦道元，皆张骞后人，实祖其说而广之以致于烦文。且昆仑在回部，原出玉也，独未明揭伏流至青海于阿勒坦噶达素之天池而出耳。历唐宋以至元乃有鄂敦淖尔为河源之语。鄂敦为蒙古语，汉语即星宿海也。彼时虽未考至天池，而中国之河源实由此颇见梗概矣。溯伏流以至蒲昌海盐泽，非河源而何，星宿海亦盐泽之伏流至青海而出为清水。黄河挟之以流，始为微淡，后为纯黄，是二水本一源，至中国出地为二色，而终归于一。若夫曲折纤细则见近所为诗文及纪略之书，独叙其简明崖略如此。"

军机大臣等奏："《一统志》内甘肃之归德所今改为贵德所，其西宁县属归德所县丞并归德营游击，应交吏、兵二部，均改为贵德，以昭划一。"报闻。

（卷1160　544页）

乾隆四十七年（1782年）七月辛亥

陕甘总督李侍尧奏："自兰州至肃州西路一带向未设有铺司。臣前奏请每驿添设驿夫，接递往来文移。但铺司驿夫均系地方官管辖，恐武职呼应不灵。查两省冲途僻路，均有塘汛墩台，每墩额设兵三、四、五名不等，只因积弛日久，不能照额安兵，并以官马供私役。今请将各汛通行酌定马步兵之数，如额安设，并按其程途，相距最远者安马三匹，稍远者二匹，较近者一匹。在武职紧要文移甚安设，并按其程途，相距最远者安马三匹，稍远者二匹，较近者一匹。在武职紧要文移甚少，足敷驰递。至寻常文移尽可交各汛步兵接递，将节省马兵充伍。马匹归营，统核陕甘两省营汛墩台，共安设马兵七百四十一名，较旧设各塘裁去马兵六百九十三名，马六百九十三匹。"

下部知之。又奏："各提镇旧设塘兵，俱以各本属汛界为止。独延绥镇自接界之晋省康家滩起直至卢沟安设三十七塘，共兵八十名，向系召募民人充补。接递该镇本章及各部公文，相沿已久，应请一体裁革。令将所裁兵作速募补归营。"得旨："览。"

（卷1161　551页）

乾隆四十七年（1782年）七月癸丑

又谕："据李侍尧复奏，青海蒙古被番子抢掳牲畜一案。现在饬属购线侦缉，务期访获正犯，究出真赃，照例治罪等语。亦只可如此办理。青海游牧屡经番子抢掳，实因蒙古等懦怯无能所致。著传谕该督只须严饬所属，选派熟番上紧缉拿务获，毋致正犯远扬，以示惩儆。将此并谕令留保住知之，令其晓谕众蒙古等各自防守边界，毋致被贼番抢劫，徒恃地方官为之缉贼可也。"

（卷1161　552页）

乾隆四十七年（1782年）七月甲寅

谕："朕阅《兰州纪略》，阿桂、海兰察劳绩甚著，从前漏税案内阿桂应罚公俸十年，海兰察应罚侯俸四年，俱著加恩宽免。"

（卷1161　553页）

乾隆四十七年（1782年）七月乙卯

谕军机大臣等："朕昨阅《兰州纪略》，于贼匪苏四十三肆逆时，谢桓协同循化厅营前往贼巢，擒获多犯，并随总兵贡楚克达尔收复河州，甚为勇往。又宗开煌、万邦英、董熙等于逆匪围兰州时，昼夜在城，督率民夫防守。又黄道暎在安定县拿获马明心均属出力，念伊等从前尚有微劳，于万无可宽之中求其一线生路，著传谕留京王大臣并刑部堂官，将监禁各犯逐一通查原案，如有似谢桓等情节，曾经阿桂等委派兵务实在出力，著有劳绩者，即行据实具奏，并将此旨宣示各犯，许其详细自行据实呈明，俟奏到时，交军机大臣详晰按册查核，再降谕旨。"

（卷1161　553页）

乾隆四十七年（1782年）七月戊午

谕军机大臣等："据李侍尧奏，审拟于得升一犯，比照随征兵丁自军前逃回例，减等拟斩监候等语。于得升系安西营入伍正兵，该管员弁自应熟识，岂有将不知兵，兵不知将之理。从前移驻新疆时，即镇将等或因管兵众多未能尽识，而本营员弁于兵丁顶冒，何致漫无觉察。著传谕李侍尧，即将从前于得升顶冒名粮之时，该管守备及千把总等系属何人，即行确实查明参奏。"寻奏："于得升移驻新疆，于中途顶替，彼时管押行走者系前营游击柱德，千总明福，把总马维国，并无都守。除马维国身故无庸议外，余请交部严加议处。"得旨："该部议奏。"

（卷1161　555页）

乾隆四十七年（1782年）七月癸亥

豁免甘肃陇西、宁夏、宁朔、平罗等四县乾隆四十六年份水灾额赋。

（卷1161　557页）

乾隆四十七年（1782年）七月是月

陕甘总督李侍尧奏："陕甘二省营马，定例安西提属、肃州镇属冬春以七分留槽，三分出厂。西安、甘州二提标，西宁、凉州、宁夏、河州四镇及督抚三标均以六分收槽，四分下厂。各营恃有放厂之例，不但夏秋尽数出青，甚且冬春并不遵照定数收槽。边地严寒，马在厂经历冬春以致疲瘦，且营无现马，设遇紧用赴厂远调更觉周章。查从前定议，止称冬春收槽分数，其夏秋二季未经指明。臣莅任后，将臣标五营马长年以四分出厂，六分留槽。此外二提、四镇及各标营冬春仍以六分收槽，四分出厂。至夏秋则五分下厂，五分收槽，如全数放厂者，查出严参。"得旨："好，实力为之。"

（卷1161　558页）

乾隆四十七年（1782年）八月乙丑

谕："上年甘省捏灾冒赈、侵蚀监粮一案，拟得银数在二万两以下各犯俱问拟斩候情实，于本年勾到时刑部分别请旨。昨阅《兰州纪略》于逆回苏四十三肆逆时，谢桓、宗开煌、万邦英、董熙、黄道嵲五犯，或前往贼巢擒获多犯，或于逆回滋扰兰州时昼夜在城督率民夫防守，或在安定县拿获教首马明心。因念伊等从前曾有微劳，于万无可宽之中求其一线生路，当即传谕留京办事王大臣会同刑部堂官将现在拟斩监候各犯，逐一通查原案，有无似谢桓等情节，曾经阿桂等于折内声叙出力者许其自行陈诉，一并交军机大臣核办。兹据留京王大臣等复奏，除谢桓等五犯外，其余麻宸、申宁吉等二十八犯供称或在兰州随同守城，或拿获余党及办运军粮等事，当经军机大臣查奏，所讯各犯供词，核之阿桂等上年原折，并未将各该犯等在事出力之处声叙，或因各该犯随同效力非出色之员，是以阿桂等折内未经提及。请交该督李侍尧再行详晰确查具奏等因。此案人犯，侵帑殃民，俱属法无可贷。因念王亶望等之肆行侵冒，舞弊营私，皆系朕平昔宽仁，未免失之姑息，以致各该犯毫无忌惮。所谓水懦民玩，朕甚愧之。今复因人数众多不忍概予骈诛，不得不又宽一线。所有谢桓等五犯从前既据阿桂等奏明曾经在事出力，朕不肯没其微劳。谢桓、宗开煌、万邦英、董熙、黄道暎俱著从宽免死，发往黑龙江充当苦差。但伊等情罪重大，不加显戮已属格外施仁。嗣后虽遇大赦各该犯等不得援照省释。伊等所生亲子亦不准应考出仕，以示惩儆。其余麻宸等二十八犯所供各情节是否确实，并著李侍尧再行详晰查明。具奏到日，另降谕旨。其各犯供词一并发交李侍尧核对。朕于案内各犯非不欲求其可生之路，但求其生而不得，朕亦无如之何。各直省大小官吏嗣后务须洁己奉公，毋蹈甘省覆辙。如再有此等之以侵贪败露者，朕必按律严惩，不稍宽贷。勿以现今甘省应正法者皆获宽免，仍以身试法，侥幸苟活，庶不负朕谆谆教诫之至意。将此通谕中外知之。"

（卷 1162　559 页）

乾隆四十七年（1782年）八月丙寅

谕："朕昨阅《兰州纪略》，当逆回苏四十三谋逆时，谢桓等或守城出力，或拿获教首，因念伊等俱等有微劳，于万无可宽之中求其一线生路。特降旨将谢桓等从宽免死，发往黑龙江充当苦差。兹复查上年阿桂等在兰州剿灭逆回时，参将呢克图曾经出力，带有枪箭各伤，该犯于军装冒销案内问拟斩候，本属罪无可逭。但谢桓等既邀宽典，所有呢克图一犯亦著从宽免死，发往伊犁充当苦差，效力赎罪，以示朕格外施仁之至意。"

谕军机大臣等："昨已明降谕旨，将甘省侵冒案内曾有微劳之谢桓等五犯从宽免死发往黑龙江充当苦差。其余麻宸、申宁吉等二十八犯虽据供称或在兰州随同守城，或拿获逆匪余党及办运军粮等事，但经军机大臣查核上年阿桂等原折内并未将各该犯出力之处声叙，现已传谕李侍尧令其将各该犯所供情节详细确查，具奏到日另降谕旨矣。麻宸等二十八犯从前在甘省时侵蚀银数多寡不同，及有无别项情节，如冒请建仓，事后狡供捏饰希图卸罪等事。定拟时声明从重归入办理者，著传谕刑部堂官将各该犯案情逐名详悉查明，开单具奏。至陶士麟等二十四犯虽已离甘省，上年并未有在事出力之处，但各该犯所侵银数及有无别项情节一并查明，逐款分晰开单具奏。除就近交军机大臣查核议奏外，将此谕令刑部堂官详查，随本奏来。”

（卷1162　560页）

乾隆四十七年（1782年）八月甲戌

军机大臣议奏：“宁夏将军莽古赉等议复凉州副都统图桑阿奏称，凉州、庄浪地方紧要，请添凉州驻兵一千，庄浪五百。查凉州原额兵不过一千，庄浪不过五百，若加倍添补未免过多。凉州酌添兵五百，庄浪酌添兵三百。再兵丁既添，官员自应加增。凉州酌添设佐领、防御、骁骑校各二员。庄浪酌添设佐领、防御、骁骑校各一员。仍俟西安满兵添驻完竣一二年后，由京出派移驻等语。应如所请。至移驻之期，臣等拟于乾隆四十九年秋间再行拣选派往。”从之。

（卷1162　567页）

乾隆四十七年（1782年）八月壬午

又谕：“前据李侍尧奏请陛见一折，业经允其所请。所有陕甘总督印务并批令交毕沅署理。今思西安现在办理城工，亦关紧要，若毕沅前往兰州署印，相距较远，于一切督办事宜未免鞭长莫及。且甘肃正当积弊清厘之后尤须加意整顿。李侍尧此时亦未可遽离甘省，即李侍尧前折内所称有须面为陈奏之处，虽批谕有此可来，但果系应办要件亦无不可陈之奏牍，候朕降旨遵照办理，亦不必拘于面奏。著传谕李侍尧此时且不必来京，俟西安城工一律完竣后，毕沅即前往兰州接署督篆。李侍尧再行来京陛见，顺便查勘城工更妥。将此并谕毕沅知之。”

（卷1163　573页）

乾隆四十七年（1782年）八月癸未

谕军机大臣等：“据李侍尧奏，甘省入夏以来雨泽频沾，田禾畅茂。六月中旬以后二麦先后成熟登场。近复屡获甘霖，旋即晴霁，不但夏田得以及时收割晒晾，兼之各色秋禾得雨滋培，益见畅遂。据各属呈报夏禾收成共有八分有余等语。览奏欣慰，已于折内批示矣。甘省自清厘积弊之后，年来雨旸时若，收成丰稔，可见从前每岁报灾悉属虚捏，徒为通省大小官员冒赈分肥之地。现已分别伏法，实属罪不容诛，孽由自作。但甘省素称瘠土，断不可因连岁丰收，将来偶偏灾或置之不办。朕惠养黎元，每遇各省灾赈不惜多发帑金优恤，以期一夫不使失所。恐各省因有甘肃冒赈之案匿灾不报。前经屡降谕旨，并言志诗，宣示中外。昨福崧来京陛见，复经严切训谕。李侍尧尤须时刻留心，仰体朕意，严饬各属，设遇地方水旱偏灾，即详查据实具报。该督即一面奏闻，一面加意抚恤，断不可稍有讳饰。将此由五百里谕令知之。"

（卷1163　573页）

乾隆四十七年（1782年）八月甲申

谕："甘省捏灾冒赈各犯，侵帑殃民，俱属法难宽贷。因念伊等从前于逆匪滋扰时曾有微劳，于万无可宽之中求其一线生路。业经降旨将谢桓等五犯免死发遣，其余麻宸等二十八犯所供各情节是否确实，交李侍尧详晰查明具奏。兹据李侍尧复奏，按各犯供词确核彼时情事，均属约略相同，尚非虚捏。惟闵焜一犯先经告病离甘，因查办冒赈一案行文原籍吉林查拿，并未回籍。迨十月间始经陕西拿解来兰，并未随同防守兰州等语。所有麻宸等二十余犯交军机大臣核其情罪，另降谕旨外，至此案前令各犯等自行陈诉，原系朕格外施仁，该犯等稍有人心，自应据实直陈。乃闵焜以久经告病离甘之员，竟敢捏称守城，希图幸逃法网，实属丧尽天良，情节更为可恶。是该犯不必更论其侵蚀银两多寡，就此冒功欺罔一节，即当立正典刑。著刑部堂官将闵焜一犯提出，宣示谕旨，押赴市曹，即行正法。并将此情节明白晓谕各犯，使共知昧良冒功，转难幸免也。"

（卷1163　574页）

乾隆四十七年（1782年）八月丙戌

又谕："上年甘肃捏灾冒赈一案，骩法营私，大小官员通同一气。以朕惠养黎元之政为若辈肥身利己之资，实皆罪不容诛。除侵冒银在二万两以上者俱经正法外，其侵冒银二万两以下各犯俱问拟斩候情实，本属法无可贷，即予以骈诛，亦系伊等孽由自作。因军机处所记万邦英等五犯于逆回苏四十三滋扰时，或昼夜在城防守，或前往贼巢擒获多犯，是以于万无可宽之中予以一线生路，免死发遣。又令其自行陈诉于逆回滋事时，曾经出力之舒玉龙等各犯，命李侍尧查明，除闵焜一犯系告病之员并未在甘，所供随同守城竟系虚捏，情节尤为可恶。已降旨即行正法。其余各犯虽俱法无可贷，今李侍尧查到情节或协同守御，派防要隘，或委办军粮，搜获余党，不过稍效微劳，且系伊等职分应为之事，并非若万邦英等五犯之在事出力，经阿桂等奏明给予议叙者可比。然数十人骈首就戮，朕心实有所不忍，但此内如善达、承志，身系满洲，用为州县，尤当洁己奉公，以尽职守。遇有上司抑勒婪索等事即应直揭部科，或告病回旗，乃竟愍不畏法，随同侵帑殃民，营私舞弊，似此亦得幸邀宽免，旗员更何所儆惧耶。善达、承志仍著交刑部入于朝审办理，其舒玉龙等所供在甘效力之处既属确实，万邦英等五人既经免其死，则舒玉龙、李本楠、彭永和、麻宸、丁愈、章汝楠、李弼、叶观海、钱成均、陈金宣、王旭、朱兰、韦之瑗、尤永清、宋树谷、蒲兰馨、侯作吴、贾若淋、史堂、申宁吉、谢廷庸、张毓琳、张金城、注皋鹤二十四犯亦可从宽免死，发往黑龙江充当苦差，仍照万邦英等之例，虽遇大赦不得援照省释。该犯等所生亲子亦不准应试出仕，以示惩儆。朕办理诸案常以水懦民玩，失之姑息为愧。今于舒玉龙等因人数众多，不忍加之骈戮，宛转求其生路，仍不免于姑息。此实朕矜慎庶狱不得已之苦心。亦天下臣民所共见者。至此案舒玉龙等各犯俱应立置重典，特因其于苏四十三之事稍经出力，即得仰邀末减。此后凡身任地方之责者，设遇贼匪窃发，尤宜共矢天良，力图报效，庶不负朕训诫矜全之至意。将此通谕中外知之。"

（卷 1163　576 页）

乾隆四十七年（1782年）八月丁亥

陕甘总督李侍尧奏："库尔喀喇乌苏、晶河等处移驻眷兵，由陕甘两省各营派拨。原议内地移裁各缺俱在简僻营分，但僻路各营游击俱专营驻扎，不便裁移。查河西各镇，宁夏不甚冲繁，拟将宁夏镇后营游击裁移，即将宁夏城守营都司改调作为后营都司，兼管城守营事务。又延绥镇属双山堡都司，地处简僻，议请裁移，即将延安营千总拨驻双山堡，俾专汛守，其余所裁员缺均系斟酌营制情形办理。"下部知之。

（卷 1163　577 页）

乾隆四十七年（1782年）八月戊子

谕："甘肃捏灾冒赈一案，所有查明逆匪滋事时曾有微劳之舒玉龙等二十四犯已降旨照万邦英之例，加恩免死发遣矣。其善达、承志二犯因其身系满洲，辄敢随同舞法营私，罪难末减，仍交刑部入于朝审办理，实属法无可逭，特念该二犯于贼匪滋事时，究有协同守城，派防要隘一节，尚可贷其一死。又乌鲁木齐浮销粮价案内之傅明阿、木和伦二犯亦系满洲，原拟应斩监候，自属罪所应得，但其侵冒银两究由上司勒索，与监守自盗者尚属有间，所有善达、承志、傅明阿、木和伦四犯俱著从宽免死，发往烟瘴地方。虽遇大赦不得援照省释。所生亲子皆系旗人，未便令其闲住，著交该旗存记，除亲军、护军披甲等差使准其充当外，其有顶带职分概不准其挑补，以示惩儆。又乌鲁木齐案内之徐维绂、张建庵亦系定拟斩候之犯。今查徐维绂前在张掖县丞任内曾经调令帮同万邦英守城。张建庵侵冒银数较少，俱尚有一线可宽。徐维绂、张建庵均著照万邦英之例，免死发往黑龙江充当苦差，虽遇大赦不得省释，其亲子亦不准应试出仕。"

（卷1163　577页）

乾隆四十七年（1782年）九月乙未

户部议复陕甘总督李侍尧疏称："陕甘署事武职员弁照文职支食养廉例，分晰酌定事宜：一、额支养廉，不扣除小建，遇闰月不增，以每年原额数目按三百九十日均匀摊支。一、现任人员递行委署升迁事故员缺，全支署任养廉。一、保题引见人员尚未升调有缺，与升调人员不同，且眷属尚在本营，请支一半养廉。俱应如所题。一、养廉请于季首关支，查文职向系季底支领，应划一办理。"从之。

（卷1164　588页）

乾隆四十七年（1782年）九月辛丑

又谕："据伊勒图奏，金川溃兵案内改发伊犁遣犯宗守孝一名，于本年七月初四日在配脱逃等语。宗守孝系金川木果木溃兵，即应正法之犯，加恩改发伊犁给厄鲁特为奴，已邀法外之仁，乃该犯并不在配安分，辄敢乘间脱逃，甚属可恶。该犯系甘肃河州人，计其逃逸后，必仍窜回原籍，著传谕伊勒图即速行文新疆各处沿途截拿，并著传谕李侍尧督饬员弁于甘省及新疆一带将该犯严行访缉，均著不论何处弋获即于该处正法，俾溃兵改发新疆者知所做畏。"

又谕："前陈辉祖查抄王亶望物件一案，疑有抽换抵兑之事。传谕盛住，令其留心察访。据盛住奏，查出升任粮道王站柱首先随同抄籍，有将金易银挪掩情弊。此事既经查明原册不符，确有案据，自不便置诸不办。现在派侍郎福长安、喀宁阿取道河南，将王站柱解任押带赴浙质审外，所有随同办理此事之委员吏役俱现在浙省，著传谕陈辉祖即同盛住先行提集在事人证，悉心查办，将原册因何不符及如何抽抵之处逐一根究，务令水落石出。其应行解任革职听审者，亦即一面奏闻，一面办理，毋庸俟钦差到浙，致滋耽搁。至陈辉祖上年办理塘工颇为出力，又系兼管抚篆，事务繁多或一时查察不到，尚属情理所有。朕于此事开诚布公，因陈辉祖受朕深恩，必不肯扶同徇隐，是以令其会同办理。陈辉祖果能一秉天良，尽心查办，将来不过有失察处分，朕必加恩宽宥，倘不肯实力办理，或意存回护，若经钦差等查出则是自取重戾，朕不能复为曲贷也。"

（卷 1164　597 页）

乾隆四十七年（1782 年）九月癸卯

户部等部议复御史郑澄条奏各事宜："一、仓库，督抚例于年底盘查题报，比自王亶望、国泰破案，甘肃、山东之亏空几遍通省，是题报仅属虚文，请乘此清查二省之际，令各省彻底清查等语。应如所奏，清查后，倘再有亏缺，除本员照例治罪赔补外，将盘查出结之督抚等从重议处，并按数加倍分赔。仍令各州县将仓库实贮数目每三月汇报一次，申送该管道府，加结汇送藩司，转申督抚，督抚随时抽查。一、初任官员例应领凭赴任，到任缴凭。比来每有在省缴凭，虚报到任，又或甫经到任，另委人署。檄调办案久稽省城者，请严定处分等语。应如所奏，嗣后新选人员必亲身到任后缴销文凭，由该管各上司出具实无在省逗留印结，申送藩司，加结详送督抚，报明吏部。俟送户部交代册结到日移查，如有捏报，将出结各上司照徇情给结例降二级调用。该督抚有勒令虚报到任情事，照借端勒措留难例降二级调用，或再有勒索革职治罪。一、乡会试头场论内易藏关节，应请删除。查头场性理论，现经副都御史巴彦学奏准移置二场。毋庸再议。一、考试试差明分去取，易启士子钻营之弊，请照戊戌科以前不发考单，似更周密。应如所奏，嗣后考差照衙门次序概行带领引见，其录取名单，毋庸发出。"从之。

（卷1164　601页）

乾隆四十七年（1782年）九月辛酉

谕军机大臣等："据李侍尧奏酌筹甘省各营归还公费亏缺银两等因一折，已交军机大臣议奏矣。至折片内称，将现存驼只节省银两，先行归补预借公费及尽数归还急制军装借项，尚有未完银六万四千四百四十余两，请照阿桂等原议，将新兵马匹缓立一年，将节省草干银两尽数拨抵急制军装借项，自应如此筹办。又据奏称，尚有公费不敷银六万四千四百一十九两，别无可以拨补之款，请令各该营于每年公费内逐渐弥补等语。此项公费不敷银两何不将新兵马匹再行缓立一年，其节省草干银两即可拨补公费不敷之项。自更易于归款，除交军机大臣遵照妥议外，将此先行谕令李侍尧知之。"

（卷1165　623页）

乾隆四十七年（1782年）十月丙寅

军机大臣议复陕甘总督李侍尧奏称："甘省各营亏缺公费等项银共十八万二千六百余两，现在实贮在库之驼只节省银三万二千八百七十三两，即时拨补，又于各营驼只节省款内借垫公费银二万九百三十六两外，其不敷银十二万八千八百六十四两。将新兵马匹缓立一年，计节省草干银五万三千余两，尽数拨抵，其内急制军装借项下应扣之银一万一千余两，照各营应扣银数，分限五年扣缴。应如所请。其余尚有公费不敷银六万四千余两，应令该督将新兵马匹再行缓立一年，所有节省草干银两即行拨垫此项。"从之。

（卷1166　628页）

乾隆四十七年（1782年）十月壬午

以江西按察使冯光熊为甘肃布政使。

（卷1167　646页）

乾隆四十七年（1782年）十月乙酉

以故陕西庄浪厅土千户管卜子禄袭职。

（卷1167　648页）

乾隆四十七年（1782年）十一月丙申

谕："朕昨阅《兰州纪略》于贼匪苏四十三肆逆时，兰州府知府杨士玑前往查办。在白庄被贼杀害，署河州知州周植因城失守，自缢身死。因思该二犯于捏灾冒赈案内俱侵蚀银在四万两以上，例应斩决，发遣子嗣。若其身尚在自应按律正法，将伊子发遣。但念杨士玑被贼戕害，周植城亡与亡，究系殁于王事。彼时与杨士玑同被贼害之副将新柱身系武职，缘并无冒赈捏灾之罪，现已加恩，给与难荫。且从前守城著有微劳之谢桓等各犯俱邀恩宥，免死发遣。杨士玑、周植自应一体加恩，其应得冒赈之罪以不予难荫折之。至该二犯之子业经发遣者，著赦回原籍。其年未及岁现在监禁者亦一并释放，俾身任地方之责者，知有罪必惩，有功必录，益当感发天良，力图报效。庶不负朕轸念微劳，格外施仁之至意。"

（卷1168　663页）

乾隆四十七年（1782年）十一月己亥

旌表守正被戕甘肃兰州民贺洪道养媳方氏。

（卷1168　666页）

乾隆四十七年（1782年）十一月庚戌

陕甘总督李侍尧奏："兰州省城旧系巡抚驻扎，原设左右二营作为亲标。乾隆二十九年裁巡抚，将总督移驻兰州，于原有二营外添设三营，改为督标五营。将添设之中营驻扎城中，其前后二营将备兵丁驻扎城外，各离城三里。窃思甘省边陲重地，总督亲标应全驻城中，俾平时差操较便，有事呼应亦灵。查华林山建堡，将左右官兵分往驻扎，业经联络声势。所有城外两营更应全驻城中，明春右营移驻华林，空出官署兵房即可令该二营官兵移住，如不敷用，城中现有空闲官地数区尽可起盖房间，应请将该二营兵丁住房拆移，均无需另筹建署。"得旨："好，如所议行。"

（卷1169　675页）

乾隆四十七年（1782年）十二月丁卯

兵部议复陕甘总督李侍尧奏称："酌定分贮添铸炮位事宜。查甘州、固原提属，河州、兴汉、延绥、凉州、西宁、宁夏、肃州等镇各项大炮共六百四十六位，实在堪用者，一百三十三位。内大神威炮六十一位，又大将军、红衣、雷公等名目共炮七十二位，其用与大神威炮相仿，即可抵作大神威炮之用。酌量于臣标及西安抚标各贮十六位。固原、甘州提标各贮十四位。河州、兴汉、延绥、凉州、西宁、宁夏、肃州七镇标各贮十位。至劈山大炮一项酌量止就督抚、提镇大标枪手兵丁每二百名铸造一位酌给。并令各营每年将存贮大炮以春秋二季轮流演放，并将劈山炮同枪手兵丁时常操演。至陕甘两省副将以下各营堡均有旧存子母、威远、滴珠各项小炮，现在演试堪用者二千六百一十三位，照数存贮该营，其炸裂损坏之大小各炮尽行销毁，废铁变价充公。均应如所请。"从之。

（卷1170　691页）

乾隆四十七年（1782年）十二月壬申

谕军机大臣等："据李侍尧奏上年剿捕逆回案内滥用军需，断难开销各款共计银三十余万两，全系无著之项。又前此报销各案有奉部核减银两均应筹补。请将总督两司及道府养廉每年各扣二成，陆续归补等语。所办未为允协。该省于上年调集官兵剿捕逆回，一切军需并未酌定章程。滥行动用，明知事多越例而止顾目前之支应，并不虑日后之核销，至今无著银两统计共有三十余万之多。又经前后部驳各款，恐尚不止此数。若如李侍尧所奏请于两司道府养廉坐扣二成，则以前任之滥用而累及后任之摊赔，于事理殊未平允。即如冯光熊新放甘省藩司，尚未到任即将其养廉扣去二成，此事始终于伊毫无关涉，又何从而波及乎，且恐该省道府因扣去养廉，所得者少不足以养其廉，致有贪黩病民之事，更滋流弊。此内如李侍尧所得总督养廉本厚，自应准其摊扣二成。福崧原系该省藩司，此事系伊始终经手，且现又加恩升授巡抚，应著令摊赔五成。至福宁于冒赈案内滥行出结，本应革职查抄，发往伊犁。因其首先供出实情，且搜捕贼党尚为出力，是以加恩仍留臬司之任，已较他人为幸。此项摊赔银两应即将其廉俸得项全数坐扣，俟官项全清方准支给。至承办道、府、州、县各员现在有尚留甘省者，自应分别数目，核实追赔，即案内革职查抄各员现在有免死发遣者，其家产虽已查抄，尚不敌其侵冒之数，但伊等原籍自有兄弟亲属，可以通挪帮凑，著李侍尧查明各该员承办时滥应实数，逐一确核应赔分数，行文各该犯原籍，核实追赔，如有托故延宕，不行按数完缴，即将该犯仍照原议治罪，并行文各犯所发地方，谕令知之。军机处及该部亦令记档。又该督题销军需一案内有督标官兵按日支给盐菜一款，现在已交部议。该兵丁身隶督标，御贼守城是其专责。且在本营堵御贼匪，并未离汛。该兵丁既有月饷，何得复行支给盐菜。部臣必行议驳，此项不准开销，即著滥行支发之承办各员名下按数追赔，如其人已经治罪查抄，即著该管武职大员摊赔，并各兵丁名下坐扣归款。以上各条著传谕李侍尧通盘筹划，另行分晰条款，妥议具奏。将此由六百里发往，并谕福崧知之。"

（卷1170　694页）

乾隆四十七年（1782年）十二月癸酉

谕军机大臣等："昨据李侍尧奏上年剿捕逆回案内滥用军需，难以开销各款。已传谕该督分别摊扣，并令详查承办滥用各员，现在有免死发遣者核其应赔分数，按款追赔矣。但思捏灾冒赈案内现在免死发遣各犯，有于逆回滋事时已离甘省者，即身在该省未曾经手承办军需及乌鲁木齐案内各犯于此事本无关涉，均可无庸议及。至曾任甘省州县经手军需，滥行动支各犯，其从前侵冒之罪本应概予骈诛，今已格外加恩，宽其一线。该犯等在任时又复有滥行支应之事，是该犯又有应得之罪，今不行惩治，第令追赔。各该犯稍有天良，自当向其兄弟亲属通挪帮凑，按数完交，即可无庸加罪。著传谕李侍尧查明各犯滥应实数，核其多寡，按名排定，分晰条款具奏。军机大臣逐一确核。再转行各该犯原籍及发遣地方将军督抚大臣，详悉晓谕，令其按数追赔，予以三年限期。如该犯等尚不知感知畏，仍复托故延玩，以致限期满而帑项悬宕，即著该管之将军督抚大臣据实奏闻，必将该犯拿回刑部，即行照依前罪正法，不能再为宽贷也。将此由六百里再行传谕李侍尧知之。"

（卷1170　695页）

乾隆四十七年（1782年）是年

追予甘肃撒拉尔出师阵亡之副将新柱一员，佐领明福一员，侍卫济勒泰一员，守备李奇、袁尚仁二员，前锋校富亮一员，千总徐登彦、陈礼、马登榜、单应学、杨茂、徐英、朱廷奇等七员，把总张廷栋、惠君遴、朱光禄、赵良楷、许诰、杜绖、杨国仕、郭起伏、杨成举、马日基、常世魁、张大翔、邵敏、卢文璧、李增福等十五员，外委张文斌、宋廷才、冯云、刘汉、陈伏得、王吉善、张廷奇、马成杰、黎守才、王得、陈文科、折能、路公举、马士望、王恒贵、李九章、徐烈等十七员，领催马甲马步守兵等一千三百四十七名，祭葬恤赏如例，俱入祀昭忠祠。

旌表孝子，直隶等省单业德等十六名。顺孙，甘肃程直一名。守节合例，八旗闲散宗室那尔布妻科氏等八口，满洲马甲四十五妻郭氏等八十八口，蒙古护军群格妻杭阿特氏等十六口，汉军养育兵范培妻柳氏等二十二口，内务府马甲对齐妻郑氏等五口，吉林等省驻防马甲盟古泰妻伊尔根觉罗氏等七十六口，直隶等省民沈奇成妻孙氏等五百二十五口。夫亡殉节，满洲闲散福纶妻索绰罗氏一口，江苏等省民曹绥祖妻黄氏等十二口。未婚守志，直隶等省民王柱聘妻杨氏等十九口。百岁寿民妇，直隶等省陈克明等三十八名口。各给银建坊如例。

（卷1171　712页）

乾隆四十八年（1783年）正月是月

陕西巡抚毕沅奏："陕省关中书院修金膏火银内有朝邑县黄河滩地租五百六十余两。该县地上年被水冲没，已另请题豁，前项银应筹拨。又人文日盛，甘肃新疆士子多来肄业，亦应酌增费额。查兴平、盩厔、扶风、武功、郃阳五县岁征八旗提标马厂界外地租共七百五十余两，请全数拨入书院。"报闻。

（卷1173　735页）

乾隆四十八年（1783年）二月己巳

谕军机大臣等："李侍尧于上年奏请陛见，朕以西安城工须毕沅在彼督办，将来工程完竣时，李侍尧并可顺道查勘。是以谕令暂缓来京。今既据奏此项工程计蒇事之期，当在三年内外，一切鸠工办料，李侍尧道出西安亦可详加稽核等语。所奏情节如此，自应准其来京。所有陕甘总督印务仍著遵照前降谕旨，即令毕沅前赴甘肃接署。其陕西巡抚印务即著图萨布暂行护理。将此传谕李侍尧并谕毕沅知之。"

（卷1174　745页）

乾隆四十八年（1783年）二月庚午

以故青海扎萨克固山贝子沙克都尔扎布子车尔登多尔济、故喀尔喀镇国公旺沁扎布子垂济扎布各袭爵。

（卷1174　746页）

乾隆四十八年（1783年）二月丙子

谕军机大臣等："吏部奏宁夏府知府章铨失察李天植承修渠工，折收料物，将该府议以降二级调用一折。已依议行矣。此案洮河厅同知李天植承修渠工，私将料物折收入己，该府章铨近在同城，何致漫无闻见，非寻常错误可比。该督李侍尧上年参奏时自应将该府一并附参，乃直至吏部咨取职名始行开送。著传谕李侍尧即将从前何以不行附参之处明白回奏。"寻奏："李天植玩误渠工系由章铨揭报，臣以该府初任即能认真，是以未经附参。"得旨："如此则可宽，但何未奏明。"

（卷1174　749页）

乾隆四十八年（1783年）三月乙未

又谕："据伊勒图奏，遣犯宗守孝、王成、唐张氏于上年在配所先后脱逃，请敕交内地严拿等语。宗守孝、王成、唐张氏等原籍甘肃，系改发伊犁为奴遣犯。乃不思安分，辄敢乘间脱逃，情殊可恶。计其逃逸后自必潜回本籍，著传谕李侍尧饬属迅速严拿务获，毋任免脱远扬。"

（卷1176　761页）

乾隆四十八年（1783年）三月丙午

旌表守正被戕陕西安定县民庞世书妻鲁氏。

（卷1176　771页）

乾隆四十八年（1783年）三月辛亥

兵部奏："酌更武选则例：一、各省题补人员例俟引见后开缺。武职有地方守汛操防之责，且远省赴部需时，未免员缺久悬，应照推升例，该督抚具题，臣部议复，其与例稍未符者，仍俟引见钦定。其寻常合例者即于议复奉旨之日开缺，按缺之题选速办。一、武进士赏蓝翎侍卫者，期满分别都司、守备例归正、三、五、七、九月内，都司、守备合选一缺，其以都司用者，固得从优铨选，其以守备用者应选月份，遇有都司一缺即当过班，是较归班进士转迟。应请令守备仍按科分名次，归双、单月内科班铨选。一、澎湖台湾之缺报满，例应先行升用，但此项人员向不送部。查边疆俸满与保送保题无异，应令一体引见。至循分供职，调回内地，注销台俸边俸者无庸送部。此内有年老技庸者，该督抚仍随时纠参。一、沿海沿边要缺例令该督抚、提镇于现任人员预行保送引见注册至近省陆路之缺。如直隶、山西并无预保之例，应令除云、贵、川、广、陕、甘、湖南等省外，并照直隶、山西概不准其预保。至预保人员有未届掣补，经督抚题请升补者，向俱查明引见已满三年，调取送部。但此等皆曾经引见之员，掣补既例不送部，题补亦可无庸送部。一、拣发人员补缺向未定有年限，应令分别其曾历外任者，到标后准随时题补。其未历外任者，照现任保题例定以二年之限，或题缺出适无合例之员，准先行拣选题署，扣满年限再请实授。一、各省驻京提塘向例三年更换，近年来每遇咨取更换时，该督抚辄以无合例人员咨请留办。应请嗣后令该督抚预选人员送部，或该省武进士中实无合例者，准于业经拣选武举内保送，年满由臣部考验，带领引见，分别营卫，归本班选用。"从之。

（卷 1177　778 页）

乾隆四十八年（1783年）三月丁巳

谕曰："甘省积年带征钱粮自乾隆三十六年起至四十六年止，尚有未完银二十四万六千四百五十六两零，粮一百三十八万九千二百九十一石零。因思甘省自查办捏灾冒赈一案，所有民欠籽种已屡经降旨全行豁免。此项未完带征银粮如果系地方实在灾歉，分年递缓之项，朕必概予恩免。此项乃从前该省地方官通同捏报被灾，其捏称灾重者已冒赈分肥，即必有捏报灾轻者因予以缓征，此乃蠹吏为掩饰地步。今据李侍尧奏明此等未完之项系从前冒混，并非实因灾歉所致，本应按年带征，但念积压年久，为数较多，若令一时征完，民力不无拮据。官吏亦多被处分，是廉者代贪者受罚也。著再加恩展限八年带征，以示轸恤穷檐。有加无已至意。"

（卷 1177　784 页）

乾隆四十八年（1783年）四月己巳

军机大臣会同户部议复陕甘总督李侍尧奏称："甘省地处边要，土瘠民贫，加以新疆孔道，差使络绎，冲途各州县办公稍形竭蹶。请分别酌增养廉等语。系恐州县借差科派起见，事属可行，但所增未免过多。臣等酌议最冲之泾州、平凉、隆德、静宁、会宁、安定、金县、皋兰、平番等九州县于原定养廉外，拟加银六百两。次冲之固原、古浪、武威、永昌、山丹、张掖、抚彝厅、高台、肃州、玉门、安西等十一厅、州、县拟加银四百两。又冲途驿站之东乐县丞拟加银二百两。至所称换班官员奉差出口，往还一二万里，于例给车马外，未免稍有通融等语。此等酬应已非例所应有，且冲途非止甘肃一省，何以未闻支应竭蹶。恐此次加增养廉之后，各官借有明文，肆意多索滥应。应令该督饬该管道府，不时稽查，如有此等情弊，严参治罪。"从之。

户部等部议准陕甘总督李侍尧奏称："向来武职衙署遇有坍损，在空缺养廉留半银内动支修葺。嗣于乾隆四十三年经原任甘肃藩司王廷赞奏改，自副将以下俱在藩库借款兴修，仍在该员养廉内分年扣还。自改例以来借款者寥寥，盖缘武职养廉仅敷用度，人情各顾其私，恐将来坐扣竭蹶，遂至视同传舍。因循日久，则敝旧者渐至朽坏，歪斜者必致倾颓。年复一年，更不可问。请仍复旧例。"从之。

（卷1178　792页）

乾隆四十八年（1783年）四月庚午

谕军机大臣等："军机大臣会同户部议复李侍尧奏请甘肃冲途州县分别酌增养廉一折。已依议行矣。折内所称冲途非止甘肃一省，何以未闻支应竭蹶及换班官员于例给车马之外，稍有通融，已属违例各情节。皆朕特降谕旨，令军机大臣改议入折者，著传谕李侍尧知悉，毋得视为泛常议复。自此次增设养廉之后，地方官倘因办公宽裕，遂尔任情滥应及奉差官员借有明文，肆意需索，日久必致竭蹶。仍复派累侵欺，是添设养廉不惟终归无益，且转开滥应之弊。于邮政官方大有关系，著传谕李侍尧时刻留心，严加查察，防微杜渐，如有滥支滥应等情弊立即严参，尽法严惩，免致将来并受其累也。"

（卷1178　793页）

乾隆四十八年（1783年）四月甲戌

谕军机大臣等："甘省撒拉尔回人只有十二工。从前苏四十三滋事逆党止系三工新教回众，其余九工之旧教回人亦俱隶循化厅所属。昨询据善德奏称，旧教回人亦系撒拉尔种类，与内地回民不同。现在该处旧教回人目睹上年大加惩创之后，各知畏惧，安分守法，不致再生事端等语。撒拉尔回人既另行居住，各为一种，则与内地回民自应区别。其往还结亲亦当听伊九工之众，自为婚配。内地回民不得杂入其中，致日久滋事。前李侍尧在京时未经面谕，著遇便传谕李侍尧于回任之后，饬属留心体察，设法防范，开导内地回民各知守法自爱，勿与撒拉尔回众往来联络。总宜不动声色，为之以渐，日久风俗自然移易，方为妥善。至黑帐房番人与撒拉尔回众种类本殊，又各奉一教，向来亦互有恃强凌弱之事。嗣后亦当随时访察防闲，使各安居守业，勿致生事。惟在该督等严饬所属，实力奉行，将此一并谕令知之。"

（卷1178　796页）

乾隆四十八年（1783年）五月戊戌

恩免甘肃带征银粮。谕："甘省积年带征银粮，前据李侍尧查明系地方官从前冒混，并非实因灾歉所致，但递年积压为数较多，若按限征输民力不无拮据，特加恩展限八年带征，以示轸恤。昨河南带征之项千万尚且全豁，兹甘省地瘠民贫此项银粮有几，而分年带征，仍不免追呼之扰，著亦全行宽免，俾边氓均沾渥泽。所有自乾隆三十六年起至四十六年止，未完银二十四万六千四百五十六两零，粮一百三十八万九千二百九十一石零，均加恩全行豁免，以纾民力。该督其遍行晓谕闾阎咸使闻知，普沾实惠。毋任不肖官吏仍前弊混，该部即遵谕行。"

（卷1180　812页）

乾隆四十八年（1783年）六月庚午

谕军机大臣曰："李侍尧复奏，撒拉尔各工回人自前岁大加惩创之后无不畏威知法，守分安居，仍随时体察，并责成地方文武益加严密稽查等语。自应如此留心防范，毋致久而懈弛。昨召见候补知府王彝宪，询以文县盗杀九命一案，正凶曾否拿获。据奏尚未弋获，大约窜匿番回地界，现在购线严拿。是内地奸民仍不免窜匿部落，各关隘所谓严密稽查亦只虚应故事。而循化厅、河州、平番管理番回地方文员，多系科甲出身汉人，心存畏葸，徒羁縻不能驾驭，殊非防微杜渐之道。方今德威远播，哈萨克王阿布勒比斯查出内地逃人尚亲送至伊犁将军处，效其恭顺悃忱。乃甘肃内地番回竟敢藏匿正凶，若不乘此兵威剿洗，大加惩创之后，实力整顿，仍事因循，日复一日，是该处番回不几为甘肃藏垢纳污逋逃之薮乎？著传谕李侍尧务即严饬所属，将文县盗杀一家九命之正犯勒限严拿，毋使远扬漏网。至管理番回地方如循化厅、河州、平番等处州县官，将来陆续须改用精明强干旗员，方足以资弹压，毋致选软贻误。该督仍须不时留心防闲，实力查察，绥靖边隅，以副朕委任之至意。将此由四百里谕令知之。"

（卷1182　835页）

乾隆四十八年（1783年）六月丁亥

又谕："据保成等奏，由甘肃前往喀什噶尔换班之绿营兵内步兵郭显宗于哈密瀚海迷路，寻找无踪。将领队游击光明福、千总王孝交部分别议处，并咨行各城大臣、陕甘总督严查郭显宗踪迹。其步兵额缺即以同往幼丁坐补等语。喀什噶尔换班绿营兵丁俱系按队行走，何致迷路。若步兵郭显宗果在瀚海迷路身亡，虽系无能，究属因公。查办得实，仍酌量加恩赏恤。若实系躲避换班，或私行回籍，拿获时即应从重治罪，以示惩儆。著交各回城大臣及总督李侍尧派委兵弁搜查，获日审明办理。"

又谕："现任甘肃永安营游击光明福乃正黄旗蒙古人，以旗人而名光明福竟类汉姓人名，观之殊觉不顺。旗人名曰明福、光福俱可，又何必曰光明福耶？著交八旗满洲蒙古都统嗣后旗人内有类此命名似汉人者，著永行禁止。将此通谕知之。"

（卷1183　846页）

乾隆四十八年（1783年）七月癸巳

豁除甘肃皋兰、静宁、固原、盐茶厅、张掖、古浪、宁夏、宁朔、灵州、中卫、平罗、碾伯、秦安、礼县、崇信等十五厅、州、县乾隆四十五年秋禾水灾额赋。

（卷1184　854页）

乾隆四十八年（1783年）七月戊戌

又谕曰："图思义所奏折片抄寄阿桂福隆安阅看。明亮系阿桂保举擢用之人，且又与福隆安系属弟兄。明亮果否敢行此事，岂能瞒伊等耶？著令详阅此案，熟思明亮平昔性情如何，有无此等乖谬事件。就伊等所见据实详奏，毋得稍有瞻徇。"寻阿桂奏："明亮前在乌什、云南、金川与臣同事多年，日见历练。四十六年苏四十三之案益觉长进，是以屡经面奏。明亮长于攻战，其人虽不甚明白，稍觉耳软，似此恣意谬妄向所未闻。今图思义参奏确凿，或因原告措辞太过，或系明亮耳软，误堕富通、舒成术中。及至开泰投井，复欲避罪，适罹重谴。此即明亮无福不能承受圣恩。若据明亮平时尚不至此。"福隆安奏："臣与明亮平昔虽未同事，其品行臣尚稍知，虽不甚明白，胆气颇小。据理而论，臣兄明亮必不敢如此妄行，即使平素软懦，何不识轻重至于此极，或其时误听属员巧饰，随而妄行，亦未可定。今派绰克托严审，不日即可得实。"报闻。

（卷1184　857页）

乾隆四十八年（1783年）七月丙午

又谕："阅留保住查奏，前辈东科尔呼图克图圆寂后，四川地方出有呼毕勒罕一人，因不明确，其徒俱未往迎。又西宁陇窝地方出有呼毕勒罕一人，其徒以旧有经卷铃杵等物与看，皆能认识，且能呼各徒名字，业经迎到寺中坐床，现今在藏学艺。前班禅额尔德尼来时又称去年四川所出呼毕勒罕属真，伊二人究竟不知孰真孰假，著传谕章嘉呼图克图查明，并将二人所学孰胜之处，遇便奏闻。"

（卷1185　864页）

乾隆四十八年（1783年）七月壬子

又谕："昨据保成等奏称，前经喀什噶尔换班之甘肃兵丁内步兵郭显宗在途迷踪，寻觅未获。今复据保成等奏称，喀什噶尔换班兵丁行至树窝子地方，有马兵许元正又经迷失未获等语。郭显宗系始行派出换班之人，或因避差逃遁。此次马兵许元正系换班回家，仍迷路径，似属实情。可见绿营兵丁究系无用，亦因领队之员不能留心约束，又不派员照料，致伊等急欲回家，尽力赶行，以致散落迷失。应将领队官员等照保成等所奏，交部分别议处察议。折并发，仍著交驻扎各回城大臣并总督李侍尧等出派官兵，将郭显宗、许元正访获，审明缘由，详细具奏。嗣后凡遣往新疆换班及撤回兵丁，务令出派妥员，带领行走。著通饬遵行。"

（卷1185　867页）

乾隆四十八年（1783年）八月丙子

军机大臣等议复乌鲁木齐都统明亮奏称："由哈萨克换来牛马照伊犁将军伊勒图咨到兵丁倒毙马匹数目，截留一千匹。其余马二千五百匹，牛五千只赶赴巴里坤、哈密等处，酌量截留。其余赶赴肃州变价。但牛只过多，恐肃州一时难售。查现在由乌鲁木齐至巴里坤中间安西、玉门、敦煌等州县，居民辐辏，必需牲畜。倘有情愿收买者，请准其先行变卖，其余再解肃州。再哈萨克换易牛马多有兵丁私用银两买用，及滥行增价等弊，嗣后伊犁各部落官兵购买布匹等物，换易牛马，请拣派妥员，照官易例，监督换易。又盈余牛只折计羊价，令各部落官兵商众换买。应如所请。"从之。

（卷1187　881页）

乾隆四十八年（1783年）九月甲寅

以甘肃兰州道陈步瀛为山西按察使。

（卷1189　903页）

乾隆四十八年（1783年）十月丁亥

谕曰："李侍尧奏，本年甘省收成通计约有八分，惟宁夏府属之宁夏、宁朔、灵州暨花马池四处八、九月间秋霖过多，收成未免减薄。于明春酌量出借平粜，以资接济等语。甘省地瘠民贫，遇有灾荒，一经奏闻，朕无不即谕令加意抚恤。自勒尔谨、王亶望等上下通同，捏灾冒赈，甘省几于无岁不旱。朕彼时亦非不风闻其毙，第以念切民依，恐降旨查询，转启讳灾之渐，是以无不俯允所请。迨四十六年查办之后，朕尚恐该省有冒赈一案，嗣后匿灾不报，屡经传谕李侍尧如有歉收之处仍当据实入告，不可因噎废食。乃两年以来，俱据该督奏报雨旸时若，收成丰稔，本年秋收通计复有八分。宁夏等四处转因阴雨过多以致减收，更可见从前该省每岁报旱悉属虚捏，所有本日李侍尧奏到之折并著发交大学士九卿阅看。"

（卷1191　936页）

乾隆四十八年（1783年）十一月乙未

调甘肃按察使福宁为安徽按察使。以甘肃兰州道陈步瀛为甘肃按察使。

（卷1192　944页）

乾隆四十八年（1783年）十二月己未

又谕曰："福康安等奏，据陕甘总督李侍尧咨称，甘省冒赈案内革职留任通判佟跃岱应赔缴银九千八百余两，将届限满，尚未清完。据佟跃岱呈称直隶丰润县有伊未分地亩、当铺，请令伊弟工部员外郎佟兆宁变价归款。现复据佟兆宁呈称，此项地亩、当铺系属已分之产，与佟跃岱无干。佟跃岱自分产业另交伊胞兄、胞侄等经管。又佟跃岱去年解差进京，伊继母线氏曾助银一千两。又伊胞侄常泰曾将佟跃岱名下地亩售卖，得价银一万余两，欲为完补亏项之用等情，恐有互相推诿情弊。请交直隶总督并该旗彻底查办等语。佟跃岱于甘省案内冒捐监生，亏短帑项至九千八百余两之多。如果自有分得产业交伊胞兄、胞侄经管，并曾将地亩变售得价，及伊母帮给银两，辄敢私行隐匿，并不将应缴帑项及早清完，转以已分之产呈请变价归款，其情节更为巧诈。如佟跃岱现在呈出产业委属未分，而佟兆宁揩匿不交，借词诿卸，亦自有应得之罪。所有佟跃岱呈出丰润县地亩、当铺著交刘峨确实清查，并传谕李侍尧，即将佟跃岱解任，派委妥员解京，计其到京，已在南巡启跸之后。此案即交留京办事王大臣会同刑部秉公究讯，毋任隐饰推卸。所有工部原折并著发交刘峨、李侍尧阅看。将此由四百里传谕知之。"

（卷1194　959页）

乾隆四十八年（1783年）十二月丁卯

谕军机大臣等："据伊勒图奏，遣犯董二在配脱逃等语。该犯因行窃拟流，遇赦释回，又连窃三案，发给伊犁兵丁为奴。辄敢乘间脱逃，情殊可恶。该犯籍隶顺天，计其逃逸必仍窜回原籍。著传谕甘肃、陕西、山西、河南、直隶各督抚严行访缉务获，毋得任其远扬。"

（卷1194　968页）

乾隆四十八年（1783年）十二月辛未

谕军机大臣等："本日兵部将甘肃省保列一等边俸报满之副将双喜带领引见，已准其一等注册矣。该员既经李侍尧保举，自系副将中出色之员，但其才具是否堪胜总兵之任，著传谕该督据实复奏。"

（卷1194　970页）

乾隆四十八年（1783年）十二月癸未

谕军机大臣等："工部议驳甘肃省循化、保安等营添建兵房一折。所驳甚是。各省绿营官员改给养廉，其名粮虚缺，添设兵丁。所有赏恤等项俱著于正项支给，不惜巨万帑金加惠戎行，已为优渥。至新添兵丁若再一律为之添建房屋，未免糜费过甚。部中自应议驳。即甘肃省如华林山等处向无城堡，今新设兵丁自不得不添建兵房以资栖止。此外原设各营协不过增添兵额，又何得概为添建兵房耶？著传谕李侍尧即查明该处情形，如实系新增营汛，地界僻远，兵丁无栖息之所，不得不量为营建者，即行据实具奏。若系旧有营汛不过添募兵丁，仍应照部驳办理。李侍尧系晓事之人，自能核实筹办也。工部折并著抄寄阅看。"

（卷1195　978页）

乾隆四十八年（1783年）十二月乙酉

谕军机大臣等："据刑部奏审讯佟跃岱之胞侄佟常泰，据供佟跃岱上年解差进京，令佟常泰将家产变卖，共得银一万九千余两，还赵、庞、任、董四姓。及询以所还银两系何项帐目，赵、庞、任、董四姓系何名字，佟常泰俱诿为不知等语。佟跃岱前在甘肃违例折捐，经朕加恩不加重罪，仅予革职留任，令将多收之项赔缴，自应依限完交。乃佟跃岱于解差进京时私将伊名下分得地亩令伊侄佟常泰变卖银一万九千余两，托称还债，并不交纳官项。必系借词捏饰，将变价银两预为隐匿。迨回本任反将伊弟佟兆宁分得之产在甘具呈，希图代为抵缴。事竣得以安享厚资。其居心刁诈实属可恶。即佟常泰所供之赵、庞、任、董四姓亦必系佟跃岱串通到京代为顶名隐匿之人，不可不彻底根究。前已传谕李侍尧，委员将佟跃岱解京，如未起解，即著该督就近询明赵、庞、任、董四姓名字、住址，立即查拿，一并解京严讯。如已起解，计此时不过在陕西、山西境内，并著该抚等沿途截留，讯明赵、庞、任、董四姓名字下落，飞咨李侍尧及各犯原籍督抚，迅速查拿，解京审办。将此由五百里各传谕知之。刑部折并著抄寄阅看。"

（卷1195　979页）

乾隆四十八年（1783年）是年

追予甘肃出师阵亡之外委马瑞一员、武举李得一名、马步兵丁等五名祭葬恤赏如例，俱入祀昭忠祠。

（卷1195　981页）

《清乾隆实录（十六）》

乾隆四十九年（1784年）正月癸巳

陕甘总督李侍尧奏："甘省营制既多，近又添补额兵，岁需磺斤应宽为备贮。向于皋兰县骚狐泉地方开采，现查磺苗已衰，不敷供用。查玉门县牛尾山前经奏明开采，分贮肃州、玉门二处，拟将肃州磺斤拨运三十万存贮兰州，如骚狐泉采磺不敷，即于此内售给。至肃州运缺磺斤，即令在牛尾山招商采买，肃州为新疆门户，亦可备关外拨用。玉门地方亦属紧要，皆应贮备宽裕，俟采足停止。其开采事宜照原议章程办理，并责令该处镇道稽查。"报闻。

（卷1196　3页）

乾隆四十九年（1784年）正月癸卯

又谕："前因甘肃革职通判佟跃岱将家产变卖，串通赵、庞、任、董四姓借词隐匿，并不完缴官项。传谕李侍尧及陕西、山西各省巡抚就近询问佟跃岱，所有赵、庞、任、董系属何人，拿解送京审讯。兹据李侍尧奏，此内惟赵姓一名遍查并无其人。闻系勒尔谨之长随赵姓曾与佟跃岱有借贷情事，系山东人，现住京城等语。该犯既系勒尔谨长随，敢与职官串通隐匿尤为可恶，除就近传知步军统领衙门并五城、顺天府严拿外，但该犯籍隶山东或潜回本籍亦未可定。并传谕刘峨、明兴一体饬属严密查拿务获，解京归案审办。将此传谕知之李侍尧，折抄寄阅看。"

（卷1197　10页）

乾隆四十九年（1784年）正月辛亥

又谕："据毕沅复奏，审讯佟跃岱，将伊名下分得地亩变卖还债，至其所借各铺银两细数帐目。据供前在兰州适遇逆回滋事，城外寓所行李等物俱被抢去，帐目亦致遗失等语。兰州逆回滋事之时，佟跃岱所借各铺银两细数帐目或被抢失，亦情理所有，或竟系该员借此无质证之事，希图掩饰，均未可定。但佟跃岱拖欠官项至九千八百余两之多，既将地亩变售自应先公后私，何得以卖地价银一万九千余两先还私债，转置官项于不问。明系将应得产业变价清还借项，将来催迫官项时又得以借口家产尽绝，希冀摊赔，转可脱然事外，居心殊属巧诈。总之佟跃岱解京后并将各铺户拿解到京，经刑部审讯，自无难水落石出也。将此传谕阿桂并谕刑部堂官知之。"

（卷 1197　13 页）

乾隆四十九年（1784 年）正月甲寅

又谕曰："安徽按察使福宁前在甘肃于冒赈案内滥冒出结，本有应得之罪。因其首先陈出实情，且搜捕贼党甚为出力，是以加恩仍留甘肃臬司之任，只将其廉俸全数扣赔军需项下滥行动用银两。但念该员廉俸若全行坐扣，于办公未免掣肘。所有福宁安徽按察使任内每年应得廉俸，著加恩于养廉内准其支领二千两，其余仍行坐扣抵项。该员务须洁己奉公，倍加谨饬，毋负朕格外体恤之至意。"

（卷 1197　14 页）

乾隆四十九年（1784 年）正月是月

调任成都将军特成额、四川总督李世杰奏："东科尔呼图克图遣回本处住持，管束番民。臣等派都司张维伴送，并令传集四土百户番众暨紧邻竹窝春科等土司，剀切宣谕。据该四土百户等金称实在感激，竹窝春科等土司亦称实在欢幸，断不敢稍有侵凌。其原派长官司阿克温布据称情愿仍回西宁。臣等已咨西宁大臣妥为管束。"得旨："嘉奖。"

（卷 1197　19 页）

乾隆四十九年（1784 年）二月丁卯

谕曰："李侍尧奏兰州城守营参将德海等拿获发遣新疆逃犯杨三一折。讯据该犯供，系由嘉峪关混进，请将嘉峪关巡检王岳扬、署游击杨廷弼交部严加议处等语。王岳扬、杨廷弼俱著交部严加议处。至嘉峪关系肃州所管地方，该知州并不实力查察，以致该犯得以潜入关内，并著该部查明一并议处。"

谕军机大臣曰："李侍尧参奏兰州城守营参将德海等拿获新疆逃犯杨三，据供由嘉峪关混进，请将巡检王岳扬、署游击杨廷弼交部严加议处一折，已降旨将王岳扬等交部严加议处矣。但关隘要地稽察出入，责任綦重，原不应仅委之于巡检微员。嘉峪关系肃州知州所管地方，自应督率所属实力查察。今已将巡检王岳扬等参奏，而该知州转得脱然事外未为允当。除现已降旨将肃州知州交部查明议处外，著传谕李侍尧，嗣后稽查嘉峪关事务应令该知州会同该关员弁一体实力留心盘诘，如有私行偷越等事，即将该知州一并参处，以重责成。"

（卷 1198　27 页）

乾隆四十九年（1784年）三月乙未

以巡捕中营副将苏灵为甘肃凉州镇总兵。甘肃安西协副将双喜为西宁镇总兵。

（卷 1200　49 页）

乾隆四十九年（1784年）三月庚子

陕甘总督李侍尧奏："查嘉峪关至哈密一带戈壁重重，水泉稀少，向例运粮脚费每百里以一两六钱定价。今据乌鲁木齐查明，近年岁丰粮贱，每百里给银一两已敷雇觅，奏准减给。嘉峪关至哈密亦属相仿，自应一体议减。倘年岁不齐或有急需不敷，再行核办。"下部知之。

（卷 1200　53 页）

乾隆四十九年（1784年）闰三月戊午

以故四川毛阿按寨土千户沙克嘉子郎哥扎化，故四川口外合坝夺杂寨土百户噶独亚克子王庆保，故青海蒙古巴彦囊谦桑色尔族百长得木楚克子他旺策尔扎，病休青海蒙古下扎武族百户噶布藏子绰尔群恭布，各袭职。以四川巴塘头人成彩春平为巴塘副土司。

（卷 1202　74 页）

乾隆四十九年（1784年）闰三月癸亥

又谕曰："李侍尧奏河州回民马成基等呈控马来迟之孙马五一并同党马国甫、马万德等坚守改教一案。因该州出示不许回民从习新教，脱鞋念经，令各出具甘结。马五一始则随同具结，继乃诡言奉官饬取不许念经甘结，即系不念沐浴经文，妄欲众回民随伊具结，借以行其祖父之教，并在该犯家内起获明沙经一本，当即销毁外，请将马五一、马国甫、马万德三犯发往琼南、百色烟瘴地方分别安插等语，亦只可如此办理，已于折内批示。但该犯等由甘肃发往琼南、百色地方，经由陕西、湖广、河南等省，该处沿途俱有回民居住，诚恐马五一等在途遇见交谈，又复互相煽诱，致滋事端，殊属未便。著传谕沿途各督抚于该犯等押解过境时，务饬各该地方官严加管束，毋令马五一等与该处回民见面通语。仍须不动声色，俾回众相安无事，方为妥善。将此由五百里发往，并谕李侍尧知之。"

乌鲁木齐都统海禄奏："向例各营旧存炮位内有不堪用，威远子母等炮及损坏鸟枪一体销毁，并于铁厂添拨铁斤改造大神、劈山炮。由内地调取匠役。经前任都统明亮奏明，嗣调至匠役二名，均称但能打造鸟枪、大神炮，向未制过劈山炮，因发给成式，令其照造。演放总未妥协。查明亮原拟各营应需大神炮二十九位，劈山炮一百二十七位为数过多，今核实应造大神炮十七位，劈山炮一百零四位，计算铁斤价值、炭火人工较之内地糜费数倍，兼之所调工匠难得熟手。大神、劈山炮位为军营利器，制造必须精良。查内地凉州府匠役辐辏，产铁充盈，从前曾经打造各炮位，应请移咨陕甘总督转饬凉州镇会同凉州府制造各炮位，运送至哈密等处，分给各营，实为省便。"报闻。

（卷1202　78页）

乾隆四十九年（1784年）闰三月癸未

军机大臣议复陕甘总督李侍尧等奏移驻凉州庄浪官兵各事宜："一、官兵应需俸饷粮草照乾隆三十八年例，酌量借支，俟官兵到齐日核数归还。其每年俸饷照凉州、庄浪旧定科则支给。一、兵丁甫到日用什物皆须添置。请各借支一月钱粮，分二年扣还。一、兵丁出差接济银两请将议裁官兵存项通融酌办。一、凉州添设佐领二员，庄浪添设佐领一员，应用图记照例拟定字样镌给。一、马兵应立马匹，循例先借给银十两购买，分三年扣还。一、盔甲两处现有赢余遗存一千九百余副，应会地方官挑选修补，至弓箭撒袋令兵丁自带。一、凉州增给威远炮四位，庄浪增给威远炮二位，请以凉州现有赢余炮位分拨。一、官兵应用旗纛交地方官制造，鸟枪按照六分枪手兵数派旗员会同地方官制造。均应如所请。"从之。

（卷1203　97页）

乾隆四十九年（1784年）四月己丑

又谕："前据李侍尧奏，军机处自浙江石门镇发交库抢报匣误递至吐鲁番地方，经图思义查出驳回，现在改填仍发库抢一折。已谕令兵部挨站行查矣。此等文报事件均关紧要，各处驿站接到后自应照依发单填写地方，按站递交，何得任意错误。且自浙江至吐鲁番程途甚远，经过各省驿站，该地方官均未经看出驳回改发。岂于文报经过竟全不寓目耶？督抚等有地方之责，或未经看出，其咎尚轻。至哈密为新疆门户，庆玉等并无别事，尤应一切留心。除另降清字谕旨饬谕外，各省督抚虽事务较多，文报要件亦应加意查察。著传谕江南、河南、陕西、甘肃各督抚，将库抢报匣于何处错发，挨站查明参奏。嗣后遇有紧要文报务宜留心驰递，毋得疏忽贻误。"寻两江总督萨载奏："误递库抢报匣系委管京口台把总洪标首先错递，应同稽查台站之饶州府同知邢玙及挨站误发各员请交部议处。"下部议。寻议："洪标照例降二级调用，邢玙降一级调用，接递各员均降一级留任。总理台站署江宁盐道王兆棠罚俸一年，江苏巡抚闵鹗元、安徽巡抚富躬均罚俸六个月。"从之。

（卷1204　104页）

乾隆四十九年（1784年）四月丙午

谕军机大臣等："据刚塔奏，固原新教回人田五等聚滋扰。该处与西安府相距不远，而离宁夏尤近，亦当预为筹备。著傅玉、莽古赉酌量各派兵数百名，俟李侍尧咨调时即作速带兵前往应用。至拣派此项兵丁须慎密办理，不可过涉张皇。"

又谕："甘肃逆回新教自前岁大加惩创之后，田五等复敢私起新教，纠伙聚众，甚至伤害百姓，攻破城堡，不法已极。自系前因人数众多，搜捕未净所致。即应迅速剿捕以靖地方。但此案系内地回民，非撒拉尔可比，尚易扑灭。兰州距该处甚近，李侍尧接据刚塔咨移，自已驰往会同妥办。李侍尧系能事之人，刚塔及各镇亦多系久历戎行，似此小丑跳梁无难即速擒捕，况此案系旧教回民禀首，可见旧教回民原知安分守法。李侍尧等查办时务须明切晓谕，慰安旧教。其新教不法之徒更可搜除净尽。李侍尧等总以迅速擒捕，毋使蔓延滋事。至西安州止系城堡，贼匪亦不能久占滋扰，万一有须调集兵力之处。现已另降谕旨，传知傅玉、莽古赉先期预备，并著传谕毕沅不动声色，一体预为筹办，以备调用。"

（卷1205　120页）

乾隆四十九年（1784年）四月戊申

又谕："据李侍尧奏，据平庆道沈鸣皋参将李良辅会禀，小山回民田五等已经起事，戳伤百姓、衙役各一名，占据西安州营土堡，现在该参将督兵擒拿。并据刚塔札称，已调各镇营兵前往协剿等语。小山回民聚众私立邪教，攻破城堡。看来此等小丑不但不似撒拉尔之苏四十三，并非王伦、王伏林之聚众滋事者可比。今既窜伏西安城堡，若官兵四面围截已成釜底，自无难立时扑灭。现在李侍尧、刚塔已亲赴该处，相机办理，且各处所调之兵已有二千余名，尽足擒剿，不值钦派大臣往办。但甘肃逆回新教自前岁大加惩创之后，为时无几乃田五等复敢私起新教，纠众攻占城堡，不法已极。著传谕李侍尧即督率官兵迅速擒捕，审明后必须尽法歼除，务净根株，不可借称胁从，稍存姑息，使凶顽得以漏网。"

（卷1205　122页）

乾隆四十九年（1784年）四月己酉

谕军机大臣等："据李侍尧奏，接平庆道沈鸣皋等禀称，回匪李玉化等现已藏匿化山，其倡立新教之首犯田五亦窜回山内。现在参将李良辅等带兵前往堵截擒拿等语。同日又据刚塔奏，贼匪自攻破西安土堡之后，由鸡窝山、沙沟店子一带抢掠，窜往西北地方等语。是刚塔所奏现在情形贼匪不尽窜匿山内，尚有逸在他处滋事者。与李侍尧所奏不符，且两折声叙亦均未明晰。固原、盐茶厅一带回民较多，贼匪既窜往鸡窝山等处，恐有潜相煽动，纠约入教等情。该督等务宜迅速带兵，堵截擒拿，剿捕净尽，毋使一名漏网。至此案田五等复敢倡设新教，纠众滋事，究系从前李侍尧未能歼绝根株，以致复萌余孽，自难辞办理不善之咎。而此时紧要关键，总以抚安旧教为主，所有禀首之李应得、李化雄应酌量奖赏，并给以外委虚衔顶带，以示奖励。即其余回民内或有新教之人，现因畏罪自称旧教，亦可暂且毋庸深究。再督提各标所属兵丁内回民居多，其中恐不无暗从新教者，此最紧要，不可不密防。此时伊果系随同出力，亦只可置之不问。然李侍尧、刚塔不可不密为留心访查，随时防范，总俟此案完结一半年后，再行严查办理，务令新教名目净绝根株，永无后患，方为妥善。将此由六百里加紧传谕知之。仍将现在办理情形迅速复奏。"

（卷1205　122页）

乾隆四十九年（1784年）四月庚戌

又谕："回匪田五等由沙沟一带窜逸，不过沿途抢窃，且其家口已被拿获，计刚塔此时追蹑贼踪，无难即时扑灭。但此案回匪复借新教名色滋事，伤害民兵，恐易于煽动。现在盐茶衙门监禁多人，李侍尧亲往审讯，所有田五踪迹及起事缘由均无难彻底根究。著李侍尧于审明后即将现获各犯分别凌迟斩枭。一面奏闻，一面正法。其案内情节较轻应行缘坐之犯，亦不可从宽。自应牢固监禁，于结案后另降谕旨，再行从严办理。此案关键总以迅速为主，即刚塔此时前往沙沟一带剿捕贼匪，亦应速行搜捕净尽，勿留余孽。至平庆道沈鸣皋、盐茶同知敦柱及副将玉桂、参将李良辅等于此案回匪劫掠情形随时禀报，且能拿获多人，尚属奋勉。著李侍尧于此案完结后查明实在出力文武各员，据实奏明，候朕酌量加恩，以示鼓励。如有庸懦退缩不肯出力者一并据实参奏治罪，如此赏罚严明，庶文武员弁，知所劝惩。"

（卷1205　125页）

豁免陕甘乾隆三十八年至四十六年份民欠银二十三万一千五百三十五两有奇，粮一百三十八万五千三百八十二石有奇。

（卷1205　126页）

乾隆四十九年（1784年）四月壬子

又谕："据李侍尧奏，肃州、安西等处雇觅出口车辆，向例每百里以一两六钱核给，经海禄查奏止须给银一两，续经核奏每百里止须给银六钱，应查明历任报销车价浮冒之各该州县，一体核办。但此项车价原系照例给发，其咎在明知例价有余，不行据实呈出，尚与舞弊侵冒者有间。可否罚令加倍赔缴，勒限严追，暂免革职治罪等语。所见甚是。雇用出口车辆从前给价稍优，俾小民运费之外略得赢余以资糊口。相沿日久，已视为固然。海禄遽请减去银一两，并将历任经手各员一体革职治罪之处，所奏未免过当。前已据乌什办事大臣绰克托奏，喀喇沙尔以西戈壁颇多，车辆甚少，若照新定六钱之例实难雇觅，请仍照从前一两六钱银数支给。而塔尔巴哈台办事大臣惠龄亦复咨请到部，是新定车价减省过多，各处势有难行。纷纷咨奏，自系实在情形，理应通盘筹划，核实酌中定价方可行之永久。著交李侍尧、绰克托、惠龄及各城驻扎大臣，各按该处实在情形，有无必需仍旧发给车价之处，详筹妥议，据实具奏。至此项车价其咎在始定例之人，其历任不过照例给发，并未从中侵蚀。其过在明知有余，不行据实呈出请减，较之捏灾冒赈，凭空舞弊者轻重略别。此项人员俱著免其革职治罪，并毋庸罚令加倍赔交。即照减定之例，按数追出，已足示警。该部知道。"

（卷 1205　127 页）

乾隆四十九年（1784 年）四月甲寅

谕军机大臣等："此次逆回聚众滋扰，节经李侍尧等奏报情形尚不至如苏四十三之猖獗，况甘肃省城自四十六年以后城垣已一律修整，华林山又增添营堡，各营汛亦俱添设额兵。河州有总兵，固原有提督，形势联络，足壮声援。似此小丑跳梁，无难克期扑灭。陕省相距遥远，亦何必纷纷调集多兵，徒滋烦扰。且该处将军、都统俱已带兵起程，藩、臬两司又赴交界地方料理护送。毕沅复札派兴汉、延绥两镇各带兵一千名赴凤翔、定边等处堵御。又复密咨晋省预备兵二三千名候调，所办殊属张皇。盖因毕沅本系书生，未娴军旅所致。现在陕省各路官兵业经起程，自当听甘省派拨，协同堵御。其山西兵竟可毋庸预备，著传谕农起即行停止派拨。至陕省各属回民甚多，伊等俱系旧教，从前曾降旨李侍尧令其明切晓谕慰安旧教，严办新教。毕沅亦应照此办理。况贼人既已西去，自无复东回之理，尤宜不动声色，妥为抚辑。"

又谕曰："傅玉奏，接到李侍尧调取西安兵咨文，即将预派兵三千与副都统明善分队带领前往等语。此事甚属错误。明善曾经身历戎行，所有前赴甘省兵丁自应明善带往，傅玉若自揣亲身带兵于事有益，即当令明善存留防守。今西安城中惟有巡抚一人，而将军、副都统俱前往甘省，并不通盘筹划，以期有济，徒为自占地步。傅玉于此事尚不明悉，何以办事，且永安奏请陛见，业已起程，途中闻逆回滋事之信，以陛见非甚紧要，即奏明前往固原。能知事体轻重，傅玉何反不如永安乎，著传旨严行申饬，并谕明善，永安知之。"

（卷 1205　128 页）

乾隆四十九年（1784年）五月乙卯

又谕："逆回纠众滋事，自打喇赤土堡与官兵接仗后，纷纷退据南山，既欲回扑盐茶，又欲前往官川，可见贼匪仓猝纠合，胸无定见。至贼人欲回扑盐茶，自因犯属多被拿收禁，欲回抢夺。李侍尧在彼即应将所获贼伙犯属，查明后即行正法，以绝贼人抢救之念。至剿击贼匪时，游击萨炳阿因带石伤，左哨兵丁先行退走，绿营怯懦恶习殊堪痛恨。兵丁见将领受伤，理应奋勇向前救护，乃兵不顾将，先行退走，彼时即应按军法办理数人，俾众兵知所敬畏。现在事虽已过，亦应查明将首先退走之兵，正法示众，以肃军律。现在李侍尧檄调各路剿贼官兵，具已陆续到齐，而本日又据俞金鳌奏报带兵兼程赴兰，是西路有俞金鳌、哈当阿带兵堵剿，东路有西安续调满汉官兵，可资策应。李侍尧、刚塔乘此兵势厚集，合围剿捕，贼匪穷蹙，无难克期扑灭。刚塔奋勇杀贼，受有箭伤，殊属可嘉，加恩赏给御用玉鞢，并赏给李侍尧、刚塔大小荷包，用示奖励。其带兵之游击高人杰、汪启果能奋勇出力，该督等应存记，奏请升擢。"

又谕："据农起奏，接准陕西抚臣毕沅札，会甘肃省逆回滋事，陕省各属营兵，调赴协剿。山西省亦须挑兵二三千名预备调用。现于太原镇派兵一千名，大同镇派兵二千名前赴蒲州听候调取等语。所办殊属张皇。据毕沅具奏，密咨晋省派兵候调，已传谕该抚即行停止派拨矣。此次乃内地逆回聚众滋事，断不至如撒拉尔苏四十三之猖獗，现在李侍尧等业经调集兵力，四路堵截，自可克期剿灭。晋省相距遥远，何必纷纷征调多兵，徒骇观听，以致懦怯者心存疑畏，而幸灾乐祸之人并恐借事生风，成何事体。该折内所称，俟各起兵丁启程后，亲往交界之处堵驻，更属无谓。总之督抚等平日办事，于应行出力之处并不知奋勉，及遇此等事轻举妄动，意图欲占地步，何不知事理轻重乃尔耶？农起著传旨申饬，毋庸亲往，并令遵照昨降谕旨，亦不必派兵预备。"

（卷1206　131页）

乾隆四十九年（1784年）五月丁巳

又谕："前据李侍尧、刚塔奏，小山逆回田五阿浑倡设新教，纠众滋事，攻破西安土堡，往靖远一带村庄抢掠。已节次降旨令该督等督率官兵迅速擒捕矣。本日李侍尧奏，官兵于二十三、四等日两次打仗，杀贼甚多。头人田介洪、吴二、韩二先后被杀。贼匪首犯田五腹中枪伤，在马营水抹脖身死，埋尸山沟。差守备朱进廷前往刨验，面貌相符，割取首级枭示。余剩有八九十人窜往余家沟一带，现已添派官兵上紧追拿等语。逆回田五于光天化日之下，胆敢私复新教，纠众抢掠民间，且抗拒官兵，不法已极。提督刚塔一闻禀报，即带领弁兵驰往剿捕。李侍尧亦往盐茶厅督率查拿，未及一旬，贼首已受伤自毙。逆党头人五犯，就戮者三人，大局已定。其窜往余家沟一带之贼数十人不过苟延残喘，无难克期歼灭。李侍尧等办理此案甚属妥速。且盐茶厅拿禁贼犯及犯属甚多。昨经降旨，令该督先行审明，将各该犯即行正法，以绝贼人窥伺抢救之念。今李侍尧于未奉到谕旨之前，业已筹虑及此，将各要犯四十九名即行正法，与朕所降谕旨符合，足见其能办事。而朕前此弃暇录用，实能不负委任，本应予以优叙，但此案就系李侍尧前次查办新教未能净尽，平日又疏于防范所致，其功过两不相掩。李侍尧著交部照例议叙。至刚塔奋勇杀贼，亲身射死贼目，并经带有箭伤，前经赏给御用玉韘、大小荷包，以示嘉奖。仍著交部从优议给世职，以旌劳勇。其在事将弁，著该督等查明，实属奋勇出力列为超等者，交部从优议叙，其次出力列为一等者，交部议叙，用示奖励。至此次贼匪纠众滋扰，其口食断不能自行携带，自系沿途抢掠焚烧，居民受累在所不免，并著李侍尧查明被扰村庄，如有应行抚恤者，酌量抚恤，毋使失所，副朕轸念体恤之至意。"

　　谕军机大臣等："逆回首犯业经就戮，其余匪自成瓦解之势，即使逃窜他处，亦不过苟延残喘，无难克期就擒。此时自可无需多兵，徒滋烦扰。所有李侍尧前调各路官兵，除山西省业经降旨停止外，其所调西安满汉官兵及毕沅所调兴安、延绥两镇带领各兵，并李侍尧檄调甘省提镇标兵，又宁夏、凉州、庄浪各满兵，均著该督等酌量情形，足敷截拿搜捕外，其余应即撤回。至现在脱逃逆匪头人务须督率弁兵速行拿获，其余新教匪党亦必须歼除净尽，毋使一名漏网。至上次苏四十三猖獗不法，因新旧争教互控致起事端，即从前王伦倡乱，亦由邪教鼓惑。现在逆回田五等断非无故即能纠合党羽，定期起事，众人亦即附和随从之理，或系该处有水旱灾歉，贫黎失所，以致匪徒从中煽诱，抑系地方官勒索苛派，扰累闾阎，或系预有谋商情事，地方官不能早为觉察，养痈贻患，据不可不彻底根究。现在首犯田五等虽已就戮，伊兄田友尚留审讯，且续获余犯内活口必多，著传谕李侍尧将此事究因何起衅缘由，详细研鞠，务得确情据实复奏，毋得稍存回护之见。"

（卷1206　133页）

乾隆四十九年（1784年）五月庚申

又谕："贼首已歼，余党窜散，现已派添官兵截拿追剿，自无难克期扑灭。所有贼人马胡子、李胡子务须迅速擒捕，审明正法，不可复令窜逸自戕，幸逃显戮。至贼匪滋扰靖远时，城内竟有回民内应，实属罪不容诛。所有拿获一百余犯，李侍尧于审明贼匪踪迹后，著将各犯骈诛，以示惩敬。汉民展廷隆父子及邻人等因不从逆回，具被杀害，情殊可悯，著李侍尧查明赏恤。"

（卷1206　136页）

乾隆四十九年（1784年）五月辛酉

谕军机大臣等："前据李侍尧奏，贼首田五已歼，余党窜散，官兵截拿追剿，朕意此时自当早已完结。本日又据奏到，马家堡、黑庄两处贼匪屯聚约有一千余人，现调取官兵接续，以为必胜之计等语。此案贼首业经歼毙，官兵所杀之贼又有数百名，乃此时尚有千余贼众，自系田五毙后，其余贼李胡子、马胡子又复随处勾结胁诱，可见心教煽惑人心牢不可破，必当净绝根株，勿留余孽。至此时西安及甘州、宁夏各处官兵俱已调集，四路进剿堵截，总宜迅速办竣，毋使再有蔓延，方为妥善。"

（卷1206　139页）

乾隆四十九年（1784年）五月癸亥

谕军机大臣等："据刚塔奏，贼众占据马家堡、黑庄两处，与李侍尧昨日奏到情形相同，贼匪虽现据大山，官兵难以绕沟前进，然贼既入山中，四面堵截，如釜底游鱼，株守空山，食尽自毙。但当严密堵截，防其别寻路径逃逸。况现在西安及甘州、宁夏各处官兵俱已齐集，兵力既厚，自可设法四路合剿，并堵截其去路。无难克期扑灭。再昨据李侍尧奏，正在派兵进剿，因军装、火器被雨潮湿，现令弁兵将器械整饬烘烤，再为前进。本日刚塔亦奏称兵丁收拾器械等语。官兵进剿贼匪，自必携带帐房，军装、器械俱应在帐房内收贮，非同露处，且行军岂能不遭风雨，若以此沾湿火器，尚可用兵乎。况内地在在皆有房屋，非若口外可比，何至被雨淋湿。可见绿营无用全不知行军之道，该督等宜严加整饬，毋得仍前疏略，致兹临阵周章。"

（卷1206　141页）

乾隆四十九年（1784年）五月乙丑

谕军机大臣等："贼人屯聚马家堡，经官兵剿杀后仍退回堡内。看此光景，贼人既屯聚一处，不能四散劫掠，转属易于办理。此时李侍尧在靖远驻扎，不过筹办粮草事务，可以委道员等代办。李侍尧当前往马家堡督率调度，较之刚塔一人在彼呼应更为得力。况盐茶监禁贼回家属俱已正法，其靖远内应回民亦经按名拘获正法。贼匪现退入山内，自不能复至靖远滋扰，即或拼命回扑，官兵正可就其出巢，半路截杀，更易为力。现在所据马家堡，前、左、右三面俱系深沟大河，官兵严密围攻，已如釜底游鱼，困守空山，食尽计穷，自不能长久占据。惟堡后靠山据险，防其别寻路径或由山后逸出。该督等不可专意在前攻围，疏防后路致贼人或乘间窜逸。将来虚劳兵力，围守空堡，竟成笑话。况马家堡地方想亦不甚广阔，所调西安、甘州等处官兵早已齐集，尽可四面围堵，将出路悉行截住，无难尽数歼灭，此事最关紧要，李侍尧等尤宜加意留心也。至李侍尧办理地方事务素称谙练，而用兵非其所长。现据伍岱奏明，暂留该处协剿。从前伍岱在西路金川屡著劳绩，曾为参赞大臣，于行军事宜最为谙习，朕所深悉。李侍尧正当委其领兵进剿。至贼人屯聚马家堡，亦不过与苏四十三之困守华林山，情势相同，而贼巢中并无鸟枪、火器，尤非撒拉尔之以打牲为业者可比，官兵箭枪齐发，贼人自不能支，但绿营施放鸟枪，往往未见贼众，混行施放，一经胆怯则准头必高，此皆由平时将领不能训练娴习致临时缓急失宜。该督等务宜饬令带兵将弁，详细晓谕各兵以鸟枪弓箭原为杀敌而设，若未见贼面先行远放，则交仗时转致火药尽而箭射完，无以抵御。如此开导使知准头施放机宜，自更为得力。此时贼匪已成穷蹙之势，官兵若能迅速剿除，故属甚善，万一贼人尚敢负隅抗拒，该督等又宜严守前后路径，转不必存急于完事之见，务将贼众围截严密，尽数剿拿，勿使一名兔脱。"

（卷1206　142页）

乾隆四十九年（1784年）五月丙寅

谕军机大臣等："据李侍尧奏到贼人分窜踪迹及官兵追贼打仗情形一折，尚系在靖远拜发，该督于用兵虽非所长而见识尚为明练，若亲往督率调度较刚塔自为呼应得力。且甘肃自逆回苏四十三滋扰后，即责成李侍尧断除新教，今复有田五等谋兴新教，抗拒官兵之事，是该督从前查拿未能净尽，已难辞办理疏漏之咎，况李侍尧在甘业经数年，甘省添设官兵较之他省为多，靖远、盐茶一带在在皆有营汛官弁，似此逆回谋为不轨，乡约尚能举首，其弁兵等即或因贼众不能擒捕，岂有坐视贼匪经过不行禀报之理，又焉用此添设多兵为耶？李侍尧一闻贼人起事即赴盐茶一带，迅速查办，并将贼人拿获，正法办理，亦属奋勉，是以朕尚加恩赏赉。今靖远既无所事事，该督亟宜前往该处，会同伍岱、刚塔等相机进剿，以期迅速完结，庶可将功抵罪，何得安坐靖远，将带兵调度事宜竟诿之刚塔等承办耶？如李侍尧未接昨降旨之先已赴马家堡督剿，当遵旨逐一妥办；倘尚未启程即当星驰前往，不可借词弹压，竟在靖远驻扎逗留，以致老（劳）师糜饷，自取罪戾。若复使贼人等乘间窜逸，该督尤不能当其罪也。"

（卷1206　143页）

乾隆四十九年（1784年）五月丁卯

谕："据李侍尧奏，接提臣刚塔咨称，五月初五日据弁兵探得马家堡内贼匪窜逃，惟见空营一座。搜获山沟内避贼回民，讯据供称，贼回见官兵势大，黑夜从辙家梁翻山至铁木山而遁，不知去向等语。所奏大奇。前因该督等奏马家堡后靠山居险，朕即虑其翻山逃逸，早经节次传谕，并令李侍尧迅速亲赴该处，会同刚塔等设法四面严密围堵，务将贼匪全行剿杀，毋使一名兔脱。乃本日李侍尧奏，贼匪果由山后逸出。是朕先几一动，不意竟如所料。而刚塔率领数千官兵在彼攻剿，止向山前截杀，并不虑及山后，设法严防。李侍尧则安坐靖远，并不亲身前往，相度机宜，督率调度，虽经朕屡降谕旨，令伊等严防后路，皆已不及。朕惟当自愧用人之不当耳。前因贼首田五歼毙，大局已定，曾降旨将李侍尧交部议叙，刚塔从优议给世职，乃现在所存不过贼人余党竟不能即时剿灭，致有逃逸之事。是李侍尧、刚塔不但无功，而且有罪，所有议叙之处著停止，仍令戴罪立功，迅速追剿，务将贼匪尽数擒拿，如有一名漏网，惟李侍尧、刚塔是问。仍俟事峻后核其功罪，另降谕旨。所有朱批李侍尧折及节次所降谕旨，著发交行在王大臣等阅看。"

（卷1206　144页）

乾隆四十九年（1784年）五月戊辰

谕军机大臣等："据刚塔所奏，总不成话。贼人困守马家堡，官兵扎营围攻，自必相距不远，刚塔等非瞽目之徒，何至于贼匪诡设人形，熟视无睹，致令乘间远扬。况昨据李侍尧奏，接据刚塔、图桑阿、俞金鳌札会，始知贼人逃遁之信，是彼时俞金鳌、图桑阿俱在该处带兵，何以本日折内只系刚塔单衔具奏。看此光景，竟系俞金鳌、图桑阿以贼人奔窜视为与己无涉，将追缴杀贼之事专委之于刚塔，伊等不过在彼协办，苟且塞责。而刚塔又惟知远听总督调度，并不知即刻赶贼，仅止搜拿犯属，送与李侍尧审办。李侍尧此时又仍然安坐靖远，惟以讯供为事，竟如传递文书之人，而于剿办事宜，似属刚塔一人承办，竟与己无涉，全不认真，上紧赶办。伊等彼此推诿，实属大奇。地方遇有此等重大事件，不特总督应亲往筹办，即通省文武大员无不当实心出力，视为己事，何得稍存观望。俞金鳌系本省提督，图桑阿系本省副都统，俱有剿贼之责，因何折内并不列名，其意以为贼人业经窜逸，任听刚塔一人具奏，将来得有卸过地步，试思伊等果能卸过乎。如贼不能迅速按名擒捕，非独李侍尧、刚塔不能当此重咎，即俞金鳌、图桑阿亦必一律治罪，并无分别。伊等岂不知朕办军务从来严明无纵乎。至阅刚塔折内现止该提督等在后大队尾贼，并不分兵绕出贼人前路，迎头邀截。此时贼若往东至平凉一带，尚有傅玉所带满汉兵丁可以截拿，使贼竟西向省城一带，又将使何路官兵拦堵。何以该督折内俱不筹及。从前苏四十三滋事，正当该省营伍废弛之时，兰州省会尚能保固无虞，现在各营汛在在添设官兵，而省城为尤多，岂可更认贼人来往抢掠滋扰，如行无人之境。李侍尧等尚昏如睡梦，安于畏懦，全不筹虑及此，竟以相诿为了事耶！李侍尧、刚塔、俞金鳌、图桑阿俱著传旨严行申饬。至刚塔拿送贼人家属，皆系首从要犯党羽，不可不从严办理，以快人心。李侍尧俟其解到，既无分首从，概予骈诛，不可又存姑息之见。"

（卷1206　145页）

乾隆四十九年（1784年）五月己巳

谕曰："李侍尧等于剿捕回匪一案，未能妥协，著派尚书福康安带钦差大臣关防同领侍卫内大臣海兰察带领巴图鲁侍卫等，分起驰驿前往，剿捕督办。所有随带军机处司员，亦著一并驰驿。"

（卷1206　146页）

又谕："本日据毕沅奏，河州回民马五一等由甘解至陕西，已于四月十五日解交河南阌乡县接收转递等语。马五一党同马国甫、马万德坚守新教前尚冀其改过自新，是以止令发往琼南、百色烟瘴地方安插。今甘省复有新教回民聚众滋扰之事，看来此等回匪改立新教，煽惑人心，牢不可破。恐其到配又复倡教惑众，断难望其悛改，复予姑容。著传谕何裕城，将马五一、马国甫、马万德三犯于解到地方就地正法示众。如已出境，即著湖北督抚派员迎赴该犯解到之处，监视正法。仍一面即行具奏。"

又谕："据李侍尧奏，现在会剿贼匪，办理有人，已札知噶塔布，令其仍往新疆换班等语。李侍尧于此事又复错误。此时剿办逆回正当需人之际，噶塔布久历戎行，于军旅尚属明悉，且自请剿贼出力，正宜留在军营协同办理，何以转令仍赴新疆。想噶塔布接到李侍尧札会，其行程料必不远。著传谕噶塔布即速赶回，会同刚塔、伍岱等带领兵丁奋勉进剿，并谕李侍尧知之。"

又谕："现已派福康安同海兰察前往甘省进剿回匪。从前剿办撒拉尔逆回时，旺沁班巴尔曾随伊父带领所属厄鲁特兵效力行走，伊所辖之众向习骑射，较宁夏兵倍为得力，著传谕旺沁班巴尔即前赴游牧处所，于所属厄鲁特兵丁内挑选一千名亲身带领前往，若福康安已到，即协同进剿，若到在福康安之先，即同李侍尧进剿。"

又谕："现已派福康安同海兰察前往甘肃，保宁著即照前次剿办撒拉尔之例，将成都所属屯练番兵内挑选一千名，并派穆塔尔、丹比西喇布等干练员弁数人带领，迅往巩昌、安定，协同福康安进剿贼众。"

（卷1206　147页）

乾隆四十九年（1784年）五月庚午

谕："甘省逆回田五等滋事，经官兵剿拿，田五中伤自戕，余贼困守马

家堡，已成釜底游魂，俟其力尽计穷，别无逃路，自必束手就毙。前因李侍
尧奏，马家堡靠山居险，朕即虑其翻山逃逸，早经节次降旨传谕李侍尧迅速
亲赴该处，会同刚塔等设法四面严密围堵，毋使贼匪一名兔脱。乃于朕旨未
到之先，刚塔惟知在马家堡围剿，并不严防山后去路，致贼得以设计乘间奔
窜。该提督又不星夜带兵追捕，尚咨会总督。来往文移耽延，追贼已远扬，
止在后尾追，任其肆出劫掠。李侍尧又安坐靖远，以办理逆犯家属为畏避地
步，并不亲赴调度会剿。及闻贼人逃逸，毫无措置，失意张皇，并不即行亲
往，此事若仍交伊二人办理，恐致贻误，倘日久使贼蔓延，尚复成何事体。
是以特命尚书福康安带钦差关防，同领侍卫内大臣海兰察带领巴图鲁、侍
卫、章京等驰驿前往。福康安素娴军旅，且兵力厚集，贼匪余党自可克期扑
灭。地方百姓亦得早就奠安。似此小丑跳梁原不值特派大臣前往，但以该省
督、提办理不善，不得不简重臣督率整顿，以期速于蒇事。所有该省办理不
善之文武各员统俟贼匪剿除净尽，福康安按其功过，核其情罪，详晰奏闻，
另降谕旨。将此通谕中外知之。"

又谕："甘肃小山逆回田五等谋兴新教，煽诱匪徒，抢掠村堡，扰害良
民。现在贼首虽已就毙，而伙党尚未剿净。其所过地方百姓田庐、牲畜被其
抢掠，及闻信惊避，迁徙流离者均为可悯。著福康安到彼，即会同该督将该
处村庄户口详晰查明，酌量抚恤。其应行蠲免钱粮及给与口粮之处，一面办
理，一面据实分晰具奏，以示朕安抚良民，务期得所之至意。此旨当先到甘
肃，李侍尧即誊黄普谕各属。该部遵谕速行。"

（卷 1207　149 页）

乾隆四十九年（1784年）五月辛未

谕军机大臣曰："刚塔奏初九日马营街剿贼情形一折。看此光景较前稍
有起色，但贼现屯聚马营街。刚塔、俞金鳌、图桑阿等所带之兵俱已到齐，
即应各领弁兵分布前、后、左、右，将贼人四面合围，并力进攻，方能一举
集事，尽数歼除，不致仍前翻山逃窜。乃阅折内该提督等仍会集一处，并不
筹算及此。若复致贼人翻山而遁更属不成事体。又本日据李侍尧奏称，靖远
现无留办之事，即起程前赴巩昌、安定一带贼踪较近处驻扎办理等语。李侍
尧既知应亲往办理，即当星赴马营街打仗处所与刚塔等面商妥办，乃仅于贼

踪较近之处逗留驻扎，是何言耶？看来此事刚塔惟知在贼后尾追，全不筹及
绕在贼前，并督率官兵分布左右，以期四面围杀，不使窜逸。俞金鳌、图桑
阿等则以剿贼为刚塔一人专责，伊等如帮办者然。而李侍尧则一味退缩不
前，仍思于贼踪不到之处遥遥安驻，似剿贼事宜与伊无涉，彼此推诿，竟无
一人实心承办。李侍尧、刚塔、俞金鳌、图桑阿著再传旨严行申饬，此时若
再不派重臣前往督率，恐有贻误。昨已令尚书福康安同领侍卫内大臣海兰察
带同巴图鲁、侍卫、章京等驰驿前往，但福康安到彼尚需十余日，而此时剿
贼正在紧要之际，伍岱素娴军旅，曾为参赞大臣，福康安未到之先即著伍岱
总理一切，所有彼处带兵之大臣官员俱听其节制调度。伍岱此时务当相度机
宜，速筹围剿，不可使贼人有一名兔脱，亦不可因福康安未到，稍存观望等
候之见，至贼人自马家堡奔窜后又有杨填四等聚众接应，并有张阿浑、马建
功等亦被贼人纠约入伙，以致复行屯聚。且贼营内俱系新白布帐房，又有鸟
枪等项器械，贼人甫经窜逸，各处回民即纷纷接应入伙。帐房器械等物俱非
仓猝可办，从前苏四十三滋事尚因副将新柱、知府杨士玑激成，此次贼匪竟
系蓄谋已久，暗中勾约预备，所以能同时聚扰。皆由李侍尧平时不能督率地
方文武员弁，漫无防范觉察所致，俟事竣后著福康安查明，详悉参奏，另降
谕旨。又前此贼人田五等自小山起事后，其余贼由盐茶厅至西巩驿一带，四
出奔窜。所经之处地方已属辽远，沿途村堡被贼抢掠，百姓受害者必多。且
前据该督等查有民人展廷隆因贼胁令入伙不从，父子被害。可见民人等平时
受朕抚恤深恩，虽遭荼毒仍至死不肯从贼，殊堪嘉悯。昨已降旨令福康安到
彼会同该督即详晰查明，酌量抚恤。李侍尧接奉谕旨即速先行普谕各属，务
期良民安辑，毋使一人失所。再据李侍尧奏分窜鹰窝石贼匪经副将八十五、
玉柱等带兵迎截，击毙甚多，所办尚好。八十五、玉柱等于分窜之贼能奋勇
截杀亦属可嘉，著存记，俟事竣后福康安查明果系出力，奏闻候朕降旨。其
余贼二十余人，李侍尧仍严饬该副将等上紧擒拿务获，勿任乘间逃窜。"

又谕："甘省逆回滋事，节经檄调西安满汉官兵及宁夏、凉州等满兵，
并各提镇所属兵丁进剿，不下数千人。其如何支给应付之处，总未据李侍尧
详悉奏及。看来此时李侍尧竟属张皇失志，一筹莫展。诸事漫无料理，兵丁
等追剿贼匪，盐菜口粮最关紧要。况今又调川省屯练降番兵及阿拉善蒙古兵

到彼协剿。此项兵丁俱从别处征调前来，应得口粮必需随时宽为应付。从前剿捕苏四十三时所调川省屯练及阿拉善兵并陕甘官兵土兵，支给盐菜口粮俱办有章程，著传谕李侍尧即派委大员，专司妥协办理，照前支给，不必拘泥成例，俟事竣后具奏。将必需情由声明，候朕酌量降旨。庶承办之员不虞掣肘，而兵丁等得资饱腾，自必倍加奋勉，勇往从事。并谕福康安知之。"

又谕曰："傅玉行至会宁地方，闻贼在马营即将所领西安兵交永安带领前往歼贼。所有前队西安兵一千名著即交永安调用，其明善所带后队之兵著交调任西安副都统敷伦泰即速带领，驰赴永安驻扎之处。与伍岱等并力剿贼。傅玉年老，于用兵机宜未经历练。著与明善并回西安，同哈清阿守城。至莽古赉亦已年力就衰，著回宁夏驻守。所派宁夏满兵著即交旺沁班巴尔一并带往马营等处，协同伍岱等剿贼。"

（卷 1207　150 页）

乾隆四十九年（1784年）五月壬申

谕军机大臣等："据伍岱等奏，贼人复行窜逸，且有石峰堡等处回民聚集滋扰之事，并称回匪头人有马阿不都、马之元、沙之玉、马世雄四人，都是三掌教头目，更有小头人四名等语。新教匪徒竟有三掌数名目，可见伊等掌教内已有等第层次，是其蓄谋已久，必非朝夕所能猝合。李侍尧身为总督，且从前剿除苏四十三后所有断除新教之事即责成该督专办，乃该督于新教回匪等公然自立掌教名目等次之事毫无觉察，任其煽惑勾结，以致酿成事端。岂封疆大臣惟知厚享廉俸，安坐衙斋，而于地方此等重大事件全不知留心防范，有是理乎。福康安到后即查明此事，如果系李侍尧平时漫不经心、养痈贻患所致，即据实严参具奏。至贼人屡次逃逸，纠合伙众，扰害地方，揆度情形必须满洲劲旅前往，方能迅速蒇事。著传谕阿桂于火器、健锐两营内挑选精兵一千名预备，听候谕旨再行带领起程。所有分队带领之侍卫、章京等并著酌量选派。京兵声势壮盛，经阿桂带领前往，尤足以壮军势而慑人心。阿桂所带京兵一到，自可会同调度，克期竣事也。所有沿途应用车辆，著传谕刘峨、何裕城、毕沅不动声色，饬属密行妥备，勿致临时迟误，亦不可稍涉张皇。直隶派景禄、河南派江兰、陕西派图萨布专司其事，护送出境。"

（卷 1207　153 页）

乾隆四十九年（1784年）五月甲戌

谕："甘省逆回滋事未能迅速剿灭，已派福康安带领巴图鲁、侍卫、章京等前往剿办，著再派阿桂带领侍卫、章京兵一千名，分作五起。阿桂先率领头起，由驿起程，从河南一路行走前往，更足以壮军威而速蒇事。其随带之军机处司员并著一体驰驿。如阿桂途次已得剿贼完结之信，即行带兵回京。"

（卷1207　154页）

谕军机大臣等："贼人现在鹿鹿山扎营，刚塔等仍止在对面拿营，又不筹及堵截围攻之法，是复纵令贼人得有去路。现已派阿桂、福康安带同侍卫、章京等并京兵一千名前往督剿。伍岱等此时虽不能奋勇杀贼，当此兵力厚集之时自当分拨将领，四面堵围，防其又从后路窜逸，俟阿桂等到时再行会合歼擒。再据伍岱等奏，拿获活贼一名。讯据供称现有贼人眷口数千俱在石峰堡居住。又商议将石峰堡家眷接往伏羌、秦州一带等语。贼匪家眷既有数千口由石峰堡前往伏羌、秦州，伊等此时何不派兵分路前赴该处截住贼人，并将贼犯家属尽数擒斩，勿使又得与贼人会聚。岂伊等不能歼除贼众，而于贼人留下之老幼眷属尚不能派兵截杀，必待朕于数千里外一一为之指示耶？著伍岱等即遵旨于永安、八十五、玉桂等数员内酌派一员迅速带兵前往剿办，勿使一名漏网。至贼匪既攻破通渭，城内居民自必被其扰害。现在作何安抚。库项钱粮被贼抢去者若干，其放走监犯有自行投回者，著福康安详晰查明具奏。典史温模闻城破自缢，殁于王事，尚属可悯，应予议恤。其训导因跳楼跌伤，情尚可矜。至知县王懷因畏死先行逃匿，不能督率兵民在城防护，以致失事，并著阿桂、福康安到彼会同查明，据实参奏。"

又谕："据陈步瀛奏称，西安副都统明善带兵由静宁前往石峰堡进剿，十二日抵高庙山击贼，中矛伤阵亡。前据伍岱等奏称，傅玉拿获贼匪，讯据供称贼人想将官兵诱至石峰堡内，里外夹攻。今明善竟于石峰堡被害，自系该副都统未悉彼处地势，以致误中贼人之计，殊堪悯恻。其所带官兵内恐亦有受伤阵亡者，著阿桂、福康安到彼后查明具奏一体优恤。至贼人既如此鸱张，而彼处又无有主见能办事之人，福康安不可不兼程星赴该处筹办，即阿桂亦当即日带领京兵分起前往，以壮军势而慑人心。所有带领之侍卫、章京等即著阿桂一面挑带派往，一面奏闻。再据陈步瀛奏称，高庙山距静宁、隆德、平凉等处仅八九十里至百余里不等。该州县兵力无多，恐贼人乘虚来犯，已飞札固原副将张拱酌调兵五百名，分拨隆德等处防护并星赴静宁州收集明善所带余兵，严防要隘，以遏贼锋等语。所办甚好。该处兵力既单，贼人乘势抢夺断不可不防。该臬司所办尚属能事。自当如此严密堵御，勿使贼人再行乘间奔窜。"

又谕："现令阿桂前往甘肃会同福康安办理剿贼事宜，所有福康安佩带之钦差大臣关防即可令阿桂作为将军印信。福康安、海兰察、伍岱等并为参赞大臣协同经划。至届期进剿时，贼匪内有应诛戮者即行诛戮，若俘获贼匪要犯酌拣数名，派委干练官兵护送迅速解赴热河，务饬该解员等沿途小心防护，毋稍疏纵，并于起解时飞咨所过省份督抚，严饬地方文武员弁，按站派兵，协同护解。"

（卷 1207　157 页）

乾隆四十九年（1784年）五月乙亥

谕曰："李侍尧等奏，贼回滋扰通渭县城，随经派往剿捕之都司福德保、代什衣等奋力击杀，回匪即出城外。当经查明知县王懆在后园中仓房内藏匿，训导刘德跳楼右腿跌伤，典史温模自缢等语。王懆当逆回滋扰自当率领民夫上城严密防守，即或力有不支，亦当骂贼而死，为国捐躯。凡殁于王事者国家自有议恤之典。乃该令当贼匪攻城不能率众防护，竟自向仓房藏匿，幸免偷生，实属无耻，况典史微员尚知身殉，应有恤典。训导亦跳楼跌伤。王懆系该县知县，乃竟训导典史之不若，国家安用此等县令为耶？王懆著革职，拿交刑部照例治罪。其典史温模并著交部议恤。"

（卷 1207　158 页）

乾隆四十九年（1784年）五月丙子

谕军机大臣等："前已有旨谕保宁选派四川屯练番兵一千名带领赴甘协剿。今据傅玉等奏，请调取屯练番兵二千名，兵势愈盛则剿捕愈得力。著保宁即遵照办理。其原派之一千名保宁即带领穆塔尔等星即起程赴甘，其续调之一千名著酌派干练副将统领前往。"

又谕："前据陈步瀛奏，星赴静宁州收集明善所带余兵，严防要隘，以遏贼锋。该臬司所办尚属能事，但伊究系书生，未娴军旅，且此项兵丁既经失利之后，则其气已馁，未必即能堵住贼人，著再传谕伍岱等务须迅速派兵分堵要路，加意严防，并宜收集余兵，申明纪律，以作士气。"

（卷1207　160页）

乾隆四十九年（1784年）五月丁丑

谕："据李侍尧奏，署安定县典史费元灯因委赴官川，密访贼踪，至马家堡遇贼被害，所带衙役吴朝凤、刘剀亦受伤身死等语。该典史遇贼捐躯殊为可悯，著交部照阵亡例给予恤典。至衙役吴朝凤等同时被害，并著李侍尧查明，从优赏恤。"该部知道。寻议："典史费元灯照例加赠主簿衔，荫一子入监读书，并给祭葬银一百两。"从之。

谕军机大臣等："昨因贼人藏匿鹿鹿山，防其复翻山逃逸，已有旨传谕伍岱、李侍尧于贼营前后分兵亲往围堵。本日据毕沅奏，兴汉镇总兵三德所带之兵一千名，业经刚塔调赴秦州堵御等语。该镇此时自已到彼防遏贼人后路，是该处已有三德所领弁兵策应，而伍岱等之现住营盘，在鹿鹿山、石峰堡之间，密迩贼人正关紧要，著传谕伍岱等如兵力实不能分，伍岱竟可不必遵前旨分兵围绕贼人后路，但当于现在扎营处所倍加小心防御，不可致贼人仍由旧路窜回靖远、西巩一带，并当设法派兵分堵石峰堡贼人要路，以断其互相联络之势，勿令贼人绕出官军之后，或至猝不及备为要。至军营内现有伍岱暂行总理一切，而带兵之副都统、提镇大员亦不乏人。傅玉年老，在彼无益，且敷伦泰现赴汧阳、陇州一带，西安省城止有毕沅一人，著传谕该将军即将所带之西安满汉官兵交与伍岱、永安管辖，伊遵照前旨，一面奏闻，一面速行起程回至西安镇守。再本日据李侍尧奏，于安定道旁拿获道士徐璠成，据供乃系贼营遣来勾结新教之贼。徐璠成既系贼营遣至安定，经李侍尧盘获，何以不将贼营现在详细情形向其严鞫，况贼人既令匪徒改装潜出勾结，则其所遣者自不止一人，亦必不止安定一处。李侍尧尤应逐一研讯，飞咨各处，严密拘拿，亦可以断贼党羽勾结，且此数贼问明后，何不即行正法。又贼首田五歼毙后只留余党马胡子、李胡子二人，其被勾结入伙者又有杨填四、张阿浑等，此时贼营内究系谁为总领头目，何以李侍尧均不向徐璠成讯明具奏。此事始终贻误，总由李侍尧不早至军前调度所致。今于此等审讯贼匪事件，尚复疏略若此，岂竟张皇失措至于此极耶？至刚塔纵令贼人窜逸，以致到处聚集滋事，肆行无忌。该提督此时尚有何面目靦然身列戎行。至伊所奏拿获兵丁马如林、马如海，俱系新教回匪，既系新教即当正法，何必解交地方官。行军之事岂可拘例若是乎。又据李侍尧奏称，现在马营之贼与石峰堡之贼互为联络等语。贼人各聚一山，彼此何由联络，必系暗中差遣匪徒往来通信，始得互相勾结。若官兵果能昼夜严密巡逻，并于要隘堵截盘诘，将此等送信之人立时拿获正法，则贼信既断，贼势自孤，岂李侍尧等不能带兵进攻剿灭贼众，而于一二来往送信贼匪尚不能设法邀截耶？将此传谕伍岱等并阿桂、福康安知之。"

又谕曰："毕沅等奏，接据刚塔札称，拿获贼匪吴金，讯供贼众即欲抢夺伏羌、秦州一带。现已札知兴汉镇总兵三德带兵前往秦州堵截。因思汧、陇一带为陕西门户，现将挑备军标存营兵五百名交敷伦泰带领前往，相机堵御等语。所办甚好。贼匪既有抢夺伏羌、秦州之语，该处必须大员带兵迎截。现在伍岱等在鹿鹿山扎营堵剿，兵势似单，未便再分。三德到彼正可断贼人南窜之路，并须将该处已入新教回匪详晰查明，概予骈诛，不可稍事姑息。至汧、陇一带为东来入陕门户，最关紧要，若贼人由此路窜入，该处山路丛杂，恐其又有煽动勾结之事。著传谕敷伦泰即带领官兵将该处通甘隘口严行堵截，并随时侦察奸细，勿使两省回匪暗相联络，其所带西安兵丁五百名不敷防守，已据毕沅奏飞调兴汉兵五百名迅速前赴陇州。兴汉距陇州不远，此项兵丁想已到齐。敷伦泰即当上紧派拨，令其协同西安兵丁并力防御，使陕甘交界处所毋有疏虞，方为妥善。敷伦泰既在汧龙防守，不必再行赴甘，将此并谕毕沅知之。"

（卷 1207　160 页）

乾隆四十九年（1784年）五月己卯

谕："甘省逆回滋事，军行粮饷甚关紧要。原任陕西按察使浦霖现在来京候补，该员曾在金川办理军需，尚为熟练，著即驰驿速赴甘肃帮办军需事务，毋庸至热河请训。"

（卷 1207　163 页）

调甘肃西宁镇总兵兴奎为甘肃河州镇总兵。

（卷 1207　164 页）

乾隆四十九年（1784年）五月庚辰

谕："从前甘省苏四十三因新旧争教，地方官办理不善致酿事端，小丑跳梁，立时扑灭。节经降旨李侍尧，将通省新教回民当不动声色密行查办，断绝根株，以靖边疆而安良善旧教之回民。是查办新教乃李侍尧分内专责，经数年间，该督只查拿一二人奏明办理，乃为时无几复有固原所属小山回民田五等聚众谋逆之事，攻城掠堡，伤害官兵。因令李侍尧查明贼人起事根由。据奏靖远城内回民勾通内应一节，本年三月十五日众新教回人齐集礼拜寺，将田五纠众谋逆情节告知，约令临期内应等语。是贼人多系新教，久蓄逆谋，公然于县城内齐集纠约。李侍尧安坐省城毫无闻见，则从前之查拿一二回匪不过借以塞责，而其并不实心查办，已属显然。迨贼首田五就毙，余党窜入马家堡，刚塔等带兵追赶，李侍尧惟知株守靖远，借称审办贼犯家属而于一切攻剿机宜，竟视为非伊总督本分内应办之事，只委之提督，以致军营统摄无人，贼匪乘间翻山而逸。经朕再四训饬，李侍尧始行移驻安定，仍与刚塔等军营相距遥远，彼此信息只凭文札往来。从来行军之道有如此之玩延懦怯者乎。且各处从逆贼匪一经拿获，即当审明立时正法。乃据奏盐茶、靖远、安定地方尚有现审未办之犯，此等为逆回匪有何疑难耽搁，李侍尧无非借以迁延观望，远避贼锋，巧为卸过地步。是其避重就轻，预存文饰之见岂能逃朕洞鉴，真所谓欲盖弥彰也。此事李侍尧既玩愒于平时，又畏葸于临事，遂使贼势蔓延猖獗，到处勾通。李侍尧之罪实无可逭。李侍尧著革职，暂留甘省带罪效力，办理军需事务，俟剿灭事竣，再降谕旨。其陕甘总督员缺著福康安补授。福康安到甘时再行传旨接印任事。至刚塔于贼匪窜入马家堡时并不堵截后路，纵贼潜逃，复札会总督辗转耽延，迨贼远扬，始带兵尾追，以致贼人四出勾结，日益滋蔓，扰害地方。且于贼人攻破通渭县城及在石峰堡肆行纷扰之处，毫无策应，失机偾事。其罪更无可逭。刚塔著革职拿问，解交刑部治罪。其固原提督员缺著哈当阿补授。现在河州有防范事宜，哈当阿不宜即离该处，其未到任之前著伍岱署理固原提督印务。现在各处官兵厚集。阿桂、福康安先后到彼，相机攻剿。谅此穷窜么麿自无难即时殄灭。所有李侍尧、刚塔办理此事，始终贻误缘由及朕批阅李侍尧原折著一并发抄，通谕中外知之。"

　　谕军机大臣等："前以伍岱等奏贼人藏匿鹿鹿山，官军仍对贼扎营，朕恐贼复翻山逃遁，并虑石峰堡之贼绕出官军之后滋扰，屡有旨训谕伍岱等，当加意防范。今思军营现在兵力已不为少，伍岱等何不分遣游兵于贼人出入要隘，四路分头侦探，既可以得贼营实在情形，并可以断贼勾结匪徒接济粮食之路。正在降旨饬谕间，复据伍岱等续行奏称，十七日据派往探路弁兵报称，有贼千余名从鹿鹿山后绕出，离鹿鹿山七十里之乌家坪扎营。该处离伏羌一百余里，想系勾引伏羌回匪滋扰等语。贼人狡诈多端，于山前牵缀官军，潜分贼党，从山后赴伏羌滋扰，果不出朕之所料。该处领兵各大员所司何事，竟不及早筹划分兵堵御，以致贼匪又从山后逸出，始行尾追。军营现在官兵已有数千，且该督等所调之宁夏、阿拉善等处兵丁此时自已陆续到营。是该处兵力不为不多，并非不敷剿贼之用。总由伍岱系客官不能作主，而李侍尧、刚塔等失志张皇，毫无筹办，以致节次俱落贼人之后。思之实深愤懑，岂每事皆候朕于数千里外为伊等一一指画耶？此时伍岱等务当于要隘处所严密防堵，或绕出乌家坪之前以截贼人去路，勿使又得乘间远扬，四出滋扰。看来该处官兵已敷剿贼，惟无人调度，未免气馁。福康安接到此旨务宜加紧昼夜趱行，到彼督办。福康安早到一日，庶办贼事宜早得一日之益也。本日又据李侍尧，因接奉节次饬询谕旨，逐款复奏，所奏总不成事体，如所称本年正月内田五至靖远哈得成、哈彦家商同谋逆，令其转约新教，勾通内应。哈得成于三月十五日趁众新教回人齐集礼拜寺时，将田五纠从谋逆情节告知，是何言耶。从前苏四十三殄灭后，即责成李侍尧断除新教。今哈得成等竟公然于礼拜寺齐集众新教回人，告知田五纠从谋逆情节。是该犯等倡教蓄谋已非一日，聚集又非一人。李侍尧身任封圻，平日何以竟毫无觉察，以致养痈贻患。又据奏称，前岁苏四十三案内奉有谕旨，如有已归新教而仍自认为旧教者，是尚知畏罪，亦只可因其避就量予生路。讵伊等怙恶不悛，改称旧教，仍从新教，所奏更属支离。贼人胆敢于礼拜寺纠众同谋，是其逆形已露，必非仓猝勾合之事，且较苏四十三为甚。该督何得强以前词借口欲为卸罪地步。又据奏称盐茶、靖远、安定办过贼匪统有四百余名，尚有现审未办者不得不暂留审办，未暇即赴军营。此等从逆之贼问明即行正法，有何疑难不决。即或须暂留审办，数日尚可，何至十日半月之久。此不过该督心存畏怯，借此迁延，以为不往军前之计耳。近来见朕催往军前，知其过而强为之辞，欲谁欺耶。此事始终贻误皆由李侍尧平时惟安坐衙署，全不知督率地方文武员弁稽查回匪，以致新教蔓延。及贼已滋事，又不亲身前往军营会筹剿捕，反借审讯贼犯家属为由于靖远、安定等县逗留驻扎，致领兵各员不相上下，互为推诿，群怀观望，使贼得乘间四出，勾结滋蔓。经朕降旨饬询，该督复奏折内尚一味避重就轻，意图卸罪。试思朕前岂可以文词支饰耶。除已将该督误事缘由明降谕旨外，并著将本日李侍尧奏到之折录交阿桂、福康安阅看，俾共知此事贻误原委。再据李侍尧奏称，贼犯田重交供出靖远内应回匪姓名，维时天已傍晚，有候补吏目朱尔汉因人众未敢声张，暗带兵役将各犯诓出，按名擒拿等语。朱尔汉以吏目微员能将内应贼犯用计妥速按名密拿，甚属可嘉。何以李侍尧前在靖远竟未奏及。事定后阿桂、福康安即将该吏目出力之处声明送部引见。此时若有知县缺出即可委署。至策布坦于接刚塔咨后已带兵星赴静宁，即在该处协同防剿，毋庸更赴陇州也。"

又谕："甘省贼匪跳梁，不法已极，必须多派京兵前往，方可一鼓歼除，著传谕复兴会同庆桂将京城火器、健锐营兵丁再行添派一千，亦照阿桂所办成规，分为五队，俟阿桂第五起兵丁起程后，复兴即授为参赞大臣，带领头起兵丁起程。所余四起派随围护军统领善德授为领队大臣，即赴京城带领前往。其应派侍卫、章京著复兴于素所熟习人员内酌量带往。每队隔日启行，所有派出官兵应得之项即著照例办给。"

（卷1207　164页）

乾隆四十九年（1784年）五月辛巳

又谕："据毕沅奏，现已飞咨李世杰调川北镇兵二千名前来凤翔，并飞咨农起调山西兵二千名来至西安听候调遣。所办甚是。此时贼匪蔓延，必得重兵办理方能速就殄灭，而堵塞后路尤关紧要。现已续派京兵一千名令复兴带领前往，著传谕李世杰即于附近陕省之川北镇各营内挑选精兵二千名，令川北镇总兵高禄带领分起行走，由云栈一带速赴凤陇，会同西安副都统敷伦泰在汧、陇一带弹压防堵，兼策应三德后路。其所调之山西兵丁并著传谕农起于附近陕省各镇协标属挑选兵二千名，令太原镇总兵福敏泰带领分起行走，速赴西安，听候毕沅调拨。"

（卷1207　171页）

乾隆四十九年（1784年）五月壬午

谕军机大臣曰："阿桂奏查办新旧教回民必须分晰明确，但回民有一家祖孙父子兄弟各从新、旧两教者，一时骤难区别。若概予骈诛恐人人自危，不免闻风疑惧，惟有于现在逆回剿除净尽后，即将贼匪所经过及煽诱之处实力搜缉，有形迹可疑者多加殄戮。此外各州县惟责成该督，饬属善为化导，缓图消除之法等语。自应如此办理。朕用福康安之意即为此也。已于折内批示。阿桂到甘省时各路所调官兵陆续齐集，军势已盛，贼匪自当速就扑灭。阿桂于剿除净尽后，所有安定、会宁、通渭及官川、盐茶厅各处凡贼匪经过煽诱地方，务宜会同福康安派员详细访缉，实力搜捕。遇有形迹可疑之人歼戮务净，勿使匪徒得有一人漏网。此外各州县回民竟宜严饬地方官多方晓谕，善为开导，仍当随时周密防范，缓图消灭。所谓为之以渐也。阿桂、福康安等当详悉熟筹妥协，密为办理，不可泄漏。又前据李侍尧等奏，正月内田五至靖远掌教哈得成、头人哈彦家商同谋逆。哈得成于三月十五日趁众新教回人齐集礼拜寺，将田五纠从谋逆情节告知，勾令临期内应等语。前此阿桂等于苏四十三剿灭后，办理善后事宜，已奏将新教所建之礼拜寺尽行拆毁，何以此次新教回匪又得齐集礼拜寺，潜为勾结，是否系李侍尧因循不办，将旧有新教所建之礼拜寺未经饬属毁去，抑系新教回匪于拆毁后又私行建盖，而李侍尧及地方官等竟漫不经心，毫无觉察。并著阿桂、福康安查明，据实复奏，将此由六百里加紧密行传谕知之。阿桂折并著抄寄福康安阅看。"

（卷1207　172页）

乾隆四十九年（1784年）五月癸未

又谕曰："冯光熊前于江西按察使任内曾馈送郝硕银两，难以复膺藩司之任。冯光熊著革职，仍留甘省戴罪效力，协办军需事务。其甘肃布政使员缺著浦霖补授。"

（卷1207　174页）

又谕："据傅玉等奏，贼匪现占之石峰堡，形势险要，请俟所调各处官兵到齐，再四面围攻，并用炮轰击等语。总不成话。前据伍岱、刚塔等会奏，十七日有贼千余名逸出鹿鹿山，至离山七十里之乌家坪扎营。伍岱、刚塔等带兵前往追剿。现在鹿鹿山、石峰堡尚有贼数千，留傅玉、永安在鹿鹿山要口扎营堵御。何以本日傅玉折内又称自十三以后连日大雨，继以大雾，至十七日雾散贼人乘势逃窜，不知去向。是鹿鹿山现已并无贼匪，傅玉虽年老糊涂，岂不知贼已潜逃，断无坐拥重兵围守空山之理。乃该将军等并不前赴乌家坪会同协剿，转思以空言献策，思为用巧之计。傅玉、永安何不晓事至于此极，著传旨严行申饬。再据傅玉奏，询之居民人等称石峰堡本系旧时险要处所，上年五月间新教回人又加修理整固，众回人约定于本年五月初五日起事。是以通渭、静宁各州县据报，均系同日被贼抢劫等语。石峰堡一带地方自必设有营汛兵弁，并州县文员管辖。今贼人于上年公然聚集多人在该处修理城堡，预营巢穴。附近居民既经共见，岂有该处员弁兵役等独无闻见之理。此事以傅玉之无能，尚知询问土人，访出情节，何以李侍尧、刚塔节次拿获贼匪奸细，审问供词，转无一人将此事供出。伊等又并不讯及至贼人起事，早经定有日期。傅玉以客官甫抵甘境，即闻纷纷传说，询之居民及所获贼犯供亦相同。何以李侍尧等屡次折内总未据实奏闻。看来李侍尧竟系有心回护，删减供词，以为避罪之计。福康安先抵甘省，即当将傅玉所奏五月五日起事及去年五月修理石峰堡情节，迅速详细查明。阿桂亦应于沿途留心访问，如李侍尧于贼匪谋逆、修理城堡各缘由果有隐谋讳不奏之处，是革职不足以蔽辜。著阿桂、福康安即将伊拿问，速解热河。先将此等情节严审录供具奏。其石峰堡系何府县营汛所辖地方，贼人如此预谋聚众，肆逆不法，该管文武员弁所司何事，并著福康安逐一查明，将专管之文武员弁革职拿问，审明治罪。其兼管文武各员亦著一并参奏。又阅傅玉所绘图内，石峰堡系在众山之中，想周围地面亦不甚广阔。贼人家眷俱藏匿在内，其意似不肯复行远扬。该处势如釜底。此时所调之西宁、宁夏、阿拉善、四川屯练各项兵丁自已陆续到彼，兵力既厚，自无难于设法堵截围剿。计福康安月内即可行抵该处，务宜详细妥筹，迅速蒇事。至此事始经发觉时系据红涝坝乡约李应得、李化雄等禀首。嗣又据刚塔奏称，有大庄回民马世雄带眷投案，禀称石峰堡回民聚众谋逆，纠伊入伙，连夜前来首报等语。此等诚实民人既肯举报贼情，李侍尧、刚塔若将该民人留于军营，作为乡导，自可得进兵路径。

李应得等前已给予外委顶带，著福康安再各拔补千总，其马世雄亦著一体赏给千总，以示劝奖。并派随营充当向导，领路进剿，自更得力。"

（卷1207　175页）

乾隆四十九年（1784年）六月甲申

谕："甘省逆回滋事，先经革职总督李侍尧奏称，此事因小山逆回田五等谋兴新教起衅，经朕以该犯等欲兴新教，纠众谋逆，遂降旨饬询。始据该督将本年正月内田五在靖远哈得成、哈彦家商同谋逆各情节复奏。又据西安将军傅玉奏，讯之甘省居民，金称众回匪于上年五月即修理石峰堡，并约定本年五月五日起事。通谓等处亦据报同日被贼抢劫等语。是贼人肆逆不法早已预蓄奸谋，并非因争教起事。夫内地回人其来已久，我国家威棱远播，平定准部、回部，西域咸隶版图。新疆回人年班入觐，往来络绎。内地民人亦多至回疆贸易，其有查对经卷、讲习规条者相习为常，例所不禁，遂有红帽、白帽、新教、旧教之名。其实新疆之回人正其旧教也，且现在内地回民所习之教，所讲之经皆与喀什噶尔、叶尔羌等处回人经教无异，原无新旧之别。况内外均属编氓赤子，顺则恩有可加，逆则法无可宥。今贼首田五已就歼毙，其余党马胡子、李胡子等胆敢于光天化日之下聚众鸥张，攻城掠堡，即属回民中之邪教，如僧中白莲教之类而已。昨已命大学士阿桂、陕甘总督福康安前往督办，并派京兵及飞调四川屯练降番暨阿拉善、鄂尔多斯各处蒙古兵丁到彼协剿。大兵云集，谅此么么小丑自无难速就歼除。至阿桂、福康安于剿灭贼匪后，只须将贼人经过煽诱之处，所有平时与贼人勾结知情及贼人起事后代为往来送信、接济粮食之人，即系邪教乱民，必须实力搜捕正法，勿使复如李侍尧之养痈。其余并未从逆之回人不必更分旧教、新教，皆系良民，概毋庸波及，以免株连。总之查办此事止当分别从逆与否，邪正之殊，不必论其教之新旧，即如僧道原非例禁，而白莲等邪教之必应查究者，亦以其左道惑民，聚众滋事也。嗣后阿桂等奏折内，凡从逆回匪俱称邪教，不必复分新旧名目，俾回民等咸知朕洞悉其教根源，不分畛域，断不肯因滋事贼匪将无辜守法良民一并株连之至意。将此通谕中外知之，并著阿桂、福康安及各直省于凡有回民处誊黄遍贴，宣示知之。"

（卷1208　178页）

乾隆四十九年（1784年）六月乙酉

谕军机大臣等："贼人于静宁、隆德一带分出滋扰，福康安前赴伏羌，不但途次或有梗塞，且静宁迤东亦无重兵防御，转恐贼人或踞官军之后。本日据永铎奏称，静宁州存有守城兵七百余名。又前据策布坦奏称已带兵一千名赴静宁一带探剿，是该处现有一千七百余名。而此时鹿鹿山并无贼匪，傅玉等尚有满兵二千余名在彼坐守空山。福康安当迅速札知傅玉等令其带兵自西而东。福康安即带延绥、静宁之兵自东而西。再飞札旺沁班巴尔带领宁夏满兵及阿拉善蒙古兵赴静宁一带，三路夹攻会剿。阿桂带领京兵不日抵甘，又可为其后劲，务将隆德、静宁、石峰堡等处贼匪剿灭净尽。如攻抢伏羌之贼复窜入石峰堡会合一处，则势如釜底，更易于四面堵围。惟前据傅玉等奏，拿获奸细供称，贼人想把官兵诱至石峰堡里外夹攻等语。福康安与海兰察、巴图鲁侍卫等同行，必能加意防范，自可无虞贼人奸计。至永铎奏称静宁一带已无贼匪，现赴伍岱等打仗处所协剿。此折系二十四日亥时拜发，而二十五日辰时静宁州即有贼匪复来滋扰之事，谅该将军此时未必即能前往伏羌，自仍在静宁守城。著即令其帮同福康安剿办贼匪。至贼人现在静宁、隆德等处劫掠，幸而未据六盘山。该山为从来险要关隘，福康安尤当即速设法派兵扼险驻守，断不可使贼乘间侵占，致东西两路官兵或有阻隔。又伍岱等奏称，伏羌城外山梁扎营之贼，防其乘空再窜，但分兵堵截。存营兵力较单不能堵御，只可临期侦视，相机迎剿等语。所想亦是。伍岱、李侍尧等此时竟宜专力剿办伏羌之贼，牵缀其势，勿使窜逃勾结。则福康安在东路剿办石峰堡贼匪尤易为力，倘伏羌之贼亦败回石峰堡内，则伍岱等又可从南面追及，彼此知会，四面围堵，使贼人困处一隅，不战自毙，更不致一名漏网。"

（卷1208　181页）

乾隆四十九年（1784年）六月丁亥

又谕："据福康安奏称，现在紧要关键先当救援静宁等处，肃清后路。正与朕所降谕旨相合。其余所奏堵截贼人后路以及晓谕回人之处，所办俱好。是福康安于剿办贼匪机宜大端已得，朕览奏为之稍慰。惟所称先将静宁、隆德两处贼匪剿尽，拨兵驻守，即赴伏羌等处会剿一节，尚未为周妥。静宁等处贼匪办竣后尚有石峰堡为贼人巢穴，必须剿灭净尽，福康安再往伏羌，方可后路无虞。况伏羌、鹿鹿山现有傅玉、伍岱等在彼牵掣，贼人自无暇回顾。已有旨谕知福康安当以次进剿，自必遵照妥办。计福康安此时早抵平凉，该处离隆德、静宁不远，就近遣人常川侦探，更可得悉贼营实在情形，相机妥办。静宁等处贼匪谅无难速就扑灭。又料福康安与海兰察带领巴图鲁侍卫等前往督办，声势壮盛。又有阿桂带领京兵续至，恐贼人闻风胆落，不敢与官军抗拒，纷纷窜回石峰堡。而傅玉、伍岱等驻扎鹿鹿山、伏羌二处，万一贼人铤而走险，乘势两面夹攻。傅玉、伍岱等前后兼顾，殊觉费力，深为可虑。福康安此时仍宜沿途侦探贼情，并先札知傅玉、伍岱等，令其预为留心防范后路最为紧要。"

（卷1208　183页）

乾隆四十九年（1784年）六月戊子

谕："现在甘肃剿捕逆回，一切军粮台站需人办理，著于各部院京察一等记名应用道府人员内派出给事中李殿图、郎中法海、员外郎舒弼、扎克桑阿、舒永阿、主事陈科铦、崇文驰驿前往甘肃，交阿桂、福康安差遣委用，遇有相当缺出，酌量题补。即日起程，不必来热河请训。"

（卷1208　184页）

乾隆四十九年（1784年）六月己丑

谕："据恒山保奏，剿办甘省新教回匪，伊欲效力，并将所属密云县兵丁内拣选五百名带往等语，而又夹片奏请。恒山保甚属不晓事体轻重，殊为谬妄。现今剿灭甘省回匪一事，业经由京派兵前往足以剿灭贼匪，又何至动用密云县驻防兵丁。恒山保既欲塞责，奏请效力，仅可于一折内声明，而又另行夹片渎奏，尤属不堪。谬妄糊涂之至。恒山保既不能受朕恩，著将黄马褂、花翎俱行革去。"

又谕："据阿桂奏，京兵所需一切供支即于陕省代为筹办，以分甘省之力，自应如此办理。本日据毕沅奏称，京兵车马一项按站倒换，未免雇备维艰，已飞饬各属雇就长骡应用等语。是甘省过兵事宜，业经毕沅妥为预备自可迅速前进。至所称各省解甘饷鞘若照常运往，恐有疏虞，俟到西安时截留藩库，所办甚是。饷鞘乃陆续支发之项，非比军中火药等项急于应用。况甘省藩库现在尚有四百余万足敷给发。此项饷鞘自应暂留陕省，俟隆德、静宁一带剿除贼匪净尽再行运往未为迟也。"

又谕："此次伍岱等剿击贼匪，歼其头目三人，且虑贼翻山逃遁，派兵绕上山梁攻抢贼营，较前稍有起色。看来伊等因朕以该处领兵大员不能办贼，特遣福康安前往督剿，亦知愧激，且闻福康安将抵甘境，有所倚仗，精神俱略加振作。至贼经官兵追击即弃营南窜，自是向秦州而去。伍岱等既已派兵前往，若能与三德两面合剿，痛加歼洗，先肃清一路，固属甚好。倘贼人仍窜入石峰堡内，该处地势虽险，亦不过如苏四十三所据之华林山。官兵进攻时只须加意防范，据其高处，并于左近寻躧路径，询之诚实居民或即令为向导，带兵寻迳绕上山顶，建瓴而下，势如破竹。贼人自无由免脱，即使路径险窄，官兵实难前进，然官兵既不能进，贼亦何从而出。果能即其总路带兵严密堵住，则贼人困守空山更可不劳穷追，而尽数歼除也。至伏羌等处贼匪既有伍岱等在彼剿办，牵掣贼势。福康安尤可专心剿办隆德等处之贼。隆德现有莽古赉带到兵一千名，静宁存有守城兵七百余名，而延绥兵一千名，阿拉善蒙古兵一千名自已陆续到彼。福康安又带有山西、陕西兵四百名，是兵力已不为少。福康安与海兰察及巴图鲁侍卫等竟宜乘此兵力，先将隆德潘陇山之贼剿灭净尽，再往静宁剿捕翠屏山之贼。俟此两处贼匪洗净，然往赴石峰堡设法堵剿，但仍应步步留心，并派委明干将领带兵殿后策应，此为最要。又据李侍尧奏称，静宁一带文报往来，恐为贼匪所阻，现拟改由兰州、凉州安设军台，接到沿边军台驰送等语。此不过一时权宜之计，俟福康安将静宁、隆德等处贼匪办尽，文报仍宜由旧路驰递，较为捷近。再据伍岱等奏，在伏羌城外拿获贼匪及妇女幼孩，令守城出力之老教乡约白中伟等逐一辨认等语。此等老教乡约并不为贼人胁诱，且助官兵守城御贼，著福康安于剿捕石峰堡贼匪完竣，前往伏羌时查明该乡约白中伟等，如果实在出力，即应优加奖赏，俾老教回民均知感奋。"

（卷1208　184页）

乾隆四十九年（1784年）六月庚寅

又谕："前因甘省逆回滋事，所过地方百姓田庐、牲畜被其劫掠，及闻信惊避，迁徙流离者均为可悯。已谕令福康安到彼即行查明，酌量抚恤。第念该省现在调集官兵会剿贼匪，一切军粮料草虽均系地方官发价购办，而沿途挽运未免有需民力，是未经被贼滋扰之处百姓共效供输，亦宜一体加恩，均施惠泽。所有该省本年应征钱粮著概行蠲免，如有本年业经征收者著详悉查明，于下年蠲免。该督务宜董率所属实力奉行，俾闾阎得沾实惠，以副朕优加轸恤，普沛恩施之至意。此旨到甘省，福康安即誊黄普谕各属并著该部遵谕速行。"

（卷1208　186页）

又谕曰："原任云南腾越镇许世亨前在金川曾著劳绩，今愿赴军营效力，著即准其驰驿前往甘省，听候阿桂、福康安调遣。"

（卷1208　187页）

乾隆四十九年（1784年）六月辛卯

谕曰："永铎现在鹿鹿山等处剿办回匪，且年力强壮，即著调补西安将军，傅玉著调补杭州将军，俟甘肃事竣再赴新任。"

（卷1208　187页）

又谕："据伍岱等奏，伏羌贼人经官兵两次剿杀，远近逆回自必闻风胆落，而官军自有起色，已觉旌旆改观。计此时福康安早抵隆德，而宁夏满汉官兵据陈步瀛奏于二十六、七等日业经到彼。现在贼人屯聚隆德境内，福康安与海兰察、巴图鲁侍卫等尤当趁此军容振作之时，将隆德等处贼匪以次剿捕净尽。如贼畏惧先逃，仍必窜入石峰堡内。福康安可遵照前旨必剿清后路，然后带兵前往该处，设法四面堵截攻围，但仍宜严防后路为要。至陈步瀛节次所办俱合机宜，颇具识见，殊属能事可嘉。现据该臬司奏称即日驰赴隆德，将贼匪情形面禀福康安等语。陈步瀛来往安定、隆德一带，于该处贼情及路径夷险自能熟悉。伊既亲赴隆德，福康安得一能事之员，面加详细询问，于剿贼事宜更为有益。再据陈步瀛奏，固原州回匪马升贵城外靠城屋内挖有地窖，可容数百人。伊子马汉龙城内靠城屋内亦挖有地窖等语。地窖可容数百人，必非马升贵父子数人所能开挖，亦非朝夕所能猝办之事，是蓄谋已久。于城墙内外暗通，欲为破城之计。逆迹显然。李侍尧平时竟漫无觉察，以致养痈贻患，其罪实无可逭。而知州应知一州之事，逆回如此近城掘窖，肆行无忌，何至毫无见闻。如马升贵开挖地窖系前任知州任内之事，而该州王琼能盘获奸细，是不但无过而且有功，即应专治前任知州之罪。如王琼已经抵任，而马升贵犹公然开挖地窖，事后方被查到案，其功过尚两不相掩。若竟系该州任内之事，贼犯又非其所盘获，即应将王琼严参治罪，著福康安详晰询明年月，核其功罪，据实具奏。"

又谕曰："伍岱等现在剿办贼匪渐有起色，贼人经官兵两次歼戮已有五六百名。三德现又带兵到彼，遏其前路，与伍岱等两路会剿，是伏羌贼匪不满千名，无难迅速歼除。该处贼匪剿捕净尽，官兵无庸兼顾南路，更可专心进剿。石峰堡之贼由邹家河赴隆德县之潘陇山，勾合底店各处回匪直扑静宁州城，经该府王立柱等督率兵民击毙贼人甚多，贼退至离城三里之翠屏山。是隆德、潘陇山等处贼匪此时竟专在静宁滋扰，福康安至隆德时如侦探该县并无贼匪，自必与海兰察、巴图鲁侍卫等带兵速赴静宁。计福康安此时早抵该处剿办贼匪，将次完竣。已可往石峰堡与伍岱等设法会剿。石峰堡地形虽属险窄，然现在大兵云集，四面堵截攻围，并寻躐路径，据其高处建瓴而下，势如破竹，即可得剿贼净尽之喜音也。至贼营内器械、马匹齐备，又于上年纠约，订期起事，并修理石峰堡，是该处竟系贼人预营巢穴以为退守地步。蓄谋已久，必非朝夕所能猝办。其修石峰堡时附近居民既已共知，而文武员弁何以竟至毫无闻见，任贼如此肆行无忌。若文武各员弁曾经具禀总督、提、镇，而总督、提、镇等竟置之不办，其罪自专在总督、提、镇，或系该管之知县闻知信息，曾禀知道、府，该管之营员亦曾禀知专辖之副、参，而该道、府、副、参等竟敢沉匿不为转禀，或竟系州县营员闻信并不禀报各该管上司，以致酿成事端，其罪更不可逭。前已有旨，令阿桂、福康安到彼，一并查明参奏，著传谕阿桂等务宜逐层详细查明具奏。至伍岱等所奏生擒之马玉华系贼人头目，所有贼中情形及起事根由马玉华自必知其详细。伍岱等何以未经奏及，著即速讯供具奏。如尚未正法，即将马玉华派委干练员弁妥慎解赴热河，预备讯问。"

（卷1208　189页）

乾隆四十九年（1784年）六月壬辰

谕："本日据伊星阿奏到，五月二十四日有发配烟瘴之甘省邪教回匪马五一等三犯解抵长沙，另有文牌无名跟随到楚之河州回民丁正祥、马三格、马五十一等三犯，讯系马五一等亲属，一路跟随做饭。所过州县盘诘，俱称起解时回明跟来，并搜获各犯等随身俱带有银两、帽缨等物等语。马五一等三犯因坚守邪教，恐其煽惑人心复为滋扰，是以免其一死，发往琼南、百色烟瘴地方安插。与寻常军流人犯不同，地方官于起解时自应详细检点，慎重金差，并知照沿途经过地方一体慎密护送。乃马五一等竟敢于皋兰本地即带丁正祥等一路行宿，借称自造饭食以致沿途逐站递送并不盘诘来历。此总系李侍尧平日办理邪教漫不经心，押解官员于起解时一任该犯等招同党类一路随行，疏纵已极。且各犯随身携带银至二百余两，帽缨至六百余头之多。到配时仍得贸易多资，安居乐业，势必故智复萌，又于该处倡兴邪教，煽诱良民，更属不成事体。所有甘省押解马五一等之员已有旨令福康安查明，拿交刑部治罪。嗣后遇有此等免死发配紧要重犯，各督抚务宜饬属严密检查，并饬解员沿途小心管押，毋得似此玩忽干咎，但不得因有此旨将寻常军流人犯亦一律查点，不准其携带亲属银物，致令到配，无以自存。是又非朕法外施仁之意。总之朕办理庶狱宽严适中，务期情理之平，内外问刑衙门，其各仰体朕意，毋或畸重畸轻以成弼教协中之治。将此通谕知之。"

谕军机大臣等："据伊星阿奏，湖北省解到充发烟瘴之甘肃邪教回民马五一等三犯，此外尚有回民丁正祥、马三格、马五十一等随同到楚，系文牌内无名之人。讯系马五一等亲属，因迷恋异教，情愿远道跟往。已将马五一等即行正法，并将丁正祥等均拟绞候。又搜出马五一等所带银二百四十余两，凉缨六百余头，概行入官等语。所办甚是。马五一等系充发烟瘴重犯，其亲属不惮远道跋涉，跟同前往，可见邪教煽惑人心牢不可破。况该犯因邪教惑人，窜之远方，何得任其多带银物，潜携党羽。倘该犯等至配所后仍得安居乐业，故智复萌，倡兴邪教，尚复成何事体。且该犯等金解时曾降旨令各该督抚转饬所过地方，不得令其生事。其银两从何而来，而雨缨尤为甘肃所产，必系该犯临行所携带。此在沿途地方官转解时或未能详细检点，而甘省起解之初何得竟听其携挈亲属同行，多带财物，非寻常错误可比。著传谕福康安即查明马五一等发遣时系派何员押解，一面参奏，一面即将该员拿交刑部治罪。伊星阿折并著抄寄阅看。至此案内马五一等三犯及伊亲属丁正祥均系河州回民，可见该处回民被邪煽诱，执迷不悟。不可因此次未经随同逆回肆扰遂信为安静良回，不加留意。务于此案办理完竣后，仍宜密饬属员严慎访察，毋使故智复萌，方为妥善。"

（卷1208　190页）

乾隆四十九年（1784年）六月癸巳

谕军机大臣等："据伍岱等奏，伏羌城外贼匪经官兵两次击杀五六百名。又据三德奏称于桌子坪山遇见贼匪，杀死六七十名，是南路之贼所存无几，已不难于迅速剿尽。但三德带兵由秦州前至伏羌，本系在贼前面迎剿。今贼窜回秦安，三德与伍岱等会合，俱在后尾追，何以未经两面夹攻，殊不可解。兹伍岱等又将该镇派往静宁，而静宁之贼已据陈步瀛奏称于二十七日分窜。是三德此时即应前赴隆德随同福康安剿捕。看来贼人因汧、陇一带有重兵防堵，已不敢再行南窜。惟贼计穷力竭，或又思绕道往西窜赴河州，勾合邪教匪徒复至省城滋扰，尤不可不预为防范。著传谕伍岱等详查路径，设法派兵断其去路，并飞札哈当阿、冯光熊令其一体严密防范，勿致稍有疏虞。至攻犯静宁州城之贼，昨据陈步瀛奏称已经平凉府知府王立柱督率兵民击退。贼人分为三股，一股回石峰堡，一股在底店，一股往雷大湾。又隆德县禀报，贼人现在县属之马家坪及静宁州之底店等处屯聚，是静宁州城外已无贼匪滋扰。此时福康安所亟宜剿办者又在马家坪、底店及石峰堡等处贼匪。官兵叠次杀贼，远近逆回自无不闻声胆落。福康安正当趁此军容振作之时，由隆德以次进剿，将后路肃清，再赴石峰堡与伍岱等四面堵截攻围。现在鹿鹿山已无贼匪，傅玉等所带之兵尚有二千，福康安竟当速将此项官兵调至军营会合剿捕。兵力厚集，贼匪更易于迅速歼除。再据保宁奏，土练降番内尚可得一千六百名，又四川瓦寺土司桑朗荣宗禀称，该处可得土兵四百名，共计二千名，俱情愿跟同赴甘剿贼等语。此时甘省剿办贼匪大局已定，而保宁所带初调之土练降番二十九日尚在保县，未能即抵甘省，若续行檄调，更不免有需时日，徒劳往返。著福康安酌量情形，如尚有必需添调此项番土各兵之处，即一面飞咨檄调，一面奏闻。如该处兵力已足，即知照李世杰停其预备。"

（卷1208　192页）

乾隆四十九年（1784年）六月乙未

谕曰："特成额奏，据湖南藩臬两司禀报，五月二十六日已将逆回马五一等截留正法，并查出回民丁正祥三人随同行走。现已审明定拟，因请将湖北、湖南两省各员及委解员弁请旨交部严加议处等语，所办过当，已批俱著宽免矣。此案前据伊星阿奏到，朕业已降旨令福康安将甘省首站起解之员查明参革，拿交刑部治罪，并因署长沙府事同知王用锷等能留心盘诘，特令送部引见。原以疏纵匪徒，罪在本省首站押解之员。至沿途地方官不过照依上站接递，咎尚可宽，是以概不加罪。朕办理庶务宽严务协事理之平。乃特成额身为总督，遇事不权轻重，遽将湖北、湖南首站及接解之员悉行严参，办理殊属失当。若因该省各员既经参处，而甘肃、陕西、河南各省闻而效尤，纷纷具奏，伊于何底。总之封疆大吏遇有地方事件必当斟酌事理轻重，明示劝惩，不可稍涉张皇，自占地步。特成额甫经擢任总督，遇事即不知轻重若此，安望其总督两省办理裕如耶。特成额著严行申饬，并将此通谕各督抚知之。"

（卷1208　194页）

陕西巡抚毕沅奏："甘省秦州东南为通秦、蜀要路。平凉东通泾州、长武，西控瓦亭、六盘山，北连固原。六盘山以外即接隆德、静宁、巩昌。西通河州，南接秦、阶，各处要隘均须分兵堵塞，使贼无路奔窜，方为慎重。"得旨："慎重固应慎重，若如尔所筹，十万兵亦不敷用，有是理乎。"

（卷1208　195页）

乾隆四十九年（1784年）六月丙申

谕军机大臣等："本日据李侍尧奏，拿获贼犯马三九子，供有贼人欲往兰州、河州勾合新教之语。已密札藩司暨河州镇，将供出兰州、河州之犯按名严拿讯办等语。兰州、河州二处经哈当阿设法严防，又有伍岱等断贼前往之路。而现在供出勾合各犯复已按名查拿，自可不致复行滋扰。但该二处回民较多，从前苏四十三滋事时即由河州前至兰州，而该二处亦有回民送贼渡河，馈送粮食之事。将来若仍留新教名目，不能净绝根株，恐致芽蘖复萌，又须另起炉灶。但业经被贼勾合者自即当按名严拿正法，其或实系邪教，而未露从贼形迹者。若一概查拿办理未免致回民惊畏，实难措手。著传谕阿桂、福康安将来办理善后事宜时，应将拿获贼目逐一详细研究，令其将邪教一一指名供出。不论兰州、河州以及西安各处，一经贼目供扳，即可按名查拿严办。如此办理，既不致逆匪漏网，而且查办有因。朕辗转思维，此乃善后第一紧要关键，舍此恐别无善策。阿桂、福康安素称能事，或别有计议，俾得一劳永逸，亦未可定。伊二人务宜慎密，熟筹尽善，据实奏闻，仍著将拿获讯过各贼目酌分一半，派委妥员，解送热河，以备亲行鞫讯，其余一半仍留在营中，听候伊等质问，如此将该贼目等两处严讯，自可使贼人底里毕露，不致稍有未尽也。"

（卷1208　195页）

乾隆四十九年（1784年）六月戊戌

谕军机大臣等："此次福康安甫抵隆德，因蹑探路径，即能擒杀贼匪，赶获牲畜，可见事机凑合，灭贼佳兆。而先声所及已足以破逆回之胆。但虑贼人得信复行逃窜，然料彼亦无路可去矣。据奏现与海兰察分派官兵，并知会伍岱等于初十日一同分路进剿，并飞咨傅玉、永安在石峰堡附近堵截。如此四面迎剿截杀，贼人更无难迅速歼除，所有擒拿贼匪之侍卫富克精额等甚属奋勉可嘉，统俟捷音驰到时一并从优议叙。再据奏，讯之拿获贼人马佳英等供称，底店为首之贼系马武举，就是底店回人，不知名字等语。底店贼回为首者竟系武举，实属罪大恶极。福康安进剿务当设法将该犯生擒，解送热河。审明寸磔，以伸国法而快人心。至武举例属总督管辖，何以平时漫无约束，纵令谋逆。此非寻常失察可比，并著福康安查明，据实参奏。"

（卷1208　196页）

乾隆四十九年（1784年）六月己亥

谕军机大臣等："近日军营渐有起色，旗鼓一新，自当立剿匪徒，但念此次逆回田五等岂有无故即能纠合党羽，定期起事，远近回人亦即附和随从之理。朕于此事再四思维，反躬自问。自临御以来数十年兢兢业业，并不敢稍存满假于民生疾苦，无不时时廑念，务期得所，而于甘省尤加意抚恤。该省连年以来并未闻水旱灾歉，断无贫黎失所，致匪徒得乘机煽诱，或地方官有勒索苛派，苦累百姓，因而贼人倡乱滋事；抑或李侍尧查办邪教不密，致逆回得谎称剿洗回民，借词煽诱。以上种种各情节，思之总不得其故。究竟因何而起不得不彻底根究。著传谕阿桂、福康安务向擒获贼目逐一研鞫。并于该处详晰询访起衅缘由，据实奏复，毋得稍存回护之见。至贼人于上年即预备石峰堡巢穴以为退守之地，其所积粮食器械必多，自系陆续运往，断难掩人耳目，何以地方文武员弁竟昏如聋聩，毫无闻见，此非寻常失察可比。著阿桂、福康安查明贻误之员，严参治罪，至贼人前此肆行无忌，往来逃窜，其所需粮食等项尚可向各处村庄抢劫。今见官兵声势壮盛，又经福康安等痛加剿戮，余贼自必窜回石峰堡。福康安等派兵四面严密围堵后，贼人及老幼眷属不下万人藏于堡内困守，其积蓄自必立形匮乏，无从觅食。惟防各处邪教匪徒尚有为之暗中馈送者。此等为贼接济之人罪与逆贼无异，必当严密查捕。一经拿获即究讯姓名居址，不可使一名漏网。此系尽绝邪教根株之法。阿桂、福康安当留心遵照妥办，不可稍存姑息。”

（卷1209　198页）

乾隆四十九年（1784年）六月庚子

谕：“此次甘省剿捕逆回，调取四川屯练降番及阿拉善蒙古兵丁长涂跋涉，不无劳费。所有屯练降番著赏给一个月钱粮，阿拉善兵著赏给银一千两。即著福康安于甘省库项内动拨，交保宁、旺沁班巴尔分别赏给。又据保宁奏，穆塔尔现在病中，闻甘省调兵即起身前往，甚属急公。穆塔尔前已赏给二品职衔，著再赏给散秩大臣衔，并元宝一个，以示朕体恤戎行，优加奖励之至意。”

（卷1209　199页）

乾隆四十九年（1784年）六月辛丑

谕：“据福康安奏，官兵于十一日分为四路由隆德进剿底店，贼众千余从山梁压下，官兵枪箭齐发，杀贼甚多。有骑马贼首二人往来指挥，拜唐阿萨克丹布放枪打死一人。官兵自辰至酉杀贼二百余名，夺得贼营四座，卡座十余处，器械、帐房、牲畜无算。海兰察带同巴图鲁侍卫追赶败窜之贼又杀一百余名等语。此次福康安等督率官兵剿杀贼匪，奋勇争先，歼贼二百余名。拜唐阿萨克丹布并能枪毙骑马贼目一人，甚属奋勉可嘉。福康安、海兰察著各赏大荷包一对、小荷包二对。萨克丹布著擢授蓝翎侍卫，其余出力之侍卫、章京及官弁兵丁等俱著福康安查明咨部议叙，以示奖励。其有出众特等奋勇者仍即指名奏闻。”

（卷1209　199页）

乾隆四十九年（1784年）六月壬寅

又谕曰："闫正祥著调补甘肃提督，即行驰驿前往。其湖广提督员缺，著俞金鳌调补。俞金鳌俟闫正祥抵甘接印后再赴湖广新任。"

又谕："甘肃提督闫正祥陛见时，将从前业改为民之过继侄把总闫福仍奏请归旗等语，著照闫正祥所请。加恩将伊过继侄闫福一户仍准其归入镶黄旗汉军。"

（卷1209　201页）

乾隆四十九年（1784年）六月癸卯

谕曰："福康安奏，贼回自马家堡翻山逃窜后即攻扰通渭、伏羌、秦安各州县，俱系巩昌府所属。巩秦阶道张廷桂虽于三月中告病，但当地方多事之时安坐衙署，并不即赴所属督同守御弹压。请将张廷桂革职。至李侍尧于张廷桂告病后并不委员接署，以致要缺久悬，应一并据实参奏等语。巩秦阶道员缺紧要，张廷桂于三月内已经告病，何以历久尚无委署之员，以致贼匪滋扰时竟无大员在该处稽查弹压，是李侍尧不但于剿贼机宜茫无措置，即地方事亦多阘茸，实属大奇。至张廷桂告病虽在贼匪未经滋扰以前，但当地方多事之际即使患病属实，亦应力疾驰赴该处督同防御，乃竟置身事外，其罪断难姑容。张廷桂著革职，拿交刑部治罪。"

谕军机大臣等："据福康安奏，贼匪陆续投出者共二百四十余人，已分起交枭司，于隆德隔别收禁等语。所办甚是。其底店投顺回民共有千余，虽据福康安奏令俞金鳌带兵一千三百名在该处驻扎弹压，但此等从逆之人见官兵势盛，始行投降，其心究不可信。著福康安酌量或送至省城，或分别就近各府县监禁。俟事定后分别正法发遣。总之此次查办逆党务期净尽，不可姑息。李侍尧即吃此亏。阿桂、福康安慎勿再留后患也。马文熹现在随营效力，此事究险，竟当仍照前旨，即将该犯解送热河，并于起解时严加锁铐。法灵阿人尚结实，令其酌带弁兵数名沿途小心解送，自不至或有疏虞。又据冯光熊奏，庄浪外委黄荣等报称，在白杨岭遇贼百余人将营盘冲散，守备福泰、夏治、千总赵良枢、外委秦玉等被害等语。玉柱等带兵五百五十名搜捕贼匪，何至遇贼百余人即被冲散，此或是一处之贼，或是两处之贼，著阿桂、福康安查明初九日白杨岭遇贼时若止系福泰等在彼，玉柱或往别处捕贼尚属可原；若彼时玉柱亦在白杨岭，为贼冲退，或竟躲避，即当将该副将严参治罪。其守备福泰等虽遇贼被害，但似此庸懦无能，是自取其死，与奋勇阵亡者有间，亦不值交部议恤。至福泰等既于白杨岭遇贼，而黑矴塔井地方据冯光熊奏又有贼匪一百余人，自萱帽塔北山白银厂窜往藏匿。现在阿桂、福康安等办贼将次完竣，岂容此等匪徒分路滋扰。看来黑矴塔井、白杨岭二处贼匪自亦系底店溃出之贼。玉柱等在彼剿捕或不能得力。著传谕阿桂、福康安即于侍卫、章京内酌派一二人，或即派伍岱带兵前往，实力搜捕，务将窜逸余贼迅速歼擒，方为妥善。"

又谕："据福康安奏贼匪即日剿灭。复兴所领京兵可以回京等语。复兴仍同善德、兴奎赴阿桂等军营，协同剿贼。京兵一千著撤回。"

（卷1209　201页）

乾隆四十九年（1784年）六月甲辰

谕曰："傅玉年老不胜将军之任，著授为散秩大臣，暂留甘省跟随阿桂、福康安剿贼效力。事竣时来京当差。所遗杭州将军员缺著莽古赉调补。宁夏将军员缺著嵩椿调补。现今甘肃正在需人之际，嵩椿即由彼处驰驿前赴新任。绥远城将军员缺著乌尔图纳逊补授。察哈尔都统员缺著积福调补。"

谕军机大臣等："据傅玉奏，由鹿鹿山带兵至石峰堡堵截，在石沟庄扎营，有石峰堡贼人出来打仗，杀贼一百余名，受伤者二百名等语。是贼人竟思于西南一带窜逸，果不出朕之所料。傅玉与贼打仗时贼势尚未穷蹙，是以止分其党羽先为尝试。今见底店贼匪剿尽，福康安统大兵捣其巢穴，阿桂又带京兵续至，贼众胆丧必仍思于西南一面乘间潜逃。此时甚关紧要，断非傅玉等所能妥办。著传谕福康安即同舒亮并酌分巴图鲁、侍卫、章京十余人带兵迅赴石峰堡西南一路严堵，或即由彼进剿。其东北一路专交阿桂与海兰察带同巴图鲁、侍卫、章京等领兵设法进攻。总以四面堵截攻围，务将贼匪悉数歼擒，勿致一人兔脱。"

又谕："昨据福康安奏，请将续派之京兵撤回，但据冯光熊奏，黑矴塔井、白杨岭二处复有匪徒滋扰，必须速行剿捕，以净根株。又将来查办固原开挖地窖诸贼，搜捕党类在在需用兵力。计复兴所带续派之四起京兵，现在已可全抵潼关。其陕甘二省沿途一切供应亦早预备。潼关距甘省不远，此时竟可毋庸停撤。著传谕复兴于接奉此旨后仍速行带赴军营，会同阿桂等搜捕，俾兵力厚集，于剿洗事宜，益可迅速蒇功。将此由六百里加紧传谕复兴，并谕阿桂、福康安、毕沅知之。"

又谕："甘省军营节次拿获贼犯马文熹、马玉华，并盘获逆党马升贵等。已有旨解送热河，预备讯问。但甘省现在办理军需，一切在在需员差委，除马文熹一犯现派法灵阿解送热河外，其余应解各犯并将来拿获贼目应行解送者，著传谕福康安于起程时，俱为严加锁铐，派令妥干员弁解送西安交与毕沅，另行遴派妥员转解热河，如此接替解送。甘省差委既不致乏人，而沿途亦更可迅速行走，并谕阿桂知之。"

（卷1209　202页）

乾隆四十九年（1784年）六月丙午

谕军机大臣等："昨见福康安所进图内西南一面及贼营东首并无防堵之兵，而沟壑处所似有可行路径。即傅玉一路亦虑其人本无用，兵力单弱，倘贼复由东窜至静宁，或由西南窜至通渭、伏羌等处抢掠，虽断不至如从前之勾结蔓延，而搜捕究觉费力。且于沿路村庄未免复行滋扰。著传谕阿桂、福康安会同熟筹妥办，务派大员帮助傅玉一路及东面贼人出路逐一设法堵截，并不可令贼潜出取水及匪徒等为之暗送粮食，致贼得资接济，迁延日久为要。至石峰堡地既险要，自应相机慎重进剿。阅图内石峰堡迤东山梁上有贼营四处，官兵何不先由此攻剿，将此四营占据，则贼人咽喉已断，更无可出之路。并著阿桂、福康安酌量办理。又石峰堡为向来险隘之地，逆回于上年公然将旧堡重修整固，订期起事，实属罪大恶极，务须悉数歼擒，断不可致有一人漏网。即将此石峰堡、底店溃出之贼亦当实力搜捕，按名拿获，概予骈诛。而地方文武各官于旧有险隘被贼重修，置若罔闻。阿桂、福康安必须遵前旨，据实查参治罪。况贼人既预蓄逆谋，则此外被其煽诱勾合者自不一而足，即如马文熹为底店从逆首犯，其手下回匪尚有千余人。其大通马阿浑系现在贼营首犯，因何以大通为号，是否系大通之人，如该犯系大通人，则其党羽居住大通者必多。即田五虽已自戕，其所居小山地方党羽亦必不少。阿桂、福康安总当趁此兵力详细查究，勘明各该犯家内是否有如马升贵等开挖地窖之事，逐一履勘，辗转根究，尽法惩治，务使根株净绝，不致再生事端。至现在贼势已蹙，断无虑其窜入汧、陇一带。敷伦泰、福敏泰是否应各回本任之处，著再传谕阿桂、福康安酌量现在情形，如果无需敷伦泰等在彼带兵防堵，即一面奏闻，一面行知撤回。"

（卷1209　204页）

乾隆四十九年（1784年）六月丁未

谕："广西布政使员缺，著奇丰额调补。浦霖著调补安徽布政使，即赴新任，不必来热河请训，亦无庸驰驿。其甘肃布政使员缺，著陈步瀛补授。汪新著调补甘肃按察使。其湖南按察使员缺，著德克进布补授。"

（卷1209　205页）

乾隆四十九年（1784年）六月己酉

谕："前因甘省逆回不法，扰害地方，曾降旨令福康安查明被难良民，酌量抚恤，并将该省本年应征钱粮概行蠲免。本日据福康安奏，现在该省市集粮价较昂，其伏羌一县已据该县开仓减价出粜，其余静宁、隆德等州县曾经贼人经过处所，亦应一体核实酌减出粜等语。向来出粜仓粮每以年岁丰歉照市价量为酌减，今该省因贼人滋扰，小民粜食维艰，安可复拘常例办理。著福康安即将应行出粜各地方一体核实，照例价大加酌减出粜，期于民食有济，并著严饬该管道府加意稽查，如有粜多报少侵冒情弊，即将经手之员严参治罪。所有朕批阅福康安原折一并发抄。"

又谕："官兵进剿石峰堡贼巢，即日可期歼灭。福康安相度机宜，调度有方。海兰察督率进攻，倍为奋勉。伍岱及旺沁班巴尔亦甚出力。福康安、海兰察著赏给御用玉鞚一枚，大荷包一对，小荷包二对。旺沁班巴尔著赏给御用大荷包一对，小荷包二对。伍岱著赏给御用大荷包一对，小荷包一对。福康安等尤宜各加鼓励，迅速剿办，毋使贼匪一名免脱。"

又谕："前曾加恩将海兰察之子安禄授为三等侍卫。此次海兰察进剿底店等处贼匪，踊跃奋勉。伊子安禄著授为二等侍卫，在乾清门学习行走。"

又谕："此次巴图鲁、侍卫、章京、兵丁等竭力歼贼，勤劳奋勉，甚属可嘉。乾清门侍卫、巴图鲁泰斐英阿、富宁，护军参领、巴图鲁阿满泰，俱著赏给副都统职衔。乾清门侍卫、巴图鲁额勒登保著授为二等侍卫。万济奈著赏给哲克敦巴图鲁。富克精额著赏给奇成额巴图鲁。奇臣保著赏给法式尚阿巴图鲁。武韶著赏给努塔巴图鲁。珠尔杭阿著赏给西里图巴图鲁。蓝翎侍卫色灵额著赏给清达巴图鲁，并各照例赏银一百两。三等侍卫逊济鼐、蓝翎侍卫佟保、克星额俱著授为二等侍卫。委署鸟枪护军参领达延泰著授为副护军参领。健锐营蓝翎长德宁、亲军满住、前锋萨隆保俱著遇有本营护军校缺出，即行补授。"

又谕："据福康安奏，阿拉善公乌尔图纳逊、佐领钟呢于进剿底店贼匪时均各奋勉打仗，俱著加恩赏戴花翎。又总兵苏灵、候补游击德海及千总等员俱奋勇剿贼。苏灵、德海著加恩赏戴花翎。千总乔福禄著补授守备。外委马敷采著补授把总。以示鼓励。"

（卷1209　207页）

又谕："前阅福康安所进图内石峰堡迤东有贼营四处，当经谕令福康安何不先占此四营，则贼无可去之路。今据奏到夺得贼人大营四座，正与朕前降谕旨相合。至所称此时要著必先扼要放卡，断其水道，并周围刨挖沟壕使贼无路窜逸，方能制其死命。现于石峰堡东南山梁设营数处，拿至沟底，再于石峰堡西南山腿安营三处，即可接至黑风墩山梁，直达傅玉等军营，会合联络等语。并另据绘图进呈阅之一目了然，与朕前次发去朱笔原图吻合。办理俱中窾要。此时贼匪已成釜底游魂，官兵转不必轻于前进以致或有损伤，惟当严密防范堵截，毋使一名兔脱为要。即为时略久，剿除自更净尽。况阿桂带领京兵暨保宁所带屯练降番，日内早已到彼，合力攻围，亦无难克期蒇事。伫待捷音之至。至白杨岭等处逆回想亦系底店、石峰堡、马家堡溃出之贼，自应分兵往捕，速期扑灭。但策布坦、吉兰泰二人向未经历戎行，况绿营兵丁又不如京兵娴习弓马。著传谕阿桂、福康安即于巴图鲁侍卫内选派精细谙练者数员，并于复兴所带京兵内每处派拨二百名，令其带往帮同策布坦、吉兰泰上紧搜捕，自更得力。其冯光熊续调之甘凉等处兵丁亦当暂缓撤回，以供搜捕堵截之用。此次回匪等订期起事，早蓄逆谋，因举首有人，田五等遂仓猝生变。迨窜往马家堡时，若刚塔等能严防后路及早完结，则其余勾结之回众闻风敛迹，逆形未露，转难查办。而李侍尧、刚塔仍然安于本任，或待至一二年后又不能保无蠢动之事。彼时逆谋愈久，勾结转多，奸除更为不易。今因马胡子等翻山逃遁，而石峰堡、底店之贼遂纷纷接应，经官兵以次剿捕，遂使回匪逆谋毕露，转得彻底根查，萌芽净尽，从此永不至再生事端。此实仰荷上天嘉佑。朕辗转思维，益深敬畏。又据奏，询之石峰堡附近居民，贼匪于四十六年即修理石峰堡。上年五月又加葺治整固，众所共知等语。是此事李侍尧玩愒贻误，而刚塔在马家堡纵贼之罪亦无可逭。已令军机大臣札饬解员凤翔等将伊二人迅速押解热河，审讯治罪。但贼匪似此逆迹昭彰，附近居民既已共见。督、提大员自有应得之咎，而地方文武员弁何竟毫无觉察禀报，以致养痈贻患。著阿桂、福康安务即查明贼匪修理石峰堡时系何员任内之事，即将贻误之道、府、州、县并专管之武职营汛各员一面参奏，一面拿问，亦迅速解赴热河治罪。"

（卷1209　209页）

乾隆四十九年（1784年）六月庚戌

谕曰："李侍尧久任封疆，历练地方事务，数十年受朕恩眷最深。迨调任云贵总督后有收受厂银等事，一经发觉即将伊拿问，革职治罪。核其情节虽非近年王亶望、陈辉祖、国泰、郝硕等之贪婪贿黩，败检营私者可比，但其篝篚不饬已堕名节而损廉隅。其时汇内外臣工之奏，将李侍尧加恩，暂缓典刑。适因甘省有苏四十三之事需人办理善后事宜，一时总督骤不得人，李侍尧究属明白能事，是以复将伊补授陕甘总督。朕于李侍尧破格加恩，原欲其倍加策励，查办邪教，绥靖地方，以赎前愆。李侍尧稍有人心，宜何如感激奋勉，仰答朕恩。乃本年田五于小山起事作逆，李侍尧并不亲带兵丁设法剿捕，彼时尚得以审办贼党，筹划军饷为名。迨贼于马家堡翻山逃遁，伊乃逗留靖远，军营统摄无人，贼人遂肆行窜逸勾结。经朕于五月十二、十三、十四等日屡次饬谕，始行移驻安定，仍与贼踪遥远，以致贼党蔓延，到处煽诱，攻城掠堡，扰害良民。是李侍尧之畏葸迁延实为失机偾事。况贼人于四十六年即已修理石峰堡，上年五月又加葺治整固，且田五阴谋不轨，纠众聚集礼拜寺，商同谋逆，一切旗帜、号衣、帐房、器械种种齐备，足见逆谋已三四年之久。李侍尧安坐省城，竟同聋瞆，是其豢贼养痈，酿成事变。李侍尧之罪百喙难辞。此事办理始终贻误，使李侍尧平日如勒尔谨之庸懦昏愦，尚不能曲宥其罪。况李侍尧在各省总督中素称明白能事，人所共知。朕之弃瑕录用亦因其尚有才能，冀其感恩出力。乃竟于地方大事贻误若此，朕更不能曲为之解，抑且深自引咎愧恨也。至刚塔身任提督，于贼匪起事时未能即时扑灭。及在马家堡复为贼人所诓，致令翻山逃窜，四出滋扰，惟知在后尾追，毫无筹划，其罪实无可逭。所有福康安参奏李侍尧、刚塔之处俱系实在情形，谅伊等亦无从诿卸。著将原折发交留京王大臣会同大学士九卿科道核议定拟具奏。"

（卷1209　210页）

乾隆四十九年（1784年）六月壬子

谕军机大臣等："据福康安奏，贼人于堡内藏匿为负隅死守之计。现在多放卡座，开挖沟壕，益加严密，不使一名漏网。俟将东南山腿占得，即可设法断其水道，并乘势进逼贼巢等语。所办均为妥协，惟所称贼人取水系在石峰堡西南礓下，河甚宽广，贴近堡边。我兵尚不能近前断绝。现选派好枪手在彼，伺贼人下礓即放枪击打等语，此亦系一法。但恐贼人仍于官兵防范不到之时，又复乘间取水，得资接济，未免耽延时日。所虑尚未为周密。朕意现在石峰堡礓下或系泉水亦未可定，即系河水，阿桂、福康安亦可设法派员前往，囊沙遏其上流，或竟开沟使下流泄往别支，使贼无从汲取，岂不更善。著阿桂、福康安即商酌妥办。至此时贼势已戢，藏匿堡内，不过苟延残喘。官兵进剿自应计出万全，不必欲速以致兵丁或有损伤。现在阿桂带京兵早抵军营，屯练降番亦俱到齐。阿桂与福康安会同商办，兼之大兵云集，贼人闻风胆落，无难迅速歼除。若已将贼匪搜捕净尽固属甚善，倘贼竟敢仍前死守，官兵四面围堵，绝其窜逸之路，贼人粮食匮乏，又无从取水。饮食俱绝自可不攻而溃。阿桂、福康安此时宜倍加慎重，不必轻进，能使贼人尽数歼擒，官兵不致伤损，更为妥善。即如屯练甫经到营打仗，即阵亡一名殊为可惜。著阿桂、福康安优加赏恤。其余屯练降番奋勉可嘉，前已有旨赏给钱粮一月，著再赏给一次，以示奖励。至现在尚未出伏，天气炎热，朕心甚为轸念，恐官兵或致伤暑。前经由驿发去御药房所制定中、平安丸药各二千丸，以备散给官兵祛疾之需。福康安接到后仰体朕意，如何分散及该处气候何如并著奏闻，以慰廑念。又据另折奏，马升贵家内所挖地窖进长三丈五尺，马汉龙家内地窖直深五丈，除马升贵供出伊婿王舍而巴等帮同开窖外，必尚有同开挖之人均应严究，从重办理等语。地窖深长至三五丈不等，断非数人所能开挖。其所供并未告知伊孙马如林、马如海之处，亦不可信。著传谕阿桂、福康安于事竣后，务遵前旨亲往履勘，并将各犯等种种谋逆情由讯访确实，究出党羽，按名查拿严办，毋稍姑息。其挖窖年月以及该州王琮是否自行盘获之处，亦当逐一秉公确查，据实复奏。又据奏，武举马文熹被贼逼迫入伙时曾于五月十七日遣人赴隆德县，将危急苦情禀过。询之该县钟润，实有此事，并呈出原禀。因马文熹于十八日已率众从逆，是以因循未曾禀知李侍尧等语。马文熹既在县具禀，该县钟润即当善为慰谕，并晓以不可从逆大义，或将马文熹传到县中扣留，以遏其从逆之谋。何得一无办法，惟以马文熹次日即行从逆为词，以为沉搁不报卸罪地步。著传谕福康安即将钟润革职，迅速解赴热河，审明治罪，并将马文熹原禀一并进呈。又据奏，马世忠等四犯略知贼营情形，预备解京等语。马世忠等既知贼营情形，则起事根由该犯等亦必知悉。福康安曾否向其详细研鞫，著即录供，据实复奏。朕前降谕旨，令将拿获贼目解送审讯，亦不过欲明白贼人起事原委，并究出勾结贼党，以便尽法惩治。若解送之犯太多，沿途照料恐难周到。除马文熹、马升贵等已有旨谕令解送外，著传谕阿桂、福康安嗣后拿获贼犯，止须拣其紧要头目，如马阿浑、大通阿浑、张阿浑者数人可备审讯者，解送热河讯供。其余即于军营一面审明起事根由，录供具奏，一面即行正法，勿任稍稽显戮。其监禁年岁幼小之贼属马元一等四十三名俱系应分赏为奴之犯，但福康安系陕甘总督及本省地方文武各员，均不可分赏，致犯属仍得留于甘省。此外如伍岱暨巴图鲁侍卫等事竣后回京，以及别省在甘协办之员俱可各分赏一人为奴。倘将来拿获幼小犯属尚多，即可赏给屯练降番各兵丁为奴，令其严加役使也。至浦霖因其究系生手，是以将伊调任安徽。陈步瀛此次筹办一切尚属周妥，已将该臬司拣放甘肃布政使。福康安就近委办各件更为得力。将此由六百里加紧传谕知之。"

（卷1209　211页）

乾隆四十九年（1784年）六月癸丑

谕："此次逆回滋事，前据奏称首犯系小山田五，但思田五于上年冬、本年春间始制办矛子库刀等物。而现据福康安查明，贼人于四十六年即修理石峰堡，上年又加葺整固，是其逆谋转在田五之前。况田五居住小山，离石峰堡约有二三百里之遥，安能远赴该处，两次兴修，且石峰堡内为贼人巢穴，其中所有粮石器械等物自必以渐存贮备办。田五既不居住该处，平时又有何人在彼制造运贮，调度一切。看来田五亦不过贼中头目如张阿浑、杨填四者。特因举首有人，该犯知逆谋败露，遂尔先行举事，仓猝生变。若该犯果属贼目，则伊既经自戕，贼众即当纷纷溃散，安能复行四出勾结，似此蔓延。即云田五毙后，贼营内尚有李胡子、马胡子二人，谅该犯彼此不能相下，则石峰堡、底店之贼又安能咸听其指使，其中必另有为首之人，为贼众所服从。一切修堡、挖窖、打造器械、蓄积粮食等事俱系该犯主谋，暗遣党羽，分头备办，并定期起事。此系剿办逆回第一紧要情节。福康安既拿获贼目马壮父子等，何不向其详细讯明，录供具奏。著传谕阿桂、福康安务即将拿获贼犯，究明此事究系何人为首之处，迅速具奏。至马文熹曾于五月十七日遣人赴隆德县禀报，朕初意尚欲免其一死，但思该犯于十七日赴县具禀，十八日即率众从逆，明系甘心附贼，故投此禀，以为日后被获卸罪地步。不然即系马文熹知该县钟润懦怯无能，故以此信恐吓，懈其堤防。而该县亦即被其吓诈，茫无措置，一筹莫展。所有该犯原禀甚关紧要，著传谕阿桂、福康安即速查出，由驿进呈。至钟润于马文熹遣人投禀时，若系晓事之人即当设法将该犯传至县中扣留，使伊党羽不能附贼，否则亦应善为慰抚，晓以大义，以遏其从逆之谋。即不然亦当立时通禀上司，设法速办。何至因循不报，任听马文熹公然肆逆，为贼又添羽翼，至所称马文熹十八日从逆之处，究系如何情节，或系该犯率众前往石峰堡迎贼，或系该犯带同贼人攻扰城池，以上种种各情，福康安具奏究未明确。著阿桂、福康安再会同逐一研讯，务得确情，勿任丝毫遁饰。再前因白杨岭等处尚有逸出零星贼犯，而复兴所带二起京兵已抵西安，是以令其仍赴军营帮同围剿。若阿桂到彼与福康安会同酌量情形，如现在剿洗将次完竣，各处征调之兵亦不为少。京兵在彼久驻无益。阿桂等即可酌留数百名办理石峰堡及土窖、底店等处，其余仍令原带章京分起陆续缓程回京。其如何商酌之处，一面办理，一面具奏。将此由六百里加紧报便传谕知之，并将日内如何围剿贼匪情形迅速复奏，以慰悬注。"

（卷1209　214页）

乾隆四十九年（1784年）七月甲寅

谕："据阿桂等奏称，旺沁班巴尔带来阿拉善三等台吉班第海途次得病，留居固原病故等语。班第海虽未获效力，究系派往甘肃兵差之人，途次病故，甚属可悯。班第海著加恩赏给二等台吉，即令伊子承袭，并赏银二百两。"

谕军机大臣等："据阿桂等奏，阿桂于二十三日行抵军营，察看石峰堡形势，惟有将攻围之处愈加逼近，设法断其水道，用大炮轰击贼营，制造火弹抛掷贼壕焚烧，令其不能藏身等语。前以贼势已蹙，谕令阿桂、福康安此时转不必欲速，宜筹划万全，总以贼人悉数歼擒，官兵不致伤损方为妥善。现在续派京兵俱已前赴甘省协剿，兵力愈多，想剿除更易。至贼虽挑挖深壕以图据险自守，官兵何不拿栅前进。从前阿桂平定金川时即用过此法，若可照办，阿桂、福康安即当妥酌办理，并遵前旨派员前往贼人取水处所，于上、下流囊沙开沟，将石峰堡下之水泻往别处。则贼人水道一断，有食无从下咽，更可不攻自溃。至用炮轰击并抛掷火弹，虽亦系一法，但究宜生擒一二人，俾得讯明起事根由。及从逆党羽以便尽法惩治。况贼势日就穷蹙，凡所胁从者岂肯尚为之抗拒。堡内粮食又岂能供数千人之坐食。是贼众方将畏惧思散。阿桂、福康安何不趁此权为安抚，俟其出降将紧要贼目生致，一面讯取起事根由，一面解送热河备讯。但受降如受敌，阿桂、福康安仍当慎之又慎。至石峰堡贼匪剿尽后，阿桂、福康安务遵前旨，趁京兵及山、陕各兵撤回之便，或即就近亲赴底店、固原等处，将贼人种种逆迹，详细履勘。并究出党羽，按名拿办。阿桂等务须逐一妥办，铲绝根株，以靖地方。不特福康安系陕甘总督，责任綦重，即阿桂既承办此事亦断不可急于完事，稍为姑息也。"

（卷1210　217页）

乾隆四十九年（1784年）七月丁巳

又谕："据阿桂、福康安奏，上届剿捕撒拉尔逆回案内军需报销，屯练降番兵丁所支盐菜白面，部复准销。其老教土司兵丁因在本省，经部议驳，止照绿营兵丁之例支给。此次该土兵复经赴调，日支口食等项若照部议核给，实有不敷等语。此等老教土兵经檄调随征，争先奋勉，自当从优支给，以示体恤。况该土兵等与屯练降番相仿，而屯练等月支独为优厚，办理殊未划一。所有此次檄调随征之老教土司兵丁应得分例，著加恩照屯练降番之例，一体支给。其上届给过之项经部议驳者，并著一律准予开销，用昭朕轸念土兵，优加体恤之至意。"

（卷1210　221页）

乾隆四十九年（1784年）七月辛酉

又谕："此次逆回滋事，敢于攻扰城池，伤害官兵，实属罪大恶极。其遗孽即予以寸磔，亦所应得。但朕心究有所不忍，且首、从各犯一律办理，亦未免无所区别。前据福康安奏，贼人眷属俱藏匿石峰堡内，又向各处裹胁回民入伙，令其男口随同打仗，妇女留于堡内作当。是贼人巢穴之内老弱男妇正复不少。著传谕阿桂、福康安于查办时，所有石峰堡、底店贼犯如张阿浑、大通阿浑、马阿浑、杨填四等为贼营中阿浑者自不应复留孽种，其名下幼孩即年未及岁俱当概予骈诛。其余各犯以及被贼掳掠入伙之犯，凡男口年在十五岁以下者，著从宽免其一死。仍遵前旨赏给别省官兵及降番屯练为奴。至贼众妇女如阿浑妻妾亦不可赦宥。其余贼犯名下眷口并贼所掳掠妇女虽已从贼者，亦著免其一死。仍遵前旨分赏为奴。再前降谕旨，令阿桂等于拿获贼目后，使其指名供出，始行拿究，则查办有因。良善回民不致疑惧。今思若辗转根追未免人数太多，蔓引株连，将来阿桂等办理善后时止向现获贼犯隔别研鞫，如有供出党羽即指名出示，拘拿治罪，不必又向续拿之犯再令辗转指供。其中倘有被贼供出，到案后审明实系贼人仇扳者，亦当分别办理，不可波及无辜。如此则匪徒党羽仍不漏网，而安分回民亦可不致连累。著阿桂、福康安即悉心妥商，据实复奏。至贼人现经官兵四面围住，水道又已断绝，万无生路，何以尚敢负隅死守，竟无投出乞降者。况贼营人众不下数千，若非有主谋为首之人，当此穷蹙之时贼众岂不立时涣散。乃石峰堡内阿浑又有如许之多，贼众仍前齐心死拒，其故殊不可解。著阿桂、福康安讯访确查，一并具奏。"

（卷1210　224页）

乾隆四十九年（1784年）七月甲子

甘肃石峰堡逆回平。谕曰："据阿桂、福康安奏，初四日石峰堡内投出老弱贼匪一千五百余名。阿桂、福康安恐贼人诡谲伎俩，希冀官兵见贼众投出，防范稍懈，即乘势扑出窜逸。预派官兵层层分布，埋伏预备。初五日子刻，贼首张阿浑果同杨填四等带领贼众向外直扑，思欲夺路窜逃。官兵枪箭如雨，尽力截杀，歼贼千余。张阿浑等窜回堡内。其时天色黎明，福康安同海兰察带领各官兵一涌而上，进堡搜捕，将首逆张阿浑即张文庆、大通阿浑即马四娃并贼目杨填四、黄阿浑即黄明、马建成、马良茂、马金玉、杨存义、马见几、马建业、马保全数擒获。两日打仗歼擒贼回共二千余名，拿获首从逆犯及各贼眷属孩稚共三千余口等语。览奏实深欣慰，国家爱养黎元，凡直省编氓遇有水旱灾荒，无不立时蠲赈。至甘省回民久隶骈幪，食毛践土，便与齐民无异。该省地方硗瘠，间有不登即行蠲免赈济，较他省为尤多。回民等同在编氓之中，百数十年仰沐膏泽，家给人足。伊等具有天良，岂不当稍知感激。且地方官并无苛徭酷派，激变事端，乃逆回等敢于光天化日之下肆其逆谋，实为国法不容，神人共愤。而前此李侍尧、刚塔等办理不善，致贼四出勾结，蔓延猖獗。经朕特派大学士阿桂、陕甘总督福康安先后带领巴图鲁侍卫等前往督办，并谕以底店系贼匪门户，当先由该处以次进剿。福康安先抵甘省，数日之内，即将底店贼匪剿办净尽，肃清后路，俾贼众闻风胆落，萌蘖潜消。阿桂抵石峰堡后复会同福康安遵照朕朱笔圈示之处，安营设卡，将贼匪严密围堵，并断其水道，办理均为妥协。且剿办甫经一月即能将贼匪迅速歼除，而贼首张文庆等俱悉数生擒，并拿获活口三千余名，不使有一人兔脱。此皆仰荷上天嘉佑，是以军士用命，俾该犯等恶贯满盈，按名生致，尽法惩治。而诸臣之蒇功完善，不可不特沛殊恩，以昭懋赏。阿桂前于平定金川时已封头等公爵，现为大学士，恩施无可复加，著再给予轻车都尉世职，即令阿桂于伊子孙内拣选一人奏闻承袭。福康安筹办底店贼匪先得机宜，较为出力，前于平定金川时已封为嘉勇侯，著再晋封嘉勇侯。海兰察前在金川超众奋勉，已封侯爵。今在甘省节次打仗，复能首先带领官兵奋勇杀贼。前已加恩将伊子安禄擢授二等侍卫，在乾清门行走，著再给与骑都尉世职，即令安禄承袭。伍岱系塔尔巴哈台班满回京之人，路过甘省即自奏留该处协剿，且于福康安未到之先在伏羌等处击退贼匪，颇为奋勉，著授为都统，亦给与骑都尉世职。其余巴图鲁、侍卫、章京等及领兵各员，分头剿杀，兼有能不避箭石杀贼受伤者，均属奋勇可嘉。所有此次剿贼受伤出力之带兵大小各员弁，著阿桂、福康安查明出众特等者及其余出力之侍卫、章京、官弁兵丁等，分别等第奏闻，交部议叙，以示奖励。至此次剿办回匪三月以来，朕披览奏章，指示机宜。和珅首承谕旨，缮写寄发，巨细无遗，一体宣劳。和珅本身现袭轻车都尉，著再给与轻车都尉世职，归并前职，照例议袭。其余在事庆成之军机大臣梁国治、董诰、福长安并军机章京之勤劳出力者，著一并交部议叙。所有此次赏给各世职俱著世袭罔替，其应如何议袭之处，俱著该部查例具奏。阿桂、福康安折并交发抄，将此通谕中外知之。"

御制迟速论曰："今春为南巡记亦既详论宜迟宜速之机，大抵于兵事宜速，河务宜迟。而要于敬天明理非漫论也。盖屡省而有得于己之言也。归而有甘肃逆回田五之事，彼时以为盗弄潢池，不过借邪教以惑人心，如五斗米、一炷香之类。地方官自能平之，颇不芥于怀。既而思之，不芥于怀或即违敬明之义，得毋有所失乎。已而刚塔有小胜之报，李侍尧有坐守之乖，以致贼徒翻山而遁，余党蔓延猖獗，肆掳民居，攻县城。西安巡抚毕沅遂有征兵防守之议。盖恐秦陇煽动，不可收拾。朕阅所奏，即朱批以为若汝所议，虽十万兵不敷用，又将何以灭贼乎。然知李侍尧、刚塔、毕沅及本省绿旗兵不能了此事，即降旨用福康安为陕甘总督，同海兰察领乾清门巴图鲁、侍卫、章京等二十八人驰驿先往，并调阿拉善蒙古兵一千，四川降番兵二千，宁夏满洲兵一千，撒拉尔老教回兵一千及甘凉兵二千，延绥兵一千，共兵不满一万。又命大学士阿桂领健锐火器营兵二千以为后劲。福康安一临底店，即与海兰察等率先至之宁夏阿拉善兵二千立挫贼锋，逼之入石峰堡。于是诸路兵陆续毕集，而阿桂所领之京兵亦到，周围筑栅困之，断其水路，不十日而净歼余孽，生获渠魁。此又南巡记所谓宜速而莫迟。未致昧事机而无成也。夫兵凶战危，且予老矣，岂更乐于用兵，而有穷黩之为。然事机之来应之不速，设果致贼氛蔓延，全秦煽动，如毕沅之所虑者，岂不贻笑无穷。而予肯辞以老，坐视弗理乎。予更思之，胜国之兵即今之绿旗兵也，而其训练或尚不如今之绿旗，其董事之臣似今之李侍尧、刚塔、毕沅者，或亦少矣。文臣掣肘于中，武臣作伪于外，其君付之不问，弗如是，则我皇清何以得有明之天下乎。虽然是宜鉴宜惧，而不可恃天之宠以自矜，且即小可以喻大。蕞尔逆回设非应之速而剿以净，其害有不可胜言者，始之一念之忽。予深自以为过，继之一念之敬，仍蒙天佑而速藏功，则是迟速之论。可以默置而弗以明示子孙乎。可弗以前明为戒而怠于敬天，暗于明理。而弗慎于用兵乎，用兵固贵速，而不敬不明未有弗致偾事者，是予所以惓惓也。"

又谕曰："旺沁班巴尔承袭伊父亲王颇有造就，是以授为宁夏副都统。此次甘肃剿办逆回，旺沁班巴尔督率宁夏满兵及伊所属之阿拉善兵丁奋力剿贼，甚属可嘉。伊现为亲王，无可加封，伊有弟数人著加恩赏给一公爵，令旺沁班巴尔择其贤者，奏明承袭。"

又谕："此次甘省逆回滋事，军报往还最关紧要。迩来正值伏暑，大雨时行，沿途驿站，驰送文报并无迟误。今贼匪业经办竣，所有自热河以至甘省驿站官员著该督抚等查明咨部，并兵部捷报处章京奇明、噶尔图、音登额一并议叙。驰递之弁兵人等并酌予赏赉。又京兵前往军营协剿，经过各省，照料妥协，俾得遄进无误，均属可嘉。其派出护送之官员等亦著该督抚等查明具奏，交部议叙。"

谕军机大臣等曰："阿桂等奏官兵剿洗石峰堡贼巢一折已明降谕旨交部议叙矣。至张阿浑等敢于到处勾结匪徒，肆行滋扰，杀害官民，实为罪大恶极。前节次传谕阿桂、福康安将拿获贼目详悉严讯。有供出党羽即行指名出示，拘拿治罪。今贼首张阿浑等既全数擒获，著阿桂、福康安即速向其详悉根究，并隔别研鞫，将供出匪党指名出示，拿获严办。仍即将张阿浑等选派妥干大员，分起押解。沿途严密防范，迅送热河，严鞫治罪，以申国法而快人心。又昨据奏到，拿获贼犯李自党供称田五系马明心之徒，欲为马明心报仇，所以造反等语。田五纵欲为马明心报仇，遂思谋反，而张阿浑、大通阿浑等并非马明心之徒，何以亦敢四出勾煽匪党，安心作逆。况底店、石峰堡等处贼众滋扰，俱在田五自戕之后。田五虽自戕，即应查其缘坐，亦不可漏。其张阿浑等仍敢煽诱多人，肆行扰害地方，尤属可恶。贼目贼伙俱经拿获，著传谕阿桂、福康安将张阿浑等因何又思谋逆之处，详细严讯，务令供出实情，勿致得有狡展。至阿桂等奏，贼匪黍夜扑出，保无有乘隙窜逸者。现派舒亮等分路搜拿及各州县一体堵截缉拿等语，所办甚是。要犯既全数搜获，即有一二窜出之犯经官兵分路搜捕，及各州县分头截堵，自当陆续就擒，不致漏网。况各处村庄被贼擒劫杀害，怀恨已深，如有余贼潜逃到彼，亦必当即时擒献也。又据奏，乾隆四十六年三月有回民马正芳、马壮等将石峰堡修理，民人董有赴通渭县知县赵元德处控告。该县查明回民占去地土，将一分断给回民。后来王懬到任，董有又行控告。王懬说此事已经前任断结，遂行批驳。现将王懬及经手胥吏原告等解赴热河等语。赵元德已于前年监粮案内正法，将来王懬解到审明后亦自当明正典刑，但该犯等敢肆行无忌，公然修理城堡，逆迹昭然，李侍尧系该省总督毫无见闻，养痈贻患，其罪固无可逭。而该管之道府各员所司何事，乃竟亦身同聋瞆，茫无觉察，岂此等重大事件竟诿为该县未经禀报，伊等遂得卸罪耶？著传谕阿桂、福康安查明该管道府系属何人任内之事，仍遵前旨解赴热河审明治罪。又前降谕旨，令阿桂、福康安于事竣后，趁京兵及山、陕各兵撤回之便，就近亲赴底店等处，将贼人种种逆迹详细履勘，并究出党羽，按名拿办，以净孽种。此时办贼业经完竣。阿桂、福康安自能遵照前旨，亲往妥协办理也。"

（卷1210　225页）

乾隆四十九年（1784年）七月乙丑

又议奏："甘肃通渭县典史温模当贼匪入城能以身殉，应照吏目原衔加赠府知事衔，准荫一子入监读书。六月期满，照例铨选，应得恤赏，照武职把总例给银一百两。"从之。

（卷1210　230页）

乾隆四十九年（1784年）七月丙寅

谕："副都统明善前于高庙山剿杀贼匪，乘胜追赶，因未暗该处地势，中矛阵亡，甚属可悯。著交部照例议恤，其同时阵亡之员弁及满汉兵丁，并俟阿桂、福康安查明造册咨部到日，一并照例议恤。该部知道。"

（卷1210　230页）

乾隆四十九年（1784 年）七月庚午

谕："上年因山西、河南二省办理秋审，经部改驳者甚多。将农起革去顶带，停支巡抚养廉三年。何裕城降为三品顶带，停支养廉二年。此次巴图、鲁侍卫、章京等及京兵、山西太原镇兵各二千名赴甘剿办贼匪。农起、何裕城办理兵差事宜均属妥协无误，著加恩复还翎顶，其巡抚养廉仍准其支领。"

又谕："据阿桂、福康安奏称，明亮、春宁在甘肃军营均各竭力奋勉等语。从前明亮错办任内事件，虽系糊涂，尚属天良不昧。春宁则系年幼无知，亦无不法之事，是以赏给蓝翎侍卫发往甘肃效力。今既均能竭力奋勉赎罪，著加恩明亮补授头等侍卫，春宁补授二等侍卫。"

（卷 1211　233 页）

乾隆四十九年（1784 年）七月癸酉

谕曰："伍弥泰著补授大学士。和珅著调补吏部尚书，协办大学士事务。其户部尚书员缺，著福康安补授。现在甘省地方紧要，福康安著仍留陕甘总督之任，所有户部尚书事务仍著和珅兼管。目今京中吏部尚书事务著庆桂暂行兼署，毋庸署理工部。"

（卷 1211　235 页）

乾隆四十九年（1784 年）七月丙子

谕："前据阿桂、福康安奏，逆回此次滋事缘田五、张文庆、李可魁等俱系马明心徒弟，本年正、二月间田五先与李可魁商同谋逆，纠约张文庆及各回匪订期起事，欲与马明心报复等语。可见田五等滋事不法总由争教而起。该犯等俱系内地回民，自其祖先以来食毛践土，蒙国家豢养深恩者已百数十年，同隶编氓，毫无区别。乃马明心以邪教魁首，甫经正法，田五等尚复私守其教，且敢于光天化日之下聚众鸥张，思为报复，不法已极。今石峰堡贼匪业经歼擒净尽，其底店从逆回匪据阿桂、福康安奏，该犯等曾经攻扰城池，抢掠百姓，法无可宥，是以遣员往办，亦已办理完竣。此外凡属邪教回众本应彻底根究，但念此次逆回滋事经官兵歼戮及拿获正法者人数已复不少，虽系该犯等孽由自作，朕心究觉恻然不忍，且恐辗转查办，或致良善回民波及株连，更非朕不为已甚之意。是以格外施仁，除审明实系平日与逆犯等通同谋逆者查拿治罪外，其余概免追究，予以自新。回民等务须革面洗心，遵守尔等历来旧教，各安生业，永享升平之福。况田五等纠众谋逆，不过欲倡复新教，试思新教起于马明心。马明心及身既正刑诛，妻子靡有孑遗，从其教者为苏四十三。苏四十三则又经官兵歼毙，妻妾子女概予骈诛。今田五、张文庆、马四娃、李可魁等谋兴新教，复经官兵拿获，身膺寸磔，合家俱缘坐正法。是新教不但与回民无益，且至丧躯破家，其祸尤烈。回众等何苦甘为所愚，执迷不悟，受其流毒。若经此次宽免之后尚有阳奉阴违，或敢滋生事端，则是自外生成，断不能复为曲贷。著阿桂、福康安即将此旨誊黄普贴，出示晓谕。凡属良善回民益宜安分守法，即有向从新教者亦当触目警心，及早改悔，勉为顺化良民，毋负朕法外施仁，谆切戒导之至意。”

又谕：“据福康安等参奏，陕西署陇州知州高淳于拿获崇信县回匪陈四娃一犯，讯出同李二等偕往河州行窃，路遇逆回马五招诱入伙等供，该州于五月二十四日获犯，至六月十九日始行具详，并不将该犯解省审办，续经臬司王昶禀报，陈四娃被获时止有行窃之供。经该州棒责百余，始行承认听从马五入伙。该犯随已身死等情，请将详报迟延，严刑拷讯毙命之署陇州知州高淳革职拿问等语。回民陈四娃被拿时，既有听马五入伙之供，该州并不一面解审，一面飞禀查拿马五，实属玩误事机。若止系纠伙行窃，该署州辄棒责逼令诬供，以致该犯伤重身死，亦属滥刑毙命。高淳著革职拿问，交该督抚会同严审究拟，并将陈四娃等是否从逆，抑仅系行窃之处，审明具奏。”

（卷 1211　　237 页）

乾隆四十九年（1784 年）七月丁丑

又谕：“前据刚塔奏，于打喇赤堡遇见贼匪，正在击剿间，游击萨炳阿因带石伤，所领左哨兵丁先行退走等语。曾降旨，令李侍尧查明首先退走之兵，正法示众。总未据李侍尧查奏。又前据冯光熊奏，守备福泰等于白杨岭遇见贼匪被害，亦已有旨，令阿桂、福康安查明遇贼时若止系福泰等在彼，玉柱或往别处捕贼尚属可原，若玉柱亦在白杨岭为贼冲退，或竟躲避，即当将该副将严参治罪。著再传谕阿桂、福康安即将玉柱贻误之处迅速查参，如该员从前曾经出力，亦著一并据实查奏，候朕酌量降旨。庶功过两不相掩，使带兵员弁，共知有所劝惩。至游击萨炳阿带有石伤，左哨兵丁竟敢先行退走。绿营怯懦，殊堪痛恨。即福泰等遇害时虽所带兵丁亦有伤亡者，而其余未经被伤各兵是否亦系先行退避，均应逐一查明，按法办理。从来行军之道贵在纪律严明，我太祖太宗开创时，凡遇用兵如有临阵回顾者，许在后之兵即行砍杀。维时将士所以人人效命，奋勇无前。今石峰堡等处贼匪虽已荡平，各路官兵亦经议撤，然兵可百年不用，不可一日无备。况兵丁见将领受伤理应奋勇上前救护，若兵不顾将，先行退走，此而不查明严办，将来地方遇有不逞，缓急需兵或皆效尤退缩，岂不至于偾事。著传谕阿桂、福康安即传集萨炳阿剿贼时所领左哨兵丁，并福泰等遇贼时所带之兵，令其将首先退溃之人据实举出，并谕以如不将首退之人举出，即将伊等全行治罪。如此晓谕众兵丁等共知畏罪，互相指证，必将首先退溃之人供出。阿桂、福康安即当一面奏闻，一面将该兵丁按军法办理，以肃戎行。不得以现在军务已竣，且法不及众遂尔置之不办。"

（卷 1211　239 页）

乾隆四十九年（1784 年）七月戊寅

命议颁行军纪律。谕："前因甘省剿捕逆回时绿营官兵于马家堡打仗，因军装火器被雨潮湿，俟烘烤完妥再为前进。并有懦怯退缩者，当经降旨通饬各督抚，务宜随时加意整顿。今逆回之事虽完，但思整肃营伍固在督抚、提镇之实心督饬。而平日操演讲习更在将弁之面为指导。兵丁之明晓军律，国家累洽重熙，承平无事。兵可百年不用，不可一日无备。与其临时告诫，不若先事讲求。著军机大臣会同该部将行军纪律择其紧要数条，务须简切明当，使兵丁人人知晓，尽成劲旅，以示朕整饬戎行之至意。"寻军机大臣等会议："一、兵丁随征剿贼俱应奋勇直前，其见贼退走者不过各惜身命，心怀畏怯。试思临阵退走律应斩首示众，若能杀贼立功必蒙升赏，即或阵亡，国家自有恤典，子孙俱得邀恩。兵丁等与其临阵畏葸，难逃国法，何如争先杀贼奋不顾身。况勇往向前未必即死。一经退后断不得生。此理甚明。该管将备等平时将此谆切告诫，务令兵丁等咸知大义，临阵时自必勇气百倍，可期杀贼立功。一、鸟枪弓箭最为行军利器，若兵丁等临阵时尚未见贼，遽将枪箭施放，及至交战，火药箭枝俱已用完，无以御敌，即同束手待毙，关系甚重。凡领兵将备平日务须时加讲习，令兵丁于临阵遇贼，枪箭可及之处不先不后，一齐施放。庶枪箭随声应手皆获实用。一、行军随带军装火药俱应在帐房收贮，毋令潮湿。即或途中遇雨亦须严密遮护，庶遇贼缓急可用。凡带兵将备等须严加晓谕，勿致潮湿，或须烘烤以致临时贻误。至弓箭枪刀等项平日尤须修整坚利，不得废弛。一、临阵对敌倘遇将领受伤，随从兵丁更当奋勇直前，竭力救护。若兵不顾将，各惜身命，观望退阻，最为恶习。亟应申明军纪，俾众知悉，凡有将领受伤，兵丁不即救护，竟致溃散脱逃者立即查明，按名处斩。其能奋勇保护者立即议功优赏，以示鼓励。该管将备等平时尤当爱惜士卒，临时赏罚公平，庶兵将同心合力，所向无敌。一、兵丁对敌乘胜追赶，刻不容迟。若兵丁等有贪抢贼人遗弃财物以致贼众逃遁，贻误不小。该将备等于领兵临阵时务须通行晓谕，违者立即依律治罪，庶兵丁等各知儆畏。一、营卡最关紧要，凡领兵将备等务严饬坐卡兵丁，轮班防守，留心侦探，毋得怠惰偷安。即探察有事，只须选派明干一二人密行飞禀，余仍严整坐守，毋庸轻动。无事时不许高声叫喊，致乱营规。违者俱照军法处治。一、兵丁遇有调拨自当恪守军令，即时遄行。如敢骚扰地方，欺压良民，蹂躏田禾，抢掠财物等事，应即按律从重治罪，该管将备等平日加意教诫，临时尤当严行约束，毋许违犯。一、兵丁奋勇杀贼应予奖赏，但恐兵丁希图冒功，任意蒙混，不可不预为防范。凡军法将他人战功冒为己功，及谎称实在效力，将无作有，以轻报重者斩。该管将备等应随时晓谕，亲自稽查，俾立功者得赏，冒功者治罪，以期核实。一、行军马驼最宜爱惜，凡兵丁等牧放须拣择水草，吊膘须按照时候。遇有疲乏加意调养，夜间尤宜小心看守。遇有遗失须立时寻获。至所挖井泉不许污秽。饮马各挨次序，无许争先，以致壅塞。如有违犯立即重惩不贷。一、扎营后巡逻防守毋得疏懈，夜间不许无故行走，帐房内更要小心火烛。遇有警报，静听将令，不得轻举妄动。若奉有密令须各自遵守，毋得私相漏泄。该领兵将备等尤宜申明号令，随时晓谕，不得疏懈。"从之。

（卷1211　240页）

乾隆四十九年（1784年）七月己卯

谕军机大臣等："前据福康安查奏，副都统明善于高庙山剿贼时乘势追赶，因未悉地势，误中贼人之计，且贼众自上下扑，官兵抵敌不住，犹复力战，是以阵亡甚多，尚非见敌怯懦，自行溃散等语。已有旨将明善交部议恤矣，至明善所带官兵其阵亡者固应照例予恤，其退回者岂可滥邀赏叙，著传谕阿桂、福康安此次军务告竣时，所有明善带领之各将弁退回者，著概行扣除，不得列入议叙，兵丁亦不得加以赏赉，以示惩儆。再逆回预修石峰堡一节，屡谕阿桂、福康安将该管知县并贻误之本管道府查参，乃止据将通渭县知县王㦗参奏，解赴热河审讯。而于各道府尚未据奏及。回匪等预修城堡，逆迹昭然，道府各员所司何事，岂得以该县未经禀报，遂可卸罪不知。且贼人修堡俱已讯明年月，系属何员任内之事，无难即行查出，何以至今未见续参。著传谕阿桂、福康安迅速将贼人修理石峰堡时所有本管失察道府，即行查参治罪。勿再迟延。"

（卷1211　243页）

乾隆四十九年（1784年）七月壬午

谕："据福康安奏，甘省平番县属之连城、红山并碾伯县各土司地方于乾隆四十三年因灾民借籽种、口粮、银两，除历年征还外，尚未完银共九千四百七十两二钱零，请旨豁免等语。各该土民由土司管辖，奉公调遣，与编氓无异。此次逆回滋事，该土兵等或派随营剿贼，或派防守城池，无不奋勉出力。著加恩将连城、红山并碾伯县各土民前欠籽种、口粮银九千四百七十两二钱零一并豁免。"

又谕曰："阿桂、福康安参奏，署副将玉柱剿捕糜子滩、鹰窝石及白银厂、黑圪塔井等处贼匪，不能确探贼踪，设法绕截擒拿，因复派总兵策布坦前往查办。该镇仅分派弁兵四处侦探，伊竟安坐靖远，迁延观望，请将署副将玉柱革职拿问。总兵策布坦严加议处，副将八十五前于剿捕鹰窝石贼匪，未能悉数歼除，请一并革职等语。玉柱带兵搜捕贼匪，即当侦探踪迹，实力查拿。乃竟徒事尾追，并不上紧搜捕，以致贼人得窜入深山不能立时剿捕净尽，罪实难辞。玉柱著革职拿问，交刑部治罪。八十五搜捕贼匪，不能悉数歼除，亦著革职。至策布坦为总兵大员，乃并不督率将备亲身前赴各该处妥速剿办，竟安坐靖远，迁延观望，并著一并革职拿问交部治罪。"

又谕："前以甘省逆回滋扰，百姓田庐牲畜被其劫掠，及闻信惊避，迁徒流离者均为可悯，曾降旨令福康安查明抚恤并将该省钱粮普行蠲免。兹据福康安奏，盐茶等处各厅、州、县所属地方俱有贼氛经过，其被难各户人口及闻风惊避，事后续归。并靖远、伏羌、静宁等处被贼攻围，比户惊惶，不能自谋生计，均应酌量分别抚恤。现在将存贮军粮按户散给等语。甘省剿捕逆回，各路官兵云集，所有需用军粮自应多为筹备。现在贼匪已歼擒净尽，官兵陆续撤回，其余剩军粮若仍运回本处未免转滋劳费，自应即于各该处就近散给被难户口，以资口食。著福康安督饬该管道府核实稽查，务俾灾黎均沾实惠，该部知道。”

又谕：“据阿桂、福康安奏称，将逆回贼首张文庆、马四娃等妻子家属业经全行诛戮，其余现在石峰堡、底店等处贼回子女共四千余犯，内除遵旨赏给现在军营侍卫、章京、满洲兵丁及四川屯练官弁等一千九百余口外，所余子女二千余口并各州县搜出之贼回子女五百余口，统计二千六百余人，请旨赏给江宁、浙江、福建、广东等处驻防满洲官员兵丁为奴等语。著照阿桂、福康安所奏，将现在所余贼回子女二千六百余口发遣江宁、杭州、福州、广州等处，分赏驻防官兵外，并交江宁、杭州、福州、广州等处将军，俟此等发遣回犯子女解到即遵旨赏给该省官员兵丁为奴。该将军等分赏，务择堪能约束之官员兵丁赏给，毋致生事。十日半月亲身往查一次，断勿致其脱逃。如有私逃及生事之处即行审明正法，设有失于觉察管理不严，不惟将该官员兵丁治罪，即该将军副都统等亦一并从重治罪。著将阿桂等所奏汉折抄录分寄阅看，并著晓谕阿桂、福康安遵行。”

又谕：“据阿桂等查奏，回民马正芳等于乾隆四十六年三月修理石峰堡，系革职巩秦阶道文德任内之事，其四十七年八月经民人董有复行控告，未经查办，系前任知府张燮、已革道员张廷桂任内之事。至田五于本年正、二月间谋逆起事，打造器械，系署盐茶同知敦柱、平凉府知府王立柱、护平庆道永盛、平庆道沈鸣皋各该员任内之事，请将该员等革职拿问，审明治罪等语。除文德一犯就近拿交刑部审讯外，张燮、敦柱、王立柱、永盛、沈鸣皋俱著革职拿问，解交刑部审明治罪。该部知道。”

陕甘总督福康安奏：“新任甘肃布政使浦霖奉旨调任安徽，所遗员缺，即著陈步瀛补授。查陈步瀛识见才具不如浦霖，请仍以浦霖调补甘肃布政使。陈步瀛即以事简之安徽布政使补授。"得旨："著照所请行。"

（卷 1211　245 页）

乾隆四十九年（1784 年）七月癸未

多罗质郡王永瑢等议奏："陕甘总督福康安查参，前任总督李侍尧、提督刚塔于甘肃逆回田五等谋逆滋扰，失机偾事，请照留京王大臣、大学士、九卿科道核议拟斩，即行正法。以为大臣失机观望者戒。"得旨："此案李侍尧身为总督，到甘数年，于回民修堡谋逆毫无闻见，非从前撒拉尔之变起仓猝者可比。迨贼匪四出奔窜，复逗留靖远、安定，其于此事始终贻误，罪实难辞。伊系曾经获罪之人，朕加恩宽宥，仍用为总督，原令其倍加整顿以赎前愆，乃竟因循偾事，朕实引以为愧。此案经留京王大臣及大学士九卿科道等会议，拟以斩决。复命随从之王大臣等复核照议，本应依拟即行正法，但念地方因有不逞之徒，滋事扰害，致本省总督即罹典刑，转恐起刁风而滋厉阶，非所以遏寇虐靖边疆也。从前苏四十三滋事时，将勒尔谨革职拿问，经廷臣核拟斩决，彼时亦曾加恩改为监候，后因该省折收监粮案发，是以赐令自尽。原不因苏四十三之事，今李侍尧玩误因循，其罪虽浮于勒尔谨，但念其历任总督多年，于地方事务尚属谙练通晓，至于军旅本非其所娴。此次若因逆回蠢动遂诛及总督，转非绥靖地方之道。李侍尧著从宽改为应斩监候，秋后处决。令其觍坐囹圄，自思罪戾。至刚塔本系武夫，有勇无谋。甫到固原提督之任即值逆回起事，不能先期觉察。及贼人窜聚马家堡时，刚塔在山前扎营，不思设法堵截后路，致堕贼计。迨贼已潜遁，又不能绕出邀截，惟知在后尾追，予以重辟，亦属罪所应得。但究系甫经到任，未悉地利。其剿贼时各路官兵尚未到齐。伊所带之兵不过数百名，尚能歼毙贼首田五并于马泉湾杀获贼人家口牲畜，且身受箭伤。核其情罪尚可量从末减。刚塔著免其死罪，发往伊犁效力赎罪，以观后效。朕办理庶狱一秉大公，凡臣工功罪惟视其人之自取，不使一毫畸重畸轻。所有办理此案缘由，明晰宣谕中外，咸使闻知。"

（卷 1211　247 页）

乾隆四十九年（1784 年）七月是月

钦差大学士公阿桂、陕甘总督福康安奏："查此次石峰堡拿获正法人犯一千四百余名，底店先后投出正法人犯一千六百二十一名，李侍尧等拿获正法贼犯四百七十六名，又底店打仗杀贼三百四十余名，石峰堡打仗前后杀贼一千七百余名，各处搜山官兵拿获贼匪，当即正法者一千余名，又前经五岱、李侍尧、刚塔等于靖远、通渭、伏羌、云雾山、鹰窝石、狼山、打喇赤堡等处打仗杀贼一千四百五十余名，又陆续擒获贼回即于军营正法者四百九十七名，通计拿获正法及打仗杀死贼回共八千余名。又李侍尧、刚塔等奸戮逆回妇女一千余名，此外尚有各州县拿获正法并现在监禁候讯，应行正法人犯一千余名。至各州县被害百姓并阵亡兵丁为数无多，现饬详查确数，续行具奏。"得旨："虽皆贼犯等自取，实觉过多不忍也。"

（卷1211　249页）

乾隆四十九年（1784年）八月戊子

谕军机大臣等："前据阿桂等奏，亲赴固原查勘马升贵挖窖等事，想此时自当查办完竣，其善后各事宜谅亦已与福康安妥协商办。此外即有零星之贼，如鹰窝石等处，自已歼擒净尽，设有一二逋逃者，福康安在彼督同将弁等实力搜捕，无难按名弋获。现在已届秋录，阿桂总理刑部事务，著传谕阿桂接奉此旨，即起程回京。办理勾到事宜。"

（卷1212　253页）

乾隆四十九年（1784年）八月癸巳

谕："甘省压欠起运银粮自乾隆三十八年至四十六年共计一百六十余万，前经督臣奏请，分作八年带征。经朕特沛恩纶，将此项银粮普行豁免。第念该省尚有存留项下民欠银粮及起运项下民欠草束未经一体邀免，著再加恩将三十八年至四十六年民欠存留项下银五万一千四十五两零，民番粮二万五千六百九十五石零，又起运项下民番未完草束，核计价银二十万四千一百八十余两，及二十三年至四十六年民欠未完耗银一十万二千一百六十九两零，耗粮四十五万二千四百四十五石零概行豁免，以示朕轸念贫黎，有加无已之至意。该部即遵谕行。"

（卷1212　257页）

乾隆四十九年（1784年）八月己亥

谕曰："阿桂、福康安参奏洮岷协副将赵继鼎因外委赵宗先搜捕马家河逃窜贼匪，声言欲将该处尽行剿洗，致贼匪等逼胁未经从贼回民齐上空堡抵御。该副将随带兵前往擒拿，贼匪等分头逃窜，该副将将堡内男妇百余人尽行杀死，并跟踪追捕，凡遇道涂奔窜窑洞藏匿回民，即行擒戮，计所杀男妇二百余人，并非全系贼犯。请将赵继鼎革职发往伊犁效力赎罪等语。所拟殊失之轻纵。赵继鼎为副将大员带兵搜剿余贼，凡遇有擒获之人，即当详悉讯明，如实系从贼匪徒始行正法，即有伪供者亦当解该督详审方为无枉无踪。岂得不问是贼与否，遇有回民即行擒戮，以致无辜受其戕害者二百余人，实出情理之外。阿桂等仅拟发往伊犁效力，未为允协。赵继鼎竟当定为斩监候，秋后处决。余著核拟具奏。"

（卷1213　263页）

乾隆四十九年（1784年）八月庚子

　　钦差大学士公阿桂、陕甘总督福康安奏："现在各路官兵俱已撤回。解送贼匪业经陆续审办。臣阿桂现自固原起程，驰赴行在复命。臣福康安由盐茶、靖远一带巡查，进至兰州省城。"报闻。

（卷1213　263页）

乾隆四十九年（1784年）八月辛丑

　　谕军机大臣等："本日据刑部核拟阿桂、福康安参奏洮岷协副将赵继鼎治罪一折。细阅折内有外委赵宗先前往马家河拿贼时，贼匪闻信欲逃，被该处地保拦阻，贼匪将地保三人杀害，并逼胁回民男妇大小一百余人齐上空堡，以为抵御之计等语。回民既上堡抵御官兵，即与从贼无异，不得复称为良民。因传询额勒登保，亦称回匪由马家河搬入堡内，经赵继鼎等攻打三日，始行打开等语。回匪等屯集堡内，若非齐心抵拒，岂能固守三日之久。况贼匪凡经官兵拿获者无不自称为被贼胁从，以图末减，即如张文庆、马四娃、马文熹等尚有马胡子裹胁上山之供，岂可轻信。且外委赵宗先及地保人等俱因拿贼被害，是马家河回匪竟敢聚众拒捕，伤害官兵，情节断难宽宥。赵继鼎之歼戮多人，不得谓之波及无辜，其失不过未取亲供即行正法，以致如此。然罪尚不至于发遣伊犁，况斩罪乎。著将刑部折内折角处及询问额勒登保奏片交福康安阅看，令其将马家河回人究竟曾否帮贼拒捕之处详细查明，据实具奏。此事关系赵继鼎生死出入，福康安系公正之人，自不肯回护前奏也。"

刑部奏："甘省逆回杀害官兵，攻城掠堡，罪大恶极，应凌迟处死。其余党及缘坐各犯依律拟斩立决。"得旨："张文庆、马四娃、李自党、杨填四、马文熹俱著即凌迟处死。马良茂、马金玉、马建成俱著即处斩。至向来逆案缘坐人犯，经法司按律拟以斩决具奏者，朕每加恩改为监候。此次贼回竟敢预蓄逆谋，聚集多人，伤害官兵，攻掠城堡，实属罪大恶极。所有首逆田五、张文庆、马四娃等名下应行缘坐者，无论男女长幼自应概予骈诛。其从逆贼匪名下坐各犯，男丁十三岁以上者亦不可复行存留。田五之兄田友、马金玉之父马壮著即行处斩。其马见几一犯先经从贼，本当一并正法。但念该犯于官兵甫抵石峰堡，即先行投出，欲将首逆张文庆、马四娃擒献，迨复回石峰堡于贼人商谋黑夜潜逃时，马见几又遣伊家属到营密禀，官兵得先为预备，将贼匪痛加歼戮，并将张文庆、马四姓按名生擒，械送热河审明，尽法惩治，尚有一线可原，马见几著从宽免其一死，永远牢固监禁，遇赦不赦。余依议。"

（卷1213　263页）

乾隆四十九年（1784年）八月乙巳

又谕："向来豫省地丁银内每年拨二十万两解交甘肃协济，现在该省睢州下汛二堡复有漫口之事，一切堵筑办秸事宜，正需应用。而甘肃存库银前据冯光熊奏，现有四百七十余万两，谅支给兵饷及新疆经费并一应抚恤等项已属宽裕。现已有旨，传谕何裕城将此项银两毋庸拨解甘省，并著传谕福康安即将藩库实存银数通盘筹划，是否足敷甘省应用，或因款项较繁，现存银两尚有不敷支发之处，即行据实具奏。另俟酌拨也。"

（卷1213　270页）

乾隆四十九年（1784年）八月戊申

谕曰："福康安奏，逆回攻扰通渭县时，有告休在籍之知县李南晖带领子侄家丁督率民夫上城协力守御，迨县城失陷，该县骂贼格斗，遂为所害。其子贡生李思沆同时被杀，伊侄监生李师沆亦即投缳殒命等语。通渭当贼人滋扰时，该县知县王愰尚觍颜苟活，李南晖以致仕在籍之员竟能率领子侄家丁督同民夫守护城池，迨贼匪进城复格斗捐躯。父子暨侄同时毕命，深堪嘉悯。李南晖著加恩赏给知府职衔，并著该部即照知府阵亡例议给恤荫。又前据刚塔奏，大庄回民马世雄于贼匪至庄纠约入伙时，携眷赴通渭县城首告，业经降旨将马世雄拔补千总。兹据福康安查奏，马世雄已于贼回攻破县城时被贼杀害，现将伊子马得荣给予把总顶带，并赏给银两等语。马世雄不肯从贼，且赴县举首以致为贼戕害，情亦可悯。伊子仅赏给把总顶带尚觉稍轻，著福康安即将马得荣拔补千总，以示奖励。该部知道。"

（卷1213　270页）

乾隆四十九年（1784年）九月乙卯

吏部奏："剿灭甘肃逆回，办理妥速之军机大臣等遵旨议叙。"得旨："和珅著为一等男，梁国治、福长安、董诰俱著军功加三级，松筠、吴熊光俱著军功加一级，史梦琦著军功纪录二次。"

（卷1214　278页）

乾隆四十九年（1784年）九月丁巳

谕："甘省逆回案内革职通渭县知县王慺于县城失事时，躲避仓房，不能守城杀贼，效节捐躯。据刑部定拟斩决，请即于该处正法。经朕特降谕旨，令阿桂等将该犯解至行在审讯。今据福康安委员将该犯解到，当交军机大臣会同刑部讯取供词进呈。朕复亲行廷鞫，加以杖夹，令其羞辱。该犯于原参各款不能复置一词，著即将该犯速正典刑，以彰国宪。方逆回滋扰通渭县城时，该县典史温模以佐杂微员尚能自缢身死。绅衿李南晖系告休在籍知县，亦能慷慨同仇，率其子侄奋身巷战，迨势屈力穷与子侄同时殒命。经该督奏闻，朕即加恩，均予格外恤荫。王慺以现任县令且系进士出身，读书明理，岂不知城存与存，城亡与亡，为古今通义。乃始则将张文庆之子张太及掌教张乐等从城中放出予贼，继则藏匿仓房，贼退后逡巡复出，是其忍耻偷生。设使贼人向伊逼胁，伊必俯首降贼，岂能如温模之义激投缳，李南晖之挺身骂贼乎。似此靦颜丧节，实为忝窃科名，贻羞民社，于世道人心大有关系，其罪实不止于失守城池也。且该犯一念贪生，希图苟延性命，殊不知死则没有余荣，生则身遭显戮，一荣一辱所决须臾。况逆回攻城，系在本年五月，王慺即苟活偷生亦不过暂延数月，仍正刑诛，又何不为温模、李南晖之取义舍生，荣邀恤典耶？此等贪生忘义之徒，即身受重辟，尚不足蔽辜。其子孙如有业经出仕及现为举监生员者，俱著即查明斥革，永不许登仕版。夫激浊正所以扬清，朕固不为已甚，但此非牵牛蹊田，夺牛罚重也。其知县李南晖已给与知府恤荫，典史温模前已敕部议恤，著加恩赏给知县职衔，仍著该部照知县例议予恤荫，以示善善从长，赏延于世之意。朕办理庶政，务秉大公，其能死事者必优予恤荫，恩及后嗣。而于遇贼恇怯，畏死幸生之徒则不但本身重加惩治，并且罚及子孙，所以励名节而正官方，刑赏俱视其人之自取。至此案内逆回滋扰处所之各该地方官张廷桂等或借病玩延，或平时失察，各有应得之罪。然不如王慥之无耻偷生，并著军机大臣会同刑部按律严审定议，以蔽其辜。将此通谕中外知之。”

（卷1214　278页）

乾隆四十九年（1784年）九月壬戌

谕：“本日召见新授兰州道英善，询悉亲老，难以迎养，著仍留御史之任。”

（卷1214　282页）

乾隆四十九年（1784年）九月壬申

又谕：“前因阅刑部核复阿桂、福康安参奏洮岷协副将赵继鼎治罪折内，有外委赵宗先前往马家河拿贼时，贼匪闻信逼胁回民男妇大小一百余人齐上空堡抵御等语。是该处回众业经聚众抗拒，不得谓为戮及无辜。当经降旨询问福康安，兹据复奏，马家河回民男妇一百余人实系被贼逼胁上堡，惟该副将顺道搜捕时并不讯取亲供，一并剿杀，难辞办理不善之咎等语。回民从贼上堡抵御，且外委赵宗先等皆被伤害，是其抗拒伤官，已不得复称为良民。赵继鼎于前往搜捕时，不待取供即如歼戮，固未免失之冒昧。然绿营将弁往往遇贼怯懦，今该副将能奋勇杀贼，其失尚属可原。赵继鼎著加恩免其治罪，留于陕甘，遇有游击缺出题补。”

（卷1215　292页）

乾隆四十九年（1784年）十月乙酉

谕：“据保宁奏川省屯土各兵如遇邻省征调，请照绿营征兵之例酌给夫马一折。所奏是。川省屯练降番兵丁因从前甘省苏四十三滋事及本年剿灭石峰堡逆回两次俱经征调会剿，该兵丁等由松潘一带远赴军营，俱能踊跃抒诚，急公趋事，但因向来征调系在口外地方，程站不远，一切背负骑驮自行备办，未经议给夫马。今既由邻省檄调，该兵丁等跋涉维艰，自应照绿营兵丁之例一体给与夫马，以昭体恤。现在军务告蒇，该兵丁等俱整旅回川，嗣后每遇有邻省调派之事著给予夫马，俾利遄行，以示优恤屯番之至意。"

谕军机大臣等："昨召见提督俞金鳌，据奏称逆回经过地方所有庙宇俱被焚烧，神像亦多残毁，此皆逆回恶贯满盈，以致获罪神明，自取歼灭。其有庙宇未经焚烧而神像残毁者，自当量为修葺、装塑、整肃，若所烧各庙基址全无者即不必另行建盖。著传谕福康安查明办理。又据奏称，闻得从前陕甘兵丁平日皆预备干粮，一遇征调即可克期起身。自平定准噶尔回部之后，遂因循不复储备等语。兵丁干粮自应平时筹办，以备缓急之需，如恐有霉朽原不妨出陈易新，抵放兵饷。著福康安即留心妥办，以复从前旧制。"

（卷1216　304页）

乾隆四十九年（1784年）十月辛卯

又谕："据福康安奏，查明逆回自小山起事，勾结蔓延，贼踪所过，千有余里，抢掠大小村庄一千二百余处，伤毙大口一千六百九十余名，小口三百三十余名等语。回民等久列编氓，即与齐民无异，况甘省地方薄瘠，时有灾歉，国家惠爱边氓，蠲赈之事几于无岁不有，其沾被恩泽独较他省为优。回民等同隶版章百十余年，受恩最重。乃于光天化日之下竟敢创兴新教惑众，肆厥鸱张，攻城掠堡，扰害良民，蹂躏村庄一千二百余处，伤毙大小口二千余名，罪恶贯盈，神人共愤。究其起事之由则实系田五等久蓄逆谋，各处新教回民暗相煽惑，肆行不法。并非因地方歉薄不加赈恤，与夫纵容贪官污吏扰累百姓，激变事端。可见逆回等狡狯性成，胆敢杀害良民，梗悖王化。前将首逆张文庆等解赴行在，亲加廷讯，刑夹尽法处治，按律寸磔。其名下家属亦已诛无孑遗，尚不足以泄忿恨而快人心。其从逆各犯名下分赏为奴幼孩，一经逃逸，拿获后俱立时正法以惩凶孽。此皆逆回等自取罪戾所致。嗣后各省回众务宜各知警惕安静，守法勉为良民。以田五、张文庆等为戒，将此通谕中外知之。"

（卷1216　309页）

陕甘总督福康安奏："陕甘原设额兵因节次裁拨移驻新疆，乾隆四十六年添兵一万二千七百余名，合旧额约有七万。惟是甘省自兰州迤东至泾州一千余里，道长地险，外则番族环居，内则民回错处，各府、州、县大路原设防兵墩戍甚少，请酌量添设以资防卫。查平凉府为甘省门户，拟添兵一百五十名，外委一员，额外外委三员。六盘山要隘处所添一营汛，设千总一员，外委一员，兵一百名。静宁州添兵一百十五名，外委一员，额外外委一员。隆德县添兵二十四名，额外外委一员。并于大路汛戍空阔处，添设墩堡三十九座。又通渭所属之马营监为旧时县城，民稠地冲，拟于该处酌添一营，设游击一员，守备一员，把总二员，外委三员，额外外委四员，兵五百名，内三百名存营，余分派扼要之所，安墩堡四十座。清水县添兵十名，通渭、宁远、伏羌、漳县各添兵十五名，礼县、西和、秦安、两当各添兵二十名，庄浪添兵三十名，三角城等处添兵四十名。又自固原至靖远四百余里，回民杂处。靖远至省三百余里，山险逶纡，墩戍寥寥，拟添兵二百二十名，分安墩堡四十四处。查陕省下马关一营止设兵二百二十余名，该营有守备一员，足资统辖。其游击一员，裁移马营监分防管领。此外于西安军标拨出守备一、千总一、把总二、经制外委三。固原提标拨出把总一、经制外委二。宁夏镇标拨出经制外委一，足敷分驻。额外外委即在兵数之内，所需兵一千三百四十名，于督、抚、提、镇各标及各协营内择其不近边关，又非大路，并无番回错处，兵额较多之处，将零星尾数裁移抽拨，已敷应用。至应需衙署房间及新添墩堡，需工料银二万四千余两，酌于新兵缓立马匹节省草干料豆银两内动用建盖。"得旨："著军机大臣会同该部议奏。"

谕军机大臣等："据福康安奏，酌派营汛，分驻官弁兵丁，于陕甘两省各标营裁移抽拨一折，已交军机大臣会同该部议奏矣。但阅奏到图内如隆德县现添兵二十四名，除分防外，存城兵只有四十名。通渭县添兵十五名，存城兵亦只有三十名。该处地方辽阔，究未足以资防守而壮声势。今于该省裁移抽拨之外，再准其添设额兵三千名，著传谕福康安，即通盘筹划，如隆德、通渭等处系县城而兵力尚单者，即酌量增添。每处约须有兵百名。其余各要隘处所亦一体均匀添派，务俾兵势联络，足资防卫稽查，方为详妥。此折暂行存记，俟酌议添兵奏复到日一并议奏，再降谕旨。"寻奏："遵奉筹议查河州扼控番回，原设二营尚属单弱，今拟增设城守一营，添都司一员，千总二员，把总外委各四员，兵四百名，共新旧兵二千三百二十名，匀派三营。隆德县添足兵一百五十名。通渭县添足兵一百名。又静宁州系在兰州、泾州适中，扼要之地拟设立副将营制，于前议设兵一百五十名外，添设三百五十名，共五百名，并添设左、右二军守备，左驻隆德，右驻会宁，以成掎角之势。至静宁所添副将，查有庆阳协原设副将一员，设协之初系沿旧制，因庆阳在北路沿边，是以驻扎大员弹压。今北边蒙古均系臣仆，且宁夏、延、榆均有总兵驻扎，声息相通，拟即令该副将带同中军都司移驻静宁，仍于庆阳改设参将一员，中军守备一员，管领原有弁兵。又泾州为入甘门户，秦州系南路扼要，拟于泾州添设都司，酌增弁目，并添兵九十五名，合旧设兵共二百名。秦州再添兵一百七十九名，合旧设兵共四百名。其该州所属之秦安县拟添兵七十名，合旧设兵共一百名，并添设千总，管领巡防。又马营监、底店、石峰堡均属要地，前于马营监已议设兵五百名，足敷防守。今拟于石峰堡安设一汛，拨添弁目，驻兵一百名，再于底店添设弁目，驻兵一百名。安定、会宁均系冲途要地，安定旧有把总一员，兵一百名，今议再添兵五十名，即于此内拨安墩汛。其会宁旧有把总一员，兵三十名，亦拟添足一百五十名。又盐茶同知驻扎之海城，前议于附近之西安州营拨千总一员，带兵三十名防守。今兵数有余，拟于该处专设千总一员，即以西安州营之千总移驻，添设兵一百五十名。其前议拨防兵三十名，仍拨还西安州。他如金县、伏羌、西和、宁远、漳县、庄浪、华亭、灵台、镇原、崇信、徽县、成县、礼县、清水、两当等十五处，旧有之兵均属短少。今议于伏羌、金县、庄浪各添足兵一百名，余县均添足五十名。再如瓦亭驿、马家堡、黑城、白水镇、安国镇、李旺堡、孟家墩、唐家川等处冲僻各殊，酌添兵自五十名至一百五十名，并拨弁目管领。前议将陕甘各营兵丁零数抽拨。兹添三千名兵数尽属宽余，前议各营内抽裁之兵仍还原数，停止抽拨，计添官弁五十九员，除裁移副将、都司、千总各一外，实添设参将一员、都司二员、守备三员、千总十一员、把总十一员、经制外委二十八员，其额外外委即在兵数之内。又统计前议抽拨，此次加派兵数共有四千二百三十余名，应即召募壮健充伍，除旧制各营员弁本系熟手，饬令用心教习外，其新设营汛弁目应即在附近标营内选择熟练之员调补。"得旨："原议大臣议奏。"寻议复："均应如所奏办理。"从之。

乾隆四十九年（1784年）十月壬辰

又谕："据伊勒图奏称，赏给伊犁察哈尔兵丁为奴之逆犯马氏脱逃等语。此犯系甘肃河州逆回江湖之妻。今虽脱逃，料一妇人曷能远扬，亦不过在伊犁屯田回民队内隐匿。著传谕伊勒图务派妥干官兵，潜于屯田回民内搜查，务期擒获，即行正法。奏闻。"

乾隆四十九年（1784年）十月癸巳

谕："昨据福康安奏，酌添营汛，分驻官弁兵丁，于陕甘两省各标营裁移抽拨，以裨地方一折。本日又据军机大臣会同刑部，将甘省解到之贼犯马守正录供具奏。阅其供内，有伊父马六今年正月间与田五等商同谋反，到四月二十日田五约定枪响为号，一齐帮同攻打靖远城等语。是此案田五等久蓄逆谋，纠众起事。李侍尧身为总督竟毫无见闻，且伊从前曾访拿坚守新教之马五等，奏闻办理，即当由此而推，诸凡留心。而田五等即系新教回匪，其逆谋显露，何以转付于不知，以致养痈贻患。至福康安所请添兵之隆德、静宁各处，皆冲衢驿路，为李侍尧往来经过之地。该处既属辽阔，兵力单少，李侍尧亦何以不早为筹及，以资防御。可见其在任诸事废弛，漫不经心。李侍尧系曾经获罪之人，经朕格外加恩仍用为总督，原欲令其倍加整顿，以赎前愆，乃竟因循误事若此，即置之重典亦罪所应得。但因逆回蠢动，诛及总督转恐起刁风而滋厉阶，是以前经王大臣等核拟斩决，具奏时已降旨将伊改为监候。向来官犯之入情实者即不予勾，亦应绑赴市曹。李侍尧久任封疆，尚有出力之处，且曾忝厕纶扉。其年已迈，若照例绑赴市曹，倍尝苦辱，朕心究觉不忍。第伊本系获谴之人，现在复罹重辟，不但不能再邀录用，即释放出狱，伊亦无颜面对人。李侍尧著加恩免其入于情实，仍永远牢固监禁，遇赦不赦。所有福康安折及本日军机大臣等所奏马守正供词，著刑部堂官持与阅看，并宣示朕此次格外加恩谕旨。令其觍坐囹圄，自思罪戾。"

乾隆四十九年（1784年）十月辛丑

又谕："据雅满泰奏称，本年朝觐之喀什噶尔噶匝纳齐伯克莫罗尔咱来至库车，于伊所雇回民韩德车内搜出阿克苏居住之名唤伊斯迈勒之回民，寄与库车回民马起蛟。即伊提勒书札经卷将马起蛟一并解送福康安处审办等语。雅满泰虽应严拿携带私玉，若将年班朝觐回部伯克行李一概搜查，则属非是。年班朝觐回部伯克夹带些须什物来京售卖，有何不可。著传谕海禄晓示回部伯克等云，昨将此次雅满泰搜查回部伯克行李之事，奏闻大皇帝。蒙大皇帝降旨，申斥搜查之非。尔等遇年班朝觐，稍携什物进京售卖，亦听以此等语晓谕，庶可以杜其疑。再新疆地方贸易回民有如马明心之兴起邪教，念经惑众者，自应搜查。似此经卷皆回民俗习之经，若一经搜获，即将回部伯克头目尽行查办，不特使回部心生疑惧，亦殊非朕柔徕回部至意。嗣后惟当留心访查马明心亲眷及伊门徒马姓回民外，再不得于回民内如此纷纷查办。今雅满泰既将拿获回民马起蛟等暨经卷解送福康安，即传谕福康安，俟解到讯问如无别项情弊，即发往烟瘴。如再有马明心近族须留心防范，毋使偷越边隘，并著福康安将此旨晓示年班朝觐伯克等知之。"

（卷1217　323页）

乾隆四十九年（1784年）十月戊申

又谕："据福康安奏，静宁、隆德一带瘟疫盛行。静宁州病毙犯属五百四十余名口，隆德县病毙犯属二百余名口等语。逆回罪恶贯盈，其妇女幼孩本应概予骈诛，经朕法外施仁，宽其一线，免死发遣。兹复因疫病毙已伏冥诛，亦其孽由自作，罪所应得。但瘟疫既已盛行，则静宁、隆德一带良民亦必有沾染疾病者，该督曾否设法施药疗治，并如何量予拊循之处，朕心深为廑念。著福康安饬属详查，妥为办理，以副朕轸恤良民至意。此旨速由六百里驰谕福康安知之。又静宁、隆德以东毗连陕西，该省是否亦有沾染瘟疫之处，并著传谕毕沅查明据实具奏，勿得讳饰。"寻毕沅奏："陕西接递犯属病故者六十余名，皆系在甘省染疾，中途病毙，至陕西一省年丰民乐，并无传染。"得旨："览奏稍慰。"

又谕曰："福康安奏秦州回民密尚德等潜谋从逆私制刀矛运往伏羌一案。有铁匠牛花等打造铲刀、裁刀均系皮匠所用刮刀，与本地寻常刮刀较长。信为口外刮皮所用，不知即系兵器等语。口外蒙古番众原赖牲畜度日，在在皆以熟皮售贩，从未闻有向内地专买刮刀之事。而甘省向来因循，不加稽查，以致民间借口混行制造刮刀。逆贼遂从此影射，私制军器，不可不严行防范。著传谕福康安饬属严行查禁，如有先经打造者不准出口，仍严饬地方官出示晓谕，铺户亦不得私行卖给蒙古、番、回人等，如敢违例打造售卖即照私行打造军器，按律办理。"

（卷 1217　326 页）

乾隆四十九年（1784年）十月庚戌

陕甘总督福康安奏："伊犁、乌鲁木齐、巴里坤等处额设同知、通判、知州、知县并佐杂等官，多由陕甘调补。该员等远赴新疆，计程四五千里至七八千里不等。口外物昂，长途费冗，丞倅已属艰难，佐杂尤形竭蹶。请酌借养廉，俾利遄行，不拘何项出身人员按品计程核借。其同知、通判、知州、知县自兰州省赴新疆三千里以外者，酌借银一百五十两，再远者每百里加五两。佐杂远赴三千里外者酌借九十两，再远者每百里加三两。于司库耗羡公用银内借支，俟到任分作四年扣还，如因事离任即移咨旗籍查追。"得旨："如所请行。"

（卷 1217　328 页）

乾隆四十九年（1784年）十一月丙辰

谕："据福康安奏，山丹县有押车县役刘国臣被殴身死，询据安西营兵马国栋等有兵丁邓喜因索车价，拉去差役刘国臣之供。乃该参将路德沛饰词屡禀，代兵狡辩。经节次严批，始将兵丁邓喜等交县讯办，请旨将路德沛革审等语。各省驿站向来原有额设车辆，如遇差使紧要，不敷应用，并准其开销雇办。此次安西营兵赴凉州驻守，系官为护送。既有车可乘，兵丁等又何由向县役索取车价。此必地方官办理不善，或车辆短少，有折价情弊，以致兵丁得以借词讹索。著福康安即查明据实具奏。至兵丁等遇有征调，自当安分遵行，如果车辆不敷，亦应禀明该管将领代为办理，何以额外多索擅自殴毙差役。若似此行凶滋事不严行惩治，其何以申军纪而肃戎行。著福康安于审明后，即将殴毙县役之兵丁一面正法，一面奏闻，以示惩儆。其参将路德沛既不能约束兵丁，致有殴毙差役之事，又不即时查出行凶之犯送交地方官审讯，似此狡诈回护之劣员，其罪已不止于革职。路德沛如果审无别项情弊，亦当发往伊犁，充当苦差，以为营员饰词捏禀者戒。"

（卷1218　334页）

乾隆四十九年（1784年）十一月庚申

又谕："据福康安、毕沅奏，革职陇州知州高淳于拿获窃匪陈四娃并不虚衷研鞫，妄事刑求，致陈四娃受伤病毙。请将高淳发往新疆效力赎罪等语。陈四娃于五月二十四日就获，正值甘省逆回滋事之时。高淳因该犯曾经行窃，恐系贼人奸细，原当留心向其根究。缘该犯所供不实，加以棒责，亦与寻常滥刑毙命者不同。高淳著从宽免其发往新疆，仍送部引见，再降谕旨。"

（卷1218　338页）

乾隆四十九年（1784年）十一月壬戌

又谕："据国栋奏称，保成等由喀什噶尔拿获靖远县贸易回民马廷祥、马文禄、马儒能、马苍等四犯，解送前来。查甘肃缉捕文内并无伊等之名，应暂监禁，俟行查该督，果系无辜，或留该处贸易，或听其回籍等语。国栋所见尚是。若果系靖远县逆回缘坐之犯，自应治罪。今甘肃缉捕文内既无该犯之名，保成即将喀什噶尔贸易靖远回民一律查拿，纷纷内解，所办过当。岂有将各处贸易之靖远县良善回民通行拿审之理。保成、达福著传旨申饬。国栋既将回民马廷祥等暂行监禁，行文向福康安咨查。著传谕福康安俟国栋咨文到日查明，如马廷祥等果系无辜良善回民，即迅速咨复国栋，国栋接文即询该犯等或欲在该处贸易，或欲回原籍听其自便。即时释放，再行奏闻。"

（卷1218　341页）

乾隆四十九年（1784年）十一月己卯

谕军机大臣等："据福康安奏审办续获逆匪及应行缘坐人犯马希忠等即行正法一折。内称现又据安定县知县陈善仪禀报，在马家河地方续行拿获窜回逸贼马名正、马名惠二犯，已饬速行提犯至省审拟等语。此等窜匪余匪，因贼败潜逃，希图漏网。嗣潜回本处或兵役拿获，或被亲族缚送，俱经该督审明，陆续正法，办理尚属认真。但恐地方官因贼平已久，妄意逆回已尽歼除，稍存疏懈。著传谕福康安通饬各属，仍应实力严密搜拿，将潜匿窜回及应行缘坐各犯务获审办，按名正法，以净根株，毋使一名漏网。"

（卷1219　356页）

乾隆四十九年（1784年）十一月庚辰

谕："博清额驻藏业经三载有余，留保住熟习藏务著伊前往领办，更换博清额来京。留保住员缺，著福禄调补。驻扎西宁办事福禄员缺，著雅满泰前往。驻扎喀喇沙尔办事雅满泰员缺，著尚安调补。办理库车事务尚安吐鲁番员缺，著阳春保调补。阳春保员缺，著永泰授为领队大臣前往乌鲁木齐办事。阳春保接奉此旨即速前往吐鲁番，尚安到库车之时，雅满泰即速前往喀喇沙尔。福禄将彼处事务交代完毕即行起身前赴西宁之任。福禄未到任时著西安副都统敷伦泰驰驿前往署理西宁事务。留保住即行赴藏，更换博清额。"

（卷1219　357页）

乾隆四十九年（1784年）十一月辛巳

谕军机大臣等："据阿扬阿等奏称，由叶尔羌盘获靖远县属回民铁文喜等八犯解送甘肃等语。昨国栋奏到，接准阿扬阿等咨文，即查甘省咨捕册内并无伊等之名，请暂监禁，行文咨查。阿扬阿等将此等出外经商之良善回民必欲尽数擒捕，纷纷解内地审办，殊属错谬。著传谕阿扬阿静俟国栋查办，并传谕国栋知之。"

（卷1219　358页）

乾隆四十九年（1784年）十二月己丑

谕："据福康安奏，督缉金川逃兵不力之各省督抚现奉谕旨，议罚养廉。福康安到甘虽在半年之内，但前任云贵、四川总督，均有督缉之责，自应一体议罚等语。福康安此次办理剿捕逆回及善后各事宜均为妥协。其督缉逃兵处分若在甘省任内，原可免其议罚。今系云贵、四川任内之事，自未便概予宽免。福康安受恩深重，即令按年全行扣缴，亦必能慎守廉隅，但办公究难免拮据，所有福康安前任应罚养廉银两著加恩准其支给一半，仍分年带扣完结。其督缉之司、道、府、厅及武职各员，并著该部照例分别议奏。"

（卷1220　367页）

乾隆四十九年（1784年）十二月丙申

谕曰："原任西宁镇总兵高天喜之长孙高勇忠前经赏给难荫千总并应袭

伊父世职，俟伊年及岁时著该督送部引见。"

（卷1220　373页）

乾隆四十九年（1784年）十二月戊戌

又谕："据福康安奏，于甘、凉二府拿获传习天主教之张继勋、刘志虞等，并起出经卷等物，现饬解省审办一折。同日又据毕沅奏，续获天主教要犯刘西满、薛成林，解京审讯等因一折。西洋人私至内地传教惑众，最为风俗人心之害。陕、甘、湖、广等省现已拿获多人，则其余各省亦恐所在多有，均应彻底查办。近闻西洋人与回人本属一教，今年甘省逆回滋事而西洋人前往陕西传教者又适逢其会，且陕甘两省民回杂处，恐不无勾结煽惑情事。著传谕福康安、毕沅务须不动声色，留心防范，严密访拿，并密谕各省督抚一体遵照妥办，不可视为具文，亦不得张皇滋扰。其毕沅折内所称未获逃犯曾贵、刘必约、张多明我及湖广人赵安德各犯，并著各该督抚，上紧饬缉，务获解审，毋致远扬漏网。将此由五百里各谕令知之。"

又谕："甘省逆回剿灭净尽，所有小山底店等处该犯名下房屋田亩前经谕令福康安，少为估价，于甘省汉民内招买居住执业。如本省愿买人少，并准其令附近甘肃之陕西汉民出资认买。嗣据福康安奏，委员分头查办迄今已阅数月，其作何办理之处何以尚未据奏及。此项房产虽为数稍多，或一时不能速变，亦当上紧筹办，俾小民得利，自必踊跃认买。著传谕福康安即遵照妥办具奏，但不可因欲速售仍令回民托名承买，务使各该处皆为汉人居住，以便稽察而靖地方。至福康安所奏伊犁等处拨解内地马匹，已移咨伊勒图等挑选解送巴里坤，并预派员弁在彼验收之处，自当如此办理。将此传谕知之。"

（卷1221　375页）

陕甘总督福康安疏报，甘肃镇原县开垦成熟地一顷八亩。

（卷1221　376页）

乾隆四十九年（1784年）是年

追予甘肃石峰堡出师阵亡参将孙受一员，守备白玉升一员，千总杨曛、陈开学二员，土千总我什舟日一员，把总何德福、程锟二员，外委任逢春、田应魁、张永福三员，马步土兵赵登云等三百十四名，祭葬恤赏如例，俱入祀昭忠祠。

（卷1221　383页）

乾隆五十年（1785年）正月戊午

以甘肃按察使汪新为贵州布政使。

（卷1222　390页）

乾隆五十年（1785年）正月己未

以甘肃兰州道陈淮为甘肃按察使。

（卷1222　392页）

乾隆五十年（1785年）正月庚辰

谕："据镶白旗蒙古都统奏称，原任甘肃平凉府同知伯泰应赔官项，除已交外，尚未完银八千七百余两，请在伊子孙俸内坐扣等语。伯泰所欠银两系剿灭逆回事内分赔之项，非侵欺入己者可比，著加恩免其子孙扣缴，仍交陕甘总督，将伯泰未完银两照例分赔。"

（卷1223　400页）

乾隆五十年（1785年）二月丙戌

谕军机大臣等："据福康安奏储办征兵裹带并挑演备战兵丁一折。内称酌量各提镇标之大小，令其挑出备战之兵自二三千名以至一千二百名，认真操练，常无间断。计将军、督抚、提镇各标共可得二万余。其各协营兵数在三百名以上者，即挑出一半勤加操练，计又可得兵万余，合之两省足有三万余兵。训练精娴，一呼即集，方为有备无患等语。所办甚是。已批军机大臣议奏矣。国家设兵卫民，兵可百年不用，不可一日不备。陕甘两省系边陲要区，设兵不为不多，乃逆回两次滋事，绿营兵丁怯懦退缩，致贼匪得以蔓肆鸱张。又从前山东王伦一案均由京简派八旗劲旅，令大臣带往督办剿捕，方能迅速剿除。此皆承平日久，督抚、提镇不能实心整饬，各营将弁不加操演讲习，因循怠玩，以致兵备废弛。屡经降旨，严切训饬，若能如福康安加意整顿，于各标营内挑出兵丁一半，专意训练，俾军律严明，士气劲锐，一变绿营怯懦之习。两省共有三万余劲旅，设或地方稍有不靖，又何患不立时扑灭耶？在云、贵、四川、两广、福建等省系沿边沿海重地，自应照福康安所办，于各营内挑选壮健，勤加训习，使各有数万劲兵。庶平时可以重操防，而临事可以供调遣，即腹地亦当如此留心简练。各省皆系总督专主营政，而山东、河南、山西、江西系巡抚兼提督衔，著将福康安原折抄寄各省总督及山东、山西、河南、江西巡抚一体留心，不动声色，皆有精兵之备，亦一政要也。"

又谕曰："福康安奏，筹办估变逆产于民人承办之时，照原定价值明示酌减，分年带交，其归籍贫民即于入官房屋，量拨栖身，并酌拨地亩承佃等语。所办均属妥协，已依议行矣。又夹片奏，此案逆产售变不准回民承买，惟恐地方官办理不善，致伊等怀疑，止令于招买时详细察问，毋俾影射，并不于告示内明白宣露等语。所办甚是，可谓留心之至。惟当持之以久，亦于折片内批示。甘省回民较多，自应随时防范，尤须不露形迹，俾回众无所疑惧。今福康安于估变逆产一事筹办周详，实属可嘉。除将原折就近交毕沅阅看外，著赏大荷包一对，小荷包四个，以示嘉奖。"

（卷 1224　406 页）

乾隆五十年（1785 年）二月甲午

军机大臣议复："据陕甘总督福康安奏称，陕甘两处为边陲要区，屡经增添兵额，设汛安营，行伍已为充实。惟是兵多贵精，全在平时储办周妥。从前陕甘兵丁平日皆预备干粮，一遇调遣即可克期起身。后因回部平定，遂尔停止。今请每兵各备贮炒面十五斤，足供半月之粮，设遇调遣即可立时携带。又甘省督标及城守营共兵三千五百余名，除拨协应差外，可挑出二千余名常行训练，并酌量各提镇之大小，令其挑出备战之兵自二三千名至一千二百名不等。又西安将军标、抚标均照督标操演，共可得兵二万余。其各协营兵数在三百名以上者，各挑出一半，又可得兵万余。合之两省足有三万余可用之兵。至操演之法，请仿照京城健锐、火器等营阵式演习，令每日各照所习之技，在各本营分操。逢五逢十之期，各营会合比试，并操演九进十连环之阵。均应如所请。"从之。

（卷 1224　419 页）

乾隆五十年（1785 年）三月己巳

补行乾隆四十九年甘肃省大计，不谨官二员，罢软官三员，浮躁官一员，才力不及官三员，年老官十一员，有疾官二员。处分如例。

（卷 1227　444 页）

乾隆五十年（1785 年）四月庚辰

兵部议准陕甘总督福康安等奏称："西宁镇属贵德营极边寒苦，商贩稀少，价值昂贵。兵丁月饷不敷食用，因而召募维艰，请将现设马兵三百五十九名内酌减一百十九名，改设步兵。其现设守兵三百六十二名全行改设步兵。应如所请。其酌减马兵改设步兵所遗马一百十九匹，应令该督另行咨部报销。"从之。

（卷1228　455页）

乾隆五十年（1785年）四月乙酉

谕军机大臣等："昨据福康安奏，玉门县惠回堡等处地震，房屋、人口均有倒塌损伤，已降旨令该督查明抚恤，仍先酌借口粮以资接济矣。玉门地处关外，土瘠民贫，所属惠回堡等处同时地震，居民房屋坍塌，且有损伤人口，被灾较重。夜思此事，福康安闻信后自应亲赴该处查明被灾情形，妥为抚恤，何以仅令藩司浦霖前往查办。福康安平日办事认真，岂于此事竟未见及耶？著传谕该督，即查明该处自初十日地震之后是否旋即宁静。所有被伤人口及坍塌房屋如何酌量抚恤之处，据实复奏，以慰厪念。若已无事则亦不必去矣。将此由五百里传谕知之。"

（卷1228　459页）

乾隆五十年（1785年）四月丁亥

谕军机大臣曰："闫正祥奏三月初十日甘州地动二次，旋震旋止。惟肃州惠回堡地震较重，民居、兵房、仓廒、衙署多有坍塌。其白杨河、火烧沟一带房屋、仓廒间有坍塌，烟墩、望楼、城堡均有倒坏。现在查明分别借给银粮。其损坏军机，倒塌烟、墩、望、楼亦赶紧修整等语。所办俱好，已于折内批示。此事前据福康安奏到，业经降旨照例抚恤，仍先酌借口粮以资接济，并谕该督酌量情形亲赴该处督率查办。今据闫正祥所奏惠回堡一带地方较为辽阔，被灾情形亦不为轻。福康安当亲赴该处，详悉查勘，并督饬所属妥为抚恤，毋使兵民失所。至倒塌烟、墩、望、楼自应粘补完整。其军械因何亦至损坏，著福康安一并查明。如果实有损坏，即照例修整。将此由六百里谕令知之。"

（卷1228　461页）

乾隆五十年（1785年）四月己丑

谕曰："福康安奏，库车办事大臣拿获携带回经出口之回民马起蛟等，审明定拟，将马起蛟等四犯均发往云南、广西烟瘴地方安插一折。又夹片内奏称，该犯等携带经卷实系寻常诵习之经，若遽行发遣似稍可矜等语。马起蛟等携带寻常经卷出口，虽不在查禁之例，拟以烟瘴固属可矜。然竟从宽贷，亦不足以示儆。乌鲁木齐距甘肃不远。马起蛟等四犯著改发乌鲁木齐安插管束。"

（卷1228　462页）

又谕："据福康安奏，巴里坤屯田加种地亩，渠水不敷浇灌。镇属各营兵少差多，暨该处磨夫工价、屯车修费等项，经前任都统海禄奏请裁汰之后，兵丁苦累。又上年短收粮七千余石，系武员借垫，典当衣物赔偿。种种情形据该署总兵和伦列款具禀，应请饬交奎林亲赴巴里坤处所详加确勘，妥议筹办等语。已批交军机大臣议奏矣。巴里坤等处既属有地短水，兵少差多，不能加种地亩及裁汰磨夫工价银粮等项之后，兵丁种种苦累，既据该镇等纷纷具禀，自应确勘情形妥协筹办，方于新疆屯务永有裨益。但奎林历练未久，办事亦不能如福康安之精细。福康安现因玉门县所属惠回堡等处地震，此时自已亲往查勘抚恤。该处距巴里坤不远，著传谕福康安即行前往，会同新任都统奎林详加确勘，酌定章程。自能仰体朕怀，妥协办理，俾可永远遵行。并即饬令藩司浦霖速行回省办事。陈淮前已有旨准其陛见，亦著俟福康安回省后再行来京。至前以福康安未经亲赴地震处所查办，曾降旨训谕。兹阅该督奏到各折，因在兰州迤东一带地方勘办安营设汛事宜，是以只令藩司浦霖前往。但该督前奏并未将惠回堡等处在嘉峪关外声明，因有前旨。今朕已明悉矣，将此由四百里传谕知之。"

（卷1228　463页）

乾隆五十年（1785年）五月庚戌

又谕："据浦霖奏，前赴肃州惠回堡等处查勘地震被难居民，照例抚恤，共享银一千六百三十两九钱五分等语。边氓猝遇地震，倒塌房屋，损伤人口，情形殊可悯恻。著加恩于抚恤银一千六百三十余两外，再加一倍赏给。福康安现在驰赴该处，即著督率该地方官加意抚绥，务使均沾实惠，以副朕轸恤边地灾民，有加无已之至意。该部即遵谕行。"

（卷1230　497页）

乾隆五十年（1785年）五月甲寅

谕："甘肃都司福德保、代什衣于上年逆回占据通渭县城时，带兵克复，甚为出力。前经兵部议给功加纪录，尚系照例议叙，不足以示奖励。福德保、代什衣俱著交该督以游击遇缺升补，其候补吏目朱尔汉并著该督即速给咨送部引见。"

（卷1230　500页）

乾隆五十年（1785年）五月丁巳

谕："据正黄旗蒙古都统奏称，歼灭甘肃逆回阵亡之西安佐领永德，由部议给云骑尉，而永德之子马甲德顺亦于石峰堡打仗阵亡，请将此职给与伊孙魁福承袭等语。魁福著承袭云骑尉。八旗承袭阵亡所得云骑尉，定例承袭二次后即改为恩骑尉，世袭罔替。但永德在甘肃歼灭逆回阵亡，而永德之子德顺亦在石峰堡打仗阵亡，殊属可悯，与他人不同，著加恩将永德所得云骑尉承袭三次后，再照例改为恩骑尉，世袭罔替。此朕矜悯效力行间旗员之至意。著交该部八旗永远为例，遇有似此者俱照此办理。"

（卷1230　504页）

乾隆五十年（1785年）七月己酉

调闽浙总督富勒浑为两广总督。以福建巡抚雅德为闽浙总督。甘肃布政使浦霖为福建巡抚。湖南按察使福宁为甘肃布政使。调安徽按察使郭世勋为湖南按察使。以革任甘肃布政使冯光熊为安徽按察使。

（卷1234　577页）

乾隆五十年（1785年）七月癸酉

又谕："据德文奏，色黑斯乌察克地方拿获崔学莫一名。讯系皋兰县人，在口外佣工。上年五月回家路遇凉州人王发，告知沙州有金厂两座，嘱其前往帮同偷采。后闻和阗所产金沙较好，欲往和阗被获。并据崔学莫供，止到过沙州小金厂，见厂内有二百人，闻大厂内有三百人。现将该犯解送陕甘总督查办等语。内地民人私往口外聚集多人，偷采金沙，久经查禁。乃沙州地方崔学莫供有偷采金厂两座，是否竟系奸民私开金厂，抑或本系官厂，该犯等潜赴偷采，均须逐一查明。该处系肃州与镇迪道所属交界地方，本应陕甘总督会同乌鲁木齐都统彼此设法稽查，方不至复有透漏。但奎林现赴伊犁，永铎甫经前往署事，恐其办理未能妥协，或致滋扰。镇迪所属地方亦系总督管辖，呼应较灵，此事著交福康安督饬该处员弁严密访缉，如果有聚众偷采情事即行查拿惩治，勿任滋生事端。所有崔学莫一犯并著严切审明，定拟具奏，或有当与永铎同办之处，亦可咨会办理。"

（卷1235　602页）

乾隆五十年（1785年）八月己卯

军机大臣等议准："陕甘总督福康安奏称，前经宁夏将军莽古赉奏准凉州、庄浪二处添设驻防兵。请派宁夏当差之拜唐阿闲散五百名移驻凉州，另于满洲、蒙古八旗拨兵三百名遣往庄浪。所有派往佐领等官请由京补放遣往。"从之。

（卷1236　610页）

乾隆五十年（1785年）九月己酉

又谕曰："福康安现令带印前赴阿克苏查办事件，接奉此旨即行由驿速往，并降旨令庆桂带钦差关防前往，暂署陕甘总督。庆桂未到以前，所有总督事务著福康安于福宁、陈淮二人内酌量一人，令其代拆代行，妥为照料。将此传谕知之。"

（卷1238　646页）

乾隆五十年（1785年）九月庚戌

谕军机大臣等："本日保成奏，据在布噜特贸易回人伊布喇伊木等告称，上年闻萨木萨克寄书布噜特爱三呼勒等七人，欲同伯尔克等抢取喀什噶尔。现在并无举动，惟当静守边防，密为探访等语。看来此事全无影响，前此海禄等轻听讹言，冒昧陈奏，过形恇怯。转无以镇服布噜特之心，才不可不预为绥辑。福康安接奉此旨不必在阿克苏久待，即往喀什噶尔，将布噜特人众妥协安抚，仍回甘肃更换庆桂。令其前赴乌什办事，奎林亦不必带兵前往喀什噶尔，仍在伊犁严密防范。将此各谕令知之。"

（卷1238　646页）

乾隆五十年（1785年）九月庚申

谕军机大臣等："据毕沅奏请销支给赴甘官兵车船价值廪给口粮银两一折。已批交该部议奏矣。此案系上年甘省逆回滋事，派调京兵剿捕豫省供支之项。军务久经告竣，其支给银两何以直至此日始行奏销。自因前任抚臣何裕城已经迟延，毕沅又复延缓不办，即云今岁该省有灾赈事宜，未能核销。其未办灾赈以前为时甚宽，何以并不赶紧办理耶。著传谕毕沅将此案因何至今始行奏销之处据实回奏。"

（卷1238　660页）

乾隆五十年（1785年）九月乙亥

谕："前命阿弥达前往青海迤上穷溯河源，旋京具图呈览。随御制河源诗文，并令馆臣编辑河源纪略，录入《四库全书》，以昭传信。四库书中从前言河源者甚多，从未有探本穷源以及方向山川皆能符合者。近偶阅《河防述言》一书，卷首冠以河图，朕详加检阅，内所载源流方向、山川形势与阿弥达所奏相符。此图为张霭生所著，其书则采述陈潢议河之言汇辑成编，颇为精当。因思河源之说，从来疑信参半，历数千百年，今始考询明确，而张霭生之图在数十年之前适与今图吻合，乃其书没而不彰，非所以扬善志美也。著四库馆总裁，即将《河防述言》一书录入《四库全书》，附于靳辅《治河奏绩》一书之后，以示朕博采群言，片长必录之至意。"

（卷1239　674页）

乾隆五十年（1785年）十月癸未

又谕："据福康安奏，甘肃皋兰、金县、伏羌、安定、会宁、平凉、静宁、隆德、盐茶、秦安、平番、庄浪等十二厅、州、县、县丞地方，间被雹水偏灾，请将银粮草束蠲免等语。甘省地瘠民贫，上年逆回滋扰，业经降旨将通省额赋概免征输，以纾民力。其皋兰等十二厅、州、县复间有雹水偏灾之处，著再加恩，将皋兰、金县、伏羌、安定、会宁、平凉、静宁、隆德、盐茶、秦安、平番、庄浪等十二厅、州、县、县丞地方所有应征正、耗银二千七百一十两六钱七分，粮一千一百八十二石七斗七升，草二千三百四十二束，概行蠲免，以示朕轸念边黎，有加无已之至意。该部即遵谕行。"

（卷1240　683页）

乾隆五十年（1785年）十月甲午

谕曰："李侍尧于办理逆回滋事案内玩误因循，因念其历任封疆，于地方事务尚属谙练，是以从宽，未将伊置重典，令其觐坐囹圄，自思罪戾。今念伊获谴以来，已经缓决监禁两年，著加恩释放出狱，令其引罪家居，扪心自愧，以示朕格外矜恤之意。"

（卷 1241　691 页）

乾隆五十年（1785年）十月乙未

谕军机大臣等："据明亮奏，于嘉峪关外遇见福康安，仍即驰驿前往喀什噶尔等语。昨海禄奏，伊已抵和阗。明亮于前途遇见时，即接受乌什参赞大臣印务，不必远赴喀什噶尔。"

（卷 1241　693 页）

乾隆五十年（1785年）十月己亥

谕："前据富勒浑查奏，广西新宁州知州金垍将应征西税亏缺一千七百余两，原任盐道周廷俊并不揭报，乃于金垍卓异时，代为捏报全完，听其请咨送部，参请革审等语。已降旨将周廷俊革职，交刑部审讯。并派伊龄阿将其家产查抄。兹据伊龄阿查封周廷俊及伊弟周廷元家产具奏，周廷俊本案只系徇庇属员。各省地方官似此者不一而足，即被上司劾参后，其罪亦不至查抄家产。因周廷俊前于热河召见时，面奏伊弟周廷元在甘肃知州任内，并未折色报捐。及经查明，周廷元实有捏结折捐之事，所奏已属欺饰。今在盐道任内，复代属员捏报税项全完，实属有心徇庇。且在道府任内，于地方正务从未见认真办理。伊系包衣世仆，欺隐营私至此，非寻常徇庇属员者可比，是以加倍惩治，将其家产查抄。刑部审讯定案时，仍应按律治罪，不必因有此旨，从重问拟。至伊弟周廷元于此案尚无关涉，所有伊龄阿另单查封家产，仍著赏还，以昭平允。"

礼部等部议复陕甘总督福康安疏称："循化厅设立学校，请建文庙一所，祭器、舞器动项制造，每年额设祭祀银四十五两，于公项内动拨。应贮书籍由部颁发，新设训导定为调缺，条记由部铸给，衙署将裁汰河州训导署移建。岁科考各取进文童四名，岁考取进武童四名。应设廪增于河州州学廪增内各拨二名，作为额缺。六年一贡，均应如所请。"从之。

（卷 1241　695 页）

乾隆五十年（1785年）十一月丁卯

赈恤甘肃河州、靖远、宁夏、宁朔、灵州、中卫、平罗等七州县本年水

雹灾贫民，并缓征皋兰、金县、狄道、渭源、陇西、伏羌、安定、会宁、肃
州、玉门等十州县被旱地亩额赋。

（卷1243　712页）

乾隆五十年（1785年）十一月辛未

谕："从前土尔扈特、和硕特台吉等入觐，皆由各游牧处自备资斧至乌
鲁木齐，自乌鲁木齐动用官项由哈密、肃州、凉州一带前来。曾经议准，伊
等生计充足，应自明年为始令其自备资斧，但念各该游牧处至热河，道里遥
远，究恐不免拮据，著加恩嗣后应行来觐之土尔扈特、和硕特等各由游牧处
自备资斧行至哈密，再动用官项由肃州、凉州一带沿边前往热河。此系朕格
外施恩，体恤外藩之意。奎林将此传谕知之，俾各感恩守法，乐享升平。"

（卷1243　715页）

乾隆五十年（1785年）十二月己卯

以革职陕甘总督李侍尧署正黄旗汉军都统。

（卷1244　725页）

乾隆五十年（1785年）十二月辛巳

又谕："上年回匪滋事，攻扰靖远县城时，城内军流人犯帮同守城御贼，
并拿获内应贼犯多人，尚属出力，自应酌量加恩，以示奖励。著传谕庆桂即
查明该犯等情节，奏明于军流罪上分别量予宽减。至各处城堡被贼滋扰时，
如有似此守御出力之军流人犯，亦著一并查明办理。"

（卷1244　726页）

乾隆五十一年（1786年）正月丙寅

又谕曰："普福著驰驿前往西宁办事，更换福禄来京。理藩院侍郎事务
著勒保兼署。"

（卷1247　752页）

乾隆五十一年（1786年）二月壬午

谕："朕因几余咏物，有嘉靖年间器皿，念及彼时严嵩专权炀蔽，以致
国是日非，朝多稗政，复取阅严嵩原传，见其势焰熏灼，贿赂公行，甚至生
杀予夺，皆可潜窃威柄，颠倒是非，实为前明奸佞之尤。本朝家法相承，纪
纲整肃，太阿从不下移，本无大臣擅权之事。即原任大学士于敏中因任用日

久，恩眷稍优，外间无识之徒未免心存依附。而于敏中亦遂暗为招引，潜受苞苴。然其时不过因军机大臣中无老成更事之人，而福隆安又年轻未能历练，以致于敏中声势略张。朕非不知，而究之于敏中亦止于侍直枢廷，承旨书谕，不特非前朝严嵩可比，并不能如康熙年间明珠、徐干学、高士奇等即宠眷声势，亦尚不及鄂尔泰、张廷玉，安能于朕前窃弄威福，淆乱是非耶。朕因于敏中在内廷供职，尚属勤慎，且宣力年久，是以于其身故仍加恩饰终，并准入贤良祠，以全终始。迨四十六年，甘肃捐监折收之事败露，王亶望等侵欺贪黩，罪不容诛。因忆及此事，前经舒赫德奏请停止，而于敏中于朕前，力言甘省捐监应开，部中既省拨解之烦，而闾阎又得粜贩之利，实为一举两得。朕以其言尚属有理，是以准行。讵知勒尔谨如木偶，为王亶望所愚，遂通同一气，肥橐殃民，竟至酿成大案。设非于敏中为之主持，勒尔谨岂敢遽行奏请，即王亶望亦岂敢肆行无忌若此。是于敏中拥有厚资，亦必系王亶望等贿求赂谢。种种弊混难逃朕之洞鉴。若此案发觉时，设于敏中尚在，朕必严加惩治，虽不至如王亶望等之立置重典，亦不仅予以褫革而已也。因其时于敏中先已身故，不加深究，曲示矜全。但于敏中如此营私舞弊，朕不为已甚，不肯将其子孙治罪，已属格外恩施。若贤良祠为国家风励有位，昭示来兹，盛典攸关，岂可以不慎廉隅之人滥行列入。朕久有此心，兹因览严嵩传触动鉴戒，恐无知之人，将以嘉靖为比，朕不受也。于敏中著撤出贤良祠，以昭儆戒。朕用人行政一秉至正大公，从不稍涉偏私，亦岂肯意存回护。前明严嵩之营私植党，嘉靖非无闻见，第已用之于前，不免回护，遂以酿成其恶。朕宁受乏知人之鉴，断不使天下后世谓朕有为于敏中始终蒙蔽之名。刑赏黜陟，彰瘅所系，赏一人而天下知劝，罚一人而天下知惩，是以不得不明白训谕，俾天下后世咸知朕意。将此通谕知之。"

（卷1248　770页）

乾隆五十一年（1786年）二月戊子

谕："据庆桂奏，永固协副将张兆璠患病，呈请解任回籍调理等语。张兆璠历任总兵，缘事降革，朕加恩复用为副将，乃不知感奋图报。偶因患病，辄思解任回籍，自系该员因甘省地瘠民贫，意图规避。将来病痊之后仍可复用内省，殊为绿营取巧恶习。张兆璠著革职，勒令回籍。"

谕军机大臣等："据庆桂参奏，环县知县汪琳因县民俄其盛，承办盐引，欠课不完，另将殷户王登第等押充代完，旋将俄其盛商名革退。续因练总李汉耀、萧玉文以环县民少屯多，欲令屯民均纳，捏写民户慕锐等姓名，公呈投递。该县辄将李汉耀杖责致毙，请将汪琳革审等语。练总李汉耀等因欲将民屯均匀完纳盐课，辄敢捏写姓名，具呈投递，原有应得之罪。但该县民户俄其盛充商办课已非一日，或因办盐赔累，私贿该县革退商名，而该县复派令殷户押充代完，以致练总李汉耀等捏呈投递，酿成事端。其间恐有借端派累，分肥入己情事，自应革职研审。现在福康安不日即可回兰，著将此案人犯提集，严切究讯，务得确情，据实定拟具奏。将此传谕福康安并谕庆桂知之。"

（卷1248　776页）

乾隆五十一年（1786年）三月戊申

甘肃肃州镇总兵任学周缘事革职，以头等侍卫德光为肃州镇总兵。

（卷1250　797页）

乾隆五十一年（1786年）三月丁巳

又谕："昨经降旨，将三德补授广西提督，所遗陕西兴汉镇总兵员缺紧要，若由他省人员简补，恐未谙该处情形。著传谕福康安于陕甘两省副将人员内拣选一人奏闻，候朕补放。"

（卷1250　805页）

乾隆五十一年（1786年）三月癸酉

军机大臣等议复陕甘总督福康安奏："甘肃敦煌县沙州地产金砂，前经获办偷挖各犯，并声明详勘后，官为开采。兹查沙州南北两山，土杂金砂，虽节年封禁，贫民趋利如骛，难免偷挖。不若官明立厂募夫，照乌鲁木齐金厂例，夫五十，设夫头一名，给票入山试采，尽收尽报，并派文武员弁弹压。应如所请，并令试采两三月后，统核得金多少，再酌定规条奏办。"从之。

（卷1251　820页）

乾隆五十一年（1786年）四月戊戌

军机大臣议准陕甘总督福康安疏称："敦煌县沙州南北二山深崖邃壑，每有金沙搀杂土内。无业贫民潜往偷挖，诚恐日久滋衅。请明立官厂，令地方官出示招募人夫，俟春夏之交给票入山，按乌鲁木齐开设金厂例，每五十名设夫头一名，遴派文武员弁弹压。将采出金砂尽数尽报，俟两三月后统核成效，酌定条规。奏明办理。"从之。

（卷1253　842页）

乾隆五十一年（1786年）五月辛未

又谕："前欲将富勒浑调往陕甘更换福康安。今富勒浑已获罪革职，除将富勒浑获罪，所降谕旨并寄阿桂之旨抄寄福康安阅看外，一时尚不得更换之人。福康安暂在甘省多住数日，为朕办理该处事务，候有妥人即发往更换。将此谕令福康安知之。"

（卷1255　870页）

乾隆五十一年（1786年）六月乙酉

刑部议复署陕甘总督庆桂疏称："甘肃逆回滋事，攻扰靖远、伏羌二县及静宁一州。该处出力之军流人犯等，今查明拿获内应击毙多人，列为头等者四十六名，应免罪释放。其搬运木石，巡逻守御，列为次等者七十七名，减为杖一百，徒三年，递籍充配。"从之。

（卷1256　881页）

乾隆五十一年（1786年）六月壬辰

又谕："据毕沅奏，豫省开封等十府州属路当孔道，向各设有驿站所夫，额编工食以应往来差使，如差务一时并集，即须添雇，以资供送。所有额支工食势不敷用，只得官为借垫。即将此项长支银两入于流抵项下交代。积累既久，垫项日多，急须及早清理。请将前项长支银两分为三股，一股于所夫额编工食银两，分三年扣还，其余二股于滥行出借及历任不行清理之各员名下，各分赔一股，限一年归款等语。已批如所议行矣。河南虽地当冲途，不过为云、贵、两湖、广西数省经由之地，各属所夫工食已属不敷，致有代垫长支银两。若直隶为各省总汇，山西、陕西、甘肃路当新疆孔道，差务络绎自更倍于豫省。额设所夫更不敷用，向来作何办理，著将毕沅原折抄寄山西、陕西、甘肃各督抚阅看，有无似此代垫长支之项，是否应照毕沅办理之处，各行据实复奏，将此谕令知之。"

（卷1257　890页）

乾隆五十一年（1786年）六月甲午

户部尚书仍管陕甘总督福康安奏："安西厅属英峨峡、松子岩地方自停采铅斤以来，迄今十有余载，库贮铅斤截至去年年底领卖全完。兹查英峨峡铅苗仍旺，又州属普城山亦产铅苗，现在试采，英峨峡每日可得一百余斤，普城山每日可得一百三十余斤，应准其开采。再甘省标营需用铅斤向俱在安西州库领买，但距肃州六百里，口内领买多费脚价，莫若两处分贮，将英峨峡铅斤令商人运交安西州库。普城山铅斤照前年采买磺斤例，径由厂所运赴肃州，俾领买各就其便。价值照三十六年每斤银六分例办理。再口外山厂不便久开，俟两厂采足四十万斤之数即行停止。"得旨："如所议行。"

（卷1257　893页）

乾隆五十一年（1786年）七月己未

又谕："据普福奏，遵旨于青海之阿什干等处应设五卡之处，于会盟之便，亲行察阅，并将此晓谕索诺木多尔济等。索诺木多尔济等心悦诚服。从前设卡派兵驻扎并未分别远近，将西南两路人等调于极远之阿什干等处，今酌量伊等力所能及，改定就近驻防等语。普福如此更定，甚属得宜。看来从前并未计及伊等劳苦，率意调遣分驻，以致该游牧人等力不能支。始行请撤卡座，福禄在彼何不亲往查验，即率行代奏耶。著交普福照伊所奏办理外，仍将普福奏折抄寄福禄阅看。"

（卷1259　927页）

乾隆五十一年（1786年）闰七月辛巳

以陕西河州镇总兵兴奎为乌鲁木齐提督。

（卷1260　954页）

乾隆五十一年（1786年）九月戊寅

谕："兵部奏，乾隆四十九年五内派赴甘肃剿捕贼匪京兵及凯旋回京，经过直隶，沿途所需车马廪粮等项迄今已逾两载，未据该督题报等语。此次京兵过境，往回车马廪粮等项自凯旋至今已逾两载，经部屡次行催，该督并不查明迅速题报，实属延缓。所有该督及藩臬两司等俱著严加议处。"

（卷1264　1033页）

乾隆五十一年（1786年）九月己卯

以甘肃凉州镇总兵苏灵，河州镇总兵巴彦图对调。

（卷1264　1033页）

乾隆五十一年（1786年）九月丁亥

又谕："据普福奏，青海唐古忒喇嘛陇布诺扪汗欲赴藏礼拜达赖喇嘛，臣以从前呼图克图之呼毕勒罕须入觐后始可赴藏等因晓谕。乃伊不遵此例，径自私行前往，应请议处等语。陇布诺扪汗系出家人，尚非扎萨克王公可比，如扎萨克王公等未经入觐即赴藏礼拜达赖喇嘛，自属不可。今陇布诺扪汗或因未经出痘，不可前来，其违例不遵晓谕私行前往，著从宽免议。且朕深悉黄教喇嘛原有赴藏学艺之例，嗣后无论已经入觐与否，有欲赴藏者，照例给与路引，毋庸拘呼图克图之例。留保住、普福等将此传谕达赖喇嘛及青海游牧喇嘛、蒙古等知之，以示朕广兴黄教至意，并著普福于陇布诺扪汗自藏回时，严加申饬，令其勿再妄行，嗣后有欲赴藏者，毋得不领路引，私自赴藏之处，一并宣谕知之。"

（卷1264　1043页）

西藏办事大臣普福奏："黄河北岸奎屯西哩克等五卡，为巡防贵德、循化、河州、洮州、松潘等处番众偷渡而设，向不论远近均派纳罕达尔济等五旗兵驻守。今据扎萨克郡王台吉等请将纳罕达尔济、察罕诺扪汗、隆本等三旗就近驻奎屯西哩克等卡。罗布藏丹津、衮楚克等二旗就近驻郭罗克等卡。既免兵丁换班往返，且于熟悉之地防范易周。仍饬纳罕达尔济统辖，不时稽察。"报闻。

（卷1265　1044页）

乾隆五十一年（1786年）九月戊子

谕曰："福康安现于十月内起程来京陛见。永保著署理陕甘总督印务，俟福康安回任后永保即前往塔尔巴克台办理参赞大臣事务，换庆桂回京。其陕西巡抚员缺，著巴延三补授。"

（卷1265　1044页）

乾隆五十一年（1786年）九月甲午

又谕："现在京察记名应用道府人员将次用完，遇有缺出，不敷简放。

应令各省预行保举，以备简用。除直隶、山东、河南三省查拿大名纠众滋事段文经、徐克展二首犯及河南伊阳拒捕戕官之首犯秦国栋迄今未获，可见各该省缉捕全不认真，上下因循怠玩，竟成积习。浙江各府、州、县仓库亏空，俱有应得处分，且官官相护，扶同蒙混，吏治甚属废弛，俱不准其保举外。所有江苏、安徽、陕西、甘肃、湖北、湖南、广东、广西八省著各保举堪胜道员者二员，堪胜知府者四员。四川、福建、江西、山西四省著各保举堪胜道员者一员，堪胜知府者三员。云南、贵州二省著各保举堪胜道员者一员，堪胜知府者二员。各该督抚秉公慎重拣选，据实具奏，并出具切实考语，送部引见，候朕酌量简用。"

（卷1265　1053页）

乾隆五十一年（1786年）十月辛丑

以甘肃按察使陈淮为湖北布政使。广东惠潮嘉道双鼎为湖北按察使。

（卷1266　1066页）

乾隆五十一年（1786年）十月壬寅

以山西河东道景安为甘肃按察使。

（卷1266　1070页）

乾隆五十一年（1786年）十月癸卯

以甘肃永昌协副将宁古奇为浙江衢州镇总兵。

（卷1266　1071页）

乾隆五十一年（1786年）十月丙午

谕军机大臣等："前经降旨令福康安于十月内起程来京陛见，永保署理陕甘总督印务。计此时永保自已将次启程前往兰州接署督篆。陕甘两省皆其所辖，陕省现有查拿伊阳首犯秦国栋及大名首犯段文经二事，著传谕永保仍督饬陕省文武员弁设法搜捕，上紧侦缉，务期弋获。不得以身在甘肃，鞭长莫及，又以接任有人稍存诿卸之见，致干罪戾。至巴延三曾任总督，因庸懦无能获咎。今复加恩擢用巡抚，该抚抵任后务须痛改前辙，实力整顿地方，并督率各属缉拿两案要犯。倘仍因循怠玩，以致吏治废弛，朕一经查出，必将巴延三加倍治罪，不能复为典贷也。"

（卷1266　1075页）

乾隆五十一年（1786年）十月丁未

又谕："据永保奏，接商州营游击张濯、商州知州杜锜禀称，于柿坪地方拿获首犯秦国栋并伊子秦周儿二犯，现已委员星往迎提，解省审办属实等语。秦国栋系伊阳戕官案内逆恶首犯，逃窜日久，今经永保督饬所属文武员弁于商州地方拿获，甚属可嘉。永保著交部议叙。所有拿获该犯之游击张濯、知州杜锜俱属出力，著永保将该二员一并送部引见，并查明究系何人首先拿获，或系兵丁闻信抑系捕役访拿之处，据实查明复奏。"同日毕沅又奏称："据河陕道王銮等禀报，驰赴商雒协同商州营游击等查至刘岭地方将秦国栋并伊子秦周儿一并拿获等语。秦国栋一犯实系陕省兵役盘获，业经永保提解至省，讯得确供。而豫省委员王銮等尚腆颜攘为伊等拿获，希图避罪邀功，实属可鄙。前经毕沅奏，豫省委员毛师沅在亳州地方盘获徐克展一犯。经该州王家干截留带回州城，因该州攘夺争功，最为外省恶习，业经降旨，令书麟查参。今毕沅复蹈此辙，自系该委员捏饰禀报，希冀争功。并著毕沅一并查明，据实参奏。至秦国栋纠众拒捕，竟敢戕杀知县，实属罪大恶极。乃窜匿稽诛至三月之久。毕沅、江兰督饬所属文武员弁设法侦缉，购线追拿，终未得该犯实在下落。今经邻省盘获，究系豫省缉捕不力。毕沅、江兰岂不知愧，何颜觍邀升擢。毕沅著仍回河南巡抚本任，江兰仍回河南布政使本任。毕沅、江兰仍著交部议处。至李侍尧历任封疆三十余年，才具干练，素能办事。前于云贵总督任内收受银厂陋规及属员银两，是伊志满气盈所致，是以严加治罪，定以重辟。嗣因撒拉尔逆回滋事，乏人任使，而李侍尧才具究属可用，复畀以陕甘总督之任，令其戴罪自赎。自任事以后，地方诸事尚能整饬。后因逆回田五不法，滋扰地方，李侍尧办理乖谬，擒捕迟缓，复获重谴。但伊于军旅本非所长，且经朕屡次严谕督饬之后，尚能愧奋，亲历戎行，一同满兵打仗，尚有汉军旧家风气。究与庸懦畏葸者有间，是以加恩宽释，重加录用，令其署理部旗事务。夏间湖北呈控该地方官侵蚀灾赈一案，派令前往查讯审办，俱属允当。适因湖广总督缺出，即令在彼署理。李侍尧自署督篆以来，将该省积年未结盗案及孝感县抢掠活埋多命，讳匿不办之案，查出据实参奏，具见留心整顿，知过认真。且现在各省巡抚内非资格尚浅，即系才具难胜总督之任者，一时乏人。所有湖广总督员缺即著李侍尧补授。李侍尧屡获重愆，今又破格弃瑕录用，此朕不得已用人之苦心。李侍尧当知感愧奋勉，痛改前非，嗣后倍宜洁清自矢，正己率属。于地方诸务实力整饬，毋谓已补实缺，始勤终怠，致负委任至意。倘该督不知警省，心存满足，以至再蹈愆尤必当加倍治罪，断不能再为曲贷也。"

（卷1266　1076页）

乾隆五十一年（1786年）十月丙寅

以协办大学士吏部尚书管陕甘总督福康安为内大臣。

（卷1267　1092页）

乾隆五十一年（1786年）十月戊辰

又谕："据勒保奏盘获甘肃狄道州生员廖珂一折。内称廖珂在该州开设歇店，本年八月二十三日有一过客自称李虔炳，系本京武解元，实名附天保，是驸马侯爷。曾署西安将军奉旨往甘肃密访回民动静，与廖珂结为弟兄，嘱其送信至京，并云伊母可以入宫奏事，保荐廖珂做官，给与玉扳指一个，为伊母认识之物。仍令廖珂告知南城兵马司富永年，将翎顶黄马褂送至凉州满城大佛寺相会。已飞咨甘肃督臣将附天保饬属严拿等语。实属大奇。廖珂与附天保甫经会面，即结为兄弟，许其保荐，而廖珂即为带信送京，且所供情节荒诞不经，恐有别样情弊。著传谕勒保将廖珂即行派员解京候讯，并附天保所给玉扳指亦著一并送京认证。其附天保一犯，据廖珂供称于二十五日在伊店内起身，声称欲往洮州、岷州等语。该犯虽声称欲往洮、岷，或在山西、陕西沿途一带逗留，亦未可定。并著传谕永保、勒保、秦承恩，各饬所属严密查拿务获，一并解京究讯。除所供南城兵马司富永年及附天保住址，已令步军统领衙门访查办理外。将此由五百里各传谕知之。勒保折著抄寄永保、秦承恩阅看。"

（卷1267　1092页）

乾隆五十一年（1786年）十月己巳

谕军机大臣等："昨据勒保奏盘获甘肃狄道州生员廖珂与附天保结为弟兄受其愚骗进京送信一折。已有旨谕令勒保将廖珂解京，并传谕永保等将附天保查拿务获，一并解京究讯矣。该犯自称驸马侯爷，曾署西安将军，且其所送书信封面上写东四牌楼二条胡同住址，必系冒充福康安弟兄名姓，希图招摇撞骗，实属可恶。务须拿获惩治，毋任潜匿稽诛。该犯既有年貌、籍贯，且福康安现任陕甘总督有年，而该犯即前往洮、岷一带，岂非自投罗网。其人之愚妄可知，自属易于踪迹。著传谕永保、巴延三、秦承恩一体饬属，严密访缉查拿，务期弋获，解京质讯。至该犯在廖珂前捏称奉旨往甘肃密访回民动静，恐其到处招摇滋事，或致摇惑甘省回民之心，于地方甚有关系。并著传谕永保、巴延三于拿获该犯后，将附天保所称密访回民动静之处实系该犯假捏，希图哄诱愚民，撞骗财物，并无其事，回民等勿为所惑。将此明晰晓谕各回民，令其安居乐业，毋致稍生疑惧，方为妥协。将此由五百里谕令永保等。再福康安现已起身来京陛见，并著一并传谕知之，仍将曾否获犯缘由迅速复奏。"

（卷 1267　1093 页）

乾隆五十一年（1786 年）十一月甲戌

谕军机大臣等："前据勒保奏盘获廖珂究出与附天保结为弟兄受其愚骗进京送信一折。即经降旨，令永保等严密缉拿矣。附天保胆敢影射福康安兄弟名色，希图招摇撞骗，甚属可恶。若不上紧严拿就获，致该犯得以到处哄诱愚民，更属不成事体。著传谕永保等各严饬所属，实力躧缉，务期迅速就获，解京审办，毋任要犯久稽显戮。"

（卷 1268　1100 页）

乾隆五十一年（1786 年）十一月庚辰

又谕："据山西委员将廖珂一犯解到，令军机大臣审讯。据供于八月二十四日与附天保相遇，结拜兄弟。二十六日他起身要往洮州、岷州一带，附天保年三十二岁，圆脸无须，穿蓝布羊皮袍，头带草帽，系京城人口音，相貌尚属轩昂等语。附天保既有年貌服色，又系京城人口音，看来自易识别。且该犯既在狄道州哄骗廖珂，自必尚在甘省一带逗留撞骗，受其愚惑者亦必不止廖珂一人。著传谕永保严饬各属，并在洮、岷一带密速查访，务期缉获，解京究讯。或附天保欲往洮、岷之语系哄骗廖珂。该犯仍潜行回京，自必经由陕西一带，并著巴延三等一体饬属严拿，毋任闻信远扬漏网。"

（卷 1268　1103 页）

乾隆五十一年（1786年）十一月庚寅

谕："据永保奏，庄浪土司鲁璠现随年班伯克入觐，请酌给驿马赴京等语。鲁璠系内地土司，来京朝觐，虽向无乘骑驿马之例，但该土司曾在军营颇为出力，且现随年班伯克行走，若令自雇脚力，未免拮据。鲁璠著加恩准其一体乘驿，并著沿途支予廪给，不拘该土司行至何地，接奉此旨，即行支给。仍照例沿途妥为照料，俾与年班伯克一同抵京。嗣后该省各土司有情殷瞻觐者，俱照此例赏给驿廪，以示体恤。"

谕军机大臣等："据永保奏查拿附天保一犯，于廖珂家内搜出该犯给存诗稿一纸，并讯据廖珂之弟廖玠供称，廖珂亦曾送给附天保羊皮袍等件，并曾在官堡杨宗振店中住宿。现在飞拿杨宗振到案，并提同廖珂家属详悉追究，务得实在下落，飞速追拿等语。现令军机大臣，廖珂一犯再行严切讯究矣。附天保既曾在官堡住歇，则往还认识者必不止廖珂一人，从此跟踪购线躧缉，无难得其实在下落。著传谕永保好速设法严拿，务期弋获，毋任远扬漏网。至所奏出示晓谕回民一节，遵照前降谕旨，俟拿获附天保审讯明确，有无向回民招摇滋事之处，宜颁发与不须颁发，再行斟酌办理。"

（卷1269　1108页）

乾隆五十一年（1786年）十一月己亥

谕军机大臣等："据永保奏审讯冯喇嘛供词一折。内称廖珂当时送附天保至何处分手，约略系何路而去，临别更有何言，请行知到甘，以便跟踪躧捕等语。前经军机大臣讯问廖珂，已据供称，于八月二十四日在我饭店内与附天保相遇，结为兄弟。于二十六日他起身要往洮、岷一带，我送至五里外即行分手等语。前已降旨谕令该督按照该犯所供，饬属寻踪躧缉，密访严拿。想此时该督尚未接到。本日复令军机大臣提讯廖珂，据供与附天保自官堡送至五里之外。他说由洮、岷至甘、凉一带去了，此外并无他说，严加刑鞫，坚供不移。今该督既称冯喇嘛等与该犯素相识认，令委员带往分头躧捕，自可跟踪寻迹，易于缉获。著传谕永保即严饬所属务于洮、岷及甘、凉一带上紧侦缉，务期迅速弋获，毋任要犯远扬漏网。"

（卷1269　1117页）

乾隆五十一年（1786年）十二月己酉

以……西宁管辖洞巴族百长索诺木吹札子卓特巴色布腾、多伦尼托克典巴族百长迁奔孙恭噶拉素隆各袭职。

（卷1270　1124页）

乾隆五十一年（1786年）十二月辛亥

谕军机大臣等："据永保奏，查附天保踪迹，该犯曾于狄道州地方向流犯张享成就医，自称李潜斌，系直隶完县人等语。该犯既籍系直隶完县，在甘省招摇诓骗为日已久，或该犯闻知甘肃各属查拿紧急，潜回原籍。著传谕刘峨遴委干员，即速前往完县，查明该处有无李潜斌其人，及平日居乡有无招摇生事款迹。如该犯业已潜回，即行拿获解京审讯，并此外有无伙同出外诓骗之犯，一并彻底根究。又据永保奏，查有岷州民人杨应强曾被附天保诓骗马匹钱物，令其寄送书信之事。经该州访拿，现在迎提解省审究等语。杨应强被附天保诓骗赴京寄送书信，行至山西访无乔天成下落，知系被骗，即行回家。其人较廖珂尚为明白，若向其严切根究，或可得附天保实在下落。且附天保既在岷州一带诓骗，受其愚哄者必不止杨应强一人，或该犯此时尚在洮、岷等处逗留滋事，著传谕永保严饬所属仍于洮、岷一带设法侦缉，以期速获，毋任远扬漏网。"

（卷1270　1124页）

乾隆五十一年（1786年）十二月己未

谕军机大臣等："本日永保奏到谢恩一折。系因拿获豫省伊阳案内首犯秦国栋，议叙加级。并据称严督所属文武员弁，将伊阳未获余犯及大名首犯段文经上紧缉捕等语。秦国栋系豫省要犯，经永保实力盘获，是以交部议叙。至段文经现在尚未拿获，此系邻省之犯，或该犯未经逃至陕甘一带，尚非永保专责。若附天保一犯现在该省哄骗廖珂，又经永保查出在洮、岷地方撞骗杨应强等有案，是附天保在甘省逗留多时，又有踪迹可据，无难根究查拿。何以尚未据永保拿获具奏。著再传谕永保即行严饬各属，躧缉务获。此系本省要犯，倘将来或经他省盘获，永保不能辞其咎也。"

（卷1271　1135页）

乾隆五十一年（1786年）十二月庚申

上幸瀛台，赐喀尔喀亲王车登扎布、杜尔伯特台吉鄂迈、土尔扈特台吉桑噶巴拉、哈萨克汗和卓之弟阿哈岱、年班回部三品阿奇木伯克阿克伯克、甘肃土司鲁璠、暹罗国使臣丕雅史滑里逊通那突等食。

（卷1271　1136页）

《清乾隆实录（十七）》

乾隆五十二年（1787年）三月辛未

调甘肃按察使景安为河南按察使。以原任湖南按察使姚颐为甘肃按察使。

（卷1276　82页）

乾隆五十二年（1787年）三月乙亥

吏部议复陕甘总督福康安奏："嘉峪关外距内地稍近，如安西州玉门、敦煌二县，哈密通判，吐鲁番同知，镇西府暨宜禾、奇台二县及所属教职、佐杂，请照广东儋州等缺例，五年俸满回至内地，留于本省分别题咨升用。极远如镇迪道、迪化，直隶州，昌吉、阜康、绥来三县，伊犁抚民同知、理事同知，乌鲁木齐理事通判并所属教职、佐杂等官，请照广东崖州、福建台湾等缺之例，三年俸满于内地属员拣选调往。协办半年，准俸满人员调回内地，分别题咨升用。应如所请。惟伊犁抚民同知、理事同知有由废员拣补者，应改为五年俸满调回至理事同知，向例俸满后以员外郎即用之员。乌鲁木齐理事通判向由部拣补论俸以员外郎升用之员，该督请留于本省升用之处。应不准行。"从之。

（卷1276　84页）

乾隆五十二年（1787年）三月癸巳

又谕："直隶提督员缺，著俞金鳌调补，俞金鳌未到任以前著李奉尧署理。闫正祥著调湖广提督，其甘肃提督员缺，著苏灵补授，所遗河州镇总兵员缺，著福康安于总兵中拣选一员调补，所遗员缺，著佛喜补授。"

（卷1277　105页）

乾隆五十二年（1787年）四月甲子

豁除甘肃靖远县糜子滩乾隆五十年被水冲塌地二十二顷二十二亩有奇额赋。

（卷1279　140页）

乾隆五十二年（1787年）五月戊辰

定世袭武职大员先在侍卫上行走之例。谕："本日兵部带领武职人员引见，内承袭伯爵之赵曰泌一员，系赵良栋五世孙，现在陕甘督标，学习期满。此项世职人员向来学习年满后例应发往该省，或留部，皆当以副将补用。副将系武职大员，且可护理总兵，设遇征调即有专带弁兵之责。今赵曰泌尚属年轻，未曾谙练，若遽以副将补用，于地方营伍不能整饬，倘致贻误，转非所以保全其祖父立功之意。伊等爵秩较大，又不便改补微末将弁。嗣后此项承袭公侯伯子男世职人员于学习年满，带领引见后，应令在侍卫上行走，俟三年后领侍卫内大臣，看其才具，如果能胜武职大员出具考语，咨送兵部，带领引见，再以副将等官补用。如才具中平难期胜任，仍令在侍卫上行走。若能始终勤慎无过，即以散秩大臣补用，亦无不可。所有本日引见之赵曰泌一员即照此例行。"

（卷1280　145页）

乾隆五十二年（1787年）五月甲午

以浙江乍浦副都统永庆为江宁将军。甘肃庄浪城守尉科凌阿为乍浦副都统。

（卷1281　171页）

乾隆五十二年（1787年）五月乙未

又谕："前据福康安于本月初九日奏到兰州等府州属三月中得雨深透者仅止数处，其余各属尚未沾足。四月以后，省城微觉暵干，现在率属虔诚祈祷等语。甘省地处边陲，河东、河西节候迟早不一，当夏禾长发之际全赖雨泽滋培。该督自前次具奏之后，迄今已阅二旬，尚未据续报得雨，自系未获甘膏，是以尚稽奏报，朕心深为廑注。自福康安莅甘以来，该省每岁雨旸咸若，惟今岁稍觉缺雨，著传谕福康安将现在该处缺雨各属曾否续沾渥泽，于大田有无妨碍之处据实具奏。若果实有灾歉应行抚恤、平粜、缓借各接济事宜，该督一面妥速办理，一面奏闻。想福康安深知朕轸念民依，必不稍存讳饰也。"

（卷1281　171页）

乾隆五十二年（1787年）六月甲子

谕军机大臣等："据福康安奏，甘省六月初河东、河西连得雨泽，兰州省城初八、初十日亦获甘霖，附近金县、河州等属及稍远之陇西等处并俱得雨沾足，惟节候业已稍迟。前奏皋兰等属被旱较重地方仍不免夏收失望，如有必须抚恤蠲缓事宜，俟该司道查勘明确，督率妥办等语。甘省地处边陲，当夏禾长发之际全赖雨泽滋培。今兰州及陇西等处虽已节次得雨沾足，但节候业已稍迟，夏收失望。其被旱较重地方业经福康安酌借籽种、口粮，并量拨仓粮，减价平粜。但恐乏食贫民不无拮据。著传谕勒保于到兰州后，一俟该司道查勘明确，如有必需抚恤蠲缓者，即一面奏闻，一面督率所属实力妥办，毋致一夫失所。其各属内间有被雹及山水骤发，田禾被伤，并淹毙人口，冲塌房屋之处，均关民瘼，亦著饬属查明，分别轻重，一体抚恤。以副朕惠恤边黎至意。"

（卷1283　201页）

乾隆五十二年（1787年）七月丁丑

谕军机大臣等："本日据福康安奏，洮州等二十九厅、州、县于六月初九至十四、五日各得雨深透，兰州省城于十三、四两日亦得透雨。所种豆麦早者业已登场，迟者亦次第黄熟。至旱壤山区内有尚能翻种晚秋者，亦俱出土，可望秋成。其不能翻种，歉象已成，及各属内间有被雹、被水处所，现在查明核办等语。前因兰州及陇西等处夏间雨泽稀少，田禾被旱，农民不无失望。业经降旨，令勒保于抵兰后查勘明确，妥为抚恤。兹据福康安奏，六月初九至十四、五日，洮州等属及兰州省城已得透雨，但节候稍迟，仍恐于大田不甚有济。且有旱壤山区实不能翻种杂粮，歉象已成，不可不亟为抚恤。著再传谕勒保于抵兰州后，即将福康安现在查明各属实在被旱成灾地方，及被雹、被水处所一并详查抚恤，妥协办理，无使一夫失所，以副朕廑念边黎之至意。"

（卷 1284　210 页）

乾隆五十二年（1787年）七月丁亥

谕军机大臣等："前因福康安前来热河陛见，谕令勒保赴甘署理督篆。其山西巡抚印务令藩司郑源璹暂行护理。今思东省疏浚坡水河渠，业已竣工。微山湖蓄水充裕，即来年随时宣泄事宜，昨已降旨，令兰第锡、长麟妥为料理。明兴在彼亦无应办之事，至山西巡抚印务未便久悬，著传谕明兴接奉此旨，即由济宁工次驰赴山西，署理巡抚事务，毋庸前来行在请训。本日徐绩由新疆差竣前来热河召见时，朕询及途次情形。据伊面奏路过大同一带缺雨，间有被旱处所，并著明兴于抵任后，将大同等处被旱地方详加察看，有无成灾之处，一面妥为抚恤，一面具奏，毋稍讳饰。"

（卷 1285　229 页）

乾隆五十二年（1787年）七月乙未

又谕："据图桑阿奏称庄浪所出马甲拜唐阿之缺，现无壮丁挑补，请将凉州壮丁酌补庄浪马甲拜唐阿等语。所奏殊不明晰，且行之亦有未便。此项马甲拜唐阿缺出，应即在本处挑补，如挑取他处壮丁不惟不均，且如凉州壮丁挑补庄浪之缺，单身遣往必致弃却家室，既非伊等所愿。若令携眷而去，伊等所得月粮无多，又岂有自备资斧携带之力。朕意庄浪既有年未及岁闲散幼丁，莫若遇有马甲拜唐阿缺出以一缺暂分为养育兵二缺，坐补闲散幼丁二名，给与钱粮，俟成丁时，酌其勤勉者一人作为马甲，其余养育兵一缺仍行裁去，以符原额。如此办理，伊等希图补缺自必留心习学技艺，而年未及岁幼丁可得钱粮，亦于生计有益。著传谕图桑阿，令其熟筹奏闻。"

（卷 1285　236 页）

乾隆五十二年（1787年）八月丁酉

又谕曰："川省屯练降番素称趫捷。前经调往甘省剿捕逆回甚为得力，著保宁即于屯练降番内挑选二千名，并拣派曾经行阵，奋勇出力之将领张芝元等分起带领，从川江顺流而下，由湖北、江南、浙江一路前赴闽省。所有沿途应用船只及一切应付事宜，并著舒常、李世杰、琅玕等预为筹备，免致临时迟误。"

乾隆五十二年（1787年）八月戊戌

谕军机大臣等："朕特命福康安前往更换常青之意，并非因常青办理军务大有讹误，实因常青年逾七旬，军旅之事本非素练，恐日久因循，不能办理完结。是以特命福康安前往接办，以期迅速葳功。福康安未到之前，常青接奉前旨，不必心怀疑惧，转致遇事茫无主见，遇有可进之机仍当督率将弁相机进剿。若因有福康安前往接办之旨，心存观望，稍有懈弛，不复努力前进，则常青不但无功，而且有过，即大负朕委任之意。该将军当明喻朕意。倘此时能将逆首林爽文擒获，固属甚善，即首逆尚在稽诛，而贼目庄大田若能擒获，官兵已操胜势。已谕福康安于途中得有捷报，即先行拆看，若见常青于剿捕事宜业已得力，并可无须前往。即由途次仍回甘肃本任，将来办理善后一切，原属常青所优为，更无须福康安前往帮助也。"

乾隆五十二年（1787年）八月丁巳

户部议准协办大学士吏部尚书前任陕甘总督福康安奏："皋兰、金县、河州、狄道、沙泥州判、靖远、安定、会宁等八州县夏田被旱成灾，应照例查明赈恤蠲缓。其河州、伏羌被水、被雹之处亦一体赈贷。至渭源、抚彝、山丹、东乐、肃州、高台、红水、宁远、秦州、泾州、巴燕戎格、西宁等十二处虽勘不成灾，而收成未免歉薄，所有应征新旧正借银粮亦分别缓征。如今冬明春有缺籽乏食者酌量接济。均应如所请办理。"得旨："依议速行。"

乾隆五十二年（1787年）九月甲申

封闭甘肃西和县中山嘴铜矿，从署陕甘总督勒保请也。

乾隆五十二年（1787年）十一月己丑

旌表守正被戕，甘肃皋兰县民良国连妻梁氏。

乾隆五十二年（1787年）十二月壬寅

赈恤甘肃皋兰、金县、河州、狄道、靖远、沙泥州判、安定、会宁八州、厅、县本年被旱灾民。

（卷1294　368页）

乾隆五十二年（1787年）十二月壬子

举行本年各驻防军政。盛京卓异官五员，罢软官三员，年老官一员，有疾官二员，才力不及官二员。西安卓异官一员，罢软官一员，年老官一员。江宁卓异官三员，有疾官一员。杭州卓异官二员，罢软官二员。荆州卓异官三员。宁夏卓异官一员。广州卓异官一员，年老官四员。成都卓异官二员。绥远城卓异官二员，有疾官一员。察哈尔卓异官二员，罢软官二员，有疾官四员，才力不及官二员。热河卓异官一员。密云卓异官二员。凉州卓异官一员，有疾官一员。青州卓异官一员，年老官一员，才力不及官一员。山海关卓异官一员，罢软官二员，年老官一员。乍浦卓异官一员。乌鲁木齐卓异官三员。黑龙江不谨官一员，罢软官一员，有疾官一员。吉林罢软官三员，年老官二员，才力不及官四员。分别议叙处分如例。

（卷1295　386页）

乾隆五十二年（1787年）十二月癸丑

缓征甘肃隆德、静宁、张掖、河州、陇西、伏羌、平番、平凉、镇原、崇信、王子庄州同等十一州、厅、县本年霜雹灾地额赋。

（卷1295　386页）

乾隆五十三年（1788年）正月丙寅

又谕："上年甘肃皋兰、金县等州县被旱成灾，节经降旨，令该督实力抚恤，分别赈济，毋使一夫失所。第念今春正赈已毕，青黄不接之时，民食不无拮据，著再加恩将皋兰、金县、金安等三县被灾贫民概行加赈一个月。至狄道、河州、靖远、会宁、沙泥州判等五处酌借口粮籽种，以资接济。其各灾区未完新旧正借钱粮，著照该督原题概缓征收，仍著察看被灾各属情形，如有缺种乏食之户分别办理。该督务须饬属实心经理，俾灾民均沾实惠，以副朕轸念穷黎，有加靡已至意，该部即遵谕行。"

（卷1296　407页）

乾隆五十三年（1788年）二月辛亥

举行乾隆五十二年奉天、直隶、江苏、安徽、江西、浙江、湖北、湖南、山东、河南、陕西、甘肃、四川、广东、云南、贵州并江南、河东河员大计。不谨官二十一员，浮躁官十一员，罢软官十八员，才力不及官三十五员，年老官九十四员，有疾官三十四员，分别处分如例。

（卷1299　461页）

乾隆五十三年（1788年）三月辛巳

署陕甘总督勒保疏报："狄道州乾隆四十七年至五十一年开垦成熟地十六顷六十亩。"

（卷1301　497页）

乾隆五十三年（1788年）五月庚寅

又谕曰："巴延三奏，据署兴安府知府之同知敩光拿获包捐监生伪造印信之王念修，定拟斩候一折。已批交该部议奏。并令将署知府敩光送部引见矣。从前甘肃报捐监生，因王亶望通同属员舞弊营私，致多事棍徒乘机代揽，遂有包捐情弊。今皆系在部报捐贡监，岂得复有代为包办名目。贡监为士子进身之阶，必得身家清白方准厕列衣冠。该生等如有志向上，自应亲身赴部，呈明履历，候批准报捐，方为正理。若该生等因道远盘费不敷，不能亲身到部，即可毋庸报捐。国家帑藏充盈，又岂借伊等些微捐项为耶？嗣后如有在部具呈请捐贡监者，该部应验明年貌，实系亲身赴部，身家清白之人，始准报捐。若本人并未赴部，请人代捐者，概行饬禁，以杜匪徒诓骗包揽情弊。其有在部具呈报捐职衔者，亦著照此办理，著为令。"

（卷1305　569页）

乾隆五十三年（1788年）七月乙亥

刑部奏："向例满流之犯脱逃，改发附近充军，系由配所计程，回避原籍相近之地，并经奏明军犯由附近近边脱逃者，照此办理。今据江西抚臣何裕城咨称，万年县拿获逃回军犯窃盗方润，原发河南陕州，旋因逃获，改发甘肃凉州，兹又逃获，应改发山西蒲州。臣等查五军道里表，凉州应发之近边，除西北抵边不足里数，其东南所至之蒲州等处皆与该犯原籍相近，名为加重，其实转轻。请嗣后凡遇此等难遵定表者，即加一等改发，如近边则以边远计，边远则以极边计，总以距原籍四千里为限。方润一犯即此照办。"
报闻。

（卷1308　629页）

乾隆五十三年（1788年）十月戊申

谕："据勒保奏，甘肃各属秋禾分数通计收成八分有余，内惟平凉等八州县间有被雹、被旱之处。又平罗一县濒河地亩间被水涨淹浸，委员查勘，俱不成灾。惟收成未免歉薄等语。平凉等州县本年夏秋以来间被雹、旱、漫水，虽不致成灾，但田禾未免受伤，收成稍为歉薄，民力不无拮据。著加恩将平凉、华亭、武威、平番、古浪、皋兰、金县、狄道、平罗九州县本年应征正借银粮及旧欠银粮草束，俱缓至来岁征收，俾从容完纳，以纾民力。仍著该署督于今年明春察看情形，如有缺籽乏食者，酌量借给接济，以示朕惠爱边黎，格外体恤至意。该部遵谕速行。"

（卷1315　771页）

乾隆五十三年（1788年）十一月癸亥

又谕曰："闽浙总督员缺著福康安调补。福康安未到之前其总督印务前已有旨著魁伦署理。陕甘总督员缺著勒保补授。山西巡抚员缺著海宁补授。其兵部侍郎员缺著吉庆补授，仍兼副都统。"

（卷1316　786页）

乾隆五十三年（1788年）十一月丙寅

缓甘肃武威、古浪、平番、平凉、华亭、皋兰、金县、狄道、平罗等九州县本年被雹灾民应征额赋。

（卷1316　790页）

乾隆五十三年（1788年）十二月丙申

以陕西延榆绥道恩明为甘肃按察使。

（卷1318　823页）

乾隆五十三年（1788年）十二月是月

陕甘总督勒保奏："甘省回民自乾隆四十六、九两年大加惩创之后，倍加慑服。复经各属设立回民义学，延师督课。臣于查阅各提镇营伍时，经过回民众多之处，俱各安静畏法，并饬乡约、塾师实力稽查化导，莫不感激愧惧。"得旨:"以实为之,弗久而懈也。在不动声色,徐徐化导,回岂非民乎。"

(卷1319 848页)

乾隆五十四年(1789年)正月辛酉

又谕:"据福崧奏,接准保宁等行令悉心稽查大黄一事。查出阿克苏地方原存并新到安集延回子喇哈默特等九人所贩之大黄七千零八十斤,商民马成孝等五人所贩之大黄八百七十余斤,将安集延回子之大黄二十分内给回一分,其余入官等语。大黄乃俄罗斯必需要物,恰克图地方禁止贸易以后,伊犁、喀什噶尔等处新疆地方与布噜特、安集延地方接壤,由彼处即可通俄罗斯。如不行禁止,势必由彼处贩与俄罗斯。前已敕谕新疆地方将大黄严行禁止矣。昨据明亮等查出大黄一千余斤,今福崧查出大黄七千余斤,此皆奸商希图重利,特从内地贩出售与安集延回子,转售俄罗斯等地方。若不谕令严行禁止,则俄罗斯等仍旧可得大黄,与不禁止恰克图贸易何异。此等安集延回子商民均系犯禁,所有现在查出之大黄,著不必计算安集延回子商民给回分数,俱行入官。若仍在彼存贮,倘有稽查不周,必致私售别处。著俱令顺便陆续解至内地。将安集延回子等令福崧斟酌治罪,逐回内地,以示炯戒外,其商民俱解至勒保处严加治罪。从前喀什噶尔地方查出商民著交与尚安,亦行解送勒保处一并治罪。此项大黄药物皆从内地贩去者,而哈密、吐鲁番、喀喇沙尔、库车、乌鲁木齐等处均未经查出,皆属疏忽,自应议处。明亮等既首先查出,著加恩宽免,其余经过地方失察之各城大臣等俱著交部议处。福崧系获罪之人,经朕施恩令伊前往阿克苏办事,因何亦虑不及此,著严行申饬,仍一并交部议处。"

(卷1320 853页)

乾隆五十四年(1789年)正月丙子

调山西大同镇总兵沐特恩为甘肃西宁镇总兵。以提督职衔彭廷栋署山西大同镇总兵。

(卷1321 864页)

乾隆五十四年(1789年)正月丙戌

谕军机大臣曰:"巴延三奏恩明补授甘肃按察使。新授延榆绥道杨寿楠远在江苏，尚无来陕之信，委员署理道篆等语。杨寿楠于上年冬间补放延榆绥道，何以至今尚未到陕，著传谕闵鹗元饬该员迅速起程，即赴新任，勿再延缓。将此并谕巴延三知之。"

（卷1321　876页）

乾隆五十四年（1789年）二月丁酉

谕军机大臣曰："勒保奏于正月二十九日起程来京陛见，所有总督印务遵旨交巴延三署理等语。甘省地方宁谧，近亦无紧要之事，惟前据明亮、福崧奏于喀什噶尔、阿克苏等处查出私贩大黄数千余斤之多。新疆一带与俄罗斯道路可通，现在恰克图不准与俄罗斯贸易，而大黄一种尤为俄罗斯必需之物，乃奸商等违例私贩，胆敢绕道透漏，不可不严密查办。昨已有旨令明亮等于审明后将人犯解交勒保从严治罪，起获大黄一并送至内地。勒保现既来京不及办理，著传谕该督即将此事详细交代与巴延三，令其遵照妥办，并严饬内地各关口一体实力查禁，毋许稍有透漏。将此并谕巴延三知之。"

又谕曰："勒保奏正月二十九日起程陛见，约计往还两月有余，四月中旬即可回任，于秋审奏销各事均可不致迟误。所有总督印篆若带至西安交与巴延三接收后，再行来兰任事，未免稍需时日。现已咨会巴延三将巡抚印篆一面奏交秦承恩接护，一面起程抵兰任事等语。秦承恩前已有旨调补直隶藩司，但现在勒保来京陛见，巴延三接署督篆，其陕西巡抚印务交秦承恩护理，而直隶布政使印篆已据刘峩奏令臬司富尼善署理，秦承恩尽可在彼暂行接护抚篆。计勒保回任不过两月之事，秦承恩且俟勒保回至西安，再行前往新任。将此由四百里传谕刘峩、勒保、巴延三并谕秦承恩知之。"

（卷1322　889页）

乾隆五十四年（1789年）二月癸丑

谕："据伊桑阿等奏，查出哈密等处商民由肃州私贩大黄五千余斤前赴乌鲁木齐等语。看来哈密地方四五日之间即有三起商民内查出大黄五千余斤。明系奸猾商民，希图厚利，运至新疆，由回子布噜特处转卖与俄罗斯，不可不严行惩儆。著伊桑阿将此三起商民货物尽行入官，其系乌鲁木齐商民交尚安审明，拿解勒保处治罪。肃州商民亦交勒保审办。伊桑阿前已交部议处，其余失察各官著勒保、伊桑阿查明开送议处。再著驻扎各回城大臣晓谕各处回子云，从前准噶尔侵扰尔等回子，种种虐害，尔等困苦难堪，仰赖皇朝威福，荡平准噶尔，尽革其旧时苛政，轻徭薄赋，令尔等安居乐业，家给人足，迥胜三十余年前矣。大黄在回疆无关紧要，惟俄罗斯需用甚殷，缘彼弗遵从前定制，是以停止恰克图通商，饬禁贩卖大黄。今安集延回子等转卖与俄罗斯，即应重治违禁之罪，仍恐尔等尚未通晓例禁，是以不即加重定罪，止将大黄入官，从轻发落。嗣后尔等贩卖内地别项货物颇可获利，在所不禁。若私卖大黄一经拿获，不惟大黄入官，他物一概抄没。人犯拿解内地，加倍从重治罪，断不轻贷。著通行晓谕各回城知之。"

（卷1323　909页）

乾隆五十四年（1789年）三月庚申

谕曰："秦承恩著仍留陕西布政使之任。其直隶布政使员缺，著冯光熊调补。所有湖南布政使员缺，即著王懿德调补。再现在甘肃总督藩臬俱系满员，应为酌量更调。所有甘肃按察使员缺，著周樽调补。其所遗陕西按察使员缺，著恩明调补。至陕西潼商道德明前经降旨，令其与广东雷琼道宋镕对调。今据勒保奏称，德明亲老现在迎养在署，且该员有承办城工尚未完竣等语。德明若调广东，其老亲又须同往，跋涉为劳，且该员现有经手事件未经完竣。德明著仍留潼商道之任，宋镕亦著回雷琼道原任，毋庸对调。"

（卷1324　920页）

乾隆五十四年（1789年）三月壬戌

又谕："据奇臣奏，请于凉州、庄浪马甲裁十五缺，作为四十五分养育兵养赡孀妇孤独等语。新移凉州、庄浪驻防兵内并无增添养育兵，其无倚之霜妇孤独若不给与养赡，不免失所。著照奇臣所奏，将凉州马甲内裁减十缺，作为三十分养育兵，于庄浪马甲内裁减五缺，作为十五分养育兵。以资养赡。"

（卷1324　922页）

乾隆五十四年（1789年）三月甲子

又谕："甘肃省地瘠民贫，并陕西延安、榆林、绥德三府州属附近甘省地方，亦属硗薄，向来该处民欠未完地丁耗羡及籽种、口粮等项，屡经降旨分别豁免。昨勒保来京陛见，询以该省近日情形。据称甘省自四十七年至五十三年民欠地丁正耗并未完籽种、口粮折色等银二十七万九千余两，粮二百一万七千余石，草一千一百十一万余束。陕西延、榆、绥三属自三十八年至五十三年民欠未完仓谷三十六万九千余石等语。甘省等处地方自从前加恩蠲免以后，又有年所，朕于加惠黎元之事从无迟待，即多费帑金亦所不靳。所有甘肃省自四十七年至五十三年民欠未完地丁正耗银二十三万九千三百余两，粮八十万四千六百余石，草一千一百十一万余束。四十九年至五十三年未完籽种、口粮折色银四万五百三十余两，粮一百二十一万三千余石俱著加恩豁免。并陕西延、榆、绥三属民欠未完常平仓谷三十六万九千余石，著该督抚饬属查明亦一并加恩蠲免，以示朕惠爱边氓有加无已至意。该部即遵谕行。"

（卷1324　924页）

乾隆五十四年（1789年）三月乙丑

谕军机大臣曰："巴延三奏前此喀什噶尔等处拿获私贩大黄人犯，一俟解到即当审办。现抵兰州后又接哈密大臣咨会，盘获大黄五千余斤，将讯出私贩商民解送甘省。现已檄行肃州，将该犯等速行解省严办等语。前已有旨令将此等解到人犯严加看守，俟勒保陛见回任后再行审办。今勒保业已到京瞻觐，初十日朕启跸临幸盘山，该督即于送驾后起程速行回任。所有前后拿获各案人犯，巴延三此时且不必审办，俟勒保回任后再行详细讯鞫，从重治罪。将此传谕巴延三知之。"

又谕："据尚安奏，接准伊桑阿等查出由肃州运贩大黄至乌鲁木齐万昌号等三处铺面，并查拿乌鲁木齐开铺民人文移，即将郭相秦等拿获，解送勒保等语。又据福崧奏，请将安集延回民喀哈默特等七人重责逐回本地。其喀什噶尔地方回民爱依特并赛哩木地方回民迈玛第敏等各枷号两个月重责等语。前因俄罗斯并不遵行两边所定旧例，始行禁止恰克图交易。至大黄乃俄罗斯地方必用要物，从前禁止交易时，俄罗斯不得大黄颇觉惶恐。今闻新疆地方屡经从贸易回民并安集延回民内搜出私贩大黄至数千万斤，特因奸商明知安集延、布噜特、哈萨克等常在俄罗斯地方贸易，遂贪利自内地将大黄运至新疆，由安集延回民又转发俄罗斯地方。今恰克图虽行禁止交易，由新疆仍通大黄，是与未行禁止无异，故俄罗斯不至窘迫。若不从重治罪，无以示惩。著将此等偷贩大黄商民等即照窃盗偷获财物数目例治罪，并将尚安拿获商民郭相秦等审办之处俱面交勒保外，仍令新疆各处将军大臣等，嗣后若系安集延回民，即重责逐回本地，交该伯克头目等严行约束。其喀什噶尔、叶尔羌、乌什、阿克苏等城回民皆与内地商民相等。此等地方回民俱应解送勒保，从重治罪。今即将福崧所奏喀什噶尔地方回民爱依特、赛哩木地方回民迈玛第敏等解送勒保治罪。"

（卷1324　928页）

乾隆五十四年（1789年）三月丙寅

陕甘总督勒保奏："土尔扈特、和硕特台吉等每年入觐，由宁夏、榆林沿边行走，应于万寿节前赶至热河，十一月内回至嘉峪关。其回疆各城伯克应于十二月二十以前至京，正月份出京。臣谨酌定限期，土尔扈特、和硕特台吉限五月内抵肃州，七月初三、四等日出甘境，七月十六、七等日出陕境。回疆各伯克限十月二十日以前抵肃州，十一月二十一日以前出甘境，十一月二十九日以前出陕境。如有迟逾，嘉峪关以外咎在各该处大臣，嘉峪关以东陕甘境内咎在该省地方官，分别议处，并请敕下山西、直隶一体遵照。"得旨："如所议行。"

（卷1324　931页）

乾隆五十四年（1789年）四月戊申

陕甘总督勒保疏报，乾隆五十三年狄道州垦地十六顷六十亩。

（卷1327　968页）

乾隆五十四年（1789年）五月乙丑

谕军机大臣等："昨吏部奏带领各官引见折内有原任甘肃阶州直隶州知州颜培天一员，系福康安在陕甘总督任内办理计典，填注才力不及者。经该部带领引见，观其年力正属富强，人亦明敏，与福康安填注之语适属相反，已发往直隶以同知补用。该员原系直隶州知州，各省州牧中有此强壮明白之员，一经该督抚保送引见，朕方当交军机处记名，简放知府，何至以才力不及竟罹参劾。此事若在富纲、巴延三限于才识，察属未能明当者，朕必以为该督抚所劾未公，即降旨饬询。福康安平日办事细致，于属员贤否亦能留心察看，而眼力又不平常，不应错误至此。若福康安果于属员才具如此不能周察，则伊现管两省所辖文武员弁甚多，又安能望其举错得当耶。或因颜培天在任办理地方事件有未能妥协之处，抑或该管司道与之不睦，因于大计时将伊填注揭参，福康安亦未加深究。据详具题。但该员在任若果有贪酷不法等项劣迹，早应随时专折参奏革审，何待大计始行办理。今既列入计典应劾人数之内，则该员究系因何过失致干参劾，殊不可解。外省上司于所属中有素不惬意之人，因特参既无劣迹，不参又难优容，于计典时填劾者往往有之。如今日引见之颜培天一望而知非庸愚之人，或将该员列入浮躁及不谨之条尚可，断非才力不及之人也。若按例行则似朕不曾洞鉴，而容督抚任意轩轾矣。即如福康安为朕素所倚毗，或竟有劾其别项款迹者，朕尚不免疑信参半，必须究询明确。若有奏其才具平庸、年力衰迈者，则其言之谬不待辩而自明。今以年方壮盛之员，观其光景有过无不及，而福康安填以才力不及，殊属拟不于伦。朕向来办理庶务必期明悉底里，从不肯稍涉颟顸。除交军机大臣就近传询颜培天外，著传谕福康安即将从前填注该员才力不及之处，是否系该管司道与之不睦，故为填注申详。福康安仅据详题达，抑系因该员办公另有不妥，或竟有意存满假偷安，耽于酒色，不理政务，或性情乖张，急于见长皆可，而断非才力不及之人也。福康安系受恩深重之人，即一时见有未到，稍至舛误既经朕降旨询问，自当切实陈明，亦可无所用其疑惧。谅伊必不至意存回护，以致人才稍有屈抑。务须据实秉公详晰复奏。"

（卷 1328　　985 页）

乾隆五十四年（1789 年）五月丙子

谕军机大臣等："据勒保奏，审明李生贵等向客民宋世烈买大黄一千三百七十余斤，运至喀什噶尔。将李生贵从重照窃盗赃例定拟绞候。又回子玉素普在阿克苏地方私卖大黄二千一百六十斤，共得普儿钱三十四千五百余文。将玉素普亦照窃盗赃例定拟绞候。又另案贩卖大黄回子迈玛第敏俟解到另结等语。细阅折内声叙情节，各案头绪牵混，殊未明晰，不尽其情，任其饰供，并未尽心严问，必须确加研究，方足以成信谳。著传谕勒保即将李生贵、玉素普等二案派委妥员解京，毋致脱逃，交军机大臣会同刑部另行质讯，定拟具奏。其未到之迈玛第敏一案，俟解到兰州亦即解京归案审办。至该督另片奏称，俄罗斯迤北即系北海，由大洋可通广东，请敕下沿海广东各省，一体禁止出洋等语。俄罗斯有海道可通，朕已早经虑及，屡次传谕沿海各该督抚严行饬禁，以杜透漏。若待勒保陈奏始行查办防范，岂不迟误耶？将此谕令知之。"

（卷 1329 994 页）

乾隆五十四年（1789年）闰五月甲午

谕："前因吏部带领引见各官内有原任甘肃阶州直隶州知州颜培天一员，系福康安在陕甘总督任内办理计典，填注才力不及者。观其年力正属富强，人亦似去得，与福康安填注之语相反。特将该员发往直隶以同知用，并以福康安不应察属错误若此降旨询问，令其据实复奏。兹据奏称，该员于进见时询以地方事件，不能登答，其精神甚觉委靡，细加察访竟是嗜酒废事。彼时原欲专折劾参，因其年力正属富强，一经参革即废弃终身，是以于大计疏内填注才力不及等语。各省督抚察吏是其专责，如果所属中有嗜酒废事，贻误地方之员，即应随时纠察，何待大计始行办理。况计典之设，原为激浊扬清，使人知所惩劝。该督抚于填考时自应加意勘酌，以期举措得当，岂可因虑属员废弃，转为姑息调停之计。各省督抚于计典作如此者往往有之。而福康安受恩深重，则不应出此。朕临御五十余年，办理庶务，无论巨细，靡不躬亲综核。即如颜培天其平日之嗜酒与否，朕何从知悉，其日朕御出入贤良门阅射，奏事九卿等无不目所共睹。询之伊等亦佥称颜培天似非才力不及之人，维时朕若将颜培天照例降调，则似朕未经鉴别，九卿等或窃意因该员系福康安所劾，故曲照所请矣。福康安自知错误，若止据实陈复，朕念其屡经出力，未始不可加恩免议。今乃以颜培天一经参革，必致终身废弃为词，不免意存回护，转难宽宥。福康安著交部议处，嗣后各督抚等于大计时宜秉公察核，确切填注，毋得意为轩轾，进退失当。朕于诸臣功过赏罚一秉大公，不存畸重畸轻之见。若各督抚于激扬巨典，不知慎重办理，以致举劾不公，经朕察出则咎由自取矣。将此明白宣谕中外知之。"

（卷 1330 1011 页）

乾隆五十四年（1789年）闰五月戊戌

又谕："据善德等奏称，发往广州赏给兵丁为奴之回犯马进禄砍死家长，又会同思思子杀死二娃子，砍伤陈喜顺，扎伤凤德。即交协领高明章讯明，已将马进禄凌迟，思思子斩决等语。此等发遣回犯原应正法，因免死发往各省。此内凶恶者想亦不少，平日如有似此者或该家长，或该管官员将军、副都统等即应行打死，何必姑容，致将家长砍死，杀伤人命，始行正法。因循日久，倘乘隙将该管大臣官员杀伤，殊非事体。从前亦曾降旨，善德等平日并未留心，著将此通行晓谕。嗣后各省发遣回犯内如有平日稍露凶恶情形，不遵该家长约束者，将军、副都统等即立时打死，以示儆戒，不可再行纵容姑息，致伤人命。再此回犯马进禄等系于何年何事发遣之处，善德折内并未声明，而协领高明章如何拿获，及拿获时曾否拒捕之处亦未声明。况拿获此等凶恶回犯之官兵亦当酌量劝赏，著交善德逐件查明，分别劝赏具奏。如再遇此等案件，俱著声明具奏。"

（卷1330　1013页）

乾隆五十四年（1789年）闰五月甲辰

谕军机大臣曰："勒保奏钱粮完欠数目一折，朕细阅单内所有未完各数皆系本年特旨蠲免之款。此项未完银粮既经蠲免，止当于折内声明，又何必另缮清单，牵混开列。再甘省每年所征银粮为数无多，虽按数征收尚入不敷出，须咨各省协拨，以供该处经费之用。乃经征各州县向多亏欠，其意以为积累有年即可邀恩豁免，在百姓既可宽其输纳，而官吏复得借以侵渔，遂至习以为常，不肯认真催缴。若云甘省地方瘠薄，则从前如西凉、西夏俱在彼立国，又从何取给。朕轸念边氓，如果实遇灾荒，蠲赈从无靳惜。若收成并不歉薄，岂可一任相沿侵缺，徒饱贪墨私囊。况国家经费有常，似此逐年亏欠，惟恃蠲免，亦复何所底止。著传谕勒保务宜留心查察，固不必过事催征，亦不可听其影射为要。"

（卷1331　1016页）

乾隆五十四年（1789年）闰五月乙巳

又谕："据长麟奏查办大黄一折，内称东省各州县铺户人等有赴济宁、济南二处采买大黄者，俱令先赴本州县呈明起票，注明数目，其河南商人转发山东贩卖时，亦先赴怀庆府起票，无票者均即查拿究治等语。大黄药料为民间疗疾所必需，前因不准与俄罗斯交通贸易，恐奸商私行透漏，是以谕令沿海各省督抚饬属实力稽查。旋经续降谕旨，不可查办过当，以致因噎废食。并令各就地方情形，妥立章程，发给官票，以凭查验。原恐各处海口地方偷贩出洋，转售俄罗斯，希图厚利，必须严加查禁。至内地各州县本可任其商贩流通，若一概请领官票始准采买行运，恐地方官办理不善，非特胥吏借端勒索扰累商人，而各州县不肖官员亦难保无从中染指之弊，以致商贩裹足，药材短缺，于民间多有未便，殊非朕惠爱闾阎之意。嗣后大黄一种止须于各省沿海口岸及直隶之山海等关口近边地方严行饬禁，毋许丝毫透漏。即陕甘两省亦只当于嘉峪关、榆林等处加意查察。其内地省份如台湾、琼州、崇明等处地悬海外，仍著各该地方官酌定限制，给与官票呈验，以防私贩偷漏。其余各州县均听其照常贩运，毋庸发给官票，以免纷扰而便民用。将此通谕知之。"

（卷1331　1020页）

乾隆五十四年（1789年）六月己卯

谕军机大臣等："据勒保奏甘肃省五月份米粮时价清单。朕详细批阅，内惟秦州、哈密厅两处各色粮价与上月相同，其余各属比较上月均有稍增之处。该督所奏尚系五月份粮价，维时新麦未经刈获，价值或因此稍增亦未可定。但该省地处边陲，当此青黄不接之时，究恐贫民买食不无拮据。著传谕勒保即体察情形，如有应行平粜之处，即酌量开粜，以期平市价而便民食。"

（卷1332　1045页）

乾隆五十四年（1789年）六月甲申

谕："据勒保奏西宁回匪聚众滋事，先经官兵全行杀获，并亲往搜捕余党，审明办理等语。此案苏代原等胆敢复兴新教，纠集多人。经官兵前往搜拿，复逞凶拒捕，不法已极。该镇道等于该犯甫经聚集之时即迅速查拿，全行歼获，尚属可嘉。沐特恩、蔡廷衡俱著交部议叙。所有在事出力员弁并著勒保查明，咨部议叙。"

谕军机大臣等："据勒保奏西宁回匪聚众滋事，经官兵全行杀获，并搜捕余党审办一折，已交军机大臣会同行在法司核拟速奏矣。又另折奏，查出形迹可疑之回民马有成等二十四名，请将该犯等佥同家属发往云南、广西等省定地安插等语。马有成等虽名为改归旧教，而行踪诡秘，自非安分之徒，自应概行发遣，以示惩儆。第云南、广西等省近在内地，该处均有回民，或在彼又有煽惑，亦非所宜。已谕令军机大臣等于核议时改发黑龙江等处，给索伦为奴，自较为妥协。至该督奏称甘省回民从前新教居其大半，自四十六、九等年大加惩创之后，改归旧教者固多，而狡黠之徒阳奉阴违亦复不少，难保其不再生事端等语。因思回民旧教自必多于新教，其饬禁之后，仍行暗习新教者，因查察甚严，不敢公然显露。而旧教中人见其行事各异，自无不知之理，何不乘此查办时晓谕旧教回民，令其将仍习新教之人逐一指出，即可按名查缉，严行办理，以期永净根株。但须酌看情形，不动声色，密为妥办，毋得稍涉张皇。再苏代原等各犯业经伤毙正法，其家属应行缘坐者，何以该督折内未经查明声叙。著即照例办理，毋少疏纵。将此谕令知之。"

（卷1333　1089页）

乾隆五十四年（1789年）七月乙酉

又谕："本年春间勒保进京，召见询以甘省地方回民情形。据称自四十六、九等年大加惩创之后，业经一体悔悟，改归旧教，并无仍从新教之人等语。昨据该督奏，苏家堡回民苏代原复兴新教，聚众拒捕，伤毙兵民，不法已极。是该处新教仍未能尽绝根株，系其明验。从前福康安任陕甘总督时，悉心筹办，回民俱各安分守法，从未闻有纠众滋事之处。勒保接任以后，如果认真查察，将新教余孽密访严拿，尽法处治，何至匪徒仍复公然聚众念经，致有抗拒官兵之事。是其积渐废弛，不能实力整顿，已可概见。勒保著传旨申饬。至苏代原等系在苏家堡居住，当官兵查拿时，俱退入堡内房上抛打石子。前此勒保曾经面奏，所有回民山坳内堡房已全行拆毁，今该犯等在苏家堡居住，以致聚集多人，抛石拒捕，使兵民不能向前。是回匪仍然有筑堡聚居，将来即可恃以为据守之地，甚非所宜。嗣后除现在所有堡房未便遽令拆毁，致有滋扰外，如有随时坍塌者，即可不必令其补造，可以由渐尽去。该督即饬属留心办理，仍须不动声色，行所无事，固不得稍存疏懈，亦不可过涉张皇，致胥役借端扰累。将此谕令知之。"

（卷1334　1124页）

乾隆五十四年（1789年）七月丙戌

谕军机大臣等："据德成等奏查勘嘉峪关一带边墙情形。该处多系浮沙，所有此项壕堑、墙垣修补挑挖仍属不能经久，毋庸办理。惟查嘉峪关系西陲门户，为外藩朝贺来往通衢，旧有门楼等项，局面狭小，并有糟朽闪裂之处，应请另行修建等语。边墙道里绵长，今昔异势，且该处取水既难，沙性又复松浮，旋修旋圮，究属不能经久，何必徒滋劳费。德成等所奏甚是。至嘉峪关为外藩朝贺必经之地，该侍郎等因旧有城楼等项规模狭小，年久未免糟朽闪裂，请另行修筑。估需工价不过五万余两，为数无多，著即如所请办理，以昭整肃而壮观瞻。将此谕令知之。"

（卷1334　1167页）

乾隆五十四年（1789年）七月丙午

谕曰："勒保奏，西宁镇总兵沐特恩于边疆要地未能决机应事，实难胜任等语。沐特恩著来京，在头等侍卫上行走。所有甘肃西宁镇总兵员缺，著富尔赛补授。"

（卷1335　1189页）

乾隆五十四年（1789年）八月庚午

封闭甘肃英峨峡、普城山铅厂，从总督勒保请也。

（卷1337　1276页）

乾隆五十四年（1789年）九月戊子

谕军机大臣曰："李世杰等奏续获郭罗克抢夺番匪审明正法一折。此案匪犯前已拿获七名正法，并格毙六名。现又经官兵督同土目等拿获三名，格杀一名。并据该土司头人等再三哀吁，情愿严禁手下人等嗣后再不敢赴青海地方滋事。亦只可如此而止。著传谕李世杰等即将派出官兵撤回，不必在彼久驻，为穷搜之举。惟须晓谕该土司等以此次业蒙大皇帝恩典，不复追究。尔土司等应知感激，嗣后务严禁属下人等不得仍前滋事，若再有似此抢夺之案，必当按名拿获，不能宽贷。其擒献匪犯之土目并酌加奖赏，如此恩威并用，庶夷番各知感惕，自不敢复滋事端，方为妥善。"

（卷1338　1342页）

乾隆五十四年（1789年）九月己丑

谕军机大臣等："朕阅刑部进呈甘肃省秋审册，内由缓改实者二起，虽不似陕西六起之多，但核其情节，李仲统与李田氏之夫系同祖弟兄，因伊弟砍伐地内树枝，田氏阻挡詈骂，牵及伊父，该犯趋至责问，田氏揪衣碰头不放，该犯用小刀扎伤其右腿等处殒命。刃毙徒手妇人，即应问拟情实，或系因该犯一时情急，尚在可实可缓之间，不为大错。至蓝贵宝串通回子偷贩私玉至一百余斤之多，违禁藐法，即与窃盗满贯无异。该督何以拟入缓决，殊为宽纵，且该督于私贩大黄与偷买玉石两种人犯，每意存姑息，不知此等匪徒一系交通外国，一系盗卖官物，情节均属可恶。该督不思严加惩创，转为有意存宽，实不可解。勒保著传旨申饬。"

（卷1338　1388页）

乾隆五十四年（1789年）九月辛丑

军机大臣等议复直隶总督刘峨奏称："河屯协左营驻扎热河，原建兵房五百二十四间，每兵一名，给房二间。嗣经增改裁拨并添募名粮，现在实存兵三百三十一名，计不敷房一百三十八间。查该协右营自土城子移驻热河，设兵三百名，建兵房六百间，按名拨住。今左营兵加增而原给住房不敷每名二间之数，兼有坍塌倾圮，请添建一百三十八间，糟旧兵房一律修葺等语。糟旧兵房准其修理，至所称添建不敷兵房，查乾隆四十九年，甘肃循化等三营从边内募往新兵，每名给房一间。再查从前河屯协右营初建新募兵房，原只拟每名给房一间，其每名给房二间之处系奉特旨赏给，未便援以为例。应将该督所请添建兵房一百三十八间，照甘肃循化等三营例，每兵给房一间，准其添建六十九间。至名粮募补实兵以后各省奏请添建兵房，兵、工等部议复，惟令各该督抚酌办，究恐不能划一。请嗣后除绿营旧有兵房悉循旧毋庸另议外，其续有增募之兵，务令各营弁专募本处土著之人充补，自各有旧时舍宇，毋庸议给兵房。其实有孤悬边外不得不从内地募补者，均照甘肃循化等营例，每兵给房一间。惟由此地移驻彼地兵丁，如原有官房二间者，准如数建给。至各处官建兵房，当责成现住兵随时粘补，不得援照热河驻跸之地，率请动项修葺，应交各该部通行直省一体遵办。"从之。

（卷1339　1402页）

乾隆五十四年（1789年）十月丁卯

谕军机大臣等："昨据德成奏，甘省回民新旧二教每至互生嫌衅，盖因旧教念经须用羊只、布匹，所费较多。新教念经仅取忓钱五十六文。小民希图省费，是以愿归新教。若令旧教亦照新教舍多取少，恐一时难于更改，势必阳奉阴违，转致滋生事端等语。该省回民旧教传习多年，嗣因新教从中煽惑，辗转相传，以致屡有聚众滋扰之事。今据德成奏，旧教念经势难令其改照新教少取钱文，自系实在情形，但不可不密为防范，善为劝导，使旧教者知其价钱，则不致趋新教，或亦一法。总在地方官留心劝导，使旧教之人明知此意，亦不可绳之以法也。著传谕勒保等随时察访，如可设法化导令旧教舍多取少，新教无从争竞，固属甚善。若体察情形骤难更改，亦不必多事纷更，止须饬令地方官加意防闲，并著乡约、保甲人等实力稽查，倘有无故纠合人众夜聚晓散，形迹可疑者，立即禀明，严办示惩。该督抚务须不动声色，杜渐防微，俾新教不致再行滋蔓，方为妥善。"

（卷1340　1422页）

乾隆五十四年（1789年）十月甲戌

又谕曰："勒保奏地方情形折内称平凉府属之静宁等处回民最多，传集该处头人、乡约等剀切晓谕，以新教实为回教之大害，现在各村庄老教头人实力访察，一有见闻即当禀首。如实无其人，出具连名甘结等语。所奏不过敷衍成文，并未知新旧教实在情形，全不得其要领。回民同是一样经咒，初无新旧之分。从前马明心亦不过因曾至叶尔羌、喀什噶尔地方学习回经，遂在甘肃设立新教。其实所念之经与旧教无异。近闻旧教念经须用羊只、布匹，所费较多，而新教念经仅取忓钱五十六文，是以穷民愿归新教者较众。此语颇中綮要。若地方官留心劝导，使旧教舍多取少，新教自无从招集，或竟能使旧教所取念经钱文更减于新教，则小民希图省费，新教亦自必皆归旧教，其新教不禁而自止矣。即如喇嘛所念之经传自西竺，而内地僧人俱以汉音传习，不无舛误。朕节次将大藏经咒俱令照西番译出，不过欲厘正讹舛，亦非有意崇尚喇嘛而废绌僧人也。即此可以类推。总之新旧教回民皆吾赤子，若新教回民果能奉公守法，即属善良，又何必官为区别，扶旧教而除新教耶？若如勒保所奏，以新教为回教中之大害，其实勒保亦不知其所以为何害也。欲令该头人连名出具甘结仍不过有名无实，断无此办法，足见不实。著传谕该督，务须遵照前降谕旨，不动声色，使旧教之人知少取钱文，则民人自不致竞趋新教。总在设法化导，不可区别新旧之名，转滋掎角也。"

（卷1341　1436页）

乾隆五十四年（1789年）十一月丁酉

以陕西布政使额勒春为贵州巡抚。甘肃布政使福宁为陕西布政使。山西按察使蒋兆奎为甘肃布政使。陕西督粮道顾长绂为山西按察使。

（卷1342　1441页）

乾隆五十四年（1789年）十一月是月

陕甘总督勒保奏："臣到甘以来，节次晓谕旧教回民，将仍习新教之人按名查缉，并明立条款。回民礼拜日期止准于本村寺内念经，不许另赴别寺，亦不得多索忏钱。如有婚丧事件，止准延请本寺乡约、头人，别寺之人不得搀夺。仍令照依编造保甲之法，将某某回户应归某寺念经之处，造册备案。其平时教习经文亦止准延请本寺回民教读，不许勾引隔村别寺人，及添建礼拜寺、私筑城堡等事，至专设回民义学，教以诗书，尤为化导良法，通饬实力奉行。以上立定章程，责成该管道府随时稽查，按月禀报。该回民等深知邪教最易滋事，为切己之害，无不互相戒免，遵守条约，实属安静畏法。"得旨："有治人，无治法，实力为之。"

（卷1343　1486页）

乾隆五十四年（1789年）十二月癸丑

兵部议准陕甘总督勒保奏称："甘省嘉峪关外花海子地方，路通王子庄、野麻湾等处，为紧要之地。请于花海子分驻把总一员、兵三十名，并于通花海子之红泉口、笈笈槽、红柳井子、四十井子、草湖、爬腰树等六处各安兵五名。所派把总、兵丁于赤金、靖逆二营内按年轮流派拨更换。令该把总于红泉口等六处轮转巡查，并令赤金营都司每月赴花海子等处稽查结报。又木笼泉、梧桐窝、石人子、断山口均通花海子路径，请于桥湾营拨兵十名分驻木笼泉、梧桐窝，于威虏堡营拨兵五名分驻石人子，于嘉峪关拨兵五名分驻断山口，仍令各本营将弁随时查察，以专责成。"从之。

（卷1344　1499页）

《清乾隆实录（十八）》

乾隆五十五年（1790年）二月乙丑

兵部等部议复陕甘总督勒保疏称："陕甘各营应添库房、药局、马棚等项。经前督臣福康安通饬筹办，兹查明实在情形。除旧有修补外，计应添督标：固原提标中、左、右三营并城守营、平凉城守及华亭、白水二汛、靖远协药局三十二间、库房三间、马棚二百五十一间。甘肃提标五营、河州镇标左、右二营、循化营、保安营、奇台堡、兰州城守营、洮岷协、巩昌营、秦州营、西固营库房十九间、药局四十间、马棚一百二十九间、土房及兵丁上宿房五间。宁夏镇属中卫营、广武营、玉泉营、大坝堡、平罗营、花马池营药局二十一间、马棚十二间。肃州镇属金塔协、嘉峪关营、高台营、布隆吉尔营药局十二间、马棚三十三间、库房及草料房十二间。西宁镇属贵德营、喇课营、南川营、巴燕戎格营、西宁城守营、威远营库房及料草房四十一间、药局十七间、马棚二十八间。请动项建盖。"从之。

（卷1348　43页）

乾隆五十五年（1790年）三月壬辰

谕："本年朕八旬寿辰，业经降旨，将各直省地丁钱粮普行蠲免。甘肃省临边各属应征番粮草束及河东、河西各属应征屯粮本不在蠲免之例，第念该省所征粮草较多，若照旧征收，小民未免向隅，著加恩将临边各属番粮草束一体蠲免，其河东、河西屯粮、草束，亦著照上次之例蠲免十分之三，俾边省民番共沾渥泽。该部即遵谕行。"

（卷1350　73页）

乾隆五十五年（1790年）三月甲辰

陕甘总督勒保奏："洮州土司世袭指挥杨家业呈称，恭遇皇上万寿，愿入京叩祝，应请照五十一年庄浪土司入觐例，令随各回城伯克同赴热河。"得旨："准其来。"

（卷1351　89页）

乾隆五十五年（1790年）四月甲子

又谕："前因江、浙、四川、湖广、陕、甘、云、贵等省多有私铸小钱，业经通饬各省严行查禁。昨据浦霖复奏称，官板制钱，因行用日久，稍有边幅不整及颜色微黯者，饬令地方官毋得挑剔太苛，以致市侩居奇昂价等语。可见小钱净尽之语本未确实。各处钱局鼓铸钱文，大小轻重本有一定之制。在京钱局专有钱法侍郎稽察办理，是以向来俱系如式鼓铸，并无弊窦。外省钱局有系臬司及他道专管者，总在督抚实力查察，庶局员不致任意舞弊。若专委该司等漫无整顿，恐有不肖之员或竟借铸小钱，希图多得羡余，从中渔利。总之外省督抚果能严饬所属，认真办理，原可诸弊肃清。即如近来漕务迟滞，经朕严行饬办，本年漕运始得迅速抵通。可见地方应办事务必须朕降旨督饬，方肯留心办理。及事过之后仍复因循玩忽，又安用督抚大吏为耶？嗣后除京师行用钱文俱系宝源、宝泉二局铸造，向无搀和小钱，并直隶、山东业经面谕梁肯堂、长麟实心办理外，著再传谕各省督抚，所有鼓铸局钱务须各督抚实力稽察，毋任局员稍有弊混。其民间私铸尤须随时严办，毋得视为具文一奏了事。倘私铸未能净绝，而官板制钱又复不能如式，一经查出，朕必将该督抚一并治罪。至民可使由，不可使知。该督抚惟当妥为办理，毋令胥吏借以滋扰，市侩闻风居奇，方于国计民生，均有裨益也。"

（卷1352　109页）

乾隆五十五年（1790年）五月甲午

又谕："据勒保奏，土尔扈特、和硕特等及各城回子伯克今岁因叩祝万寿，前来人数较多。凡土尔扈特等仍由宁夏沿边一路行走，以避内地暑热。各回疆伯克等俱由兰州、西安大路遄行，以免壅滞。一俟进关后，饬令道员、副将护送趱行等语。土尔扈特及各回城伯克等计四月二十进关后，距七月初十以前尚有八十日，尽可从容前来与宴，不至迟滞。至土尔扈特、和硕特等恐有未曾出痘之人，自应照例由宁夏沿边一路届期赶至热河。其各回城伯克倘途次不能趱行，即赶至京师尚不误筵宴之期，不至热河亦无不可。总不必过于催迫。又另片奏称，土尔扈特汗策凌纳木扎勒亲来祝厘，一切应付应量加丰裕，于经过地方有镇道驻扎处均筵宴一次等语。策凌纳木扎勒虽系汗号，与内外各扎萨克、蒙古汗王何异，非如安南国王亲自初来瞻觐者可比。若于经过地方俱行宴赍，不特徒滋繁费，亦且无此体制。该督所请殊不可，必将此谕令知之。"

（卷1354　145页）

乾隆五十五年（1790年）五月丙午

谕曰："勒保奏甘州府抚彝厅老民郑汝仁现年一百三岁，请旨旌表等语。郑汝仁年逾百龄，精神矍铄，洵为升平人瑞。所有应行建坊旌表及赏给银两缎匹之处，著该部照例具题。"

又谕曰："勒保奏哈萨克台吉卓勒齐进京祝釐，与寻常来使不同，应于凉州、宁夏有镇道驻扎地方预备筵宴，并咨照经过各省一体预备供支等语。哈萨克卓勒齐前于三十六、三十九年曾经两次进京瞻觐，并未沿途预备筵宴。想此时该台吉尚未进关，著传谕勒保即行停止，并咨明沿途经过各地方，一体遵照。"

（卷1355　155页）

乾隆五十五年（1790年）五月丁未

谕军机大臣等："前据勒保奏，土尔扈特汗策凌纳木扎勒亲来祝釐，应于经过地方各筵宴一次。当经降旨训饬停止。昨又奏哈萨克台吉卓勒齐进京觐祝，拟于凉州等处预备筵宴。又经传谕该督停止，并令飞咨沿途经过各地方一体遵照。今又据奏，策凌乌巴什等五月初三日已过兰州，卓勒齐亦于五月二十二、三日可出甘境。则前后所降谕旨，该督接奉已在事后，所有预备筵宴，甘肃境内已无从停止，其余尚有后至者亦未便歧视，俱著一体筵宴。至经过之陕西、山西、直隶三省概可不必，著传谕秦承恩、海宁、梁肯堂等止须于过境时照例给付夫马妥为照料，令其遄行无滞于七月初十日以前赶赴热河。所有沿途预备筵宴之处俱著停止，不必因接有勒保咨会，又滋踵事增华也。"

（卷1355　155页）

乾隆五十五年（1790年）六月是月

陕甘总督勒保奏："甘省地处沿边，不产铜斤，亦未设钱局，所有钱文俱系商人从邻省携至。边民秉性朴拙，遇有小钱不肯接受，民间本自剔除净尽。现奉旨查办以来，铺户居民，各遵禁令。钱价亦属照常，并无市侩居奇之弊。"得旨："时常留心可也。"

（卷1357　195页）

乾隆五十五年（1790年）九月己丑

谕军机大臣等："前据勒保奏，甘省本年旸雨应时，田禾畅茂，通省收成约计八分有余。览奏深为欣慰。本日又据该督奏到粮价清单，朕详加披阅。兰州、巩昌等各府属俱有较上月稍增字样。该省收成既通计八分有余，当此新粮入市，价值应日就平减，何以此次粮价单内转比上月稍增，殊不可解。著传谕勒保即将粮价因何较增之处查明据实复奏，毋稍回护。"

（卷1362　272页）

乾隆五十五年（1790年）九月辛卯

谕："朕阅工部议驳陕甘总督勒保题销乾隆四十九年剿洗盐茶厅逆回军需一本内，火绳一项。甘省系用纸张制造，殊属非是。鸟枪最为军营利器，而临时施放，尤借火绳点引。朕尝火枪中鹿，从不知用纸为火绳。即向来京师健锐火器各营亦无用纸火绳放枪者，盖缘纸张质地脆薄，易于破损，若用以为绳，药多则过火迅速，药少则又难于点引，且不耐雨水潮湿，是以总用麻绳捻造，从无以纸为火绳之法。不知甘肃何所仿而为之，竟成笑话。即此以推，可见外省绿营器用全无实际，且一省如此，恐各省亦皆意图省便多有似此者。于军制殊有关系。即云药煮麻筋火绳，贮库日久，恐致徽黦，不妨将火药麻绳物料照例预备足数，临用时再将药水熏煮，亦无难立时制办。夫兵可百年不用，不可一日不备，况鸟枪尤为临阵锐器，岂可因火绳不堪适用，反致临时误事耶？嗣后各省营伍所用火绳俱著照定制，以麻筋妥制，毋许偷换纸张，以利军行而昭实用。所有各省营伍是否俱用纸火绳点放鸟枪之处，著督抚据实复奏，并令不时查看，入于年底汇奏。"

（卷1362　273页）

又谕："据工部议驳勒保题销乾隆四十九年剿洗盐茶逆回军需一本。朕详加披阅，该督请销银六万四千九百余两，经工部核去银二万五千余两，驳减不啻十分之四，多寡悬殊，因令军机大臣查核原案。工部俱系按照成例核减，其中如火绳一项，该省既册开河州镇每丈用纸十二张半制造，何以各镇协营火绳又每丈用纸二十五张，多至一倍。即该督原奏所称，用纸十三张制成火绳，则绳甚微细，迎风易灭，是以各营俱用纸二十五张成造等语。岂河州镇所造火绳独不嫌微细易灭乎。至药铅军器以及树皮、麻筋、火绳等项，该督亦并未按照准销成例开报，以致数目浮多，屡经部驳。是否系承办军需各员希图浮冒，任意开销。而该督亦不详查，率行题复，殊非核实办公之道。朕思所驳既多，非营员等所能赔缴，况此项火绳本不应用纸张。该省既经错误于先，及报销时又复浮冒多开，屡经驳饬，而勒保又并不查实删减，以致军需要案久悬，殊属非是。所有部驳核减银两著落勒保及四十九年以后之历任督藩照数分赔，以清款项并著传谕勒保，即将前项指驳各条逐一详晰查明，据实明白回奏。所有工部议驳原册著发交阅看。"

（卷1362　275页）

乾隆五十五年（1790年）十月庚戌

理藩院奏："甘省民人与阿拉善蒙古两造互相索讨银钱，并定地界。请派一二大臣会同旺沁班巴尔秉公办理。"得旨："此案著派苏凌阿、巴忠驰驿前往，秉公查明。务于蒙古、民人均有裨益。设立鄂博，以期永无争竞。如果旺沁班巴尔不知厌足，任意妄为，亦据实参奏。"

（卷1364　300页）

乾隆五十五年（1790年）十月己未

谕曰："勒保奏甘省兰州府属之皋兰、金县、靖远三县高阜地方，先因六月内雨水较少，禾苗长发稍迟，嗣于八月间天气骤冷，正当升浆结实之时猝被严霜，以致黄萎。各该属素称瘠土，现在收成无望，民力未免拮据。请将本年应征正杂银粮、草束缓至来岁征收等语。著照所请。甘肃皋兰、金县、靖远三县所有应征本年正杂银粮、草束概行缓至明年输纳，俾民力得臻充裕，以示朕体恤边氓至意。"

（卷1364　306页）

乾隆五十五年（1790年）十月壬申

又谕曰："勒保奏甘肃兰州府属之皋兰、金县、靖远三县高阜地方先因六月内雨水较少，禾苗长发稍迟，嗣于八月间天气骤冷，正当升浆结实之时猝被严霜，以致黄萎。现在收成无望。被灾户民力难接济，乏食堪虞，请照例给予赈济等语。皋兰、金县、靖远等三县猝被严霜，前据该督奏明，业经降旨将本年应征正杂银粮、草束缓至来岁征收。今既查勘成灾，小民口食维艰，自应给予赈济，以示体恤。著该督即派委妥员，实心经理，俾灾黎均沾实惠，以副朕爱养边氓至意。"

（卷1365　321页）

乾隆五十五年（1790年）十月是月

陕甘总督勒保奏："本年皋兰、金县、靖远三县被灾。臣于题报后即与藩司蒋兆奎分往亲查，核实散赈，不得稍有弊混。"得旨："俾受实惠，勉之。"

（卷1365　322页）

乾隆五十五年（1790年）十一月丁丑

又谕："前因工部议驳勒保题销剿洗盐茶厅逆回军需一案，驳减甚多。谕令该督详晰查明，据实回奏。兹据勒保复奏，请将前项核减银二万五千七十余两在勒保及历任总督藩司名下照数摊赔。惟所称火绳一项系因军需紧急，本地所出树皮、麻筋甚少，是以用纸拧造，殊属非是。鸟枪为军营利器，而临时施放尤借火绳点引。朕常亲御火枪，皆以麻绳引火，从无用纸张制造，即健锐火器等营亦无用纸火绳者。盖纸张质地脆薄，久贮易于潮湿，若拧造为绳，药多则不能留火，药少则点引较难，故鸟枪火绳向用麻筋成造，从无用纸之理。今甘省绿营于军火要需，竟属有名无实，勒保全不谙习，率据该营员等禀报具奏，尤属不合。嗣后该省各营所用火绳，俱照定制改造麻绳，不可用纸，以收实用。"

（卷1366　323页）

调湖南巡抚浦霖为福建巡抚。以直隶布政使冯光熊为湖南巡抚。甘肃按察使张诚基为直隶布政使。

（卷1366　324页）

乾隆五十五年（1790年）十一月戊寅

谕军机大臣等："前因勒保题销军需本内，甘省所用鸟枪火绳系以纸张制造，可见外省绿营器用全无实际。恐各省火绳意图省便，多有似甘省不用麻绳者，于军器殊有关系。曾通谕各省督抚查明据实复奏。此系九月十四日所降之旨，迄今将及两月，本日已据穆和蔺奏到，直隶密迩京师，较河南尤近，何以梁肯堂尚未具奏，殊属迟缓。著传谕该督，即行遵照前旨，查明直隶各营是否用纸张拧造火绳之处，迅速据实具奏，勿再迟延干咎。"

以直隶清河道郑制锦为甘肃按察使。

（卷1366　326页）

乾隆五十五年（1790年）十一月是月

漕运总督管干珍奏："绿营积习，去其具文，方收实用。臣自上年校阅后，即逐细册记，随时查核。"批："是。"又奏："今亲行查阅，水师折舵抢风，进退灵敏，陆路止齐步伐，变化从容，马步枪箭，悉照京营式样，中靶俱有七八分不等。藤牌技勇亦俱便捷。至火绳一项，前因甘省用纸制造，蒙圣训应照例用麻，诚恐各营有制造不能如法之处。于阅兵之便，亲行查验，实系硝煮麻筋，坚紧适用。臣当经申谕各营，嗣后断不可杂用纸捻，致有遗误。"批："是。"又批："为之以实，持之以久，可也。"

（卷1367　345页）

乾隆五十五年（1790年）十二月戊午

又谕："昨据德成奏甘肃皋兰县修建郭城一案。福康安原奏通行拆建，并未声明改建。勒保造册题估，照旧式均有加增，实属蒙混。今该督题销到部，始知估册与原奏不符，自应将多用银二万三千余两照例删减。不意尚书金简以估册既经叙入，亦可准销，含糊支吾，不肯定案，意在规避处分，将错就错，违例准销等语。本日召见军机大臣及工部堂官等面加询问，金简与德成各执一词，意见不相符合。朕思工程报销全以估册为凭，奏请兴修折内原不能将做法丈尺琐琐声叙。此案兰州城工，福康安原奏明言拆建，即系拆去旧城全行改建，与改造原无分别，岂有城墙改宽，城楼台座仍照旧式兴建之理。且勒保题估册内已将一应做法详细开列。所销工价仍不出原估十八万余两之外，而较之旧城式样，城台丈尺，增加宽深，城楼一间者广为三间，单檐者添为重檐。规模恢廓，办理均无不合。原不当苛求驳减，若勒保题估果有浮冒，金简违例议准，或竟有贿嘱请托情弊，德成即当指出参奏，必将金简、勒保革职研审，治以应得之罪。今所办本无不合，德成惟以拆建改建一二字琐屑区别，哓哓争辩。明系固执己见，借辞搅扰，以见其百折不回，不畏强御，原非认真办事之本意也。德成身系满洲，尤不应有沽名要誉之习，即以家法杖责示惩，亦不为过。姑念其平日尚属勤慎，谙习工作，尚可量予从宽。德成著革去职任，仍加恩仅令其在工部侍郎上效力行走，以观后效。所有皋兰县郭城一案即著照估准销。"

（卷1368　356页）

乾隆五十五年（1790年）十二月甲子

谕："从前因后藏达赖喇嘛、班禅年班来使进京，经过地方多有扰累，甚至遗失包裹，州县官代为赔出，以致该来使肆行讹诈，各督抚等不能约束。屡经降旨晓谕，特命军机大臣会同理藩院将应付各事宜酌定章程，通行遵照，并令各省拣派道员同武职沿途防护。该督抚等理宜严行稽察，照例办理。乃本年卫藏喇嘛来使入贡，福长安自兰州回京，适于山西途中相遇。见喇嘛等行李包件，车载夫送，络绎道路，数日不绝。并无派出官员稽查护送。若任其骚扰驿站，不为饬禁，又恐如从前捏报遗失物件，责令赔偿，致启讹索诈冒之渐，更属不成事体。且伊等经过各省只有例给骡头，如运送多余包件俱系自行雇备，并无官给车辆夫马之例。其沿途伴送大员专为照料喇嘛不准滋事而设，亦应随同行走。今甘肃、陕西、山西、直隶等省既无官员护送，又复滥应夫马。喇嘛等见沿途无人管束，携带私包过多，任意需索。地方官员遂以例给骡头不敷，违例供应。各督抚等漫不经心，而委出之道员等又不亲身弹压，惟以过境无事一奏塞责，实难辞怠玩之咎。著各该督抚即将因何不遵例支给之处据实明白回奏，并将派出道员等系属何人，因何不亲身照料，查参示儆，不得稍有徇隐。朕尝历观史册，汉唐宋明之世恐召边衅，于外国贡使往往曲意优容，任其恣睢横肆，因此为外夷所轻，转生大患者不可胜数。我国家德威远被，中外一家，四夷来享、来王，罔不宾服，回非前代可比。朕因其远赴阙廷，输诚向化，每格外加恩赏赉，以示厚往薄来之意。即卫藏喇嘛来使亦以伊等不远万里而来，是以优加体恤，酌给骡头，运载包件。如果不知安分，滋事妄为，仍当照例治罪。即如近日达赖喇嘛之亲弟兄等倚势滋扰，尚命拿送来京治罪，何况所遣之来使仅一微末喇嘛，听其妄为，转不加惩究乎。封疆大吏等不知仰体朕意，顾忌因循，不复过问。外间无识之徒不几疑本朝尊崇喇嘛，如元季之供养喇嘛，致有詈骂者割舌、殴打者截手之事，更复成何政体乎。总之外国使臣入贡，沿途皆有定例，原不准丝毫滥付。地方官惟求安静过站，即有例外求索不复与较。昨尹壮图折内奏称，地方官办理差务，胥役滋扰，商民蹙额兴叹一节，虽未免言过其实，然本年阮光平及各国陪臣入觐时，想沿途应付稍过，地方办理拮据，或亦有之。然办差之员临时不惜多费，以期见好。及至事后又复口出怨言，借称赔累，致尹壮图求给不得，其蹙额兴叹之言实由于此。此等恶习，最为可恶。但各督抚所司何事，以致小人诬朕耶？嗣后著各直省督抚认真稽察。凡外夷陪臣及喇嘛来使过境，严饬州县照例应付，并各派委妥当道员递行护送行走。若敢仍前滥应，即行指名劾参。该督抚如有徇隐，一经发觉，必当从重治罪，决不姑贷。将此通谕知之，仍著据实奏闻。"

（卷1369　363页）

乾隆五十六年（1791年）正月壬午

谕："据勒保奏，平凉县民陈世道现年一百一岁，恳请旌表等语。陈世道寿逾百龄，精神矍铄，洵为升平人瑞，所有应行赏赉及建坊旌表之处，著该部照例办理。"

（卷1370　378页）

乾隆五十六年（1791年）二月是月

陕甘总督勒保奏："兰州郡城北靠黄河，旧有石岸一道。乾隆三年并二十年节经修筑，嗣后河流南趋，恐伤驳岸。复于二十三、六等年先后于岸外分建板坝十三座，以挑溜势。今河流愈趋南岸，各工正当其冲。上冬河水消落，露出岸底，旧有石岸，阅年已久，兼以原系红砂石成砌，大半酥碎脱落。其板坝木桩下截亦全行朽烂，应行拆修。至驳岸迤西，向系土滩，近因河水南趋，冲成旋湾，亦应添筑驳岸，始可保护城根，并于迎溜处，再添建板坝二座，以御水势。需工料银三万九千八百余两。"批："用之以实，久而保固，毋致浮冒。"又奏："先行赶办木石等料存贮，一俟秋冬水落兴工。"得旨："自当坚固修理，知道了。"

又奏："皋兰县常平仓粮额贮十万石，除历年动用督标兵马粮料及民间借粜，仅存其半。上年偶被霜灾，复经奏准，将该县正借银粮缓征，并按灾给赈。现又需借口粮、籽种及将来青黄不接，尚须酌量平粜，加以各营月米需支，所存益属无多。若俟秋后采买，丰歉又难预必。查乾隆二十四年、三十六年曾因赈粜不敷，奏明于邻近州县拨贮。兹查距省较近之西宁现成粮二十七万余石，该处需用无多，请拨五万石运赴皋兰作为实贮以备借粜。"报闻。

（卷1373　435页）

乾隆五十六年（1791年）三月乙亥

又谕："据奇臣奏请借支银两修理凉州官兵所居官房等语。兵丁等所居官房系乾隆二年修建，阅年既久，墙垣不无倒坏，著即照奇臣所请，兵丁等每人借给一年钱粮，令其修补。此项借给银两，著作为八年扣还完项。至官员等官房系四十七年借银修葺，尚未甚久，向使修葺之时，如果坚固，岂至倒坏，复需修理为耶？今又借银修理，显因从前所借银两，今已扣完，借此为名，欲与兵丁等复行借支银两。如此日久，必至八年借银一次。奇臣并不核实，遽行代为奏请，殊属非是。奇臣著申饬，官员等不必借给银两。至伊折内称，三宝为两江总督，亦属谬误。三宝从前原任闽浙总督，而伊所奏请又系杭州乍浦之事，与江南毫不相涉。将此一并晓谕知之。"

（卷1374　436页）

乾隆五十六年（1791年）三月癸未

又谕："据成德奏，尼雅木错部落被郭罗克番子抢去牛三千四百只，羊三千五百五十只，并抢去马匹军器等物。现派参游大员酌带妥干兵目前往郭罗克地方，传集土司头人，严行查拿等语。此案前据奎舒奏到，曾降旨饬令鄂辉派员前往督拿。兹据成德等接准青海来咨，选派员弁即赴郭罗克地方查缉，著传谕该将军等选派熟谙番情大员亲往郭罗克查缉。务将此次抢夺贼番首伙全行拿获，从严究办。至尼雅木错被抢牛羊至六千余只之多，恐系该番人等希冀多得赔偿，浮开赃数具报，均未可定。除降旨令奎舒查明咨会川省，并著传谕成德等饬谕查办各员。确切查明办理，毋任冒混。"

又谕："据鄂辉奏，去岁六月据奎舒咨称，郭罗克等劫掳西宁所属尼雅木错部落番子等牛三千四百只，羊三千五百五十只，杀人四名。当即差拨官兵前往缉捕等语。除传谕鄂辉等严缉务获外，朕思从前郭罗克劫掳西宁番众，而甘肃番众复行劫掳青海蒙古，此皆由青海蒙古番民素性懦弱，不能自顾游牧，以致数被劫掳。及被掳后又不能自行追捕，惟凭报官代缉，已属恶习。且难免有捏报数目情事。著传谕奎舒将去岁被劫实在数目查明复奏，仍著晓谕该番等数年以来或甘肃番民劫掳青海蒙古，或郭罗克番民劫掳西宁番众，代绠纷纷，甚属无谓。嗣后如有不自行防范至彼劫掳而又图利捏报，则断不为办理。如此晓谕，庶伊等各知儆惧，加意防范，而被劫之事自鲜矣。"

（卷1374 442页）

乾隆五十六年（1791年）三月甲申

蠲缓甘肃皋兰、金县、靖远等三县乾隆五十五年份霜灾额赋有差。

（卷1374 448页）

乾隆五十六年（1791年）三月丙戌

谕军机大臣等："据勒保奏拿获劫夺蒙古牲畜贼番，审明正法等语。贵德番民胆敢纠众伤人，劫夺牲畜，其情甚为可恶。今将拿获之叶噶、丹津、垂布藏等犯正法，所办甚是。但此案内垂布藏、阿都均系青海郡王所属蒙古，而反哄诱番民劫掳牛只，更属可恶。青海蒙古平素不能自顾牲畜，又不谨防卡座，一经被掳，即凭报官办理，实属恶习。前已屡经晓示，今反哄诱番民劫掳本处牲畜，其情尤可痛恨。若不严行禁止，成何事体。著传谕奎舒将未获之蒙古阿都等严行查拿，审明从重治罪。"

（卷1374 450页）

乾隆五十六年（1791年）四月丙寅

以陕西河州镇总兵路超吉为云南提督。调陕西延绥镇总兵玛勒洪阿为河州镇总兵。以湖南衡州协副将杨秀为延绥镇总兵。

（卷1377 484页）

乾隆五十六年（1791年）六月庚戌

谕曰："勒保参奏西和县知县黄潼鲤相验不实，请将该员革职一折。核其情节，该县民人李琳、李三文子与堂嫂阎氏口角争扭，殴伤阎氏，取辜医治，旋即平复。嗣因阎氏胃痛病发身死，该县初凭仵作验报，因伤致毙，率行通详，继复讯得阎氏实系因病身死，自行据实检举。是该员虽误报于前，尚不敢回护于后，且此案未经成招，即自行确讯得实，非有心捏报，始终回护者可比。该督请将该员革职未免过当。黄潼鲤著罚俸一年，以示薄惩。所有奏请革职之处，著加恩留任。"

（卷1380　519页）

乾隆五十六年（1791年）六月己未

户部议准陕甘总督勒保疏称："镇番县民王元简等认种箕笈湖义田，所纳银粮作书院生童膏火，额交草束，酌分镇、蔡二营以为马草。"从之。

（卷1381　526页）

乾隆五十六年（1791年）六月庚申。

谕："所有甘肃布政使员缺，即著景安调补。"

（卷1381　527页）

乾隆五十六年（1791年）六月壬戌

蠲免陕甘皋兰、金县、靖远等三县上年霜灾额赋有差。

（卷1381　529页）

乾隆五十六年（1791年）六月是月

陕甘总督勒保奏："凉州驻防满兵住房坍损，请按每兵名下应得一年饷银借给兴修，分作八年扣还。"报闻。

（卷1381　534页）

乾隆五十六年（1791年）七月乙酉

又谕："据勒保、奎舒奏称，循化番众纠伙抢掳青海扎萨克台吉沙喇布提理游牧牲畜，沙喇布提理带兵前往拒敌，中枪身毙。将贼番据去马匹夺回，贼众溃散，随尾至贵德番地访得贼番姓名。已饬属指名缉拿，严办示惩等语。此等番众掳掠青海蒙古牲畜，致伤人命，尚非有心戕害。然因循日久，亦不成事体。今既向郎杆番目都拉等，访得贼番姓名，务须尽数拿获，严加惩办，以昭炯戒，毋使一人漏网。至西宁办事大臣仅管青海蒙古番众，其附近蒙古地方之贵德、循化等处亦应归西宁办事大臣兼管，如遇有行窃事件，缉办较易。循化设有同知一员，贵德仅设有县丞一员。贵德地方亦应照循化改设同知管辖，著交勒保、奎舒将附近西宁地方番众应如何归并钦差大臣管辖。贵德地方应如何改设同知之处，会同妥议具奏。至纳罕达尔济拿获循化所属沙布隆部落番夷罗扎克布沙木等三人，既无行窃，复不匿盗，俱行指名举出，尚知法禁。如将伊等过事穷鞠，番众闻知，恐嗣后再遇此等事件反至互相隐匿，奎舒用心过当，欲求详尽，反失机宜，此其不晓事体也。将此传谕奎舒外并交勒保，俟罗扎克布沙木等解到兰州时，只须问明情由，安慰赏赐，遣回游牧。该卡管辖不善之梅楞旺沁革退，兵丁责惩，沙喇布提理赏给银两之处，俱著照奎舒所奏办理。"

（卷1382　545页）

乾隆五十六年（1791年）七月辛卯

又谕："据勒保奏五月份粮价单内开各属价值皆系价中，与上月相同字样，毫无参差，所奏殊未可信。甘肃地方府州各属地土既有肥硗，人事亦或不齐，米粮价值岂能一律相符，而各属每月时价更不应绝无增减。今勒保所奏，仅据属员开报价值，率行奏报，则奏米粮价何用，竟成印板文章。是该督于民食所关并未留意。岂不知朕轸念闾阎，无时或释，于各省奏到粮价无不详加披览耶？勒保著传旨申饬，仍将粮价有无增减之处据实具奏。"
寻奏："甘省各府属市价旋长旋落，前次奏报五月粮价值青黄不接之时，但夏禾将次登场，是以价值不致增长。且因新粮尚未入市，亦遽未能减落。"
报闻。

（卷1383　559页）

乾隆五十六年（1791年）八月庚戌

谕："据陕西解到邪教八卦案内刘照魁一犯往喀什噶尔，为邪教案内遣犯王子重传寄书信，因命军机大臣严加审讯，诘其如何出口。据供于乾隆五十五年四月内到陕西，六月到甘肃地方。打听出口的人都要在肃州起票，就假认王子重亲戚带有家信前往探望，到肃州衙门起票出口等供。王子重系八卦邪教内重犯，发遣回疆。从前该犯由甘肃出口，地方官行文递解，该省各衙门皆有案册可稽。刘照魁出口时，既公然自称系王子重亲戚前往探望，该州知州理应拿住解部审问，乃竟转给与口票，俾得沿途照验往来无阻。如此则邪教重犯何必发遣为奴乎？若其偷出口则不过失察，其过尚轻。岂有公然令发遣重犯往来外域之理，其过甚大。已令勒保查明该州知州，即行革职拿送刑部治罪，并令勒保明白回奏矣。各省地方关隘稽查奸宄最为紧要。今甘肃所属之肃州嘉峪关口，明知王子重为邪教发遣重犯，何得任听其亲属起票出口，传寄书信。何以错谬至此。设如反叛为从发遣者，亦与以出口之票乎？可见各省督抚于稽查关隘，缉拿邪教匪犯要务视为具文，并不认真督饬。而该管地方官亦全不留心盘诘，一味废弛，殊属不成事体。嗣后各督抚等务须实力整饬，督率所属，于各处关隘严密查察，毋任疏纵。倘再有似此者，惟该督抚是问。恐不能当其咎也。将此通谕知之。"

又谕："据陕西拿获私往新疆传寄书信之邪教民人刘照魁，业经解到审讯。据刘照魁供称，伊于五十五年四月由肃州地方官处领得路票，由嘉峪关历经各处至喀什噶尔地方，与发遣该处给伯克为奴之邪教罪犯王子重相见，传寄书信。其役使王子重之伯克，业经身故。王子重现在该处贸易生计，颇足用度等语，是何道理。凡内地民人出关俱领取路票，其所经过地方皆待该大臣等查验后始准过境。今刘照魁所领路票内显然开载往寻八卦邪教之王子重，乃竟任其过境，则所谓查验路票者又奚为耶？显系刘照魁经过地方之驻扎大臣等均不以公事为事。其驻扎新疆之大臣等闲居何事而不亲行查验耶？该犯王子重系前因犯罪发往喀什噶尔，赏给回子伯克为奴之犯，理宜严加约束役使。如原指之伯克或有事故革退，或系身故，亦应另指伯克令其约束役使。今役使王子重之伯克业已身故，并未另指伯克役使，以致任其安闲贸易，生计宽裕，尤属非是。明亮等所司何事，乃竟漫不经心，甚属疏忽不堪。设使该处回子等有阴谋戕害伊等之事，伊等岂亦置若罔闻耶？明亮等形同木偶，何用伊等驻扎该处，想因伊等思家念切，竟至昏愦耳。明亮等著严加申饬，并令将各情节明白回奏。"

（卷1384　578页）

乾隆五十六年（1791年）八月辛亥

谕军机大臣等："据遣犯刘照魁供，初由肃州起路票时系店家代恳衙役领取，所过地方亦系各该处店家向兵役商同验票，即换给路票放行等语。除另降谕旨申饬勒保外，刘照魁经过各地方驻扎办事大臣所司何事。过往之人所领路票，合对换给时皆不亲身查验，竟委之店户下人，任其滋弊。似此要犯俱混听换票放行，甚属不堪，绝不以公事为事。著严饬哈密、喀喇沙尔、吐鲁番、库车、叶尔羌、阿克苏、喀什噶尔办事大臣，各令其明白回奏。"

（卷1384　579页）

乾隆五十六年（1791年）八月丙辰

工部议准陕甘总督勒保奏："安西州属敦煌县地方有裁留安西府及沙洲

协都司衙署各一，请将安西府署旧料改建文庙，都司衙署改为训导学舍。"
从之。

（卷1384　582页）

乾隆五十六年（1791年）八月庚午

　　谕军机大臣曰："勒保奏缉获番贼究出青海扎萨克属下蒙古勾通番子抢劫缘由及遵办归并管理二折，已于折内批示矣。青海等处番子相隔遥远，本不便交地方官管理。乃向来俱由西宁办事大臣报明内地，为之缉拿。辗转稽延殊属鞭长莫及，自应遵照谕旨归并西宁办事大臣就近管理。遇有抢掠事件即行上紧缉拿，呼应较灵，自为捷便。至此案蒙古合拉纳杭等胆敢勾通番贼抢窃其主，以致其主伤毙。是即与自戕其主无异，情罪甚为重大。所有拿获各犯俱应不分首从，即于该处正法，以示惩创。其案内未获番贼，据勒保奏若调派官兵入山搜捕，恐沿途番子闻信惊疑，转致激成事端。所见亦是。惟当督饬地方文武选派熟番协同兵役，设法缉拿，务期弋获，严行惩办，毋得稍有疏纵。至邻近蒙古边界番子应如何归并管理，著勒保、奎舒悉心妥议具奏。伊两人共办一事，自应和衷商摧，以期辑宁边境。即二人中遇调，其接任之人亦当彼此同心共济，务期公事有益，方得协恭之道也。将此谕令知之。"

（卷1385　595页）

乾隆五十六年（1791年）九月甲戌

　　又谕曰："勒保复奏，刘照魁上年领票出口，肃州知州涂跃龙辄据店户保结，混行给票。现将涂跃龙革职解送刑部，并自请交部严加议处一折。已交该部矣。此案刘照魁前经军机大臣审讯，业据该犯供明，系假认王子重亲戚，央该处店户在肃州起票。今勒保查询该州涂跃龙又称上年六月有高登科、刘照魁等共四人前往安西佣工，经店户王谦益具保给票，与刘照魁所供不符，自系涂跃龙恐纵令邪教案犯亲戚出口，其咎更重，而蒙混请票，不过失察。是以避重就轻，借辞推卸。现在涂跃龙业已解京，自可与刘照魁质讯。其一同起票之高登科已据勒保查拿，该犯到案后更无难究讯得实。勒保不可因属员搪塞之辞，稍存颟顸了事之见也。将此谕令知之。"

（卷1386　599页）

乾隆五十六年（1791年）九月丁丑

谕："朕披阅刑部进呈甘肃省秋审人犯黄册内，绞犯林中萃逼毙李仲娃子等二名一案。阅其情节，李仲娃子、李进玉儿之父李鸿在日曾典林中萃故父房屋居住，并托林中萃代为完纳房地粮钱。李鸿故后，伊妻韦氏因李仲娃子弟兄年幼，央林中萃管束，并照看家务。迨李仲娃子年长，自理家务，韦氏邀林中萃到家查检帐目。林中萃辄将典房原契窃取烧毁，冀图白索原业，免还典价。后韦氏身故，林中萃欺李仲娃子等懦弱，欲行索房。先借地粮名色向李仲娃子预支十年粮钱，肆行辱闹，嗣复逼腾房屋，李仲娃子以系典业与之分辩，林中萃即向李仲娃子索取凭据，并以若无契纸即行逐出之言恐吓。李仲娃子弟兄查检房契无获，虑被再闹，俱即投缳殒命。此案林中萃与李鸿素相交好，是以李鸿故后伊妻韦氏即托其管束幼子，照看家务。林中萃受其付托，自应悯怜孤寡，顾念交情，为之尽心经理，于情义庶为允协。乃竟心存吞霸，见李仲娃子年长，自管家务，辄乘查检帐目之时窃回典契，烧毁灭迹。迨韦氏病故后，欺伊子懦弱，借端向索粮钱，逼腾房屋。李仲娃子与之分辩，林中萃明知契已窃回，转向诈索凭据，逐令出房，以致李仲娃子、李进玉儿情迫势窘，均即自缢。是林中萃倚仗曾经代理家务，有意欺凌，挟制窘辱，惨毙二命，绝人子嗣，种种狡诈凶残无复人理。该督审明定拟时，即应将林中萃请旨即行正法，乃仅问拟绞候，归入情实，致使该犯得以稽诛年余，办理殊属轻纵。勒保著严行申饬。并著接奉此旨后，将林中萃即行正法。至林中萃霸产欺孤，情理灭绝。伊名下所有产业自不便令其子孙坐享。李仲娃子年已十九，曾否娶妻生子，著该督查明。如李仲娃子已有子嗣，不但李鸿产业应归管理，即林中萃所有产业亦著给予李仲娃子之子一并管业。若李仲娃子并无子嗣，亦应查明李鸿之近支亲属，将李鸿及林中萃产业一并分给承管，以为欺孤绝嗣者戒。至林中萃逼毙一家二命，绝人子嗣，仅将该犯抵法不足蔽辜，并令该督查明林中萃子嗣内再将一人拟绞监候，入于情实。俟明年勾到时再行酌量降旨。"

（卷1386　601页）

谕军机大臣曰："勒保等奏青海蒙古勾通番子抢杀，审明正法。及会议循化、贵德两属番子归并西宁办事大臣管理二折，所办尚好。已于折内批示。并降清字谕旨，令奎舒将纳罕达尔济严行饬谕矣。此案和拉纳罕等勾通抢劫缘由，扎什一经到案，即行供吐实情，将首从多人供出，得以按名缉获。及审讯和拉纳罕各犯时，均各狡展不认。复经扎什当堂指证，无从抵赖，始各供认不讳。是案内首伙各犯若非扎什供指明确，几致凶徒漏网。该犯听从和拉纳罕同行为从，虽有应得之罪，但念其到案供明，指证各犯，尚属畏法。所有该督问拟扎什斩候之处，著加恩宽免。现在案内未获番贼尚多，若须扎什质对，仍著暂留备质，将来无须质证之时，即将扎什释回，俾番众等咸知感励。遇有此等案件不肯互相容隐，庶正犯得以速获，不致稽诛漏网。其案内逸犯蒙古番子等，据扎什供出尚有二十余人，并著勒保等严饬该管各官及纳罕达尔济一体严拿务获，从重治罪。至青海等番子相隔遥远，本不便交地方官管理，向来由西宁报明内地，辗转缉拿，实有鞭长莫及之势。今勒保等遵旨议令归并西宁办事大臣就近管理，遇有抢掠案件，查缉要犯，呼应较灵，办理自为便捷。除将所议章程交军机大臣议奏外，将此谕令知之。"

　　又谕："据勒保等奏，郡王纳罕达尔济旗下蒙古和拉纳罕勾通番子等偷窃扎萨克沙喇布提理旗下蒙古羊只，沙喇布提理追赶，被枪身死一案。业经审明，将贼犯等正法具奏一折。除另降汉字谕旨外，大凡蒙古等皆善于骑射鸟枪，时常猎兽。青海蒙古赋（秉）性庸懦无能，平时番子等聚众来掳牲畜，常不能抵御。今郡王纳罕达尔济旗下蒙古和拉纳罕以番子扎什养为己子，又商同索诺木旺喀勾引番子等偷窃扎萨克沙喇布提理旗下牲畜，戕害扎萨克，更属可恶。纳罕达尔济平日不能严束其下，致有下人勾通蒙古番子偷窃之案，又复怯懦，不能即时派兵追剿，转袒护和拉纳罕，不将贼情禀告奎舒，甚属糊涂无能。奎舒将其章京等带赴兰州。眼同将伊等勾通偷窃之处审明，尚属妥协，理应将纳罕达尔济交该院严加议处。著寄信奎舒传谕纳罕达尔济曰，尔青海蒙古赋性懦弱，以致不时被番子偷窃。今尔蒙古和拉纳罕勾通番子偷窃，尔既不觉察于事前，又复袒护于事后，且云和拉纳罕等并非贼犯，尤属糊涂不堪。今眼同审出实情，宁不知愧。此次姑将尔参奏议处，如再有此等事件，不但官不为代办，并将尔从重治罪，如此严切申饬，明白开导。再青海蒙古及毗连番子等理应各守边界，断不可越境杂处。著奎舒传谕纳罕达尔济，嗣后严饬所属各于境内游牧，不得容留邻境番族潜匿，将现在容留番众查明逐出。如纳罕达尔济不以为事，复有此等案件，必重治其罪。奎舒若因已饬交纳罕达尔济即不严查，复致蒙古番子杂处，亦必一并将伊治罪。"

（卷1386　602页）

乾隆五十六年（1791年）九月戊寅

又谕曰："成德等奏折内称，接壤青海之德尔格部落穷番前赴青海所属尼雅木错、玉舒等番地潜匿，探知有赴藏者回至本地，纠众掠取牲畜物件。请交奎舒，嗣后德尔格番子有往青海所属各处者，无论有无滋事即行缉拿，解赴德尔格交该土妇等语。德尔格部落虽隶川省，多有在接壤青海所属尼雅木错、玉舒等番地居处者。德尔格番子潜赴青海所属番地，探知有人赴藏，擅敢纠众掳掠，情节可恶，理应严行查拿。著交奎舒通饬尼雅木错、玉舒所属各番土千户、百户，各宜严密搜察。现在伊等境内如有潜居之德尔格番子即行缉拿审明。若曾滋事从重办理示惩外，即并未滋事，但与该处番子为子为奴糊口者亦即撤出，妥为解赴德尔格部落，交该土妇，令其严加约束，仍不时留心严查，如有类此潜赴隐居者亦著照办，不可稍有疏懈。所有成德汉字奏片抄寄奎舒阅看。"

（卷1386　607页）

乾隆五十六年（1791年）九月癸未

军机大臣议复陕甘总督勒保、青海办事大臣奎舒等奏："请将循化、贵德两处生、熟各番统归西宁办事大臣兼管。嗣后番地应纳番粮及与汉民交涉命盗案件，仍归循化、贵德文员照例办理。由该管上司核转，会同题咨完结。其番子抢掠蒙古之案径由西宁办事大臣就近缉拿。应如所请。但熟番内向设有千户、百户、乡约管辖，而生番并无头目，其应如何设立之处，仍令该督等再行悉心筹酌，会议具奏。至千户、百户等头目内果有奋勉缉贼之人，应令奎舒奏明，赏戴蓝翎，以示鼓励。此后蒙古等不能自行拿获赃贼，事后指为外来番贼，呈报缉拿者，概不与之办理。再查西宁镇总兵驻扎同城，嗣后如有案情稍大需派官兵之事，应令西宁办事大臣酌量檄调。"从之。

（卷1386　610页）

乾隆五十六年（1791年）九月癸巳

以陕西河州镇总兵玛尔洪阿为福建陆路提督。直隶河屯协副将皂君保为河州镇总兵。

（卷1387　622页）

乾隆五十六年（1791年）九月丁酉

吏部议复乌鲁木齐都统尚安咨称："哈喇巴勒噶逊新设粮员，应建衙署。该处操防兵丁三百名，酌拨数十名就近工作。粮员岁需公费照库屯晶河粮员例，岁支银一百两。额设书识一名，民书一名，召募充补，五年役满，照例办理。该处岁收民粮六百余石，应设立斗级一名，所需壮役在迪化州壮役内拨给四名。仵作一名，在甘肃选拨应用。均应如所请行。"从之。

（卷1387　625页）

乾隆五十六年（1791年）九月是月

陕甘总督勒保奏："甘省地处边陲，驻扎满汉重兵，每岁估拨兵粮及供支料豆，需用浩繁，加以地方赈借等项皆取给于仓储。必须积贮充盈，方可有备无患。甘肃各属常平原额不敷供支，节次奏请买补，惟因缺数过多，随时采买又必须俟丰收之年始可办理。是以历年未能照额买足。查现在各属常平实贮仓斗粮止二百六十余万石，已缺原额粮一百五十余万石，加以本年应支各项及估拨来岁兵糈，又约需六十余万石，统计常平仓贮共不及二百万石，仅存原额之半。若再有动用愈觉不敷。本年甘省夏秋收成并有九分，自应乘此时采买。惟查各属缺额仓粮为数尚多，若全行买补有妨民食。此时请先采买一百万石，拟即由司分饬各厅、州、县领价采买。其价值仍照从前节次奏定章程。如果时价稍昂，即令报明停止。至所需银两应先于司库酌款动支。"报闻。

（卷1387　631页）

乾隆五十六年（1791年）十月壬子

谕军机大臣曰："勒保奏拿获匪犯附天保解京审讯一折。附天保从前在甘肃地方捏称世袭公爵，诓骗店户廖珂给与家信，令至京城住宅投递，保荐廖珂。嗣因廖珂被获，究出附天保诓骗情节。曾经降旨令各该督抚密访严拿，务期弋获。今靖远县知县杨懋德因该犯形迹可疑，禀请咨查解审。经勒保提犯饬委署兰州府知府清安泰严加鞫讯，审出节次撞骗缘由，并提从前被骗之脚户杨应强等认，系附天保属实。并据供出曾在山东滋阳县地方，经兖州府差役盘获，发县审讯，假称武举，取结释放。又在山西五寨县地方犯赌被拿，经该县责处释放各情节。此案附天保闻拿潜匿，事阅六年该府清安泰奉委审讯即能究出实情，尚属留心能事，著送部引见。该县杨懋德因该犯形迹可疑，即行禀明解审，以视滋阳、五寨两县于拿获时任其捏供，仅予杖责释放者尚属认真，亦著送部引见，以示鼓励。勒保能督饬所属审讯得实，不致要犯始终漏网，著交部议叙。至滋阳、五寨两县于该犯到案时不能悉心研究，视为寻常匪犯，就案完结，殊为疏玩。著山东、山西巡抚将该府县查明参处。此等逃匿重犯，各督抚若能严饬所属，上紧查拿，留心侦缉，断无日久不获之理，即如段文经一犯此时如未伏冥诛，亦必因事隔多年，查拿疏懈，变易姓名，混迹平民往来游荡，亦未可定。地方官如果能随时随处认真访缉，自无难将重犯弋获。著各督抚务督饬所属文武员弁，于关津隘口见有形迹可疑者，即行细心盘诘，严密访拿。若能将段文经拿获，必将该地方官立加升擢，毋得视为海捕具文，久而生懈。倘拿获后审出该犯曾在何处逗留，未经查拿究办，必将失察之地方官从重治罪。"

又谕："据保泰等奏称，廓尔喀贼匪来至后藏，入扎什伦布庙中肆行掳掠，将塔上镶嵌绿松石珊瑚等摘去，即皆遁回。又称，唐古忒等闻廓尔喀来侵声息，前藏人众尽皆惊扰，妄行逃避。虽称尊奉达赖喇嘛，而实无爱护之心。达赖喇嘛、班禅额尔德尼不可在藏居住，请移于泰宁或西宁居住等语。所奏竟是狂谬。廓尔喀贼匪侵扰之事，奏到之初朕即谓此等贼匪不难办理，不过稍肆抢掳。一闻内地大兵将至，即当遁归。今果逃遁归去矣。夫自贼匪扰动，保泰即怯懦惊惧，全无措置主见。今贼匪既已遁归，又不追赶剿杀，欲将达赖喇嘛、班禅额尔德尼移于泰宁、西宁，是诚何心。贼众入扎什伦布庙中，只将塔上镶嵌绿松石等物挖去，随即遁归。可见贼匪不过如鼠窃者流，初无伎俩。既已逃遁，正宜尾袭随后攻杀，保泰何并不追赶，乃竟畏葸至欲将达赖喇嘛、班禅额尔德尼向内迁移耶？保泰系纳木扎勒之子，朕念伊曾经驻藏，平日尚属晓事，遣伊往藏办理一切事宜，自必较他人有主见，是以令伊前往。不意顿值此事竟至昏乱惊张，出人意表可笑，亦可恨也。即如雅满泰尚知上紧追贼，此犹略有人心。保泰如此怯懦，实属不堪。今贼已退回，而欲将达赖喇嘛、班禅额尔德尼内移，是竟将藏地弃舍乎？设使贼人得据藏地，更思进取，遂将察木多、里塘、巴塘渐次退让，并将成都亦让与贼人，有是理乎？藏地乃皇祖皇考再三动用兵力略定之地，不惟不可因此小丑骚扰遽行弃置。且藏地弃而不取，令达赖喇嘛、班禅额尔德尼及其徒众安插何地，甚不成事。此断非雅满泰之意。雅满泰前曾办理此事，若果有其意亦必具奏矣。此必保泰之意。朕自御极以来，累年办理大事从无畏难，众所稔知者。今八旬有一，临御五十六年，岂有处此区区小丑之事反至为开门揖盗之举乎？保泰即不自思，视朕为何如主也。保泰之意不过以为将达赖喇嘛、班禅额尔德尼移于泰宁或西宁居住后，伊便可脱然归家，坐享安逸。不意纳木扎勒而竟生此子，保宁而有此弟也。将此令保宁阅看，想伊亦必痛恨其弟也。仍著交鄂辉到藏时传旨，将保泰用重枷永远枷号，在该处示警。查明保泰之子有居官者，著革职以示儆戒。达赖喇嘛、班禅额尔德尼居住前后藏，扶持黄教，振兴佛法，历年甚久。凡蒙古、番子等无不瞻仰藏地。朕如此办理者，原为维持黄教起见。著将此旨传示在京之呼图克图、喇嘛等，俾知朕矜悯达赖喇嘛、班禅额尔德尼及全境唐古忒人众，维持黄教之意。再以蒙古文译出，遍谕中外各蒙古人等知之。"

（卷1388　642页）

乾隆五十六年（1791年）十月甲寅

又谕："昨召见新放河州总兵官皂君保，不能清语，人亦平常，竟似汉人气象。河州地方紧要，皂君保恐不称职。著传谕勒保令由该省总兵内拣选妥干之员调补河州，皂君保到时另以简缺补用。"寻奏："调皂君保为陕西兴汉镇总兵，兴汉镇总兵保兴为河州镇总兵。"从之。

（卷1388　646页）

乾隆五十六年（1791年）十月己未

谕："廓尔喀贼匪侵扰后藏一事。朕于保泰初奏到时即料及贼匪无能，不过志在抢掠，亟思窜回，节经降旨指示。保泰等在彼若能稍知调度，督率堵御，贼匪自不敢扰及后藏。及保泰怯懦性成，一筹莫展，惟知张皇其事，纷纷远调滇省及各处官兵赴藏援救，甚至咨会青海地方，令其防备。竟不思及各处地方距藏辽远，官兵抵藏，贼已早窜。徒使多兵坐食，糜费军粮。况前后藏地窄人稠，盖藏亦少，现经贼众抢掠，若骤添各处调派之兵，必致不敷支食，将来大兵进剿之时，转致粮饷缺乏，采办维艰。经朕屡次将所调官兵停其进发，届期再行调往。倘如保泰所奏，劳师糜饷，扰累番人，更复成何事体。本日据保泰奏，贼匪逃遁后，戴绷等追至僧格仔地方，贼匪因携带物件累重，自行烧毁，仍由撒迦一路逃回等语。贼匪无能已可概见。从前贼匪侵犯时，保泰亲往后藏，果能督率堵截，无难痛歼贼众，亦何至扎什伦布等处为其蹂躏，无如保泰一味畏葸，甫闻贼至信息，即带同班禅额尔德尼退至前藏，以致扎什伦布喇嘛等无所倚仗，各思奔避。而孜仲堪布等复于吉祥天母像前占卜，妄托神言惑众，人心涣散，使贼匪得以乘虚占据，肆意抢掠。是扎什伦布并非贼匪所能攻陷，竟系保泰委之于贼，又何异开门揖盗耶？且保泰既将后藏失去，避至前藏时又欲将达赖喇嘛、班禅额尔德尼移往泰宁。犹幸达赖喇嘛及各寺堪布、喇嘛等深知大义，坚词以拒，未经内徙。及贼匪逃窜后，保泰仍欲仗官军之威，劫达赖喇嘛、班禅额尔德尼移至泰宁或西宁等处，竟弃藏地与贼，真成笑语，不意其悖谬至此。试思卫藏为崇奉黄教之地，各蒙古番众素所皈依，今一旦将达赖喇嘛、班禅额尔德尼移至泰宁、西宁地方，不特众蒙古、番众无从瞻仰，即该处僧俗人等亦皆为贼所掳。贼匪原因后藏空虚始行占据，设前藏亦无人守御，贼匪亦必乘虚而入，从此逐渐侵占，则察木多、巴塘、里塘等处亦将委之于贼，有是理乎。保泰如此恇怯昏愦，惟思率先退避以全其身，而于贼匪情形从未奏及。即不能奋勇打仗，亦当擒一生口详询贼众虚实。即雅满泰尚知赶赴江孜防守，而保泰竟安坐前藏，株守不前。种种贻误，其罪甚大。该处孜仲堪布喇嘛占卜惑众，已令鄂辉等将首先起意之人查明办理，并将保泰革职，在该处永远枷号。及伊子有官职者全行革退，尚不足以蔽辜。著鄂辉等到藏后将保泰唤至达赖喇嘛、班禅额尔德尼前，对众眼同传旨，重责四十板，再行枷号。仍将谕旨内指出保泰种种贻误缘由向达赖喇嘛、班禅额尔德尼、济咙呼图克图及各呼图克图大喇嘛等明白宣示，以服其心。并令保泰据实登答具奏，至贼匪来藏侵扰，若不过因索欠起衅，在边境抢掠。原不值兴师大办，今竟敢扰至扎什伦布，则是冥顽不法，自速天诛。此而不声罪致讨，何以安边境而慑远夷耶。朕临御五十六年，平定准部、回部、大小两金川，拓地开疆，远徼悉入版图。况卫藏为我皇祖皇考戡定之地，久隶职方，僧俗人等胥沾酝化，百有余年。况该处为历辈达赖喇嘛、班禅额尔德尼驻锡之地，蒙古、番众素所崇奉，若任小丑侵凌，置之不问，则朕数十年来所奏武功，岂转于此等徼外么麿。不加挞伐，是此次用兵，实朕不得已之苦心。此天下臣民所共见者，并非好大喜功，穷兵黩武也。著将前后办理缘由通行宣谕知之。"

（卷1389 650页）

乾隆五十六年（1791年）十一月癸酉

谕军机大臣等："现令福康安前赴西藏，由青海一路行走。令勒保、奎舒将青海众扎萨克马匹调拨西宁关外，听候福康安等到时乘骑。朕为办理廓尔喀之事，宵旰焦劳，此时令福康安昼夜遄行，计限四十日即抵藏中，将彼处情形速为奏闻，朕心始得稍慰。今思西宁至藏尚有三千七百余里，倘中途不换马匹，由青海直骑至藏，恐马力疲乏，转致欲速反迟。著奎舒将马匹预备二分，其一分仍于西宁关外等候，俟福康安等一到即用，不致迟误。再另备一分，先派妥员押送至尼雅玛善地方守候，以备易换。但青海一路有水草之地，远近不一，倘扎萨克赶办马匹一时不能全到，或即将绿旗之马通融办理，亦无不可。现在勒保在兰州，无甚紧要应办之事。兰州至西宁尚近，著勒保即速起程前往西宁与奎舒面晤，熟筹妥议，务期勿分畛域，公同商办。再藏内折奏向由四川一路赍送到京，程途遥远，亦甚纡折。虽限行六百里，往还亦需五十余日。今查西宁到藏，路平且近，较为便捷。著勒保、奎舒即将甘肃各营及青海众扎萨克等之马调拨数十匹，从西宁至藏界，仿照康熙年间之例，安置驿站，专为驰送藏中来往奏折之用，并按站分派弁兵，赍领驰送，以专责成。至海兰察等带领巴图鲁、侍卫、章京及调遣索伦兵一千名，亦即陆续起行，由西宁前往。伊等所骑马匹及应用锅帐等物亦著勒保、奎舒预为料理，毋致临时竭蹶。朕又思驿站事务最关紧要，若仅责诸弁兵等办理，究恐未能妥协。甘肃藩司景安身系满洲，且系地方大员，理应随同经理。又西宁办事大臣衙门内现有蒙古章京，可派令办理站务。著勒保、奎舒即传谕景安及该章京等随同福康安从西宁至青海一路，妥协预备，即留章京在彼查察。景安随福康安至藏会同该处理藩院章京，将藏中回至青海沿途台站之事妥为安顿，景安方可回任。至景安起程赴藏之时，所有甘肃布政使印务即交按察使署理，将此各谕令知之。"

（卷1390 669页）

乾隆五十六年（1791年）十一月甲戌

谕军机大臣等："现在剿办廓尔喀，令福康安带领章京等赴藏，由青海一路行走。复令海兰察率领巴图鲁、侍卫、章京等随后起身，并调遣索伦兵一千名到京一同前往，俱从西宁出口。所用青海众扎萨克马匹稍多，众蒙古虽俱系身受重恩之人，自应遇事出力，但朕心甚为轸念，著勒保、奎舒将此次需用马匹通计若干，即照从前平定准噶尔之时采买马匹价值，按数分给。并著奎舒晓谕众扎萨克等，俾共知朕恩施体恤，有加无已至意。再昨降谕旨，令藩司景安随同福康安至藏，并著派西宁及藏中蒙古章京沿途往来，巡察台站。但思此路站远途长，恐两处部院章京尚不敷用。著勒保于通省满洲道员中择其能事者，再派数员一同专管巡察，毋致贻误干咎。"

（卷1390　671页）

乾隆五十六年（1791年）十一月丁丑

又谕："现派海兰察带领巴图鲁、侍卫、章京一百员，副都统乌什哈达、岱森保带领索伦达呼尔兵一千名前往西藏。由直隶、河南、陕、甘前赴青海一路行走，经军机大臣酌拟日期，分拨起数，陆续起程前往。所有经过各省沿途需用车辆马匹廪给等事，自应专员经理无稍贻误，俾行走得以迅速。直隶著派阿精阿，河南著派吴璥，陕西著派和宁，甘肃著派郑制锦，各该员务须督率所属，来往照料，以副委任。"

（卷1390　673页）

乾隆五十六年（1791年）十一月乙酉

谕军机大臣等："据勒保奏，预备福康安等由西宁出口应用马匹，办理甚为妥速，无分畛域，殊属可嘉，著赏给大荷包一对，小荷包四个，以示奖励。想勒保此时已接到令伊往西宁与奎舒商办之旨，业经起行前往。再前经降旨，令每兵应备马二匹以资乘骑，但思道里遥远，现届冬令，正值乏草之时，恐中途不无倒毙。著传谕勒保、奎舒将青海扎萨克之马按照每兵一名给马三匹，仍遵前旨，给予原价。途中既可轮替骑坐，到藏后亦可多得战马，岂不两有裨益耶？将此各谕令知之。"

（卷1390　682页）

乾隆五十六年（1791年）十一月丁亥

谕："前令福康安、海兰察等分起带领官兵由西宁一路前赴西藏。所有应行骑带马匹等项关系紧要，特降旨交勒保妥为筹备。兹据该督奏，官兵应需裹带口粮及雇备驼只、驮运各事宜均经勒保酌定数目，饬令附近各属预为雇就。官兵一抵西宁即可分拨驮载，依期前进。办理实为妥速，勒保著交部议叙，以示奖励。"

（卷1391　684页）

乾隆五十六年（1791年）十一月戊子

又谕曰："勒保奏，接准奎舒来咨，称青海口外俱系草地。时值隆冬，冰雪甚大，炊爨维艰，牧饲缺乏。勒保现赴西宁与奎舒面同商办等语。览奏又增焦虑，同日据奎舒奏到折内只系接奉谕旨筹办情形，而于青海出口一路难以行走之处并未奏及。此事前因奎舒驻扎青海，是以降旨令其会同勒保筹备妥办。今奎舒既以青海一路雪大难行，如果情形属实即应据实具奏，乃折内并无一语。转咨会勒保并令笔帖式远赴兰州面禀，明系意存推诿，以特旨交办，关系军行紧要之事，其可办与否自当直奏，乃竟视同隔膜，心存取巧。著传旨严行申饬。至青海一路虽冬令冰雪较大，但该处需应马匹口粮等项俱经勒保预为筹备，且冰雪融化即可成水，其马草牛粪拨开积雪亦不难于捡拾应用。况据勒保奏称，山路极多，岂无林木丛薄。海兰察及巴图鲁、侍卫、章京等多系东三省人，素耐寒冷。索伦达呼尔兵尤系生长边寒之地，更无虑其不能在冰雪中行走。福康安受朕重恩，又正年力富强，素性奋勉。岂有海兰察等能行之路，而福康安转不能前往之理。但朕亦不强人以所难，此事特令福康安迅速赴藏，原因鄂辉、成德漫无把握，不得该处确实情形。必须福康安到彼将一切事宜熟筹具奏，稍慰朕宵旰焦思。若青海一路实有万难行走之势，而福康安不肯遽行直陈，临期或致耽误，是欲速反迟，于此事大有关系。今竟交福康安与勒保二人面为熟商，主持定见，切勿游移两可。如青海草地尚可设法行走，福康安竟当决计取道前进，或将随从人等减之又减，并将携带行装另分一路，随后续行。福康安即轻骑遄程，以期速抵西藏。朕可早得奏报，方为不负委任。此事惟在福康安与勒保熟筹定议。现在惠龄已经到京，业将一切机宜面为指示。二三日内即令起程赴藏，协同商办。务将剿办诸事与之悉心妥酌，以期迅速蒇事。"

（卷 1391　685 页）

乾隆五十六年（1791 年）十一月己丑

军机大臣审拟附天保情罪具奏。得旨："附天保即夏应珑，著即处斩。"

（卷 1391　687 页）

乾隆五十六年（1791 年）十一月辛卯

吏部议奏："陕甘总督勒保奏称，遵旨将甘肃贵德县丞改设同知。查通省同知五员，俱分驻要缺，不便裁移。应于贵德特设同知一员，定为繁疲难要缺，在现任同知、州县内拣旗员题请升调。刑名钱谷均改归同知审办造报，由西宁府审解核转，改给关防。添建监狱，俸薪养廉衙署，典吏役食俱酌为增添，县丞一缺即行裁汰。应如所奏办理。"从之。

（卷 1391　689 页）

乾隆五十六年（1791 年）十一月丁酉

谕："前因令福康安、海兰察等分起带领官兵由西宁一路前赴西藏。勒保预备应行骑带、马匹、口粮等项，办理尚为妥速。曾降旨将该督交部议叙。今据勒保奏，现在驰抵西宁，前调蒙古马匹尚未到来，已专差通事执持令箭前往各扎萨克游牧处所飞调严催等语，所办殊属过当。此时进剿官兵尚未至京，何必过事张皇，先行催调，致滋扰累，办理实属错误。除降旨严行申饬外，所有前次交部议叙之处著即撤回。倘再不能妥协办理，必将勒保治罪。"

（卷 1391　693 页）

乾隆五十六年（1791 年）十二月壬寅

谕军机大臣等："前因勒保奏青海出口一路冰雪较大，柴草维艰，途中恐有阻滞，是以降旨令福康安到西宁后与勒保、奎舒面商定议。若青海一路势难行走，即改道仍由四川赴藏。然朕屡向军机大臣言及，以福康安素性勇往急公，能耐劳苦，如青海道路稍有可通，伊必不辞辛苦仍由青海前进。今览奏，果与朕言适相符合。且称兰州一带气候较往年和暖，此实上天垂佑，额庆之余，益深敬感。现在福康安既坚持定见，由青海一路进发，嗣后所降谕旨，俱由四川驰递。青海一带已令勒保毋庸安设台站，俟明春官兵过竣，再行随后设站安台。又前令海兰察到西宁后即将所带巴图鲁、侍卫、章京等暂驻西宁，俟乌什哈达、岱森保所带索伦达呼尔兵到齐后一同管领进发。今福康安既由青海行走，抵藏较早，而勒保所备马匹过多，现在尚有三千余匹，尽为宽裕。其暂驻西宁等候，分起带兵之巴图鲁、侍卫、章京等，福康安酌量情形，如有应须带同前往以备差委之处，先带一起、半起同行，预备军前效用，更为得力。如无可用处，仍令其暂驻西宁，等候索伦官兵一同进发，更可节省马力。"

又谕："此次所派索伦等兵不过一千名，骑驮马匹三千已足敷用。今青海蒙古等已办马三千匹，又预备一千五百匹，为数已多。勒保乃于各营内预备马千余匹，又令阿拉善王旺沁班巴尔办马一千匹，实为多事，试思一千余名之兵何需马至七千余匹之多。况索伦兵于本月二十间始能至京，及至西宁已须二月初旬。此项马匹若于月内齐到西宁，并无牧厂喂养，反致瘦损，办理尤为错误。勒保著严行申饬，仍交部议处。所有青海蒙古等预备马匹除留存三千匹备用外，余俱著速行停止。朕平日抚恤内外各扎萨克蒙古等，惟使安乐得所，不肯稍致劳瘁。此次因剿办廓尔喀，官兵经西宁行走，需用马匹，不得不交青海蒙古等备办。是以前经降旨，特令照从前采买价值给与，以昭体恤。盖青海蒙古等非内扎萨克可比，牲畜不甚充余。现当天寒雪大，牧厂平常之际备办三千匹，即不能不形拮据，乃又令多为预备，实为劳苦已甚。朕心深为不安。勒保接奉此旨，著晓谕青海扎萨克等，以尔等所办马匹甚属妥速，急公奋勉，皇上极为嘉悦。今止需用三千匹，余俱无庸预备。其三千匹亦且不必即时送来，俟官兵将至西宁，再行调取，并于其来时即照数给价，毋使稍有拖累。"

（卷1392　698页）

乾隆五十六年（1791年）十二月戊申

以故……西宁白利族百长扎什丹津子班马旺庆各袭职。

（卷1392　704页）

乾隆五十六年（1791年）十二月庚戌

谕军机大臣曰："福康安一到西宁，即将青海道路访询确切，定于十二月初一日吉期起程前进，与朕心适相符合，实能仰体朕怀，克副委任，嘉慰

不可言喻。且折内称，近日天气和暖，为西宁边地所罕见，此实上天护佑之
嘉兆，曷胜额手感谢。看来事机顺利，明春大举进剿，定能速奏肤功。从此
得以稍舒驰廑，迓岁迎祥。欣慰之余，有何可谕。至勒保、奎舒于福康安未
到之先，将应用驼马、帐房、口粮、柴薪等项设法赶紧筹办，并安设台站，
雇觅熟习番子作为向导。福康安一抵西宁，得以定期遣发，所办俱属可嘉。
勒保前次议处之处即行宽免，并著加恩与奎舒一体议叙，藩司景安亦著赏戴
花翎。又据奏现在应用之马匹、驼只等项，经勒保设法赶办，传到蒙古扎萨
克等多方晓谕，安设军台均已预备齐全等语。前因索伦达呼尔兵前抵西宁尚
需时日，曾经谕令勒保等青海一路此时且无需设站安台。今青海扎萨克郡王
索诺木多尔济等于福康安接见时，据称情殷报效。该处新设台站，例有属下
蒙古等坐台，距伊等游牧地方不远，请赴各台就近稽查等语。该扎萨克等踊
跃急公，言词肫切，实属可嘉。特发去大小荷包交勒保、奎舒转行赏给，以
示鼓励。其驻扎各站蒙古官兵，俱照绿旗官兵之例，赏给盐菜、口粮。其余
在事出力之扎萨克以上王公、台吉，著一并查明具奏，另行分别奖赏。至海
兰察等前经谕令暂驻西宁，俟乌什哈达、岱森保所带索伦达呼尔兵到齐，再
行管领进发。今福康安、勒保预备马匹尽属宽裕，与其留存等候，徒费喂
饲，莫若令海兰察及巴图鲁、侍卫、章京等无须驻扎西宁，即于此时接续前
进。伊等不过一百余人，即加以跟役人等所需骑用马匹亦无须用至一千之
多。而随后遄行，可期及早抵藏。彼时贼匪或尚在边界逗留，即可令海兰察
等带领官兵跟踪剿杀，更为得力。计此旨到时，福康安已由青海行走二十余
日，该处道路情形及气候光景自已可悉一切。即著福康安细加酌量，如青海
一路可以通行无阻，即飞咨勒保，告知海兰察等，令其无须驻扎西宁等候官
兵一同起程前进，或作为一起行走，或分作数起，俱无不可。总以计算马力
酌量行走，此事惟在福康安相度情形，自行定夺，咨明办理。"

（卷 1392 705 页）

乾隆五十六年（1791 年）十二月甲寅

谕："据奎舒奏，青海蒙古扎萨克等所进马一千匹，遵旨给回。据各王
扎萨克等恳称，伊等区区微诚，所进马匹如不收纳，心实不安等语。前因各
王扎萨克等备办马匹，迅速急公，朕甚嘉悦。惟因为数过多，是以降旨给

回。今各扎萨克等以受朕恩至重，毫无仰报，恳称若不纳伊等马匹，心实不安。殊为诚切，朕深嘉之，著交奎舒将伊等所进马匹，即照所请收纳应用，俱照数发给价值，以示朕嘉与忧悯之意。"

谕军机大臣等："据勒保奏，口外一带近日天气较往年和暖，途中水草不致缺乏。海兰察所带巴图鲁、侍卫、章京等不过百余人，所骑马匹亦属无多，若俟福康安信来，又稽时日。著传谕海兰察与勒保商酌，带同巴图鲁、侍卫、章京，即照在内地行走起数，由西宁启程进发，可以及早抵藏。至索伦达呼尔兵现已陆续到京，于本月二十外可以起身，计抵西宁后，已属春融。该处马匹备办宽余。即著勒保令带兵之乌什哈达、岱森保率领兵丁，随到随行，以期迅速抵藏。若彼处贼匪尚在聂拉木等处边界逗留，正可令海兰察等带领此项劲旅直前追剿，奸戮无遗，而藏内僧众番俗人等见有官兵早到，人心亦可镇定，于剿捕机宜，实为得力。"

（卷1392　710页）

乾隆五十六年（1791年）十二月庚申

谕："前因勒保驻扎西宁办理赴藏驼马、口粮等项及口外安设台站，俱极妥协，节经降旨奖叙。兹据福康安奏，由西宁出口后，于初九日行抵贡额尔吉地方，沿途马匹等项均无贻误。其海兰察并巴图鲁、侍卫、章京及兵丁等各起应用之马匹、口粮等项，俱经勒保预为筹备，诸事定有章程。海兰察等及后起兵丁一到西宁，即可随到随行等语。此次福康安等前赴卫藏，由青海行走。从前奎舒奏报情形未免存畏难之见，嗣经勒保驰赴该处督率所属，调度筹办，所有驼马、军装、口粮、柴薪等项一切预备齐全，足敷应用。且口外一带应设台站，不分疆界，亦经分派各员，查照旧日章程逐站安设，俾邮递得以迅速。办理诸事井井有条，实属可嘉。除已交部议叙外。勒保著加恩给予太子太保衔，以示优奖。"

谕军机大臣曰："福康安奏，出口以来天气晴朗等语。青海一路冬令严寒。今气候和暖，遄行无阻，此实上天嘉佑。欣慰之余，倍深敬感。惟望福康安早抵该处，查明贼匪情形，迅速驰奏，以慰盼望。折内称口外台站业经安设，及知会海兰察等不必暂住西宁，等候索伦达呼尔兵丁，竟由西宁即行出口。其索伦达呼尔兵亦令由青海前进，所见俱与节次所降谕旨相同，实属可嘉。本日正值封篆之期，接到此奏，朕怀嘉悦。具见事机顺利，佳兆先征，迓岁迎禧，倍增喜庆。特解亲佩荷包一个以赐，用示优眷。"

（卷1393　714页）

乾隆五十六年（1791年）十二月丙寅

谕曰："勒保奏青海扎萨克贝子罗布藏色布腾等感激朕恩，以大兵进剿廓尔喀，情愿随同照料，亲往新设台站巡查，实为出力奋勉，殊属可嘉。著即加恩将贝子罗布藏色布腾赏贝勒衔，公达玛琳赏贝子衔，台吉达什车木伯勒赏公衔，以示朕眷恤嘉奖之意。"

（卷1393　717页）

乾隆五十六年（1791年）十二月己巳

谕："据勒保将预备驼马巡察驿站之出力众王公扎萨克等，查明分列等第具奏。青海王公扎萨克等俱知感激朕恩。此次军行支办驼马均能妥协，又请前赴驿站巡查，实为奋勉可嘉。著加恩将列为一等之贝勒济克默特伊什、德哩巴勒珠尔、贝子车尔登多尔济、齐默特丹巴、扎萨克察罕诺们罕每人各赏大八丝缎二匹、五丝缎二匹。其列为二等之王纳罕达尔济、贝子罗布藏色布腾、公根敦端多布、喇特纳锡第、达玛琳、扎萨克萨木都布扎木素、噶勒丹丹忠、吹忠扎布达什、车木伯勒班第每人各赏大八丝缎一匹、五丝缎一匹，以示奖励。"

（卷1393　719页）

乾隆五十六年（1791年）十二月是月

陕甘总督勒保奏："海兰察及巴图鲁侍卫等于十五、十六、十八等日行抵西宁。臣与熟商，俱陆续进发，毋庸停待。随将应行裹带等项分配，用驼只运送。马匹照依品级，按例分给。又念口外站远草枯，马力恐易疲乏，于应得例马外，再给余马二百余匹，以资长途替换。且到军营即可多得战马，拟照自京启程起数于十九、二十、二十一等日启程出口。至索伦达呼尔兵，约计头起到西宁时，当在新正下旬。已谕令青海各扎萨克将所办马匹，于各旗妥为牧放，临期传调，自可不误。"得旨："欣慰览之，可嘉之外无可批谕。汝诸事皆如朕旨先办，加恩固当也。"

又奏："军机大臣议将蒙古边界番众归并西宁办事大臣兼管，应于生番内设立千户、百户头目管束，令臣酌议。查循化、贵德生番居住深山，各就水草游牧，打牲插帐，搬移无定，与内地语言不通，从不肯入城见官。今欲设立头目，传谕则必躲避不前。若亲至其地，代为选择，又恐番性多疑，张皇惊扰。应请暂仍其旧，惟饬地方官广为化导，俾稍知法度，俟情意渐孚，然后将番众所钦服者赏给千户、百户职衔，责令管策。"得旨："所见是，且此时亦无暇及此。"

（卷1393　721页）

乾隆五十七年（1792年）正月丁丑

谕曰："勒保奏护理庄浪土司印务鲁孙氏呈称，近闻大兵进剿廓尔喀，情愿赶办干柴十二万斤以备应用。现据该土司于十一月内将所办干柴照数运至丹噶尔交纳等语。庄浪土司鲁璠在日于剿捕甘肃逆回时曾经随征出力，赏戴花翎。今鲁孙氏一闻大兵进剿廓尔喀，即请备柴薪十二万斤运至丹噶尔地方以资应用。边徼土司系属女流，能知大义甚属可嘉，著赏给大缎二匹，伊子鲁纪勋现在年已十五岁，即著承袭指挥使世职，并加恩赏戴花翎以示奖励。"

（卷1394　728页）

乾隆五十七年（1792年）正月庚寅

谕："据福康安奏，将出力之青海蒙古王公、台吉等查明开列名单请旨等语。此内将从前业经加恩者开除外，其扎萨克公根敦端多布此次往返巡察台站，甚属出力。根敦端多布著加恩赏戴花翎，台吉罗布桑垂多尔济著赏给大缎一匹，主事通福亦属出力，著交部议叙。"

（卷1395　734页）

乾隆五十七年（1792年）正月辛卯

又谕："此次派出索伦达呼尔兵丁前赴卫藏进剿廓尔喀，所有带兵官员及兵丁等业经加恩，分别赏赉，但该兵丁等冲寒远涉，均堪轸念，著勒保于该官兵行抵西宁时，加恩每兵每名各赏给银二两，以资用度。至青海一带新设台站，该处道里遥远，所有坐台之蒙古兵丁等在彼常川伺候，亦属劳苦，亦著交勒保每兵每名一体各赏给银二两，以示体恤。"

（卷1395　735页）

乾隆五十七年（1792年）正月癸巳

谕军机大臣等："西宁至藏一带新设台站，原以利军行而速驿递。昨据福康安奏，经过青海地方军台，其台站兵丁口粮按月裹带并无敷余，已飞咨勒保速筹接济等语。可见该处道远站遥诸多未便。前因打箭炉一带本有台站文报往来，向无迟滞，是以谕令福康安与勒保札商，将西宁至藏新设台站即行撤去。今思该处情形，万难持久。著传谕勒保、鄂辉即将新设台站于索伦达呼尔兵过竣后，以次撤回，其藏地新设台站亦以次随撤。福康安竟不必与勒保往返札商，致稽时日。"

（卷1395　736页）

乾隆五十七年（1792年）正月甲午

谕："据勒保奏宁夏府知府隆兴、巩昌营游击雷仁委办青海口外安设台站，又带领甘肃兵弁前赴台地，逐台分安，甚为出力等语。隆兴、雷仁俱著加恩赏戴花翎，以示鼓励。"

（卷1395　736页）

乾隆五十七年（1792年）正月乙未

谕："据奎舒奏郡王纳罕达尔济呈称，情愿照料索伦兵丁，送至青海西境。当即照伊所请，准其护送等语。纳罕达尔济感朕深恩，情愿跟随头队索伦兵丁沿途寻觅有水草之地，护送至多伦巴图尔地方，暂行守候，俟各队兵丁全行过境后，仍前往巡查新设台站。所请甚属可嘉。著加恩将纳罕达尔济从前因伊旗下蒙古将唤去之番子引诱为盗案内，部议所罚十年王俸尽行宽免外，仍赏给大缎二匹，以示奖励。"

（卷1395　736页）

乾隆五十七年（1792年）二月丁未

陕甘总督勒保奏："青海一带台站，原因福康安及海兰察等各起官兵由此出口，不可不安设军台，以利遄行，而供驰递。第该处水草不便，官兵口粮难以接济，马匹牧饲维艰，兹奉旨令俟索伦达呼尔兵过站后以次撤回。此后福康安奏报之折竟由打箭炉一路驰递。惟查福康安于开印前已可早抵西藏，所有彼处贼匪情形以及进剿事宜，即有飞章陆续奏报。此时五起索伦达呼尔官兵约二月初十日内可全行出口。请俟福康安将一切文报改由打箭炉一路发递后，知会到日，再将青海台站撤回。"得旨："所思甚妥，即如议行。"

（卷1396　747页）

乾隆五十七年（1792年）二月辛亥

谕："此次进剿廓尔喀，派出索伦达呼尔兵丁。前经加恩赏赉，并特降谕旨，每兵每名各赏银二两，以资用度。本日据海兰察奏，于正月二十五日行至多伦巴图尔地方，途次遇雪二次，间有瘴气等语。该兵丁等此次由青海行走，冲寒远涉踊跃从征，殊堪轸念。著再加恩于该兵丁等抵藏后，每兵每名各赏给一月钱粮，以示优恤。"

（卷1396　749页）

乾隆五十七年（1792年）二月丁巳

陕甘总督勒保复奏："伊犁等处换获哈萨克马匹拨补内地营马，衰多益寡，良有裨益。惟是奉行之始，陕甘两省每年拨补马匹不过二千余匹，至五十三年以后计需三千余匹，为数较多。伊犁等处近年与哈萨克所换马匹好者甚少，长途解送已多疲乏，必喂养数月方能䐛（膘）壮。因此绿营人等不免有畏艰之见。现在伊犁等处因与哈萨克换马无多，不敷拨解，奏准停给一半，嗣后马匹从口外解到时，自当详加挑验，据实核办。"得旨："亦有旨谕保宁矣。"

（卷1397　757页）

乾隆五十七年（1792年）三月甲戌

又谕："据勒保奏金县知县员缺，请以巩昌府经历张师升升署一折，已批交该部议奏矣。该督因张师升系佐贰人员，未经保举卓异，且历俸未满五年，与升署之例种种不符，辄另加夹片，恳恩俯赐允准。朕于各督抚保奏升署州县等员，如实有人地相需之处，即与例不符，经部议驳，俱特降旨允行。岂有关系地方事件稍为忽略者，该督即为要缺需员起见，亦只应照例陈奏。朕自能随时酌量准驳，又何必夹片声明，希邀恩准。若俱似此纷纷渎请，则凡与例不合人员，岂一经保奏，即应尽人予以升调，殊与吏治有关，勒保所奏非是，著饬行。"

又谕曰："勒保奏此次福康安等及各起带兵官员由西宁赴藏。甘肃提标马匹膘分平常，经该督驳换补解，仍有不堪备用之马。请将提督苏灵交部议处等语。苏灵所办马匹膘分平常，致干驳换，其补解之马仍有疲瘦难以备用者，实难辞咎。苏灵著交部严加议处。其勒保所奏承办军需，在事出力之西宁镇总兵富尔赛、西宁道蔡廷衡、安肃道福庆、皋兰县知县应先烈，俱著交部分别议叙，以示奖励。"

（卷1398　770页）

乾隆五十七年（1792年）三月丙子

谕军机大臣等："前因民间私销私铸，搀使小钱。节经降旨，令各督抚严定章程，通行禁止。嗣据直隶、山东、江苏、浙江、江西、两湖、两广、四川、云、贵、陕西各督抚，将查办饬禁缘由陆续奏到，而福建、甘肃、安徽、河南、山西等省如何办理之处，迄今未据复奏。此等私铸小钱，搀和行使，于钱法大有关系，而小民趋利若鹜，种种弊端各省皆所不免，自应一体饬属实力查办，其福建、甘肃等省有无此等弊端，及如何严定章程，设法查禁之处，自当据实具奏，何以迟之许久，尚未奏到。著传谕各督抚，即将各该省现在作何办理，并有无弊端之处迅速具奏，毋得任意拖延，致干咎戾。"

（卷1398　773页）

乾隆五十七年（1792年）三月戊子

谕："甘肃提督苏灵前据勒保参奏，备办带兵官员由西宁赴藏马匹膘分平常，经该督驳换补解，仍有不堪备用之马，业经降旨，将苏灵交部严加议处，将来部议上时自应离任。苏灵著即来京候旨，其甘肃提督员缺，著乌大经前往署理，俟服阕后再行实授。"

（卷1399　783页）

乾隆五十七年（1792年）三月是月

陕甘总督勒保复奏："甘省地处沿边，并不出产铜斤，亦未设有钱局，向无私铸私销，但恐小民趋利由邻省夹带小钱，搀杂行使，前经立限收缴，现仍督饬所属实力稽查。"得旨："持之以久可也。"

（卷1399　792页）

乾隆五十七年（1792年）闰四月丙戌

谕军机大臣曰："勒保奏请捐办马五百匹解赴军营应用一折，全无实济，所谓能言而不能行。此项马匹解赴军营须由四川打箭炉前赴卫藏，复由卫藏解至军营。程站窎远，马匹在途行走势不能不多延时日。福康安等进剿贼匪断无俟此项马匹骑用。再行进兵之理，即马匹解到军营，福康安等大功想已告竣。是此项马匹竟属无用，尤为多此一举，勒保岂竟不计此道路情形及行走月日耶？明知其无及而姑为是言耶？况由成都省城以至打箭炉出口后，在在皆崇山峻岭，路径险窄，即四川各营马匹因山路难行，鞭长莫及，尚未经调赴军营以资应用。若由甘肃解赴四川，又由四川出口解至军营，路途更为遥远。计马匹行至成都即不能保无疲乏，况出口后叠经山路，更安能长耐劳苦，即如昨冬福康安等由青海一路行走，所骑马匹途次尚有更换。行抵前藏已多疲乏，难以骑用。且打箭炉以外至卫藏一带，跬步皆山，俱系硗瘠之区，水草缺乏，尤非西北口外有游牧处所者可比。以五百匹之马经行该处，必至缺于喂养。现在打箭炉以外运送军粮、火药等项，所办乌拉尚多掣肘，而勒保折内遽称此项马匹，自甘省起至成都，所需解费草干等项俱由勒保捐备，交委员带往，并飞咨陕西、四川督抚，沿途多拨夫役，官为照料。其至成都出口以至军营，拟交孙士毅查收。另委妥员转解前往等语。试思马匹数至五百，安有多人为之解送，又何从得有如许水草为之牧饲。勒保惟知自甘省至成都应需解费草干，出资捐备，自以为办理周到。而自成都出口以至军营，仍交孙士毅派员转解，伊仍置之不管，是所办亦太费周章矣。勒保止知意在见好，而不顾其事之能行与否，殊属非是。著传旨严行申饬。所有此项马匹，勒保既请出资购办，其自甘省至成都所需解员盘费，马匹草干等项亦据奏明，自行捐备。今既无须此项马匹，即著勒保将从前福康安等由西宁出口时该督在提镇标下及各营所挑马一千五百匹，内有经福康安、海兰察及巴图鲁兵丁等骑往卫藏者，为数若干，即将现在所购马匹及所备解费草干银两内购买马匹，按各营缺额之马，照数抵补，分还各营，以遂其急公见好之举，又可省长途解送之烦。殊属两有裨益。"

（卷1403　846页）

乾隆五十七年（1792年）闰四月戊子

谕军机大臣曰："奎舒奏达赖喇嘛前往青海等处购买马匹。当即晓谕蒙古、番子等挑选预备等语。达赖喇嘛因军行需用马匹，特令人前往青海等处购买，实为奋勉急公，朕心甚为嘉悦。著赏给碧霞玼念珠并大小荷包。鄂辉、和琳接到后即转给达赖喇嘛祗领。惟青海去藏甚远，达赖喇嘛所遣买马之人总须八月间方能到藏。此项马匹断不能济进兵时之用，将来大兵凯旋，总须马匹应用，著传谕鄂辉、和琳，俟达赖喇嘛之人解到此项马匹时，饬令善为喂养，以备凯旋时应付需用。仍照所买数目发给价值，以示优恤。将此谕令福康安、鄂辉、和琳、奎舒知之。"

（卷1403　848页）

乾隆五十七年（1792年）六月戊辰

谕军机大臣等："前据奎舒奏达赖喇嘛遣人向青海蒙古等处购买马匹。朕以此项马匹断不能于进兵前到藏，但达赖喇嘛既已遣人购买，即令留为凯旋官兵之用。今奎舒奏青海地方去冬雪少，今春又复缺雨，马膘未满，须至七月间肥壮，再令购买。看来青海一带购办马匹颇形拮据。去年福康安及索伦官兵由西宁赴藏之时，各扎萨克等已备办马匹数千。青海口外本非他处可比，马匹较少，若购办过多，于蒙古等生计有关。且此项马匹于七月中方能买办起程，计送至卫藏已至年底。不但不能为进剿贼匪之用，即凯旋官兵亦不及骑乘。况现在马匹尚属羸瘦，即至七月亦恐不能膘壮。加以长途行走，必致雪阻难行。福康安等前由青海赴藏时，沿途有马更换，尚形疲乏。现已令孙士毅径赴前藏，同和琳商办一切事宜。所有凯旋需用之马匹，伊等亦必早为备办。其购买青海蒙古马匹竟可无庸办理。著谕奎舒如此旨到时，达赖喇嘛所遣堪布等已陆续购得马一二百匹，即速令将现有者护送解藏，断不必拘于足数。若尚未购得，即将该堪布等遣回，无庸令其购办。"

（卷1406　888页）

乾隆五十七年（1792年）七月乙巳

又谕："据勒保复奏甘省营员不愿承领伊犁马匹情形一折。据称，陕甘两省每年应补倒缺马匹向由伊犁拨解，嗣因该处解到之马骨格俱小，长途解送多有疲瘦，是以绿营人等不愿承领，多在洮岷、青海、归化城产马处所购买。其价自七八两至十一二两不等，合算买马弁兵往回盘费，每匹价银总在八两以外。各营不无稍有赔贴，并无多余等语。所奏殊不可信。各营如果赔贴，则弁兵必视为畏途，岂有愿买马之理，天下有赔家私做官之人乎？若论蒙古、番子地方，如洮岷、青海、归化城以及大凌河等处所产马匹骨格甚小，伊犁、哈萨克马匹向多高大，即最小者较之蒙古马匹亦属差胜。此系朕所深知。该省营员情愿领银在归化城等处买补，岂能得有好马，自为意图沾润起。若云例价之外尚有赔贴，则该营员等何以转不乐于承领伊犁马匹，可免赔累，而转愿向归化城等处贴价购买。如此急公之人，即勒保尚恐不能，岂有合省弁兵皆如此赔贴家产为国家出力之理。此皆由勒保不谙乘马，听信营员一面之词，意存偏袒，而不自知其所言之矛盾也。今勒保既有此奏，即姑照所请办理，著传谕保宁嗣后伊犁等处应解陕甘拨补马匹，务须择其骨格高大，堪以适用者尽数拨解。如所解马匹不敷拨补之数，再由该省给价购买。其沿途解送并饬该解员妥为喂养，毋致疲乏。如解员喂养不善致有倒毙，并有私行盗卖抵换者，亦必就近卖与该省之地方官。勒保无难留心访察一二，以警其余，据实参奏，自当从严办理也。将此各谕令知之。"

（卷1408　928页）

乾隆五十七年（1792年）八月庚午

陕甘总督勒保奏："安西州属普城山厂铅苗旺盛，开采有效，请令采办四十万斤，分贮安西、肃州，以备各营构运。仍令马莲井州判就近赴厂管理。"下部知之。

（卷1410　955页）

乾隆五十七年（1792年）八月乙亥

又谕曰："福康安等奏请将热索桥、胁布噜、博尔东拉、东觉等处打仗奋勉官兵加恩鼓励一折。此次攻克热索桥等处，巴图鲁侍卫等冒雨陟险，逾越山梁，夺取碉卡，实为奋勇可嘉。护军统领台斐英阿著赏给都统衔。头等侍卫额勒登保、珠尔杭阿、健锐营翼长德楞泰著赏给副都统衔。二等侍卫安禄著赏给哈锡巴巴图鲁。永德著赏给伊青阿巴图鲁。三等侍卫鄂尼保著赏给噶勒珠巴图鲁。前锋参领七十五著赏给哈齐显巴图鲁。护军参领额勒金保著赏给觉多欢巴图鲁。甘肃副将达音太著赏给武尔古勒吉巴图鲁。呼伦贝尔佐领委参领讷色勒图著赏给楚鲁巴图鲁。索伦骁骑校委参领色穆博霏著赏给库齐特巴图鲁。明安图著赏给都济尔巴图鲁。索伦额外骁骑校委防御迪穆博霏著赏给索多巴图鲁。蓝翎侍卫伦布春著赏给色默尔亨巴图鲁。蓝翎索伦马甲毕什勒甘著赏给哈锡巴巴图鲁。降番都司嘎噶尔普穆著赏给章布巴图鲁。绰斯嘉著赏给定布巴图鲁。巴塘游击雅噜苏穆著赏给则吉克巴图鲁。

小金川屯练都司安都尔著赏给额巴尔巴图鲁。九子寨屯都司库苏尔济著赏给图布丹巴图鲁。阿勒古塔尔著赏给喇布登巴图鲁。下孟东屯游击阿噶尔库穆布穆著赏给嘉穆巴巴图鲁。都司班达尔嘉著赏给绰瓦巴图鲁。上孟东屯守备嘉尔木著赏给色当巴图鲁。绰斯甲大头人安朋著赏给志布噜巴图鲁。杂谷脑屯都司安普穆著赏给恺丹巴图鲁。甘普屯都司嘉木绰斯嘉著赏给德罗特巴图鲁。嘉噶尔著赏给巴特博巴图鲁。哲珑番都司萨尔嘉著赏给喇布章巴图鲁。杂谷脑屯守备阿拉著赏给罗丹巴图鲁。本布塔尔著赏给噶图布巴图鲁。巴旺守备多尔嘉著赏给吉特卓巴图鲁。仍各赏银一百两，以示朕轸念戎行，普行施惠至意。"

（卷1410　962页）

乾隆五十七年（1792年）十月丙子

谕曰："秦承恩奏陕甘两省本年乡试士子，年届八十以上之王栋等八人，俱三场完竣，未经中式等语。该生等年臻耄耋，犹能踊跃观光，洵属艺林盛事。所有岁贡生王栋、廪生常立、增生宁凤集、附生张灏、姬景烜、张怀、梁复堂、王坤善俱著赏给举人，准其一体会试，以彰寿世作人至意。"

（卷1414　1022页）

乾隆五十七年（1792年）十月壬午

谕军机大臣等："步军统领衙门奏，据陕西葭州民人任保有呈控该州邓知州之叔串通贡生张敬圣等借买常平仓谷，从中侵蚀银两。又仓书张相著等借差派累，呈控本道，交县不为审办等语。此案如果属实，则官亲家人串通书役、衿士借差派累，勒索乡民，殊干法纪。或系该犯受人唆使，挟嫌诬控，亦未可定。不可不彻底严究。若交秦承恩审办，恐该抚不免意存徇庇。勒保驻扎兰州，无所用其回护。著传谕勒保即由沿边前往榆林，亲提犯证，秉公严讯，务将此案实情研讯明确，以成信谳。不可以此案系陕西失查所致，瞻徇该抚，稍涉回护，致干咎戾，回途亦可查阅各营武备也。"

（卷1415　1029页）

乾隆五十七年（1792年）十月庚寅

以甘肃按察使郑制锦为直隶布政使。

（卷1415　1039页）

乾隆五十七年（1792年）十月癸巳

又谕曰："步军统领衙门奏陕西蒲城县监生粮正马廷琏呈控该县匿灾不报，且于征收钱粮额外多收，放赈时从中克扣。又借军需之名雇觅骡头，科派铺户银钱。及借修文庙累及闾阎各款。请钦派大臣前往查审等语。朕轸念民依，凡遇地方有水旱偏灾一经奏闻，无不蠲赈兼施，恩膏立沛。本年直隶、河南因旱歉收，早经先事绸缪，截漕蠲缓，节谕该督抚实心经理，勿使一夫失所。今冯廷琏所控蒲城县年岁旱荒，捏报收成各款，如所控属实，地方官吏讳灾不报，已属玩视民瘼。若复于应收钱粮加征戥头，更干例禁。至办理军需等项皆系开支帑课，从无累及闾阎，何得借端科敛。案关重大，其虚实不可不彻底究办。著派苏凌阿、张若淳即日驰驿前往，秉公严审，定拟具奏。其随带司员并著一体驰驿。原告冯廷琏即交带往质讯。至勒保前因葭州民人任保有呈控该州之叔串通书吏借买仓谷勒派一事，降旨令其由沿边前赴榆林审办。若苏凌阿等到彼，勒保审案已竣，即著该督就近前往蒲城会同确审。如勒保在榆林审案需时，苏凌阿等即当提集犯证，严行查审，不必等候勒保，转致迟延也。"

（卷1415　1042页）

乾隆五十七年（1792年）十一月己亥

缓征甘肃平凉、泾州、镇原、崇信、皋兰、金县、狄道、河州、靖远、平番等十州县本年旱雹灾地亩新旧正借钱粮。

（卷1416　1047页）

乾隆五十七年（1792年）十一月辛丑

谕军机大臣曰："勒保奏年班入觐喀什噶尔四品伯克迈玛砥散在玉门县地方病故。伊子拜拉沙木情愿押送贡物进京，俟旋日再将伊父骨殖带回。现专派妥人将迈玛砥散棺柩暂留玉门县城安厝，拜拉沙木仍听其赴京等语。所办大错，已于折内批示。朕教人以孝，伯克迈玛砥散因年班赴京，在途患病身故，甚可怜悯。伊子拜拉沙木应行穿孝，自当令其将伊父棺柩送归，所有贡物亦应令其带回，以示体恤。乃勒保辄以拜拉沙木恩请，仍令自行押送贡物赴京。该督何糊涂若此。计拜拉沙木此时可至陕西，现已传谕苏凌阿面行晓谕拜拉沙木，令其不必赴京，即将贡物带回，并赏给银二百两，俾作好事。俟拜拉沙木回至玉门时，该督即令将伊父棺柩携带回喀什噶尔，以遂私情。又勒保另折奏，甄别甘肃、陕西千总、把总等项人员清单内，甘肃省勒休斥革者共有九员，陕西省革退者只有一员，殊属非是。自系该督驻扎甘省，于该省武弁留心甄别，而陕西省武弁优劣，率据该提镇所报，随意填注，并不认真复核，以致两省甄别之数多少悬殊。勒保身任总督，营伍自其专责，乃竟漫不经心，殊负委任。即以本日该督所奏此二事而论，均属错误。办事大不如前。勒保著严行申饬，嗣后务当随时留心，倍加愧勉，毋得仍前疏懈，致干罪戾。将此谕令知之。"

（卷1416　1048页）

乾隆五十七年（1792年）十二月癸酉

又谕曰："勒保奏民数谷数折内夹片称，十一月初十日自兰州起身，于二十三日抵榆林。原告任保有尚未解到，已专差迎提等语。榆林与宁夏接壤，皆其所属。勒保由沿边行走，前往审案，取道较近，乃行至十三日之久始抵榆林，已属迟缓。至原告任保有早已由京解往，勒保于接奉谕旨后即应飞速派员迎提。乃该督直至抵榆林后，始行专差前往提解。所办何事。勒保于年班伯克之子拜拉沙木不令护送伊父棺柩回至喀什噶尔，转听其押贡进京所办已属错误。今于交审案件又行走迟缓，并不将原告先行迎提到案，可见该督意存自满，全不以事为事，竟大不如前。勒保著再传旨申饬。"

（卷1418　1079页）

乾隆五十七年（1792年）十二月戊寅

举行本年各驻防军政。盛京卓异官四员，罢软官七员，年老官一员，有疾官四员，才力不及官三员。吉林卓异官五员，罢软官一员，年老官一员。西安卓异官四员。江宁卓异官二员，年老官一员，有疾官一员。杭州卓异官二员，罢软官二员，年老官一员，才力不及官二员。荆州卓异官三员。宁夏卓异官二员。福州卓异官一员，年老官一员。广州卓异官一员。绥远城卓异官一员，年老官一员。察哈尔卓异官四员，罢软官一员，有疾官一员。热河卓异官二员。密云卓异官二员。青州卓异官一员。凉州卓异官一员。山海关卓异官一员，浮躁官一员。乍浦卓异官一员，才力不及官一员。山西卓异官一员。河南卓异官一员。伊犁卓异官四员。黑龙江卓异官十七员，年老官一员，有疾官一员。乌鲁木齐卓异官三员。分别议叙处分如例。

（卷1418　1087页）

乾隆五十七年（1792年）十二月乙卯

举行本年军政。顺天卓异官三员，有疾官一员。直隶卓异官三员，年老官一员。山东卓异官四员，罢软官一员，有疾官二员，才力不及官二员。河东河标卓异官一员，年老官一员，才力不及官一员。山西卓异官二员，罢软官一员，年老官二员，才力不及官四员。河南卓异官三员，罢软官一员，才力不及官一员。江南卓异官七员，罢软官一员，年老官二员，才力不及官六员。江西卓异官三员，有疾官一员，才力不及官一员。浙江卓异官九员，罢软官六员，年老官二员。湖广督标卓异官二员。湖北卓异官二员，年老官一员。湖南卓异官二员，有疾官一员，才力不及官一员。广东卓异官六员，罢软官一员，年老官一员，有疾官一员。广西卓异官五员，年老官一员，有疾官一员，才力不及官二员。陕西卓异官十员，罢软官一员，年老官二员，才力不及官一员。甘肃卓异官十四员，年老官二员，有疾官三员，才力不及官三员。云南卓异官四员，罢软官二员，年老官二员，有疾官一员。贵州卓异官七员，罢软官一员，年老官一员，有疾官三员，才力不及官一员。江南各卫卓异官四员，罢软官一员，年老官二员，才力不及官二员。江西各卫卓异官一员，年老官一员，才力不及官一员。浙江各卫卓异官一员，罢软官一员，年老官一员。湖北各卫卓异官一员。分别议叙处分如例。

（卷1418　1087页）

《清乾隆实录（十九）》

乾隆五十八年（1793年）正月辛亥

谕曰："福康安等奏，据随营之甘肃布政使景安呈称，伊父母俱年逾八旬，未能迎侍，恳请回旗终养等语。该藩司自随福康安到藏，留营效用，沿途催趱运粮军需甚为得力。今既因大功告竣，陈情乞养。景安著准其回京，现出有工部右侍郎员缺，即著景安补授。"

又谕曰："福康安等奏，此次统领大兵有委令赶运沿途军饷军火及催雇人夫，往来东西两路不辞劳苦之出力武职人员，请分别奖拔，以示鼓励。又另片奏粮运艰阻之时，有后藏克什米尔回民等办运接济奋勉得力，一并请加奖励等语。大兵进剿廓尔喀，粮运军火最关紧要，催运出力人员自应量加奖拔。所有四川城守营参将杨长栋、甘肃督标游击杨宗泽、四川建昌营都司吕朝龙俱著加恩赏戴花翎，仍以应升处记名先用。陕西巩昌营游击雷仁著即以升缺补用。守备衔田占魁著以守备即用。马边营都司陈起凤、提标外委单大雄前因该管汛弁驰递奏折跌入雪窖一案，业经分别严议斥革，但念其均系公过，陈起凤著加恩仍留原任，单大雄著仍以原官补用。至克什米尔回民阿奇木觉尔办运既属奋勉，著加恩赏给五品顶戴并花翎，其译字通事之孙天成、罗万年及办粮之卓尼尔、格桑拉布丹、第巴图多著赏给六品顶戴。所有通事程鹏万，番民玛景诺尔布、纳木结、巴勒布，商人巴陵觉丹、达尔兴及帮办长运之迭吉拉布丹等十二名均著赏给金顶，以示鼓励。"

（卷 1421　10 页）

乾隆五十八年（1793年）三月丙申

刑部议奏陕甘总督勒保参奏："署甘肃宁州知州环县知县于辉，于州民杨尔俭等殴毙胡常、胡久一案。漏验伤痕，错拟正凶，应杖徒。"得旨："于辉于承审殴毙二命重案，并不详细相验，误将共殴之犯定拟正凶，既经批驳，仍照原拟率详，几致罪名出入，拟以杖徒，尚不足示儆，著发往军台效力赎罪。"

（卷 1424　47 页）

乾隆五十八年（1793年）三月壬子

又谕曰："秦承恩奏山东解员原敬德管解协甘饷银，至华阴县安放大堂，次日查点失去一鞘，计被窃银一千两一折。已降旨交部，将华阴县知县麻廷琦并解员原敬德分别革职议处矣。各省运解饷鞘，关系紧要，岂容稍有疏失。此项甘肃饷银安放华阴县大堂，竟致被贼窃去一鞘，殊属目无法纪，不可不严行缉获，按律重惩。著传谕秦承恩即严饬所属，上紧躧缉，务将赃贼迅速就获，毋令日久远扬。"

（卷 1425　63 页）

乾隆五十八年（1793年）四月癸酉

兵部议准陕甘总督勒保疏称："凉州镇属庄浪营，旧设参将一员，兼辖镇羌营、俄卜岭营，游击二员，并各营堡都司、守备、千把、外委四十一员，兵一千一百五十一名。驻扎平番县城距凉州镇三百四十里，地当冲剧，所辖营堡俱沿边扼要，仅设参将不足以资弹压。查延绥镇属之波罗协副将，距镇城一百二十里，所辖弁兵较庄浪止三分之一，请将波罗协副将移驻庄浪，改为庄浪协副将。以庄浪参将移驻波罗，改为波罗营参将，并将该营协中军都司守备各按营制互相改设。"从之。

（卷1426　77页）

乾隆五十八年（1793年）七月己未

上御卷阿胜境，青海多罗郡王纳罕达尔济、多罗贝勒德哩巴勒珠尔、头等台吉吹忠扎布等三人入觐，并同扈从王公大臣及蒙古王贝勒贝子公额附台吉等赐食。

（卷1433　165页）

乾隆五十八年（1793年）八月己巳

谕军机大臣等："前据勒保奏甘肃约收分数，通省牵算，八分有余，内惟兰州、平凉、巩昌等府所属之十二厅、州、县得雨未能沾足，秋禾不免受伤。嗣又据该督奏，兰州、巩昌、平凉等府于七月内续得透雨，其皋兰等十二厅、州、县受旱于前，除安定、会宁夏收均有九分外，其余各属夏收俱止六七分。秋收复形歉薄，应俟秋成后查明核办等语。甘省本年收成其八分以上者固属丰登，即七分有余者亦可称为中稔，至六分有余各属收成究为歉薄，民力不无拮据。著勒保查看情形，如有应行缓征者，即行奏闻请旨。若不致成灾，止须量加接济，或酌借籽种、口粮，亦即一面奏闻，一面办理。仍督率地方官实力妥办，俾均沾实惠，不致一夫失所。毋任胥吏从中侵冒，以副朕轸念边氓，有加无已至意。将此谕令知之。"

（卷1434　172页）

乾隆五十八年（1793年）九月是月

陕甘总督勒保奏："《通鉴纲目续编》内发明广义二条，持论偏谬之处，自奉到颁发本即饬属搜缴抽改。甘省地处边陲，本年份并无查出前项书籍，至文武各官去思德政等碑，扑毁无存，亦并无军民制造衣伞扁额等事。"得旨："仍当留心，不可久懈。"

（卷 1437　215 页）

乾隆五十八年（1793年）十一月丙申

实授乌大经为甘肃提督。

（卷 1440　240 页）

乾隆五十八年（1793年）十二月戊子

上御保和殿，赐朝正外藩筵宴。左翼：科尔沁和硕亲王恭格喇布坦、多罗郡王喇什端罗布、多罗贝勒古穆扎布、辅国公诺观达喇、纳逊巴图、公品级一等台吉林沁多尔济、和硕额驸雅喇木丕勒、巴林亲王品级多罗郡王巴图、固山贝子德勒克、多尔济喇布坦、公品级一等台吉索特纳木多尔济、一等台吉赛尚阿、四等台吉布彦济尔噶勒、奈曼多罗郡王拉旺喇布坦、一等台吉巴勒楚克、敖汉多罗郡王德亲、二等台吉巴勒珠尔喇布坦、土默特多罗贝勒索诺木巴勒珠尔、固山贝子朋素克璘亲、翁牛特多罗贝勒济克济扎布、阿巴哈纳尔多罗贝勒玛哈巴拉、乌珠穆沁多罗贝勒旺楚克、喀喇沁辅国公玛哈巴拉、永库尔忠、温笃尔瑚、公品级丹巴多尔济、和硕额驸索诺木巴勒丹、扎密杨多布丹、阿巴噶扎萨克一等台吉巴勒丹色楞。右翼：喀尔喀和硕亲王固伦额驸拉旺多尔济、多罗贝勒德埒克朋楚克、固山贝子逊都布多尔济、敦多布多尔济、辅国公沙克都尔扎布、公品级扎萨克一等台吉贡桑班巴尔、罗布藏呢玛、扎萨克一等台吉德木楚克、旺济勒三丕勒、阿拉善和硕亲王多罗额驸旺沁班巴尔、镇国公多尔济色布腾、喀喇沁亲王品级多罗郡王满珠巴咱尔、浩齐特多罗郡王敏珠尔多尔济、土尔扈特多罗郡王策伯克扎布、回部郡王品级多罗贝勒哈第尔、辅国公喀沙和卓、伊巴喇伊木、鄂尔多斯多罗贝勒栋罗布色棱、苏尼特多罗郡王车凌衮布、多罗贝勒恭桑扎勒、青海多罗贝勒济克默特伊什、阿巴噶固山贝子朋楚克、绰罗斯固山贝子福尔纳、乌珠穆沁辅国公玛哈布尔尼雅、乌喇特辅国公多尔济帕拉穆、归化城土默特辅国公索诺木旺扎勒、察哈尔和硕特辅国公达什喇布坦、杜尔伯特扎萨克一等台吉普尔普达尔扎、察哈尔厄鲁特扎萨克一等台吉达什沙木丕勒、四等台吉扪图斯、纳旺楚勒提木、达什达尔扎、并领侍卫内大臣等。召左翼科尔沁和硕亲王恭格喇布坦、巴林亲王品级多罗郡王巴图、固山贝子德勒克、奈曼多罗郡王拉旺喇布坦、敖汉多罗郡王德亲、土默特多罗贝勒索诺木巴勒珠尔，右翼喀尔喀和硕亲王固伦额驸拉旺多尔济、喀喇沁亲王品级多罗郡王满珠巴咱尔、阿拉善和硕亲王多罗额驸旺沁班巴尔、苏尼特多罗郡王车凌衮布、土尔扈特多罗郡王策伯克扎布、青海多罗贝勒济克默特伊什等至御座前，赐酒成礼。

（卷1443　266页）

乾隆五十九年（1794年）正月壬寅

谕："据保宁奏伊犁察哈尔部落生计稍艰，请借支三年饷银六万四千八百两，分作十五年扣还。即将此项解交陕甘总督，给令山西、河南商人生息，以资接济等语。察哈尔自移驻伊犁以来，诸凡差务尚属奋勉，如借给饷银按月坐扣，朕心不忍，著加恩即于陕西藩库动支银六万四千八百两赏给交勒保、秦承恩，发陕西商人生息。除另降谕旨，令将每年所得利息于陕省每年应解伊犁饷银时搭解前往外，保宁务须不时留心妥为经理，以示朕轸恤察哈尔臣仆之意。"

谕军机大臣曰："保宁奏伊犁察哈尔兵丁生计稍艰，请借给三年钱粮，共计六万余两，分作十五年扣还，如蒙允准，即照伊犁满营存公马价之例办理，交与陕甘总督，转解陕西、山西、河南，发商一分生息等语。已另降清字谕旨，竟行赏给，不必借支扣还矣。此项银两若由伊犁运至内地，解送既不免劳费，且为数无多。陕甘省份尽可发商生息，不必转解河南、山西等省，徒滋烦扰。甘肃地方清苦，陕西殷实商人甚多，著传谕勒保、秦承恩即于西安藩库内动支银六万四千八百两，发商一分生息。将所得利银，每年于拨解饷银时搭解前往，以为贴补伊犁察哈尔兵丁公用。该督抚务须妥协经理，俾商人借沾余润，而兵丁生计益资宽裕。将此并谕保宁知之。"

（卷1444　273页）

乾隆五十九年（1794年）二月丁丑

举行乾隆五十八年大计。直隶省不谨官三员，罢软官二员，年老官四员，有疾官一员，才力不及官一员，浮躁官三员。奉天省年老官一员，才力不及官一员。江苏省不谨官一员，罢软官二员，年老官五员，有疾官三员，浮躁官一员。安徽省不谨官二员，年老官三员，有疾官三员，才力不及官四员。江西省不谨官一员，罢软官二员，年老官七员，有疾官一员，才力不及官一员，浮躁官一员。福建省罢软官四员，年老官五员，有疾官四员，才力不及官五员。湖北省不谨官一员，罢软官二员，年老官一员，有疾官一员，才力不及官二员，浮躁官一员。湖南省不谨官二员，罢软官二员，年老官五员，有疾官二员。河南省不谨官一员，罢软官三员，年老官六员，有疾官三员，才力不及官二员，浮躁官一员。山西省罢软官一员，年老官六员，有疾官二员，才力不及官一员，浮躁官四员。陕西省年老官四员，有疾官一员，才力不及官一员，浮躁官一员。甘肃省不谨官一员，罢软官二员，年老官五员，有疾官一员，才力不及官二员。云南省罢软官一员，年老官六员，有疾官一员，才力不及官一员。贵州省年老官一员，有疾官二员，才力不及官一员，浮躁官一员。江南河员年老官一员，有疾官一员。河东河员不谨官一员，罢软官一员。分别处分如例。

（卷1447　300页）

乾隆五十九年（1794年）三月丙申

豁免凉州庄浪满营弁兵借支俸饷银如例。

（卷1448　319页）

乾隆五十九年（1794年）三月是月

陕甘总督勒保奏："据兰州、巩昌、平凉、庆阳、甘州、凉州、宁夏、西宁等府属暨秦州、阶州、泾州等直隶州所属禀报，于三月初三、四、五等日各得雨自四五寸至深透不等。嗣又据各属具报，于初十、十一、十二等日复连得透雨。现在豆麦长发，民情宁谧。"得旨："欣慰览之。"

（卷1449　332页）

乾隆五十九年（1794年）五月甲午

又谕："前因贵德、循化各番子等距地方文武官及总督驻扎处所相去辽远，照料难周，曾降旨令将各番子交西宁办事大臣兼管。而该地方文武官员因未令管辖，于交拿盗贼案件不肯出力。嗣后贵德、循化等处遇有盗贼案件，著地方文武官员听办事大臣指示办理，如有观望掣肘，即行参奏。"

（卷1452　358页）

乾隆五十九年（1794年）五月乙巳

又谕曰："勒保奏甘肃钱粮完欠数目一折。内单开乾隆五十七年份民欠未完及因灾缓征等银三万六千四百四十两零，粮五万六百十三石零。甘肃省从前王亶望诸人捏灾冒赈，率以为常业，已痛加惩治。至该省地土硗瘠，如遇被灾歉收之年，自应随时蠲缓，用资调剂。但一遇丰收年份即可陆续带征，以完积欠。即如上年甘肃通省收成尚称丰稔，何以五十八年仍有未完银三万四千两零，未完粮五万石零。自由该督等办理不善所致，著传谕勒保嗣后遇有丰收之年，即传饬各属催征完解，并留心查察，毋任意迟延，借词悬宕，以致愈积愈多也。"

（卷1453　364页）

乾隆五十九年（1794年）六月辛未

又谕曰："勒保奏拿获劫掠过客羊只及叠劫蒙古牲畜之番贼审明正法一折。此案番贼等于五十六、七、八等年结伙行劫，伤毙事主并抢掠蒙古牲畜，数至盈千累百。首从多人，前据特克慎奏到后，业将循化、贵德等厅令特克慎一体管理，并将案犯严缉务获矣。至今为日已久，乃仅拿获棍楚克、查汗他二犯，而案内逸犯尚有多人未经就获。可见该省地方官等于此等缉捕之事全不留心，竟视为海捕具文，以致凶徒漏网。著传谕勒保、特克慎务须各饬所属，实力搜缉，将此案逸犯按名拿获，严办示惩，毋得仍前疏懈，致干咎戾。"

（卷1455　393页）

乾隆五十九年（1794年）六月乙酉

以甘肃金塔协副将木腾额为广东高州镇总兵。

（卷1455　404页）

乾隆五十九年（1794年）七月癸巳

御书黄河神庙扁曰灵昭翕顺。

（卷1456　414页）

乾隆五十九年（1794年）七月甲午

谕："留京王大臣等奏遵旨查办节次发遣新疆重犯子嗣及发遣官犯一折。内王亶望等七犯之子共二十名，又甘肃捏灾冒赈及从前失误军机，勒索馈送各案官犯之子嗣等七十四名，皆因伊父等身蹈重愆，酿成巨案，以致累及子嗣。该犯等早已身伏国典，其子嗣妻妾尚在可原，均著加恩，准其释回乡里，俾延宗祀。又王亶望、陈辉祖案内牵连发遣官犯三十五名，前经减等治罪，分别发往黑龙江等处及免死减流，本属罪由自取，今姑念王亶望等正犯子嗣业经加恩释回，此等官犯皆由王亶望等连及，亦著加恩准其一体释回，以示法外施仁至意。至王亶望等各案内发遣子嗣及各案发遣官犯，此次得邀释回原籍，已属格外恩施。其王亶望案内发遣各官犯之子，无论旗人、汉人只应准其充伍食粮，以资养赡，岂复准其应考出仕，又得幸邀禄籍。至伊等孙曾，世代已远，自可不在此例。今留京王大臣等请令伊子等俱准应考出仕，不得过六七品之处，办理殊属过当。著饬行。"

（卷1456　414页）

乾隆五十九年（1794年）七月辛亥

刑部议复陕甘总督勒保奏称："纠众诵经回犯马恒、马源等十名请发往黑龙江，给索伦等为奴。"得旨："此等人犯发往索伦等自不入教。该处回民甚多，难保无煽惑情事，著交明亮等严行管束。倘有引诱回众入教之事，即行审明正法，以示惩儆。"

（卷1457　441页）

乾隆五十九年（1794年）九月丙午

谕军机大臣曰："勒保奏七月份粮价清单，朕详加披阅，内惟凉州、秦州二属各色粮价俱比上月稍减，其余减者甚少，且一律填注价中。本日又据该督奏，通省秋收分数九分有余。甘省系沿边瘠薄之区，秋收九分有余即属上稔。该省值此丰收之后，粮价亦当逐渐平减，何以各府属价值尚皆填注价中，可见地方官视为具文，约略申报，该督复以此等照例开单。朕未必寓目，亦遂不加检阅，照旧缮写，率行入告，竟成印板文章。试思粮价本以重民食而廑知依，若任意填注，又安用每月虚词渎奏为耶？勒保著传旨申饬。昨令军机大臣检出粮价单式发交各督抚阅看。著传谕该督嗣后奏报粮价务须饬属确切采访，据实填开，勿得仍前疏忽干咎。"

（卷1461　521页）

乾隆五十九年（1794年）十月己未

谕军机大臣等："据秦承恩奏审明邪教首伙各犯，分别定拟一折。此案陕省拿获首伙多名，该抚即将各犯分别定拟具奏，办理尚为妥速。至此事福康安初次奏到时，阅其情节较重，嗣经各该省先后获犯讯供，只系为骗钱惑众起见，尚非重大之案。现据湖北省先后拿获一百六十余名，四川拿获一百余名，河南亦拿获十余名。节经降旨，令各该督抚等速行定案具奏。本日又据穆和蔺奏，拿获案犯宋显功等，严讯传教情由。据供递上老教主系名刘松，原系河南鹿邑县人，于乾隆四十年混元邪教案内问拟军罪，充发甘肃隆德县地方。伊子刘四儿于四十五年曾往配所，同在隆德北关外开杂货铺生理。刘松有幼孩名喜儿，刘松指为弥勒佛转世。宋显功曾同李殿邦、张思瑶前赴隆德，送给刘松根基银两，并见过刘四儿，称为师傅等语。是此案倡教之犯又在甘肃。该省地瘠民贫，向无此等事，今既有流往邪教之党，恐无业之人易为所惑。著传谕勒保即速严密查拿，将刘松父子等即行拿获，并详加讯究。如该犯在配只系河南等省同教案犯潜相往来，收受根基银两，此外并未在甘省地方收徒传教，即将刘松父子派委妥员解至襄阳，交福宁归案究办。若该犯在配，竟有煽惑甘省民人传习邪教之事，必须究明查缉，人数恐又不少。勒保即应将查拿各犯逐一讯明，即照陕省之例，分别定拟，速行结案，不必复解襄阳，致滋延宕。"

（卷1462　535页）

乾隆五十九年（1794年）十月辛酉

军机大臣议准陕甘总督勒保奏称："巴里坤镇属之穆垒营牧厂弁兵，向在安西、河州、靖逆三营内派拨千把、外委二十二员，兵一百一十二名，前往协牧。查安西、河州、靖逆三营驻扎口外，管辖十一营堡。一经抽拨，稽察难周，而附近之玛纳斯、济木萨屯田官兵，既经裁撤归营，差务较少。请于玛纳斯、济木萨二营照数改拨，原派弁兵撤回。"从之。

（卷1462　537页）

乾隆五十九年（1794年）十月己巳

谕军机大臣曰："福宁奏查明邓州一带并无刘文溥等各犯及雷音寺名目一折。内称宋之清一犯为此案倡首兴教之人，供出兴教传徒，而于宋显功所供，老教主系甘肃军犯刘松。宋之清令李殿邦等送银赴甘等情节，研究不吐。现在提犯质对，不敢迁就定案等语。此案系甘肃军犯刘松首先倡教，宋显功所供之语竟属不错。昨据勒保具奏，讯明刘松与刘之协商量将王双喜儿捏名牛八，伪称明裔。又指刘四儿为弥勒佛转世，嗣刘之协徒弟宋之清自立一教，另拜南阳李三瞎子为师，称为真弥勒佛，并指李三瞎子之子卯金刀，小名卯儿者，将来必定大贵。是刘松一犯实为此案教首，其各省犯供互异之处，及捏称牛八之王双喜儿、捏称弥勒佛之刘四儿，李三瞎子并李三瞎子之子卯儿均已查讯确实，别无刘卯其人，实属可信。所有刘文溥、刘卯、李三等姓名，系韩陇在川省供出。若令韩陇质讯，无难得实。且所提只有韩陇一犯，解送尚易。著福宁即行飞提该犯迅速至襄阳讯问，或系该犯妄供，或系各犯均有实在下落，一经质讯，自可不致狡饰。"

（卷1462　543页）

乾隆五十九年（1794年）十一月戊申

以故甘肃碾伯县属土司朱孙林子子贵……袭职。

（卷1465　574页）

乾隆五十九年（1794年）十二月甲子

以故甘肃西宁县土司祁执中子云鹗……袭职。

（卷1466　588页）

乾隆五十九年（1794年）十二月癸未

上御保和殿，筵宴朝正外藩。左翼：巴林亲王品级多罗郡王巴图、辅国公赛尚阿、公品级一等台吉索特纳木多尔济、和硕额驸布彦图、四等台吉布彦济尔噶勒、喀喇沁亲王品级多罗郡王满珠巴咱尔、辅国公永库尔忠、拉扎布、公品级固山额驸丹巴多尔济、和硕额驸端岳特多尔济、科尔沁多罗郡王喇什噶勒当、辅国公哈达锡达什哩、公品级一等台吉丹准旺布、和硕额驸敏珠尔多尔济、奈曼多罗郡王拉旺喇布坦、一等台吉巴勒楚克、敖汉多罗郡王德亲、固山贝子德威多尔济、镇国公纳木扎勒多尔济、一等台吉固山额驸沙津阿尔毕特瑚、四子部落多罗郡王朋楚克桑鲁布、土默特多罗贝勒理藩院额外侍郎索诺木巴勒珠尔、扎赉特多罗贝勒玛什巴图、土尔扈特多罗贝勒默们图、阿巴哈纳尔固山贝子衮布旺扎勒、郭尔罗斯镇国公固噜扎布、辅国公恭格喇布坦、翁牛特镇国公达瓦什哩、二等台吉巴颜巴图尔、哈斯巴图尔、扎

噜特镇国公塔尔沁。右翼：科尔沁和硕达尔汉亲王旺扎勒多尔济、喀尔喀和
硕亲王固伦额驸拉旺多尔济、和硕亲王达尔玛锡里、多罗贝勒阿裕尔、固山
贝子端岳特、辅国公喇嘛扎布、拉素咙多尔济、扎萨克一等台吉贡楚克扎
布、扎木萨郎扎布、齐素咙多尔济、朗衮扎布、阿拉善和硕亲王旺沁班巴
尔、鄂尔多斯多罗郡王什当巴拜、扎萨克一等台吉旺扎勒车布登多尔济、土
尔扈特多罗郡王巴特玛乌巴锡、多罗贝勒旺扎勒车凌、固山贝子沙喇扣肯、
四等台吉诺海、喀什噶尔三品阿奇木伯克吐鲁番多罗郡王伊斯堪达尔、回部
郡王品级多罗贝勒哈第尔、茂明安多罗贝勒丹丕勒、和硕特多罗贝勒腾特
克、四等台吉宗济特、厄鲁特固山贝子贡楚克邦、伊克明安辅国公呢玛藏
布、扎萨克一等台吉鄂齐尔、青海辅国公根敦端多布、扎萨克一等台吉噶勒
丹丹忠、萨木都布扎木素、绰罗斯三等侍卫舍楞、杜尔伯特来使根敦扎布、
朝鲜国正使朴宗岳、副使郑大容、荷兰国正使德胜、副使范罢览及领侍卫内
大臣等。召左翼巴林亲王品级多罗郡王巴图、喀喇沁亲王品级多罗郡王满珠
巴咱尔、奈曼多罗郡王拉旺喇布坦、土默特多罗贝勒理藩院额外侍郎索诺木
巴勒珠尔、土尔扈特固山贝子默们图，右翼科尔沁达尔汉亲王旺扎勒多尔
济、喀尔喀和硕亲王固伦额驸拉旺多尔济、土尔扈特多罗郡王巴特玛乌巴
锡、固山贝子沙喇扣肯、喀什噶尔三品阿奇木伯克吐鲁番多罗郡王伊斯堪达
尔等至御座前，赐酒成礼。

（卷1467　599页）

乾隆五十九年（1794年）十二月是月

陕甘总督勒保奏："遵旨上紧缉拿刘之协。"得旨："以实为之，毋虚言
了事。"

（卷1467　601页）

乾隆六十年（1795年）正月甲辰

以乌什办事大臣富尼善为江南京口副都统。叶尔羌办事大臣伊江阿为浙
江乍浦副都统。巴里坤办事大臣和星额为广东广州副都统。阿克苏办事大臣
佛住为四川成都副都统。吐鲁番办事大臣善保为甘肃凉州副都统。喀喇沙尔
办事大臣德勒克扎布为墨尔根城副都统。

（卷1469　615页）

乾隆六十年（1795年）二月乙卯

以甘肃巩秦阶道李殿图为福建按察使。

（卷1470　628页）

乾隆六十年（1795年）二月壬戌

又谕："前经降旨普免天下积欠，令各督抚查明具奏。兹据勒保奏称，甘肃各属除秦州等二十八厅、州、县并无民欠外，其余皋兰等四十五厅、州、县截至五十九年十二月止，实在民欠未完银粮、草束等项开单呈览等语。甘肃地瘠民贫，往年偶值偏灾，节经特沛恩施，有加无已。今届普釐锡福之时，所有皋兰等四十五厅、州、县节年民欠未完正耗及因歉缓征、带征并口粮折色、厂租借价等项，共银二十八万二千八百五十四两零，又正耗及因歉缓征、带征并出借籽种、口粮等项，共粮一百二十万三千一百八十石零，正项草一百七十五万三千七百四十六束，俱著全行豁免。俾边氓得免追呼，共庆含哺之乐，以示朕加惠边黎，敷锡延禧至意。"

（卷1470　641页）

乾隆六十年（1795年）三月壬子

朔谕军机大臣曰："勒保奏查阅营伍之便，亲督各属密查刘之协并无踪迹等语。刘之协一犯日久稽诛，节经降旨，令于该犯原籍江南并该犯传习邪教之河南、湖北各犯家内，实力严密查拿，且恐该犯因搜缉紧急，逃窜口外，命陕甘督抚一体留心严缉。嗣江南、河南解京各犯屡经严讯，俱不知该犯去向，而湖北省节经搜查亦究无踪迹，看来该犯或因原籍及附近省份查拿严急，不敢存留藏匿，竟思西窜陕甘潜出口外，冀图漏网。此时当严缉之际，或未能出关，仍在陕甘地方该犯同教家潜藏，亦未可定。著传谕勒保、秦承恩密饬所属，于关津要隘地方留心实力蹑缉，毋得日久玩生，稍存疏懈，致要犯终于无获也。"

（卷1474　689页）

乾隆六十年（1795年）四月甲辰

调甘肃布政使汪志伊为浙江布政使。以甘肃按察使陆有仁为布政使。陕西潼商道广厚为甘肃按察使。

（卷1477　736页）

乾隆六十年（1795年）六月丁酉

举行陕甘两省军政。卓异官四员，年老官二员，罢软官一员，有疾官二员。广东省卓异官四员，罢软官一员，才力不及官一员。广西省卓异官一员，罢软官一员。分别议叙处分如例。

（卷1481　781页）

乾隆六十年（1795年）七月丙寅

又谕："据福康安、和琳奏，贵州提督彭廷栋自驻扎正大营以来，统率将弁，昼夜巡防，不辞劳瘁，染患时症，犹复力疾在城楼驻扎防守。医药罔效，旋即身故等语。彭廷栋于本年苗匪滋事时即驰赴正大营冲开贼围，进城坚守，屡次打仗杀贼，甚为出力。即染患时症，经福康安等嘱令前赴铜仁调养，而该提督坚意不肯，仍复力疾驻守，竟在正大营身故，实堪怜悯。著加恩追赠太子太保并赏银一千两，俾令料理丧葬。其长子著赏给头品荫生，所有余子等著甘肃总督查明年，已长成才具较优者一并送部引见，以示轸恤而嘉忠荩。总兵花连布随同福康安等节次攻解围城，打仗杀贼，极为奋勇出力。所有贵州提督员缺，即著花连布补授。副将那丹珠此次随征苗匪亦为奋勇，所有贵州安笼镇总兵员缺，亦著那丹珠补授，用示奖励。"

（卷1483　815页）

乾隆六十年（1795年）八月丁酉

以青海办事大臣特成额为镶黄旗汉军副都统。

（卷1485　842页）

乾隆六十年（1795年）八月己亥

以甘肃永昌协副将关腾为巴里坤总兵。

（卷1485　846页）

乾隆六十年（1795年）八月壬寅

又谕曰："秦承恩奏甘肃平凉等九州县因得雨未能沾足，高原地亩，秋禾间有受旱。又皋兰等县各乡村，因雨雹被伤，或因山水被冲，收成均不免歉薄等语。平凉等属州县因夏间雨泽稀少，以致收成稍减。虽据奏勘不成灾，但民力究未免拮据。皋兰等州县各乡村秋禾间有伤损，虽系一隅中之一隅，收成亦未免减薄。所有平凉府属之平凉、华亭，凉州府属之武威、镇番、永昌、泾州暨所属之崇信、镇原、灵台等九州县并兰州府属之皋兰县西乡、狄道州西乡、河州南乡、平凉府属之静宁州杨家嘴等村，本年应征各项银粮草束（束）均著加恩缓至来年麦熟后征收，以纾民力。该署督务督率所属，实力奉行，以副朕加恩闾阎，不使一夫失所至意。"

（卷 1485　847 页）

乾隆六十年（1795年）九月甲子

谕军机大臣等："本年秋收分数，各省陆续将次报齐，惟甘肃、云南两省至今尚未具奏。虽滇省距京较远，甘肃气候稍迟，该督抚等若俟各州县报齐实数再行入奏，未免稍需时日。但现在节气已过霜降，秋粮早经收割，其约得几分无难牵算而知。著传谕秦承恩、江兰即速查明，据实速奏，毋再迟缓。"

（卷 1487　883 页）

乾隆六十年（1795年）十月甲午

谕军机大臣曰："秦承恩奏请采买皋兰、固原二州县常平仓粮以备供支一折。据称现在市价中平，应饬皋兰县照额采买粮十万石，固原州采买粮八万石，并照向定章程上色不得过二两，下色不得过一两二钱。责成本管道府照依时价购买等语。所奏殊属自相矛盾。此项粮石既照时价采买，则市集价值自有低昂不等，而该署督又定以上色不得过二两，下色不得过一两二钱之数。设该处时价平减，上色粮石无须二两，下色粮石无须一两二钱，则所定采买价值俱有浮多，其多出者与之民乎？岂不任承办之员私行肥橐？若该处时价较昂，视所定之数尚不敷采买，而概以二两及一两二钱饬令购办，势必向民间减价勒买，更属累民。二者必居一于此。况五十六年该省采买仓粮，皋兰县止五万石，固原州止三万石，迄今将及五载，尚有余存。本年甘省皋兰县间有被雹地方，泾州等处又因旱减收，且兰州等属止产粟米、小麦、青稞等项，不产大米。附近西安地方亦有被旱处所，何得率于皋兰、固原两处采买仓粮十八万石之多，宁不有妨民食。即云该处常平仓粮动存无几，而皋兰、固原二处每年应需供支之项不过五万余石，又何妨酌量一二年应需数目稍为买补。俟将届用完，再遇丰收，续行购办，庶于仓储民食两有裨益。乃秦承恩一时遽请采买十八万石，此非地方官趁新督署任，思欲借端派累而何。秦承恩读书老实，易为属员所愚，即此可见。著该署督查明该处仓粮现在存贮若干，倘实在不敷，亦应酌量一两年应需数目，动价买补，或仍仿照五十六年之数，亦可有盈无绌，毋得轻听属员一面之词，采买过多，致有从中侵肥勒派累民等事。并将既照时价购买，何以又定二两及一两二钱数目之处据实复奏。至五十六年采买仓粮，系勒保任内具奏办理。彼时购买自即照此次定价采办，若时价平减，动项必有赢余，又归何处。否则必系减价勒买，其从前如何办理之处，并著勒保一并据实复奏，毋得稍存回护。”

（卷1489　917页）

乾隆六十年（1795年）十月丙申

以陕甘督标中军副将徐昭德为甘肃巴里坤总兵。

（卷1489　923页）

乾隆六十年（1795年）十一月辛亥

谕军机大臣等：“本年各省年老应试未经中式诸生，惟陕甘未据奏到。秦承恩前往兰州署理总督，虽道路较远，现距揭晓之期已几及两月。倭什布护理抚篆均应奏报，何以至今均未奏到。外省办理公事总属迟缓，著传谕陕甘督抚，即将陕甘二省有无年老应试未经中式诸生速奏，毋再迟延干咎。”

又谕：“前因秦承恩奏皋兰、固原二州县市价中平，应饬照额共采买粮十八万石，并照向定章程，上色不得过二两，下色不得过一两二钱，照时价购买等语。当经降旨询问勒保，兹据奏称，甘省从前奏定章程原系专指市集时价而言，如时价在二两及一两二钱以内，即属平减，始准采买。若在二两及一两二钱以外，即属价昂，虽值采买之时亦应停止等语。所奏颇为明晰。各省采买自应视市价之长落以为准，如市价平减，当严查所属，毋许其浮开肥橐。一遇价昂即饬停止，以防勒买病民。如此办理原为得当，宜绵现已接篆，著传谕该督，如查明该处仓粮实在不敷动支，或仿照五十六年之数酌量采买，敷用即止，仍严密稽察，毋许该州县有从中侵肥勒派累民等事，方为妥善。”

（卷1490　941页）

乾隆六十年（1795年）十一月丁巳

又谕：“本日召见新授凉州副都统善保。看其清语生疏，汉语亦不清楚，不胜副都统之任。著留京在散秩大臣上行走，仍罚公俸三年，以示儆戒。"

（卷1490　944页）

乾隆六十年（1795年）十一月戊午

谕："凉州副都统员缺，著敷伦泰调补。敷伦泰俟百日孝满即由彼速赴新任。其西安左翼副都统员缺，著花尚阿调补，所遗西安右翼副都统员缺，著福州协领丰绅布补授。"

（卷1490　945页）

乾隆六十年（1795年）十一月甲子

谕："前据各省奏到本年乡试诸生内年逾八十七十者，业经降旨分别赏给举人副榜。因陕甘省尚未奏到，是以未经列入。兹据秦承恩奏，该省应试诸生内有年逾八十、七十者共三十七名，俱三场完竣，未经中式等语。所有九十以上之尚履坦、八十以上之康兆龙、曹黉、曹承钥、韩仲春、白文解、刘良弼、冯槐林、王锦元、刘元灏、曹廷栋、任从律、文其蔚、王九龄、冯锡爵、陈巨源、王殿华、张希龄、王襦、杨本立、梁文藻等二十一名，均著一体加恩赏给举人。七十以上之曹承源、魏梦龙、雒承烈、王怡体、马元章、张渤、王学礼、王大文、田尔易、傅嘉宾、李霖、冯锦、王三申、鲁景曾、李大年、李长发等十六名，均著赏给副榜，以示寿考作人至意。至此项年老诸生，自应随时具奏，乃陕甘省陈奏独迟，在云贵等远省奏到之后，殊属迟缓。秦承恩著交部察议。"

（卷1491　949页）

乾隆六十年（1795年）十一月壬申

陕甘总督宜绵复奏："遵查皋兰、固原二处系督提标营弁兵驻扎之所，皋兰仅存粮二千余石，固原仅存四千余石，实不敷用。现在粮价平减，核诸奏定价值有减无增，请于皋兰买补五万石，固原买三万石，即可收用，无庸多买。"下部知之。

（卷1491　957页）

乾隆六十年（1795年）十一月甲戌

礼部议复调任陕甘总督勒保奏称："西宁府属贵德厅专立学校各事宜：一、文庙并泮池应建造，请饬选空闲地方估计，在司库候拨兵饷内动支。其移驻训导衙署，即将西宁府训导衙署估变移建。一、祭乐舞器亦动库饷制造。一、书籍应颁发，请行知武英殿，俟便员赴京请领。一、祭款应额设。查循化厅学，春秋额设祭祀银四十五两，请照例支领办销。一、训导应在外拣调。贵德在万山之中，民情犷猂，请定为边缺，于现任内拣员调补。照循化厅学例，五年俸满，咨报升用，并设攒典一名，役满考职。一、条记应由部颁发，请给贵德厅儒学条记。其西宁府所裁训导原用西宁府儒学印记，仍留教授管理，毋庸缴销。一、学额应酌定。循化厅岁考取进文武童各四名，科考文童四名，请照例额设，即由该厅考送府试。从前已进文武生员，有籍隶贵德者，拨归该学管理。即由文理弓马较逊通省之泾州、灵台、清水、成县四学额内各抽拨文童一名、武童一名。一、廪增应额设。西宁府学设廪增各三十八名，请各抽二名拨入贵德。至童生赴考，例由廪保。其改归该厅学之已进生员内如现有廪生，即令具保，无则请暂照地邻保结例送考，俟一二年考补有人，再令保结。其出贡年份，俟人文充盛，再行咨请。一、门斗斋夫应拨设。该县训导系西宁府学裁移，其俸薪请照给。复于府学拨门斗斋夫各一名，添门斗一名，工食银两照西宁府学例支给。一、廪生饩粮应议给。西宁府学每岁额给廪饩七石九斗九升九合二勺，闰月六斗六升六合六勺。今贵德拨设廪生二名，请照给，均应如所请。"从之。

（卷1491　　958页）

仁宗嘉庆皇帝实录

《清嘉庆实录（一）》

嘉庆元年（1796年）正月壬戌

太上皇帝同皇帝御正大光明殿，赐朝正外藩等宴。左翼：科尔沁和硕亲王诺尔布琳沁、拉旺、旺扎勒多尔济、多罗郡王喇什端罗布、喇什噶勒当、索特纳木多布斋、罗布藏嘉木灿、多罗贝勒三音察衮、固山贝子锡第、镇国公萨木丕勒扎木素、辅国公色当噶玛勒、公品级一等台吉琳沁多尔济、一等台吉敏珠尔多尔济、多罗额驸索诺木颜丕勒、巴林亲王品级多罗郡王巴图、辅国公固山额驸赛尚阿、公品级一等台吉索特纳木多尔济、多罗额驸伊拉瑚、喀喇沁亲王品级多罗郡王和硕额驸满珠巴咱尔、辅国公和硕额驸永库尔忠、辅国公玛哈巴拉、拉扎布、公品级固山额驸丹巴多尔济、和硕额驸索诺木巴勒丹、衮楚克扎木素、扎萨克一等塔布囊固山额驸喇特纳吉尔第、多罗额驸垂巴勒瓦尔、奈曼多罗郡王拉旺喇布坦、一等台吉巴勒楚克、敖汉多罗郡王和硕额驸德亲、多罗郡王齐默特噜瓦、固山贝子固山额驸德威多尔济、镇国公固山额驸纳木扎勒多尔济、公品级济克济扎布、二等台吉巴勒珠尔喇布坦、固山额驸巴颜巴图尔、三等台吉察克都尔扎布、扎赉特多罗贝勒玛什巴图、阿噜科尔沁多罗贝勒阿尔达什第、土默特固山贝子朋素克琳沁、翁牛特固山贝子图扪巴颜、阿巴哈纳尔固山贝子衮布旺扎勒、郭尔罗斯辅国公恭格喇布坦、克什克腾扎萨克一等台吉旺楚克喇布坦。右翼：喀尔喀和硕亲王固伦额驸拉旺多尔济、多罗郡王多尔济扎布、多罗贝勒车布登纳木扎勒、衮布多尔济、固山贝子巴尔准多尔济、索诺木旺扎勒多尔济、贡楚克扎布、镇国公丹津多尔济、辅国公吹素咙、扎萨克一等台吉车凌多尔济、阿拉善和硕亲王旺沁班巴尔、浩齐特多罗郡王敏珠尔多尔济、阿巴噶多罗郡王喇特纳锡第、辅国公拉旺多尔济、青海多罗郡王刚噶尔、固山贝子车尔登多尔济、扎萨克一等台吉楞衮多尔济、车德尔、回部郡王品级多罗贝勒哈第尔、哈密郡王品级多罗贝勒额尔德锡尔、土默特多罗贝勒理藩院额外侍郎索诺木巴勒珠尔、翁牛特多罗贝勒济克济扎布、扎噜特多罗贝勒噶勒桑、王尔扈特固山贝子旺扎勒车凌、鄂尔多斯固山贝子喇什达尔济、永珑多尔济、苏尼特辅国公额琳臣、吐鲁番一等台吉丕尔敦、察哈尔厄鲁特辅国公巴勒济、二等台吉敏珠勒多尔济、巴达尔瑚、三等台吉达什纳木扎勒、四等台吉齐巴克扎布，又土尔扈特来使博德克等、杜尔伯特来使察罕博埒克等、朝鲜国正使闵钟显、副使李亨元等、安南国正使阮光裕、副使杜文功、阮偓等、暹罗国正使呸雅梭挖粒巡段押拨辣昭突、副使廊窝们苏泥霞屋拨突等、廓尔喀正使噶箕乃尔兴等、随大学士领侍卫内大臣等以次就坐，诸乐并作。太上皇帝同皇帝进酒，召左翼科尔沁和硕亲王拉旺、旺扎勒多尔济巴林亲王品级多罗郡王巴图、喀喇沁亲王品级多罗郡王和硕额驸满珠巴咱尔、奈曼多罗郡王位旺喇布坦、右翼喀尔喀和硕亲王固伦额驸拉旺多尔济、青海多罗郡王刚噶尔、回部郡王品级多罗贝勒哈第尔、哈密郡王品级多罗贝勒额尔德锡尔、翁牛特多罗贝勒济克济扎布，并各国使臣等至御座前，赐酒成礼。

（卷1494　996页）

嘉庆元年（1796年）二月壬午

谕内阁：“本年恩诏，普免各直省地丁钱粮。甘肃省所属府、州、县有止征粮草者，又兰州、巩昌、西宁、凉州四府征收番民粮草，虽不在蠲免地丁之内，第念该省地处边陲，著一体加恩，将应征番民粮草全行蠲免。屯粮草束蠲免十分之三。俾边徼民番，共臻乐利。”

（卷2　83页）

嘉庆元年（1796年）五月辛亥

谕内阁：“宜绵奏皋兰等州县平原地亩及高阜之处田禾日见黄萎等语。甘肃土性高燥，本年春夏之闲，雨泽短少，以致夏田无望，粮价增贵。朕心深为轸念。著将皋兰等州县缺雨地方，或借给口粮，或开仓平粜，再加恩将本年应征钱粮概行缓征，以纾民力。"

谕军机大臣等："甘省地土瘠薄，前因小民口食维艰，恐借粜缓征，亦未能周普，曾降旨以甘省距口外不远，莫若劝令贫民出口觅食，如实在无力者，或地方官量为饮助，俾得就食丰区，亦预为筹办之一法。该督自已酌量情形，遵照办理。如贫民俱情愿出口得以谋食营生，固属甚善。倘累于室家妻子，安土重迁，亦应听其自便，不可令地方官拘于遵旨，稍事驱迫，转致失所。此为最要，将此谕令知之。"

（卷5　113页）

嘉庆元年（1796年）五月丙辰

谕军机大臣等："宜绵现已驻扎商南，不过在彼防堵弹压，并无紧要应办之事。甘省现在缺少雨泽，一切正资调剂，著该督酌量该处情形，如堵截等事，可以就近交与柯藩或地方官等办理，宜绵竟当回至兰州董率所属，实心经理，俾穷黎不致向隅。此为最要。将此谕令知之。"

（卷5　115页）

嘉庆元年（1796年）五月甲戌

青海额鲁特扎萨克辅国公吹忠扎布因病告替，以其子格勒克喇布斋袭爵。

（卷5　121页）

嘉庆元年（1796年）六月丙子

谕内阁："谭尚忠著调补吏部侍郎，所有刑部侍郎员缺，著陆有仁补授。张朝缙现已将届服阕，著署理甘肃布政使，服满再行实授，但现在甘肃有被旱处所，应办赈济事宜，正需人经理。张朝缙著即驰赴新任，接印妥办，以便陆有仁交代来京供职。"

（卷6　122页）

嘉庆元年（1796年）六月己丑

户部议准陕甘总督宜绵疏报："甘肃宁、伏羌二州县开垦滩田二顷九十九亩有奇，照例升科。"从之。

（卷6　125页）

嘉庆元年（1796年）六月戊戌

以前任陕西兴汉镇总兵官德光为甘肃凉州镇总兵官。

（卷6 128页）

嘉庆元年（1796年）九月癸卯

赈甘肃皋兰、金、靖远、陇西、宁远、伏羌、安定、会宁、通渭、漳、洮、平凉、盐茶、隆德、静宁、固原、平番十七厅、州、县并沙泥州判所属被旱灾民，缓征安化、合水、环、泾、灵台、镇原六州县新旧银粮、草束。

（卷9 150页）

嘉庆元年（1796年）十月甲申

谕军机大臣等："宜绵此时已由西宁回省。现在川省达州有教匪滋事，秦承恩业经驰赴汉中防堵。宜绵当探听信息，如川陕毗连地方有应须添兵防堵之处，即酌量情形，或派拨弁带兵前往协助，或亲赴边界督率弹压，自更得力。如秦承恩在彼足资防范，甘肃地方亦属紧要，宜绵自当在省静镇弹压，不必远赴边界。将此传谕知之。"

（卷10 161页）

嘉庆元年（1796年）十月戊戌

谕军机大臣等："宜绵奏甘省所调各兵将次到齐。宜绵即统领驰赴兴安，由太平县沿途剿捕，前往达州，与英善等会合攻剿等语。于剿办自更得力，仍著宜绵探听信息，如达州教匪已经剿竣，宜绵自当于汉中、西安一带驻扎弹压，不可贪功涉远，以致顾此失彼。"

（卷10 164页）

嘉庆元年（1796年）十月己亥

免青海被雪成灾番户应征银三年。

（卷10 165页）

嘉庆元年（1796年）十一月己酉

缓征甘肃狄道、河、环三州县并庄浪县丞所属旱灾新旧额赋。

（卷11 169页）

嘉庆元年（1796年）十一月丙辰

甘肃布政使张朝缙缘事解任，以刑部侍郎代办陕甘总督事陆有仁暂行兼署。

（卷11　171页）

嘉庆元年（1796年）十一月己未

以故青海额鲁特扎萨克辅国公根敦端多布子伊什达尔济袭爵。

（卷11　172页）

嘉庆元年（1796年）十二月丙子

西宁办事大臣策拔克奏："青海郡王纳罕达尔济等五旗游牧，因被生番抢掠，乞移回尚那克旧游牧。"允之。

（卷12　181页）

嘉庆元年（1796年）十二月丁丑

谕军机大臣等："英善等奏官兵攻克横山子贼卡，贼失巢穴障蔽，分五路前来攻扑。总兵袁国璜、何元卿深入被害，都司百寿等阵亡，达州官兵未免气馁，而英善、勒礼善从来未经军旅，必须另简大员督办。宜绵昨有旨令赴商州，今达州尤关紧要，著传谕宜绵迅速先赴达州。倘兵力未敷，宜绵系陕甘总督，二省官兵不妨就近调用。再太平、东乡皆有贼匪，恐一人未能兼顾，勒保现往湖南，著即取道驰赴达州会剿。"

又谕："甘省秦州、巩昌一带均与川省毗连，不可不加意防范，著陆有仁严密堵截，不可张皇扰累。"

（卷12　181页）

嘉庆二年（1797年）正月乙卯

陕西按察使姚学瑛革职逮问，以甘肃巩秦阶道先福为陕西按察使。

（卷13　194页）

嘉庆二年（1797年）正月癸亥

甘肃布政使张朝缙缘事革职，以四川按察使杨揆为甘肃布政使。

（卷13　196页）

嘉庆二年（1797年）二月己卯

加赈甘肃狄道、河、环三州县及庄浪县丞所属元年被旱、被雹灾民。

（卷14　202页）

嘉庆二年（1797年）三月辛酉

贷甘肃平番县连城土司所属被旱土民籽种、口粮。

（卷15　213页）

嘉庆二年（1797年）六月癸酉

户部议准前护陕甘总督陆有仁疏报："甘肃靖远、正宁二县开垦地一顷十九亩，照例升科。"从之。

（卷18　237页）

嘉庆二年（1797年）六月乙酉

又谕："陆有仁奏甘省四月份粮价较上月加增一二分至四五分不等，恐该处民食拮据。著传谕英善迅即赴甘，查明各属粮价昂贵地方，有应行平粜及酌加蠲借各事宜，奏闻妥办，务令民食不致缺乏，粮价平减。"

（卷18　240页）

嘉庆二年（1797年）七月甲戌

又谕："英善奏甘肃各属五月份粮价单，朕详加披阅。粮价多系中平，惟巩昌等属较上月稍贵。英善惟当察看情形，如有需平粜之处，即饬属妥为办理。若无需平粜，即可不必周章，仍当随时体察调剂，俾民食饶裕，粮价平减，方为妥善。将此传谕知之。"

（卷20　258页）

嘉庆二年（1797年）七月癸未

以四川阜和协副将长春为甘肃凉州镇总兵官。

（卷20　262页）

嘉庆二年（1797年）八月戊戌

免甘肃皋兰、金、靖远、陇西、宁远、伏羌、安定、会宁、通渭、漳、洮、平凉、静宁、固原、隆德、盐茶、平番十七厅、州、县并沙泥州判所属元年旱灾额赋。

（卷21　267页）

嘉庆二年（1797年）八月庚子

太上皇帝御卷阿腾境，赐扈从王公大臣、蒙古王、贝勒、贝子、公、额附、台吉及入觐之。青海辅国公格勒克喇布斋等二人、乌梁海副都统品级总管彻登丕勒等三人、杜尔伯特扎萨克头等台吉宝贝等三人食，至甲辰皆如之。

（卷21　268页）

嘉庆二年（1797年）八月丁未

谕内阁："前因陆有仁停调撒拉尔回兵一事，办理错谬，几致贻误，是以将该员革职解京审讯，并令宜绵、秦承恩据实查奏。续据宜绵等先后奏到，陆有仁因拘泥候旨于四月二十五日檄令回兵暂停候信，旋于五月初一日接到秦承恩知会，即饬令回兵克日起程，由小路兼程前进等语。今据委员将陆有仁解到，经军机大臣严讯，所供情节与宜绵等所奏尚属符合。而检查柯藩奏报之折，此项回兵由白马关兼程前进，俱全数赶赴西乡。经柯藩带领剿贼，亦有案据。是此次所调回兵，虽经陆有仁停调于前，一得秦承恩知会，即催令兼程前进，仅迟五日，且俱已赶赴西乡。经柯藩带领剿贼，不致终于迟误。其罪尚属可原，陆有仁著加恩免其治罪，即发往四川军营交与宜绵，令在军需局效力赎罪。"

（卷21　269页）

嘉庆二年（1797年）九月乙酉

缓征甘肃皋兰、武威、永昌、镇番、古浪、平番、宁夏、灵八州县及花马池州同所属旱灾本年额赋。

（卷22　281页）

嘉庆三年（1798年）三月癸未

调护理河南南阳镇总兵官柯藩护理甘肃河州镇总兵官。以候补总兵官田永桐为南阳镇总兵官。

（卷28　339页）

嘉庆三年（1798年）五月丙子

调广州副都统和星额为凉州副都统，西安右翼副都统善保为广州副都统。以副都统衔六十七为西安右翼副都统。

（卷30　352页）

嘉庆三年（1798年）六月癸卯

谕军机大臣等："广厚奏陕省贼匪窜近甘境，经副将李文蔚等督兵截回，尚为奋勉。著宜绵查明该副将如果实在出力，咨部议叙。现窜匪离甘省甚远，且有李文蔚带兵驻扎。广厚所带固原兵五百名自当速行撤回，以节靡费。广厚亦回省办理地方事宜，不必仍留该处也。将此传谕知之。"

（卷31　359页）

嘉庆三年（1798年）六月丁未

拨山西河南藩库银各三十万两解往甘肃，以备军需。

（卷31　360页）

嘉庆三年（1798年）六月癸丑

谕军机大臣等："英善等奏陕省贼匪窜至两当、略阳一带。所有甘省运川麦石暂行停运，其拨川饷银四百万两，因栈道贼氛未靖，未经转运。是栈道尚未疏通，军需粮饷最关紧要，岂可稍有阻滞。宜绵、秦承恩系该省督抚，务须实力搜剿，肃清道路，俾得通行无阻，至粮饷入南栈后，勒保亦应派兵迎护。将此传谕知之。"

（卷31　360页）

嘉庆三年（1798年）七月辛卯

以故乌珠穆沁镇国公喇什丕勒子都噶尔扎布、青海扎萨克贝子罗布藏色布腾子旺沁丹津，各袭爵。

（卷32　369页）

嘉庆三年（1798年）八月戊戌

户部议准陕甘总督宜绵疏报："甘肃靖远、正宁二县开垦地八顷九十八亩有奇，照例升科。"从之。

（卷33　373页）

嘉庆三年（1798年）八月丙辰

户部议准陕甘总督宜绵疏报："甘肃合水、灵、平罗三州县并红水县丞所属开垦地一百七十三顷二十四亩有奇，照例升科。"从之。

（卷33　380页）

嘉庆三年（1798年）十月己酉

调甘肃提督乌大经为云南提督。以四川松潘镇总兵官达三泰为甘肃提督。

（卷35　394页）

嘉庆三年（1798年）十一月乙酉

户部议准陕甘总督宜绵疏报："秦安县及乌鲁木齐开垦地七顷三十四亩有奇，照例升科。"从之。

（卷36　399页）

嘉庆三年（1798年）十二月戊午

调巴里坤总兵官李绍祖为山东登州镇总兵官。以四川督标副将德宁为巴里坤总兵官，已革四川提督穆克登阿为松潘镇总兵官，广东罗定协副将杨遇春为甘肃西宁镇总兵官。

（卷36　403页）

嘉庆四年（1799年）正月戊辰

以直隶天津镇总兵官苏宁阿为甘肃提督。

（卷37　420页）

嘉庆四年（1799年）正月庚午

谕军机大臣等："上年十二月十七日奎舒所奏贵德、循化众番群集，抢掠达赖喇嘛商贩牛只等物。和珅率行私驳，今经查出，奎舒所见尚是。接奉此旨，即行带领青海蒙古兵丁，晓谕番众，果能知惧，将为首贼匪及掠去牛只一并献出，即将该解送之人觌面晓谕，为首者即行正法，枭首示众，其余番众仍应妥为抚慰，亦可毋庸彻底根究。倘仍不知惧，肆行抗拒，必须调兵剿办。亦应据实奏明，候朕降旨遵行。将此传谕知之。"

以甘肃甘凉道福庆为安徽按察使。

（卷37　423页）

嘉庆四年（1799年）正月丙戌

谕内阁："宜绵自带兵剿贼以来，并不能亲临行阵，堵剿窜匪，且年老多病，恐其贻误军务。宜绵著即解任来京候旨。所有陕甘总督印务，著恒瑞署理。秦承恩闻亦多病，精神不能振作，想伊才具本短，又因伊母故后心绪昏瞆。陕西军务紧要，秦承恩不必署理巡抚，著即回籍守制。永保著赏给头等侍卫衔，署理巡抚事务。俟赍经略印信到川面交勒保后，著即驰回陕西接印任事。"

（卷38　443页）

嘉庆四年（1799年）二月癸巳

以甘肃巩秦阶道王锟为浙江按察使。

（卷39 451页）

嘉庆四年（1799年）二月己亥

加大学士保宁、前任大学士署尚书董诰、协办大学士尚书庆桂、直隶总督胡季堂太子太保，大学士刘墉、吏部尚书书麟、朱珪、陕甘总督松筠太子少保。

（卷39 453页）

嘉庆四年（1799年）二月庚子

谕军机大臣等："前因宜绵、秦承恩在陕连年，畏葸贻误，俱经降旨解任。令恒瑞署理陕甘总督。该署督等惟当遵照前旨，悉力堵御，剿抚兼施。勿注意止擒首逆，任余匪仍复蔓延，嗣后如拿得首犯，不必解京，即于本处极刑枭示，可使余贼皆知所儆，又免驿站往返之劳。将此谕令知之。"

（卷39 454页）

嘉庆四年（1799年）二月壬寅

谕军机大臣等："此次贼匪扰及甘境，经广厚及吉兰泰等先后带兵前往堵剿。各处文武亦皆先事预防。贼匪知该处有备，仍复折回陕境，不致甘省民人又遭劫掠。此旨皇考在天之灵默加佑护。览奏益深敬慰。至所奏布置情形亦俱妥协。此时贼匪已回窜陕境，后路尤关紧要，所办甚是。即折内所奏杀贼仅数十名，而阵亡兵勇为数转多，即此可见其开报得实，并无讳匿伤亡，虚报功级之处，如此方合入告之体，胜于宜绵多矣。其打仗奋勇之都司及武举等，著查明咨部奖叙，阵亡兵勇著造册咨部照例议恤。至此股贼匪，昨据明亮等奏到已痛加剿杀，计日内即可歼除。广厚此时总宜与吉兰泰分择要隘之处，严密防堵。第一以镇静为要，慎勿越境邀功，稍涉张皇，致百姓先自惊扰也。将此传谕知之。"

（卷39 455页）

嘉庆四年（1799年）二月癸丑

陕甘总督宜绵奏："请添四川守兵一万名，陕西甘肃兵一万名，湖北河南兵各五千名。"从之。

（卷39　463页）

嘉庆四年（1799年）五月辛未

户部议准陕甘总督宜绵疏报："伏羌县开垦地二顷八十亩，照例升科。"从之。

（卷44　544页）

嘉庆四年（1799年）六月己丑

甘肃按察使广厚奏报："追剿贼匪，赏都司陈五辑花翎，州判纵司烊蓝翎，并升叙有差。"

（卷46　559页）

嘉庆四年（1799年）六月辛卯

谕军机大臣等："松筠奏设法剿堵情形，所办俱合机宜。各路贼匪本无长技，不过恃行走趫捷，到处狂奔。其各股贼首亦无一定名目，不过指称一人为首，虚张声势。现在白号一股经恒瑞击败后，奔窜西河、礼县一带，已有广厚、吉兰泰等带兵堵剿。蓝号一股，由米仓山南窜，未致阑入川西，贼势已就穷蹙。惟在带兵各员相机办理，堵剿并用，断不可徒事尾追，疲劳兵力。至富成怯懦无能，实有应得之咎，但各路剿贼皆蹈尾追之毙，纵使富成能抄出贼前，而贼匪一遇官兵，折回旁窜，又成尾追之势。不得以此独罪富成一人。其不能约束兵勇一节，据伊供明，因乡勇抢夺强买，节次正法三人，割耳、插箭、捆打者尤多，尚非富成全不管束，惟伊带领一路官兵剿贼，仅以具报经略为词。数月之中全不自行陈奏，实属糊涂已极。经略与带兵大员均在一路，或同在一营，自应归经略一人奏事。今富成与勒保不但各为一路，且在隔省地方，若将军情报知经略转奏，岂不更为迂远。伊系将军大员，竟不仰体朕盼捷殷怀，实不可解。伊在甘省剿贼，或不知四川军营随时奏事。而恒瑞、明亮、广厚等各路具折，伊岂毫无闻见。富成以此昏愦，断难胜大员之任。伊之获咎，即在乎此。现在松筠已将富成解交刑部治罪。想伊到京，所供亦不过如是。富成年力就衰，且曾经受伤，近日尚能劝励兵丁在蒋家山打仗，截回蓝号贼匪，不使窜入川西。即此一端，尚可加之宽贷。况伊带兵日久，究系军营熟手。富成著免其治罪，作为披甲，留营带兵。将此传谕知之。”

予陕西甘肃军营阵亡兵丁索明才等八十五名、四川伤亡兵丁王之泌等二千一百六十八名赏恤如例。

（卷46　560页）

嘉庆四年（1799年）六月丙申

又谕："此时甘境已无贼匪，但贼踪往来无定，而兰州省城现有杨揆、蔡廷衡在彼，足资弹压。广厚、吉兰泰仍当在甘省边界一带驻扎防堵。设有败窜贼匪，仍行折回，广厚等即可迎头截击，但亦不必越境追剿，惟当严防本境，不使贼匪复行阑入，以期绥靖地方。至撒拉尔回兵，此次折内未将伊等是否出力之处提及。该回兵等从前告请来营，原资剿捕之用。今甘境已就肃清，自不必令伊等一同在彼闲住，但既已远来，如有出力者，亦应量加奖赏。著广厚查明此项兵内，若有实在奋勇出力之人，即行奏明，赏给顶带，以示鼓励。并著广厚察看情形，如该回兵已无需用之处，即厚加赏赉，遣归本处。倘蓝白二号贼匪尚有窥伺甘境折回之意，势须多兵剿捕，即将该回兵等仍暂留营应用，亦无不可。将此传谕知之。"

广厚奏："官兵逼剿白号贼匪已出甘境。"得旨："嘉奖，广厚、吉兰泰下部议叙。"

（卷46　564页）

嘉庆四年（1799年）六月壬寅

谕军机大臣等："白号贼匪由徽县一带直奔陕省，逼近栈道。经松筠、永保在褒城、略阳分路堵截，贼匪即向东南奔窜，直趋川省南江。现在永保所带兵丁只有一千名，而松筠亦仅有一千六百名。其富成原带乡勇又多疲乏，不谙纪律。看来伊二人兵力实单，现已降旨，令勒保作速酌派官兵，堵御要隘。此时富成原带之兵，自已陆续到齐，而松筠又将何家岩派拨之四川兵委员带领追蹑。惟当相机截击，使贼不致深入南江，仍逼回陕省，方为妥协。至所奏广厚、吉兰泰并未跟踪前来。此事广厚、吉兰泰二人并无不是。白号贼匪阑入甘境，广厚等督兵截剿，已将贼匪驱逐入陕，自应陕省官兵悉力奋击。广厚等系守土之臣，本宜以各守本境为重，非若松筠之身任陕甘总督，必须兼顾两省者可比。前因明亮奏调豫省带兵之张文奇、田永桐等移驻商州，只知顾陕而不知顾豫，曾即传旨申饬。今松筠等以广厚、吉兰泰未曾跟踪追蹑为非，岂不又如明亮之欲调豫兵驻陕耶？松筠等惟当就现在陕省之兵丁，先行设法剿办，不得檄令广厚、吉兰泰出甘入陕，以致顾此失彼。若陕省兵力实单，即行奏闻候旨。再庆成前经勒保札令带兵前赴明亮一路，协剿张汉潮。又据明亮奏于石泉、镇安、商雒等处，四面派兵堵截。而明亮则与庆成带兵从中分击。今松筠等又欲令庆成在栈道东西剿贼。庆成以一人而数处咨调，又将何所适从。朕意此时张汉潮一股最为紧要，自应令庆成竟赴明亮一路协同击剿，速将张汉潮扑灭，再行察看别股贼情，择要会剿，较为得力。将此谕令知之。"

（卷46　570页）

嘉庆四年（1799年）六月戊申

署陕甘总督恒瑞奏报截剿甘省蓝号贼匪。得旨："嘉奖，赏花翎，赏佐领图敏、游击李天林巴图鲁名号，协领额尔起、副将德忠花翎、骁骑校德楞额等蓝翎。"

（卷47　578页）

嘉庆四年（1799年）六月辛亥

谕军机大臣等："恒瑞等奏，现在蓝白二号贼匪俱已先后窜出甘境。恒瑞拟由襄城前往，会同明亮剿办张汉潮一股。广厚、吉兰泰俱应在本境防堵。此时截剿蓝白二号，系庆成、松筠、永保三人之责，若令贼匪南窜川省，或从西北折回甘省，则咎将谁诿。庆成带领直隶兵一千六百名，而富成原带之兵现归松筠统领，兵力不为不厚。永保处虽觉兵单，兹已与庆成同在一处，况蓝白二号贼数无多，更易设法截击。至庆成初接明亮知会，本拟与明亮居中追击，嗣得松筠、永保之信，又带兵驰往汉中，是庆成既不愿与明亮剿办张汉潮一股，而与永保会合后，又不思将蓝白二号之贼认真剿办，究以何股贼匪为庆成专责。且庆成系成都将军，非松筠、永保之身任陕甘督抚可比。倘令蓝白二号贼匪，俱由略阳南入蜀境，滋扰川北地方，庆成更不能辞咎矣。至永保回至凤县、宝鸡，不过料理运饷之事。今饷鞘早出陕境，近日亦未见剿办何股贼匪，得一胜仗。前此白号之贼过略阳时，永保尚可借辞未到，今蓝号之贼又由略阳奔窜，正值永保带兵在彼，岂可又任其南窜与白号接踵合伙乎？永保当趁势歼擒，不得以驱出陕甘境地即为了事。将此各谕知之。"

以迎剿蓝号贼匪出力，赏守备李殿魁等蓝翎，撒拉尔回兵总约韩四个等守备、千总衔。

（卷47　581页）

嘉庆四年（1799年）七月丁巳

谕内阁："国家设兵卫民，各按地方形势，以定额数多寡，备操防巡缉之用，不可稍有短缺。自剿办教匪以来，各省多有征调，其在军营打仗出力兵丁拔擢弁员者甚多，将来凯旋归伍时，自不敷原设兵额。前已谕令各省督抚、提镇召募新兵，除河南、陕西、四川、云南募兵较多，所缺无几，毋庸议外。其余各省著再照派出征兵现缺之数酌量召募。直隶、山东应先补十分之五，山西、甘肃、广东应先补十分之四，江西、广西应先补十分之三，贵州应先补十分之七。务须挑选健壮，实力训练。庶兵额不致久悬，地方亦借资弹压。"

（卷48　589页）

嘉庆四年（1799年）七月己未

谕军机大臣等："张汉潮一股经明亮跟踪追蹑，现向栈道、武关、马道一带奔逸。永保因张映祥窜至徽县、两当，势欲奔趋凤县，即带兵转往拦截，并未赴明亮一路。而庆成前奏亦驰往汉中与永保会合，是庆成、永保之意俱不愿与明亮剿办张汉潮一股，只以堵御张映祥为辞，竟置张汉潮于不问。张映祥虽有折回凤县之势，但甘境现有广厚、吉兰泰在边界防堵，而恒瑞亦可就近截击，又益以庆成、永保则共有四五人。至张汉潮一股只有明亮一人追蹑。试问军营剿贼机宜有如此多寡不均者乎？即使防守栈道事关紧要，庆成、永保二人亦当分一人赴明亮军营帮办，断无二人俱赴徽县、两当一带之理。庆成、永保受皇考多年荩养重恩，宁不勉思报效。现在距奉移山陵之日不远，伊等若能激发天良，认真剿办，将张汉潮等股匪歼获无遗，于未奉移以前即奏捷音，庶可仰慰皇考在天之灵，成朕之孝，赎汝之罪，朕必加之懋赏。若再心存畛域，不知公忠体国，植党忌功，以致贼匪不能速灭，伊等自思从前尚有和珅为之庇护，任其玩误迁延，幸逃重罪，此时尚有何人敢为之缓颊耶？倘经此次训谕之后，尚不知痛加悛改，以军务为重，将来执法以绳，断不能曲加宽宥也。将此传谕知之。"

（卷48　590页）

嘉庆四年（1799年）七月壬戌

调甘肃河州镇总兵官柯藩为陕西兴汉镇总兵官。以四川维州协副将扎勒杭阿为河州镇总兵官，广东三江协副将许文谟为四川建昌镇总兵官。

（卷48　593页）

嘉庆四年（1799年）七月乙亥

免甘肃被贼滋扰之陇西、宁远、伏羌、通渭、岷、西和、漳、秦、秦安、徽、两当、礼、阶、成十四州县及西固、三岔二州同所属新旧额赋、民欠籽种、口粮，邻近贼氛之皋兰、金、狄道、渭源、循化、河、靖远、洮、安定、会宁、盐茶、平凉、固原、静宁、华亭、隆德、庄浪、抚彝、张掖、山丹、东乐、武威、永昌、镇番、古浪、平番、宁夏、宁朔、灵、中卫、平罗、清水、文、泾、灵台、崇信、肃、高台、安西、玉门四十厅、州、县及沙泥州判、红水县丞所属新旧额赋，民欠籽种、口粮十分之三。

（卷49　604页）

嘉庆四年（1799年）八月戊申

以江西布政使万宁为太常寺卿，甘肃按察使广厚为江西布政使，甘肃盐法道姜开阳为按察使。

（卷50　633页）

嘉庆四年（1799年）九月乙酉

谕军机大臣等："昨据青海亲王索诺木多尔济等以近年生番屡抢游牧，伊等逃避，奎舒置之不问等情，申报理藩院转奏，已将奎舒革职交松筠审讯矣。兹阅奎舒所奏生番情形一折，奎舒恇怯无能，仅遣熟番千户等往拿首犯，追索牲畜。不思生番向无头目，地属旷野，何从追缉。朕意于生番内设一头目，赏给六、七品顶带，俾资弹压。嗣后再有抢掠之事，庶易办理。松筠驻藏多年，谙悉外番性情，著即筹度办理。如另有所见，不妨据实陈奏，总期边陲无事为要。又据奏照依索诺木多尔济等所呈，将托逊诺尔等处所设防范郭罗克卡伦移于蒙古游牧附近一节，殊属错谬。郭罗克近年以卡伦严密之故，未曾抢掠。今将卡伦撤回，倘郭罗克乘闲抢掠，何以御之。著传谕松筠迅即仍前设卡。所有奎舒惟怯情节，一并讯明具奏。"

（卷52　675页）

嘉庆四年（1799年）十一月乙卯

户部议准陕甘总督松筠疏报："甘肃西宁县开垦旱田六段，照例升科。"从之。

（卷54　692页）

嘉庆四年（1799年）十一月甲子

谕军机大臣等："广厚奏筹办番案情形一折。该省贵循两厅所属番民，因与黄河南之蒙古纳汉达尔济等五旗游牧毗连，该王公扎萨克等属下不肖之徒，勾引贼番抢劫，其河北之索诺木多尔济等二十五旗，以河南五旗为屏蔽。嗣因青海办事大臣策拔克奏令五旗移住尚那克，空出游牧地方，野番得以占据。又察罕诺们汗一旗不愿搬往尚那克，经蒙古三都布等勾结河北空地居住。因不善管束，仍任属下逃往河南，与野番勾结抢窃。是河北二十五旗蒙古被抢，先因纳汉达尔济等移徙，撤其藩篱。后因勾结察罕诺们汗空地，开门揖盗。广厚务将为首各犯查获惩治，并将该处应如何定立界址，复设卡伦，并体恤属下，不致逃散之处，悉心筹议，以期清盗源而安边界。将此谕令知之。"

又谕："本年朕亲政之始，闻松筠为人尚能持正，即擢用陕甘总督，晋加宫衔。乃伊数月以来办理殊多错谬，即如庆成系革职拿问，尚未定罪之人，辄令带领撒拉尔回兵前赴西乡。既已檄调，一经奉到谕旨，旋即撤回。回兵素性骄悍，倘因此心生疑畏，别滋衅端，更复成何事体。又如恒瑞本在甘境，专办蓝号贼。松筠令其回陕，致蓝号贼乘闲他窜，至今贻害。本日据额勒登保奏，游击阿克东阿原在甘省追剿杨开甲等股贼匪，经松筠饬回西乡，行抵界牌，遇贼阵亡。是阿克东阿之死及杨开甲之遗孽未尽，实皆松筠之咎。其种种调度失宜，殊负委任，著先将太子少保及御前侍卫革退，拔去花翎，用示薄惩。仍留顶带，以观后效，并传旨严行申饬。至那彦成系特派督兵剿贼之员，前赴五郎一带已觉稍迟，于军务筹办情形又未及早驰奏，转将终南山岭溪涧敷衍声叙，尤不免存畏难之见。现调盛京吉林兵陆续到陕，正当乘其新到锐气用以剿贼，乃以盛京兵一千拨给柯藩。是新到劲兵复以分而见单，则追剿贼匪又将以兵少为辞，岂不蹈从前带兵大员陋习耶？那彦成著传旨申饬。"

（卷54　700页）

嘉庆四年（1799年）十一月壬午

四川布政使林俊因病解任，调甘肃布政使杨揆为四川布政使。江西布政使广厚为甘肃布政使。以江西按察使邵洪为布政使，广饶九南道阿林保为按察使。

（卷55　719页）

嘉庆四年（1799年）十二月乙酉

免甘肃循化厅撒拉尔番回未完赏借折色口粮银。

（卷56　723页）

嘉庆四年（1799年）十二月乙未

予陕西、甘肃阵亡额外外委于化林等一百三十二名、马兵杨万九等五百六十七名、乡勇熊魁等二名赏恤如例。

（卷56　732页）

嘉庆四年（1799年）是年

旌表孝子，江苏等省丁履豫等五名。孝妇，湖北洪谭氏。孝女，江苏等省吴月官等三口。顺孙，甘肃王守官。守节合例、宗室满福妻文佳氏等十三口，满洲惠格妻舒穆噜氏等一百一十口，蒙古乌勒登额妻王氏等一十七口，汉军都伦妻西鲁勒特氏等三十六口，驻防壮丁三各妻李氏等一百五十四口，直隶等省方邵妻夏氏等共五百六十口。未婚守志，满洲伊灵阿聘妻兆佳氏，蒙古巴林保聘妻伊尔根觉罗氏，汉军佟国泰聘妻东鄂氏，直隶等省罗维常聘妻张氏等二十一口。百岁寿民妇，江西等省朱山儒等二十名口。五世同堂，浙江等省翁廷连等六十家，各给银建坊如例。

（卷56　745页）

嘉庆五年（1800年）正月辛酉

谕内阁："松筠奏审拟秦州乡勇疑贼误杀一案。内萧复有一犯，见甘肃河州左营千总向明山形迹可疑，不能详辨真假，率行首先报信，以致该处乡民争先手刃，其罪较重，不应照过失杀律办理。萧复有著改为绞候，不必入于情实。马世清等三人，著照例收赎。其向明山等，著照阵亡例议恤。"寻予向明山祭葬世职，并赏恤难兵五十二名如例。

命大学士伊犁将军保宁来京供职，以陕甘总督松筠为伊犁将军，仍留陕省帮办剿贼事宜。调闽浙总督长麟为陕甘总督。实授玉德为闽浙总督，阮元为浙江巡抚。转户部右侍郎戴衢亨为左侍郎。调工部左侍郎张若淳为户部右侍郎。转工部右侍郎汪承霈为左侍郎。以前任漕运总督蒋兆奎为工部右侍郎。

命新调陕甘总督长麟驰往陕西，会同松筠办理军务。

（卷57　748页）

嘉庆五年（1800年）正月癸亥

以甘肃提督苏宁阿为宁夏将军，宁夏镇总兵官吉兰泰为甘肃提督。

（卷57　750页）

嘉庆五年（1800年）正月丁卯

谕军机大臣等："此时川省贼匪既由宁羌奔窜略阳，已入徽县。那彦成分派吉林官兵并带贵州、固原等兵同扎克塔尔、纶布春等取道五郎、洋县，探明贼纵，取捷追剿。此行甚是。现在额勒登保已离川省，那彦成由陕入甘，彼此同在一处剿贼，无分畛域。那彦成务当与额勒登保同心协力，绕出贼前，迎头堵截。不可徒事尾追。此时川省窜匪为数不下二万，甘省地方系曾经贼匪滋扰之处，贼匪未必能多有抢掠，断不可任其深入，致未经被贼地方，又遭蹂躏也。将此谕令知之。"

（卷57　751页）

嘉庆五年（1800年）正月戊辰

以在略阳御贼出力，加甘肃道员瑞亨按察使衔，并赏花翎。

（卷57　752页）

嘉庆五年（1800年）正月壬申

谕军机大臣等："川省窜入甘境之贼，如过白水江，即系龙安地界。该处有路可通成都。闻即系阴平小路，自有险要可守。著魁伦预为筹备，饬令该处文武员弁加意防范，勿使川南未经被贼之区，致滋扰累。将此谕令知之。"

（卷58　756页）

嘉庆五年（1800年）正月丙子

谕军机大臣等："广厚奏接据安肃道瑞亨咨会，川省贼匪抢渡白水江，阑入徽县之信，现将各族野番分别剿抚，赶紧办理，一俟完竣，即驰赴徽、秦，协同剿办等语。所见甚是。现在贵德番众业已悔过投诚，仅余上下刚咱两属，经广厚与台费荫移师示威，该番众甚形畏惧，已有投首之信。台费荫甫经到甘，情形尚未深悉，广厚虑及番众窥知内地有事，又生抗拒。是以暂行缓回秦州。先著蔡廷衡回兰州料理军需，所办皆妥。若番众咸知畏惧，于可以撤兵之时，即行歇手。将一切办理章程交与台费荫妥为经理。广厚即赴徽、秦一带，协同剿办，即彼时探知贼匪已离甘境，该省防堵亦须严密。将此传谕知之。"

（卷58　759页）

嘉庆五年（1800年）正月庚辰

谕军机大臣等："川省之贼因彼处无可掠食，是以窜入甘境。现经额勒登保等合兵追剿，自未必仍折回川，必思窜至陕省。而陕境石泉一带，现据台布奏称，又有川省窜匪抢渡过江，距城甚近。该处兵力较单，难以堵御。看来贼匪彼此勾通，竟有分掣官兵之势。德楞泰自应即赴陕省，会同台布剿办石泉之贼，并防甘省窜匪折回陕境，又阑入陕豫交界为要。将此传谕知之。"

又谕："现在川省贼匪股数无多，而楚省剿贼急需兵力，著魁伦于通省镇将中如七十五、阿哈保朱射斗等，察看何路距楚省二竹一带较近，即派一人速行带兵前往，协同楚省官兵并力合击。或截回川境，上紧剿净，如此方合封疆大臣任事之道。朕必特加优奖也。"

（卷58　762页）

缓征甘肃被贼滋扰之陇西、宁远、伏羌、通渭、岷、西和、漳、秦、徽、秦安、两当、礼、阶、成十四厅、州、县，西固、三岔二州同所属本年春征额赋。

（卷58　763页）

嘉庆五年（1800年）二月甲申

又谕："川省迤西，现经贼匪阑入，情形甚为著重，著额勒登保悉心筹划，或于甘境现带官兵内派出一枝，令镇将大员带领于阶、文一带取道赴川，以遏贼匪窥伺成都之路。那彦成驰赴两当一带，务须奋迅剿贼。若才力实有不能，不妨速行陈奏，切勿贪功傲幸，致负委任。将此传谕知之。"

（卷59　770页）

嘉庆五年（1800年）二月乙酉

又谕："贵德番众见大兵压境，即畏惧投诚。自应网开一面，许其自新。台费荫等谕令出具甘结，并退出抢去牲畜，交还蒙古属下人户。所办皆是。此时台费荫等移兵前赴循化，查办该厅野番，如该处番贼亦能畏威慑服，兵事便可完结。但野番犷悍性成，虽均知改悔，难保其不仍蹈故辙。必须蒙古王公等振作自卫，方可绝其觊觎之心。著台费荫等传谕蒙古王公扎萨克等，现在远赴边界剿办番贼，皆为尔等劳师糜饷。今野番既将抢去人户牲畜全数交还，尔等必当涤除从前委靡积习，力加振作，于所设卡伦严为守御，不可稍有疏懈，并当体恤属下，使之各饶生计，方不至再向外番勾结滋事。如仍怯懦推诿，不但不能再为调兵办理，并将伊等治罪。如此剀切晓谕，庶蒙古王公扎萨克各知振作自卫，不致为野番滋扰。"

（卷59　771页）

嘉庆五年（1800年）二月丁亥

谕军机大臣等："徽县、两当大股贼匪渡过渭河，至陇州、清水、秦安境内滋扰。那彦成由宝鸡出栈赶赴陇州、清水，乘贼匪屯聚陇山镇地方，痛加歼戮。倘从后尾追，焉能得此胜仗。可见行军之道，总在察探贼匪奔窜之路，预为迎击。此时贼已分窜西和、礼县等处。那彦成于秦陇一带截住窜往东北之路，而额勒登保由褒城入栈，正可会合夹击。至那彦成既与经略额勒登保同在甘省办贼，自应受其节制。今那彦成自行恳请并称和衷协力，所见甚是。前次军营参赞原有二员，明亮之缺将那彦成补授。所有钦差大臣关防，著移交经略额勒登保收存。俟大功告竣，与从前经略印信一并缴进……将此传谕知之。"

（卷59　773页）

嘉庆五年（1800年）二月戊子

谕军机大臣等："徽县、两当窜匪业经那彦成绕道迎击，得有胜仗。松筠饬王文雄等移师沔县，遏其东窜江北之路，所办俱好。现在军情，湖北甚为紧要，松筠于迎晤长麟后，即驰赴竹山、竹溪等处，堵剿兼施，以期肃清楚境。或即将庆溥所带之兵酌拨数百名，或千名令该镇随同前往。倘庆溥难以分身，另派将弁带兵亦可。至倭什布在湖北日久。松筠到后倭什布应将一切事宜会同商酌。俟松筠得有端绪，再行起程。长麟著即驰赴汉中，以便松筠速赴楚省，其陕省石泉平利等处贼匪。著长麟督饬剿办。将此谕令知之。"

（卷59　775页）

以河南布政使王秉韬为河东河道总督。调陕西布政使马慧裕为河南布政使，广西布政使台斐音为陕西布政使。以山西按察使李舟为广西布政使，甘肃安肃道瑞亨为山西按察使。调云南按察使公峨为广西按察使，广西按察使杨长桂为云南按察使。

（卷59　776页）

嘉庆五年（1800年）二月己丑

谕军机大臣等："额勒登保奏岷州、阶州有分股贼匪窜入。现在德楞泰已抵秦州，距岷、阶不远。而阶文一路，由白水江前赴成都较为捷近，著德楞泰驰赴岷阶，相机办理。如此股贼匪未能克期办竣。现在吉兰泰、广厚、杨揆等俱在甘境剿贼，何人较近，德楞泰即可酌调，交伊剿办。德楞泰即取道速赴川西截剿。"

（卷59　776页）

嘉庆五年（1800年）二月庚寅

谕军机大臣等："陕省各州县团练、乡勇，原以保护村庄，堵御贼匪。今率将游荡无业之人滥厕其闲，安望其能认真出力。长麟现将向来病民陋毙，出示禁革，并明白晓谕，令精壮粮户，抽丁团勇，责成各州县每乡择一公正能事之人作为乡总、堡总，酌给顶带，论功升赏，俱属可行。至长麟迅赴平凉，于适中之地驻扎，筹备军火粮饷。而松筠又须前赴楚北。所有陕省粮饷军需，著台布回至汉中实力筹办。其石泉等处窜匪，或酌派额勒亨额、柯藩、刘之仁抽拨防江兵丁前往协剿。陕西全省专交台布办理。自王文雄以下听其调遣。南防川、西防甘，不可不倍加奋勉也。将此各谕知之。"

（卷59　778页）

嘉庆五年（1800年）二月乙未

又谕："嘉陵江西岸繁庶之区，贼匪久经窥伺。自额勒登保、德楞泰俱离川省，以致贼匪抢渡西窜。魁伦行走迟缓，又未妥为调度，在蓬溪屯扎，仅派朱射斗等往文井场追剿。众寡不敌，阵亡官员兵勇如此之多。是额勒登保、德楞泰率行赴甘，俱有应得之罪。现在甘省窜匪有额勒登保、那彦成在彼督剿，又有广厚、吉兰泰、庆成等带领甘凉兵数千协剿。德楞泰、应即迅速由阶文一带过白水江，径赴川西，帮同魁伦剿办。所有川西之贼，责成德楞泰、魁伦、勒保三人并力同心，迅速截剿。将此各传谕知之。"

（卷59　784页）

嘉庆五年（1800年）二月辛丑

谕军机大臣等："额勒登保奏剿办甘省及川、陕、楚窜匪情形，所办俱好。惟现患肝旺心怯之症，殊为廑念。现令伊侄福忠阿带同御医田广福前赴军营诊视，赏给人参半斤，并赏亲佩小荷包一个，如朕亲临问病。此时额勒登保惟当在秦州安心调养，不可力疾督师，用示体恤。额勒登保前次因窜甘贼匪有二万余人，事关紧要，彼时力疾赶往，意在急公。朕亦不加深责。现在额勒登保派拨各路兵将，皆合机宜。岱森保竟不必赴陕，所有剿办窜匪及各路官兵，均交那彦成管带督办。额勒登保在秦州驻扎，亦应留兵防备，倘贼匪经由该处，伊仍可派往堵剿，即作为一路守御之兵，亦属有益。经略印信仍系额勒登保掌管，其钦差大臣关防著那彦成暂行留用。将此传谕知之。"

（卷60　790页）

嘉庆五年（1800年）二月丁未

谕内阁："教匪滋事，起于湖北，沿及河南、陕、甘、四川地方，往来逃窜，迄今四载有余，尚未荡平。朕心日深焦廑。推其蔓延之故，总缘领兵大员及各督抚等未发天良，既不能即在本境将贼匪剿灭，任其奔逸，而邻省又未能实力堵御，纵贼入境。即有能拿获一二贼首者，辄思借此邀功，仍置余党于不问，以致辗转滋蔓，复行勾结，所至之处，荼毒生灵，劳师縻饷，不可胜计。伊等贻误之咎，实属百喙难辞。今当列其罪状，再行明白宣谕，俾众知之。如湖北教匪在枝江、宜都起事时，惠龄系湖北巡抚，在彼剿办，并未设有总统。嗣因永保由乌鲁木齐回京，在西安地方具折请赴湖北军营，而福康安又保奏其人尚可用，是以授为总统，专剿湖北贼匪。乃永保坐拥多兵，毫无调度。贼匪在钟祥屯聚时，明亮驻扎钟祥之正南，合之东南、西南三路只有兵三千余名，不敷防堵。永保在钟祥之北面，带兵九千余名，多寡悬殊。明亮与永保以此遂生嫌隙，讵知贼匪不由明亮一路兵少处窜逸，转向永保北面兵多处奔逃。自此由钟祥北窜，焚掠溴河镇，窜至黄龙垱，皇考因明亮与永保彼此龃龉，恐误军务，令明亮前赴湖南专办苗匪。而永保仍前怠玩，不将贼匪在湖北境内殄灭，纵令偷渡滚河，阑入豫境。此永保首先纵贼之罪。其时景安若能在豫省各要隘督率堵御，则贼匪前有拦截，后有追兵，亦不致肆力冲突。乃景安畏葸怯懦，有心避贼，仅在南阳株守，不发一兵。贼匪遂从武关窜往陕西，毫无阻挡。虽有庆成在河南卢氏一带打仗，稍挫贼锋，而已不能遏其西窜。此景安纵贼入豫，又复扰及陕境之罪。迨贼匪已窜至陕，秦承恩并未督率文武扼要堵截，听其由商州、镇安逃往石泉、紫阳。而汉涨船只又未尽泊南岸，使贼匪得以抢船径渡汉江，从汉中直窜川境。此又秦承恩纵贼入陕，又复扰及川省之罪。至四川教匪其始不过王三槐、徐添德二人，在东乡、达州滋扰，为数无多。彼时系英善、勒礼善剿办，若即能奋力攻击，原不难立时扑灭。乃亦因循迟缓，致贼匪四出勾结，日聚日多。勒礼善旋在东乡被贼戕害，英善虽带兵未久，尚未纵贼出境，办理迟误之罪，亦无可辞。至宜绵以陕甘总督总统军务。自到川省后，惟知在大城寨盖房居住一年有余，并未与贼接仗，使贼匪得以从容裹掠，肆扰频年，至今未能剿尽。伊即年老多病，亦应及早切实奏恳解任，乃贪恋因循，致滋贻误，其罪实不可恕。至惠龄系接办永保总统之事，带兵总不出力，因其在湖北时曾将聂杰人、张正谟、刘启荣生擒。在四川时曾将罗其清、冉文俦拿获，尚有微劳可录，且在军营尚无婪索赃私之据，前已降为侍郎，姑免追问。此外贻误诸人，除永保业经定拟应斩监候外，景安现已拿问，俟解京时，交军机大臣会同刑部审讯定拟具奏。秦承恩前已革职，因伊有母丧，加恩令其回籍，今已将服阕，岂可任其安居故里？著费淳传旨，将秦承恩发往伊犁效力赎罪。押令即由籍起程。英善著革去吏部侍郎，加恩赏四品顶带，随同和宁

仍在西藏办事。宜绵若仍令以三等侍卫办理乌里雅苏台参赞事务，不足示
儆。著绵佐传旨，将宜绵革职，发往伊犁效力赎罪，即由该处发往。以上各
员，经朕此次分别惩办，罪状昭著，嗣后各路领兵大员督抚等任剿贼之责
者，总须在本境将贼匪歼尽，不得纵令他窜，任堵御之责者。亦须在本境严
密防守，不得任贼阑入。当以永保、景安、秦承恩、宜绵等为戒，以期共知
儆惕，奋勉成功，无负谆谆告诫至意。将此通谕知之。"

　　谕军机大臣等："此时陕、甘、川、楚贼匪分头奔窜，来往靡常，著责
成各路领兵大员，自奉到谕旨之日为始，各将专办贼匪即于本境剿尽，如甘
省贼匪专交额勒登保、那彦成剿办。陕省贼匪专交台布剿办。四川贼匪专交
德楞泰、魁伦、勒保剿办。湖北贼匪专交松筠、明亮、倭什布剿办。务将本
境专办之贼设法兜截，歼灭无遗。倘因剿捕紧急，窜逸出境，遂为了事，不
但不能邀功，必当治以纵贼之罪。若各该省边界堵御不严，致贼窜入，亦必
当重治疏防之咎，并著经略额勒登保查明堵剿不力之员，即行据实参奏。总
之堵剿各有专司，则贼匪所到之地，即不能复行窜越，而领兵大员责成既
专，亦无从推卸诿咎。庶各齐心并力，以期克日竣事。倘仍前延玩，贼匪迟
完一日，不特朕心引咎，刻难自宽，内而军机大臣、外而带兵大员之罪，亦
日重一日。诸臣务当凛遵训谕，勉之又勉。当以从前贻误诸人作前车之鉴
也。将此传谕知之。"

（卷60　795页）

嘉庆五年（1800年）二月戊申

　　谕军机大臣等："德楞泰已抵广元，筹办剿贼机宜，所见甚是。惟据称
在礼县汪家川等处将窜甘之杨开甲痛剿，歼毙伪元帅先锋一节，止报额勒登
保，并未自行具折，殊为拘泥。此后该参赞于打仗情形，务须随时见奏。今
贼匪窜盐亭、蓬溪，该处西阻潼江，东阻嘉陵江，贼匪屯聚之处实系绝地。
德楞泰现由广元、昭化直趋梓潼、绵州，自西而东，所有此股贼匪，即专交
德楞泰剿办。务将贼匪悉数歼除，勿留余孽，即为德楞泰之功，朕必加以五
等崇封。德楞泰从前搜捕贼匪，往往半途而废，以致齐家营、高家营至今未
靖。现将川西贼匪交伊专办，不得复蹈前辙。施缙甫由贵州赴川，于该处地
利未谙，与李绍祖等俱听德楞泰节制。其实在出力者，即特行保奏，若有不

遵调度者，即严参治罪。将此谕令知之。"

　　陕甘总督长麟奏："臣自入陕西潼关以后，沿途体察军务情形，领兵各大员皆受恩深重，非不争先恐后。而贼氛尚未消除，其故非尽由于剿捕之不力，实半由于堵御之无方。盖贼匪并无裹带，奔窜捷而出没无常。官兵各有军装，步伐齐而追寻自缓。且官兵不能追获之日，贼匪则合伙以掠乡间。官兵甫将追及之时，贼匪又分股以竭兵力。官兵逐日追贼，总无停歇，贼匪方肆张狂。官兵已多疲备，此贼匪之计也。地方官吏毫无筹划，百姓商贾毫无防备。一遇贼至，官则束手不能救援，民则弃业悉行逃避，以致贼到处得志，到处得食。此贼匪之利也。欲破其计而绝其利，有地方之责者，非修筑堡寨，团练乡勇不为功。若果堡寨处处修筑，乡勇团练整齐，能使百姓同心，则贼到一处，一处有守御。既不能恣意抢食，又不能迅速奔窜。官兵易于追寻，何患难于歼戮。臣酌定章程，由平凉至陇西各州，传集绅士百姓等亲身劝谕，共知利害，倾心乐从，自必众擎易举。现又札饬各州县，毋得稍存畏难苟安之见，致失机宜。将应行堵御处所一并妥为劝谕。"奏入，谕军机大臣等："长麟奏贼氛未消，由于堵御无方，切中军营情毙，朕已早经见及。长麟到处晓谕百姓筑堡团勇，派员于川、陕、豫、楚各交界一体遵照，所办皆好。额勒登保病亦痊愈，现已带兵前进，尤为欣慰。甘省贼氛不日可就肃清。长麟务当将粮饷悉心筹办。将此谕令知之。"

（卷60　798页）

嘉庆五年（1800年）二月戊申

　　西宁办事大臣台费荫奏报："循化野番均已投诚，缴出所抢青海蒙古人户、马、牛、羊。饬蒙古扎萨克分认领回。"得旨："嘉奖，授台费荫为头等侍卫，仍留西宁办事。赏州判佘景奎、姜有望同知衔。"

（卷60　800页）

嘉庆五年（1800年）三月癸丑

　　以川匪由略阳阑入徽县，革甘肃提督吉兰泰职，赏游击衔，留营效力。以西宁镇总兵官杨遇春为甘肃提督。

（卷61　808页）

嘉庆五年（1800年）三月戊午

谕内阁："长麟奏，遵旨传谕阿拉善王旺沁班巴尔率领原兵仍回游牧一折。阿拉善王奉调带兵前来帮同剿捕，固属急公。长麟因甘省连得胜仗，贼匪不日即可殄灭，于该王行抵甘境，即遵旨令其仍回游牧，妥为照料出境。并自出己资买备羊只，派员赍往分赏，俾蒙古兵丁共知感激。深得抚恤外藩之体。所办可嘉。长麟著交部议叙。"

（卷61　813页）

嘉庆五年（1800年）三月辛酉

又谕："贼匪扰入川西，实由额勒登保冒昧赴甘，以致贼匪乘虚抢渡。至陕省之贼，本系那彦成在彼剿办，乃未能及早剿竣。又因甘省有川匪窜入，移兵前往。而德楞泰复因川西贼情紧急，遵旨前往剿办，并经额勒登保催令迅速赴川，将陕省防堵事宜委之无能之吉兰泰。既任贼匪由虞关抢渡，分扰甘境，复致余匪逼近栈道。吉兰泰又不跟踪追剿，致阑入凤县。此时甘省贼匪，屡经官兵合力痛剿，贼势已蹙，其陕省剿办贼匪，虽有恒瑞带兵前往，究恐未能得力。著额勒登保、那彦成详细商酌，若甘省之贼已渐剿败，无须伊二人一同在彼。那彦成本系特派督办陕省之贼，竟当酌带官兵即赴陕省，将各股窜匪上紧剿办。至吉兰泰防堵贼匪，种种疏玩贻误，仍著额勒登保详悉查明，据实参奏。将此传谕知之。"

（卷61　816页）

嘉庆五年（1800年）三月壬戌

谕内阁："本日由四川军营奏报，参赞德楞泰连得胜仗，生擒首逆。川西将次肃清。又据甘省军营奏报，经略额勒登保、参赞那彦成截剿邪匪，不令入川，擒获伪元帅，歼戮千余名。正值朕驻跸隆福寺。此皆上天祖考垂佑欣感不尽。明晨敬诣诸陵，虔申叩谢。军机大臣每日自寅至酉，实力赞襄，助朕筹划，实属辛勤。俟大功告成，自当予以世职，先著各加一级。军机章京及兵部听报章京均著赏给纪录二次。沿途驿站咨行各省督抚，俱加赏赉。"

（卷61　816页）

嘉庆五年（1800年）三月己巳

谕军机大臣等："额勒登保等以西和一带另股贼匪，从礼县直趋秦州，有窜往东北大路之势，带兵蹑踪追击，所办甚是。额勒登保将此股剿净后，竟当就近直陕督办。其由宕昌南窜之贼，专交那彦成剿办。俟甘省贼匪剿净，再行赴陕协剿。其防守事宜可交与广厚办理。将此谕令知之。"

（卷62　824页）

嘉庆五年（1800年）三月壬午

缓征甘肃被贼滋扰之清水、平凉、华亭、静宁、盐茶、固原、隆德、洮、安定、会宁、泾、崇信、灵台、镇原、文十五厅、州、县并庄浪县丞所属本年额赋。

（卷62　838页）

嘉庆五年（1800年）四月丁亥

以四川督标中军副将薛大烈为川北镇总兵官，甘肃庄浪协副将九十为西宁镇总兵官。调四川松潘镇总兵官李绍祖为广东高廉镇总兵官。以四川阜和协副将吕朝龙为松潘镇总兵官。

（卷63　844页）

嘉庆五年（1800年）四月癸巳

谕军机大臣等："由甘省窜至龙安及文县另股贼匪，均系那彦成剿败之贼。若再乘闲窜入川西，殊有关系。勒保此时惟当先办川西窜匪，俟剿尽后，再往川北会剿。将此传谕知之。"

（卷63　847页）

嘉庆五年（1800年）四月乙未

缓征甘肃邻近贼氛之皋兰、金、狄道、渭源、循化、河、靖远、洮、安定、会宁、盐茶、平凉、固原、静宁、华亭、隆德、清水、文、泾、灵台、崇信二十一厅、州、县并沙泥州判、红水、庄浪二县丞所属新旧额赋。

（卷63　848页）

嘉庆五年（1800年）四月己亥

谕军机大臣等："长麟所奏防堵事宜，只系陕甘交界处所。而于陕省可通四川、湖北、河南等处未经一律筹及。甘省地瘠民贫，原非贼所觊觎。四川、河南、湖北地方系贼匪四年以来往来熟径，若陕省官兵分头剿捕，贼匪必思分股窜往。是陕境与川、楚、豫毗连，较甘省隘口更为紧要。长麟务当派令文武各员，分头防御，以专责成。伊现带兵一千七百余名，不必专驻凤县，竟当带兵于陕西各处边界巡防，妥为布置。至所奏经过各州县留存伤病兵丁，俱撤回原营一节，所办甚是。此项伤病兵丁，既不能使之打仗杀贼，又难以分派巡防，留于军营无益。长麟分别遣回。其空出饷银，即可添补新兵，自为得力。将此谕令知之。"

嘉庆五年（1800年）四月辛丑

又谕："本日军机大臣会同理藩院议复台费荫条奏西宁贵、循所属地方应行事宜，分别准驳一折，已依议行矣。台费荫请修青海龙神碑亭，禁止私售器械，蒙古番民定期易换口粮，河南、河北蒙古各旗内暂减兵数，酌易会哨四款，所见尚是。至野番族户纷繁，若遍历清查，胥役人等必至借端勒索，转滋骚扰。又野番不谙耕种，倘必教以树艺，诚恐徒费牛具、籽种，亦仍于事无益。至蒙古游牧向依水草，不拘里数。原所以因地制宜，若必令在十里内外逐段居住，其水草全无之处，又将何以游牧。以上三款，台费荫未能熟为筹酌，率行奏请，殊属不晓事体。著传旨申饬。"

嘉庆五年（1800年）四月辛丑

谕军机大臣等："本日额勒登保、那彦成联衔奏报之折。朕以为必系在陕西兴安一带打仗杀贼及加披阅。只系在洋县会商分剿，复奏通盘筹划情形。朕二十余昼夜所盼望者，又成虚矣。况陕省贼匪惟恐阑入豫境。额勒登保、那彦成当以截住东面为目前第一要务。乃经略参赞均由西面进剿，转驱贼匪向东奔窜，而东面仅有恒瑞、国霖二人在彼，岂能遏贼全力冲突，势必阑入豫境。无论贼匪由豫省北趋，密迩直隶，即以贼扰之处而论，豫省两年以来，贼踪不至，如逼令北趋，使豫省复遭蹂躏。该处系平原繁富之区，贼匪得以肆行抢掠，裹胁自必日多，办理岂不更为棘手？陕西贼匪伊等原应在陕境办竣，即或预筹贼匪去路，必不得已，亦当逼往川北及甘境地方。那彦成惟当速与额勒登保熟商，分一人速赴东南与恒瑞、国霖等扼住贼匪窜豫之路。至所请广东陆路兵丁较多，恳于原调五千名外，再调兵八千名，速令一并来陕一节。前经降旨额勒登保添调黔兵三千名，旋据复奏，以陕省贼股无多，若那彦成带兵回陕，即足敷用，毋庸添调黔兵。今那彦成已与额勒登保会合，何以辄欲于广东、广西备调兵五千名外，又添广东兵至八千名之多，岂不与前奏大相矛盾。粤东相距遥远，添调多兵，须三两月方能到陕。因思山西大同之兵颇为趫健，又甘凉一带兵力素为强劲，著额勒登保、那彦成飞咨长麟、伯麟，速调甘凉兵二千名、大同兵二千名，并知照参赞德楞泰酌分一路官兵，绕至东面，将贼匪向西逼剿，勿令窜入豫境。吴熊光接到额勒登保等知会，务须督饬镇将田永桐、常林等认真堵御，并确探湖北均州、郧县各处贼匪是否距豫已远。仍当转饬臬司完颜岱等，于沿江一带严密巡防。将此各传谕知之。"

（卷64　857页）

嘉庆五年（1800年）闰四月甲子

谕内阁："松筠上年在陕甘总督任内，曾经条奏请将私盐、私铸二项悉行弛禁。所见殊属迂谬，断不可行。本应降旨交部严议，特以松筠平日尚能持正，为有用之才，是以不加深责，特令军机大臣亲书谕旨，密为训饬，即军机章京等亦未令闻知。此乃朕欲保全松筠不得已之苦心。曾经详悉示知，而松筠自任总督以来，屡称患病，于一切防堵事宜，并不能妥为布置，致任川省窜匪，于今春阑入甘境，又不能实力拦截，以致辗转奔突，蔓延至今。本应治以应得之罪，即不至如魁伦之重，较之倭什布之疏于防范，其咎正复相等，宁不应予以降调处分，犹念其居官声名尚好，且不似楚省之屡任贼匪窜入，是以从宽免议，令长麟接办总督事务，将松筠授为伊犁将军，仍令赴湖北暂署督篆，并令居首督办剿贼之事。而松筠甫经到楚，仍即称病，漫无展布，辄行恳请陛见。朕于伊初奏到时，尚以松筠在彼或能得力，未经允准。而伊又称有恩出自上之事，必须面奏，具折恳请，随经降旨准行。及松筠到京，经朕日日召见，面加询问，则其所欲面陈者，仍系私盐、私铸请宽禁等二项，并无奇谋秘策。经朕详加开导，平心静气，反复譬晓，以此事碍难施行。松筠固执己见，将此事又复怀折渎奏，并不由奏事处呈递，试思私盐、私铸律有明禁，系开国以来祖宗定制，岂得轻议更张？设朕有不循成法之意，妄思更改。在廷诸臣尚当直言极谏，松筠安可以一人臆说，妄欲纷更。且如松筠所奏将私盐、私铸概宽其禁，则自盐政以下各官，皆当裁去，另派专司盐税之官，纷纷更制。且现在私盐有禁，不过官役巡拦，尚有私枭拒捕等事。若设立税口，是向日贩私者转需交纳官税。倘贩私之徒，逞其刁悍，不肯交税，又将如何办理。至川省若弛私铸之禁，则各省亦必相率效尤，岂有国家泉币之权，操之自下，隳纪纲而弛法度莫此为甚。而松筠以为所铸系嘉庆通宝，即非私铸，是何言耶？且分设各厂，聚集多人，更恐酿成事端，其流毙将不可胜言。又贼匪即有私盐、私铸之徒，闻风散出，为数亦属无几。此外如松筠折内所称，啯匪赌棍及白莲教匪又岂皆令其各回本地作奸犯科乎？是所奏种种纰谬，实为迂腐无识。倘朕轻听其言，贻误不小。且似此议论纷纭，岂非谋夫孔多是用不集之明验乎。若将原折发交大学士、九卿核议，自为公论所不韪，必将松筠议以变乱成法之罪，革职示惩。今朕姑念松筠所言虽属失当，而其心究为国家公事，尚属无他。是以仍令军机大臣明白传知，不复交议。松筠经朕指示，虽自知糊涂冒昧，恳请仍赴军营效力，但伊平素未经行阵，弓马平常，带兵既非所长。即令督率防堵，而伊前在陕省时，一任川匪窜入甘境，其不能实力堵御，已可概见。至于办理粮饷，松筠前此虽未请拨帑银，屡将解川饷项路经陕省者，任意截留至九十余万之多，亦未见经理得当。是松筠前往军营，实属无益。而似此识见迂疏，亦岂能胜伊犁将军之任。松筠著加恩赏给副都统职衔，前往伊犁作为领队大臣，并赏戴花翎，替换珠尔杭阿回京。其伊犁将军员缺，仍著保宁实授，俟简放有人，再行更换。松筠当力改前非，随同保宁学习办事，以期稍赎罪愆，无负朕格外矜全教诲至意。"

（卷65　874页）

嘉庆五年（1800年）五月庚子

甘肃布政使广厚奏报："击剿西园乡一带贼匪。"得旨："嘉奖。下部议叙，擢把总关殿魁为千总，外委柴如柏为把总。"

（卷68　900页）

嘉庆五年（1800年）五月乙巳

谕军机大臣等："甘省高二、马五等股贼匪，前据勒保奏已全数逼入番境，自投绝地。满望勒保乘贼穷窜之时，悉行剿净，乃办理多日，又任贼匪由黑河口一路辗转奔突，调度不善。著先行革去花翎，以示薄惩。至参将增顺前于贼匪由哈南寨草地沟一路窜入川境时，系伊代办松潘镇事务，疏于防范，实有应得之罪。今贼匪又从伊安设营卡处所冲出，增顺既不能奋力截击，竟退回南坪，是其疏防玩误，获罪甚重。著即在军营正法，并传集带兵员弁看视行刑，俾知儆惕。百祥系督防大员，不能预为督饬防范，著降为参将。至托津广兴，现已饬令回京，其达州办理粮饷事宜，应于杨揆、先福、刘清三人中酌派前往接办。将此传谕知之。"

（卷68　905页）

嘉庆五年（1800年）六月甲戌

又谕："据额勒登保奏，查明防堵不力各员分别劾参，并将出力之员恳请交部议叙一折。朕详加披阅各员功罪，总兵索费英阿，系在杜家庄专司防堵之员。戴家营一股贼匪由辛峪窜出，经道员王文涌、参将绰克图等截击后，贼匪由黑水峪折入山内，复从索费英阿所管地界奔窜。此股贼匪系额勒登保剿败之余，为数不满千人，而索费英阿所带兵勇有一千七百余名。兵多贼少，如该总兵能奋力截剿，自可痛加歼戮，不令他窜。乃该镇并未将贼匪截住，即跟追后，亦未能紧蹑贼踪，与之接仗，致贼匪窜入甘境。索费英阿疏纵之罪，实所难辞。且伊已年老无能，业经降旨革职，若仍令带兵自效，不足示惩。著照吉兰泰之例，即于军营枷号示众。俟军务告竣，再行发往伊犁效力赎罪。凉州镇总兵长春在江口一带驻守，虽所带兵丁有一千六百余名，然因索费英阿追贼去后，该镇分拨兵丁移驻两河，兵分见单，且伍金柱股内贼匪，分窜攻扑营卡时，该镇屡经击贼，歼毙三十余名。因窜匪分股较多，不能兼顾。较之索费英阿，情尚可原。然仅请革去总兵及巴图鲁名号，并拔去花翎，亦觉过轻。长春著革去总兵及巴图鲁名号，并拔去花翎，加恩降为游击，随营效力自赎。布政使台斐音于办理团勇一事未能预先筹划，妥为布置。总理军需粮运，于大兵进至镇安、五郎时，又未能赶运接济，实有应得之咎，自应降调。照额勒登保所拟示惩，台斐音著拔去花翎，降为道员。温承惠在紫阳一带，督率乡勇堵御贼匪，最为出力。所有陕西布政使员缺，即著温承惠补授。至王文涌自剿贼以来，带领乡勇，于要隘处所，屡次堵贼。且伊系文员，能与参将绰克图奋力剿贼，截回窜匪，实为出力可嘉。王文涌即著补授陕西按察使，其所遗凤邠道一缺，即将台斐音降补，仍令办理军需事务，以观后效。副都统和兴额在峪口地方防堵，既未能将冉学胜等股贼匪截住，而伍金柱股匪亦旋由该处逸出。该副都统总未奋勇堵截，迨贼匪窜后又不尽力紧追。其罪虽较索费英阿稍轻，而较之长春则重，岂可仍留副都统之任。和兴额著拔去花翎，革去巴图鲁名号，降为防御，随营带兵，效力自赎。至堵贼出力之王文涌，业经加恩升擢，参将绰克图能会同地方文员实力捍御，著有劳绩，洵为出力之员，著加恩以副将升用，遇有缺出，即行奏补。如从前未经得有花翎，即著赏戴花翎。此二员无庸复行交部议叙。总兵汪启在桅杆石、五道梁等处分防，虽叠经盘获逆匪，堵御亦属认真，但防守事宜，是其专责，尚未著有杀贼功效，此时暂不必交部议叙。如果该员始终奋勉出力，再行据实保奏，候朕另降恩旨。"

（卷70　937页）

嘉庆五年（1800年）六月丙子

予甘肃阵亡兵丁李升龙等五十八名赏恤如例。

（卷70　940页）

嘉庆五年（1800年）七月癸巳

以山东沂州协副将丰绅为甘肃肃州镇总兵官，直隶河屯协副将杨奎猷为甘肃凉州镇总兵官。

（卷71　949页）

嘉庆五年（1800年）八月丁巳

谕军机大臣等："昨据台布奏，冉学胜、张世陇二逆折窜回陕。甘肃地方只有伍金柱一股，又经官兵连次剿杀，只剩二千余人，势已穷蹙。而陕境高二、马五、戴家营贼众合伙向西乡奔突。以目前贼情而论，陕省最为著重。著额勒登保酌派得力大员带兵千余名前赴西乡，协同纶布春等剿办。至伍金柱分股余匪或由阶州奔窜，该处路通龙安，即系阴平小道，尤应加意防范。额勒登保已饬定住、广厚在彼拦截，所办甚是。额勒登保身任经略，自应察看贼匪往来踪迹。在秦陇各属适中之地，或汉中西乡等处择要带领重兵驻扎。东扼老林，西顾甘肃，而南面又可拦截川匪，实为居中制胜之策。务当熟筹全局，妥为布置也。将此传谕知之。"

额勒登保奏报剿捕阶州贼匪。得旨："嘉奖。擢二等侍卫爱星阿为副将，总兵官穆克登布等下部议叙。"

（卷72　964页）

嘉庆五年（1800年）八月丁卯

缓征甘肃逼近贼氛之岷、西和、陇西、宁远、伏羌、洮、通渭、漳、会宁、静宁、隆德、华亭、秦、秦安、清水、礼、徽、两当、阶、成、文二十一厅、州、县，西固、三岔二州同所属本年额赋。

（卷73　972页）

嘉庆五年（1800年）八月乙亥

以广东罗定协副将喜明为江西南赣镇总兵官。广西义宁协副将胡定泰为甘肃河州镇总兵官。

（卷73　980页）

嘉庆五年（1800年）九月癸卯

赈甘肃永昌、武威、镇番三县被旱灾民，并蠲缓额赋有差。

（卷74　993页）

嘉庆五年（1800年）九月丙午

谕军机大臣等："台布奏官兵分剿各路窜匪情形，俱经额勒登保、长麟先行奏到。台布已令其前往西宁办事。所有此次来京之贝子齐墨特达巴等，呈诉台费荫、广厚，前此查办该处蒙古被贼番抢劫牲口等物，追给不及百分之一，并行文该处蒙古嗣后遇有抢劫之案，不准呈报各款。台布务须悉心秉公查核，如果台费荫、广厚前在西宁于此事竟未查办，全系空言，自应据实参奏。若被抢物件已为查拿追给，而该贝子因未餍所欲，哓哓渎诉，此风亦不可长。蒙古卡伦各有地界，其向系官为设卡处所，自应循照旧规。若本系该处蒙古自行设卡地方，即当自为防范，岂有伊等开门揖盗，处处皆借天朝兵力为之保护游牧之理？且该处蒙古素称穷苦，亦焉能有牲口百万余俱被抢劫。是所控本难尽信。因该蒙古等屡次渎控，辄行更易大臣，亦属非体。著台布查明上年台费荫、广厚是否全未查办，如只系不实不尽，亦当据实陈奏，听候核办。至该蒙古如续有被抢之事，亦不可竟置不问，仍当为之查拿追给。但不得遂其无厌之请，方合抚驭外藩之道。台布办理此事，惟当令番子各知震慑，不致再行滋事。而该处蒙古亦诚心悦服，更无控告之事，乃为经理得宜。其台费荫前奏，该贝子等于到京后有欲恳请迁至阿拉善地方游牧，如不准所请，即欲勾结丹噶尔地方回子闹事一节。现在该贝子等所递呈词内，并未提及欲迁游牧，且住京多日，亦并无他说。经朕将该处王、贝勒、贝子、公等俱加赏赉，众心极为感悦。是台费荫前此所奏，自系误听人言，张皇入告。至贸易人谢朝礼成因不能深悉蒙古语言，听闻不确，以致传述舛错，尚无大过。台布到彼后，如谢朝礼已经唤至，只须向彼略加询问，即行省释，不必再事苛求。如该处穷苦蒙古或有尚须酌加抚恤之事，台布当奏闻办理，伊等自必倍加感悦，边圉更可永期宁谧也。"

（卷74　993页）

嘉庆五年（1800年）十月辛酉

又谕："台布奏青海蒙古番子等情形，所见俱是。青海蒙古等不自防守游牧边界，是以番子等毫无忌惮，肆意妄行，以致蒙古等穷迫失所。此皆过于懦弱之故。天朝简派大臣办理事务，应使蒙古、番子安居乐业，各得其所，不相欺凌，方为合宜。岂有每岁代蒙古等向番子追取牲畜之理？台布到西宁后，务须鼓励蒙古人等各守游牧边界，操练技艺，设法御敌。不可专恃天朝威力，自弛防范。至番子等亦当令其各知畏惧，不敢任意侵掳，方为妥善。将此谕令知之。"

以随办军务出力赏甘肃知府王荣棨花翎，知县李凯等升擢有差。

（卷75　1004页）

嘉庆五年（1800年）十月壬戌

缓征甘肃皋兰、金、安定、平凉、泾、宁夏、宁朔、平罗、镇原、环、靖远、安化、河、崇信、狄道、渭源十六州县，并庄浪县丞、沙泥州判所属本年被霜、被雹、被旱各灾民额赋。

（卷75　1006页）

嘉庆五年（1800年）十月乙亥

续缓征甘肃平番、古浪、山丹三县雹灾、旱灾本年额赋。

（卷75　1014页）

嘉庆五年（1800年）十一月癸未

谕内阁："户部议复长麟筹办甘省盐法章程一折。各省盐法原无设局收税之例，甘省额引，本属无多，因私贩充斥，官盐不能畅销，自当严行查禁，设法疏通。若照姜开阳原奏，设局收税，并弛禁阿拉善盐斤等事，不特各省盐务无此办法，而该处私贩一经弛禁，既于该省官引有碍行销，并恐碍及两淮引地。户部照依长麟所奏驳饬甚当，所有蒙古盐斤及内地私盐，经由各处责成文武各官严缉，并一切浮费分别裁减之处，均著照议办理。姜开阳冒昧陈奏，著交部议处。"

（卷76　1017页）

嘉庆五年（1800年）十一月戊子

谕内阁："前据经略额勒登保奏，将贼营内投出之张效元解京审讯。据供于本年三月闲同李广荣、袁有得、王应惠等携带银两，前赴喀什噶尔地方，探望邪教遣犯王发生。该犯等行至肃州地方换票，原籍印票只有李广荣、袁有得、王应惠三人。张效元因票内无名，嘉峪关盘查严紧，该犯不能私自出口，从肃州折回兰州，到韩家店地方，投入王廷诏贼营。嗣见王廷诏一股贼匪到处杀人放火，肆行掠食。该犯曾向王廷诏劝令投首，或可免死。王廷诏不依，张效元害怕反悔，逃出贼营。至经略军营投首。当经降旨，令保宁等截拿出口之李广荣等三犯。审明具奏。今据保宁奏，将李广荣、袁有得、王应惠三犯拿获，录取供词具奏。朕详加披阅。该犯等所供情节与张效元供词均各相同，惟该犯等供系张效元之父张全使令伊等交往探望一节，张效元前此未经供出。当经提讯张效元，亦据该犯供认不讳。是张效元一犯本系习教之人，听从伊父，携银欲往新疆地方探望同教匪徒。因不能出口，折回投王廷诏贼营。种种不安本分，实有应得之罪。但朕节经降旨，从前曾经习教而并未从贼者，即与齐民无异，概免查办。若纠众谋逆，抗拒官兵，即当一律剿除，罪在不赦。其自贼营投出者，亦无不一体妥为安置。今张效元虽经习教，因在王廷诏贼营内，见贼凶横，真心害怕，反悔投诚，尚知畏法，稍有一线可原。张效元一犯著加恩释放，交该部行文顺天府，派委妥员解至直隶。所有经过地方，一体派员小心接递。至安徽省交与荆道干。督同藩臬两司将伊父张全传到，向其明白宣谕，以张全令伊子私自潜往新疆，探望教匪王发生，本属不法。今因伊子张效元尚知畏惧，从贼营内投出，不特伊子免罪，即张全应得罪名一并加恩宽免。令张全将张效元领回，俾伊父子团聚，嗣后务须安静守法，各务农业，毋许再有滋事。如该犯等不知悛改，仍前纠约同教，互相传习，煽惑愚民。一经发觉，必当加倍严惩，决不姑宽。并将此通谕知之。"

（卷76　1020页）

嘉庆五年（1800年）十一月癸巳

陕甘总督长麟等奏："截剿川省窜匪。"得旨："嘉奖，赏参将张应魁花翎，守备朱保等蓝翎。余升赏有差。"

（卷76　1023页）

嘉庆五年（1800年）十一月己亥

予甘肃阵亡已革成都将军富成祭葬世职。如副将例总兵官凝德，参将苏克东阿、七德保，游击陈兆熊，都司巴金保，守备穆起荣，千总沈世杰、王百忍、张洽龄，把总柳洪、刘忠、魏曰连、霍凤、闪美玉、王民得，外委王泰、黄荣，湖北阵亡游击贾永吉，千总李光，把总刘建雍、管辉灿、徐尚年，外委樵呈祥、姚文礼祭葬世职。甘肃阵亡兵丁高起云等五十七名，湖北阵亡兵丁张士林等一百六十名赏恤如例。

（卷76　1027页）

《清嘉庆实录（二）》

嘉庆六年（1801年）正月己卯

加赈甘肃武威、镇番、永昌三县被旱灾民。

（卷78　1页）

嘉庆六年（1801年）正月壬午

调兵部尚书傅森为户部尚书。以正白旗满洲副都统明安为步军统领。转都察院左都御史禄康为兵部尚书。以工部右侍郎西成为左都御史。调盛京户部侍郎成书为工部右侍郎。以内阁学士德文为盛京户部侍郎。西宁办事大臣台费荫为内阁学士兼礼部侍郎衔，并署理藩院侍郎。礼部左侍郎英和兼总管内务府大臣。户部左侍郎丰绅济伦兼掌銮仪卫事。

（卷78　2页）

嘉庆六年（1801年）正月戊子

又谕："藩司广厚现因患病留于秦州调养不能带兵一节。何以该藩司既未奏闻，而长麟等亦不早具奏。广厚在甘，近来本无出力之处。著查明该司如果患病未愈，即奏令解任回京。倘病渐就痊，此时樊逆业有审甘之势，该处防堵亦须大员督率，仍令广厚在彼带兵，不可再有疏懈干咎。再该省新设宁陕镇地方，万山丛杂，最为扼要。现在伍怀志与冉逆后股合伙，在宁陕厅属之黄官峪奔审。是该处堵剿尤关紧要。所有该镇应行添募新兵，是否现已足额，并如何加意训练，足资控御之处，总未据该督抚奏报，所办何事耶？著长麟等饬令上紧召募训练，俾成重镇，以杜贼匪等审入老林之路，此为最要。"

（卷78　5页）

嘉庆六年（1801年）二月甲子

补行嘉庆四年大计。云南卓异官十员，不谨官二员，有疾官二员，年老官四员，才力不及官三员。甘肃卓异官六员，不谨官二员，才力不及官一员，罢软官一员，年老官五员。分别议叙处分如例。

（卷79　22页）

嘉庆六年（1801年）二月辛未

甘肃布政使广厚以病乞解任，允之。以山西按察使王文涌为甘肃布政使，直隶霸昌道朱绍曾为山西按察使。

（卷79　26页）

嘉庆六年（1801年）三月丙戌

实授杨遇春为甘肃提督。

（卷80　40页）

嘉庆六年（1801年）三月丁亥

谕内阁："杨遇春前在副将任内丁忧时，经惠龄等奏请仍留军营带兵。彼时杨遇春职分尚小，亦未著有劳绩，当经准其留任，未曾别有加恩。嗣因其带兵打仗屡有军功，是以洊升总兵，简用提督。兹杨遇春已届服满，兵部照例题请实授。因思伊两年以来，身历戎行，未能回籍经理丧葬，殊堪轸念。著杨揆于藩库内拨银三百两，赏给杨遇春原籍家属，以资费用。并著勒保将恩旨传知该提督，令其无须分心家务，惟当倍加感奋，剿贼立功。俟军务告竣后，即当赏假，令其回籍省看坟茔，用示体恤。"

（卷80　41页）

嘉庆六年（1801年）三月庚子

予甘肃阵亡总兵官李绍祖，游击段逢春，千总孙永年，把总李攀龙、王照远、尚坦，外委徐德建、马顺、张林、赵宗文、蒋芳，陕西阵亡参将刘成得，千总马廷魁，把总刘映升、马占熊、袁璋、张殿元，外委郭永锡，四川阵亡千总严正一、把总杜耀先祭葬世职。兵丁李大盈等八百三十四名、土练博度等二百五十四名、乡勇杨廷赞等一千二十名赏恤如例。

（卷81　48页）

嘉庆六年（1801年）四月辛亥

谕内阁："额勒登保奏，肃州镇总兵丰绅现丁母艰，恳暂行留任。丰绅带兵有年，打仗尚属奋勇，著仍留总兵之任，并加恩赏银二百两，由广储司动用，交伊在京家属收领，俾资丧葬之用，以示体恤。"

谕军机大臣等："额勒登保奏，冉逆西窜入甘，因总兵杨奎猷等剿贼失事。杨奎猷及参将罗全亮均革职枷号，游击刘满贵著革职作为兵丁效力。所有凉州镇总兵员缺，著萧福禄补授。额勒登保现由唐藏一带追剿冉逆，其高马等匪即交杨遇春、格布舍等同川省官兵会剿。至宁陕防堵事宜，责成刘之仁督率新放各营弁巡防，毋再令贼匪窜入南山。将此谕令知之。"

（卷82　55页）

嘉庆六年（1801年）四月辛酉

又谕："前因那彦成在甘省督兵剿贼，将高三、马五股匪逼剿入川，所剩余匪无多。那彦成并不蹑踪搜捕，以致日久蔓延。及那彦成回京召见时，奏对又多错误，是以降调示惩。今高、马二逆业已生擒，伙党悉行扫荡，亦可稍全那彦成颜面。且念系阿桂之孙，前在军营带兵，亦曾获有胜仗。那彦成著加恩交军机处以副都统记名。"

（卷82　63页）

嘉庆六年（1801年）五月甲午

缓征甘肃阶、文、武威、镇番、永昌、岷、西和、陇西、宁远、伏羌、洮、通渭、安定、漳、会宁、平凉、静宁、隆德、华亭、庄浪、秦、秦安、清水、礼、徽、两当、成、狄道、河、皋兰、金、渭源、靖远、泾、崇信、镇原、环、安化、宁夏、宁朔、平罗、山丹、平番、古浪四十四厅、州、县并西固、三岔二州同、沙泥州判所属旱灾新旧额赋。

（卷83　85页）

嘉庆六年（1801年）五月丙申

以陕西定边协副将刘瑞为甘肃凉州镇总兵官。

（卷83　88页）

嘉庆六年（1801年）七月戊戌

拨山西藩库银六十万两，山东、河南藩库银各三十万两，赈恤甘肃被旱灾民，并免皋兰、狄道、渭源、金、靖远、陇西、安定、会宁、宁远、伏羌、西和、岷、通渭、漳、平凉、静宁、隆德、固原、华亭、安化、宁、合水、正宁、环、山丹、平番、古浪、秦、秦安、清水、礼、阶、灵台、镇原、崇信、武威、永昌、镇番、西宁、碾伯、成、文、徽、两当四十四厅、州、县并西固、三岔二州同，沙泥州判，红水、东乐二县丞所属节年新旧额赋草束有差。

（卷85　122页）

嘉庆六年（1801年）八月丙午

谕军机大臣等："台布奏，在蒙古地方居住番族人等，一经官为驱逐，即已陆续搬出。可见番族人等尚知畏法。惟纳汉达尔济境内有循化合儿族之亦洛合、瓜什济二庄人户，又察罕诺们汗境内有贵德熟番主古录族、揣咱族番众未搬。经台布诘讯，而纳汉达尔济等代为恳求，又令照旧游牧，殊属自相矛盾。前此蒙古王公扎萨克等以番族人等偷窃牲畜，占居帐房，恳求派兵驱逐。及内地大臣带兵到彼，番众即已陆续搬移，本可划清界址，为绥辑蒙古久远之计。今纳汉达尔济等转怜其穷苦，代番众恳求赏给伊等沿边之地居住。姑如所请，准令亦洛合、瓜什济、揣咱、主古录四族居住卡外，应令纳汉达尔济等一体出具甘结，永保番众不再滋事。倘一二年后仍不安静，不但将四族尽行驱逐严办，亦必将纳汉达尔济等一并治罪。其余已经逐出各番，不准各蒙古王公等再为恳求，复行搬回居住。至尖木赞素为番族信服，此次亲诣各族劝谕输诚，尚属出力，著赏戴花翎。将此谕令知之。"

（卷86　127页）

嘉庆六年（1801年）七月庚戌

赏总理粮饷甘肃道员蔡廷衡花翎，加按察使衔，从总督长麟请也。

（卷86　132页）

嘉庆六年（1801年）九月戊子

赈甘肃宕昌番民。

（卷87　151页）

嘉庆六年（1801年）十一月丁丑

谕内阁："长麟奏土司韩辉宗承袭世职，请酌量加恩，稍增威重等语。土司韩辉宗之父韩昱本系千户，例用五品顶带。因乾隆四十六、四十九等年随同征剿逆回，著有劳绩，蒙皇考高宗纯皇帝特加恩赏给三品顶带花翎。今韩辉宗照例承袭，非如伊父屡经立功可比，但念韩辉宗于嘉庆四年亦曾带撒拉尔回兵跟同打仗，现在承袭土司，著加恩赏给四品顶带，以资弹压。俟再有出力，另加恩赏。"

（卷90　186页）

又谕："前据长麟节次奏陈患病情形，屡经降旨，令其安心调理。近闻该督病体尚未就痊，勉力办公。且因老母在京，于病中时深系念，前召见伊兄长琇，并称伊母年逾八旬，亦时常思念长麟等语。长麟久病未痊，伊因陕省正在办理善后事宜，不敢遽行奏请解任，但母老子病，两地心悬，殊堪怜悯。长麟著加恩令其来京，另候简用。所有陕甘总督员缺，著惠龄补授。惠龄接奉此旨后，即将巡抚印篆，暂交藩司吴俊护理，速即来京请训，再赴新任。长麟俟惠龄到任交卸后，再起程来京。其山东巡抚员缺，著和宁调补，并著即赴东省接印任事。所有安徽巡抚员缺，著李殿图补授。"

以甘肃按察使姜开阳为福建布政使，甘肃兰州道蔡廷衡为按察使。

（卷90　187页）

嘉庆六年（1801年）十一月乙酉

又谕："户部议复陕甘军需章程，分别准驳，并开单进呈。除议准者照议施行外，其所驳各款，如陕省官兵于沿途经过地方搭盖棚厂，预租店房以备供支一节。实非体制所应有。定例凡遇扎营处所均有帐房，以供栖止，不独行军为然，即属车所至，扈从大小官员或住蒙古包，或支搭帐房，尚不准租赁店屋。况军营官兵随同剿捕，岂得于例外搭棚赁屋，希图安逸。即间有一二患病官兵不能随行，私自租房调养，岂得明目张胆，官为开销。况制办帐房以及运至军营均有支费，若又添入租屋、搭棚之需，则帐房岂不竟成虚设乎？又军营调派各员之跟役支给口粮一节，随营办差文员其所支盐粮，既须扣还归款，岂伊等所带跟役转许按名支领，作正开销乎？又甘省需用渡夫、水手支给工食、口粮一节。该省遇有河水间隔处所，平时即应有渡船以资行旅。即因官兵过渡，随时雇觅水手，其所需工食口粮只须按日给发，断无庸再给与安家银两，又犒赏需用牛羊及银牌布匹等项，请作正项开销一节。军营向无赏需之例，其出力官兵经朕特加恩赍，或带兵大员随时量加犒劳，原系另款给发，并非列入正项。若皆任意报销，则何物不可赏给，宁复尚有限制乎？以上指出部驳各条，俱系例案所无，应行删减者。该督抚等混行开入，甚属不合。军营动用银两，如果与例未符，而实在必需支应者，该督抚原不妨随时具奏，候朕酌夺，岂可于报销时妄冀准行。总由伊等于节次所拨饷银肆意花销糜费，难以据情恳请，故尔搀入报销各条内，希图蒙混。此又蹈军营虚诳习气，其弊大恐不独陕甘为然。该部逐款驳正甚是，并著通行凡有军需省份一体遵办。"

（卷90　198页）

嘉庆六年（1801年）十一月戊子

赏剿贼奋勇、积劳成疾之甘肃提督穆克登布云骑尉世职。

（卷90　201页）

嘉庆六年（1801年）十一月戊戌

谕军机大臣等："昨据庆成奏称，苟逆渡江奔窜，仍系广元地方，逼近宁羌、略阳、阶、文等处。今苟逆已窜至阶州属之梅子园，是已阑入甘肃境内。此皆七十五玩纵之罪。此时甘省正当放赈之际，饥民络绎于道。苟逆渡江时虽只二千余人，若饥民被其裹胁，日内或已增至三四千人，亦未可定。况阶州地方早经安堵，今猝遭蹂躏，百姓受贼荼毒，系七十五纵贼殃民所致。七十五著革职拿问，交额勒登保、德楞泰、长麟严加审讯。所有四川提督员缺，著额勒登保、德楞泰等先派员暂署。即于军营应升出力人员内择其打仗奋勇，而又才具明干，能膺提督之任者，保举数员，出具考语，开单进呈。候朕简放。再长麟已令其来京供职，陕甘总督简放惠龄。此次长麟一闻苟逆窜甘禀报，即一面飞饬巩秦阶道驰赴阶州，赶办粮饷。长麟亦即由汉中驰回甘省，照料一切，甚属可嘉。其所调固原、河州兵二千名，分布岷州、秦州、巩昌一带防护，自应如此办理。再庆成此时自已于额勒登保、德楞泰未到之前，先行赶抵甘省，奋力截剿，如已将苟逆一股痛加歼戮，得有胜仗，即著迅速具奏。以慰廑注。"

（卷91　210页）

嘉庆六年（1801年）十二月癸卯

长麟奏报："庆成等带兵在阶州牛头寺、草川子等处歼擒苟文明一股贼匪。"得旨："嘉奖，赏还庆成巴图鲁名号。"

（卷92　215页）

嘉庆六年（1801年）十二月甲辰

谕军机大臣等："台布奏，风闻循化厅属果尔的等族番子又有纠众过河抢劫之信，檄饬循化、贵德文武妥为弹压，并先由贵德派拨民兵六十名前往卡伦防范。其前次奏拨官兵百名可否准令派往等语。循化属果尔的等族番子既有纠众过河之信，而沙卜浪、科义等族番子亦商量过河抢劫。虽经台布派令尖木赞等前往晓谕，但各该处必须安设卡伦，预为防范。所有官兵百名，自应即令前往，以壮声势。惟此项官兵，原为保护蒙古调拨，若仅以老弱充数，不但不能震慑番众，并恐为蒙古所轻视。设稍有疏虞，更属不成事体。著署总兵保清挑选年力壮健并曾经出征兵丁，前往守护，方能得力。或不敷弹压，即增添百十名亦无不可。俟明岁察看情形，再行奏明裁撤。将此谕令知之。"

（卷92　215页）

嘉庆六年（1801年）十二月甲寅

加赈甘肃皋兰、狄道、渭源、金、靖远、陇西、宁远、伏羌、安定、会宁、通渭、岷、西和、漳、平凉、固原、隆德、静宁、华亭、安化、宁、正宁、合水、环、山丹、东乐、永昌、镇番、古浪、平番、秦、秦安、清水、礼、阶、文、泾、崇信、灵台、镇原四十厅、州、县并西固州同、沙泥州判，庄浪、红水二县丞所属被水、被旱灾民。

（卷92　220页）

嘉庆六年（1801年）十二月辛酉

谕内阁："前因七十五在四川提督任内专剿苟文明一股贼匪，并不上紧剿办，且在太平耽延六日，予贼以暇，以致苟逆乘闲裹胁，踹浅渡江，阑入甘省。情罪甚重。节经降旨，将七十五革职拿问，交额勒登保、德楞泰秉公严审定拟具奏。兹据额勒登保等奏称，七十五追剿苟逆一股，因南广一带山大林深，急切未能得手。其在太平暂扎六日，系因接护兵粮，制办衣履，为整顿兵力起见，且查七十五带兵素属奋勇，从前出师数次，曾经带伤十五处。现在自知愧惧，所有窜甘之贼，又经奋勉截回，虽功罪不足相抵，而情节犹有可原。此次七十五拿问时，兵勇多有痛哭流涕者等语。七十五以提督大员带兵剿贼，未能将苟逆一股迅速办净，致令四窜。若果有心延玩，自应按军律即行正法。今既据查明七十五在太平耽延六日，整顿兵力，与无故逗留者有间，且七十五曾带伤十五处，平日带兵剿贼尚知奋勉，又能深得众心。七十五著加恩免其正法。作为兵丁留于军营，在前敌效力赎罪，以观后效。所有四川提督员缺，著丰绅补授。其所遗甘肃肃州镇总兵员缺，著张绩补授。"

（卷92　227页）

嘉庆六年（1801年）是年

旌表孝子，江苏等省程宗海等十九名。孝妇，甘肃省张杨氏一口。

（卷92　234页）

嘉庆七年（1802年）正月丙子

调杭州副都统成明为凉州副都统，凉州副都统明禄为杭州副都统。

展赈陕西兴平、武功、醴泉、乾四州县，甘肃皋兰、渭源、金、靖远、狄道、陇西、安定、会宁、岷、通渭、漳、西和、伏羌、宁远、平凉、静宁、华亭、隆德、固原、庄浪、安化、宁、正宁、合水、环、秦、礼、清水、秦安、阶、文、泾、灵台、崇信、镇原、山丹、东乐、永昌、镇番、古浪、平番四十一州县及西固州同、沙泥州判、红水县丞所属上年旱灾贫民。

（卷93　236页）

嘉庆七年（1802年）正月己丑

谕内阁："本年来京瞻觐之杜尔伯特、土尔扈特、青海汗、贝勒、台吉等皆系自备资斧。念伊等归途甚远，著加恩准令驰驿。蕴端多尔济回库伦途程亦远，亦著驰驿。"

（卷93　241页）

嘉庆七年（1802年）二月丁未

以陕西静宁协副将皂保为甘肃河州镇总兵官。

（卷94　253页）

嘉庆七年（1802年）二月壬戌

又谕："长麟简任陕甘总督以来，于剿捕贼匪各事宜未能认真出力。前此奏报傅家镇剿贼一事，闻彼时长麟漫无筹措，若非富成极力救援，几至为贼所困。而富成即因此阵亡，且长麟所奏情节，其中亦不免讳饰。其查拿汧阳悄悄会一案，任用萧福禄，杀戮过多，办理亦未妥协。朕因其在陕不甚得力，且念伊母年老，加恩令其来京。但若照现在职分仍以一品大员补用，未免不足示惩。长麟著不拘文武以二品职衔补用。现在吏部左侍郎文宁出差之缺，长麟到京后，著加恩署理，英和不必兼署。"

（卷94　259页）

嘉庆七年（1802年）二月己巳

予陕西阵亡游击苏维则祭葬加等，世职如例。马兵焦忠孝祭葬世职，如千总例。四川、湖北、陕西、甘肃阵亡护军参领德舒，协领福珠禄，佐领王君佐，守备麻允光，千总刘炯、刘铠，把总李士杰、马云龙、朱先、王武年、王庆凯，外委穆志雄、徐士伏、姚凤、张汉、周天华，伤亡千总汪铨祭葬世职。武举常登元祭葬。前锋色克京额等一百四十九名、马步兵方可成等四百五十名、土守备衔王应保、乡勇龚明山等五十四名赏恤如例。

（卷94　265页）

嘉庆七年（1802年）三月丙子

缓征甘肃皋兰、渭源、金、靖远、狄道、陇西、安定、会宁、岷、通渭、漳、西和、伏羌、宁远、平凉、静宁、华亭、隆德、固原、庄浪、安化、宁、正宁、合水、环、秦、礼、清水、秦安、阶、文、泾、灵台、崇信、镇原、山丹、东乐、永昌、镇番、古浪、平番四十一厅、州、县，并西固州同、沙泥州判、红水县丞所属上年旱灾，及被旱之河、盐茶、武威、西宁、碾伯、成、徽、两当八厅、州、县，三岔州判所属本年春征额赋。

（卷95　269页）

嘉庆七年（1802年）四月壬寅

以遣戍伊犁已革陕甘总督宜绵年老，释令回旗。

（卷97　289页）

嘉庆七年（1802年）四月丙辰

谕内阁："苏宁阿奏请暂办甘肃提督事务，俟卸事后再接署宁夏将军印务一折。现在宁夏将军有双喜在彼护理，毋庸再行更替。苏宁阿著专署甘肃提督印篆，俟杨遇春剿贼完竣，赴提督之任。苏宁阿即交代来京，听候简用。"

（卷97　293页）

嘉庆七年（1802年）七月壬辰

命固原提督庆成回旗守制。调甘州提督杨遇春为固原提督。以湖南永州镇总兵官穆克登布为甘州提督，正红旗汉军副都统庆溥为湖南永州镇总兵官。

（卷101　350页）

嘉庆七年（1802年）九月壬午

上御行殿勾到广西、福建、陕西、甘肃情实罪犯。停决广西斩犯四人，福建斩犯三人，绞犯四人，陕西、甘肃斩犯十二人，绞犯六人，余六十二人予勾。

（卷103　384页）

嘉庆七年（1802年）十一月己丑

谕内阁："惠龄奏连日督率官兵搜捕零匪节有斩获一折。昨因惠龄督剿南山余匪并不实力赶办，当降旨严行申饬。本日奏到折内又仅称杨芳、李应贵等带兵分头追捕，杀贼均属无几，余匪仍复潜匿山内，总不能一律搜剿净尽。似此因循怠玩，陕境山内剿剩零匪，何日始能肃清耶？惠龄系陕甘总督，所有南山余匪乃专交伊接手督办。讵自经略离陕以后，节次奏报之折，只称歼擒贼匪，或三五人，或一二十人，任听零星散匪肆行逃窜，该督毫无布置。惟以严催并不胜焦急等语铺叙塞责。看来惠龄竟不肯实心任事，惟据将领等禀报入奏，不但不能亲履行阵，并不能调度合宜，仍系伊从前在军营苍滑伎俩，实属有负委任。惠龄著拔去花翎，降为二品顶带，暂留陕甘总督之任，以观后效。"

（卷105　409页）

嘉庆七年（1802年）十二月癸丑

以三省邪匪悉平，论功行赏。谕内阁："本日申刻，据额勒登保、德楞泰、勒保、惠龄、吴熊光等联衔递到六百里加紧奏报川、陕、楚剿捕逆匪大功戡定一折。朕与天下臣民同深欣慰。邪教之始，由奸民假烧香治病为名，惑众敛钱。无知愚民被其煽诱，党与既多，胁从愈众。起于湖北宜都、当阳，继且阑入豫省。由陕入川，蔓延三省，蹂躏地方。无限生灵遭其荼毒。不得不尽力剿办，以靖凶残。溯自嘉庆元年受玺之初，即值办理军务。朕仰荷皇考高宗纯皇帝付畀之重，兢惕实深。幸蒙睿谟指示，两年之闲叠次歼擒起事首逆多名。迨至三年，皇考圣寿益高，秋冬之闲，圣体违和，每遇军报到时，犹复亲授机宜，孳孳不倦。而朕日侍左右，仰见皇考精神渐减，侍奉汤药，寝食靡宁，心志昏迷，是以区划未能周备，以致剿捕事机，稍形疏懈。犹蒙皇考随时训迪，迨弥留前一日仍以望捷成什。追维在天未竟之志，五中悲感，益凛仔肩。四年正月初三日，怆遭皇考大故，饮泣椎心，哀痛弗释军书旁午，更不能谋虑周详。直至奉安山陵礼成，始得专心军务，申明军纪，激励将士，责以成功。数年来斩获著名首逆不下百余人，积恶头目亦有数百名，悔罪投出者数万余人。兹幸三省余匪一律殄除，眚定大功，飞章奏捷。从此海寓敉宁，升平永庆，皆仰赖昊苍眷佑，祖考垂慈，感慰之余，弥深钦惕。此事系剿捕内地乱民，虽非平定外域，拓土开疆可比，然办理已及七载，领兵大臣等沐雨栉风，驰驱险阻，艰苦备尝。以及征兵转饷，团勇安寨之各督抚等，并在廷参与机谋，趋承密勿之王大臣等，均能各殚心力，用藏巨功，允宜普沛恩纶，酬庸懋赏。成亲王于四年在军机处行走几及一载，赞襄机务，一切剿捕机宜，深资擘画。今大功告竣，自应嘉奖公勤。王已列亲藩，著施恩加赏一贝勒，令其子绵勤受封。仪亲王虽未在军机处行走，但自元年以后，军报络绎之时，王见朕忧勤，每申诚悃，时进嘉谟，兹当喜报遄来，同深欢庆，著施恩加封一贝子，令伊子绵志受封。庆郡王永璘、定亲王绵恩前在书房时，咸念切军务，盼捷维殷。永璘近来亦醇谨自持，深可嘉慰。绵恩在御前大臣上行走，夙夜勤慎，当此奏绩庆成之际，亦应一体加恩，著再将永璘之子绵慜、绵恩之子奕绍俱封为八分公，以昭恩渥。额勒登保总统师干，公忠懋著，谋勇兼优，前此平定苗匪时即经赏给侯爵，嗣因剿办邪匪迟延，暂予降黜，自膺经略重任，运筹决胜，悉中机宜，躬亲行阵，与士卒同劳苦。用能屡获渠魁，扫除苞蘖，业经节次加恩，晋封三等侯爵。兹三省全奏底平，厥功殊伟，额勒登保著晋封一等侯，世袭罔替，并授为御前大臣，加太子太保衔，赏用紫缰，以彰殊锡。德楞泰前于平定苗匪时亦曾赏给子爵，自授为参赞后，督率将士，奋勇超伦，所向克捷。前后歼贼最多，勋绩炳然，节经封至三等侯爵，著加恩晋封一等侯，加太子太保衔，赏用紫缰。伊子苏冲阿并赏给副都统职衔，即著赍送赏件，前赴军营，看视额勒登保及伊父德楞泰，用示眷念。勒保从前办理中苗，擒渠扫穴，伊一人之功。曾经赏封侯爵。至今苗民安辑，嗣命赴川省总统军务，奏报生擒贼首王三槐，晋封公爵，旋廉知王三槐本欲自行投出，其事尚涉疑似，后授为经略大臣，办贼迟延，降旨逮问，复念其于川省地方情形熟悉，仍令赴川带兵，洊升总督。勒保自复任以来，倍加奋勉，督兵连获首逆。协同德楞泰将川省全境廓清，已加封一等男爵。现当大功戡定，核其功过，虽不能复还原爵，亦当加以褒封，著加恩晋为一等伯，并加太子少保衔。明亮为多年宿将，前此在金川带兵，立功甚著。迨教匪滋事后，派令统兵剿办，曾将湖北孝感贼匪悉数歼除，办理最妥。嗣因在陕办理逆匪迟延，罢其世职。又因南山贼匪未能迅速殄除，降旨逮问。念其久历戎行，仍畀以剿捕之寄。伊自复用后，亦尚能奋勉立功，惟因年老不能冲锋接仗，谕令回京，洊擢都统。兹功竣载念前劳，著加恩赏封一等男。西安将军赛冲阿、固原提督杨遇春自随征以来，在诸将领中勇略尤著，节次歼擒首伙各逆，为数较多。伊二人俱经赏给骑都尉世职，著加赏轻车都尉世职。惠龄由湖北巡抚任内剿贼，旋接办总统事务。叠获首逆张正谟等，历升尚书、都统，并给与宫衔及轻车都尉世职。

嗣守制回京，因闻其在军营亦有延误之处，且贼匪由陕窜川，惠龄不能遏截，曾经降黜示惩。此次在陕甘总督任内，剿办南山余匪，办理迟延，复革去花翎，降为二品顶带。今大功底定，念其从前著有微劳，惠龄著加恩赏还头品顶带花翎。吴熊光自简任湖广总督以来，于一切粮运团堡事宜，实心经理，著加恩赏给太子少保衔，仍交部从优议叙。姜晟前在湖北办理军糈，并无贻误。嗣因在直隶总督任内报灾延缓，罢斥治罪。念其尚无大过，现以四品顶带擢任侍郎，著加恩赏给二品顶带。倭什布前在湖广总督任内亦曾带兵剿贼，赏给云骑尉世职。嗣因办饷稽迟，被劾逮问。讯明尚非有心贻误，其平日居官声名尚好，复行录用，以三品顶带补授巡抚，兹著加恩赏给二品顶带。福宁前在楚境督剿贼匪曾加赏宫衔，因在军营节次获罪，罢职遣戍，旋经释宥，以侍卫前往西藏办事。兹著加恩赏给副都统职衔。英善前以侍郎署四川总督，亦有劳绩。嗣缘事镌秩，命在西藏办事，亦著加恩赏给头等侍卫。温承惠、杨揆、文需、刘清或带兵堵剿，或筹办军储，勤劳数载，均著加恩交部议叙。至军机处行走之大学士庆桂、董诰，尚书戴衢亨均经皇考简任多年，克尽忠悃，知无不言，言无不尽。自用兵以来，承旨书谕，勤慎小心。朕敬推皇考之恩，庆桂、董诰著赏给骑都尉世职。戴衢亨著加太子少保衔，仍赏给云骑尉世职。尚书刘权之、德瑛虽在军机行走未久，其素日陈奏，亦时有所见协办大学士朱珪、尚书彭元瑞，虽未入直枢廷，亦能留心军务，每有敷陈，均著加恩交部议叙。大理寺少卿章煦在军机章京上行走年久，办理军务，始终其事，著加恩交部从优议叙。宜绵前在军营督剿洞汝河等处贼匪，尚属认真。后因总统军务，安坐大成寨，任贼匪往来奔窜，革职发往伊犁。念其年老释放回京。伊究曾出力，亦著加恩以六部员外郎用。景安前任河南巡抚，不能堵御贼匪，致令延及川陕，其罪甚重。业经问拟重辟。念其平日居官廉洁，从宽监禁。兹军务告藏，著加恩释放。伊系本身获罪，非若完颜扎拉芬，因伊父魁伦发遣者可比，著发往热河充当披甲，以示朕覃敷惠闾，嘉赏成功至意。通谕中外咸使闻知。"

（卷106 420页）

嘉庆七年（1802年）十二月甲寅

举行本年军政。盛京将军所属卓异官五员，罢软官二员，年老官四员，有疾官三员，才力不及官二员。吉林将军所属卓异官二员，年老官二员，有疾官四员。江宁将军所属卓异官三员。福州将军所属卓异官一员，年老兼有疾官一员。荆州将军所属卓异官一员。西安将军所属卓异官四员，年老官一员。宁夏将军所属有疾官一员。广州将军所属卓异官一员。察哈尔都统所属卓异官三员，有疾官二员，年老兼有疾官二员。热河副都统所属卓异官二员。青州副都统所属年老兼有疾官三员。密云副都统所属卓异官二员，年老官一员。山海关副都统所属罢软官一员，年老官一员，有疾官二员。凉州副都统所属卓异官一员，罢软官一员，年老官一员。河南巡抚所属卓异官一员，才力不及官一员。山西巡抚所属年老官一员。稽察右翼保定等五处大臣所属年老官一员。分别议叙处分如例。

（卷106　425页）

嘉庆七年（1802年）十二月乙卯

又谕："川、陕、楚及河南、甘肃等省被贼近贼各州县应征地丁漕米等项，前经随时降旨，分别蠲缓，以纾民力。现在大功戡定，地方全就肃清。小民等复业归农，渐臻乐利。所有递年积压未完各款，自必踊跃输将。但念该地方经积年蹂躏之余，元气未复，此时甫经安集，生计尚艰，正当加之培养，俾得永庆盈宁。著四川、陕西、湖北及河南、甘肃各督抚，即查明所属各州、县、厅、卫，自嘉庆元年至本年为止，其因被贼、近贼不能完纳，现在带征、缓征、民借、民欠一切银米等项，分别开单奏闻。候朕施恩豁免。该督抚等务当实力详查，毋得稍有遗漏，亦不可任官吏等从中隐冒，以副朕轸念黎元、庆成施惠至意。"

（卷106　426页）

嘉庆七年（1802年）十二月丁巳

铸给甘肃西宁县土司指挥同知印，从总督惠龄请也。

（卷106　429页）

嘉庆七年（1802年）十二月庚申

以甘肃安西协副将德成额为江西九江镇总兵官。

（卷106　429页）

嘉庆七年（1802年）十二月丙寅

上御保和殿，筵宴朝正外藩。科尔沁、喀喇沁、巴林翁牛特、土默特扎噜特、茂明安、敖汉、阿巴哈纳尔、鄂尔多斯、郭尔罗斯、喀尔喀、阿拉善、四子部落、苏尼特哈密、土尔扈特青海王、贝勒、贝子、公、额驸、台吉、塔布囊等及瓦寺安抚司、霍罕来使噶勒丹锡、呼图呼图克图等随文武大臣依次就坐。诸乐并作。上进酒，召左翼科尔沁扎萨克卓哩克图亲王拉旺、科尔沁达尔汉亲王丹曾旺布、喀喇沁亲王衔扎萨克郡王满珠巴咱尔、科尔沁郡王桑济扎布、巴林扎萨克郡王索特纳木多尔、济翁牛特扎萨克郡王包多尔济、土默特扎萨克贝勒理藩院额外侍郎索诺木巴勒珠尔、翁牛特扎萨克贝勒达玛琳扎布、土默特扎萨克贝子固伦额驸玛呢巴达喇、科尔沁扎萨克贝子鄂勒哲依图，右翼喀尔喀扎萨克亲王固伦额驸拉旺多尔济、喀尔喀车臣汗玛哈锡哩、喀尔喀扎萨克亲王达尔玛锡里、阿拉善扎萨克亲王旺沁班巴尔、科尔沁扎萨克郡王和硕额驸索特纳木多布斋、四子部落扎萨克郡王朋楚克桑鲁布、苏尼特扎萨克郡王巴勒珠尔雅喇木丕勒、鄂尔多斯扎萨克郡王什当巴拜、回部郡王衔贝勒哈迪尔、哈密郡王衔扎萨克贝勒额尔德锡尔至御座前，赐酒成礼。

（卷106　431页）

嘉庆八年（1803年）正月甲申

调甘肃凉州镇总兵官刘瑞为贵州安义镇总兵官。以陕西定边协副将百祥为凉州镇总兵官。

（卷107　437页）

嘉庆八年（1803年）二月癸亥

户部议准陕甘总督惠龄疏报："甘肃靖远、盐茶、山丹、镇番、中卫五厅县开垦地五十八顷九十亩，照例升科。"从之。

（卷108　448页）

嘉庆八年（1803年）闰二月丁卯

以西宁办事大臣恒伯为巴里坤领队大臣，巴里坤领队大臣都尔嘉为西宁办事大臣。

（卷109　451页）

嘉庆八年（1803年）闰二月甲戌

以故四川建昌道属巴旺宣慰司雍中结弟罗卜藏纳木扎尔、陕西庄浪厅属一眼井土千户王正武子天赐、甘肃平番县属西陆渠土百户何毓璠子廷相各袭职。

（卷109　452页）

嘉庆八年（1803年）闰二月癸巳

以剿贼失利降甘肃肃州镇总兵官张绩为都司，革花翎。

（卷109　459页）

嘉庆八年（1803年）闰二月甲午

以广西庆远协副将王兆梦为甘肃肃州镇总兵官。

（卷109　459页）

嘉庆八年（1803年）三月庚子

又谕："惠龄奏本年奉旨查阅陕甘营伍事宜。自入春以来，甘省各营将备纷纷呈请告病乞休，殊涉规避。现经咨会署提督苏宁阿就近查明，分别参革治罪等语。向来军政之年不准告病，原以杜武员规避之渐。其奉旨查阅营伍年份事关考核，即与军政无异。该营员如果自揣老病，何不及早呈明，必待临时始行具报。其恋栈规避，情节显然，若不明定章程，无以整肃戎政。所有此次甘肃省告病乞休各员，著即照该督所奏交署提督苏宁阿就近调验，分别惩办，不可稍有瞻顾。嗣后各省凡遇奉旨查阅营伍之年，均著照举行军政之例，不准告病乞休，违者照例参办。著为令。"

（卷110　463页）

嘉庆八年（1803年）三月癸卯

户部议准陕甘总督惠龄疏报："甘肃山丹县开垦田七顷有奇，照例升科。"从之。

（卷110　464页）

嘉庆八年（1803年）三月甲辰

赠四川阵亡甘肃提督穆克登布二等男。遣御前侍卫扎克塔尔带领侍卫十员往奠茶酒，予祭葬，谥刚烈。

（卷110　467页）

嘉庆八年（1803年）四月乙丑

以甘肃河州镇总兵官皂保为提督，江南河标左营副将仙鹤林为河州镇总兵官。

（卷111 476页）

嘉庆八年（1803年）四月丙寅

又谕："台布奏青海河北二十五旗王索诺木多尔济等前来西宁递呈，以循贵番贼强横，叠次抢掠，恳求办理。台布饬令自行振作，护卫游牧等语。前曾节降谕旨，令各蒙古振作自强，不得专恃内地官兵代为防护。台布于蒙古递呈时，当即面加驳饬，固属正理。但据另片奏，贝子齐默特丹巴呈报，三月内有番贼前来抢掠，将伊捉住，剥去帽顶衣服，枪毙伊妻，枪伤伊媳，拿去蒙古男妇五名口并马、牛、羊只、俸银、缎匹、口粮等项甚多。且索诺木多尔济等陆续具报被抢牲畜，约计马三千五百余匹，牛一万七千余头，驼五百余只，羊十九万一千余只。伊等所失牲畜焉有如许之多，其呈报数目自未必尽确。但番族等胆敢剥去贝子帽顶衣服，伤毙伊妻，掳掠人口，藐法已极。该处设立办事大臣，统辖蒙古番众，俾资弹压。即如内地州县遇有抢劫民人案件，尚必官为查办。若青海蒙古之贝子等现被番贼如此欺凌，竟置之不办，非特使蒙古部落疑为袒护番众，未免寒心。而番众更必肆行无忌，益长刁风，成何事体。亦安用设立办事大臣为耶？都尔嘉现已到任，该贝子等亦必向伊衙门呈告，惟所控各情未知是否真确，著都尔嘉详细访查，如果实有其事，即应严行查办，或令该番众将为首之犯献出，从严惩治。若不知畏罪，尚须慑以兵威，都尔嘉酌量再行带兵亲往督办，以儆凶顽，不可姑息了事。仍将如何办理缘由先行具奏，嗣后遇有此等事件应行陈奏者，俱著书写汉字。其寻常事件仍用清字折。将此谕令知之。"

（卷111 478页）

嘉庆八年（1803年）四月庚午

免甘肃被贼滋扰之陇西、宁远、伏羌、安定、岷、会宁、通渭、西和、洮、漳、平凉、静宁、隆德、固原、秦、华亭、盐茶、秦安、清水、礼、徽、两当、崇信、阶、文、成、灵台二十七厅、州、县并西固州同、三岔州判所属及邻近贼氛供应军粮之皋兰、河、狄道、渭源、靖远、金、庄浪、循化、安化、宁、正宁、合水、环、泾、镇原、宁夏、宁朔、中卫、平罗、灵二十厅、州、县并沙泥州判、红水县丞所属历年民欠银粮草束有差。

（卷111　481页）

嘉庆八年（1803年）四月庚辰

命理藩院侍郎贡楚克扎布驰往甘肃西宁一带查办事件。

（卷112　488页）

嘉庆八年（1803年）五月戊申

陕甘总督惠龄奏请鼓励搜捕零匪出力人员。赏道员朱尔汉、素纳，知府陈文骏，知州季荣、曹用菜、通判雒昂，参将马国用，游击七十九、林向荣、马德延，都司朱承受、祁祥花翎，千总张怀辅等蓝翎。

（卷113　503页）

嘉庆八年（1803年）五月庚戌

谕军机大臣等："都尔嘉等奏查办番案情形一折。此次野番一闻查拿紧急，俱携带眷口逃入老山。其畏慑情状已可概见，自无庸遽用兵力。至现获之完纳山莫等六名如实系正凶，则当于审明后传到贝子齐默特丹巴眼同正法，俾各蒙古咸知此案凶贼业已拿获严办，共伸积愤。倘所获之贼讯明尚非正犯，应一面仍饬各路员弁，上紧端缉，一面宣谕该番擒献凶贼，以凭审办。至丁索诺木多尔济等呈报被抢牲畜，辄以千万计，断无有如此之多。况臬司蔡廷衡行抵西宁时，查看丹噶尔搬来蒙古实在大小三千余口，几至形同乞丐。该蒙古如有牲畜充牣，何致顿形狼狈一至于此。可见伊等浮开赃数，其意不过希图官为追出多赃。伊等又借得便宜，此等虚报牲畜数目，尽可置之不问。惟是现在该蒙古等既遭此播迁，自宜恩加抚恤。据折内称大口日给炒面一升，小口减半之处，著准其作正开销。亦不必该道府等捐资散给。都尔嘉等惟应督率各员妥为经理。将此谕令知之。"

（卷112　504页）

嘉庆八年（1803年）五月辛酉

命甘肃提督皂保留京，以提督衔为京营右翼总兵。调直隶古北口提督特清额为甘肃提督。以京营左翼总兵长龄为古北口提督。转右翼总兵范建丰为左翼总兵。

（卷113 510页）

嘉庆八年（1803年）六月甲子

谕军机大臣等："此次野番等胆敢将蒙古贝子衣帽剥去，枪毙伊妻，实属凶横。是以叠次降旨，谕令严拿务获，并令贡楚克扎布驰往督办。兹据都尔嘉等奏，已将枪毙贝子妻室之正凶齐克他勒拿获，所办尚好。据获贼供同伙抢劫之犯，约共几十人，虽不能尽数拿获，但首犯扎拉南什济及单开之隆本等七人叠次肆劫，必应按名擒获，毋任漏网。该犯等罪名虽不至于凌迟，亦当分别斩枭，并传集该贝子等当面惩办，以纾积愤。至蒙古人等当番贼抢掠时，人数无多，番贼既能放枪，岂蒙古转不能放枪抵御，何以任番贼来至帐房，将衣帽抢去。该贝子辄躲入喇嘛寺内。次日番贼复至，又思出外奔逃，以致伊妻跑出被伤，实属懦怯无能。且据该犯拉隆供称，我因不识水性，不能摆渡，有纳汉王旗下渡贼之水手拦角尔等七人陆续渡过贼番三十余人，分得牛羊若干只等语。其乙旦木一犯据供即系特礼贝勒旗下蒙古。可见蒙古被抢之案，多系伊等属下人户与贼番通线，为其摆渡。较之番贼等情罪尤为可恶，应将数犯严拿务获，加倍惩治，使知所儆惧。并晓谕该蒙古等嗣后当大加振作，自卫身家，勿以天朝此次为之查拿凶贼，恃为长策。尤当于所属人户严加管束，毋任与贼勾通，自滋扰累。其被抢牲畜虽应多为追给，但番贼等果能畏法，缴出赃物若干，即可就事完结，亦不必全数著追。至蒙古等屡被番族抢扰，该处交界地方既有河一道，番贼等不识水性，艰于济渡，即可在彼严防，以绝番贼往来之路。但蒙古积弱已久，不能自行经理，或代为设法，即在沿河地方令蒙古添设卡伦，驻守巡防。并将船筏概行撤收，使番贼不能乘闲偷渡，庶可永杜衅端。著贡楚克扎布会同都尔嘉等察看情形，悉心妥议具奏。再另片奏，永昌、敦煌等处又有蒙古人户携眷前来，酌加抚恤一节。前此丹噶尔搬来蒙古贫户，业经降旨妥为抚绥，即令其仍回原牧处所。此次又复有蒙古纷纷前来挈眷居住，岂能长恃官为赡给。著晓谕伊等早回游牧原处，各安生业，毋许再行携带多人投入内地。将此谕令知之。"

（卷114 512页）

嘉庆八年（1803年）六月癸酉

谕军机大臣等："贡楚克扎布奏，抚恤青海蒙古并现在办理情形。览奏俱悉。贡楚克扎布以野番强悍，非仅以空言慑服，势须天兵临巢，伊等方知震惧，所见亦是。惠龄系该省总督，西宁既须用兵，自应亲往督办，著即驰赴该处，与贡楚克扎布、都尔嘉等会筹熟商，于就近营分调拨官兵一二千名，以张声势。如尚觉不敷，即酌量加增，或扬言大兵数千即日前来，亦无不可。总须令声威壮盛，使野番闻风慑息，虽不犁庭扫穴，歼戮无遗，亦必令将凶犯并所抢牲畜赃物早行献出，真心畏惧，持咒具结，再不敢复图抢掠，方为一劳永逸之计。兰州省城不可无大员弹压，臬司蔡廷衡于惠龄到后，即令回省办理地方事务。将此各谕令知之。"

（卷114　518页）

嘉庆八年（1803年）六月己卯

予陕西、甘肃阵亡蓝翎侍卫长安，都司李廷彪、金三重，守备欧凯、郭大朝，千总李正太，把总张斌、彭升、洪启贵、柴秉忠、江顺、汤日清、刘统邦、何胜祭葬世职，马兵李有学等一百八十二名赏恤如例。

（卷115　523页）

嘉庆八年（1803年）六月己丑

谕军机大臣等："贡楚克扎布等奏筹办丹噶尔蒙古内徙情形一折。丹噶尔蒙古陆续内徙，积至九千余人之多。流离播迁自应妥为抚恤，无致失所，但亦须明白宣示。著贡楚克扎布等即传谕该蒙古，以尔等各有游牧，今因畏惧番众，不能自卫，纷纷内移。蒙大皇帝俯赐矜怜，不特未加谴责，且格外施恩，给予赈恤。从前历任办事大臣经理未能周备，圣明早经洞鉴，是以钦派大员前来查办。但尔等数千人移居内地，岂能久恃官为给养。现在熟筹妥办，务使番众慑服，不敢再行抢劫。边疆永臻绥靖，俾尔等得以迅回故土，各安生业。务须力加振作，奋勉自强。不可委靡，以期无负大皇帝逾格矜全至意。所有抚恤丹噶尔蒙古于十日散面时，每日加给官茶一两。事属可行。将此谕令知之。"

（卷115　529页）

嘉庆八年（1803年）七月乙未

谕军机大臣等："惠龄奏驰赴西宁会筹商办番案一折。据称各族番众自尖木赞前往晓谕，甚为畏惧。又称办理此案总以妥设卡伦，筹备善后为第一要务等语。所见甚是。该处番族此次抢劫蒙古，只当将本案起意为从，及赃证确凿之犯严行惩治。此外各番族众纵平素曾或为匪，而此次并未随同行劫，亦不便遽加之罪。若不分皂白，概绳以法，朕亦不忍。若使番众心疑，以为并非办理此次抢案，直似诛锄番种，势必人人自危，于事殊有关系。如该番众等能将正犯及赃物如数献出，即分别罪名，办理完案，可以不烦兵力。倘仍敢恃强，自当调集兵力，慑以声威。总在惠龄等相机酌办，但事定之后，该蒙古等积屡已久，恐番众挟嫌报复，仍出肆扰，成何事体。此次善后事宜，总在安设卡伦，严密防范。朕闻该处有大河一道，蒙古与番族以河为界，春夏闲系扎筏过渡，冬令则由冰桥行走。若于河边安设卡伦数处，饬将木筏提集近蒙古之岸，毋许私渡。冬闲即于冰桥处所设卡侦缉，一面谕知蒙古各将其属下人等严行管束，则番贼不能偷渡，日久自可渐臻宁谧。著惠龄会同贡楚克扎布、都尔嘉妥酌章程，期于一劳永逸，以靖边圉。"

（卷116　538页）

嘉庆八年（1803年）七月壬子

除甘肃山丹县被水冲塌地三顷三十八亩有奇额赋。

（卷117　560页）

嘉庆八年（1803年）八月甲子

又谕："本日据特清额奏行抵甘肃，即于庄浪协营内酌调官兵五百名带往西宁策应等语。野番抢劫一案，前据贡楚克扎布等奏，该番等首鼠两端，应慑以兵威，使知畏惧。贡楚克扎布等及总兵马斌两路共带兵二千三百名。今特清额又调兵五百名，现在赛冲阿自陕回甘，亦带有宁夏官兵，军威极为壮盛，何以尚未据伊等将如何办理情形迅速具奏。贡楚克扎布等应趁此兵力厚集之时，上紧筹办，务使野番知所震慑，而又须筹划万全，弗致稍损兵威方为妥善。如果番众闻风惕息，献贼交赃，即令其持咒出结，就事完结。该处蒙古陆续内徙者，已有九千余人，岂能长恃官为养赡。一俟此案完毕，即令该蒙古等早回原牧处所，并将一切善后事宜及如何安设卡伦等事，妥协布

置，使番贼不敢再行抢劫，方足以靖边圉而绥藩服。贡楚克扎布等不可不速
筹妥办也。将此传谕知之。"

（卷118　570页）

调陕西陕安镇总兵官田朝贵为四川川北镇总兵官，甘肃肃州镇总兵官王
兆梦为陕安镇总兵官，川北镇总兵官达自祥为肃州镇总兵官。

（卷118　571页）

嘉庆八年（1803年）八月丙寅

谕军机大臣等："贡楚克扎布等奏带兵办理番案。该番等亲见天兵临巢，
将占住蒙古地方业已让出，搬回番境，并央同番目尖木赞来营乞恩，情愿交
还赃畜并各处访缉案内正贼，一经寻获，即当缚献等语。此等化外野番，罔
知法纪，朕本不欲遽烦兵力，特因番众愈见强悍，蒙古日形懦弱，甚至该贝
勒被番贼剥去衣顶，枪毙眷属，欺凌已极，若不慑以军威，代为惩办，则番
族更无所忌惮，而蒙古更失所倚仗。朕之节次谕令贡楚克扎布等酌派官兵前
往办理者，实出于万不得已。今大兵甫到，该番等即闻风悚惧，畏罪乞恩，
看来事局已定，总可就事完结。惟是一切善后事宜，尚须妥为筹度，以垂永
久。向来河北二十五旗以黄河为界，河南五旗以沙沟为界，自应于该处安设
卡伦，严密防范。但蒙古积弱已久，刻下断难令其自行护卫，著贡楚克扎布
等察看情形，酌定卡伦处所，派拨兵丁前往代为防守，俟一二年后，蒙古少
能自强再行撤退，并晓谕蒙古王公，此次因尔等被番贼抢劫，蒙大皇帝施
恩，特派大臣前来查办。征调官兵，多费粮饷，总为尔等不能振作之故。今
番贼业经震惧畏罪，其在逃正贼并赃物等项，责令番族头人擒缚献出，并为
尔等安设卡伦，为一劳永逸之计。尔等当知感知奋，勉力自强，勿负大皇帝
终始成全之意。其沿河一带，虽据尔等称并无扎筏工匠，但从前番贼抢劫
时，若非扎有木筏，抢去牲畜岂能径渡，况前次贼供内，即有尔等所属之人
勾通番贼，用筏摆渡。尔等失察所属之人通贼之咎，已往不究。嗣后务宜严
防河岸，禁止扎筏，以绝番众往来之路，尤应严饬属下人等，毋许与番贼私
相勾结，倘再不能防范，仍有潜行渡贼之事，必将尔等一并治罪。如此剀切
晓谕，俾蒙古力图振作，自卫藩篱，庶永杜争端不虚朕筹划万全至意。至蒙
古、番子各有地界，原不应听其混行杂处，何以察罕诺们汗旗下有番子数十

户，番地之扎木养呼图克图寺内又有蒙古人户。此次虽已驱番回巢，若不彻底清厘，严定章程，仍恐日久互相构衅。自应分别户口，各归所属，划清地段，毋许私递。再丹噶尔蒙古陆续内徙者人数过多，岂能常恃官为养赡，即该蒙古等亦未必愿久留内地。贡楚克扎布等应速将番贼抢去牲畜，代伊追出给还，即可令该王公等率领所属人户迅回原牧处所，各安生计。将军赛冲阿、提督特清额，现已降旨令其各回本任，毋庸带兵到彼。贡楚克扎布一俟办竣此案，并酌定应办事务，即行来京复命。将此各谕令知之。”

（卷118 573页）

嘉庆八年（1803年）八月己卯

谕军机大臣等：“特清额奏已抵西宁，询知野番乞降，可以无需兵力，伊即由丹噶尔前赴贵德等语。该提督如已至丹噶尔地方，即宣布恩意，饬令内徙之蒙古等勉力自强，知感知足，早回原牧，伊即可仍由西宁带回庄浪官兵，各令归伍，并不必再往贵德。该处现有惠龄等在彼，可以无庸特清额前往协理。该提督应早回甘州办理本任事务，以便苏宁阿交替进京可也。将此谕令知之。”

（卷119 588页）

嘉庆八年（1803年）八月丁亥

又谕：“贡楚克扎布等奏称官兵一入蒙古境内，所有占居各番闻信震惧，纷纷搬回番地。现在贵德野番已陆续交赃，并将本案正贼扎拉南什济等四人及另案贼犯策楞加等三名擒获。看此情形，野番畏慑兵威，无难迅就完结。至循化沙卜朗、加咱等族口因本案贼犯俱在贵德，饰词推诿，尚在迁延观望。贡楚克扎布等现已移兵逼近，该族亦必畏罪输诚。但此案不难于目前完结，而难于办理善后章程，为一劳永逸之计。现在贼番见官兵势盛，仓皇遁去，官兵一撤，难保不复来滋扰。且蒙古平日无能，致被抢劫，此时借官兵声势，又复贪得便宜，乘机抢掠野番牲畜，更属无耻。如此自开衅隙，将来番族心怀忿恨，必又仍来抢占。贡楚克扎布等应一面移兵循化之沙卜朗地方，俾其真心畏惧，并令各该处头人设咒出结，永远不生反侧。一面将未经撤回之蒙古七千九百余名口妥为劝谕，悉令移回。并严饬蒙古管束所属，毋许再与番族勾结，及乘机抢掠等事。并当酌议章程，如再互相抢掠，各治以应得之罪。总应分画蒙番界限，毋任彼此偷越，永杜争端，方为妥善。贡楚克扎布等一俟循化等番族畏惧帖服后，即可就势撤兵，熟筹善后事宜。将此谕令知之。"

除甘肃靖远县水冲地一百十三顷九十三亩有奇额赋。

（卷119　595页）

嘉庆八年（1803年）八月戊子

谕内阁："前因兵部奏请派员轮查直隶等五省营伍。曾经降旨，令额勒登保于凯撤回京，顺道查阅陕省各营。其甘肃省营分派苏宁阿查阅。兹据额勒登保奏，陕省各营官兵均经调派随征，甫行撤回，一切马匹、器械，旧营则调用居多，新营则制造未全，难照向例一律查阅。其甘肃各营亦与陕省大略相同等语。自系实在情形。所有陕西、甘肃两省营伍，著缓至来年，兵部再奏请派员查阅。"

（卷119　595页）

嘉庆八年（1803年）九月癸巳

谕内阁："惠龄奏各州县秋雨过多、山水漫溢情形一折。据称皋兰县西乡于七月二十日河水泛涨，淹没秋禾地亩，冲塌房屋。又沙泥州于六月二十三等日被水冲塌城角、城身及民房一百四十七间。又秦州及秦安县被水冲刷，土山倾圮，压毙人口。宁夏府属民田亦被黄河猛涨漫淹。此外平凉等府属地方城垣、衙署、民房多有被山水冲塌等语。该省因雨水过多，致各属地方间被山水冲刷。民庐田亩多有淹没，甚至伤毙人口，此系民瘼攸关，为地方紧要事件。惠龄现往西宁查办番案，王文涌驻扎省城。接据各属禀报即应一面禀知总督，一面先行具奏，查勘抚绥。惠龄现驻边境，于接到禀报后亦应由驿驰奏，乃率用差人赍递奏折。试思该省被水地方其最早者，系在六月下旬。乃直至九月朔日始达朕前，宁不知朕宵旰民依，而任意迟延若此，亦太不晓事矣。惠龄在西宁得信较迟，但未经由驿驰奏，究属非是。著传旨申饬。王文涌身任藩司，并不即时具奏，实属玩延，著交部议处。惠龄即驰回省城，顺道将被水各属亲行履勘，加意抚恤。所有动用银两均著作正开销，毋庸捐资办理。其成灾地方有应行蠲赈之处，亦著迅速奏明请旨。毋得再有延缓。"

（卷119　599页）

嘉庆八年（1803年）九月癸卯

谕军机大臣等："贡楚克扎布等奏办理番案完竣一折。览奏俱悉。循化江什加族番藏匿罪人，阻止众番投出。贡楚克扎布等移营前进，该番竟敢抗拒，经官兵枪箭齐发，击杀二十余人。自应如此办理。此时该番已知畏惧服罪，伙贼二名业经枪毙，其南木加、且木增二名仍当设法严拿务获。至赃畜一项，从前蒙古开报之数未必一无虚捏。今据交出四万，为数亦已不少，其余自当责令全交。但恐该番等力量实有不能，亦毋庸过事逼勒，转致再生事端。贡楚克扎布等当善为办理，并一面晓谕各蒙古以该番等屡次侵扰，今经官兵进击，示以军威。该番即形震慑，献贼交赃，可见从前总由尔等积弱无能，致被凌侮。内地官兵岂能久驻边疆，常为尔等守御。嗣后惟当振作自强，善卫身家，慎勿恃天朝兵力，仍前怯懦，或自行召衅，取侮野番，以期日久绥宁，方为妥善。至善后事宜尤关紧要。贡楚克扎布等当会同熟细筹商，务使此疆彼界，蒙古番人相安，不致滋弊起衅。其分界之河口，春夏间设有渡船，总当停泊蒙古界岸，毋许私越彼岸，致被番人潜渡，并严饬蒙古属下人等不得勾结番众扎筏偷渡。冬间有冰桥行走，亦当设卡巡查，则番众不能擅入蒙古地界，自无从肆其剽窃，而边陲亦可永靖。并著该侍郎等悉心妥议具奏办理。"

（卷120　607页）

嘉庆八年（1803年）十月丁丑

以西宁办事大臣都尔嘉为镶白旗蒙古副都统。

（卷122　641页）

嘉庆八年（1803年）十月丁亥

军机大臣等议准钦差侍郎贡楚克扎布奏："定青海蒙古野番诸制：一、定界设卡，以资防守，立鄂博使不得私越。一、设头目给翎顶，使野番有所约束。一、循化、贵德两厅营令每年会哨，使知震慑。一、民番交易示定市期，以便稽察。一、劫夺杀伤以交踪相验为据，使不得捏报。一、明示劝惩以靖盗源。一、不容蒙古、野番人户混处，以绝串通。一、两厅营定为三年更替，衡其功过，以专责成。"报可。

（卷122　643页）

嘉庆八年（1803年）十一月庚申

贵州提督珠隆阿因年老留京，署镶黄旗汉军副都统，以湖南镇箪镇总兵官富志那为贵州提督。调甘肃河州镇总兵官仙鹤林为镇箪镇总兵官，以甘肃永固协副将珠尔素为河州镇总兵官。

（卷123　662页）

嘉庆八年（1803年）十二月壬戌

惠龄奏甘肃军营出力官员，道员隆兴等升叙有差。

（卷124　663页）

嘉庆八年（1803年）十二月戊寅

以甘肃布政使王文涌为光禄寺卿，甘肃按察使蔡廷衡为布政使，安肃道崇禄为按察使。

（卷124　673页）

嘉庆九年（1804年）正月甲午

贷甘肃宁夏、平罗、秦、秦安、皋兰、张掖、永昌、静宁、阶九州县并沙泥州判所属被水灾民籽种、口粮。

（卷125　680页）

嘉庆九年（1804年）二月戊寅

补行嘉庆七年大计。甘肃卓异官九员，罢软官一员，有疾官一员，不谨官一员，年老官四员。分别议叙处分如例。

（卷126　704页）

嘉庆九年（1804年）三月丁巳

改设甘肃瓦亭驿以东驿站于北路之南大通。改靖远县为要缺，在外升调。金县为中缺，归部铨选。从总督惠龄请也。

（卷127　722页）

嘉庆九年（1804年）五月辛卯

户部议准陕甘总督惠龄疏报："西宁县开垦地二十三段，照例升科。"从之。

（卷129　740页）

嘉庆九年（1804年）五月丁酉

户部议准陕甘总督惠龄疏报："秦、中卫二州县开垦地四十二亩，照例升科。"从之。

（卷129 742页）

嘉庆九年（1804年）五月乙卯

谕军机大臣等："本日朕披阅剿平三省邪匪方略。嘉庆二年九月内宜绵奏军营情形。据称各州县团练、乡勇，其中勇往出力者固不乏人，但赏过则骄，威过则散，究非纪律之师可比。请于新兵外各按省份添练备兵，自一万名至五千名不等等语。朕犹忆从前奏到此折时，当经恭请皇考高宗纯皇帝训示，仰蒙圣训，以军营乡勇不能绳以部伍，不若挑充入伍，可资约束。则多一兵丁便少一乡勇。俟军务告竣后，或挑补营头，或散令归农。其事尚属易办。宜绵之言似有所见。随降旨谕知四川、陕、甘、湖北、河南各督抚等按照宜绵所奏之数招募入伍。可见乡勇之不足恃，早经圣明洞鉴，示以办理之方。该督抚等如果及早遵行，彼时乡勇等贪得盐粮，自必咸愿应募。一经入伍则驾驭较易，即事竣散遣，亦不虞其滋事。乃数年以来，督抚皆委之于经略参赞，迁延不办。各路军营仍袭用团练之人，漫无控制，以致大功告竣后散遣为难。其留军营者不肯出力，徒糜盐粮。其散归者或流而为匪，别生事端。年来叠次降旨，谕令妥筹安插，迄无善策。连日以来，又屡谕该省督抚等悉心筹办。此时各路乡勇内如尚有情愿入伍者，自当即令归营食粮，但恐此等游民惮于管束，未必情愿入伍。著该督抚等遵照节次谕旨，将乡勇有家可归者，酌加赏给，遣回原籍，取具收管印结。其无业可归者，或分给各大员及各厅、州、县署内充当壮丁杂役，给以饭食，俾资糊口。总当使之有所羁管，足资生计，不能游荡为匪，方可日久相安。各督抚惟当速发天良，以国事为家事，妥协办理，勿再因循。将此谕令知之。"

以遣戍释回赏给员外郎前任陕甘总督宜绵，前奏乡勇情形，切中时弊，命以四、五品京堂候补。

（卷129 749页）

嘉庆九年（1804年）六月乙亥

以礼部尚书那彦成署陕甘总督。

赠故陕甘总督惠龄太子少保、二等男。命其弟长龄、子桂斌前往迎枢入城治丧。寻遣侍郎成书带领侍卫十员往奠茶酒，予祭葬，谥勤襄。

（卷130　764页）

嘉庆九年（1804年）六月是月

密谕那彦成知："任官唯才，得人则治。陕甘重镇，外接新疆，非公正廉明不能率属，非精明强干不能治民。以诚信驭番回，以清介示僚吏。谳狱不厌精详，练兵必求精锐。汝诚国家柱石之臣，有为有守，惟有稍恃己之聪明，不求人之谋议。夫一己之才力有限，仕途之邱壑难穷，务资兼听并观之益，莫为掩耳盗铃之事。汝虽署理，即同实授，莫存五日京兆之见，当体朕用人之苦衷，不可固辞。近日已有旨命汝仍入军机，原无用汝外任之意，孰意此缺忽出，内而大学士、尚书，外而督抚竟不得人，不得已命汝署理。汝应勉力办事，毋负委任，方维甸深可信任。朱勋、蔡廷衡皆有才干，堪为辅助。庆章才识可用，惟守之一字未可深信。汝密志于心，从容察看。此旨密行抄写，时刻展观，大有益处。朱谕即行缴上，特谕。"寻据那彦成奏："陈感激下忱，并恳办理善后事宜完竣，换令回京。"得旨："每日所行之事，不论巨细，先以毋欺为主。上可以对朕，下可以对民，即可无憾。切勿自以为是，尤须容人讲论，是者力行，非者置之，勉此数端，诸事思过半矣。至于内用一节，自有其时，此时尚早。密之。"

（卷130　771页）

嘉庆九年（1804年）七月癸巳

户部议准原任陕甘总督惠龄疏报："靖远、正宁、固原、静宁、环、秦、盐茶七厅、州、县开垦滩地一顷五十亩，铁地三顷七十三亩，铜地一顷五十亩，山地一十二顷二十一亩，官荒地四十四顷四十亩有奇。照例升科。"从之。

（卷131　778页）

嘉庆九年（1804年）七月庚子

吏部议准原任陕甘总督惠龄题请："皋兰县河桥主簿移驻大横路，并增固原州养廉银二百两，盐茶厅、靖远县各六百两。裁金、安定、会宁、静宁、隆德五州县前增养廉银三千两。"从之。

（卷131　784页）

嘉庆九年（1804年）七月甲辰

缓征甘肃皋兰、西宁、碾伯、金、宁朔五县水灾本年额赋。

（卷132 791页）

嘉庆九年（1804年）八月壬申

赈甘肃西宁、碾伯、大通三县被水贫民，并缓征灵、中卫二州县本年额赋。

（卷133 811页）

嘉庆九年（1804年）十一月戊申

以署陕甘总督那彦成为两广总督。调两广总督倭什布为陕甘总督。

（卷137 868页）

嘉庆九年（1804年）十二月丁卯

调安徽按察使鄂云布为江苏按察使。以甘肃平庆道杨馥为安徽按察使。

（卷138 881页）

嘉庆九年（1804年）十二月乙酉

上御保和殿，筵宴朝正外藩。科尔沁、巴林、奈曼、敖汉、喀尔喀、土默特、喀喇沁、翁牛特、阿巴噶、苏尼特、浩齐特、乌珠穆沁、土尔扈特、阿巴哈纳尔、阿拉善、乌喇特、伊克明安、额鲁特、青海和硕特王、贝勒、贝子、公、额驸、台吉及朝鲜暹罗国使臣等，随文武大臣依次就坐，诸乐并作。上进酒，召左翼科尔沁扎萨克达尔汉亲王丹曾旺布、科尔沁卓哩克图亲王噶勒桑栋罗布、喀喇沁扎萨克亲王衔郡王满珠巴咱尔、科尔沁扎萨克郡王敏珠尔多尔济、巴林扎萨克郡王索特纳木多尔济、奈曼扎萨克郡王巴勒楚克、敖汉扎萨克郡王德亲、喀喇沁贝勒丹巴多尔济、土默特扎萨克贝子固伦额驸玛呢巴达喇、科尔沁贝子鄂勒哲依图，右翼喀尔喀扎萨克亲王固伦额驸拉旺多尔济、喀尔喀车臣汗玛哈锡哩、喀尔喀扎萨克亲王朋楚克达什、科尔沁郡王和硕额驸索特纳木多布斋、阿巴噶扎萨克郡王玛尼巴达喇、苏尼特扎萨克郡王喇特纳锡第、浩齐特扎萨克郡王贡楚克栋罗布、喀尔喀扎萨克郡王巴图鄂齐尔、回部郡王衔贝勒哈迪尔、旧土尔扈特扎萨克贝勒旺扎勒车凌至御座前，赐酒成礼。

（卷138 895页）

嘉庆十年（1805年）正月辛卯

给甘肃西宁、碾伯、大通、皋兰、金、灵、宁朔、中卫八州县被水灾民口粮有差。

（卷139　898页）

嘉庆十年（1805年）二月己卯

又谕："朕闻从前阿拉善亲王旺沁班巴尔在日，凡事不遵旧制，每多任意违例，即如将伊胞妹聘给凉州鲁姓土司为妻。蒙古地方所产之盐越境多运他处贩鬻。多购内地木植修造船只，贩运盐斤，定额之外多带口粮，多买茶叶。此等违例之事，皆附近该游牧之奸民猾商代为任意渔利。旺沁班巴尔系蒙古臣仆，若与满洲蒙古人联姻俱可，土司系外夷番子，岂有将伊胞妹聘给土司之理？向来各处蒙古从无此事。如果属实，殊为大谬。但此事虚实未定，如旺沁班巴尔尚在，朕必查明重治其罪。今已身故，姑免深究。至蒙古地方所产盐斤，准在该游牧附近地方售卖，原期有裨于蒙古人等。但恐蒙古与汉人互相争利滋事，是以从前明定疆界，永远遵行。至越境购买木植茶叶以及多带口粮等事，均属违例。旺沁班巴尔受朕厚恩，世袭王爵，如果似此妄为，实属负恩。朕既有所闻，若不明降谕旨训饬，倘玛哈巴拉惑于奸徒之言，致干罪戾，朕心深为不忍。著理藩院将此旨宣谕新袭阿拉善亲王玛哈巴拉，令其嗣后将蒙古地方所产盐斤，务遵原定例额贩鬻，毋许多载越境贩卖。其内地木植茶叶亦应照例购买，毋得逾额。运盐船只携带口粮亦不许多带，即将办理此事之奸民猾商严行查出，送交陕甘总督衙门，不准容留一人，并将所属蒙古人等妥为管束，安分度日，以期永受朕恩。倘经此次训谕之后，尚不敬谨遵行，仍如伊兄旺沁班巴尔妄为，定当严行究办，决不姑贷。勉之慎之。"

（卷140　921页）

嘉庆十年（1805年）二月辛亥

谕内阁："御史王治模奏称，前任广东肇罗道陈德溥，现据那彦成请与甘肃巩秦阶道朱尔汉对调，奏蒙恩准。惟巩秦阶道系冲繁难，请旨简放要缺。陈德溥由捐班选授道员，恐人地亦不相宜，请敕交陕甘总督倭什布于两省选缺道员中遴选一员调补巩秦阶道，所遗事务较简之缺，即以陈德溥补授等语。所奏非是。粤东地方滨海，民俗犷悍，近年来时有洋盗肆劫及地方匪徒结会滋事之案，一切正需整饬。前经特调那彦成为两广总督，而道府有察吏安民之责，尤当遴选贤员俾资佐理。那彦成甫由陕甘调任，于该省及粤东各缺之繁简，人才之能胜任与否，自当一一周知，始行奏请量移。且缺分繁简今昔异宜，安知巩秦阶一缺近日不较肇罗为易治乎。是以前据奏到，请将陈德溥与朱尔汉对调，当经降旨允行。况陈德溥调任后，如果才不胜任，自有该省总督察核据实奏闻。该御史系属京寮，并未有真知灼见，何得以悬揣之词，辄请遴员更调乎？似此率意敷陈，将来遇有外省题升调补事件，科道亦得与操其权，妄行抵牾，成何政体。王治模实属越职言事，原折无庸再交部议，即著掷还。"

（卷 141　　933 页）

嘉庆十年（1805年）四月戊辰

西宁办事大臣都尔嘉以营私戕法革职逮问。以理藩院右侍郎玉宁为西宁办事大臣，头等侍卫吉勒章阿为镶白旗蒙古副都统。

（卷 142　　942 页）

嘉庆十年（1805年）五月戊子

谕内阁："前因方维甸密奏，都尔嘉办事纷扰，声名平常，当派特清额驰赴西宁查办。嗣据特清额奏称，讯明都尔嘉疏纵属下收受赃罚属实。业经降旨，将都尔嘉革职拿问，交特清额会同庆炆严审具奏。兹据特清额等奏称，提齐人证逐一根究，供认赃款数千两，复经特清额等访知，该处在籍参将何守林向任哈密，与都尔嘉熟识。本年三月间有将银寄放之事。特清额等亲往搜查，起获木匣六个，共银六千六百八十两，统计赃银一万一千余两。当即提出都尔嘉家奴康恒山、候喜严加刑讯。据供此项寄顿银两，大概俱系收受各庙喇嘛及蒙古赃款等语。都尔嘉身系宗室，从前屡获罪愆，荷蒙皇考高宗纯皇帝逾格矜全，朕复施恩弃瑕录用，授为西宁办事大臣。稍有人心，自应激发天良，痛加湔濯，勉图自赎。乃辄败检营私，向各庙喇嘛及蒙古等任意勒索，赃款至一万数千两之多，实属有玷宗潢。设因此酿成事端，则其罪更甚，负恩无耻已极，断难轻宥。前据特清额等奏到大概情形，曾降旨将都尔嘉家产查封，尚未即行抄没，并将伊弟都尔哈家产加恩给还。今查出赃私已有万余，且恐尚有不实不尽之处，除谕令特清额等再行详细鞫实定拟具奏外，所有前次查封都尔嘉家产及任所资财，均抄没入官，以儆贪私。至伊所得赃银，既向熟识之何守林私行寄顿，则伊弟都尔哈及其孙布扎纳在京，岂有不将银两随时寄付之理。朕不为已甚，姑免深究，但伊二人亦何颜复玷居官职。都尔哈、布扎纳均著革职，作为四品闲散宗室。告病参将何守林私行寄顿赃银，自亦必有分肥情事，著革职，归案审讯。笔帖式诚福、松龄既据讯出都尔嘉分给赃银，亦著一并革职，交特清额等严讯，分别定拟具奏。至青海衙门额设笔帖式三员，此案均经革职，现在当差乏人，著理藩院即照例遴派三员，迅速前往供职。"

（卷 143　956 页）

嘉庆十年（1805年）五月庚寅

谕内阁："阿拉善蒙古每年制造盐船，准令于内地购买木植。乾隆五十六年经理藩院核议，每年准购木植九千根。维时即钦奉高宗纯皇帝谕旨，甘省出木稀少，日久将山场木植用尽，于民用有无缺乏之处，查明据实奏闻，钦此。兹据署陕甘总督方维甸奏称，甘省产木之平番、西宁等处山场林木无多，本省搭盖桥梁及民间需用已属浩繁，又加以外藩频年购运，现在山产日形缺乏，不敷采用。请将阿拉善岁购木植酌量裁减等语。阿拉善造船木料在内地购买，原属格外恩施。今甘省既产木渐稀，民用拮据，自应酌量变通，以阜物产。著照该署督所议，将阿拉善每年购制盐船木植酌减三千根，仍准其购买六千根。额定大木一千六百根，小木四千四百根，此外不准逾额多购，并令沿河地方官随处稽查，如有商贩希图市利，借端影射，以多报少，以大报小，一经查出，即照例严办示惩。"

（卷 143　958 页）

嘉庆十年（1805年）闰六月丁酉

又谕："都尔嘉前曾因犯赃获罪，嗣经弃瑕录用，洊擢西宁办事大臣，仍不知痛改前愆，肆意婪索。伊从前所得赃款止系得受陋规，尚不敢公然蔑法营私。此次赃私累积则竟系枉法者居多，即如蒙古贝子旺沁丹津派差不公，自当据实参奏，乃辄私罚银一千两完结。且于康登第私挖大黄，周有伏欠帐被控，以及羊贩鲜富贵、陈保恳求留养免缉等案，得受赃银至六千五百余两之多。枉法婪赃辜恩已极。都尔嘉著依拟应绞监候，交宗人府在空房内圈禁。入于本年秋审情实办理。至都尔嘉身获重罪，其子孙尚有何颜居住京师，觊觎官职。伊子绷武布著革职，次子怀塔、三子阿尼雅布及伊孙布扎纳布尔善博明均不准戴用宗室四品顶带，即往盛京居住。遇有差使考试，俱不准与挑应考。伊弟都尔哈业已革职，亦著率同其子花连布等七人一并即往盛京居住。但都尔哈及花连布等系都尔嘉弟侄，究与子孙有间，均仍准戴宗室四品顶带。所有应挑在京差使仍加恩准其与挑，并准其考试。其都尔哈次子现任二等侍卫僧额布一员，并著加恩以盛京佐领补用。"

（卷146 1004页）

嘉庆十年（1805年）闰六月甲辰

缓征甘肃陇西、宁远、伏羌、通渭、西和、静宁、环、皋兰、古浪、平番、西宁、碾伯、大通、巴燕戎格十四厅、州、县水灾旱灾新旧额赋。

（卷146 1012页）

嘉庆十年（1805年）七月癸丑

缓征甘肃狄道、河、渭源、金、安定、会宁、漳、平凉、隆德、固原、华亭、庄浪、盐茶、宁、安化、正宁、合水、武威、永昌、秦、清水、礼、徽、两当、秦安、泾、崇信、灵台、镇原二十九厅、州、县并三岔州同，沙泥州判，红水、东乐二县丞所属旱灾新旧额赋。赈陇西、宁远、伏羌、通渭、西和、静宁、环七州县被旱灾民。给皋兰、古浪、平番、西宁、碾伯、大通、巴燕戎格七厅县被水灾民口粮有差。

（卷147 1016页）

嘉庆十年（1805年）七月壬戌

又谕："倭什布奏详议茶商定籍章程一折。据称招商承引总以行销办课为重。近年茶课既无贻误，请仍照旧章办理等语。商人承领引张，向由地方官出结。嗣因承充之人由州县查明出结，再由各衙门核转详报。层层滋扰，守候需时，致有停引误课之事。自应仍照旧章，责成总商稽查该众商等有无顶冒，令其造具确实籍贯，引数清册，取具亲供甘结，由兰州道行文，该原籍地方官查明详复，移知布政司衙门存案。毋许一人跨占两籍，方足以杜假冒蒙混之弊。此次商人马起凤既经查明无捏报顶充情事，伊现寄籍西宁，即令改入西宁籍贯。其各茶商如有似此迁移跨籍者，均著令一体改正。"

（卷147　1018页）

嘉庆十年（1805年）八月甲午

予甘肃灵州被水灾民及古浪县开河民夫口粮有差。缓征宁朔、宁夏、平罗、灵四州县被水庄堡新旧银粮草束。

（卷148　1033页）

嘉庆十年（1805年）九月丙辰

谕内阁："宗人府将情实应绞官犯、已革西宁办事大臣都尔嘉原犯案情黄册进呈。都尔嘉前在将军任内，曾因贪婪获罪，复经加恩弃瑕录用，洊擢至副都统，派往西宁办事，自应感戴恩施，诸事谨慎。乃竟不知悛改，仍前任意枉法，婪索银六千余两。又因祭海指称蒙古王公等派差不公，借端勒索蒙古贝子旺沁丹津及蒙古王公等共银一万一千余两。幸蒙古等恭顺淳谨，尚未滋事，倘彼时致滋事端，更不成事体矣。似此负恩枉法，若系平人即当依律立绞，姑念都尔嘉究系宗室，著加恩免赴市曹绞决，著派左宗人永珠、刑部侍郎贡楚克扎布将都尔嘉带至伊祖墓前，监令自缢。"

（卷150　1053页）

嘉庆十年（1805年）九月辛未

谕军机大臣等："玉宁奏查看黄河以南蒙古、番子情形一折。据称查勘河南五旗地方，前经奏定，令番目安卡设立交界鄂博之处并无一人，所有从前永远枷号之贼番，现亦不知下落。并据纳罕达尔济告称，伊住牧界内被循化所属各番逼处，时来抢掠，现在番目尖木赞全族在察罕诺们汗旗下居住，策合洛全族在纳罕达尔济旗下地方居住，驱逐为难等语。青海蒙古积弱，久被番族侵侮，前经特派钦差查办，定立章程，申画疆界，乃该番等竟敢藐抗不遵，占据蒙古界内，毫无畏惧，自应严行驱逐，随时惩究。玉宁系管辖大臣，正当妥筹办理，设有碍难径行之处，即据实奏闻请旨，亦无不可。乃另折转请将青海蒙古事务归并陕甘总督管理，所奏殊属非是。西宁设立办事大臣，专为管理蒙古、番子事务，定制已久，岂有此时独不能控制之理？况陕甘总督驻扎兰州，鞭长莫及，势不能遥为经理。玉宁自称遇事不敢推诿，殊不知所奏正坐推诿矣。玉宁著传旨申饬。现令贡楚克扎布驰赴西宁，伊系原定章程之人，著玉宁俟其到后会同筹商，先将蒙古界内番族概行驱逐出界，倘驱之不听，或需兵力，即酌量奏调，妥协办理。总须使番众真心慑畏，自不敢再行盘踞。各蒙古亦可渐就宁辑。至西宁办事大臣或有呼应不灵，应如何酌定章程之处，并著与贡楚克扎布悉心筹议具奏，请旨定夺。将此谕令知之。"

（卷150 1064页）

嘉庆十年（1805年）十月庚寅

浙江布政使秦瀛年老，以三、四品京堂补用。以甘肃按察使崇禄为浙江布政使，陕西潼商道吴沂为甘肃按察使。

（卷151 1074页）

嘉庆十年（1805年）十月壬辰

以驻藏大臣成林为伊犁领队大臣，西宁办事大臣玉宁为驻藏大臣，刑部左侍郎贡楚克扎布为西宁办事大臣。

（卷151 1076页）

嘉庆十年（1805年）十月己亥

缓征甘肃毗连灾区之靖远县新旧银粮草束。

（卷151 1079页）

嘉庆十年（1805年）十月庚子

谕内阁："本年朝审勾到内官犯福永一名，前在西宁道任内，因听信家人乌尔滚怂恿，娄索案犯赃银八百两。审系枉法。经刑部问拟绞候情实。该犯身任监司大员，觖法营私，簠簋不饬，与都尔嘉厥罪维均，届期自应予勾，以儆贪墨。但念该犯家人乌尔滚因案内得财舞弊，拟绞情实，亦系法无可宽之犯。福永与之有主仆名分，若令其同肆市曹，未免无所区别。福永著加恩先于本日赐令自尽，即派署刑部侍郎广兴前往监视。"

（卷151 1079页）

嘉庆十年（1805年）十一月乙卯

调巴里坤总兵官国兴阿为伊犁总兵官，甘肃凉州镇总兵官萧福禄为巴里坤总兵官。

（卷152 1091页）

嘉庆十年（1805年）十一月壬戌

以甘肃甘凉道刘大懿为按察使。

（卷152　1099页）

嘉庆十年（1805年）十二月壬辰

谕军机大臣等："贡楚克扎布奏遵旨驱逐番帐大概情形一折。据称于上月二十五日抵贵德后，番众等闻知钦差前来，人人畏惧，各族渐次搬移。现在严饬该厅营上紧驱逐，惟因暗门以外雪深冰厚，一时恐难尽数搬移等语。番众等闻钦差到彼，甚形畏惧，自应趁势驱逐净尽，但现当大雪封山之时，且番族人数众多，若过于急迫，倘生枝节，碍难办理，亦不能不假以时日，惟当先行谕知该头目等，广为示谕。俟明岁二三月春融之际，再严饬该番众尽数搬移，并当传谕该蒙古等，以尔等懦弱性成，不能自立，致被番众侵占。每次侵占之后，必须钦差到彼查办，始能驱逐。试思卡伦以内，既系尔等游牧地方，是即尔之家业，何至不能自守，被人侵占。将来钦差亦岂能常为尔等查办。尔等总须努力自强，趁番族等畏惧远逃，各清地界，严守卡伦，加意振作，方能永远安业。又另据查明青海事务难办情形折内，据称该处番众只畏钦差，不畏西宁大臣等语。此言不通，青海大臣即系钦差，贡楚克扎布从前因钦差到彼，番众畏惧。岂此时补授该处大臣后，番众等即不畏惧乎。其故自缘钦差到彼后，该处道、府、厅、营皆可呼应调遣，声威较重，番众等是以格外畏惧。至青海大臣日久驻扎，地方文武本非所属，遇有查办之事，不能悉听呼应，番众等或少弛忌惮之心，亦并非不畏青海大臣也。此时惟应将青海大臣衙门事权略为加重，则番众等闻而畏惧，自与钦差无异。著贡楚克扎布即会同倭什布详悉熟商，或将西宁附近地方文员自道府以下，武员自镇协以下听其兼辖节制，则设遇有事之时，呼应较灵，办理自无棘手。至所辖之文武各员，既归青海大臣兼辖节制，遇大计军政之年，即应饬令青海大臣查核各该员平日功过，会同总督秉公分别查办。庶各该员知该大臣有参劾之权，自无不共知鼓励，于该处办事更为有益。应如何酌定章程，并著会同详议具奏。将此谕令知之。"寻议上。得旨："据贡楚克扎布等奏，会议西宁办事大臣节制兼辖附近镇道各员，酌定章程一折。西宁镇道与青海大臣近在同城，向无统属，遇有蒙古、番子交涉事件，仅令贵德厅、营各员专司办理，未免呼应不灵，不足以资弹压。嗣后著照该大臣等所请，西宁文员自道府以下，武员自镇协以下俱归该大臣兼辖节制。遇有蒙古、番子交涉事件，即由该大臣主政，其民人地方事务仍由该督主政。该镇道等于关涉青海蒙古、番子案件，自当申报青海大臣。若只系寻常地方案件即当转报总督，免致牵混干与。至军政大计年份，该镇道等办理蒙古、番子案件功过，由该大臣出具考语，咨会该督，再将该员等平日办理地方事务是否认真，由该督会同参酌举劾，以昭核实而示劝惩。余俱照所议行。"

（卷154　1125页）

嘉庆十年（1805年）十二月癸巳

以故青海额鲁特郡王伊什达尔济族弟沙克都尔袭爵。

（卷154　1127页）

嘉庆十年（1805年）十二月丙申

以甘肃永昌协副将阎俊烈为巴里坤总兵官。

（卷155　1131页）

嘉庆十年（1805年）十二月戊戌

又谕："三法司议奏，甘肃省民人马香因母兄犯淫，听从伊叔马廷御致死继母万氏，遵旨酌拟罪名。查照从前库伦所办家奴混坦等听从索诺木旺济勒多尔济主使下手，致毙伊主达什，问拟凌迟改为斩候一案。将马香可否末减之处，请旨定夺等语。朕详加酌核，此案马万氏系马香继母，较之混坦等之于达什系属主仆，名分关系尤重。惟混坦等当日于扎萨克贝子索诺木旺济勒多尔济主使杀害伊主之时，该犯等竟听从下手，致毙伊主。今马香于伊叔马廷御致死伊继母之时，只听从喝令揪按马万氏两手，究未下手伤害。且混坦等之主达什当日不过屡次犯窃，并无必死之罪。而马香之继母马万氏系与伊夫前妻之子马瓒犯淫，罔顾伦纪，罪犯应死，其情节较之达什尤重。混坦等前于凌迟罪名上改为斩候，现在马香一犯亦尚可末减，马香著改为应斩监候秋后处决。又折内奏请将已经斩决之马瓒一犯，饬令该省锉尸一节。马瓒所犯罪名，至于律所不载，实堪痛恨。但定例须罪拟凌迟处死而幸逃显戮者，方锉尸枭示。今马瓒一犯经该督于审明后即恭请王命立时斩决，业已明正典刑，此时不必再行锉尸。其余均照所议完结。至正宁县知县徐振鹏、环县知县罗廷璋于此等逆伦伤化重案，辄敢受财听嘱，捏造情节，蒙混具详，殊为可恶。徐振鹏、罗廷璋均著革职拿问，交该督提同应讯人证，严审从重定拟具奏。"

（卷155　1132页）

《清嘉庆实录（三）》

嘉庆十一年（1806年）正月壬子

贷甘肃皋兰、平番、西宁、碾伯、大通、巴燕戎格、陇西、宁远、伏羌、通渭、西和、静宁、环十三厅、州、县及东乐县丞所属被水、被旱灾民籽种、口粮。

（卷156　4页）

嘉庆十一年（1806年）二月庚辰

谕军机大臣等："贡楚克扎布奏番族生齿日繁，现据再四哀求，以地窄人稠，不敷牧放，恳将蒙古空闲地方租赁一段，每年凑羊一千只作为地租，不敢再为越界滋事等语。蒙古游牧处所，原系天朝赏给，但该蒙古生聚有年，此时伊等因被人侵占，情急赴诉，自应将占居番众代为驱逐，并令该蒙古等各回原处，设卡宁居。岂能徇番众之请，将蒙古地界任令伊等插帐迁居。遽行完案。此时一经降旨，将来蒙古等谓朕不能代伊驱逐番帐，转将其地予人，而番族等亦以此地系大皇帝指明赏给，彼此皆有借口，成何事体。贡楚克扎布惟当遵照前旨，驱逐番帐，无许侵占。一面传谕蒙古等努力自强，不可预存令蒙古让地之见。设或蒙古实在自揣积弱，不能固守其地，情愿将闲地赁给番族，彼时方可允为代奏，请旨办理。至番众所交羊只，既系蒙古地租，自应给予蒙古，断无将蒙古地方给与番族，而官收其羊只之理。即或蒙古不愿收取番族羊只，亦听其便，不必令其交官，致乖政体。至蒙古赁地之后，番族插帐居住时，仍当官为勘划地界，并严定罪条，设番族再敢侵越，即当查拿罚惩。设再滋事，更当从复位拟。庶蒙古等不致再受侵占。将此谕令知之。"

（卷157　17页）

嘉庆十一年（1806年）二月是月

西宁办事大臣贡楚克扎布奏："遵旨驱逐番族，不敢稍有冒昧。"得旨："驭边之道，总须先示以威，既畏之后，方可施恩抚恤。况蒙古地界，岂可让给番子，必应驱逐出界为正办，切勿存化有为无，只图目前安静之鄙见。慎重勉力办理，今文武皆归汝统辖，尚何虑呼应不灵乎？特谕。"

（卷157　30页）

嘉庆十一年（1806年）四月丁未

赈甘肃漳、岷、两当三州县被水灾民，并给房屋修费。

（卷159　65页）

嘉庆十一年（1806年）五月己酉

谕内阁："前因甘肃秦安县逆伦重犯在逃无踪，当经降旨，谕令倭什布酌减限期，勒令该革令周鼎新严缉务获，即获犯亦不准请开复。原以知县职司民牧有化导百姓之责，乃至部下有此等枭獍凶徒，其咎甚重。特谕令严办示惩。兹据倭什布奏称，该署县自参革勒缉后，即设法购线跟踪追缉，将逆犯王百灵儿拿获，审明办理，并声明该革令于上年十二月十四日到任署篆，二十六日即有此案，兹勒限缉获，虽在减半限内，遵旨无庸议。请开复等语。该革令周鼎新既系署印，且到任仅逾十日，尚非久任地方不能教化百姓者可比，并于勒限三月之内即能购线弋获，所有署秦安县知县周鼎新著加恩准其开复。"

以正红旗满洲副都统珠尔杭阿为正黄旗汉军都统。调正黄旗汉军副都统多庆为正红旗满洲副都统。以甘肃河州镇总兵官珠尔素为正黄旗汉军副都统，前任江南狼山镇总兵官游栋云为甘肃河州镇总兵官。

（卷160　66页）

嘉庆十一年（1806年）五月丁巳

旌表守正捐躯甘肃两当县客民张长科妻石氏。

（卷160　72页）

嘉庆十一年（1806年）六月庚辰

以甘肃提督特清额为成都将军，甘肃凉州镇总兵官百祥为提督，陕西军标副将倭星额为凉州镇总兵官。

（卷162　98页）

嘉庆十一年（1806年）六月己亥

谕军机大臣等："贡楚克扎布奏，驱逐番帐净尽并酌议发插野番缘由一折。蒙古游牧地界不能努力自守，致被番族侵占。经内地官兵代为驱逐搬移。该蒙古王公等复请添筑三城，设官驻兵，代为防守，实属冒昧渎恳，断不可行。贡楚克扎布向该王公等当面指驳，所见甚是。仍当传集纳罕达尔济等剀切晓谕，以尔等不能自固藩篱，屡被番众逼处，甚至尔等界内之人，私行勾结番众，肆意滋扰。屡次仰仗天朝兵威，将番帐驱逐搬移，画清地界，实系大皇帝如天之仁，怜念尔等懦弱无能，曲加保卫。尔等具有天良，倍当感激愧奋，勉图自立。至所请在蒙古、番子交界要隘地方筑城三座，设官驻兵，常川代为防守一节。蒙古、番族皆系天朝臣仆，大皇帝一视同仁，从无区别。今若为尔等建筑城座，是欲将番族隔绝，划出界外，已属不可。况青海为西藏往来大路，达赖喇嘛等遣使年班入贡，每岁经由。尔等赴西藏熬茶，亦路所必经。番族见蒙古边界既筑城驻守，又复经行其地，亦必以为逾越界限，从此抢夺肇衅，迄无已时，尚复成何事体。且尔等为天朝藩服，屏障边界，假如天朝有需用尔等兵力之处，尚当凛遵征调。今尔等在游牧安居乐业，又无别项差使，仅仅自守，岂复力有不逮，竟欲天朝派委多兵，为尔等常川防守，有是理乎？试思内地营汛兵丁，各有防守责任，若以本处巡防各兵为不足恃，转烦他处兵力代为巡防，可乎不可。此后尔等惟当努力自强，捍御外侮，保守身家，并设立边卡，严行管束属下各蒙古，勿令与番族勾结抢劫，不得妄行渎请，致干驳斥。至番众驱逐搬移，尚知畏法。既据称青海所属有尚那克空地一处，向系官荒，在蒙古界外，自当踏勘明确，奏请赏给游牧，俾资安插。并当谕知番目等恪守边圈，安静住牧，嗣后倘再有越界侵占之事，天朝必派调官兵重加惩办。如此明白宣示，庶蒙古自知保护，番族不复滋扰。边境永臻宁谧。仍将尚那克形势大小、有无关碍蒙古游牧之处，详细绘图贴说具奏。将此谕令知之。"

（卷163　115页）

嘉庆十一年（1806年）七月癸丑

贷甘肃漳、岷、两当三州县被水灾民籽种、口粮。

（卷164　127页）

嘉庆十一年（1806年）七月庚午

谕军机大臣等："倭什布奏宁陕新兵滋事，驰往查办一折。新兵敢于放火戕官，叛逆显然，惟当悉力剿捕，不必再为招抚之计。现在方维甸、杨遇春业已带兵往剿。复经特派德楞泰赴陕督办。倭什布此时著不必再行赴陕，惟应于甘省交界处所悉力堵截。前已谕令勒保飞饬丰绅田朝贵等在七盘关一带驻扎堵剿。所有甘省两当、徽县一带，既与陕西黑河、云雾山等处毗连，著倭什布即在彼严密截拿，设探闻该犯等人数较多，即当调派甘省官兵与陕省、川省之兵三面合击。倘防堵不严，致被阑入两当、徽县一带，则惟倭什布是问。将此谕令知之。"

（卷164　137页）

嘉庆十一年（1806年）七月辛未

谕军机大臣等："本日英和等奏称吉兰泰池盐除由黄河水运，可行山西省北、陕西府谷神木等处，闻尚有由甘肃巩秦一带入陕西陇州，分途入楚之路。从前私贩透漏侵越淮纲俱由于此。可否敕下陕甘督抚体察情形，或即改行口盐，或应划分疆界，防其越境侵卖等语。著方维甸查明该一带向来例食何处之盐，从前私贩到彼，系经由何处州县贩卖入楚。现将吉兰泰池盐统归商运，应否即将该一带地方改为吉兰泰池盐口岸，一并派商承办，为之划定疆界，勿令侵越淮纲。著即体察情形，妥议具奏。"

（卷164　138页）

嘉庆十一年（1806年）九月戊申

户部议准陕甘总督倭什布疏报："大通县开垦北川口外番地一百四十四段，照例升科。"从之。

（卷166　161页）

嘉庆十一年（1806年）九月己酉

以甘肃中卫协副将吴廷刚为凉州镇总兵官。

（卷166　164页）

嘉庆十一年（1806年）九月壬戌

谕内阁："各省布政使管理通省钱粮，专司出纳一切正杂款项，由州县征解到司，丝毫皆关国帑，自应详慎综核，杜绝弊端。乃直隶省竟有司书王丽南等串通州县舞弊之案，虚收冒领百计侵亏，甚至假刻藩司及库官印信，将国家正帑肆意私吞，作奸犯科，至于如此。比之从前甘肃省捏灾冒赈之案，其蒙蔽分肥情节尤出情理之外。本日行在大学士、尚书、侍郎等遵旨速议具奏。已将情节尤重，赃私较多之革员书吏等抵法矣。州县身为职官，任膺民社，乃甘与奸胥蠹吏勾通作弊，不独蔑视宪典，亦且罔顾身家。现在破案之贪官蠹吏立决者已有十名。朕心实觉不忍。然王章具在，即欲曲为宽贷，有所不能。此案定谳，悉遵照当日皇考高宗纯皇帝办理甘肃捏灾冒赈之例，分别问拟，以侵盗之多寡，定罪名之轻重。此实于无可宽贷之中，稍示区别，不为已甚。而酿成巨案，实由历任藩司于收支帑项漠不经心，丧尽天良，因循阘茸所致。试思该藩司等如果认真严查，留心杜弊，奸吏等何至如此纵恣。现据查出吴熊光在直隶时即无虚收之事，讯之司书等佥称惮其查察，不敢作弊，可见同一职守而实心任事，与庸碌无能者判然各殊。朕简任大吏，均望其认真办理，特伊等辜恩尽职，各有不同耳。经此次惩办之后，惟愿各直省再无此等营私戕法之事。除直隶省藩库收纳章程，昨已降旨令裘行简督同藩司庆格妥议具奏办理外，其余各直省藩库均当以直隶此案为戒，务各详加稽考，如有相沿旧习未尽妥善者，俱当及早清厘，剔除积敝，勿致官吏等因缘为奸，自于重戾，庶不负朕谆谆教诫至意。将此通谕知之。"

（卷167　175页）

嘉庆十一年（1806年）九月甲子

赈甘肃宁夏、宁朔、平罗三县被水灾民，缓征宁夏、宁朔、平罗、皋兰、西宁五县新旧额赋，并贷籽种、口粮。

（卷167　178页）

嘉庆十一年（1806年）十月己丑

又谕："兵部会同吏部奏议处德楞泰、倭什布均照溺职例革职请旨一折，所议甚是。德楞泰经朕特命为钦差大臣，前赴陕省剿办宁陕叛贼。一经到陕自当迅速进兵，专意剿办。乃迁延多日，总以调兵未齐借辞等候，已属迟缓。迨朕节次严催，始据奏报杨芳及扎克塔尔、杨遇春接仗两次后，旋即奏报纳降。朕因贼犯人数既多，断无骈诛之理，因降旨令将各犯详悉查明，仍行按例定拟，分别监禁，候旨核办。而德楞泰又不候谕旨到彼遵奉施行，即擅将贼中投出之民人匪犯三千八百余名悉予资遣回籍，此内并有各处军流人犯曾经助贼抗拒官兵者，悉置不问。甚至将曾充兵丁叛逆滋事之二百二十四名，竟交与将弁管带各回原营约束操防，其糊涂错谬，坏法养奸，至于如此实出情理之外，大负朕恩，殊不可解。此事办理之初过于张皇，继又失之草率，不顾后患，将就完事八月间，德楞泰曾以贼匪裹胁渐多，必须厚集兵力，恳请简派巴图鲁、侍卫及东三省墨尔根学围官兵前往协剿。朕以其所见适与数日前所降谕旨相符，方加优奖，是以即于木兰行围之际，先后简派温春、富翰等率同巴图鲁、侍卫、章京及东三省劲旅，分起遄行，星驰协剿。乃德楞泰于伊等到陕之后，并不令其乘锐围攻，灭此朝食，惟以纳降为事，任意办理。现已饬该将士等分起回京，此无论沿途备办军糈，虚縻饷项，其所费者不赀。而如此简练劲卒，远道驰赴竟不令其痛接一仗，往返徒劳成何事体。又如贼首蒲大芳即蒲拜子，先经德楞泰上月二十七日奏报，称该逆被官兵围剿，戳伤胸腰数处，滚跌落马，几被擒获。其受伤情形甚为著重。而初四日奏报折内已称该逆率领多人在阵前投械乞命，于其上次受伤之处，不置一辞。计前后才止六日，若该逆受伤已重，此时岂能顿痊，若业已痊愈，则前次受伤即属不重。看来德楞泰于此一节亦难免粉饰之辞，不足凭信。似此办理舛谬，胆大专擅，若系他人，朕不待交部早已降旨革职，并当按律治罪。因德楞泰前在川西于贼匪窜过潼河时，尚能勇往认真，迅速追剿，具有微劳。仅退去御前侍卫，领侍卫内大臣，管理兵部事务管围大臣，仍任为西安将军，交部议处。今该部以德楞泰获咎甚重，虽非奉旨严加议处，仍照溺职例议，以革职请旨，甚属允当。本应如所议行，姑念德楞泰前此剿办邪匪有功，特加宽宥，著加恩改为革职留任。但此事非寻常错误可比，仍俟八年无过方准开复。至伊子苏冲阿亦因德楞泰剿贼有功，推恩晋擢，由侍卫挑在乾清门行走，洊升上驷院卿、内阁学士、副都统。苏冲阿数年以来，只不过循分供职。今德楞泰既以办理军务获咎，伊子亦不应过邀恩眷。苏冲阿著革去内阁学士、上驷院卿，退出乾清门。伊父德楞泰先曾管理健锐营，即著伊以副都统管理健锐营事务，前往香山直班。倭什布系该省总督，于本管地方军务，尤当详慎会筹，尽心经理。前日巡抚方维甸因闻有纳降归伍之说，即能虑及种种后患，专折密陈，请旨酌办。而倭什布则不但见不及此，并且附和德楞泰，遽遣叛逆等各归原营，竟不虑所管地方将来有无后患。本当照部议革职，但此事究系德楞泰主见，伊系随同办理，量予轻减，著加恩降为二等侍卫，前往科布多办事，仍带革职留任。八年无过方准开复。将此旨通谕中外知之。"

（卷169　195页）

嘉庆十一年（1806年）十一月乙巳

谕内阁："据全保、瑚图礼奏，湖北边界防兵撤归原营，所有动用银两除借给官兵养廉行装银五万四千余两应照例扣还外，其余支过盐粮各项约共银六万两，在于通省督抚司道知府养廉内每年扣捐二成，陆续归款等语。此次湖北因宁陕匪徒滋事，分派官兵，在于边界防剿。现已次第裁撤，所有动支各款内如借给官兵养廉行装银两，自应照例扣还，其余动支盐粮各项例应报部核销，何必奏请捐廉归款。且外省捐廉款项多不出己资，上司摊派属员，属员仍取之百姓，政体殊有关系。况全保现已调任陕甘，新任总督汪志伊未经承办此项，亦派令一律按年扣捐，尤属无谓。全保等所请不准行。仍著瑚图礼将支过盐粮运脚各款银约六万两造册报部核销，不得任令经手官胥借端浮冒，致滋咎戾。"

又谕："兵部奏，遵旨议处扎克塔尔，请照有意隐讳革职例革职一折。扎克塔尔派往陕省军营，随同德楞泰剿办宁陕叛贼。经德楞泰派在前敌，当贼匪由斜峪关南窜之时，扎克塔尔同杨遇春带领河州、固原等处官兵前往追剿，赶上贼匪，当经痛加剿杀，歼获多名。迨追至方柴关地方，遇见成队贼匪，彼时天色已晚，官兵转战竟日，未免力疲。而贼匪恃险屯聚，人数众多，官兵被贼冲压数次，致有散失。扎克塔尔同杨遇春带领亲随数十人，至该处把总营汛围墙内驻守。贼匪正在四面围绕之际，而温春等带领东三省马队适至，贼匪一见马队，南北两山头屯聚之贼立时畏惧奔回。贼首蒲大芳、王文龙等遂亲率贼众，赶至扎克塔尔、杨遇春马前，弃械投诚。扎克塔尔等谕以如果实在投诚，可将首逆缚献，撤退贼众，再行定议。彼时蒲大芳等立将首逆陈达顺、陈先伦、向贵三人缚献。扎克塔尔等一面令贼停扎，一面禀知德楞泰定夺。德楞泰接据禀报，率准受降，又不候谕旨，遽将叛逆二百二十四名交与将士管带各回原营，并将贼营内三千余人不问其是否系地方游匪及监犯军流人等，竟与被裹之人一律遣散。种种纰缪不可枚举。全系德楞泰之罪。至扎克塔尔与杨遇春均只偏裨，不能专主其事。若朕因受降治诸将领之罪，则杨遇春即与扎克塔尔同在一路带兵，杨遇春既未加罪，自亦不以此罪扎克塔尔。伊若于朕面询军务时详细确陈，原可不必交议。乃扎克塔尔于到京之时，经朕面加询问，只称贼匪畏罪请降，其于追贼至方柴关，兵散被围各情并未言及，不以实奏，是其罪案。朕复令军机大臣询问，所言亦同。迨上月二十七日德楞泰奏到详细情形，朕复令军机大臣传到扎克塔尔询问，未将德楞泰原折给看，扎克塔尔虑及德楞泰据实奏明，始行陈出实情。是扎克塔尔前奏，殊属不实不尽。其隐饰之咎，实无可辞。是以将伊退出御前侍卫，降为乾清门侍卫，撤销前次议叙，交部严加议处。连日部议未上之先，朕询问自军营回京之富翰、温春、桑吉斯塔尔等，其所言扎克塔尔在方柴关追贼被围情节，悉属相符。今兵部议以革职，固属咎所应得。但朕于诸臣功罪，或轻或重，务期权衡至当，不肯稍有偏畸。扎克塔尔之罪在于隐饰，而较之庆成则有不同。庆成本年陛见来京，朕于召对时因其曾经剿贼，立功受伤，屡沐恩施，当询以曾否得过双眼花翎，庆成辄信口诳称，在副将任内曾经得过双眼花翎。迨详查档案，并无其事。伊竟以一片虚诳之词，面肆欺罔，欲图蒙混邀恩，殊无忌惮。是以将伊革职，发往黑龙江效力赎罪。扎克塔尔于垂询军务时，尚不敢信口捏饰冒功，惟于方柴关追贼受降时，是日各种情节，不行详细备陈，意存隐匿，讳败为胜，仍染军营恶习，不以诚实对君上。其获咎实在于此。庆成、扎克塔尔同系御前侍卫，俱经杀贼立功并曾打仗受伤，惟伊二人情节既有不同，则获谴亦当有别。且庆成系汉军世家，尤当通晓大义，而扎克塔尔则系川省番目出身，情稍可原。且平素当差尚属勤慎，自应量加宽赏，惟扎克塔尔既系番族，在京管理旗务究非所宜。此时若仍令在内当差，任护军统领、蒙古副都统，伊亦不能将该管旗人认真约束，殊觉有名无实。扎克塔尔著退去乾清门侍卫、镶白旗护军统领、正红旗蒙古副都统，加恩留伊所得三等男及恩骑尉世职，并仍赏戴花翎，著即回伊本省四川地方，交与总督勒保，以副将差委补用，观其后效。并著将惩治扎克塔尔及庆成两人分别核办缘由通谕中外知之。"

（卷170　209页）

嘉庆十一年（1806年）十一月壬申

谕军机大臣等："本日薛大烈到京，据称方柴关兵溃一事，苏勒芳阿、游栋云、田朝贵所带陕西固原、河州、西安满营以及四川川北官兵，一见贼匪纷纷逃散等语。用兵全在纪律。将弁等平日不认真操练，以致临敌遁逃，缓急难恃，武备如此，可为寒心。方柴关各兵溃散一事断不可不查办示儆，即法不及众，亦当查出首先逃散之人按律处治，如有官弁在内，尤当严拿办理，不可再存姑息之见。至兵丁等因扣项较多，情形支绌，募补者率皆无借之徒，焉能克敌致果。此事前经德楞泰奏及，著查明兵丁应扣俸饷究有几何，是何款项，一一声明，听候核办。若本系例外借支，在各兵名下摊扣，是即不应扣而扣，或竟有粮员等私自花用，在兵丁名下扣还者。此等款项皆当查明经手之员，责令分赔，据实参奏。至器械短缺，又不合式，亦著设法整顿。其马兵不能自行喂养，以致赔累一节，薛大烈请令官兵朋槽喂养是否可行，均著德楞泰、全保、方维甸详悉妥商，奏闻办理。"

（卷171　234页）

嘉庆十一年（1806年）十一月癸酉

以宁陕镇兵叛，各镇兵临阵逃散，陕西提督杨遇春、宁陕镇总兵官杨芳、河州镇总兵官游栋云、川北镇总兵官田朝贵均解任，交陕甘总督全保、四川总督勒保等查明参奏。

（卷171　235页）

嘉庆十一年（1806年）十二月壬午

命西宁办事大臣贡楚克扎布回京。以内阁学士恒伯为西宁办事大臣。

（卷172　244页）

嘉庆十一年（1806年）十二月甲午

上幸北海，阅冰技。科尔沁扎萨克郡王罗布藏嘉木参等八人、杜尔伯特扎萨克贝子喇特纳巴拉等十二人、喀尔喀扎萨克辅国公敏珠尔多尔济等五人、青海扎萨克辅国公喇特纳锡第、土尔扈特辅国公达玛琳、察哈尔额鲁特三等台吉瑚勒哈齐等五人、回部署吐鲁番扎萨克头等台吉丕尔敦、喀什噶尔四品伯克阿布都瓦斯等十六人于神武门外瞻觐。

（卷172　250页）

嘉庆十一年（1806年）十二月辛丑

定陕西宁陕各镇营善后事宜。先是西安将军德楞泰等奏议改营制章程，下军机大臣及兵部议。至是议上：一、移西江口营游击驻留坝，归固原提督管辖。裁原设千总、把总、额外外委。改孝义营归陕安镇总兵管辖。移厚畛子守备驻阳平关。改留坝都司为守备，驻略阳。改驻黄官岭之提属钢厂营守备为汉中协右营守备，驻汉中府城。移钢厂之把总驻黄官岭，归汉中协管辖。改城守都司为左营都司。一、撤砖坪垭汛把总、外委，归陕安镇城中营，毛坝关汛额外外委归紫阳营，钟家汛把总归西乡营，穆王坪汛外委归镇安营。一、裁宁陕镇兵二千二百四十名，并汰金鸡河等处汛兵。一、改陕安中营、略阳营、镇安城守营游击，兴安城守营，紫阳营都司，陕安左营守备为题缺。芦塘营、黄甫营、阶州营游击，高家堡、临洮营都司，会宁营守备为部推缺。一、宁陕陕安汉中各营新置营地请招佃收租，无庸兵丁垦种。一、换给移改各营员弁关防。一、汉中协及汉凤、阳平、沔县、宁羌等营兵丁米折未便遽议加增。上以汉中协等处兵丁生计寒苦，仍准加给米折银一钱。余俱如所议行。

（卷172　255页）

嘉庆十一年（1806年）十二月壬寅

上御保和殿，筵宴朝正外藩。科尔沁、喀喇沁、奈曼、土默特、翁牛特、敖汉、克什克腾、察哈尔、喀尔喀、乌珠穆沁、阿拉善、阿巴噶、扎噜特、杜尔伯特、绰罗斯、乌喇特、苏尼特、青海、吐鲁番、额鲁特、土尔扈特王、贝勒、贝子、公、额驸、台吉、塔布囊等随文武大臣依次就坐，诸乐并作，上进酒。召左翼科尔沁扎萨克土谢图亲王诺尔布琳沁、喀喇沁亲王衔扎萨克郡王满珠巴咱尔、科尔沁扎萨克郡王和硕额驸索特纳木多布斋、奈曼扎萨克郡王巴勒楚克、喀喇沁扎萨克贝勒丹巴多尔济、土默特扎萨克贝子固伦额驸玛呢巴达喇、科尔沁贝子鄂勒哲依图，右翼喀尔喀扎萨克亲王固伦额驸拉旺多尔济、科尔沁扎萨克达尔汉亲王丹曾旺布、乌珠穆沁扎萨克亲王巴勒珠尔喇布斋、阿拉善扎萨克亲王玛哈巴拉、敖汉郡王萨巴拉、回部郡王衔贝勒哈迪尔、阿噜科尔沁扎萨克贝勒多尔济帕勒玛至御座前，赐酒成礼。

（卷172　256页）

嘉庆十二年（1807年）二月辛巳

　　谕军机大臣等："贡楚克扎布奏官兵查拿抢劫进贡堪布及青海蒙古之贼番并夺回牲畜各缘由一折。向来野番等有抢劫蒙古之案，一经官兵缉捕即相率窜逃。此次千总杜尚贤等踹探，见有贼番多人，向前擒拿。该贼番竟敢有抗拒之势，实属愍不畏法。且官兵伤贼番数名，而官兵受伤者亦有五名，是临时互有杀伤，亦不足以示威，保无启贼番藐视之心。贡楚克扎布当酌量遴添兵力，扼要堵截，俾知震慑。一面派员剀切晓谕利害，务令将正贼真赃献出，以期肃清边界。至该蒙古懦弱性成，既不克自振作，勉思保卫。遇贼番抢劫牲畜均系官兵代为查拿，乃复将被劫数目以少报多，希图预为多得牲畜地步，尤属可鄙。试思贼番等抢去牲畜，沿途宰食及倒毙者自所不免，安能一无短少。官兵为之缉捕奋回已属天朝格外恩施，岂有因原数不足再行垫偿之理。况此次官兵等缉捕出力，至有受伤，而该蒙古并未派有一兵随同协捕，竟若置身事外，似此不知轻重，将来设再遇贼番抢劫之案，官兵当置之不顾，并当将西宁办事大臣裁撤，看尔等如何自为捍卫耶？著贡楚克扎布将此剀切晓谕，俾该蒙古渐知奋勉自强，且可杜其无厌之求。至此次千总杜尚贤追缉贼番，夺回牲畜几三千匹，尚属出力。著加恩遇有守备缺出即行升补，其受伤兵丁马成喜、张杰、马天良、吕伦吉、张学功等五名著查明受伤轻重，分别酌赏，其有因伤身故者，并著照伤亡例分别赐恤。将此谕令知之。"

（卷174　284页）

嘉庆十二年（1807年）二月戊子

　　谕内阁："德楞泰等奏查讯方柴关打仗退回兵丁，将约束不严之镇将参奏请旨惩办一折。此次官兵在方柴关剿贼，实系先胜后败，并非遇贼即溃，但临敌退后，官兵即均有应得之罪。德楞泰等查讯情形与勒保前日所奏俱相符合。此次川北兵丁昨因各营合队，不能确指先退之人，已加恩免究。其带兵镇将并各从宽谪处。所有陕省此次打仗退回兵丁亦著加恩免其查究。至总兵游栋云到任甫经七日，即带兵剿贼，当贼匪追扑官兵时，该总兵赶紧拿营，督率兵丁放枪轰击，尚无恇怯情事。田朝贵任川北镇将较久，平日疏于训练，前将伊革去提督衔巴图鲁名号，留川北镇总兵，仍带革职留任。游栋云与田朝贵过失相等，念其旧有劳绩，况在任日浅，著加恩免其降调，留河州镇总兵，仍带革职留任，以示薄惩。副将祝廷彪到汉中协任甫经三日，在方柴关打仗时殿后冲杀，嗣剿除瓦石坪叛匪，超众出力，现另旨加恩赏给巴图鲁中号。此案约束不严之咎，竟予免议。苏勒芳阿系满洲大员，剿贼不能获胜，前已降旨革职。念其打仗时曾受箭伤，后随同剿捕瓦石坪贼匪亦有微劳，著加恩赏给蓝翎侍卫，作为帮办大臣前往和阗换班。朕申明军纪，权衡功罪，一秉至公。各营员应知感知奋，平时训练有方，临事克敌致果。用副朕整饬戎行至意。"

（卷175 294页）

嘉庆十二年（1807年）二月是月

陕甘总督全保奏，陕省事竣，起程前赴甘肃，并陈整顿各营伍事宜。得旨："所论皆是。然必须言行相符，不虚委任。汝在楚诸事因循，竟有全不管三字美称。试问于心，如何对朕及百姓。再不勉励，恐不免左迁矣。慎之。"

（卷175 301页）

嘉庆十二年（1807年）四月甲戌

谕军机大臣等："百祥奏黑番抢夺马匹，带兵前赴野马川相机办理一折。此项黑番前在黄番地方抢劫牲畜，杀伤番僧，已属凶恶不法。兹复在马厂地方叠次伺劫，虽据称不敢抢夺官马，但该犯等竟到牧马营盘，询问蒙古在于何处住牧，意图劫掠，并将堪布、喇嘛牛马羊只肆意抢去，实属胆大可恶。并据另片奏称，黑番在牛心台赶去营马一百余匹，虽经弁兵如数夺回，而牧马兵丁已受刀矛伤两处，不可不大加惩创，以昭炯戒。此时百祥一面饬属追捕，并令游击杨廷玉带领兵丁二百名先行起程，伊亦即亲往勘办。惟所带官兵太少，不足以示威重。该提督竟当酌量添调兵丁数百名驰赴剿捕，并会同贡楚克扎布筹商妥办，纵不必悉数殄除，亦须将滋事抢劫之犯按名捕获，立正刑诛，以靖边圉而慑番族，永杜抢劫滋扰之患，此为最要。百祥曾历戎行，素娴军旅，务当与贡楚克扎布相机办理，勿稍疏纵。将此各谕令知之。"

（卷177　324页）

嘉庆十二年（1807年）四月丁丑

谕军机大臣等："贡楚克扎布奏，接据大通协副将等先后禀报贼番八九十名在长沟一带抢劫，又十数名在大泉沟抢去蒙古牛一群，又有贼番八九十名将甘州营马及永固营塘兵骑马赶去二十三匹，又据大通县禀报该县西路鲁木记塘西南山沟突出贼番三百余人，分路抢掠附近居民，并据祁家寺、多洛等堡民人禀报，被抢牲畜三百有余，刃伤探贼之兵马得王一名，贼番占住内地巴哈湖山梁不退，距大通县城仅三十余里等语。贼番从前不过抢掠蒙古牲畜等项，近来竟敢抢劫进贡堪布、喇嘛物件。此次甚至分路抢掠内地居民，刃伤兵丁，实属强横不法，其情罪即系叛逆。况从前蒙古被贼番抢掠时，恳请天朝为之驱逐，每谕令奋发自强，内地官兵不能长为捍卫。今贼番日渐猖獗，胆敢抢掠内地居民，若不严加惩创，不特贼番无所畏惧，肆意滋扰，且使蒙古闻知，难保不心怀不服，妄生訾议，于边防殊有关系。现在贡楚克扎布已率同镇道等带弁兵三百名驰赴大通一带弹压，提督百祥前次奏到，业经谕令添调兵数百名驰往会同筹办，但核计兵数尚少，不足以示威重。现令兴奎挑带满营得力兵五百名驰赴剿捕。全保接奉此旨，著即转饬百祥于甘省绿营兵丁内再挑年力强健，曾经出师熟谙打仗者五百名，并派得力将弁带领前往，交与兴奎、贡楚克扎布调遣。此次所调满洲绿营官兵均当会集一处，同时进发，以壮军威。不可分起零星行走，示之以弱，转启贼番轻视之心。贼番比教匪较为强悍，弓马熟习，山林邃密，难办在此。然贪恋巢穴，不致蔓延，不能逼胁百姓，易办在此。若少带兵将弁即行具奏，酌量发往，勿存畏难之见，勿存招抚之心，勉力办理。兴奎本系将军，即著统辖师旅。贡楚克扎布系办事大臣，任同参赞，伊二人会晤后当妥为筹商。派拨官兵竟当声罪致讨，大加歼戮，并扬言捣其巢穴。如果贼番实形畏惧，悔罪吁求，亦必责令将各案抢掠为首要犯按名缚献，对众分别凌迟正法，并将赃物缴出，始可量加宽贷。务使该番十分震慑，庶不致日久复萌故智，而众蒙古亦闻之帖服，方为妥善。至办理情形遇有陈奏，著兴奎列衔在前，会同贡楚克扎布连名具汉字折驰奏。百祥著帮同带兵，奏事无庸列名，其官兵所需驮运盐菜等项，著全保督同藩司蔡廷衡酌量动款妥为供应。如果进兵剿办需费较多，或该省存款不敷，著奏明另行拨给可也。将此各传谕知之。"

（卷177　325页）

嘉庆十二年（1807年）四月癸未

以西宁办事大臣刑部左侍郎贡楚克扎布为察哈尔都统。转刑部右侍郎瑚素通阿为左侍郎。以总管内务府大臣广兴为刑部右侍郎。

（卷177　330页）

嘉庆十二年（1807年）四月庚寅

谕军机大臣等："贡楚克扎布等奏驰赴大通县查明贼番业已远扬及筹划办理缘由各折。贼番叠次纠众抢劫滋扰，不法已极。经贡楚克扎布、百祥先后驰抵大通追捕，而贼番已闻风逃窜，自应设法办理，以儆凶顽。贡楚克扎布折内称，前曾奉旨饬谕，焉有因缉拿贼匪即为用兵之理。此原指蒙古等偶被偷窃，不值轻用官兵而言。今则该贼番等抢劫蒙古牲畜并进贡堪布、喇嘛物件，甚至分路抢掠内地居民，刃伤兵丁，实属强横不法，其情罪即系叛逆。虽现在贼踪业已远遁，必当探明追踪，声罪致讨，捣其巢穴。前曾节降谕旨，令兴奎挑带满营兵五百名驰赴剿办，并令全保转饬百祥于甘省绿营兵丁内挑选五百名交与兴奎、贡楚克扎布调遣。兴奎等惟应遵照指示，速筹剿捕。惟据折内称，循化、贵德两厅所属野番不下二百余族，其中良莠不一。此次滋事之犯未知系何番族，现已购线踹访等语。兴奎等务须将贼番族分及住牧之所探访明确，统兵进剿。一面晓谕附近各番不必疑惧，庶使安静守法之番众咸知感服，而逞凶肆劫之徒俱各震慑，以期绥靖边围，一劳永逸。切不可轻率进剿，致令番情惊惑。至另片所奏蒙古郡王等呈请随营出力一节，殊可不必。贡楚克扎布已当面驳斥，惟应令其自固藩篱，各守边界可也。将此传谕知之。"

（卷178　334页）

嘉庆十二年（1807年）五月己巳

调喀喇沙尔办事大臣那彦成为西宁办事大臣。库车办事大臣广厚为喀喇沙尔办事大臣。赏遣戍乌鲁木齐已革贵州布政使公峨三等侍卫为库车办事大臣。

（卷179　348页）

嘉庆十二年（1807年）五月丙午

升任西宁办事大臣贡楚克扎布奏，堵截贼番出力各员、都司邵能等下部议叙，赏通丁罗成印顶带。

（卷179　349页）

嘉庆十二年（1807年）五月壬子

西宁办事大臣恒伯以前在科布多失察私开煤窑，革职发往盛京。

（卷179　358页）

嘉庆十二年（1807年）五月甲寅

谕军机大臣等："兴奎奏行抵碾伯地方接据禀报贼番复至内地抢劫迅速调兵会剿一折。同日据贡楚克扎布奏，野番复扰内地边界，抢劫居民蒙古牲畜情形一折。所奏贼番在祁家寺、白水河等处两次滋扰，官兵杀贼夺赃，生擒贼目，与兴奎所奏大略相同。兴奎于途次接据禀报，即飞调暂留中卫满兵兼程前进，并就近咨催百祥，速挑绿营兵五百名带领前往，所办甚是。此项贼番叠次抢掠牲畜，扰及内地居民。及闻官兵追捕，旋即远扬。今又胆敢复来滋扰，实属不法已极，必须声罪致讨，大加惩创。现据贡楚克扎布奏称，讯取获犯完的供词，据称系揣咱族番目尖木赞之侄，伙贼有一百余人。所有上年冬闲及本年二、三月间为首贼犯族分。该犯俱一一指实。兴奎等惟当遵照节次谕旨，俟官兵齐集后同时进发，将贼犯按名捕获，以靖边围而慑番族。至尖木赞系番族头目，曾经赏有顶带。原令其管束番众，俾各安分守法。今伊侄完的率同伙贼一百余人肆意抢劫，伊即不能辞咎。著兴奎等严讯已获之贼番完的，如尖木赞本不知情，即当饬传该番目，责令缚献贼犯自赎，倘该番目竟有同谋主使情事，著即将该番目顶带斥革，治以应得之罪。兴奎现已驰赴白塔营与贡楚克扎布会商筹剿，务须相机妥办，用副委任。将此谕令知之。"

（卷179　359页）

嘉庆十二年（1807年）五月己未

陕甘总督全保以疾乞解任允之。以山东巡抚长龄为陕甘总督。漕运总督吉纶为山东巡抚。仓场侍郎萨彬图为漕运总督。

（卷180　366页）

嘉庆十二年（1807年）五月丁卯

谕军机大臣等："兴奎等奏酌调官兵相机进剿贼番一折。据称兴奎赶抵大通，会晤贡楚克扎布，面商剿办事宜。接据巡缉官兵禀报松布地方有贼番二三十名在彼游奕抢掠，当派西宁镇九十带兵进剿。贼番见官兵赶近，先行占据山梁，枪箭齐发，经官兵冲锋直上，杀毙贼番七名，余始畏惧奔窜。现在兴奎等即拟相机进剿，大加惩办等语。向来贼番等出没无常，其狡狯伎俩往往乘闲肆劫，迨一经官兵剿捕即时闻风远扬。乃此次辄敢恃强抗敌，竟与天兵抵拒，甚至凭高恃险，枪矢并施。其犷悍情形实堪痛恨。此皆由历任办事大臣如台布、都尔嘉等纵容姑息，遇事并不认真查办，以致该贼番藐视天威，不复心存畏惧，边圉不靖，职此之故。现在该将军督兵进剿，所有带兵大员前已降旨将格布舍简放宁夏副都统并令驰驿前往。计此时尚未到彼，兴奎等应即迅速行催，令其赴营听用。又据另片奏，萧福禄恳请随营效力，亦著准其前往。该二员久历戎行，兴奎等应令督兵前敌，庶剿捕尤易得手。其所调各兵已共有三千名，计贼番屡出肆扰，至多亦不过二三百人，兵力十倍于贼，声威不为不壮。但不可分起前进，转致见单。兴奎等当整队督剿，以期一鼓集事。该处各番族中其安分守法者，业经出示晓谕，自不至惊疑滋扰。其敢于抗拒者即系叛逆不法之徒，正可乘此兵威大加扫荡，务令实在震慑天威，再不敢出而滋事，方为一劳永逸之计。将此谕令知之。"

（卷180　374页）

嘉庆十二年（1807年）六月壬申

免甘肃被贼滋扰之大通县番民本年应纳粮石及贡马银，并贷口粮有差。

（卷181　378页）

嘉庆十二年（1807年）六月癸未

谕军机大臣等："兴奎奏歼毙贼番二族现在差探进剿情形一折。此次兴奎等查明贵德所属卓色勒一族，屡经做贼，现又逃往他受族下与之聚合。当即派兵进剿，该贼番等敢于占住山梁，公然抗拒，实为可恨。经官兵分路直上，不能抵敌，始行奔窜，共追杀贼番一百余名，生擒三名，夺获牛羊马匹约计一万有余。贼番经此痛剿，挫其凶锋，庶可稍示惩创。现在官兵探明贼番逃往何处，自当乘胜突入，一鼓殄除。但其余安静番族，虽经兴奎等向其面谕，各令安业，不致滋事。而此等犬羊之性，究恐无常，不可深信。此时官兵追剿贼番，步步深入，仍当严防后路。或多设卡座，广为巡逻，总须声气联络，加意防备，方可无虑。其此次夺获之牛羊马匹既有万余，即当查明失主分别给领。如无失主承认，即作为进剿官兵口粮，并备赏项。至折内称前派都司邵能面谕尖木赞，令其缚献贼首。该番目佯为应允，迄今远避不知去向，风闻有纠约各贼番抗拒之势等语。尖木赞曾经赏戴翎顶，非其余番众可比。当此官兵查拿贼番之时，并不出力报效，转敢纠约匪众抵拒官兵。似此背恩称乱，直系叛逆。兴奎等折内只称其情同叛逆，未免措辞失当，已用朱笔改示矣。该处贼番滋事既系尖木赞为首，必当设法擒获，严行惩办，方可以慑服番众。且恐其纠约各族在于后路滋扰，兴奎等探明该逆现在何处，即当迅速统兵进剿，不可迟逾。设兵力尚觉不敷，不妨就近酌调，以期声威壮盛，早就肃清。长龄昨已陛辞出京，于何处接奉此旨，即著驰驿前往。俟到兰州后，察探情形，如贼番业已办理完结，自无庸再往会办。设或剿办尚在费手，即当亲自驰赴该处，会同兴奎等熟商妥办。现在那彦成应亦将次到彼，伊任同参赞，当与兴奎带兵同办。贡楚克扎布已放察哈尔都统，伊俟那彦成到后同住数日，详悉告知办理情形，即著启程来京请训赴任。将此谕令知之。"

（卷 181　390 页）

予故陕甘总督全保祭葬如例。

（卷 181　391 页）

嘉庆十二年（1807 年）六月甲申

户部议准前任陕甘总督全保疏报："盐茶、正宁二厅县开垦田八顷八十亩有奇，照例升科。"从之。

（卷 181　392 页）

嘉庆十二年（1807 年）七月壬寅

谕军机大臣等："兴奎奏剿办三族贼番一折。据称，伊等带兵追赶番贼，自什噶干至章缠脑两处，歼毙贼五十余名，生擒贼目一名，可见番贼无甚伎俩，尚易办理。至尖木赞始则诈许缚献贼目，既而躲避，今又聚众屯扎，实属可恶。现经探明在朱八崖地方，自应设法剿办，以示惩创。惟折内称先将尖木赞剿办后，再折回进剿沙卜浪番族，殊未明晰。若如所奏，岂非置逃往沙卜浪之三族贼番于后路，不可不加意防范。该处道路情形著绘图陈奏。此次败残余匪既逃往沙卜浪大族中，自须加以剿办。但野番族类众多，只须慑以兵威，令其将在逃贼目缚献，即可撤兵，断无将番贼概行歼戮之理。兴奎等应酌量妥办。将此谕令知之。"

（卷183　405页）

嘉庆十二年（1807年）七月甲子

谕军机大臣等："兴奎奏连次攻剿贼番及酌筹添调官兵一折。此次贼番在甘坝、竹坝等处恃险抵拒，经官兵节次攻击，看来已就穷蹙。至贼番尖木赞既不能缚贼自效，胆敢于揣咱等五族内挑出骑马番子七百人，预备抵当官兵，即属叛逆。必当痛加歼戮，以示惩儆。即使畏罪投诚，亦不得从宽。此时长龄、那彦成俱将次到彼，当与兴奎酌筹妥办，以期永靖边圉。又据奏，现在带兵四千五百名，尚觉不敷，请添调凉州兵一千名、甘州兵五百名、洮岷各营兵一千名等语。此次剿办贼番原应厚集兵力慑以军威，以期一鼓集事。著照所请办理，惟所称撒拉尔回民情殷报效，请将该土司挑备回民五百名调赴军营一节，殊可不必。撒拉尔回民素性贪利，且难驾驭，竟当停其征调。仍谕以伊等情殷报效尚属可嘉，惟大兵云集，即日扫穴擒渠，不须复借尔等协剿，且路途遥远，跋涉不易，无庸整备听调，以示体恤。又另片奏，夺获牛羊数目共十一万有零，除犒赏外，俟军务完竣，饬令变价归入军需报销等语，殊未得体。此项牛羊现既交庆炆收管，即著该道员查明细数，先尽接济兵食，再酌赏出力官兵。如有余剩俟剿办贼番事竣后，传旨分赏众蒙古。将此谕令知之。"

（卷183　418页）

嘉庆十二年（1807年）八月乙亥

谕军机大臣等："长龄奏趱程前赴西宁并陈军务情形一折。据称，剿办贼番自进兵以来节次奏报歼获甚多，所获牲畜计十一万有余。核对人数赃数多寡悬殊，其中恐不能分别良莠，转致正贼远扬，无辜被戮等语。所奏甚是。前经降旨令兴奎等查明番族实在滋事不法者，慑以军威，便可撤兵了事。况番族穷苦，素以牲畜为命，今夺获牛羊马匹至十余万之多，恐失业番民因糊口无资，难保不于葳事撤兵之后，又潜至蒙古地界，乘闲劫掠。彼时仍须调兵缉捕，辗转剿办，伊于何底。且番族性情剽悍，言语不通，若不设法安抚善良，殄除凶暴，必致相率惊疑。兼之番境气候早寒，地势险峻，亦不值疲劳兵力，日久稽延。那彦成、长龄应与兴奎酌量情形，通盘筹划。总须计出万全，一劳永逸。朕亦不为遥制，倘兴奎从前办理未妥，亦不可意存回护。将此各谕令知之。"

（卷184　423页）

嘉庆十二年（1807年）八月丙子

移甘肃平番县红城主簿驻平罗县石嘴地方。拨平罗营把总一员、兵五十名分驻石嘴汛。从护理总督布政使蔡廷衡请也。

（卷184　424页）

嘉庆十二年（1807年）八月丙申

谕内阁："据兴奎、贡楚克扎布奏派兵往拿尖木赞措置失宜恳请从严治罪一折。尖木赞原系种地纳粮生番，向来办埋番案多用伊为线索。其素性本属狡黠，此次剿捕贼番，兴奎等派员前往晓谕，令其擒拿贼目。尖木赞始而疑惧躲避，嗣因通丁往唤，尖木赞随即来营面见兴奎等情愿出力。旋经引同官兵打仗，迨至六月十五日率同番众潜回，复于二十四日率领五族番众投首，并声明前次因余贼欲行抢害家口，是以驰回照料，后因帮贴乌拉运送官粮，约于二十八日在甘坝引路，进剿沙卜浪番贼。届时如期而至。是尖木赞并无违逆情事，兴奎与众商议，拟于剿办番贼蒇事，再将尖木赞功过明白宣示。所见甚是。乃贡楚克扎布忽于是夜派兵往拿，以致尖木赞逃逸无踪，办理实属错谬。试思尖木赞既已如期投至，若果须设法擒拿，亦不难于伊来营时就便拘缚。今尖木赞本属恭顺，且既允其随营自效，又派兵往拿，已不足以示信。迨至尖木赞乘闲逃逸，缉捕无踪，又不足以示威。贡楚克扎布如此措置乖谬，失信损威，实属咎有应得。著即革职来京，交军机大臣会同刑部议罪具奏。兴奎身为统领，于贡楚克扎布逞臆妄拿之处，未能拦阻又未据实参奏，亦有不合。交军机大臣会同行在兵部议处具奏。"

（卷184　428页）

嘉庆十二年（1807年）九月壬寅

谕军机大臣等："兴奎奏官兵攻破沙卜浪番族，焚毁贼巢剿捕殆尽并收抚投诚番族一折。沙卜浪人数最多，素称凶横。今经官兵屡次攻击，歼擒多名，余匪散窜。是番族中之强横者，已加惩创，其余各番众陆续乞降，接踵而至。自俱已震慑军威，闻风胆落，既知畏法敛戢，即可凯撤藏事。兴奎等当酌量妥办，勿致稍稽时日。至番贼内有蒙古十一人随同打仗，已于擒获后审明正法，所办甚是。仍当通行晓谕青海蒙古王公扎萨克等，以尔等自世宗宪皇帝年间输诚纳款，列入版图，世荷豢养，至优极渥。大皇帝嘉尔恭顺，是以每遇番族扰及，辄征调官兵驱逐，不惜帑金，皆系因惠爱蒙古曲加保护。尔蒙古具有天良，方感戴之不遑，何至去而从贼。乃此次剿捕番族，竟有蒙古在内，讯系携眷投入，或被掠入伙，均随同打仗，殊出情理之外。该王公等失察之咎无可解免。本应予以惩处，俾知儆戒。今蒙大皇帝格外施恩，俯念尔等系糊涂蒙古，且从贼之犯，必系尔等属下尤为不肖者，已将该犯等讯明正法，将尔等失察罪愆从宽免议。尔等当知感愧，严行管束属下人等，务各安分守法，长此蒙恩。倘复滋事，必当分别治罪，不能再恕。其各凛遵毋忽。又据称尖木赞逃往竹林坝一带老林藏匿，兴奎等既探明踪迹，即当晓谕降番，令其将伊献出，以凭核办。将此谕令知之。"

（卷185　430页）

嘉庆十二年（1807年）九月甲寅

谕内阁："兴奎等奏，番族震慑军威投诚归命并番目尖木赞来营投首边境粆宁一折，览奏俱悉。番众赋性蠢顽，间一二匪徒鼠窃狗偷，抢掠牲兽，向所不免。乃本年春夏之间，该番贼等竟敢肆意攘夺，扰及边民，为害行旅，实属孽由自作，罪不容诛。是以调集官兵，颁发帑项，饬令声罪致讨。经官兵节次攻击，歼擒贼犯多名，该番众等畏惧乞降，闻风踵至。其沙卜浪一族在番众中最为强悍，官兵痛加歼戮，焚毁贼巢。该番族丧胆惊魂，头目完木古等恳乞大喇嘛诺尔布带领诣营，投首乞命，顶经发誓，不敢再滋事端。并据该喇嘛出具甘结保状，是该番众畏威悔罪，实出至诚。前经叠降谕旨，以番众良莠不一，务须分别剿抚。原不欲犁庭扫穴，将番族悉予歼除。今既震慑投诚，自应法外施仁，宽其一线。仍著兴奎等谕令延嘉呼图克图等向番众明白晓示，自此次曲从宽赏之后，务各安分守法。倘再作奸犯科，必当重加惩办。至番目尖木赞因从前屡次办理番案，当差出力，曾经赏给翎顶，身受厚恩。此次贼番滋扰，理宜力图报称。乃始则随营效力，既又乘间潜逃。虽据兴奎等传讯该番目帮贴乌拉，运送粮饷，并无叛逆情事。即伊侄才楞所供，该番目预备抗拒官兵，分受赃物等事，亦讯系挟嫌污蔑。只因贡楚克扎布轻听浮言，妄行捕捉，是以避匿远扬。但该番目既自问并无罪愆，于贡楚克扎布派兵往拿时即应自行投案，何至遽行逃遁。本应褫革示惩，姑念其旋即来营，著从宽摘去翎枝，降为七品顶带，仍令其照旧当差。并传知该番目嗣后如果倍加感奋，管束各番众安静敛戢，二三年后仍当奏请恩施，赏还翎顶。若再不知愧勉，致番众故智复萌，或有滋扰情事，即将伊从严治罪，决不姑贷。此时番境宁辑，边塞肃清，前调官兵即可全行凯撤。兴奎、长龄、那彦成于旋抵贵德，筹议善后章程后，即著各回本任。兴奎自调赴西宁督办军务，尚为妥协，本应加以奖叙，惟伊于贡楚克扎布妄拿尖木赞一事不能阻止，又不据实劾参，实有应得之咎。前已有旨令军机大臣会同行在兵部议处具奏。当经军机大臣等议以革职，曾令于军务告蒇时，再行核办。兹念其带兵出力，功过尚足相抵，著加恩免其革职，无庸交部议叙。长龄、那彦成均驰抵军营未久，旋即竣事。亦无庸交部议叙。"

（卷185　437页）

嘉庆十二年（1807年）九月辛酉

又谕："兴奎等奏遵旨查明贡楚克扎布妄拿番目尖木赞缘由一折。据称，尖木赞于本年六月来至甘坝大营时，贡楚克扎布同提督百祥等均至兴奎帐房筹商进剿沙卜浪之事。贡楚克扎布因尖木赞不肯进营领赏，疑其反复，即欲乘夜擒拿。经兴奎与提镇等力言劝阻，而贡楚克扎布立意甚坚，未经定议，旋经提镇等复恳兴奎至贡楚克扎布帐房商劝，贡楚克扎布辄云是伊一人立意办理，若有一人不遵，即指名参奏。随于是夜派百祥、萧福禄、游栋云、九十等带兵掩捕。因人马踏冰过渡，夜静有声，尖木赞知觉逃遁，并无抗拒官兵情事等语。此次兴奎、贡楚克扎布等统领官兵进剿番族，尖木赞并无叛逆情事。贡楚克扎布轻听人言，以尖木赞素与番贼分赃，挑备马贼七百人欲与官兵抗拒，不察虚实。并因其不肯进营领赏，益疑其反复无常，率欲乘夜往擒，已为错误。当经兴奎及百祥等四人力劝至再，犹复坚不听从，并称有一人不遵伊，即指名参奏，词意决绝，实属任性乖张。且伊既以尖木赞必当擒拿，锐意办理，即当亲自督同提督等带兵前往，而又怠惰不出，高卧帐中，仅诿之百祥等黾夜查拿，任令疏纵，尤属错谬无能。贡楚克扎布前已革职，降旨谕令德楞泰及沿途督抚于其赴京途次，押解来京，复加审讯。此时业经查明，无可再讯，应即治罪示儆。著传谕沿途各督抚于此旨到时，查明贡楚克扎布行至何处，传旨即照军机大臣等所议，发往乌鲁木齐，自备资斧效力赎罪。兴奎于贡楚克扎布任性妄拿之时，虽经劝阻二次，随即听其所为，以致办理失当，本当照前议革职。因其剿办贼番统兵尚为出力，功过足以相抵。前经降旨宽免，其自请严议之处，无庸再行交议。至百祥、萧福禄、游栋云、九十四员此次带兵剿办贼番，俱尚出力。百祥昨经兴奎等保奏到时，曾经赏还花翎，并交部议叙。其萧福禄等亦曾有旨交兴奎等核其劳绩，请旨施恩。但伊四人于贡楚克扎布欲拿尖木赞之时，虽经用言劝阻，既经贡楚克扎布派令往捕，即当密往拿获，何以被尖木赞知觉潜逃。看来百祥等本有不欲擒拿尖木赞之心，未经认真围捕，以致尖木赞知觉逃脱。而于尖木赞既经逃脱之后，又不带兵紧追，实有应得之咎。百祥除赏还花翎免其追缴外，其交部议叙之处，著撤回。萧福禄、游栋云、九十均无庸再行保奏，伊四员亦无庸再行议处。"

（卷185　442页）

嘉庆十二年（1807年）十月癸酉

谕军机大臣等："兴奎等奏筹议西宁善后事宜五条。所议多有可行，惟严谕各寺喇嘛不准滥与番子念经一条，于理不通。番族赋性愚顽，幸赖其敬重喇嘛，尚可劝令为善。即如此次沙卜浪滋事之初，喇嘛诺尔布即曾再四劝谕，以官兵到时不可抗拒，并因其不肯受劝，即欲另住焚修。该贼番果心存畏惧，仍向该喇嘛跪地哀求，欲其保救，经该喇嘛等带同前赴大营顶经罚誓。是其信服有素，正可借以化导冥顽。若如兴奎等所议，岂不阻其向善之心，而坚其为恶之念。且所称如该喇嘛等希图布施，不分黑白，滥与念经，一经查出，并将喇嘛严办。如此则将来设有滋事之人，讯出喇嘛曾与念经，并须将各寺喇嘛纷纷查办，尤多窒碍。此一条毋庸置议。又黄河北岸派兵驻守并换班巡查一节，自应如此办理。惟折内未提及青海蒙古派兵随同防守，尚未周到。应传谕蒙古等以此时剿办贼番大局已定，所有一切边界本当交尔等自行防守。今天朝以尔等积弱之余，加恩卫护，特派兵六百名加给口粮，在彼严密巡查，尔等岂有转不派兵自卫之理。即尔等所派兵数不能有六百名之多，亦当酌派二三百名随同防守，庶为得体。又严禁通事人等不许私入番地一条，所议甚是。汉人私入番地来往勾结，不但诓骗资财牲畜，致启番众劫夺之渐，甚且透漏内地消息，指示内地路径，其酿恶不可胜言。嗣后非但通事人等不准私入番地，即内地民人凡有通晓番语者私自潜往，即系汉奸，亦当普行禁止，以杜勾结。又清查蒙古户口一条。蒙古东西散处，往往逃入番族，自当查明户口清册，送存青海衙门，以便查核。至折内称近来蒙古竟有穿戴番子衣帽毫无区别者，尤为可恨。蒙古服色循用已久，今竟穿戴番子衣帽，即属忘本。不但彼此混淆，且遇有番子抢掠等事，无从辨别。所关非细，著严谕蒙古王公等查拿严办，不可姑息。其循、贵两厅同知不拘用旗、汉人员以资治理一条，均如所议行。又另折称河北蒙古二十五旗逃避番贼，有住居日月山卡内者，有逃至丹噶尔汛内者，现派总兵九十驱逐等语。所办殊未妥协。蒙古臣服已久，近年为番族所迫逃入内地，今官兵剿定贼番之后，惟当向其劝谕，以贼番业经畏惧天威，不敢再有侵犯。尔等尽可自回原住地方，照常游牧，不必在此躲避。该蒙古等自亦情愿撤回，不致久占。或再设立鄂博，明立地界，并严谕民人、蒙古、番子，各守禁限，毋许搀杂，自不致再有彼此侵轶之事。可期边围永臻宁谧。将此谕令知之。"

兴奎等奏："西宁剿办贼番办理粮运无误人员州判李耀等。"下部议叙。

又奏随营出力土司："赏韩辉宗等蓝翎，韩一提八拉等升赏有差。"

（卷186　449页）

嘉庆十二年（1807年）十月庚辰

谕内阁："兴奎等奏酌筹黄河北岸拨兵屯田一折。屯田为防边要务，兴奎等以青海蒙古屡被番子劫掠，虽经剿办完案，尚须派兵巡防。因思择地安屯以裕兵食，固为筹划经久之计。但披阅图内所择屯地，俱在蒙古界内，屯兵等未必人人自能耕种，势必招集汉民。将来愈聚愈多，虑滋事端。再番众本以抢掠为生，尤恐成熟之时妄生觊觎滋扰，皆不可不详细计及。此事是否可行，著军机大臣会同大学士、六部尚书悉心妥议具奏。"寻议："鄂伦布拉克等三处已属蒙古扎萨克贝勒特礼巴勒珠尔旗下，为游牧善地。我兵在彼屯戍，伊等不能游牧，致令生计维艰，从此小有衅端，辄求申理。其间有无虚实皆不可知，颇难核办。且屯兵与蒙古错处，不免招集汉人帮同耕种，愈聚愈杂，奸宄丛生。贼番设或窜渡过河，偷窃蒙古，必于屯地经过。屯兵当力作之际，既虑耕战两妨。农田届成熟之时，尤恐蹂躏不免。况屯田在黄河北岸，河南五旗亦难兼顾，未便率行议准。至于边防要务关系綦重，大通密迩西宁，路仅一百一十里。而本年贼番两次到彼肆扰，且皆由蒙古带路，可见近来蒙古不但怯弱无能，且兼良莠不齐，竟有与贼番勾通滋扰内地之事。杜渐防微，不可不申饬戒备，应如何立法防范，请仍敕该将军等详细复商，妥为办理。"从之。

（卷186　453页）

嘉庆十二年（1807年）十月甲午

以故西宁下扎武族百户绰尔群恭卜子扎希却达尔、尼牙木错族百户却加拉卜坦子达尔吉达付各袭职。

缓征甘肃河、金、镇原、宁远、西和、崇信六州县旱灾新旧额赋。

（卷186　464页）

嘉庆十二年（1807年）十一月己未

又谕："御史徐寅亮条奏西宁备番事宜一折。据称请令蒙古各扎萨克精选壮健，练习枪箭，该办事大臣不时调操，抑或亲往按阅，严立赏罚，俾成劲旅，以备一时征发之用等语。此论断不可行。青海蒙古各旗被贼番抢掠，前经屡降谕旨，责令该蒙古等自强以固藩圉。该扎萨克等练习兵丁乃其自为之事，若令办事大臣调操往阅，该蒙古究系外藩，赏罚俱多未便，国家岂有此体制乎？至请将西宁办事大臣移驻贵德、循化、丹噶尔等城，并令西宁镇属官兵轮番值戍及将河州镇兵亦归该大臣节制调遣之处，著交陕甘总督会同西宁办事大臣悉心妥议，是否择要移驻控制较为得力。不可以驻扎西宁相沿已久，因畏边境荒寒，即偏执仍旧之见。总须熟筹地势，详度边情，期于兵防实有裨益，以为经久救宁之计。该御史折著发给阅看，俟奏到时再降谕旨。"

（卷188　485页）

嘉庆十二年（1807年）十二月乙酉

举行本年军政稽查。右翼保定等五处大臣所属有疾官二员。盛京将军所属卓异官三员，罢软官一员，年老官五员，有疾官三员，才力不及官四员。吉林将军所属卓异官四员，弓马生疏官一员，年老官二员，有疾官五员，才力不及官二员。黑龙江将军所属卓异官一员，罢软官二员，年老官四员，有疾官五员，年老有疾官一员。江宁将军所属卓异官三员。杭州将军所属卓异官二员。西安将军所属卓异官四员，罢软官一员，年老官三员，年老有疾官一员，才力不及官一员。成都将军所属卓异官二员，年老有疾官一员。广州将军所属年老官二员，有疾官二员。察哈尔都统所属卓异官三员，有疾官三员。乌鲁木齐都统所属卓异官四员，罢软官一员，年老官一员，有疾官一员。密云副都统所属卓异官一员，年老官一员。山海关副都统所属卓异官一员，年老官一员。青州副都统所属卓异官一员。凉州副都统所属年老官一员。分别议叙处分如例。

（卷190　509页）

嘉庆十二年（1807年）十二月丙戌

以故青海额鲁特扎萨克郡王纳罕达尔济子达什忠鼐袭爵。

（卷190　512页）

嘉庆十二年（1807年）十二月癸巳

谕内阁："长麟奏，校阅督标官兵马步弓箭软弱者甚多，官弁弓马亦多生疏，请将本标中军副将刘管城交部照例议处等语。甘省为边圉重地，驻扎兵丁，应训练精熟，以成劲旅。兹长龄奏查阅督标官弁兵丁，技艺均属平常。除守备明志照议革职，副将刘管城交部议处外，倭什布前在总督任内缘事获咎，节次降为笔帖式，令其在乌鲁木齐效力行走。今查出督标营务废弛，伊实难辞咎。倭什布著革去笔帖式，以示惩儆。布政使蔡廷衡屡经护理总督印务，咎有应得，亦著交部议处。余著照该督所奏办理。"

（卷190　515页）

嘉庆十二年（1807年）十二月丁酉

上御保和殿，筵宴朝正外藩。科尔沁、喀喇沁、巴林、敖汉、翁牛特、喀尔喀、奈曼、阿拉善、阿巴噶、浩齐特、苏尼特、乌珠穆沁、土默特、阿巴哈纳尔、鄂尔多斯、杜尔伯特、绰罗斯、青海、土尔扈特、额鲁特王、贝勒、贝子、公、额驸、台吉、塔布囊等及朝鲜、暹罗、琉球国王正副使等随文武大臣依次就坐，诸乐并作，上进酒。召左翼科尔沁卓哩克图亲王噶勒桑栋罗布、喀喇沁亲王衔扎萨克郡王满珠巴咱尔、科尔沁扎萨克郡王和硕额驸索特纳木多布斋、科尔沁扎萨克郡王敏珠尔多尔济、巴林扎萨克郡王索特纳木多尔济、敖汉郡王干萨巴拉、喀喇沁扎萨克贝勒丹巴多尔济，右翼喀尔喀扎萨克亲王固伦额驸拉旺多尔济、喀尔喀土谢图汗车登多尔济、喀尔喀扎萨克图汗兼郡王布尼喇特纳、阿拉善扎萨克亲王玛哈巴拉、奈曼扎萨克郡王巴勒楚克、回部郡王衔贝勒哈迪尔、土默特扎萨克贝子固伦额驸玛呢巴达喇至御座前，赐酒成礼。

（卷190　518页）

嘉庆十三年（1808年）二月乙亥

谕内阁："据长龄等会议青海办事大臣请照旧制仍驻扎西宁一折。所议是。青海办事大臣管辖地界辽阔，从前定制驻扎西宁，原以该郡城为各路适中之地，控制较为得力。若移驻贵德等处，其于番地较近者，虽易于震慑，而以全局而论则相距窎远之地，鞭长莫及，转恐顾此失彼。自不若仍循旧制，足资镇抚。至该处黄河以北轮派兵六百名扼要驻守，务令严密巡查，遇有番贼窃掠等事，随时捕缉。该大臣暨西宁、河州二镇并实力操防，以靖边圉。不可稍有疏懈。"

（卷190　536页）

以西安右翼副都统特依顺保为甘肃西宁镇总兵官。

（卷192　537页）

嘉庆十三年（1808年）二月戊子

加赈甘肃皋兰、靖远、安定、泾、平番五州县被旱灾民。贷河、金、镇原、宁远、西和、崇信六州县贫民籽种、口粮。

（卷192　542页）

嘉庆十三年（1808年）三月丙辰

江南河道总督戴均元因病解任，以副总河徐端为河道总督。赏西宁办事大臣那彦成三品顶带，为江南副总河。通政使司副使文孚副都统衔，为西宁办事大臣。

（卷193　552页）

嘉庆十三年（1808年）三月辛酉

以服阕总兵官富明阿为甘肃河州镇总兵官。

（卷193　555页）

嘉庆十三年（1808年）四月乙酉

直隶正定镇总兵官黄嘉谟不谙营伍，命来京为头等侍卫。以前任甘肃西宁镇总兵官九十为正定镇总兵官。命宣化镇总兵官隆福来京，仍在乾清门行走。以服阕总兵官萧福禄为宣化镇总兵官。

（卷194　564页）

嘉庆十三年（1808年）五月乙丑

调山东按察使朱栋为甘肃按察使。以鸿胪寺卿百龄为山东按察使。

（卷195　588页）

嘉庆十三年（1808年）闰五月癸未

户部议准陕甘总督长龄疏报："甘肃皋兰、靖远、灵三州县及红水县丞所属开垦地二十八顷有奇，照例升科。"从之。

（卷196　596页）

嘉庆十三年（1808年）六月丙申

旌表守正捐躯甘肃肃州民郭德妻康氏。

（卷197　605页）

嘉庆十三年（1808年）七月庚辰

命已革西宁办事大臣贡楚克扎布以六部笔帖式用。

（卷199　637页）

嘉庆十三年（1808年）七月丁亥

调甘肃凉州镇总兵官吴廷刚为陕西汉中镇总兵官。汉中镇总兵官马元为凉州镇总兵官。

（卷199　644页）

嘉庆十三年（1808年）八月甲午

以四川军标中军副将李廷臣为甘肃肃州镇总兵官。

（卷200　649页）

嘉庆十三年（1808年）八月丁酉

除甘肃西宁、碾伯二县水冲地三十六顷有奇额赋。

（卷200 650页）

嘉庆十三年（1808年）八月庚子

赈甘肃皋兰、金、陇西、平罗、靖远、中卫、宁夏、西宁、巴燕戎格、伏羌、宁朔、灵、大通十三厅、州、县被水、被雹灾民，并缓征新旧额赋。

（卷200 651页）

嘉庆十三年（1808年）八月壬寅

青海额鲁特扎萨克贝勒济克默特伊什因病告退，以其子扎木巴勒多尔济袭爵。

（卷200 652页）

嘉庆十三年（1808年）八月壬子

又谕："文孚奏官兵护送堪布、喇嘛途遇果罗克贼番行劫一折。现已降旨令勒保派员查拿示惩矣。护送回藏堪布、喇嘛，向来西宁派兵四百名。前经文孚因近年来途中并未有贼匪抢劫之事，遽请酌减二百名。此次贼番或因侦知拨护官兵较少，乘间劫掠，亦未可定，皆由文孚办理冒昧所致。其自请交议之处，咎有应得。文孚著交部议处。至都司于文瑶所带兵丁仅止二百名，沿途护送，适遇贼番聚众千余人。该都司督率擒拿，当毙贼匪五名，并将包裹夺回大半，尚为出力。功过足以相抵，于文瑶著免其议处。"

（卷200 658页）

谕军机大臣等："回藏堪布、喇嘛每年常川进京，西宁系必由之路。往往行至该处，辄被贼匪劫掠。迨经降旨饬拿，川省则以贼在西宁界内潜匿，不为认真查办，西宁则以贼由川省潜来，不能越境查拿，彼此互相推诿，日久竟置不问，以致贼匪愈无畏忌，恣意劫掠，成何事体。勒保不应如此推卸。此次据文孚查明，实系果罗克、达巴阿尔群、结昂、余什达克、窝隆等五处番子，并无别处贼番。其为四川番贼越境滋扰已无疑义，川省更无可推托。若不根究明确，认真查办，恐堪布等以天朝禁令不严，意存轻视，殊有关系。勒保接奉此旨即转饬丰绅，挑带劲兵数百名及能事将官前往压境。令其将为首滋事之贼指名缚献，将前所劫包裹等件悉数呈出。若贼番畏服遵依则已，倘有违抗，竟当整顿兵威大加剿办，如近日办理峨眉之事使其畏惧詟服，方能永远宁帖，不可稍有姑息。将此传谕知之。"

（卷200　659页）

嘉庆十三年（1808年）九月甲申

以山西雁平道常格为甘肃按察使。

（卷201　678页）

嘉庆十三年（1808年）九月己丑

又谕："长龄、文孚奏筹酌西宁派拨防河官兵请仍照旧安设以资弹压一折。鄂伦布拉克地方防河官兵，前经那彦成办理番案事竣，奏请于黄河冰桥结冻后，派拨官兵六百名并参游一员来往梭巡。原因彼时番族甫经慑服，为蒙古稍壮声势，断无以天朝官兵为蒙古防守之理。今据该督等奏称，体察番族情形实已闻风畏服，惟蒙古悾怯无能，令自为防守。现届冰桥将结，恐又启野番窥伺之心，请仍照去岁章程办理等语。此次著姑照所请行，嗣后仍著该督等察看情形，将此项官兵逐年渐次减撤，并谕知蒙古令其努力自强，勿稍疏懈，以期永靖边圉。"

（卷201　681页）

嘉庆十三年（1808年）十一月癸亥

谕内阁："本日户部奏议复陕甘总督长龄恳请拨银采买仓粮估拨备用一折。现已依议行矣。甘省兵粮与河东各属仓贮均关紧要，自应预为筹备，以供支用。惟是外省地方官往往借买补为名，假手胥吏，科派闾阎，自将所领价银私肥己囊。该上司又不认真稽察，以致多有扰累，而于仓贮仍无实济。是不可不严为申禁。此次甘省采买，著长龄晓谕各属遵照奏定章程，公平购买，并专派道府大员密为查访，务使仓归实贮，帑不虚糜，如仍有不肖官吏侵蚀舞弊情事，即行参办，毋稍徇隐。"

（卷203　702页）

嘉庆十三年（1808年）十二月丁未

以故青海额鲁特郡王索诺木多尔济子车琳端多布袭爵。

（卷205　735页）

嘉庆十三年（1808年）十二月庚申

上御皇极殿，筵宴朝正外藩。科尔沁、巴林、奈曼、四子部落、浩齐特、鄂尔多斯、苏尼特、扎赉特、扎噜特、茂明安、土默特、敖汉、阿巴哈纳尔、郭尔罗斯、翁牛特、喀喇沁、阿巴噶、喀尔喀、阿拉善、土尔扈特、绰罗斯、伊克明安、青海土默特王、贝勒、贝子、公、额驸、台吉、塔布囊等，并朝鲜国正副使随文武大臣依次就坐，诸乐并作，上进酒。召左翼科尔沁卓哩克图亲王噶勒桑栋罗布、科尔沁扎萨克达尔汉亲王布彦温都尔瑚、科尔沁郡王栋默特、巴林扎萨克郡王索特纳木多尔济、奈曼扎萨克郡王巴勒楚克、土默特扎萨克贝子固伦额驸玛呢巴达喇、科尔沁贝子理藩院额外侍郎鄂勒哲依图，右翼喀尔喀扎萨克亲王固伦额驸拉旺多尔济、阿拉善扎萨克亲王玛哈巴拉、喀尔喀扎萨克亲王达尔玛锡哩、科尔沁扎萨克郡王和硕额驸索特纳木多布斋、回部郡王衔贝勒哈迪尔、喀喇沁贝勒丹巴多尔济、土尔扈特扎萨克贝勒旺扎勒车凌至御座前，赐酒成礼。

（卷205　740页）

嘉庆十四年（1809年）正月壬戌

展赈甘肃皋兰、金、陇西、平罗、靖远、中卫、宁夏、西宁、巴燕戎格九厅县上年被水、被雹灾民。

（卷206　745页）

嘉庆十四年（1809年）二月辛丑

谕内阁："本年万寿恩诏条款内将军流以下人犯分别减等。因思从前缘事革职问拟文武各员内，如倭什布因陕甘督标营伍废弛革职发遣，成明因向属员借银并擅用刑夹革职发遣，舒当阿因预支养廉摊扣马棚银两革职发遣，雷仁因添制军装率照前任滥支廉俸银两革职发遣，仙鹤林因陈奏事件措词谬妄革职充徒。以上废员五人，或曾经带兵著有微劳，或获罪案情较轻，或现在年已老迈，俱著加恩释回本旗原籍，其有本在驻防者著仍回驻防。"

（卷207　767页）

嘉庆十四年（1809年）四月壬辰

谕内阁："前因广兴奉差东省，邱庭漋于藩司任内禀明长龄动支库项办理差务，事关挪移公帑。抚藩上下扶同一气，不可不彻底根究。当经降旨，令和宁驰赴兰州署理督篆，将长龄革职拿问在彼候质。兹据和宁奏，讯据长龄供称，邱庭潍禀借库项曾经阻止，后来张鹏升等回明已借库存养廉垫办，并未说明银数。惟当时既不参劾，事后又未稽查，实属糊涂。至李临控案系升任陕甘以后之事，广兴娈索歌谣，实不知情等语。长龄身任封圻，既经藩司禀请动支库项，有干例禁，并不立时参奏，已属溺职辜恩。只知朋友私情，不明君臣大义。迨事后张鹏升等曾经回明系借用养廉银款，长龄又不详询细数，据实参劾，直与知情授意无异。至李临控案，广兴威吓取财，虽事在长龄升任以后，但该省吏治废弛，长龄在彼毫无整顿。且地方官争以逢迎为事，自因办理公务多有弊窦，虑及广兴指摘，因而任听属员借帑办差以为消弭地步。长龄实属有负委任，罪无可辞。著即由甘省发往伊犁效力赎罪，以示惩儆。邱庭潍现无应行质对事件，不必留羁刑部，著遵照前旨即行发遣。"

（卷209　800页）

嘉庆十四年（1809年）四月戊戌

以山东布政使朱理为光禄寺卿。调陕西布政使庆保为山东布政使。以服阕布政使朱勋为陕西布政使。调陕西按察使陈祁为甘肃按察使。甘肃按察使常格为陕西按察使。

（卷209　804页）

嘉庆十四年（1809年）四月己未

举行嘉庆十三年大计。直隶卓异官十八员，才力不及官一员，年老官十员，有疾官二员。奉天卓异官二员，年老官二员。江苏卓异官八员，不谨官一员，浮躁官一员，罢软官一员，才力不及官一员，年老官二员，有疾官一员。安徽卓异官八员，不谨官一员，罢软官一员，才力不及官二员，年老官二员，有疾官二员。江西卓异官十员，不谨官三员，浮躁官一员，罢软官一员，才力不及官一员，年老官四员，有疾官二员。浙江卓异官十一员，罢软官一员，年老官五员，有疾官三员。福建卓异官七员，不谨官一员，罢软官一员，才力不及官一员，年老官四员，有疾官二员。湖北卓异官十员，才力不及官一员，年老官六员。湖南卓异官十员，罢软官一员，浮躁官一员，年老官四员，有疾官一员。河南卓异官十一员，浮躁官一员，罢软官一员，才力不及官一员，年老官八员，有疾官三员。山东卓异官十二员，不谨官一员，罢软官三员，才力不及官二员，年老官四员，有疾官一员。山西卓异官十二员，浮躁官一员，才力不及官一员，年老官九员，有疾官一员。甘肃卓异官八员，不谨官一员，罢软官一员，才力不及官一员，年老官二员，有疾官一员。四川卓异官十四员，不谨官一员，才力不及官四员，年老官八员，有疾官三员。广西卓异官六员，罢软官三员，年老官五员，有疾官三员。南河卓异官一员，年老官一员。东河卓异官二员，才力不及官一员，年老官一员。分别议叙处分如例。

（卷210　823页）

嘉庆十四年（1809年）五月丁卯

实授和宁为陕甘总督。

（卷211　833页）

嘉庆十四年（1809年）五月辛巳

又谕："和宁奏庄浪土司鲁纪勋恩请进京叩祝一折。据称，乾隆五十五年高宗纯皇帝八旬万寿，有洮州土司杨宗业恩请来京，荷蒙恩允等语。可见土司叩祝万寿，本系旷典。我皇考高宗纯皇帝寿跻八秩，庆烁敷天，始俞允边徼远人抒诚赴阙。今年系朕五旬万寿，并不举行庆典，所有庄浪土司鲁纪勋著无庸令其来京，以示体恤。将此谕令知之。"

（卷212　844页）

嘉庆十四年（1809年）五月是月

陕甘总督和宁奏谢。得旨："汝本中才，不过小心谨慎耳。因简用乏人，姑用汝以观后效。方今大弊在因循疲玩。汝应竭力整顿，莫负委任。然汝以望七之年，恐不能当此重任。若精力不及，身体委顿，据实具奏，即有恩谕。"

（卷212　853页）

嘉庆十四年（1809年）六月甲午

户部议准前任陕甘总督长龄疏报："甘肃靖远、秦安、正宁三县开垦田六顷六十一亩有奇，照例升科。"从之。

（卷213　856页）

嘉庆十四年（1809年）六月丙申

谕内阁："前据和宁奏请以西宁县知县图善调补新疆之绥来县，折内并声明甘省别无旗员可调等语。朕阅该督所开图善参罚清单共有八十余案，因令吏部详查该省是否再无可调之员。据吏部查明新疆边远紧要旗缺，定例于陕甘两省旗员拣选调补。甘省除图善外，尚有德恒一员，陕省共有得禄、和保、永佑三员。是该省可调新疆旗缺者并不乏人。和宁甫经接印，何以即知绥来之缺非图善不能胜任，且并未详查，辄行声叙，办理殊属草率。和宁著传旨申饬。其绥来县知县一缺，除图善不准调补外，著该督于陕甘两省旗员知县四人内拣选一员，另行奏请调补。"

（卷213　858页）

嘉庆十四年（1809年）九月己巳

又谕："松筠参奏冒领缺旷草干银两营员一折。据称，前护甘州提属参将杨殿弼于该营缺旷应行扣存草干银两，竟敢捏情冒领，自应彻底严究。杨殿弼即著革职拿问，提督百祥、藩司蔡廷衡均著一并解任，交松筠提集案内应讯人证，严审定拟具奏。所有甘州提督事务，著照所请，即以特依顺保署理。甘肃藩司印务，即以臬司陈祁署理。臬司印务即以西宁道庆炆署理。暂缓来京引见。"

（卷218　931页）

嘉庆十四年（1809年）九月戊寅

改陕西秦州营归固原提督径辖。巩昌营归河州镇径辖。从总督松筠等请也。

（卷218　938页）

嘉庆十四年（1809年）十月庚寅

谕内阁："松筠奏查阅甘、凉、肃提镇营伍一折。据称初阅安西、玉门营员演箭布靶过宽，较射易中，遂饬传各营照依京营布靶成式改制等语。各营布靶自有定制，若过于高宽则弁兵等命中甚易，又安能技艺精纯。松筠为整饬营伍起见，所办甚是。嗣后著各将军督抚提镇于所属各营照依京营布靶，一体制办随时演习。如再有擅用高宽布靶者，著查明参奏，照违制例议处。"

（卷219　944页）

嘉庆十四年（1809年）十月壬寅

又谕："松筠奏审明游击杨殿弼冒领缺旷马干，请将提督百祥、藩司蔡廷衡等革职一折。此项冒领缺旷马干数逾万两，蔡廷衡身为藩司屡护督篆，当时并未严行审办，难保无徇情受贿等弊。著革职，交该督提同案内应讯人证严讯确情定拟具奏。至百祥身为提督，于杨殿弼冒领马干，虽由不识汉字所致，然于所领银内听从杨殿弼以二千五百两归入提署公库，挪补番案垫款，是否与杨殿弼商同舞弊，且尚有革兵康松呈控游击成宗武等变卖牧厂马匹之事，均应彻底根究。提督百祥并游击成宗武、守备王兴均著一并革职归案讯办。"

又谕："松筠参奏虚捏重灾冒请抚恤之县令一折。据称署固原州知州、隆德县知县吕荣同委员试用知县续炳南联衔禀报，该州东北二乡所属五千六百五十七村庄秋禾被水、被霜、被雹，成灾七八分不等。经该督确访该州东北二乡被霜情形较轻，止应奏请缓征，冬春照例接济籽种、口粮等语。是该署州以成灾较轻之区竟敢捏报重灾，希冀冒领多银，实出情理之外。吕荣著革职，交该督提同试用知县续炳南严讯确情定拟具奏。所有本年应行勘办之狄道、皋兰等七州县并固原东北二乡，平番东南五村，著照所请将应征新旧正借银粮、草束加恩缓至来年征收，并于冬春酌借籽种、口粮，以资接济。"

以甘肃按察使陈祁为布政使。湖北荆宜施道陈桂生为甘肃按察使。

以湖南绥靖镇总兵官魁保为甘肃提督。

（卷219　950页）

嘉庆十四年（1809年）十月癸卯

调湖南提督蒲尚佐为甘肃提督。甘肃提督魁保为湖南提督。

（卷219　951页）

嘉庆十四年（1809年）十月癸丑

以甘肃永昌协副将祝廷彪为宁夏镇总兵官。

（卷219　960页）

嘉庆十四年（1809年）十月甲寅

谕军机大臣等："松筠久任伊犁将军，本年简用陕甘总督，应行来京祝釐。又因交审案件，谕令停止。松筠自嘉庆五年陛辞后，已阅多年未能遂其

瞻觐之忧。此时勒保由京回任，路过陕省，距兰州不远。甘省地接边隅，政
务殷繁，勒保曾任该省总督，情形较熟，署任为宜，亦可就近前往，无须多
纡道路。四川督篆现有特清额署理，勒保接奉此旨即缓程前赴兰州，将审办
紧要事件与松筠面为商办，如旬余之内俱能办竣，松筠俟办竣后驰驿来京陛
见。倘尚需时日，松筠可将印篆交勒保暂署，即驰驿来京，于陛见后仍驰驿
回任。彼时勒保计算松筠回程不远，即带印迎至陕省，亲为交替，再赴四川
可也。将此谕令知之。"

（卷219　960页）

嘉庆十四年（1809年）十二月壬辰

调陕甘总督松筠为两江总督。命喀什噶尔参赞大臣那彦成以二品顶带为
陕甘总督。以叶尔羌办事大臣伊铿额为喀什噶尔参赞大臣。赏已革察哈尔都
统大通桥监督贡楚克扎布二等侍卫，为叶尔羌办事大臣。

（卷222　992页）

嘉庆十四年（1809年）十二月乙巳

陕西巡抚成宁缘事革职，调山西巡抚初彭龄为陕西巡抚。以广东布政使
衡龄为山西巡抚。调甘肃按察使陈桂生为山西按察使。山西按察使积郎阿为
甘肃按察使。以湖北按察使曾燠为广东布政使。江西督粮道周季堂为湖北按
察使。

（卷223　1004页）

嘉庆十四年（1809年）十二月乙卯

上御保和殿，筵宴朝正外藩。科尔沁、乌珠穆沁、巴林、喀喇沁、奈
曼、敖汉、阿巴噶、阿噜科尔沁、扎噜特、土默特、喀尔喀、翁牛特、鄂尔
多斯、乌喇特、郭尔罗斯、苏尼特、土尔扈特、青海、杜尔伯特、绰罗斯、
察哈尔、额鲁特、哈密王、贝勒、贝子、公、额驸、台吉、塔布囊等及朝鲜
暹罗国正副使等随文武大臣，依次就坐，诸乐并作，上进酒。召左翼科尔沁
扎萨克土谢图亲王诺尔布琳沁、科尔沁卓哩克图亲王噶勒桑栋啰布、乌珠穆
沁扎萨克亲王巴勒珠尔喇布斋、巴林扎萨克亲王衔郡王索特纳木多尔济、喀
喇沁扎萨克亲王衔郡王满珠巴咱尔、科尔沁扎萨克郡王和硕额驸索特纳木多
布斋、奈曼扎萨克郡王巴勒楚克、土默特扎萨克贝子固伦额驸玛呢巴达喇，

右翼喀尔喀扎萨克亲王固伦额驸拉旺多尔济、扎萨克亲王车登多尔济、扎萨克郡王达玛林扎布、土尔扈特郡王策伯克扎布、青海扎萨克郡王沙克都尔、回部郡王衔贝勒哈迪尔、哈密郡王衔扎萨克贝勒额尔德锡尔、科尔沁贝勒理藩院额外侍郎鄂勒哲依图至御座前，赐酒成礼。

（卷223　1012页）

《清嘉庆实录（四）》

嘉庆十五年（1810年）四月辛丑

旌表守正捐躯河南长葛县民朱玺女松妮、甘肃平凉县民李三恕妻杨氏。

（卷228　62页）

嘉庆十五年（1810年）五月庚午

户部议准前署陕甘总督勒保疏报："甘肃靖远、中卫二县开垦地四百四十亩有奇，照例升科。"从之。

（卷229　79页）

嘉庆十五年（1810年）六月壬寅

缓征甘肃皋兰、金、靖远、宁远、会宁、漳、盐茶、固原、环、成、文、灵台、灵、中卫、平番、静宁、隆德、陇西、通渭、安定、碾伯二十一厅、州、县及花马池州同、沙泥州判、红水县丞所属被旱灾民新旧正借银粮、草束，并拨附近各省银一百万两备赈。

（卷231　102页）

嘉庆十五年（1810年）六月壬子

以洋面肃清，赏还陕甘总督前任两广总督那彦成头品顶带。释遣戍已革两广总督吴熊光回京以六部主事用。

（卷231　111页）

嘉庆十五年（1810年）七月庚午

缓征甘肃泾、渭源、伏羌、永昌、镇原五州县并东乐县丞所属旱灾新旧额赋。

（卷232　120页）

嘉庆十五年（1810年）八月己丑

又谕："那彦成奏查办甘省被灾各属情形一折。甘省被旱成灾各地方，前据那彦成两次奏到，节经降旨缓征外，其应行分别赈恤之处，该督即应上紧查明，以凭续降恩旨。至其余尚有续报被水、被雹及山土推压处所，以及续报被旱地方，那彦成一据禀报之后，亦即应迅速查明，将如何施恩抚恤之处分别具奏请旨，以安众心。乃今日那彦成之折，只叙称查办情形，并酌拟灾赈规条进呈，而于应办赈恤事宜全未之及。小民流离失所，望泽孔殷，朕厪念灾区，惟欲早覃恩泽。似此空言奏报，于实惠奚裨。且阅伊单内规条亦尚有未善之处，如查点户口一节，向只责令地方官委员查勘，今那彦成忽欲令本处绅衿耆老随同点查，其意自以不肖官员浮开侵赈，舞弊繁多，如上年江苏省之王伸汉即其明证。因欲矫而为此以杜弊端，殊不知绅耆中亦不皆诚实可靠，倘或挟私舞弊，亦可将其亲戚相好之人意为蒙混，甚或浮开户口，图便己私，隐匿侵吞，均属事之所有。将来纷纷上控，告案更多。办理多有窒碍殊可不必。那彦成惟当遴派贤员，妥为经理，随时严禁弊窦，有犯必惩，则贪吏奸胥自然敛戢，无庸因噎废食。此旨到后，著速将皋兰三十州县以及渭源、平凉、河州等各处灾分轻重、赈济缓急，应如何请旨之处，速行分析奏明，毋再延缓。"

（卷233　135页）

嘉庆十五年（1810年）九月庚申

谕内阁："那彦成奏请修理城垣以工代赈一折。据称甘肃固原等各州县均有应修城工，业经报部，除泾州等处尚可从缓兴修，惟皋兰、固原二处城身膨裂，亟宜赶修等语。皋兰、固原城垣坍塌过甚，自难缓办，且本年该处田禾被旱，现虽加恩赈济，而来春青黄不接之时，必须预为筹划。著照那彦成所请，于来年开冻后即行修理皋兰、固原二处城工，以工代赈，俾贫民得资糊口。至该督估需工料银约计三十万两，请在办赈银一百万两内动支之处，亦照所请行。"

（卷234　146页）

嘉庆十五年（1810年）九月辛酉

缓征甘肃巴燕戎格、武威、山丹、古浪四厅县被旱、被雹地方新旧额赋。

（卷234 147页）

嘉庆十五年（1810年）十月戊戌

以前任甘肃河州镇总兵官游栋云为陕西陕安镇总兵官。

（卷235 165页）

嘉庆十五年（1810年）十月己亥

以福建按察使广玉为浙江布政使。前任甘肃按察使刘大懿为福建按察使。

（卷235 167页）

嘉庆十五年（1810年）十月丙午

以陕西土指挥使纳献彩子应禄袭职。

（卷235 171页）

嘉庆十五年（1810年）十一月辛酉

缓征甘肃狄道、河、平凉、华亭、崇信、抚彝、镇番七州县及肃州州同、庄浪、毛目二县丞所属水灾、旱灾、雹灾新旧额赋。

（卷236 180页）

嘉庆十五年（1810年）十二月壬寅

上幸瀛台，阅冰技。科尔沁扎萨克郡王敏珠尔多尔济等三人、苏尼特扎萨克郡王喇特纳锡第、喀尔喀车臣汗扎萨克郡王巴图鄂齐尔等十人、乌穆穆沁扎萨克贝勒旺楚克、阿巴噶贝子巴雅尔锡第等二人、阿巴哈纳尔扎萨克贝勒玛哈巴拉、喀喇沁辅国公玛哈达尔玛等四人、乌喇特扎萨克辅国公多尔济帕勒玛、鄂尔多斯扎萨克头等台吉噶勒桑济克密特多尔济、青海扎萨克头等台吉罗布藏吹达尔、察哈尔额鲁特三等台吉衮布等五人、班禅额尔德尼来使堪布敦蕴曲木丕尔于西苑门外瞻觐。

（卷237 205页）

嘉庆十五年（1810年）十二月庚戌

上御保和殿，筵宴朝正外藩。巴林、喀喇沁、科尔沁、奈曼、阿巴噶、苏尼特、浩齐特、喀尔喀、乌珠穆沁、阿巴哈纳尔、敖汉、乌喇特鄂尔多斯、土默特、翁牛特、土尔扈特、青海、和硕特、额鲁特王、贝勒、贝子、公、额驸、台吉及朝鲜暹罗国正副使等随文武大臣依次就坐，诸乐并作，上进酒。召左翼巴林扎萨克亲王衔郡王索特纳木多尔济、喀喇沁扎萨克亲王衔郡王满珠巴咱尔、科尔沁扎萨克郡王和硕额驸索特纳木多布斋、科尔沁扎萨克郡王敏珠尔多尔济、奈曼扎萨克郡王巴勒楚克、科尔沁贝勒理藩院额外侍郎鄂勒哲依图、喀喇沁扎萨克贝勒丹巴多尔济，右翼喀尔喀扎萨克亲王固伦额驸拉旺多尔济、敖汉扎萨克郡王德济特、喀尔喀车臣汗扎萨克郡王巴图鄂启尔、喀尔喀扎萨克贝子凝保多尔济、翁牛特扎萨克贝勒达玛琳扎布、土默特扎萨克贝子固伦额驸玛呢巴达喇、回部郡王衔贝勒哈迪尔至御座前，赐酒成礼。

（卷237　208页）

嘉庆十六年（1811年）正月甲寅

展赈甘肃皋兰、金、靖远、陇西、会宁、安定、通渭、固原、盐茶、静宁、隆德、平番、灵、中卫、灵台十五厅、州、县及花马池州同、沙泥州判、红水县丞所属上年被水、被旱灾民，并贷籽种、口粮。

（卷238　211页）

嘉庆十六年（1811年）三月庚申

谕内阁："那彦成奏查讯庄浪城守尉端多克琳沁、参奏佐领阿勒精阿缘由并酌筹赉折盘费等因一折。此案端多克琳沁因甫经到任于放饷时，见有平余银两，欲拨为枪兵赏号及折差盘费，意在革除摊扣月饷相沿陋习，以肃营规，尚无不合。其参劾阿勒精阿一节，亦因该城守尉查阅军器之时，该佐领搬验迟延，又演炮未到，诸多怠玩所致。惟平素糊涂无能，各佐领未免意存藐视，此时若照那彦成所议降为蓝翎侍卫或拜唐阿，是因参奏属员自罹惩处，恐将来藐视上官之员，弥复无所畏忌。为上司者甚至于应行参劾之人不敢参奏，又将何以管辖属员乎。端多克琳沁无庸降调，著饬令回京，仍以原品侍卫在大门上行走。至阿勒精阿平日懒惰，激令端多克琳沁冒昧陈奏，著交部议处。"

（卷240　240页）

嘉庆十六年（1811年）闰三月乙巳

户部议准陕甘总督那彦成疏报："正宁县开垦地二十八顷八亩，照例升科。"从之。

（卷241　254页）

嘉庆十六年（1811年）四月丙辰

以故青海额鲁特扎萨克贝子旺沁丹津子格勒克纳木扎勒袭爵。

（卷242　259页）

嘉庆十六年（1811年）五月甲申

谕军机大臣等："那彦成奏密陈甘省弥补章程一折。据称，口外镇西府迪化州等处俱经查明，并无亏短，惟口内各厅、州、县截至十五年年底止，尚有未归库项、未归仓粮共银二百一十一万五千余两，内除已经报部核销尚未拨给之军需。又提贮粮价及流抵摊销各项外，其无抵者共银一百七万五千余两，均请勒限十年分别追缴等语。甘省瘠苦情形倍于他省，仓库亏缺已非一日。姑照该督所请，准其分限追完，以清款项。惟是清查之法，总以截止新亏，实筹弥补为最要。近来各省督抚往往立限于前，及届期不能全完，又复请展于后，是名为弥补，实启延宕之端。且旧亏未补，新亏续增，年复一年，终无了期，成何事体。该省仓库既以截至嘉庆十五年年底为止，即著按限严追，提贮司库勿任稍涉延缓。至十五年以后仓库，该督尤当严饬所属认真稽察，不准再有丝毫亏短。将此谕令知之。"

以甘肃春夏缺雨，粮价昂贵，命于省城减价平粜。

（卷243　275页）

嘉庆十六年（1811年）六月辛亥

旌表守正捐躯甘肃陇西县民乔得库女乔氏。

（卷244　291页）

嘉庆十六年（1811年）六月丁卯

又谕："那彦成奏巩昌府知府员缺紧要，请于甘省现任同知直隶州知州内补用一折。巩昌府系请旨简放之缺，何得在外奏请。年来外省似此违例具奏者，俱经驳斥不准，该督岂不知之。即或新任之员人地未宜，惟当酌量奏调。若俱纷纷在外请补，但为属员升转地步，势必致京官壅滞，殊属非是。况阅所保二人内，嵇承裕前由该省经历以应升之缺升用，业经浮升同知，若借此屡升不已，将来复何所限制。至李受曾由知县捐升同知，曾因办理军需奏留甘省，业经捕授秦州直隶州知州，其不能再邀升用，亦与嵇承裕相同。且从前李受曾因弟兄争讼财产牵涉军需，解部审讯有案，其声名本属平常，朕所素知，而现在尚有降职降俸各案，与例显不相符。该督犹迁就其词，称与寻常请升之员稍有区别，又有何区别耶？该督所请不准行，仍著传旨申饬。"

（卷245　309页）

嘉庆十六年（1811年）七月癸巳

以甘肃西宁道庆炆为湖南按察使。

（卷246　327页）

嘉庆十六年（1811年）十月癸酉

缓征甘肃皋兰、河、靖远、盐茶、中卫五厅、州、县及花马池州同所属雹灾新旧额赋。

（卷249　371页）

嘉庆十六年（1811年）十二月壬戌

又谕："那彦成奏请升补狄道州知州一折。向来外省督抚专折奏请升调人员是否合例，先交部议。迨部臣议上，内阁于升调不合例之员，票拟双签请旨，朕随时酌核。有照部议饬驳者，亦有特旨允准者。今那彦成开列知县王楚堂、王世焯二员请升狄道州，声明俱不合例，请旨钦定。以一缺保奏二员，碍难交部核议。那彦成意在邀请特旨简放一员，实属有心取巧。那彦成著交部议处，王楚堂、王世焯二员俱不准升。其狄道州知州一缺，著该督另行遴员奏请升补。"

（卷252　400页）

嘉庆十六年（1811年）十二月甲戌

上御保和殿，筵宴朝正外藩。科尔沁、巴林、喀喇沁、喀尔喀、奈曼、浩齐特、苏尼特、扎赉特、土默特、青海、敖汉、阿巴哈纳尔、郭尔罗斯、土尔扈特、察哈尔、达尔汉、鄂尔多斯、四子部落、茂明安、翁牛特、杜尔伯特、绰罗斯、和硕特王、贝勒、贝子、公、额驸、台吉、塔布囊等及朝鲜、缅甸正副使等随文武大臣，依次就坐，诸乐并作，上进酒。召左翼科尔沁卓哩克图亲王噶勒桑栋罗布、达尔汉扎萨克亲王布彦温都尔瑚、巴林亲王衔扎萨克郡王索特纳木多尔济、喀喇沁亲王衔扎萨克郡王满珠巴咱尔、科尔沁扎萨克郡王和硕额驸索特纳木多布斋、郡王栋默特、贝勒理藩院额外侍郎鄂勒哲依图，右翼喀尔喀赛因诺颜扎萨克亲王固伦额驸拉旺多尔济、扎萨克图汗扎萨克郡王布尼喇特纳、土谢图汗扎萨克亲王车登多尔济、奈曼扎萨克郡王巴勒楚克、回部郡王衔贝勒哈迪尔、喀喇沁扎萨克贝勒丹巴多尔济、土默特扎萨克贝子固伦额驸玛呢巴达喇至御座前，赐酒成礼。

（卷252　410页）

嘉庆十七年（1812年）正月己亥

改陕西西宁道仍为满汉兼用缺，从总督那彦成请也。

（卷253　421页）

嘉庆十七年（1812年）五月丙子

举行嘉庆十六年大计。直隶卓异官十七员，才力不及官一员，年老官七员，有疾官四员。奉天卓异官二员，罢软官一员。江西卓异官十一员，浮躁官一员，罢软官一员，才力不及官一员，不谨官二员，年老官三员，有疾官二员。福建卓异官八员，不谨官一员，年老官三员，有疾官三员。湖北卓异官九员，才力不及官二员，罢软官二员，年老官四员。河南卓异官十员，不谨官二员，浮躁官二员，罢软官一员，才力不及官二员，年老官八员，有疾官一员。山东卓异官十二员，罢软官一员，才力不及官一员，年老官九员。山西卓异官十一员，不谨官一员，才力不及官五员，年老官五员，有疾官二员。陕西卓异官六员，不谨官二员，浮躁官一员，罢软官一员，才力不及官一员，年老官三员，有疾官一员。甘肃卓异官八员，罢软官一员，才力不及官一员，年老官三员。四川卓异官十四员，才力不及官二员，不谨官一员，年老官九员，有疾官四员。贵州卓异官七员，年老官四员，有疾官二员。东河卓异官二员，有疾官一员，年老官一员。乌鲁木齐卓异官一员。吉林卓异官一员。分别议叙处分如例。

（卷257　468页）

嘉庆十七年（1812年）五月己丑

命贵州巡抚颜检来京候旨。以福建布政使景敏为贵州巡抚。甘肃按察使积朗阿为福建布政使。甘凉道遇昌为按察使。

（卷257　476页）

嘉庆十七年（1812年）七月壬午

户部议准陕甘总督那彦成疏报："山丹县开垦地七顷二亩有奇，照例升科。"从之。

（卷259 507页）

嘉庆十七年（1812年）八月戊午

谕内阁："户部奏查明各省积欠钱粮及耗羡杂税等款银两数目一折。直省丁赋钱粮皆国家惟正之供，每岁量入为出，以给俸饷诸大端。度支所系，国有常经。户部具报月折，毫无额外支销，此中外所共知者。且内府岁用所需不特从不取之部库，历年以来，每将内府余款拨给户部应用，岁不下数十万，有将及百万者，而核计部中正项钱粮积欠竟至一千九百余万两之多。屡经饬催，报解寥寥。此实历任直省大吏催征不力所致。除单内奉天、山西、广西、四川、贵州五省皆年清年款，并无积欠，云南省仅有积欠五百余两，均无庸议外。其安徽、山东积欠各多至四百余万两，江宁、江苏积欠各多至二百余万两，疲玩尤甚。该省督征不力之督抚、藩司均著严行申饬。其积欠自百余万数十万至数万两之福建、直隶、广东、浙江、江西、甘肃、河南、陕西、湖北、湖南等省各督征不力之督抚、藩司，均著传旨申饬。自此次奉旨之日，著督率所属实力催征，毋任延玩拖欠。一经征有成数，即行报部拨解，并著户部于每岁年终将各该省积欠原数若干，已完若干，未完若干，详悉开单具奏，以报解之多寡，分别饬议，以重国课而昭核实。将此通谕知之。"

（卷260 524页）

嘉庆十七年（1812年）九月甲申

又谕："福克精阿奏西宁办事大臣衙门主事笔帖式请用加二级顶带并请将通事头目六名准带金顶一折。所奏非是。从前新疆甫隶版图，派往办事章京有暂用加级顶带者，嗣因该处办事大臣有私给回目兵丁顶带之事。改定章程，通饬不准私用加级顶带，著为定例。至西宁尤属内地，福克精阿甫历外任，率请将该衙门主事笔帖式赏用加级顶带，此端一开，若各处皆纷纷渎请，殊乖体制。福克精阿受人怂恿，妄意市恩，糊涂胆大。所请不准行，并著传旨申饬，仍交部议处。至通事头目六名请赏戴金顶亦属过多，著准其于通事头目中择其能事出力者赏给金顶二名，作为定额，遇缺拣补以昭限制。"寻议上。得旨："福克精阿著革去副都统，降为头等侍卫，仍留西宁办事大臣之任。"

（卷261 538页）

嘉庆十七年（1812年）九月甲午

以江西按察使何铣为甘肃布政使。陕西督粮道盛惇崇为江西按察使。

（卷261 543页）

嘉庆十七年（1812年）十月甲子

谕内阁："那彦成参奏借差包揽骚扰驿站之司员请旨革审一折。向来喇嘛入贡，其堪布等进京，随带货物均有一定例额，尚不准例外多带。至护送官员尤应奉公守法，以为倡率。今员外郎奇福、主事岱清阿私带货物一百余包，非自置牟利，即系包揽夹带，均应确实根究。奇福、岱清阿著革职，交那彦成严审治罪。其所带货物，均著变价入官。"

（卷262 554页）

嘉庆十七年（1812年）十二月戊午

谕内阁："那彦成奏请将护送喇嘛由外省委员逐程接护，毋庸专派京员一折。前后藏喇嘛年班进京，理藩院派委司员押送，原以资其弹压。近年喇嘛等行走俱各安静，而派出司员，如现在办理奇福等一案，转有借差骚扰驿站、包揽货物、从中牟利者。况沿途例派文武官员按程接护，足敷照料，实毋须再派京员，徒滋流弊。嗣后喇嘛年班进京，著照新疆伯克年班之例，令经过各省遴派道府大员会同武职护送弹压，出境交替，至京交该管衙门照例办理。其出京之日，该管衙门亦只须派员送交直隶接递，所有专派京员护送往还之例，著即停止，以节糜费而肃邮政。"

（卷264 585页）

举行本年军政。京营卓异官三员，年老官三员，才力不及官一员。直隶卓异官十四员，年老官六员，才力不及官二员。江南卓异官六员，年老官二员，有疾官一员，才力不及官一员。江西卓异官四员，罢软官一员，年老官三员。浙江卓异官九员，罢软官一员，年老官一员，才力不及官二员。福建卓异官十员，罢软官四员，有疾官二员，才力不及官一员。湖北卓异官四员，年老官一员，有疾官二员，才力不及官一员。湖南卓异官四员，罢软官一员。山东卓异官四员，罢软官一员，有疾官二员。山西卓异官六员，罢软官二员，年老官一员，有疾官二员。河南卓异官三员，罢软官一员，有疾官一员，才力不及官二员。陕西卓异官八员，年老官二员。甘肃卓异官七员，年老官一员，有疾官二员，才力不及官二员。四川卓异官八员，有疾官三员，才力不及官五员。广东卓异官五员，罢软官二员，有疾官一员，才力不及官三员。广西罢软官一员，有疾官二员。云南卓异官四员，罢软官官一员，年老官一员，才力不及官一员。贵州卓异官六员，罢软官三员，年老官二员，有疾官二员。分别议叙处分如例。

（卷 264　586 页）

嘉庆十七年（1812年）十二月戊辰

上御保和殿，筵宴朝正外藩。科尔沁、巴林、喀喇沁、喀尔喀、阿拉善、奈曼、土默特、乌珠穆沁、敖汉、阿巴噶、扎噜特、杜尔伯特、翁牛特、绰罗斯、乌喇特、苏尼特、青海、察哈尔、额鲁特、和硕特、土尔扈特、鄂尔多斯、克什克腾王、贝勒、贝子、公、额驸、台吉、塔布囊等及廓尔喀、朝鲜、暹罗国正副使等随文武大臣，依次就坐，诸乐并作，上进酒。召左翼科尔沁扎萨克土谢图亲王诺尔布琳沁、卓哩克图亲王噶勒桑栋罗布、扎萨克达尔汉亲王布彦温都尔瑚、巴林亲王衔扎萨克郡王索特纳木多尔济、科尔沁郡王和硕额驸索特纳木多布斋、奈曼扎萨克郡王巴勒楚克、喀喇沁贝勒丹巴多尔济，右翼喀尔喀扎萨克亲王固伦额驸拉旺多尔济、阿拉善所萨克亲王玛哈巴拉、喀喇沁亲王衔扎萨克郡王满珠巴咱尔、回部郡王衔贝勒哈迪尔、科尔沁贝勒理藩院额外侍郎鄂勒哲依图、土默特扎萨克贝子固伦额驸玛呢巴达喇至御座前，赐酒成礼。

（卷 264　592 页）

嘉庆十八年（1813年）正月壬午

释遣戍军台等处已革山东布政使杨志信、甘肃按察使朱栋、吏部侍郎刘凤诰回籍。

（卷 265　598 页）

嘉庆十八年（1813年）三月丁丑

以福建按察使王绍兰为布政使。调甘肃按察使遇昌为福建按察使。以甘肃平庆道德克精阿为按察使。

（卷267　624页）

嘉庆十八年（1813年）七月癸酉

户部议准陕甘总督那彦成疏报："秦、靖远、秦安、正宁、古浪五州县及红水县丞所属开垦地二十二顷九十七亩有奇，照例升科。"从之。

（卷271　673页）

嘉庆十八年（1813年）七月丙子

谕军机大臣等："瑚图礼等奏，据西藏布赍绷寺内喇嘛等禀称，西宁地方有布赍绷寺，所管噶勒丹彭错岭寺院一座，原系从前建修，兴旺黄教，嗣有红教扎乌喇嘛江巴曲达尔身系喇嘛，又于西宁地方请给百户顶带，欲将该寺毁坏，践踏黄教。该喇嘛等屡向驻藏大臣处控诉，曾移咨西宁办事大臣查办，仍各争执，未能允服。瑚图礼等接据该喇嘛等禀恳代奏，以所控人证、地方寺院俱系西宁所管，请饬交福克精阿就近提集人证剖断等语。此事黄教、红教喇嘛彼此互相争竞，屡控不服，事关紧要。著那彦成即亲赴西宁会同福克精阿秉公查办。扎乌喇嘛江巴曲达尔身充喇嘛，何以给有百户顶带，不僧不俗，殊乖体制。其顶带系由何人给与，是否奏明赏给，抑系由该处办事大臣自行给与。著那彦成等先行查明，如系奏明赏给，从前援照何例呈请，曾否有办过旧案，亦著详查声叙复奏。那彦成曾任西宁办事大臣，或系伊任内之事，亦不可稍有回护。至此案据瑚图礼等折内所叙情节，彼此各执一词，是否扎乌喇嘛欺陵黄教，抑系彭错岭寺住持喇嘛霸占扎乌地方粮户，著那彦成等溯查根据，秉公剖析，不可稍有偏袒讳饰，一切据实奏明，候旨核办。将此谕令知之。"

（卷271　677页）

嘉庆十八年（1813年）八月辛亥

谕军机大臣等："那彦成等奏查明西藏喇嘛互争粮户布施大概情形一折。据称，扎乌喇嘛世袭百户从前有奏定案据，世代承袭。布赍绷寺喇嘛不知原委，系属妄控。其彭错岭寺实属扎乌喇嘛之地，并非西藏布赍绷寺之地。扎乌百户自雍正十年至今纳贡当差，由来已久，且地界、户口、粮赋等项青海衙门旧有印册可凭。该处俱系红教，旧有西藏黄教喇嘛二人来寺坐床教经，每届六年换班一次。近年来因在扎乌坐床年久，希图并占扎乌之粮户，以致案结复翻等语。是此案争控情节，曲在西藏喇嘛，已无疑义。著瑚图礼等向第穆胡图克图剀切告知，令其转谕该喇嘛等，以彭错岭寺院既系扎乌喇嘛地方，历年久远，确有凭据，西藏喇嘛不应妄思占据，且藏内庙宇甚多，又何必远占他庙，致滋讼端。设西藏庙宇有被人侵占之事，亦必为之从公理论，不能意为偏袒。如此严切晓谕，该喇嘛等自知理屈，即不致再有讦讼。其扎乌地方向有西藏喇嘛二人前往教经，六年更换，此时该处喇嘛习教已久，经典谅皆熟谙。嗣后西藏喇嘛自无庸派往更换，以期永杜争端。至前据瑚图礼等奏称，将原告喇嘛押赴西宁以备质讯，但长途行走，有须时日，急切不能完结。瑚图礼等接奉此旨，若此项喇嘛尚未起程，即无庸解往西宁，著就近明白晓谕，自可完案息事。如已押解在途，著照那彦成等所奏，即令西宁派出之委员瑚图克等查带案卷，就近剖断，免致往返，又滋延缓。将此各谕令知之。”

（卷272　699页）

嘉庆十八年（1813年）九月庚辰

命陕甘总督那彦成驰赴军营，接受钦差大臣关防。直隶总督温承惠专办后路粮饷。

（卷274　725页）

嘉庆十八年（1813年）九月癸未

予甘肃捕盗被戕外委陕有贵祭葬世职，如把总例。

（卷274　732页）

嘉庆十八年（1813年）九月壬辰

谕内阁：“那彦成奏孳生马匹因灾倒毙亏额无著据实参办一折。巴里坤孳生马匹偶被风雪，何至冻毙二千七百七十余匹之多。点查皮张，又复短少，恐有捏词抵饰情弊。所有总理东厂护游击守备龙九成，经牧东厂五群外委千总讷恩德布俱著革职，如已提至兰州省城，著长龄秉公审办。如尚未解省，即交松筠就近审办。”

（卷275　749页）

嘉庆十八年（1813年）十月己酉

谕军机大臣等："那彦成奏探明贼匪现在情形，通筹全局一折。览奏实深愤懑。豫省匪徒，前温承惠于浚县道口得有胜仗，因其未能大加剿戮，办理迟延，降旨褫革。乃那彦成于初八日已抵卫辉，初十日接收钦差大臣关防，十三日发折时仍在卫辉驻扎，并未至浚县军营。兹奏报现有之兵不敷分剿，请调大同镇及甘肃宁、靖、绥远等处之兵，并欲俟吉林索伦兵到齐，方敷剿办。其言实属畏葸迁延之至。吉林、黑龙江兵到齐约计总在十二月间。甘肃距豫遥远，非克期可至。届期天气冱寒，无论进剿不能得力。且此两月中，任贼匪盘踞蹂躏，养精蓄锐，该督等束手坐视，纵贼殃民，自作孽矣。况目下最好机会，乃贼匪安踞滑城，正如鱼游釜中。若官兵日久不战，贼匪停留长智，闻官兵日渐增多，断无延颈受戮之理。彼时豕突狼奔，纵西面有兵堵御，而东、北、南三面何处不可遁逃，其势又如三省教匪办理需时。那彦成受朕深恩，畀以重任，若老（劳）师糜饷，使贼首李文成等遁出滑城，该督身家性命尚能保乎？那彦成著先传旨，严行申饬。其请调大同镇兵一千名，道路尚近，准其檄调。甘肃靖远之兵远不济急，不准调取。日内京兵及直隶续调之兵均已到齐，那彦成务尽现在兵力相机进取，速奏捷音。朕惟计日以待也。"

（卷277 773页）

嘉庆十八年（1813年）十月庚戌

谕军机大臣等："昨因那彦成办贼迁延，降旨严行申饬。本日同兴奏，据获贼目曹光辉供称，豫省贼匪实系李文成为首，滑县城中是徐安帼掌管，裹胁约有三千余人。李家庄屯聚亦有二三千人。李文成被强知县拿去，腿受重刑，现在李家庄养病等语。计滑县城中李家庄两处之贼，道口桃源再有屯聚，总不过万人，何以那彦成折内云有三万人。明系属员捏报。现在带兵已有万余人，以之进剿，何至棘手。著传谕那彦成遵照谕旨，鼓励将领弁兵，刻期进剿，勿稍延缓。李文成一犯系极恶首逆，现因腿伤养病，正可乘其不能动移，设法擒获。徐安帼亦系紧要贼目，若速将该二逆擒获，则贼心涣散，定可一鼓歼除。该二逆擒获后，若受伤不重，著派侍卫等管押解京，以便尽法处治，乃彰国宪。"

（卷277 774页）

嘉庆十八年（1813年）十一月己巳

展缓甘肃省积年旧欠额赋并杂税银粮。

（卷278　795页）

嘉庆十八年（1813年）十一月庚寅

谕军机大臣等："滑城克复后，即有搜捕零匪等事，有那彦成、高杞、杨遇春在彼，足敷督办。托津即行回京供职，先将京兵凯撤，西安满洲官兵亦可先著富僧德管带回营。直隶各营官兵出征者共有六七千名，各处城守亦觉空虚。那彦成系直隶总督，并著将不甚得力之兵先撤回一二千名，各归本汛，以资镇抚。其吉林、黑龙江马队并甘肃兰州、固原得力之兵统俟余匪净尽，地方实可放心，再行凯撤。"

（卷279　815页）

嘉庆十八年（1813年）十二月丙午

户部议准前任陕甘总督那彦成疏报："秦州开垦地十二顷有奇，照例升科。"从之。

（卷280　829页）

嘉庆十八年（1813年）十二月癸丑

谕军机大臣等："本日朱勋等奏南山匪徒裹胁至三千余人，且鸟枪器械甚多，沿途放火伤人，势渐鸱张。若不迅速扑灭，恐裹胁愈多，办理又致费手。除已飞饬长龄带甘肃兵一千名前往督办外，杨遇春熟悉该处情形，声威素著。此旨到后，著该提督即日挑带吉林、黑龙江两处马队六百名，令色尔衮、达斯呼勒岱二人管带，随同前往，迎头协剿。杨遇春到陕后，如长龄已到，即与长龄商同列衔。如长龄尚未到，著先与朱勋会商剿办。杨遇春已离豫省，那彦成尤当慎重弹压，著在滑县多住时日，察看地方实可放心，再遵照前旨，移营大名一带。以次顺赴山东查看情形，回京复命。将此各传谕知之。"

（卷281　838页）

嘉庆十九年（1814年）正月丙寅

又谕："南山地势袤延，贼踪奔窜无定，若不分头截剿，则所至辄遭蹂躏。长龄等所奏现在情形，必须先顾完善之区，杜其窜逸之路，所见甚是。

此时石泉、宁陕及秦州、徽县一带均有陕甘官兵堵截，赛冲阿又带川省官兵由宁羌一带而来，扼其南面，贼匪已无虞四窜，计日内各凯撤胜兵。次第到陕，杨遇春所带吉林、黑龙江劲旅亦可赶到，大兵云集，无难一鼓歼除。目前紧要机宜，惟当以剿为正办。贼匪纠众焚掠，拒伤官兵，目无法纪。即使本系饥民，而此时抗拒王师，亦已罪在不赦，岂能复存姑息之见。以后招抚二字该督抚不得存之于心，亦不准形之奏牍，惟当督饬各路官兵认真剿杀。至曾经持械抗拒而被剿穷蹙，自行投出者，发遣新疆，一面知会松筠于到配后严加管束。将此谕令知之。"

（卷 282　851 页）

嘉庆十九年（1814年）正月是月

陕甘总督长龄等奏报："剿办万五股匪，三次获胜。"得旨："此事以迅速痛剿为主。我兵不宜多分队伍，先尽大股贼匪尽行办净，则小股贼匪震慑声威，散者必众。总以歼戮逆首万五为要。顷接那彦成奏报，甘肃兵已凯撤，过西安时，若尚需兵力，酌留兵五百名亦可。如办完万五，即不必留矣。用兵之道，合则气壮，分则见单，不可堕贼诡计。将军赛冲阿带兵千名由洋县而来，汝等同心协力，杀贼安良，仁膺懋赏。勉之。"

（卷 283　873 页）

嘉庆十九年（1814年）二月壬子

调黑龙江将军富俊为吉林将军。以甘肃西宁镇总兵官特依顺保为黑龙江将军。降广东陆路提督薛大烈为陕西汉中镇总兵官。以汉中镇总兵官吴廷刚为广东陆路提督。调陕西延绥镇总兵官常禄为西宁镇总兵官。以服阕总兵官许松年为延绥镇总兵官。

（卷 285　895 页）

嘉庆十九年（1814年）二月丙辰

以甘肃金塔寺营副将博勒忠阿为伊犁总兵官。

（卷 285　900 页）

嘉庆十九年（1814年）闰二月己巳

谕内阁："上年逆贼林清案内要犯祝现、刘呈祥、刘第五、董伯旺、支进财、刘成章六名在逃未获，前特谕该衙门等上紧严拿。自二月初七日降旨之后，迄今又已一月，尚无一名就获，殊属怠玩。该犯等虽蓄心谋逆，然其纠合无赖匪徒突入禁城抢掠，亦不过如一盗劫之案，如果认真查缉何难悉数捕诛。试思地方官承缉盗案尚有初参至四参期限，倘逾限不获，各有例得处分。何况此次禁城重案，非比寻常。今祝视等六犯日久稽诛，而其余指拿伙犯尚有百余名，近来就获者甚属寥寥，该衙门及各处地方官所司何事。本当即予惩处，姑念各该犯此时不知逃匿何地，未便一概示罚。著再饬谕步军统领、顺天府五城各衙门并奉天、吉林、热河、山海关、察哈尔、直隶、山东、河南、山西、陕西、甘肃、江苏、安徽、湖北各将军、督抚、都统、副都统等一体饬属迅速严缉，志切同仇，务在必获。若再因循疲玩，非我臣子矣，并著广为示谕，无论军民人等，有能将祝现等六犯及其余各犯擒获缚送者，均分别奖赏。即本人素曾被惑习教，此时能将重犯捕获，不但尽免其入教之罪，仍加以厚赏，此内有职官人等亦一律加以升擢。凡境内穷乡僻坏以及庵观寺院，务皆实力编查，并令家喻户晓。虽从前曾将逆犯容留，而此时畏法献出，亦皆免罪录功，毋有疑虑。其有侦知逆犯踪迹报官者，即令作线往拿，俟拿获审明，照格升赏。至各地方官于逆犯逃逸过境，或在本境藏匿，均有应得处分。但伊等此时果能认真缉捕，其从前逆犯过境及在境藏匿，亦一概免究，专录其获犯之功。经此次剀谕之后，伊等当激发天良，共加奋勉，同心协心，庶不至遗孽逋诛也。将此通谕知之。"

（卷286　908页）

嘉庆十九年（1814年）闰二月丙戌

以……故甘肃西宁称多族百户洛智策旺子旺多尔特里各袭职。

（卷286　920页）

嘉庆十九年（1814年）闰二月己丑

调陕西布政使盛惇崇为甘肃布政使。甘肃布政使何铣为陕西布政使。

（卷286　921页）

嘉庆十九年（1814年）三月甲辰

加陕甘总督长龄都统衔，为伊犁参赞大臣。

（卷287　931页）

嘉庆十九年（1814年）三月丁巳

谕内阁："从来兵制与国赋相权而行。我朝建设各省营兵久有定额，其小有损益，亦皆就地方情形随时酌定。惟乾隆四十六年添补名粮额缺案内，一时各省骤添兵六万六千余名，为数较多。迄今三十余年，于武备无甚裨益，而帑项已多用至四千余万。前曾降旨令大学士、军机大臣会同兵部将增设兵粮额数酌量汰减，详议具奏。本日议上。朕披览折内，现在各省额兵六十二万四千余名，较之雍正年间及乾隆四十六年以前所增实多，自应酌加裁减，惟各该省地方情形有今昔不同者，亦当熟思审虑。各就现在经制，参考先后所设兵数、汛防控制情形，将应汰、应留通盘筹划，庶饷不虚糜，而兵皆足用。著各省总督、山东、山西、河南巡抚、成都将军、河道漕运总督各将所属标下各营及该提、抚、镇、协等营兵内每省可以汰减若干，据实具奏，汇交原议大臣再行核议。"寻奏："除直隶、安徽、山东、河南、陕西、甘肃六省及河东河标或兵额本简、或控制紧要难以酌减外，江苏裁额兵三百六十五名，漕标裁八十四名，河标裁二十五名，江西裁额兵一千八十三名，浙江裁额兵七百二十八名，福建裁添募暂设兵一千三百五十名，马五百六十匹，湖北裁额兵一千六百三十六名，湖南裁额兵一千五百五十四名，山西裁额兵一千八百六十五名，四川裁额兵六百三十名，广东裁马六百九十六匹，广西裁额兵六百三十名，云南裁额兵二千三百三十二名，贵州裁额兵一千九百五十八名。统计裁兵一万四千二百四十名，马一千二百五十六匹。每岁共节省饷干银二十七万一千九百三十二两有奇，米三万七千五百五十五石有奇。"从之。

（卷288 941页）

嘉庆十九年（1814年）四月癸亥

谕内阁："户部奏请饬催各省、州、县征存未解银两，开单呈览，内江苏、安徽两省嘉庆十四年奏催案内未解银三百余万两，迄今数年不特报解无几，而征存者转益加多。现在此两省共未解银六百六十余万两，山东省亦增至五十万余两。其甘肃、云南、直隶、福建、广东等省亦均有未解银两，实属因循疲玩。直省各州县经征银两，乃国家惟正之供，度支经费所从出。若州县征存而不解司库，以致部中指拨日形支绌，频年积压相仍，国用将于何取给。各督抚受朕厚恩，具有天良，无一实心办事，思之实深愤懑。全不以国计为念，一任不肖官吏拖延弊混，总不上紧清厘，明知经费未裕，琐琐焉议于常赋之外设法巧取，而置分应提催之款于不办。岂非本末倒置，公私罔辨乎？江苏、安徽二省为数最多。张师诚甫经简调，胡克家亦到任未久，无所用其回护。山东省较之甘肃等省亦多致数倍，著严饬各该督抚即督率该藩司认真查办。各将征存未解之款尽数提解司库，报部报拨。如州县中有延不申解者，严参治罪，以儆其余。倘提催不力，则惟该督抚、藩司是问，恐不能当此重咎也。"

（卷289　945页）

嘉庆十九年（1814年）四月庚午

谕内阁："据高杞奏，查明南路抚恤及军需银两照例报销，其余各款请捐廉归补一折。甘肃秦、阶等州县间有陕省被剿贼匪阑入境内，所有抚恤银二千八十余两自应照例题销。至该省官兵派赴河南、陕西剿捕贼匪，除盐菜、口粮等项作正开销外，此外添设腰站夫马供支，中途调回马匹及防城守卡民夫口食，解运军火粮饷，委员盘费，并报销书识纸张饭食等项，共享银二万七千四百余两。著高杞督率藩司核实确查，造册报部，毋许丝毫冒滥，应准应驳。部中按例核销，毋庸令该督与藩臬两司捐廉归款。"

（卷289　950页）

嘉庆十九年（1814年）五月乙巳

谕内阁："上年逆首林清勾结豫东匪徒滋事，所有京外首伙贼众均已歼除净尽，办理实为妥速，惟案内要犯尚有祝现、刘呈祥、刘第五、董伯旺、支进财、刘成章六名及次要犯五十九名在逃未获。节经降旨饬拿，步军统领顺天府五城各衙门派员四出，该委员购线访拿，实已不遗余力，而日久未获者，缘委员等所带人役无多，势难遍及远方。其直省各州县恃有委员踹缉，转不于所辖之区严密防查，即有要犯潜匿界内，亦茫无觉察，似此不顾国家，丧尽良心，空食君禄，背义忘仇，因循怠玩，几同海捕具文。试思逆犯数十名，纵使踪迹诡秘，总不出此数省地界。如果各州县同心协力，比户同查，该逆等安得有容身之地。著再申谕步军统领衙门、顺天府、五城察院、包衣三旗番役及奉天、吉林、热河、山海关、察哈尔、直隶、山东、河南、山西、陕西、甘肃、江苏、安徽、湖北各将军、督抚、都统、副都统等一体饬属上紧查拿。凡境内穷乡僻壤以及庵观寺院，务皆实力稽查。遇有形迹可疑之人，即行盘诘。其路途山谷倒毙自尽者，除有亲属认领外，俱照刑部单开年貌，逐细核对，毋稍遗漏。前次献县知县张翔于本境拿获逆犯冯克善，当即加恩超擢知府。各府、州、县如能将祝现等重犯捕获，朕亦必优予恩施，务各激发天良，义切同仇，使遗孽迅就捕诛，以藏巨案。将此通谕知之。"

（卷290　971页）

嘉庆十九年（1814年）七月己亥

又谕："百龄奏，查明江苏省上年调赴徐州防御官兵买带幼孩分别办理并自请与提督等交部议处一折。从前征讨外域，功成凯撤官兵内间有携回俘获人口者，相沿不在例禁。上年剿办豫东逆匪，系在内地州县，各路官兵于凯撤时纷纷携带子女，一经饬查，自京营、吉林、黑龙江以及直、东、豫、晋、陕、甘、江苏等省无处不然，报出者实繁有徒。此内有掳掠强行携回者，亦有贫困情愿相随者。今事后多以收养无依为辞，不知王师除莠安良，事以扫平寇乱而止。其难民稚弱伶俜，流离道路，安插抚绥，自有地方官为之经理，岂借远调客兵代为收恤。惟地方官不以恤民为念，斯官兵等得有借口。前经降旨训饬，命统兵大员平日申明军纪，严禁掳掠。地方官亦当知民生为重，设遇水旱兵荒，凡境内老弱妇女皆尽心绥集，方为各称其职。此次各路官兵携带幼孩罪名以及带兵大员失察处分，俱经加恩宽免。所有江苏各营官兵亦一概免罪，百龄、乌尔卿额、尚维侗、沈烜、樊雄楚均加恩免其议处。"

（卷293　1010页）

嘉庆十九年（1814年）八月辛酉

谕军机大臣等："据福克精阿奏，本年年班堪布进贡包物，自藏进京，照例调拨蒙古兵五十名、玉舒番兵五十名前往迎接护送。兹于七月十四日，据通丁等禀报，该番兵等驰赴尼牙木错住古地方，尚未接著堪布，突遇四川果罗克及格尔次等，该番贼三百余名，放枪劫夺，将马匹、口粮、行李等物尽行抢去，并枪伤番兵七名，杀毙番伯长及番兵各一名，余被冲散。现在福克精阿约计堪布贡物等件中秋后可到丹噶尔边口，恐内地派兵接护迟缓，已饬令班禅额尔德尼商上堪布拨伊佃户兵丁，并续派蒙古兵一百名就近驰往，前途迎护等语。果罗克等处贼番沿途劫掠，屡经查办，总未敛戢。此次青海派兵迎接堪布，该番贼等胆敢聚集三百余人放枪肆劫，并杀毙番目等二人，枪伤七名，凶横已极。试思兵丁等所带行李无多，尚遭劫掠，堪布等赍押贡物并随带货包及由京领回赏件，往来皆必由青海草地行走。该番贼等生心觊觎，若再至中途劫攘，成何事体。此次不可不大加惩创。著赛冲阿、多隆武二人内酌量一人，遴带弁兵四五百名，迅速前往被掠地方。查明此次劫夺滋事贼番巢穴，慑以兵威，令将放枪抢掠之三百余人全行缚献，审明何人为首，何人伤毙官兵，严行惩办。并令将劫去之行李、马匹等件悉数缴出。若稍有抗违，即当痛加剿戮，务使知所畏惧，不敢再出滋扰。庶道途安静，可期一劳永逸。该将军等酌定带兵起程日期，先令由驿迅速复奏。将此谕令知之。"

（卷294　1027页）

嘉庆十九年（1814年）八月丙子

以甘肃凉州镇总兵官马元为广西提督。

（卷295　1044页）

嘉庆十九年（1814年）八月乙酉

谕内阁："特依顺保等奏，查明黑龙江官兵携带幼孩内王金斗一名，曾经从贼杀人，并有应行缘坐之杜年成等。已另降清字谕旨，分别正法核办矣。王金斗身系正贼，其余亦皆应缘坐。若非特依顺保等将该幼孩等聚集查讯，令其互相指认，查出办理，几致漏网。因思京营及各省满汉官员兵丁由军营携回幼孩甚伙，其中似此者恐亦难免，自应复行查办。著通谕健锐、火器等营并吉林、直隶、江南、山东、山西、河南、陕西、甘肃、四川等省驻防绿营，由军营撤回将弁兵丁，各将所携幼孩报明，听候查讯。京营由军机大臣，外省由各该将军、督抚、提镇等将该幼孩等传集一处，令其彼此识认。此内如有从贼及应行缘坐者，一经指出，即可究办。此等获罪之人，非互相攻讦，断不肯自行供认。此次即查有从贼及逆犯子孙罪应缘坐之人，其原带官兵本无从查察，亦不治其罪。但所携幼孩务须按名呈报备查，以靖遗孽，勿得隐匿，致干咎谴也。将此通谕知之。"

（卷 295 1049 页）

嘉庆十九年（1814年）九月丙申

调甘肃凉州镇总兵官罗思举为四川重庆镇总兵官。重庆镇总兵官罗声皋为松潘镇总兵官。松潘镇总兵官福智为凉州镇总兵官。

（卷 296 1064 页）

嘉庆十九年（1814年）九月戊申

兵部以武会试中额请。得旨："满洲取中一名，汉军取中一名，直隶取中八名，奉天取中一名，江苏取中二名，安徽取中二名，山东取中五名，山西取中二名，河南取中二名，陕西取中四名，甘肃取中一名，福建取中一名，浙江取中一名，江西取中一名，湖北取中一名，湖南取中一名，四川取中三名，广东取中五名，广西取中一名，云南取中一名，贵州取中一名。"

（卷 297 1077 页）

嘉庆十九年（1814年）九月壬子

缓征甘肃皋兰、靖远、盐茶、灵、中卫五厅、州、县及红水县丞所属本年旱灾新旧额赋。

（卷 297 1083 页）

嘉庆十九年（1814年）十一月乙未

谕内阁："前据高杞奏，甘省嘉庆二十年应支兵粮估拨不敷，请拨银五十五万七千余两，照数采买，当交户部核议。兹据户部查明，该省仓贮数目足敷支放情形，详悉具奏。甘省河东、河西实存各色仓粮，据该省十七年奏销册造计有六百余万石，加以两年新收粮石，积渐加多，所有每年需用兵粮足敷支放。其河东各营分核计各州县存贮粮石，亦均可就近供支，又何得以远道拨运，糜费脚价为词。今舍现存之粮石不用，任其红朽，转请动项采买，竟似从前按例冒赈，甚属可恶。即经费充足亦不应办，况经费支绌之时，岂能增此妄费。该藩司率行详请，该署督不行查明，遽以入奏，殊属含混。原奏之署陕甘总督高杞、原详之藩司盛惇崇均著交部议处。所有该省嘉庆二十年估拨兵粮，著该督即转饬各属就近动支，毋许贻误，并照户部所议，嗣后遇有采买兵粮，著将该处存贮粮石实数造具简明清册，随案报部，以备稽核。"

（卷299　1108页）

嘉庆十九年（1814年）十一月乙巳

谕内阁："户部奏请饬催陕西等省军需，驳查未结各案并直隶等省军需报销逾限各一折。军需为帑项攸关，自应随时报销，以杜延混浮冒之弊。乃陕西一省军需用过银两，在嘉庆三年以前及四年以后，驳查各案尚有银五百九万五千余两。事阅十有余年未经销结，又删减随征兵丁加增盐菜银十八万九千余两，亦未题报。其湖北、四川及协济军需之直隶、甘肃、云南、贵州、广东、福建、山东、山西、湖南、江西、安徽等省共未经销结银二百五十二万五千余两。似此多年积压，日久愈滋缪辕。又上年直隶等省办理邪匪军需所用银两，降旨饬令赶紧报销，今已逾限。除河南一省，现据陆续题报外，其直隶、山东、陕西、甘肃、山西、安徽、江苏等省均尚未据报部查核。又云南剿办缅宁边外逆目张辅国官兵支用银米等项尚未题报，亦属迟缓。各该督抚等俱著传严行申饬，务即各现良心，督饬所属，将驳查各案赶紧清厘查报。其上年军营内所用银两亦即迅速造册报部核销，毋再延宕干咎。"

（卷299　1111页）

嘉庆十九年（1814年）十二月丙戌

上御保和殿，筵宴朝正外藩。巴林、喀喇沁、科尔沁、敖汉、苏尼特、浩齐特、四子部落、扎赉特、茂明安、土默特、阿巴哈纳尔、喀尔喀、鄂尔多斯、郭尔罗斯、阿巴噶、翁牛特、土尔扈特、杜尔伯特、青海绰罗斯王、贝勒、贝子、公、额驸、台吉等及朝鲜、琉球国正副使等随文武大臣，依次就坐，诸乐并作，上进酒。召左翼巴林亲王衔扎萨克郡王索特纳木多尔济、喀喇沁亲王衔扎萨克郡王满珠巴咱尔、科尔沁扎萨克郡王和硕额驸索特纳木多布斋、郡王栋默特、苏尼特扎萨克郡王巴勒珠尔雅喇木丕勒、浩齐特扎萨克郡王端多布多尔济、土默特扎萨克贝子固伦额驸玛呢巴达喇、喀喇沁扎萨克辅国公理藩院额外侍郎玛哈巴拉，右翼喀尔喀扎萨克亲王固伦额驸拉旺多尔济、科尔沁扎萨克达尔汉亲王布彦温都尔瑚、阿巴噶扎萨克郡王玛呢巴达喇、土尔扈特扎萨克亲王恩克济尔噶勒、喀尔喀扎萨克郡王蕴端多尔济、青海扎萨克郡王车凌端多布、回部郡王衔贝勒哈迪尔、喀尔喀镇国公巴彦济尔噶勒至御座前，赐酒成礼。

（卷301　1143页）

《清嘉庆实录（五）》

嘉庆二十年（1815年）正月丁亥

贷甘肃皋兰、靖远、盐茶、灵、中卫、平罗、宁朔七厅、州、县及红水县丞所属上年被旱、被霜、被水灾民籽种、口粮。

（卷302　2页）

嘉庆二十年（1815年）正月丁未

甘肃提督蒲尚佐、湖南提督魁保俱以疾解任。以陕西汉中镇总兵官杨芳为甘肃提督。陕西陕安镇总兵官祝廷彪为湖南提督。调江南徐州镇总兵官何占鳌为汉中镇总兵官。以江西南昌城守协副将杨长栋为徐州镇总兵官。甘肃永固协副将刘管城为陕安镇总兵官。

（卷302　11页）

嘉庆二十年（1815年）正月戊申

谕军机大臣等："先福奏严查甘肃各州县仓谷并删减采买兵粮一折。甘肃各州县额贮京斗仓粮六百一十余万石，折仓斗粮四百三十余万石。兹据查明，截至十九年估拨时止，除清查案内奏明亏短各色粮一百七十余万石，及已估支二十年兵马粮料二十四万二千余石外，实在应存各色粮二百三十余万石。现在应需兵粮仅二十万余石，何以不能拨运必需采买。即所称河西粮多，州县距河东较远，恐多糜运脚。岂河东驻兵之处各州县仓贮竟全无存者，其中亏缺情弊已属显然。且据称从前该省采买，尚系间年一请，迨嘉庆十年以后，则每岁均奏请拨银买供，可见近年亏短愈甚。边陲要地似此积贮空虚，所关匪细，不可不彻底查明，认真核办。先福甫经到任，该省从前亏缺弊窦与伊无涉，此事著责成该督确查。究竟通省仓谷亏短若干系何州县，其亏缺始自何年，秉公奏办，毋稍瞻顾。若所查稍有不实不尽，将来别经发觉，即系先福任内之事，惟先福是问。至此次甘省二十年不敷兵粮，据该督奏称，于原请采买二十八万余石数内量加删减，仍采买兵粮二十万一千余石，请拨银三十八万九千两，解甘归款。姑照所请，交该部在于邻近省份照数拨给，其所请河西拨运仓粮每石每百里给脚价银一钱三分之处，亦著照所请行。又据另片议驳，御史周宗泰奏，该省采买兵粮请由藩库径发各该营领放一节。从前州县领银采买，因例价不敷，将原银发给兵丁，兵丁等艰于买食，致有争论。今若由藩库径发各营，设遇粮贵之年更难办理。著仍照旧例交州县领办，周宗泰所奏无庸议。将此谕令知之。"

（卷302　12页）

嘉庆二十年（1815年）正月辛亥

以候补四品京堂陈桂生为甘肃布政使。

（卷302　15页）

嘉庆二十年（1815年）二月己未

调甘肃布政使陈桂生为江宁布政使。陕西布政使杨懋恬为甘肃布政使。山东布政使庆炆为陕西布政使。以广东按察使和舜武为山东布政使。调直隶按察使李銮宣为广东按察使。以直隶通永道盛泰为按察使。

（卷303　19页）

嘉庆二十年（1815年）四月戊寅

又谕："先福奏，查出藩库滥借银两分别追赔一折。藩司为阖省钱粮总汇，库贮出纳例皆详院报部，其各属应起解、应寄贮各款钱粮，惟恐州县或有侵挪，必令赶解司库。既存贮司库之后，则责在藩司。丝毫不容滥支、滥借。若藩库先不出纳维谨，其何以慎帑项而杜弊端。此案原任皋兰县知县丁阆洲借支藩库寄贮谷价未完银九千六百余两，即著于该家属名下，勒限一年追缴，逾限不完，照例监追，并将未完之项于已故藩司陈祁家属名下追缴一半，其余一半，在接任正署各藩司名下，各按在任年月摊赔。先还原款，以示惩儆，仍恐该藩库私行挪借者，尚不止此款，并著先福彻底详查，据实具奏。"

（卷305　51页）

嘉庆二十年（1815年）四月辛巳

谕内阁："先福奏征兵借支银两吁恳缓期扣还一折。据称前此甘省派往河南、陕西征兵，先后借支整装银两计马兵每名在二十两以上，步守兵每名在十二两以上，为数较多，若照例分八季扣还，养赡竭蹶，请缓作四年扣还等语。绿营征兵借支整装银两，定例马兵准借十两，步守兵准借六两。今所借之数多逾一倍，以致不能依限扣还，系由当日办理浮滥，著该督查明此次征兵，各按其定例应借十两、六两之数，仍分八季扣还，其于例外多借之项，著落各该省经手滥支之员如数赔补，以清帑项。"

（卷305 54页）

嘉庆二十年（1815年）七月壬子

举行嘉庆十九年大计。江苏卓异官九员，才力不及官三员，年老官三员，有疾官二员，浮躁官一员。陕西卓异官七员，才力不及官一员，不谨官一员，浮躁官一员，年老官四员。甘肃卓异官八员，罢软官一员，才力不及官一员，有疾官二员，年老官四员。分别议叙处分如例。

（卷308 99页）

嘉庆二十年（1815年）八月壬申

陕甘总督先福奏长随蒙捐官职并将失察之按察使请旨交议一折。得旨："此案刘焜身充长随，胆敢蒙捐官职，并主使伊侄在甘省冒考，实属藐法。该督仅比例拟以军罪，殊属轻纵。著刑部核议加重定拟具奏。德克精阿收留刘焜服役，已阅四年之久，于蒙捐冒考种种情弊岂得诿为不知，著交部严加议处。"

（卷309 107页）

嘉庆二十年（1815年）八月辛巳

以翰林院侍读学士玉辂为甘肃按察使。

（卷309 112页）

嘉庆二十年（1815年）九月辛卯

又谕："据韩鼎晋奏，按试甘肃巩昌府时，伏羌县回民监生马绳祖呈控回民文生马化龙等素不安静，有复招外回之事，而马化龙亦以诬人为逆，衅从忿起等词具诉，当将两造呈词咨交督臣查办等语。从前伏羌回民屡经滋事，此案马绳祖呈控马化龙等招集外回，恐又有新、旧争教等情。该督既据该学政移咨，何以未经具奏。著即派委妥员密为查办，如马化龙等实有不法情事，即严拿惩办。倘讯系虚诬，亦应治马绳祖诬告之罪。该督务详慎妥办，以靖地方。将此谕令知之。"

（卷310　116页）

嘉庆二十年（1815年）九月甲午

又谕："先福奏，甘肃向有省友名目，每于州县官初到时夤缘推荐，或为借贷盘费赊取什物，州县借其通挪，延订为友，常驻省垣探听信息，勾通书吏，狼狈为奸，甚至以解领公项，扣还私欠，大为地方之害，已严禁查拿。该省现有苏生兰私求空白印文承充典吏一案，请加等定拟等语。所办甚是。外省游手匪徒，滥充幕友，盘踞省城，交通胥吏，因缘为奸，最为吏治之蠹。甘省远在边隅，尚有此弊，其繁富省份似此者更不可胜言。著通谕直省督抚，查明各省城如有此等劣幕，概行驱逐，并严饬所属州县毋许延请。倘有阳奉阴违私自容留者，一经犯案，照书役犯罪例，各按所犯科条加一等治罪，并将延请之州县官一并参办，以惩奸猾而肃官方。"

（卷310　117页）

嘉庆二十年（1815年）九月乙未

改铸甘肃兰州府循化厅抚番同知关防，从总督先福请也。

（卷310　118页）

嘉庆二十年（1815年）九月甲辰

调甘肃按察使玉辂为江西按察使。以直隶大名道屠之申为甘肃按察使。

（卷310　121页）

嘉庆二十年（1815年）十月辛未

命户部尚书景安、仓场侍郎朱理驰赴甘肃审案。

调西宁办事大臣来灵为库车办事大臣。赏四等侍卫库车办事大臣绪庄二等侍卫，为西宁办事大臣。

（卷311　131页）

嘉庆二十年（1815年）十月乙亥

户部议准陕甘总督先福疏报："皋兰、山丹二县开垦地三顷八十七亩有奇，照例升科。"从之。

（卷311　134页）

嘉庆二十年（1815年）十一月丁酉

缓征甘肃皋兰、金、靖远、安定、陇西、平罗、西宁、盐茶八厅县雹灾、旱灾、霜灾新旧额赋。

（卷312　147页）

嘉庆二十年（1815年）十二月丁巳

谕军机大臣等："景安等奏查明泾州仓粮亏短及动用采买价银一折。景安等甫入甘境，即查出泾州额征仓粮亏短至四千余石之多，并将采买价银动用。泾州知州舒保、署知州王溆俱著革职，交景安等提至甘肃省城，严行审讯。该员等任所旗籍资财均著查封备抵。泾州一处如此，其余州县似此者自复不少。现在景安等遍行挨查，不必逐处陈奏，查有亏缺处所，即将该州县革职，提省严讯。俟将河东查明汇奏后，再行查办河西。甘省州县如此亏缺累累，自应彻底查明致亏之由。其采买之名始自何年，因采买而作弊又始自何年。旧任督臣必须严参，各州县或系侵吞入己，或系挪移动用，俱一一分晰，究明核办，毋稍含混。先福到任后，如有扶同弊混情事，亦即据实参奏。至舒保所称军需垫办银八千余两，藩司仅发银二千余两，尚有六千余两未发。此项银两该藩司应否给发，一并查明具奏。其另片所奏筹买兵粮一节，著景安等于到省后，即会同核明实在应买数目，先于陕甘二省筹款采买，再行请拨归款。将此谕令知之。"

（卷313　161页）

嘉庆二十年（1815年）十二月壬申

谕内阁："甘肃藩库私借无著银至二十万余两之多，皆由历任藩司瞻徇情面，私借私挪，毫无顾忌。所有历任正署各藩司除王文涌、杨揆、广厚、陈祁、积朗阿、盛惇崇业经病故，蔡廷衡业已革职外，何铣、德克精阿俱著即革职。"

（卷314　171页）

嘉庆二十年（1815年）十二月丁丑

谕军机大臣等："前因甘肃省亏缺仓粮，特派景安、朱理前往查办，并令先福督率藩司严烺协同该钦差等办理。兹复据严烺奏，该省各属有续亏银一百万两有零，先经督臣先福奏请檄委隔属道员互查结报，尚未报齐等语。

甘省仓粮既已空虚，库银又复亏短，敝坏已极，均应彻底查办。皆因近年所用大员因循疲玩所致，实皆朕不明之愆。著景安、朱理、先福即督同严烺将各州县仓库实数一并查明，大破情面，和盘托出。其系何年月日、总督、藩司任内之事，据实分晰，久暂正署，由五百里具折严参，有赃私入己者亦一并参出。所有亏空州县即照昨降谕旨，办理山东亏空之例。除银数在五千两上下者，仍准在任，著追依限归补外，其亏缺至一万两以上者俱革职拿问。一万两以上者问拟斩监候，二万两以上者问拟斩决。将所亏银数勒限监追，限内全完，贷其一死释放，永不叙用。逾限不完者，按名具奏，即行处斩。正法之员所亏之项，亦即豁除，毋庸再行摊赔，以杜借口贻累。此次既将阖省仓库通行确查定案，谅非两月所能竣事。其严烺交代展限以查明奏出之日为度，亦不必拘定两月也。朕又访闻得德克精阿时常馈送食物等项，高杞任内，恐亦不免。密访的确具奏，将此各传谕知之。"

（卷 314　176 页）

嘉庆二十年（1815 年）十二月戊寅

谕内阁："先福奏访获积年省友从严比例定拟一折。甘肃各州县仓库粮银亏缺累累。该省向有省友名目，在省盘踞，多由此等积蠹，从中勾串吏胥，通同舞弊，自应严办示惩。此案龚世禄以未满书吏捐职，久住会城，交结官员书吏，为玉门等三县代造销册，得钱使用，甚属可恶。龚世禄著枷号一年，满日再发极边烟瘴充军。该省现当查办亏缺之时，若枷号后听其自便，难保不复与不肖州县勾通滋弊。著将该犯提至司监，派人严密看管，如有交通漏泄情事，查明再行从重治罪。其玉门、中卫、西宁三县若查出仓库亏短，则罪名较重，应从其重者办理。如查明无亏，其托人代造册籍，事在未行禁止以前，著加恩免议。"

（卷 314　177 页）

嘉庆二十年（1815 年）十二月庚辰

上御保和殿，筵宴朝正外藩。科尔沁、巴林、喀喇沁、奈曼、敖汉、阿巴噶、扎鲁特、喀尔喀、土默特、杜尔伯特、乌喇特、郭尔罗斯、苏尼特、克什克腾、翁牛特、阿巴哈纳尔、青海、土尔扈特、和硕特王、贝勒、贝子、公、额驸、台吉及朝鲜国正副使等随文武大臣，依次就坐，诸乐并作，上进酒。召左翼科尔沁扎萨克土谢图亲王诺尔布琳沁、卓哩克图亲王噶勒桑栋罗布、巴林亲王衔扎萨克郡王索特纳木多尔济、喀喇沁亲王衔扎萨克郡王满珠巴咱尔、科尔沁扎萨克郡王和硕额驸索特纳木多布斋、奈曼扎萨克郡王巴勒楚克、科尔沁贝勒鄂勒哲依图、土默特扎萨克贝子固伦额驸玛呢巴达喇，右翼喀尔喀赛因诺颜扎萨克亲王固伦额驸拉旺多尔济、科尔沁扎萨克达尔汉亲王布彦温都尔瑚、喀尔喀扎萨克图汗部扎萨克汗布尼喇特纳、杜尔伯特扎萨克亲王固噜扎布、回部郡王衔贝勒哈迪尔、喀喇沁扎萨克贝勒托恩多、喀尔喀镇国公巴彦济尔噶勒、喀喇沁扎萨克辅国公理藩院额外侍郎玛哈巴拉至御座前，赐酒成礼。

（卷314　178页）

嘉庆二十一年（1816年）正月甲申

贷甘肃皋兰、金、靖远、安定、陇西、平罗、西宁、盐茶、狄道、静宁、会宁、通渭、宁远、漳、灵台、秦安、清水、灵、碾伯、大通、秦、两当、平凉、宁夏、宁朔二十五厅、州、县及花马池州同所属上年歉收贫民籽种、口粮。

（卷315　181页）

嘉庆二十一年（1816年）正月壬辰

谕内阁："庄浪城守尉员缺，即著德宁补授，毋庸撤回。其误将骁骑参领一体拣选，自乾隆四十五年以后历案相沿，并非始自此次。所有此次拣选之值年旗王大臣及承办章京均著免其议处，嗣后各处城守尉缺出仍俱遵照定例办理，并著值年旗将拣定之员先行咨明兵部查核，其不合例者，该部即行驳回更换，查明与例相符者再行带领引见，候旨简放。"

（卷315　183页）

嘉庆二十一年（1816年）正月甲辰

谕军机大臣等："先福奏，陕甘道府年底例应出考密陈。因该省系二十年补行十九年大计，该督甫经出考，向逢大计之年，无需再陈密考等语。此例出于何典，向例督抚于年底将提、镇、司、道、府各员贤否出考密陈。朕将原单留中备览，其大计所出道府考语则系题本，存吏部备案。二者各为一事，直省督抚从无因大计之年不陈密考者。今先福于甘肃提、镇、藩、臬仍照常奏及，惟道府各员借词甫经大计不行出考，其意因该省现值查办仓库亏缺，将来定案时该道府等必纷纷获咎，该督此时若与上考，虑及事后责问，如概与下考，则平日何不早行劾参，进退无据，故遁而为此一奏。先福有此隐情，何不据实直陈。乃饰词取巧，大属非是。先福著传旨申饬。此次道府密考竟著停止，本年岁底再照例陈奏可也。将此谕令知之。"

（卷315　188页）

嘉庆二十一年（1816年）正月庚戌

谕内阁："景安等奏核议甘省出借籽种、口粮限期一折。前据藩司严烺奏，请酌定甘省出借籽种、口粮详奏限期。当经降旨，令景安等查核具奏。兹据景安等奏称，甘省距京路途较远，若如该藩司所议限期，恐致稽延。另行酌议奏闻请旨，著照所请。嗣后倘遇岁饥，仍照例随时抚恤外，其偶被偏灾之区，应于该年冬闲出借口粮者，于九月内具奏。收成不及六分暨六分有余，应于次年春闲出借籽种、口粮者，于年前十一月内具奏。歉收处所应于青黄不接之时出借口粮者，于二月内具奏。该州、县、道、府如有详报核转迟延者，查明分别严参。仍著该督随时酌量，如计程不误限期，照常差人赍递。倘民食孔亟，准其由驿具奏，以重民瘼。"

（卷315　191页）

嘉庆二十一年（1816年）二月庚申

谕军机大臣等："本日据严烺差人赍折密奏，访闻德克精阿于各属请领采买银两，克扣平余，并于十八、九年预陕军需给发银两，亦有扣平短发等语。甘肃通省仓库亏缺各情弊，现派景安、朱理、先福会同秉公查办。严烺既查明德克精阿前在署藩司任内有扣平短发之事，即应禀明钦差及该督，向德克精阿严切询究。景安等讯明参奏，亦必声明系严烺查出。兹严烺不先禀明景安等查办，又因不能由驿奏事，辄差人赍折密陈。甘肃至京路途遥远，此折奏到再行降旨饬办，岂不徒延时日。著景安等即将德克精阿拿问，将扣平短发各款逐一严行审讯，并追究所扣银两作何使用，令其据实供吐，毋稍含混。嗣后严烺续行查出弊端，俱禀知景安三人办理，如景安意存消弭，再行具折密奏。将此谕令知之。"

（卷316　196页）

嘉庆二十一年（1816年）二月戊寅

谕内阁："绪庄奏审明遣犯高尔丙教令回民诬良为窃，请交刑部拟罪一折。此案遣犯高尔丙因奉差缉捕，恐限满被责，起意诬赖回民马祥行窃，吓诱教供。该弁兵等复用刑拷逼，以致马祥情急，自戕受伤。绪庄既讯出各情节，实系诬良为窃，并弁兵私用非刑。库车颁有大清律及续纂条例，即应按律定拟罪名。乃谓案情与律例不符，不能拟罪，请交刑部核拟。试思案情与律文安能字字符合，准情比例，自无枉纵。况此案行窃正贼及赃物俱已就获，其诬良及刑拷各条均例有明文，无难引断。乃欲交刑部拟罪，刑部为刑名总汇，各省奏咨案件所定罪名是否允当，该部应分别准驳。若刑部先代外省案犯拟定罪名，国家岂有此规制耶？绪庄因循推诿，无耻无能，太不晓事，岂复能胜西宁办事大臣之任。前简放时由四等侍卫升授二等侍卫，著仍降为四等侍卫。所有高尔丙一案仍著绪庄定拟具奏。俟来灵接任后，即行回京，在大门上当差。都司郑柏著交部严加议处。"

以吉林副都统松宁为西宁办事大臣。调熊岳副都统禄成为吉林副都统。以吉林协领乌登额为熊岳副都统。

（卷316　200页）

嘉庆二十一年（1816年）三月壬辰

谕军机大臣等："据严烺奏，秦州知州李醇和在皋兰县任内代各衙门喂养马匹一节，该司前在兰州道内骑用骡马亦系该革员代为喂养，恳请交部严加议处等语。向来藩臬准令奏事，如该省督抚有不公不法及地方紧要事务匿不上闻，原许两司专折陈奏。若寻常事件，总应禀详督抚据以入告，岂容越分妄陈。甘省亏空之案，现派钦差大臣会同总督查办。严烺曾交首县喂养马匹亦系案内之事，自应禀明景安等归案汇办，何须自请严议，殊属迈越。著景安等传旨申饬。其该藩司交首县代喂马匹一事，著景安等归入同案，交喂马匹各员一律参处可也。"

（卷317　207页）

嘉庆二十一年（1816年）三月己亥

谕军机大臣等："景安等奏，讯明李醇和前在皋兰县任内赔累各项共银八万余两，余银四万一千余两。据供零星用去不能逐款指出等语。那彦成前在陕甘总督任内，除将旧亏奏明弥补外，其失察所属州县自十六年以后，又新亏仓库二项，至一百万余两之多。其咎甚重，景安等将来定案时，应以此将那彦成严参。其李醇和所亏银两，除自认赔累各款外，余银四万一千余两。该革员但以不知俭省，滥行花费空言登答，殊属含混。究竟作何使用，或伊馈送何人，令其据实供吐。倘竟不能逐款指实，则系该革员自行侵蚀，或捐官、或置田、或征歌选舞，俱应胪列实迹，不准含混，讯明后即照所亏银数问拟罪名。又另折所奏章程五条，已交军机大臣速议具奏。该省查办亏缺，总当以新亏银数多寡分别轻重，若十五年以前旧亏，前于那彦成查明奏请分限弥补时，已降旨允准。此次仍著遵照前议办理，如只有旧亏而无新亏者，尽可留任，照依原定年限分别追补。其新亏旧亏俱有者则必应从重惩办，即照山东亏空之例，分别银数多寡，著追治罪。景安等先确实查明，分别核办，俟军机大臣议奏上时，再降旨饬遵可也。将此谕令知之。"

（卷 317　　208 页）

嘉庆二十一年（1816年）三月癸卯

谕军机大臣等："董诰等议复甘省新旧亏缺酌拟追补章程一折，已依议行矣。甘省新旧亏缺至二百二万余两之多。新旧必须划明，诚恐不肖州县将十六年以后之新亏银数挪入十五年以前，希图轻减银数，借免罪名。景安等务须查明年限，划分清楚，毋任蒙混。至新亏项内有摊捐杂款，无关仓库正项钱粮者，原不应与正项并计治罪，但既有摊捐名目，必须确有凭据，方准于新亏项内划除，归入摊捐项下办理。不可任听州县捏报，将实系侵蚀入己之项指作摊捐，借以避重就轻。景安等务当留心稽核，剔除弊窦，以昭公允。所有董诰等议复之折，著即抄录发给遵照办理可也。将此谕令知之。"

（卷 317　　210 页）

嘉庆二十一年（1816年）四月戊午

以江南督标中军副将庆廉为甘肃西宁镇总兵官。

（卷 318　　214 页）

嘉庆二十一年（1816年）四月辛未

以西宁办事大臣松宁为理藩院左侍郎。

（卷 318　　217 页）

嘉庆二十一年（1816年）四月丙子

贷甘肃皋兰、靖远、陇西、安定、盐茶、平罗、西宁、会宁、宁远、漳、宁夏、静宁、宁朔、大通、碾伯十五厅、州、县上年旱灾及歉收地方贫民口粮。

（卷318　218页）

嘉庆二十一年（1816年）五月戊申

谕内阁："景安等奏查明甘肃司库拨存新疆俸饷银两并无亏挪，请将伊犁俸饷照旧汇拨一折。伊犁官兵俸饷向系汇入内地估拨案内一同请拨，后因口外钱粮各归本处奏销，奏明另案请拨，以致拨解较迟。嗣后著伊犁官兵俸饷仍照旧定章程附入冬拨案内同时请拨，其各该省应解协甘饷银务按照例限如期解齐。所有本年长芦、河东、江西、江苏、山东、湖北未经解到饷银，并著该部行文饬催，毋任迟延。"

（卷318　225页）

嘉庆二十一年（1816年）六月戊寅

钦差户部尚书景安等奏参甘肃前任总督那彦成商同藩司浮销赈银并运送粮石脚价蒙混具奏各情弊一折。得旨："著托津、禧恩驰驿前赴保定，传旨将那彦成革职拿问解京，交大学士、户部、刑部会同严审，定拟具奏。那彦成之子容照、容恩俱著革职。"

（卷319　231页）

嘉庆二十一年（1816年）闰六月庚子

谕内阁："那彦成前在陕甘总督任内与已故藩司陈祁商同挪移赈银，并捏奏捐廉等情。前经大学士等会讯，俱已供认，惟陈祁提入内署银二万四千两尚无著落。现在降旨确查，将那彦成监禁听候拟罪。惟闻伊母到京患病沉笃，那彦成系大学士阿桂之孙，十八年剿办滑城贼匪，亦有微劳。伊系独子，经伊母守节抚孤，至于成立。朕不忍令其母子两地摧心，特破格施恩，给那彦成十日之假，令其回家省视伊母。如十日期内伊母病已痊愈，仍令进监待罪，倘伊母病有不测，准其在家穿孝数日，再赴刑部监禁。著刑部侍郎成格将此旨宣谕那彦成，即带伊回家，另派刑部满、汉司员各一人，在伊家住宿看守。其住宅前后著步军统领衙门派兵十名加意巡逻，不准那彦成出门与外人相见，亦不准外人前往看视。"

（卷319　235页）

嘉庆二十一年（1816年）七月庚戌

谕内阁："朕于二十二日降旨令那彦成回家省视伊母，不准外人前往看视那彦成。庆炆于二十三日前往，看门兵丁曾向拦阻，伊自称本家，坚欲进门。若谓看视那彦成之母，其母系于二十日到京，何以不于二十二日以前往看。庆炆捏词掩饰，显系违旨，且年力衰颓，著即照部议革职。"

（卷320　238页）

嘉庆二十一年（1816年）七月壬戌

以山东按察使程国仁为甘肃布政使。直隶天津兵备道张五纬为山东按察使。

（卷320　244页）

嘉庆二十一年（1816年）九月戊申

缓征甘肃皋兰、狄道、渭源、西宁四州县水灾、雹灾新旧额赋草束。

（卷322　256页）

嘉庆二十一年（1816年）九月壬子

谕内阁："那彦成从前屡获咎戾，经朕弃瑕录用，复畀任陕甘总督。自当竭尽悃忱，力图报效。即地方遇有格碍难办之事亦应具实陈奏，请旨遵行。乃听信陈祁之言，挪移赈银十九万余两，以为津贴采买脚价等项之用，实属胆大妄为。经刑部问拟斩监候，将应赔银三万九千八百两勒限一年全完，请旨应否免罪。兹已于一月内缴完，惟那彦成系属大员，虽有滑县剿贼微劳，不能即予免罪，仍当发往伊犁。姑念伊母年老病笃，那彦成著加恩暂免发遣，即行释宁，令其在家终养。伊子容照、容恩前以那彦成获咎黜革，兹那彦成既经释放，伊子并无他咎，著各降一等。容照赏给三等侍卫，在大门上行走，容恩以上虞备用处拜唐阿用。"

（卷322　257页）

嘉庆二十一年（1816年）十一月丙午

贷甘肃皋兰、狄道、渭源、西宁、宁朔、陇西、宁远、安定、岷、通渭、两当十一州县被雹、被水灾民口粮。

（卷 324 273 页）

嘉庆二十一年（1816年）十一月乙卯

谕内阁："先福奏核实取中驻防武举一折，所奏是。乡试考取武举必须马步射与弓石俱能合式者方准取中。各省驻防应武乡试之人，马步箭素所练习，合式者多。于弓石鲜能合格，若一概送考不能取中，未免徒劳往返。嗣后设立驻防省份，凡遇乡试之年，著该将军、都统、副都统、城守尉等将应试各旗武生及前锋等，均先行认真甄别，其马步箭与弓石俱能合式者，方准录科送考，其不合式者即行驳退，无庸录送，以昭核实。"

（卷 324 278 页）

嘉庆二十一年（1816年）十一月乙丑

以甘肃故河州土百户王斌子焕章……袭职。

（卷 324 281 页）

嘉庆二十一年（1816年）十二月戊寅

户部议准陕甘总督先福疏报："盐茶、正宁二厅县开垦地十八顷八十八亩，照例升科。"从之。

（卷 325 286 页）

嘉庆二十一年（1816年）十二月癸未

命工部尚书和宁、刑部左侍郎帅承瀛驰往甘肃查办事件。

（卷 325 286 页）

嘉庆二十二年（1817年）正月丙午

贷甘肃皋兰、狄道、岷、陇西、伏羌、安化、宁、抚彝、武威、永昌、镇番、古浪、大通、清水、礼、徽、两当、安西、玉门十九厅、州、县及王子庄州同所属上年歉收贫民籽种、口粮。

（卷 326 295 页）

嘉庆二十二年（1817年）二月壬午

谕内阁："和宁等奏查明西宁县私运仓粮并捏报采买大概情形一折。此案河州知州、前任西宁县知县沈仁澍与已革西宁县知县杨毓锦交代缪辕不清。沈仁澍离任三年之久，忽遣家人董幅赴西宁县私自开仓搬运豌豆二千九百余石，实属胆大妄为。沈仁澍著革职拿问。杨毓锦任听沈仁澍遣人私搬豆石，且该县仓储现在查明实贮粮九万八千余石，应拨兵粮不过八千一十余石，尽敷支放。乃隐匿粮款，另估采买。杨毓锦前已革职拿问。著和宁、帅承瀛提集该革员等，并沈仁澍家人董幅及仓书人等，秉公严审确情，按律定拟具奏。西宁道龙万育、知府锦明近在同城，并不据实禀揭，难免扶同徇隐情弊，俱著解任归案质讯。先福于陈启文禀揭杨毓锦隐匿仓粮，不行查究。沈仁澍侵冒银粮，龙万育徇隐不办，亦不据实严参，实属有心徇庇。先福著先行革去顶带，交部严加议处，即在兰州听候部议。所有陕甘总督印务著和宁署理。"

（卷 327　311 页）

嘉庆二十二年（1817年）二月癸未

以伊犁将军长龄为陕甘总督。调盛京将军晋昌为伊犁将军。吉林将军富俊为盛京将军。以理藩院左侍郎西宁办事大臣松宁为吉林将军。浙江衢州镇总兵官纳尔松阿为西宁办事大臣。

（卷 327　312 页）

嘉庆二十二年（1817年）二月壬辰

谕军机大臣等："和宁等奏，审明参革知州沈仁澍侵蚀仓库银粮，畏罪自尽，该管道员龙万育有派累需索情弊，请旨革审，并查出沈仁澍侵亏承运仓粮脚价，请将督运知府黄方革审各一折。本日早间，先据先福奏到折内称革职知州沈仁澍于正月二十八日早出门，未刻回寓，即气闷不言，吃粥躺卧，面色渐次改变，子时气绝。沈仁澍常带小荷包一个，或者藏有毒药，实不知系何毒物，何时服毒等语。情节甚属可疑。沈仁澍于二十八日早间出门，系往何处。先福折内未经声叙明晰，恐有情弊。其身带荷包素无事故，何至藏有毒药。即藏药在内，先福何由得知，更非情理。沈仁澍是日出门，必有跟随家人，著和宁、帅承瀛查明，提到严行审讯。沈仁澍二十八日如系在先福署中午饭，则是先福因曾得该革员贿赂，恐其到案供明，致死灭口。必有家丁、厨役人等串通谋毙，如集讯供证确凿，即将先福锁拿究问，审明治罪，不可稍存回护。倘讯明沈仁澍是日并未往先福署内，亦必有所往之处。其在何处中毒，或系先福指使授意，必须彻底根究。若系未刻回寓吃粥后脸色始行改变，则是沈仁澍在本寓服毒，其亲属家人必知。其遗纸是否亲笔，务须查审明确，不可稍有含混。此一节关系重大，切勿草率。至沈仁澍前在皋兰县任内拨运镇番粮二万石，业经镇番县具报全数拨出。而皋兰县仅收贮三千石，其未运粮一万七千石，并运脚银三万一千四百两，均归无著。先福近在同城，岂竟全无闻见。先福现已革职，著和宁等即传提到案严审，并询问陈启文，伊既禀出沈仁澍银谷两空，其所领银两送与何人，如有见闻，令其据实指出。若系馈送先福，亦即将先福拿问严审。沈仁澍任所资财，著和宁等即行查抄，其原籍何省，查明迅即咨明该省督抚一并查抄。龙万育、黄方均已降旨革职，著即归案严行审办。至案内应赔各项银两，统俟全案审明拟结时，一并分晰奏明，著落赔缴。将此谕令知之。"

（卷327 315页）

嘉庆二十二年（1817年）三月己未

谕军机大臣等："和宁等奏，查明已革知州沈仁澍实因盗卖仓粮，侵蚀运脚，畏罪自尽，并查访先福并无婪赃款迹各一折。沈仁澍服毒情由，据该亲族家人供认，实系在寓自服金疮药毒发身故，其为畏罪自尽，似无疑义。惟沈仁澍既侵蚀运脚银三万一千余两，复又将拨运粮石卖与武威县，得价银二万两，此五万余两究系作何用项，必须根讯明确。现讯据先福及伊家人供称并无得受贿赂之事，仅系伊等一面之词，难以凭信。且据沈仁澍家人供出先福署内器具铺垫均伊主人供应，并先福生日曾送礼物，收受绸缎大呢，余俱退回等语。是先福收受属员礼物供应已有确据，其退回礼物是否即系银两，抑系别项礼物，亦须一一究明。至先福在廿三年，声名既不满人意，仍须细加察访。其沈仁澍拨运镇番粮石，据先福供称系高杞任内批准之事，高杞为人声名平常，尤不足信。著和宁等再逐细访察，如有婪赃确据，均即据实参奏，不可瞻徇。倘查明实无赃款，先福仅止得受供应馈送，即于全案审明时按律定拟具奏可也。将此谕令知之。"

（卷328 324页）

嘉庆二十二年（1817年）四月辛巳

以陕甘督标中军副将杨逢春为山东曹州镇总兵官。

（卷329 332页）

嘉庆二十二年（1817年）四月乙酉

旌表守正捐躯甘肃狄道州民杨噶三妻张氏。

（卷329　333页）

嘉庆二十二年（1817年）四月壬辰

军机大臣会同刑部议奏已革知州沈仁澍侵盗仓粮运脚一案。得旨："此案已革河州知州沈仁澍盗卖仓粮，侵蚀运脚，并亏缺仓库共银九万余两，本应即行正法，将所亏银两在伊家属名下勒追。该革员先经畏罪自尽，幸逃国法。著将伊子沉德林发往乌鲁木齐，以示惩儆。已革陕甘总督先福身任封疆，收受属员供应馈送，又滥保贪墨劣员，罪无可逭，先福著照议发往伊犁效力赎罪。前署陕甘总督高杞率准沈仁澍领运仓粮，黄方承领运脚，署藩司德克精阿私发库银数万余两，并不查究，实属溺职，高杞著即革职。余依议。"

（卷329　335页）

嘉庆二十二年（1817年）五月己酉

谕内阁："和宁等奏请将降调试用同知沈鹏等十一员加倍捐复原官留甘补用一折。试用同知沈鹏等十一员均因甘省赈案出具空印册结获咎，仅予降一级调用，已从轻议。前此本案内降调道员苏成额经该督抚奏恩捐复，降旨不准，和宁等岂不知之，今复为此奏，此等劣员俱请留于该省，于事何益。且外省州县官恃有捐复之例，在任时先不洁己奉公，或预为积蓄，以为后日地步，亦于吏治有损。和宁等所奏不准行，沈鹏等十一员俱仍照部议降一级调用。"

（卷330　344页）

嘉庆二十二年（1817年）五月癸亥

又谕："长龄奏清厘仓粮一折。甘省额征粮石向来各州县以上色一石抵交下色二石，积弊相沿。前经先福奏准，将十五年清查案内以一抵二之粮估支兵食。兹长龄又查出十六年以后作抵之粮仍复不少。著照所请，准其将十六年以后作抵下色之上色粮石查明确数，造册咨部，估支兵食。于奏销册内开除原抵下色两石，以符款额。自本年秋收为始，以后永不准以上色通融抵交下色，倘敢复蹈旧习，将滥抵滥接之员查明参奏，一并革职。所短粮石仍著落各半分赔，以示惩儆。"

谕军机大臣等："甘省本系地瘠民贫，近来各州县侵亏仓库动辄巨万，罹罪者累累相接。固由牧令等贪黩不肖，亦缘近数任总督皆性好奢靡，踵事增华，以瘠苦之区必欲效豪侈之举，属员悉索供应，曲意逢迎，以致设法巧取，虚领虚报侵欺国帑，覆辙相寻。试思总督为封疆大吏，即躬自俭约，其体制已极尊崇，岂必借服饰华腴始为光宠。长龄甫莅陕甘总督之任，现在藩司程国仁、臬司屠之申居官亦俱廉明。该督当与僚属等共相劝勉、砥砺廉隅、敦崇节俭。凡灯彩铺陈以及衣服饮食之闲，其涉于华靡者可裁则裁，可省则省，以期力挽颓风。大吏为通省表率，果能洁清自矢，澹泊寡营，则上行下效，属吏亦必以俭相尚，以廉相高。且伊等不能以供应借口有所忌惮，自能量入为出，仓库可以不至续亏，一切侵挪捏冒之弊无自而生。从此鲜罹法网，多所保全，其造福不亦大乎。再伊犁将军向来进贡马匹，原以新疆为产马之区。至陕甘总督例不进马，自那彦成任内始呈进马匹，据称系自新疆带来在甘省调习喂养者。嗣先福踵而行之，亦曾进马。伊等以进奉为名，安知不将自用马匹一并交属县喂养，其司、道、府等官又从而效之，如上年查办亏空案内皋兰县即指代各上司喂养马匹一款，以为口实。长龄前任伊犁将军，今已改任陕甘总督。即自长龄为始不许呈进马匹，伊即有自伊犁带来之马亦不准呈进，永著为例，亦减除浮费之一端也。将此谕令知之。"

（卷330　352页）

嘉庆二十二年（1817年）六月癸酉

又谕："长龄奏严查各州县已征未报钱粮以清积弊一折。甘省州县于征存仓库钱粮，既未按例报解，前此清查亏空时，又未据实报出。其中影射民欠，希图弊混者不少。自应彻底严查，以昭核实。著该督即督同两司严饬该管道府，将所属州县已征未报之项逐一清厘，如系侵盗入己，即行参革治罪。若实系因公挪移，查明后勒限追补，以银数之多寡，定年限之远近。届期不完，将作何治罪之处先行奏定，并造册咨部立案，分别办理。倘该道府稽查不力，再有隐漏，续经查出，即将该道府严参著赔，以示惩儆。"

（卷331　360页）

嘉庆二十二年（1817年）八月壬申

谕内阁："长龄奏特参需索不遂杖毙番命营员一折。地方官无故杖毙人命，大干法纪。今署梨园营都司甘肃提标守备徐士麟因派买牛羊不遂，辄将番民莽噶拉木棍责毙命，贪酷不法已极。徐士麟著即革职拿问，其得受交马陋规银两之把总王荫本、外委满和、李天伏俱著革职，交该督提同应讯人证，严行审究。将来定罪时，杖毙番命之劣员应行拟抵，其得受交马规银各员，亦不得照寻常计赃论罪，均著加重定拟具奏。前任都司张云汉现来行在引见，著兵部即行扣除，将该员革职拿问，解回甘省归案质讯。"

（卷333　391页）

嘉庆二十二年（1817年）八月乙亥

户部议准前任陕甘总督和宁疏报："皋兰、靖远、灵三州县并红水县丞所属开垦地二十八顷五十亩有奇，照例升科。"从之。

（卷333　392页）

嘉庆二十二年（1817年）八月己亥

谕内阁："长龄奏徒罪官犯在配脱逃拒捕拿获审拟一折。官员犯罪即与常犯无异，近多瞻徇情面，仍以官员相待，不加约束，以致肆行无忌。此案徒犯刘晋胆敢在配脱逃，并恃强持刀拼命，迨解回原配，又复私行出境，可恶已极。刘晋著先在犯事地方枷号三个月，满日发往伊犁，充当苦差以示惩儆。主守陈凤因刘晋系属官犯，并不阻止，著杖八十，折责革役，其失察之专管各员，著交部照例议处。"

（卷333　399页）

嘉庆二十二年（1817年）九月癸卯

谕内阁："纳尔松阿奏请将拿获抢劫蒙古牲畜番贼之扎萨克台吉赏加职衔一折。此次扎萨克台吉恩克巴雅尔闻邻旗报有果洛克番贼抢劫牲畜，即带兵追往，杀毙番贼二名，活捉一名，将牲畜全数夺回，交失主认领，尚属奋勉。惟所获贼人无多，若遽赏加职衔未免过优。恩克巴雅尔著赏戴花翎，如该台吉曾经得有花翎即著赏加一级。照例咨报理藩院。"

（卷334　401页）

嘉庆二十二年（1817年）九月壬子

又谕："甘省本年夏秋收成丰稔，长龄请于预买兵粮二十万石之外，再买二十万石，于经费仓储两有裨益，著即照所请办理。惟是长龄甫至甘省，于该省州县情形尚未能深悉，从前甘省之弊全在捏灾冒赈，将所收监粮银两供应上司，任意奢侈，余者悉以自饱其囊橐。迨破案后停止监粮，该州县无利可营，遂又以采买兵粮为由，于中设法挪移，将所领银两少少采买粮石，掩人耳目。其逢迎上官，自赡身家，悉皆取资于此，如沈仁澍、杨毓锦各案侵亏情弊如出一辙，以致历任总督因以相继获罪。长龄现在预买兵粮四十万石，若不认真查察，或访有弊端，稍存姑息之见，代为容隐。将来一经败露，即难辞徇纵之咎。该督此次务须大破情面，派委妥员，将各州县应买粮石实力稽查，须令颗粒皆归实贮。如有虚领虚报等弊，立即据实纠参，按律惩办。庶仓储有备，国帑无亏，积弊可就清厘矣。将此谕令知之。"

（卷334　405页）

嘉庆二十二年（1817年）十月是月

陕甘总督长龄奏："遵谕严防采买兵粮积弊。"得旨："能不徇隐，不顾情面，有弊即参，力加振作，自然积习可除矣。若稍姑息，则朕之谕与汝之奏皆成空谈，将来又烦朕心更易大吏，太不成事矣。"

（卷335　427页）

嘉庆二十二年（1817年）十一月乙卯

缓征甘肃皋兰、狄道、平凉、静宁、宁夏、宁朔、灵、中卫、平罗、泾、徽十一州县旱灾、水灾、雹灾新旧额赋，并贷灾民口粮。

（卷336　433页）

嘉庆二十二年（1817年）十一月戊辰

谕内阁："朕恭阅皇祖《世宗宪皇帝实录》，内载雍正九年八月谕大学士等：'肃州金塔寺原种进贡之哈密瓜，朕思与其种瓜，何如种谷，以资民食，著行文该督抚等，嗣后不必进献，并著晓谕彼处人民知之。'钦此。仰见我皇祖重农贵粟，不使地有遗力，惠爱黎民之至意。从来食为民天，树艺五谷是为本务。瓜犹蔬蔬之属，尚恐栽植者多，致分地力。近日烟草之植，无处蔑有，更复有水烟一种产自甘肃。近闻栽种益广，此皆无益民生，有妨稼稽。甘肃地土狭瘠，尤当使民知种谷，庶免艰食之虞。著该督饬知地方官，遍行晓谕，凡种水烟地亩，概令改种黍禾，并随时查禁。无许仍前趋利逐末，致妨地利。再闻近日都城中并有以水烟入市售卖者，甚至每岁随往热河，逐队营趁，不可不严行禁止。著步军统领衙门、顺天府五城出示晓谕，各令改业营生，如有不遵，查拿惩办。其热河地方并著该管文武官一体查禁，随时驱逐，以儆游惰。"

（卷336　441页）

嘉庆二十二年（1817年）十二月丙戌

举行本年军政。稽查右翼保定等处大臣所属年老官一员。黑龙江将军所属卓异官四员，年老官四员，有疾官三员，年老有疾官一员，才力不及官二员。江宁将军所属卓异官三员，年老官一员。福州将军所属卓异官一员，才力不及官一员。荆州将军所属卓异官二员。绥远城将军所属年老有疾官一员。西安将军所属卓异官二员，罢软官一员，才力不及官二员。宁夏将军所属卓异官一员。伊犁将军所属卓异官一员。广州将军所属有疾官一员。热河都统所属卓异官二员，年老有疾官一员。察哈尔都统所属卓异官三员，有疾官三员。乌鲁木齐都统所属年老官三员。密云副都统所属卓异官一员，年老官三员。山海关副都统所属罢软官三员。凉州副都统所属有疾官一员。河南巡抚所属卓异官一员，年老官一员。分别议叙处分如例。

（卷337　452页）

嘉庆二十二年（1817年）十二月戊子

举行本年军政。京营卓异官三员，年老官一员，才力不及官一员。直隶卓异官十四员，年老官二员，有疾官一员，才力不及官一员。江南河营卓异官一员。河南卓异官二员，罢软官一员，年老官一员，有疾官一员。陕西卓异官七员。甘肃卓异官七员，年老官三员，有疾官二员。广东卓异官七员，罢软官五员，年老官二员，有疾官三员，才力不及官四员。广西卓异官三员，罢软官二员，有疾官一员。分别议叙处分如例。

（卷337　453页）

嘉庆二十二年（1817年）十二月辛卯

幸北海，阅冰技。科尔沁郡王栋默特等二人、敖汉扎萨克郡王达尔玛济尔迪等二人、翁牛特扎萨克郡王喇特纳济尔迪等二人、四子部落扎萨克郡王朋楚克桑鲁布、茂明安贝勒丹丕勒等二人、巴林扎萨克贝子多尔济帕勒玛、喀尔喀贝子济里克喇什等八人、鄂尔多斯扎萨克贝子额尔德尼桑、青海扎萨克贝子喇特纳锡第等二人、察哈尔和硕特辅国公丹津扎布等五人、伊克明安扎萨克头等台吉托克托瑚等二人、杜尔伯特二等台吉多布察回部伯克拜咱特等十七人、廓尔喀使臣噶箕然拉作尔塔巴等二人、土司巴勒珠尔朋楚克等二十九人于神武门外瞻觐。

（卷337　454页）

嘉庆二十二年（1817年）十二月戊戌

上御保和殿，筵宴朝正外藩。科尔沁、喀尔喀、阿拉善、巴林、喀喇沁、奈曼、敖汉、翁牛特、四子部落、扎赉特、土默特、茂明安、阿巴哈纳尔、青海、鄂尔多斯、绰罗斯、郭尔罗斯、杜尔伯特王、贝勒、贝子、公、额驸、台吉、塔布囊等及廓尔喀、朝鲜国正副使等随文武大臣，依次就坐，诸乐并作，上进酒。召左翼科尔沁卓哩克图亲王噶勒桑栋罗布、巴林亲王衔扎萨克郡王索特纳木多尔济、科尔沁扎萨克郡王和硕额驸索特纳木多布斋、敖汉郡王干萨巴拉、奈曼扎萨克郡王巴勒楚克、科尔沁贝勒鄂勒哲依图、喀喇沁扎萨克贝勒托恩多，右翼喀尔喀扎萨克图汗部扎萨克汗布呢喇特纳、喀尔喀扎萨克亲王车登多尔济、阿拉善扎萨克亲王玛哈巴拉、喀喇沁亲王衔扎萨克郡王满珠巴咱尔、回部郡王衔贝勒哈迪尔、土默特扎萨克贝子固伦额驸玛呢巴达喇、喀喇沁扎萨克辅国公理藩院额外侍郎玛哈巴拉至御座前，赐酒成礼。

（卷337　458页）

嘉庆二十三年（1818年）正月丙午

贷甘肃灵、中卫、泾、灵台、镇原、宁远、武威、秦、秦安、肃、安西十一州县上年被旱灾民籽种、口粮。

（卷338　463页）

嘉庆二十三年（1818年）正月壬戌

谕军机大臣等："本日由驿递到斌静奏事夹板一副，拆阅时包封内夹板外藏有宁夏已革千总刘宝控告总兵游栋云呈词款单二纸。朕详加披阅，所控各款俱指该总兵徇法营私，大干法纪，必应查明究办。其呈内注明由王铉站申，著长龄即查明王铉站系何州县驿地，传提该驿吏役讯明刘宝现在何处，饬拿到案。先将呈内所控游栋云各款向其逐一研讯。游栋云现在由甘起程赴京陛见，已有旨饬令速回兰州候讯。俟游栋云到日，令其质对明确，秉公据实具奏。至刘宝控告上官，以呈词夹入奏折包封之内，有无同谋之人一并讯明，治以应得之罪。将此谕令知之。"

（卷338　469页）

嘉庆二十三年（1818年）四月庚午

以直隶独石口副将多隆武为甘肃宁夏镇总兵官。西安协领穆兰岱为凉州副都统。

（卷341　497页）

嘉庆二十三年（1818年）四月壬午

户部议准陕甘总督长龄疏报："正宁县开垦地八十亩，照例升科。"从之。

（卷341　508页）

嘉庆二十三年（1818年）四月丙戌

前任西宁办事大臣福克精阿以失察家人得赃，降六部郎中。

（卷341　511页）

嘉庆二十三年（1818年）四月戊子

旌表守正捐躯甘肃会宁县民袁定妻白氏、云南文山县民马明五妻马氏。

（卷341　512页）

嘉庆二十三年（1818年）五月辛酉

予遇贼不屈被戕甘肃皋兰县阴阳学训术刘尚杰入祀忠义孝弟祠，从陕甘总督长龄请也。

（卷342　527页）

嘉庆二十三年（1818年）六月丁丑

户部议准陕甘总督长龄疏报："靖远、秦安、正宁三县开垦地五顷六十亩有奇，照例升科。"从之。

（卷343　537页）

嘉庆二十三年（1818年）六月甲午

举行嘉庆二十二年大计。直隶卓异官十七员，不谨官一员，浮躁官一员，罢软官一员，才力不及官四员，年老官三员，有疾官二员。奉天卓异官二员，年老官一员，有疾官一员，江苏卓异官十员，浮躁官一员，罢软官一员，才力不及官二员，年老官三员。安徽卓异官八员，才力不及官二员，年老官七员，有疾官一员。江西卓异官十员，不谨官一员，浮躁官一员，罢软官一员，才力不及官一员，年老官五员，有疾官一员。浙江卓异官十二员，浮躁官二员，年老官七员，有疾官一员。湖北卓异官九员，不谨官一员，罢软官一员，才力不及官二员，年老官四员，有疾官二员。湖南卓异官十员，不谨官一员，浮躁官一员，才力不及官一员，年老官六员，有疾官一员。河南卓异官十员，不谨官二员，才力不及官二员，年老官七员，有疾官一员。陕西卓异官八员，不谨官一员，浮躁官一员，才力不及官一员，年老官四员，有疾官一员。甘肃卓异官八员，罢软官一员，才力不及官一员，年老官四员，福建卓异官十员，不谨官三员，浮躁官二员，才力不及官三员，年老官二员，有疾官一员。四川卓异官十五员，不谨官二员，浮躁官一员，罢软官一员，才力不及官三员，年老官八员，有疾官五员。云南卓异官十员，不谨官一员，浮躁官二员，才力不及官一员，年老官三员，有疾官一员。贵州卓异官七员，才力不及官一员，年老官四员，有疾官一员。南河卓异官二员，罢软官一员。东河卓异官二员，才力不及官一员，年老官一员。分别议叙处分如例。

（卷343 546页）

嘉庆二十三年（1818年）七月辛亥

浙江巡抚杨護缘事降从三品京堂。以甘肃布政使程国仁为浙江巡抚。甘肃按察使屠之申为布政使。陕西陕安道方载豫为甘肃按察使。

（卷344 555页）

嘉庆二十三年（1818年）七月壬子

谕内阁："长龄奏，西宁办事大臣纳尔松阿办理蒙古番子事务粗心轻率一折。上年拉布楞寺喇嘛与隆务昂锁控争寺院，纳尔松阿辄听拉布楞寺喇嘛之言，札致长龄，欲檄调撒拉尔兵三四千名将隆务昂锁剿灭，实属冒昧。纳尔松阿不胜办事大臣之任，著交部议处，即来京听候部议。"

（卷344　555页）

嘉庆二十三年（1818年）七月甲寅

　　刑部议复陕甘总督长龄疏报民人苏汉魁与胞兄苏汉成争夺铁锹，致兄闪跌身死，依律拟斩立决一案。得旨："此案苏汉魁因胞兄苏汉成将未分公地霸种大麦，收割后用驴驮回。行至山梁，适该犯先手执铁锹在彼瞥见，即用锹拦住驴头，令将麦捆驮回地内讲理。苏汉成不依，捉住铁锹扭夺，该犯松手，致苏汉成闪落崖下，跌伤殒命。核其情节，该犯系用铁锹拦截驴头，并无斗殴情形，苏汉成死由失跌。该犯夺锹撒手，出于无心。若照律拟以斩决，与有心殴兄致毙之案无所区别。苏汉魁著改为斩监候，秋审时入于服制情实。余依议。"

（卷344　557页）

嘉庆二十三年（1818年）七月戊午

　　谕内阁："纳尔松阿系西宁办事大臣，陈启文之曲直与伊无涉，乃屡次代为陈奏，又擅发驿递。前经革职，不足蔽辜。纳尔松阿著即由彼发往乌鲁木齐效力赎罪。"

（卷344　557页）

嘉庆二十三年（1818年）八月辛未

　　谕军机大臣等："长龄奏甘肃各州县借粮一项，新旧民欠累累。嘉庆十六年以后新欠有无官亏，现饬道府严查。至十六年以前，其中民欠固多，而已征未经具报，已领未曾全散，官亏亦复不少。第历年久远，官更吏易，册档率已销毁，恳免通查，日后发觉一处仍即严办一处等语。甘肃借粮一项，民欠官亏，久多牵混。惟念十六年以前，历年较远，官更吏易，册籍无存，姑免通查。至所称明年恭逢万寿庆典，天恩浩荡，十六年以后积欠如蒙恩蠲免，当督率藩司于本年秋征时实力稽查一节，所奏大属非是。蠲免钱粮，恩出自上。明岁庆典施恩，朕尚未明降谕旨，该督何所见而知积欠必应蠲免，先为此奏，预行尝试。长龄著传旨申饬。该督仍督率藩司、道、府、州等将十六年以后民欠借粮，照常催征，实力稽查，如有以完作欠情弊，即行据实参办，毋得借此蒙混。将此谕令知之。"

（卷345　560页）

嘉庆二十三年（1818年）八月戊子

谕军机大臣等："据纳尔松阿奏，出口祭海会盟之时，接据西宁镇属白塔营都司禀报，蒙古被抢，窜进卡内。又据贝子喇特纳锡第等前后呈报，被番贼抢掠及至丹噶尔途次，适贝子喇特纳锡第、台吉多尔济旺济尔徒步迎见，哀诉抢劫营盘一空。至东科尔寺地方，据哈拉库图尔营千总禀报，行至日月山卡外珂珂托洛亥地方遇有番贼十余名，抢去营马一匹及衣物等件，并查得沿海一带邻旗蒙古尽被番贼抢劫失散。当饬喇嘛察罕诺们汗旗挑派蒙古沿河堵御，并饬循贵文武堵缉赃贼。续有蒙古王公十家，或亲身，或差人前来，俱因被抢投呈。询以别旗王公，据称现在番贼分股乱抢，不知去向等语。西宁边外番族因蒙古孱弱，屡有抢掠之事。今于会盟之顷，该番贼等胆敢纠党百余人至数百人四出抢劫，各旗蒙古被其扰害，竟至不能前赴会盟，该番贼等实属披猖。著长龄会同秀宁确查情形具奏，一面督饬文武员弁速缉赃贼，严行惩办，务令知所儆畏，以靖边圉。将此谕令知之。"

（卷345　566页）

嘉庆二十三年（1818年）八月甲午

又谕："秀宁奏，查明番子抢掠蒙古情形无关紧要一折。前据纳尔松阿奏，青海贝子、台吉等前后呈报被番贼百余人至数百人肆行抢掠，沿海一带蒙古王公未来会盟，多不知去向等语。当经降旨，交长龄、秀宁会同查办。兹据秀宁奏称，到任后查得蒙古被抢实止番贼二三十名，其情形不过如内地之寻常劫案。蒙古一闻番子踪迹即行逃窜，将妻子衣物尽行委弃，直同馈遗等语。纳尔松阿前奏，系据蒙古台吉及营员等呈报，固不免张大其词，但秀宁甫经到任，于蒙古番子情形并未深知，亦不过得之该管文武员弁传述之词。秀宁未经详察，即据以入奏，竟似身亲目睹，历历如绘者，未免视事太觉轻易，殊属非是。著秀宁仍遵前旨，将此案确查。究竟抢掠番贼共有若干人，应如何查拿赃贼，安辑蒙古之处，悉心筹办，据实具奏。将此谕令知之。"

（卷345　570页）

嘉庆二十三年（1818年）九月乙卯

缓征甘肃皋兰、武威、西宁、大通四县被旱、被雹、被水地亩本年额赋。

（卷347　587页）

嘉庆二十三年（1818年）九月甲子

谕军机大臣等："秀宁参奏前办事大臣纳尔松阿暨扎萨克郡王沙克都尔一折。纳尔松阿前在办事大臣任内，于蒙古越境擅移游牧不行禁止，率给印票，听其搬移内地，实属谬妄。纳尔松阿前已发遣乌鲁木齐，著于配所枷号一年，以为办事糊涂者戒。扎萨克郡王沙克都尔违例迁帐内地，复不遵调回牧，著交理藩院议处。台吉索诺木敏珠尔现已回牧，著免其察议。并著长龄、秀宁传谕沙克都尔，蒙古外藩各有一定界址，违例擅入内地，法令綦严。该郡王辄敢以风闻黑番抢掠之言，越界移帐。姑念伊系糊涂蒙古，不加深责，仅交理藩院议处，系属格外天恩。即饬令迅速移回原牧地方，若再稍有违抗，定行从重治罪。传谕后即一面押令出境，毋任迁延。将此谕令知之。"

（卷347　592页）

嘉庆二十三年（1818年）十月戊寅

谕内阁："长龄奏追缴亏空二限届满，酌分正杂款项恳请展限一折。甘省查追亏空在五千两上下者，准其在任著追。现届二限，除已完外，尚有完不及数者。本应革职监追，但念此内款项有正杂之分，著照所请，该省有缺人员正项未能全完，无缺人员正项完不及半者，概行革职监追，其有缺人员正项全完而只欠杂款，无缺人员正项已完一半者，均准其于原定限期外再展限一年，勒令照数归补，以清帑项。其另片奏请停止河西州县捐款一节。甘肃河西州县已有应摊养廉各款，再令捐助河东驿站，力有不支，必致借词亏缺。从前先福原议本未允协，所有河西十九州县议捐银两之处，著即停止，其东路各驿马干、车牛等项，仍著照旧额办理，无庸议增。"

（卷348　597页）

嘉庆二十三年（1818年）十月戊寅

又谕："长龄等奏，查明本年六、七两月青海各旗蒙古呈报被抢，均称番贼数十人至百余人不等，惟贝子喇特纳锡第呈报有番贼四百余人，其白塔营都司傅统所报蒙古被抢原呈，只称贼番二三十名，哈拉库图营千总所禀亦只称番贼十余人等语。青海各旗蒙古孱弱不能自振，一被番族抢劫，即张大其词将贼数以少报多，冀可多追赃物，此该蒙古等相沿陋习。至该处员弁遇有报抢之案，又多意存回护，惧干参处以多报少，以施其化大为小之计。该督等不可狃于一偏之见，概以营员之言为信，任听番贼纠众肆掠，不加惩创。且即以该都司千总所报而论，两案之贼已有五十余名。长龄等折内但称严饬所属上紧缉拿，并未追获赃贼，仍属纸上空谈。著长龄、秀宁即督饬文武员弁将案内番贼认真查缉，追起真赃审明，按律惩办，不可疏纵。”

（卷348　598页）

嘉庆二十三年（1818年）十一月乙巳

缓征甘肃渭源、平罗、古浪、金、靖远、陇西、安定、盐茶、灵、灵台十厅、州、县及东乐县丞沙泥州判所属雹灾、水灾、旱灾新旧额赋。贷皋兰、渭源、陇西、秦、两当、抚彝、张掖、山丹、永昌、镇番、安西、玉门、炖（敦）煌十三厅、州、县贫民两月口粮。

（卷349　615页）

嘉庆二十三年（1818年）十一月庚申

军机大臣等奏，遵旨审拟已革西宁道陈启文固执妄揭一案。得旨：“陈启文于委审东科尔寺被抢一案，因怀疑辗转渎辩，迨该督审定奏结。复屡次具禀纳尔松阿代为渎奏，实属任性偏执，著改发乌鲁木齐效力赎罪，俟李于沆一案质讯明确后，再行发遣。”

（卷350　629页）

嘉庆二十三年（1818年）十二月丁丑

又谕：“长龄奏甘省下色粮石请酌量变通一折。甘省额征下色粮石向不估支兵食，每岁积存至二十余万石，粮质轻脆，易致霉变，各州县因有通融抵贮之弊。据该督奏请量为变通，著照所请。嗣后该省州县仓贮下色粮石，除搭估马料外，大缺酌留二万石，中缺酌留一万石，小缺酌留五千石，以备荒歉之需，其余下色粮石令该州县详明粜卖，按照部价，以一抵二，随时买还上色，岁底造册。责成该管道府认真稽查，盘验结报，于奏销时汇册咨部，即以估支兵食，以归实用。"

（卷351　639页）

嘉庆二十三年（1818年）十二月癸未

谕内阁："长龄奏查明甘省已征未报银粮草束勒限追缴开单请旨一折。甘肃各州县已征未报银粮、草束前经降旨交长龄督同藩臬两司严饬该管道府逐一清厘。兹据该督查明皋兰等四十一厅、州、县、州同、州判、县丞除亏粮存价及抵垫摊销并旧亏案内咨追无著各项外，已入清查者，未完银十七万一千九百八十八两零，未入清查者实亏银十六万三千二百六十三两零，均系因公挪用，尚无侵盗入己情弊，著照所请，将单开一万两以上之戴椿龄等十二员，五千两以上之郭廷光等十一员，五千两以下之诚忠等五十员分别在甘、离甘、现任、去任及在部监追者，俱按限追缴，如逾限不完，定行照例分别治罪。自此次查办之后，若再有隐漏，即将该管道府严参著赔，以示惩儆。"

（卷352　645页）

嘉庆二十三年（1818年）十二月乙酉

幸北海，阅冰技。乌珠穆沁扎萨克亲王多尔济济克默特纳木济勒、阿巴噶郡王喇特纳锡第、科尔沁贝勒色楞多尔济等二人、喀尔喀扎萨克贝勒忠济勒车凌等十一人、郭尔罗斯扎萨克辅国公恩克托克托瑚、苏尼特辅国公额琳沁、克什克腾扎萨克头等台吉旺楚克喇布坦、青海扎萨克辅国公喇特纳锡第、察哈尔和硕特扎萨克头等台吉达什沙木丕勒等四人、土尔扈特台吉鄂齐尔、回部沙雅尔阿奇木伯克诺什咱特等十五人、琉球国正副使毛维新等二人于神武门外瞻觐。

（卷352　646页）

嘉庆二十三年（1818年）十二月癸巳

上御保和殿，筵宴朝正外藩。巴林、科尔沁、奈曼、敖汉、阿巴噶、喀喇沁、扎噜特、喀尔喀、土默特、鄂尔多斯、乌喇特、郭尔罗斯、克什克腾、苏尼特、翁牛特、阿巴哈纳尔、乌珠穆沁、青海、绰罗斯、土尔扈特王、贝勒、贝子、公、台吉、塔布囊等及朝鲜、琉球国正副使等随文武大臣，依次就坐，诸乐并作，上进酒。召左翼巴林亲王衔扎萨克郡王索特纳木多尔济、科尔沁扎萨克郡王和硕额驸索特纳木多布斋、奈曼扎萨克郡王巴勒楚克、敖汉郡王干萨巴拉、科尔沁贝勒鄂勒哲依图、喀喇沁扎萨克贝勒托恩多、土默特扎萨克贝子固伦额驸玛呢巴达喇，右翼乌珠穆沁扎萨克亲王多尔济济克默特纳木济勒、喀喇沁亲王衔扎萨克郡王满珠巴咱尔、喀尔喀扎萨克郡王德木楚克扎布、回部郡王衔贝勒哈迪尔、科尔沁贝勒色楞多尔济、喀尔喀扎萨克贝子凝保多尔济、喀喇沁扎萨克辅国公理藩院额外侍郎玛哈巴拉等至御座前，赐酒成礼。

（卷 352　650 页）

嘉庆二十四年（1819年）正月庚子

谕军机大臣等："长龄奏庄浪土司鲁纪勋、岷州土百户马乾恳请来京祝嘏。朕本年六旬正寿，该土司等既情殷祝嘏，著准其前来。照上届土司朝觐之例，给予驿廪，惟不必令该土司到京。前有旨准吐鲁番回子郡王迈玛萨依特、哈密回子郡王衔贝勒博锡尔来热河祝嘏。约于八月初间到热河。长龄先饬知该土司等，俟该回王行抵甘肃时，随同一路行走，亦于八月初间在热河接驾，叩祝后即由热河径回甘省可也。将此谕令知之。"

（卷 353　655 页）

嘉庆二十四年（1819年）闰四月己未

又谕："长龄奏，查明民欠实数之外，有州县因届奏销之期，虑干经征不力处分，将民欠银粮虚报征完，共银八万余两。前于查办亏空造入清查册内，现征还划除银一万七千余两，尚未完银六万四千八百一十余两等语。此项银粮既实系民欠，自应豁免，毋庸再向欠户征催。其虚报各员系因规避处分，仍照数著落赔交，以符原案。"

（卷 357　717 页）

嘉庆二十四年（1819年）六月癸卯

又谕："长龄奏审明匿名揭告回民叛逆重犯请旨办理一折。撒拉尔回子自乾隆四十六年惩办后极为安静。该犯杨启才屡犯偷窃，辄挟回民马包福成等斥辱之嫌，捏写撒拉尔回子谋叛告示，镌刻泥印，盖用其上，粘贴营门。计图倾陷，奸恶已极。该督已将正犯拿获，并起出泥印，当堂默写字迹相符，案无疑义。此等不法匪徒，何待请旨，致稽显戮。杨启才著即处斩，传首撒拉尔回子地方枭示，并晓谕该回民等造言诬陷之人，业已立正典刑，俾各释疑惧，共安耕凿。"

（卷 359　736 页）

嘉庆二十四年（1819年）七月甲戌

以甘肃巩秦阶道德奎为河南按察使。

（卷 360　750 页）

嘉庆二十四年（1819年）八月甲辰

御卷阿胜境。赐扈从王、公、大臣、蒙古王、贝勒、贝子、公、额驸、台吉及回部郡王、伯克、甘肃土司等食。至丁未皆如之。

（卷 361　764 页）

嘉庆二十四年（1819年）八月己未

陕甘总督长龄奏审拟千总金天桂诈赃渔利一案。得旨："此案金天桂以现任千总，辄敢捏词向蒙古郡王诈得赃银数千两，辞官渔利，实属藐法。金天桂著即处绞。"

（卷 361　770 页）

嘉庆二十四年（1819年）十月壬子

缓征甘肃狄道、静宁、成、宁夏四州县水灾、雹灾本年及上年额赋。

（卷 363　798 页）

嘉庆二十四年（1819年）十一月戊子

调江西按察使诚端为甘肃按察使。以内阁侍读学士程祖洛为江西按察使。

（卷 364　819 页）

嘉庆二十四年（1819年）十二月甲辰

以甘肃永固协副将达凌阿为巴里坤总兵官。

（卷 365　829 页）

嘉庆二十四年（1819年）十二月癸丑

谕内阁："朱勋等奏派兵会哨番目献贼交赃，蒙古地方宁谧一折。甘省循化、贵德两厅边外野番肆劫蒙古牲畜，抢掠行旅，怙恶不悛。本年经长龄等奏撤防河官兵，改复会哨章程。现据派出文武各员带领官兵、土兵追捕抢劫回巢番贼，歼毙八名，并带同熟番头目、番僧、通丁等追获活贼十一名。该野番头目畏惧，自将番贼缚献，交出原抢蒙古人口并牲畜四千余只，顶经设誓，不敢再出滋事。该省初次办理会哨事宜，尚属认真，加恩著照所请，将此次随往出力之五品翎顶番目尖木赞赏加四品顶带，番目什尕洛赏给六品顶带，番僧扎木洛硕根、敦什加布俱赏给苏拉喇嘛职衔。通丁马进禄、沈木洒、苗进福俱赏给九品顶带，所用经费银两准其咨部核销。嗣后该督等于每年派兵会哨时，均饬令实力巡查，勿得日久生懈。"

（卷365　835页）

嘉庆二十四年（1819年）十二月丁巳

上御保和殿，筵宴朝正外藩。科尔沁、苏尼特、浩齐特、阿巴噶、喀喇沁、阿巴哈纳尔、乌珠穆沁、土默特、巴林、鄂尔罗斯、翁牛特、敖汉、喀尔喀、杜尔伯特、青海、伊克明安、土尔扈特、和硕特、喀什噶尔、和阗、叶尔羌王、贝勒、贝子、公、额驸、台吉等及朝鲜、暹罗国正副使等随文武大臣，依次就坐，诸乐并作，上进酒。召左翼科尔沁达尔汉扎萨克亲王布彦温都尔瑚、苏尼特扎萨克郡王喇特纳锡第、浩齐特扎萨克郡王贡楚克栋罗布、阿巴噶扎萨克郡王玛呢巴达喇、喀喇沁扎萨克贝勒托恩多、阿巴哈纳尔扎萨克贝勒玛哈巴拉、乌珠穆沁扎萨克贝勒图克济扎布、土默特扎萨克贝子固伦额驸玛呢巴达喇、巴林贝子阿勒坦桑，右翼喀尔喀土谢图汗扎萨克亲王车登多尔济、杜尔伯特扎萨克郡王曼达尔、回部郡王衔贝勒哈迪尔、青海扎萨克辅国公琳沁旺舒克、伊克明安扎萨克辅国公呢玛藏布至御座前，赐酒成礼。

（卷365　837页）

嘉庆二十五年（1820年）正月戊午

贷甘肃成、镇原、徽、秦、秦安、西宁、平凉、宁夏、伏羌、静宁、泾、灵台、宁朔、平罗、阶、狄道十六州县及庄浪县丞所属上年被水、被雹灾民籽种、口粮。

（卷366　840页）

嘉庆二十五年（1820年）二月庚寅

谕军机大臣等："据朱勋奏，西宁道雒昂详揭青海办事大臣秀宁任意高兴，有碍地方八款，并将原揭咨送军机处呈览。此案著即派长龄前往审办。该督于途次接奉谕旨，即日驰往西宁。将秀宁传旨解任，一面将雏昂所揭各款逐一秉公查办，如揭内所称派委笔帖式富隆阿出口会勘阿勒塔布拉克牧地，拆毁双阿博卡堡，派兵驱逐番帐四款。秀宁所办是否任意舛谬，有无贻患地方，均各确切查明据实复奏。至所揭秀宁违例坐轿，纵容轿夫聚赌及听戏宴会，携妾同赴会场各款，更难掩人耳目，该督到彼后无难一访而知。又候补府经历胡彬在该大臣署中办理事件，有无倚势招摇。秀宁委用该经历有无交通过付婪索赃私，并著详细察访。一经审有实据，著即将秀宁革职定罪，不准请交部议。该督一面具奏，一面将秀宁带至兰州听候谕旨。前长龄于西宁办事大臣出缺时，曾奏请将秀宁、果齐斯欢二人内简调。此案特交该督查办，不可以前经保奏稍涉回护，自蹈愆尤。现已有旨令朱勋仍留兰州暂署督篆，该督俟审案完竣后再回省城接印可也。将此谕令知之。"

赏喀什噶尔帮办大臣素纳头等侍卫，为西宁办事大臣。三等侍卫色布征额二等侍卫，为喀什噶尔帮办大臣。

（卷367　851页）

嘉庆二十五年（1820年）二月乙未

命刑部右侍郎文孚由河南驰往甘肃审案。

（卷367　855页）

嘉庆二十五年（1820年）二月戊戌

谕内阁："甘肃西宁道衙门所办案件多有与蒙古番子交涉事务。乾隆六十年曾奉高宗纯皇帝谕旨，将该道专用满洲、蒙古人员著为令。后经那彦成以龙万育奏调，遂相沿兼用汉员，嗣后西宁道一缺仍遵照成宪，专用满洲、蒙古人员，不用汉员。"

（卷367　855页）

嘉庆二十五年（1820年）三月壬申

旌表守正捐躯甘肃皋兰县民杨生莲妻唐氏。

（卷368　865页）

嘉庆二十五年（1820年）三月乙亥

贷甘肃皋兰、河、陇西、岷、盐茶、清水、礼、平罗、华亭九厅、州、县及王子庄州同所属贫民籽种、口粮。

（卷368 866页）

嘉庆二十五年（1820年）四月丁未

谕军机大臣等："文孚等奏遵查秀宁奏驳法礼哈咨商动用青海蒙古乌拉一案。溯查乾隆四十五年旧案，陕甘总督及西宁办事大臣衙门均无动用青海蒙古乌拉明文。此次喀尔喀四部落盟长等凑备银两，奉派玛呢巴达喇前往西藏迎接哲布尊丹巴呼毕勒罕，本不应再用乌拉。法礼哈及随带司员等已由西宁县动用银六千余两，置备长行驼马、口粮、锅帐等物，亦不应复动用乌拉。其上年理藩院移文，系指该呼毕勒罕自热河旋回时，由边外行走，始令照例办给乌拉票张。前已有旨，因该呼毕勒罕年甫七岁，不令前来热河，是此项乌拉更无可动用之处。今据青海台吉恭藏等呈控玛呢巴达喇、护卫索诺木等在柴达木地方硬拿乌拉，讹索银两，自应究明惩办。文孚现已回京，著长龄于法礼哈回至西宁时，即由省前往提集索诺木等与该台吉等质对，如系该护卫及随带司员笔帖式领催等借端影射，讹诈勒索，即审明按律治罪。如法礼哈有知情纵容情事，将法礼哈据实严参。若该副都统只系失察，并无染指，亦于定案时一并声叙附参。将此谕令知之。"

（卷369 881页）

嘉庆二十五年（1820年）五月辛酉

户部议准署陕甘总督朱勋疏报："靖远、中卫二县开垦田四顷二十六亩有奇，照例升科。"从之。

（卷370 892页）

嘉庆二十五年（1820年）六月己酉

旌表守正捐躯甘肃张掖县民姚印妻李氏。

（卷372 921页）

嘉庆二十五年（1820年）六月庚戌

户部议准陕甘总督长龄疏报："靖远、伏羌二县开垦田十一顷六十九亩有奇，照例升科。"从之。

（卷372 922页）

嘉庆二十五年（1820年）七月戊午

又谕："长龄奏，审拟借用蒙古乌拉之副都统及索借银两之笔帖式等分别议处杖革一折，所拟尚轻。法礼哈派赴西藏迎接哲布尊丹巴呼毕勒罕，例不应动用蒙古乌拉，乃因驼马倒毙，听从属员怂恿，向青海蒙古台吉等借用乌拉，以致随带之笔帖式、通丁、护卫等乘机借贷银两。虽回日如数措还，该台吉等业已具控在前，未经收回，即与勒索无异。护卫策敦丹巴、索诺木均著照所议革退鞭责，笔帖式富英、伊伸泰毋庸交议，均著即革职。副都统法礼哈违例擅用蒙古乌拉，又失察随带笔帖式索借银两，年老无能，著于库伦回京日降为四品顶带休致。玛呢巴达喇著照例议处。"

（卷373　927页）